5th Edition

Advertising Campaign Strategy

A Guide to Marketing Communication Plans

Donald E. Parente | Kirsten L. Strausbaugh-Hutchinson

광고캠페인 전략

조병량 · 한상필 · 이형석 | 공역

CENGAGE Learning®   한 경 사

Andover • Melbourne • Mexico City • Stamford, CT • Toronto • Hong Kong • New Delhi • Seoul • Singapore • Tokyo

CENGAGE Learning

Advertising Campaign Strategy: A Guide to Marketing Communication Plans

5th Edition

Donald Parente
Kirsten Strausbaugh-Hutchinson

Original edition © 2015 South Western, a part of Cengage Learning.
Advertising Campaign Strategy: A Guide to Marketing Communication Plans 5th Edition by Donald Parente and Kirsten Strausbaugh-Hutchinson
ISBN: 9781133434801

This edition is translated by license from South Western, a part of Cengage Learning, for sale in Korea only.

ISBN-13: 978-89-6844-137-0

Cengage Learning Korea Ltd.
14F, YTN Newsquare,
76 Sangamsan-ro, Mapo-gu,
Seoul, 121-904, Korea
Tel: (82) 2 330 7000
Fax: (82) 2 330 7001

Cengage Learning is a leading provider of customized learning solutions with office locations around the globe, including Singapore, the United Kingdom, Australia, Mexico, Brazil, and Japan. Locate your local office at: **www.cengage.com/global**

Cengage Learning products are represented in Canada by Nelson Education, Ltd. For

product information, visit **www.cengageasia.com**

Printed in Korea
1 2 3 4 20 19 18 17

추천사

시장에서 수요는 많지만 공급이 부족한 전문 기술, 높은 가치를 갖고 있지만 이해하고 있는 사람이 많지 않은 기술, 성공을 위해 필수적이지만 습득하기 어려운 기술을 어떻게 개발해야 할 것인가? 이 책은 바로 이런 문제에 대한 해결책을 제시하고 있다. 또한 기술이 점점 세분화되어가는 시장 환경에서 전체적으로 사고하고 기획하는 능력을 기르는 것을 목적으로 하고 있다.

개념적 사고는 궁극적으로 훌륭한 마케팅 아이디어를 낳는 원동력이다. 과거의 매스 마케팅 시대는 물론 오늘날의 세분화 마케팅 시대에도 전체적인 관점에서 기획하고 실행하는 능력은 성공으로 이끄는 중요한 요인이 된다. 이것이 맥도날드, 나이키, 타겟(Target) 등 대표 브랜드를 만든 요인이다. 대부분의 사업 분야에서 공급이 수요를 초과하고, 제품의 물리적 기능 차이가 없어지고, 소비자에게 도달하는 방법이 다양해지고 있는 오늘날, 통찰력 있게 잘 기획된 마케팅의 중요성은 그 어느 때보다 큰 비중을 차지한다.

광고물의 단순한 모음에 불과한, 엉성하게 기획된 전술로는 소비자의 마음을 사로잡을 수 없다. 그리고 훌륭한 브랜드를 만들지 못할 것이다. 소비자는 소비의 동기, 시장의 역동성, 경쟁자의 강점과 약점을 파악한 후 통합적 관점에서 전체적으로 기획되고 수행되는 전략적인 마케팅 캠페인에 반응한다.

그러나 넓은 시각에서 생각하고 창조하는 기술을 개발하기란 그리 쉬운 일이 아니다. 여기에는 두 가지 이유가 있다. 첫째, 사업에서 효율성을 강조하는 분위기로 인해 대부분의 회사 · 광고주 · 광고회사는 기본적이고 개념적인 사고와 전략 차원에서 직원의 능력을 개발시킬 시간과 자원을 보유하고 있지 않다. 둘째, 마케팅 서비스가 제공되는 방법의 변화이다. 즉, 크리에이티브, 매체, 브랜드 아이덴티티, 인터넷, 촉진 등 개별 마케팅 서비스가 분리되어 제공되고, 이로 인해 각각의 분야에 정통한 전문가가 양성되고 있는 실정이다. 이 같은 전문화에는 논리적이고 현실적인 이유가 있다. 그러나 이런 경향은 전체적인 시각에서 경험하는 것을 어렵게 만들고 있다. 따라서 전체적 마케팅 캠페인은 하나로 모아져야 한다는 관점이 필요하다. 이를 위해 전 과정에 걸쳐 전체적으로 사고하는 능력이 필요해졌다.

이런 면에서 이 책의 가치를 발견할 수 있다. 이 책은 캠페인 구성 요소와 관련하여 전략적인 기초 지식을 제공하며, 향후 특정 분야에서 일하고자 하는 사람을 위한 지침서로서 가치를 지닌다. 마케팅과 캠페인 기획에 대해 광범위한 지식을 가지고 있을수록 각각의 분야에서 효율적으로 대응할 수 있다.

나는 이 책의 이전 판을 서가에 보관하고 있다. 이 분야에서 25년 동안 일해 왔고 많은 캠페인을 진행했지만, 생각을 정리할 필요가 있을 때마다 이 책에 실린 원칙을 참고한다. 예를 들어 문제를 제대로 규정하면 문제의 절반은 해결된 것이므로 2장과 3장에 언급한 상황 분석은 캠페인을 진행하는 데 훌륭한 기초가 된다. 또한 5장에서 설명하고 있는 메시지 전략 선택 시 고려사항은 특별한 가치를 지닌다. 모든 성공 캠페인은 마케팅 문제를 풀어 나가는 방법을 선택하는 명확한 관점을 가지고 있기 때문이다. 이 장은 현명한 선택을 위한 지침을 제공한다. 현대 마케팅은 소비자의 다양한 접촉을 통해 메시지를 전달한다. 이러한 맥락에서 8장과 9장은 현대 매체와 마케팅 수단에 대하여 효과적으로 조망하고 있다.

수업시간에 나의 은사이신 돈 패런티 교수는 광고업계에서 성공하고, 잠재해 있는 능력을 발휘하는 데 필요한 다음의 두 가지를 강조했다. 광고에 대하여 고민하고, 개념적으로 생각하는 것을 배워라.

이 책은 위의 두 가지를 모두 실행하는 데 도움을 줄 것이다.

존 파이퍼(John Phifer)
상임이사, 모로코 파트너스 애드버타이징
전 레오 버넷 USA 이사 및 모로코 최고마케팅경영자
전 레오 버넷-멕시코 이사

글쓴이의 머리말

이 교재의 목적은 학생들을 훈련, 지도하여 독자적 능력을 심어주는 데 있다.

자, 당신은 지금 출발점에 서있다. 생애 처음으로 마케팅플랜 전반을 기획한다. 축하한다! 이제 '전문가'가 되었다. 이제 당신의 노하우로 기업의 실제적 문제들을 해결해 주기를 바라는 진짜 광고주가 생겼다… 하지만, 이 일을 어떻게 성공적으로 이루어 낼 수 있을지 조금은 걱정스럽다. 인턴십, 학교 광고동아리, 또는 여기저기에서 학생 프리랜서로 일해 본 경험은 있지만, 수업시간에 배운 모든 것을 기억하지 못할까 걱정한다. 아는 것을 어떻게 적용해야할지 또한 걱정스럽다. 당신이 맡은 개인적인 임무와 역할이 프로젝트에 어떤 기여를 할 수 있을지조차 확실치 않다. 가공할만한 업무량에 대한 이야기도 들어왔다. 그러나 반대로, 수많은 친구들이 그 험난한 과정을 겪고 난 후, 그들의 얼굴에 깃든 성취감 또한 봐왔을 것이다. 그들의 손으로 직접 만든 노력의 산물에 감탄하며 자부심으로 한껏 고취된 모습도 보았을 것이다. 무엇보다, 그들이 만든 기획서가 잠재적 고용주에게 전달됨으로써 취업의 기회를 극대화시키는 것도 보았을 것이다.

결론적으로, 하나의 광고캠페인을 만드는 과정에는 수많은 일들이 요구된다는 것은 의심할 바 없는 주지의 사실이다. 하지만 분명 그만한 가치가 있는 일이다… 그리고 아마도 그 이상! 그래서 좋아한다. 아니, 사랑한다. 일을 해나가는 순간순간을 사랑하고, 과정 하나하나로부터 배워라. 캠페인이 마무리될 때쯤이면 당신이 생각했던 그 이상 제품에 관하여 알게 될 것이고, 목표 소비자의 일거수일투족을 알게 될 것이다. 심지어 당신 인생에 있어 진정으로 하고 싶어 하는 일이 무엇인지 찾을 수 있을지 모른다. 그렇게 경력을 쌓아가는 동안, 다양한 제품 분야의 수많은 소비자를 이해하는 전문가가 되어 있을 것이다. 얼마나 멋진 일인가? 더욱더 현명하고 다재다능한 사람이 되는 것이.

이 책은 당신이 이러한 일련의 과정을 거치는 동안 충실한 가이드 역할을 해줄 것이며, 때로는 가장 믿을 만한 친구가 될 것이다. 크리에이티브 구상을 할 때나, 효과적인 커

뮤니케이션 기획서를 만들고자 할 때 이 책은 문자 그대로 실무적 지침서가 될 것이다. 이 책은 입문서라기보다는, 조사, 전략기획, 구상, 제작, 매체 기획, 평가 과정 등 광고캠페인 전반에 걸쳐 꼭 필요한 실제적 도움을 주고자 쓰였다. 하나의 편람으로써, 각 장의 순서에 따라 이 책을 읽어도 좋으며, 마케팅챌린지, 환경 분석, 잠재기회 분석, 전략적 해결책 제시 방안 등 때에 맞게 필요한 장들만 선택하여 읽어도 좋다.

당신에게 만약 캠페인 업무가 지금 주어진다면, 아마도 당장이라도 브레인스토밍을 통한 크리에이티브한 아이디어를 만들어내려는 유혹에 빠질 것이다. 서두르지 마라. 절대. 이 책에 제시된 모든 기본 과정에 충실하라. 그러면, 실패하지 않을 것이다. 당신의 캠페인은 제품의 본질과 소비자에 대한 깊은 통찰을 기반으로 만들어질 것이며, 그들과 가장 밀접한 장소에 당신의 메시지를 노출시킴으로써 효과를 극대화시킬 것이다. 제품은 팔려 나갈 것이며, 브랜드 가치도 높아질 것이다. 광고주는 당신을 영웅처럼 받들 것이다. 조금도 걱정하지마라. 모든 준비가 되었다. 미국인들에게 가장 사랑받고 믿을 수 있는 브랜드 중 하나인 홈디포(Home Depot) 카피처럼, "당신은 할 수 있다. 우리는 도울 수 있다(You can do it, We can help)."

이 책의 주요 내용

1장

1장에서는 새로운 마케팅 환경과 소비자 사고방식을 전반적으로 소개한다. 특히 최근 마케팅 환경의 변화가 어떻게 커뮤니케이션 기획에 영향을 끼쳤는지 조명한다. 과정 중심적 사고, 시장 세분화, 커뮤니케이션 전략, 통합 마케팅 커뮤니케이션, 캠페인 크리에이티브 컨셉, 다양한 전술의 통합적 사용 방법 등 캠페인을 준비해나가는 데 필요한 핵심적 개념을 중점적으로 다룬다. 1장의 끝부분에서는 캠페인기획에 필요한 여러 과정을 요약하여 전반적 개요를 소개함으로써 이해를 돕고자 한다.

2, 3장

2장과 3장에서는 상황 분석의 구조와 구성 요소를 다루고 있다. 특히 브랜드와 소비자의 상호이해를 충족시키는 방법을 찾는 데 중점을 두었다. 2장은 기업과 소비자 분석에 초점을 두어, 2차 자료수집 방법, 온라인이나 대학도서관을 이용한 자료 수집 방법, 신디케이트 조사 회사의 자료를 이용하는 방법 등 모든 가능한 양적, 질적 방법들을 폭넓게 소개한다. 일반 소비자 시장에 대한 설명뿐만 아니라, (1) 글로벌, 흑인, 히스패닉, 아시안 아메리칸, 게이/레즈비언과 같은 특수 시장과 (2) 다층구조 광고, 공익 연계 마케팅, 그린 마케팅 등을 위한 메시지 전략 방법 또한 다루고 있다. 3장에서는 시장 분석, 제품 분석, 경쟁자 분석 등 캠페인을 기획하기 전에 꼭 알아야 할 사항들을 소개한다.

4장

4장은 조사로 시작하여 통찰력 있게 문제점과 기회요인을 찾아내어 실현 가능한 목표를 세우는 과정을 다루고 있다. 훌륭한 목표를 세우는 요소들과 중요성을 논의하고, 마케팅 목적과 커뮤니케이션 목적의 차이점에 대해서도 언급한다. 다시 말해, 2개의 다른 목적들이 어떻게 수립되며, 그 목적이 미치는 영향과 결과 측정 방법에 대해서도 언급한다. 또한, 소비자의 구매 사이클을 고려하여 커뮤니케이션 목표를 수립하는 것이 얼마나 중요한지 강조한다.

5장

5장은 체계적인 마케팅 커뮤니케이션 기획을 통한 브랜드 창출 방법에 관해 설명한다. 마케팅 전략과 커뮤니케이션 전략의 차이점과 함께 판매 주안점의 결정, 브랜드 자산의 관리, 마케팅 커뮤니케이션 예산, 메시지의 포지셔닝, 목표 시장 설정과 메시지의 전달 등 커뮤니케이션 전략에 있어 중요한 다섯 가지 상호 연관된 요인을 살펴본다. 특히, 전통적인 광고 푸시(push) 전략에서 벗어나, 소비자의 제품 수용 빈도를 높일 수 있도록 강력한 은유적 구애를 사용하여 소비자를 '초청(invitational)'하는 접근 방법에 대하여 설명한다.

6장

6장에서는 전략적 메시지 전달 방법과 스마트하면서도 영감 있는 크리에이티브 브리프 쓰는 법을 다룬다. 핵심사항의 명료화, 잠재적 필요나 문제의 파악, 알맞은 목표 수립, 목표 시장 선정, 브랜드약속 개발, 적절한 지원 등 브리프 전반에 걸쳐 살펴본다. 제품 중심 또는 소비자 중심의 다양한 전략적 접근 방법에 대해서 알아보고 오늘날 소비자의 특성에 관해서 이야기한다. 특히 이 장에서는, 성공적인 크리에이티브 컨셉 고안에 필요한 '빅아이디어(big idea)'와 일관성 있는 캠페인을 만들기 위해 필요한 디자인 요소와 톤(tone) 등 다양한 요소에 관해 심도 깊게 알아본다.

7장

7장에서는 강력한 캠페인 크리에이티브 컨셉을 도출해내기 위한 다양한 브레인스토밍(brainstorming) 방법들을 다룬다. 단어연상, 집합화, 분리법, 과장법, 역설적 의도, 시각적 은유 등 다양한 기법들에 대해 살펴본다. 특히 이 장에서는 헤드라인개발, 지면이나 옥외광고물을 위한 시각적 스토리텔링, 방송을 위한 스크립트나 스토리보드 작성법과 같은 아이디어를 구체화시킬 수 있는 다양한 실무적 기법들을 소개한다.

8장

8장에서는 성공적인 캠페인을 위한 다양한 마케팅 커뮤니케이션들의 특성을 살펴본다. 광고뿐만 아니라 PR, 직접 마케팅, 인적판매, 판매 촉진 등 소비자들이 접촉 가능한 다양한 측면에서 다양한 마케팅 커뮤니케이션들의 적용 방법을 알아본다. 특히 소셜 미디어, 바이럴, 게릴라, 그래스루트, 실험, 이벤트, 인플루언서 마케팅 등 최근 유행하는 마케팅 커뮤니케이션에 대해서도 살펴본다. 무엇보다 이 장은 다양한 전술과 커뮤니케이션 목표를 매치시킬 수 있는 간편한 가이드를 제시함으로써, 보다 쉽게 캠페인 목표에 맞는 마케팅 믹스를 고안하는 데 도움을 준다.

9장

9장은 매체 기획에 필요한 목표, 전략, 전술들을 간단히 살펴보는 것으로 시작하여, 기본적인 매체결정을 내리는 방법에 대해 설명한다. 먼저, 양적, 질적 모두를 고려한 매체목표 설정 시에 필요한 요소들을 살펴보고, 다음으로 매체전략에 필요한 요소들을 구체적으로 알아본다. 도달률(reach), 빈도(frequency), GI(gross impression), 시청률(ratings),

CPM, CPP 등과 같은 기본적인 매체용어를 심도 깊게 설명하고, 플라이팅(flighting), 펄싱(pulsing), 지속형(continuous) 등 다양한 매체집행 방법에 대해서도 알아본다. 이 장의 끝에서는 가장 중요한 어떻게 매체전략을 실행해야하는가에 대한 설명을 한다.

10장

10장은 광고캠페인 효과를 평가하는 방법을 다룬다. 광고주가 요구하는 투자자본수익률(ROI)을 작성하기 위해 필요한 메시지 수용과 설득, 전술가치 평가 등과 같은 다양한 평가 방법을 알아본다. 이 장에서는 광고캠페인 효과 측정에 사용되는 다양한 테스트와 기법을 종합적인 관점에서 제시하고 이러한 서비스를 제공하는 상업적 조사회사를 간략히 소개한다. 같은 주제를 다루고 있는 여타 책들과는 달리, 캠페인 제작과정 순서에 맞추어 그때그때 필요한 조사 방법들을 제시하는 방법으로 이 장은 구성되었다. 컨셉 조사, 카피 조사, 동시 조사, 사후 조사뿐만 아리라 전통적 방법과는 다른 오늘날의 마케팅 전술들을 평가하는 방법도 이 장에서 다루고 있다.

11장

11장에서는 종합적인 마케팅 기획서(marketing plans book)를 만드는 방법과 꼭 포함되어야 할 모든 구성 요소들을 알아본다. 특히 이 장에서는 앞 장에서 제시된 자료들을 해석하고 제시하는 방법에 보다 많은 중점을 둔다. 이 장에서는 '모든 것을 포함하는 기획서를 만들기 위한 10가지 팁'을 제시한다. 특히 이번 개정판에는 디자인 구성 요소, 템플릿 구축, 전반적인 캠페인 컨셉 제시 방법, 크리에이티브 제작 등에 도움이 되는 제안들이 새롭게 수록되었다. 미국 전역에서 광고 캠페인을 가르치거나 AAF 공모전과 관계된 다양한 학계 사람들의 아이디어와 의견을 모아 이 장을 구성하였다.

12장

12장은 강력하고 승리하는 프레젠테이션 만드는 방법에 관해 알아본다. 광고주, 대행사, 교육적 청중, 발표장소, 프레젠테이션을 위한 다양한 소프트웨어 등에 관해 살펴본다. 특히 인상깊은 프레젠테이션을 만들기 위한 필수적 요소와 구성순서에 관해서도 알아본다. 또한 시각적으로 뛰어난 발표물 만드는 법, 조사 자료를 제시하는 방법, 강력하게 스토리텔링하는 방법에 관해서도 조언한다. AAF에 주관하는 전미대학생광고경연대회와 관련된 특별한 문제점들에 관해서도 폭넓게 논의한다.

2014

돈 패런티(Don Parente)

컬스텐 스트라우스바우-허치슨(Kirsten Strausbaugh-Hutchinson)

옮긴이의 머리말

환경이 너무 빠른 속도로 변하고 있다. 사회 환경, 경제 환경, 광고 환경, 매체 환경, 소비자 환경이 하루가 다르게 바뀌고 있다. 광고를 둘러싼 이런 변화는 광고 전략이나 제작 등 광고 작업 전 분야에 큰 영향을 미친다. 광고 전공자나 광고 실무자가 환경 변화의 내용과 방향을 알아야 하는 이유가 바로 여기에 있다.

그렇다면 현재 이루어지고 있는 변화의 큰 흐름은 무엇일까? 지나친 단순화의 위험이 있기는 하지만, 대략 다음 몇 가지로 요약할 수 있다. 첫째는 통합(integration)의 방향이다. 과거 산업사회가 전문화와 세분화의 시대였다면 현재 정보사회는 통합, 융합, 퓨전, 수렴(convergence)의 시대다. 기술과 기술, 제품과 제품, 매체와 매체, 온라인과 오프라인의 통합과 융합이 확산되고 있는 시대가 되었다. 그래서 마케팅 커뮤니케이션도 이제는 통합 마케팅 커뮤니케이션(IMC)이어야 한다.

둘째는 쌍방향화, 즉 상호작용(interaction)의 방향이다. 대중매체시대의 일방향이 아니라 모든 사물과 정보가 쌍방향으로 소통되고 있다. 생산자와 소비자, 송신자와 수용자가 따로 있지 않고 서로 상호작용하는 시대가 되었다. 인터넷이 제공하는 환경에서 수용자가 정보를 수신하고 저장하고 가공하고 다시 송신하는 다양한 역할을 동시에 해내고 있다. 광고의 전략과 전술이 과거의 일방향적 광고 커뮤니케이션에서 쌍방향적 커뮤니케이션으로 바뀌어야 하는 이유가 바로 여기에 있다.

셋째는 브랜드에 대한 강조와 중시 경향이다. 이 시대는 모든 것이 브랜드이며, 마케팅이나 광고 활동의 모든 노력이 브랜드의 경쟁력을 강화하는 데 집중되고 있다. 브랜드 자산, 브랜드 가치, 브랜드 이미지, 브랜드 에센스 등 브랜드와 관련된 용어와 개념이 넘쳐나고 있는 것만 봐도 바야흐로 브랜드 시대임을 분명히 알 수 있다. 브랜드를 위해서라면 어디까지가 마케팅이고 어디까지가 커뮤니케이션인지 경계를 구분할 필요가 없는 시대가 되었다. 그래서 이제 광고는 단순히 상품 정보를 전달하고(to inform) 설득하고(to persuade) 영향을 미치는(to influence) 커뮤니케이션이 아니라, 브랜드를 만들고 키우고 유지하여 경쟁력 있는 파워 브랜드로 관리하는 브랜드 관리 비즈니스로 역할이 확대되고 있다.

넷째는 오락화 경향이다. 유머와 재미는 현대를 살아가는 데 선택이 아니라 필수 요소가 되고 있다. 연예오락산업은 말할 것도 없고 교육 등 모든 분야에서 유머와 재미의 가치가 재평가되고 있는데, 이런 흐름은 광고 등 글로벌 커뮤니케이션 분야에서 두드러지게 나타난다. 광고는 소비자를 즐겁게 해주어야 할 뿐만 아니라, 소비자가 광고를 좋아하고 즐길 수 있도록 해주어야 하는 시대가 된 것이다.

이 같은 시대적 특징 외에도 모든 분야에서 가상공간 활용이 확대되고 있으며, 각종 기기와 사회 시스템이 네트워킹되는 등 여러 가지 새로운 경향이 우리 사회의 변화를 주도하고 있다.

광고는 사격장에서 고정된 과녁을 향해 쏘는 사격 연습이 아니다. 변화무쌍한 사회 속에서 살아 움직이는 소비자, 그것도 변덕 심한 개인을 대상으로 하는 고도의 설득 행위다. 광고는 광고를 둘러 싼 환경 변화에 적절하게 대응하느냐 그러지 못하느냐가 그 어느 분야보다 중요한 산업이 된 것이다. 1900년대 초 현대광고의 이론과 틀을 갖추기 시작한 이래로 지금까지 광고 분야에서 개발 · 발전된 여러 가지 이론과 전략, 전술이 바로 이런 환경 변화와 광고의 관계를 대변해 주고 있다. 또한 이런 관계는 오늘날 통합화, 쌍방향화, 브랜드 강조라는 시대적 조류와 광고 분야의 통합 마케팅 커뮤니케이션(IMC)이라는 새로운 전략 개념의 관계로 나타나고 있다. 1930년대 AIDMA나 1960년대 DAGMAR 등 단선적인 단계효과모형이 주도해 온 광고 전략의 개념이 1990년대 이후 IMC라는 새로운 통합 개념으로 발전하게 된 것은 모두 사회 변화와 관련이 있음을 보여준다. 이렇게 광고 분야의 이론이나 전략, 전술 개념이 광고를 둘러 싼 환경 변화에 절대적인 영향을 받고 있다는 것은 더 이상 의문의 여지가 없다.

그러나 변하는 것이 있다면 변하지 않는 것도 있게 마련이다. 아무리 세상이 바뀌고 환경이 변해도 인간의 본성은 변하지 않는다. 인간의 본성이 변하지 않는다는 것은 그 인간을 대상으로 하는 커뮤니케이션의 본질 역시 변할 수 없다는 것을 의미한다. 변화만 생각하다가 변하지 말아야 할 것까지 바꾸는 어리석음은 마치 목욕물을 버린다고 어린아이까지 버리는 어리석음과 다르지 않다. 어느 분야든 간에 기본이 중요한 이유다.

'광고 캠페인 전략' 개정판은 무엇보다 기본에 충실한 광고 전문 서적이다. 광고 캠페인은 단계적으로 전개되는 일련의 전략 과정이다. 그 동안 광고학계나 광고 작업 현장에서 발전해 온 광고 전략의 각 단계를 12장으로 나누어 깊이 있게 다루었는데, 특히 다양한 사례와 방대한 자료로 각 단계별 내용의 폭을 넓히고 깊이를 더했다. 동시에 이 책은 커뮤니케이션 혁명이라고 부르는 격변 상황 속에서 광고산업과 광고회사, 광고인의 역할과 의식 구조가 어떻게 변해야 하는지를 알게 해준다.

이를 위해 저자는 광고 캠페인의 핵심적인 기초 이론을 충실하게 정리했고, 실무에 도움을 줄 수 있는 최신 정보와 기법, 캠페인의 각 단계에 관련된 지침(체크리스트)과 사례 등을 폭넓게 포함시켰다. 특히 이번 개정판에는 최근 광고계에서 활용도가 높은 새로운 개념과 현상을 추가했다. 공익 연계 마케팅과 그린 마케팅, 매복(앰부시) 마케팅과 PPL, 버즈 마케팅 등을 상세하게 소개하고 있다. 또한 국내 현실과의 관련성이 다소 약하다고 판단되어 초판 번역에서 제외했던 프레젠테이션 부분을 새로 추가했다. 그래서 이 책은 기본에 충실한 이론서인 동시에 변화의 흐름과 방향을 충실히 반영하고 있는 실용적인 책이다.

저자는 초판 서문에서 "변화가 있는 곳에는 반드시 기회가 있다"는 점을 강조하면서 광고를 전공하는 학생들이야말로 이 무한한 기회와 가능성을 가질 수 있다고 한다. 이 책은 그 무한한 기회와 가능성을 현실화하는 데 일정한 기여를 할 것으로 확신한다. 이 책이 광고 현장에서 실무를 담당하고 있는 광고인과 광고 캠페인 전략을 평가하고 승인해야 하는 광고주에게도 좋은 참고가 될 것이다. 번역의 오류나 부족한 점은 독자들의 지적을 받아들여 바로잡을 것을 약속하며, 많은 관심과 조언을 바란다.

2016년 12월

조병량 한양대학교 광고홍보학과 명예교수
한상필 한양대학교 광고홍보학과 교수
이형석 한양대학교 광고홍보학과 교수

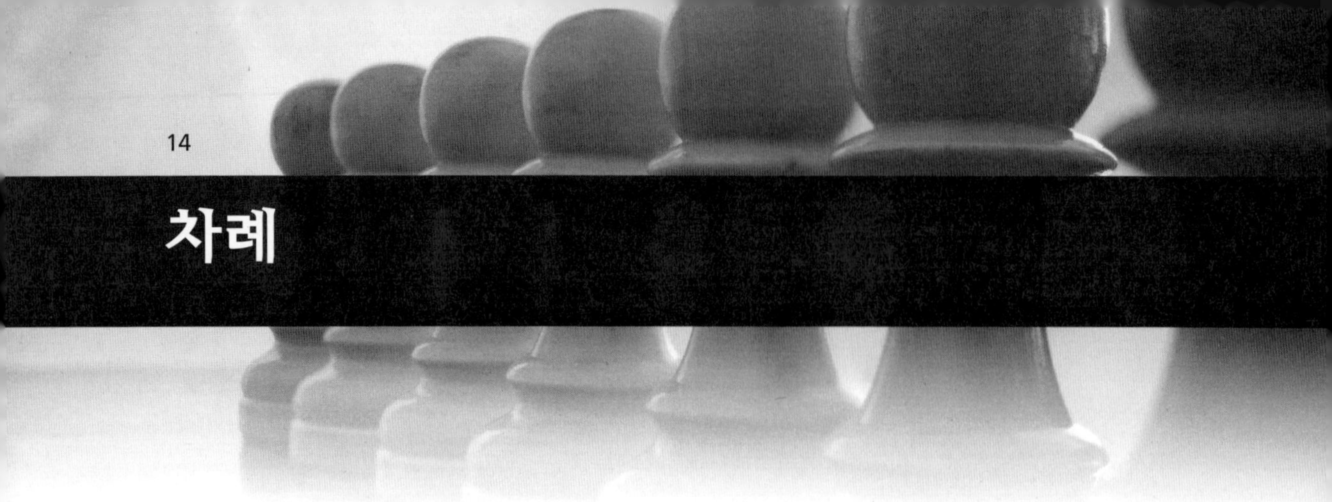

차례

추천사 3
글쓴이의 머리말 5
옮긴이의 머리말 11

제1장
새로운 매체 환경과 소비자 사고방식 이해하기 23
새로운 소비자 태도 23
새로운 판매자 사고방식 24
마케팅 커뮤니케이션 관점에서 본 광고 25
프로세스 지향 26
프로세스 내에서 전략 세우기 28
커뮤니케이션 혁명과 기회 29
새로운 마케팅 환경 30
올바른 제품 30
올바른 가격 32
올바른 유통 33
올바른 촉진 34
포스트모던 광고 36
올바른 사고방식 38
마케팅 컨셉 39
소비자 지향 39
시장 세분화 40

틈새 마케팅 40
대량 맞춤 생산과 개인화 41
마케팅 통합 43
기타 강조사항 43
커뮤니케이션 컨셉 45
통합 마케팅 커뮤니케이션 48
광고캠페인 컨셉 51
광고캠페인의 특성 52
올바른 캠페인 시작과 일관된 집행 55
전략 지향 55
회사의 전략 기획 56
광고캠페인 개관 59

제2장
조사의 기본과 설계하기: 기업과 소비자의 이해 63
조사 기획의 개발 64
기업 정보 수집의 시작 64
상황 분석 69
배경 정보의 특성 70
분석 방법의 선택 72
기업 분석 73
매출과 이익: 분석의 시작 74
도서관 자료 찾기의 시작 76
기업 분석에서 소비자 분석으로의 전환 78
소비자 분석 79
소비자는 누구인가 80
제품 사용 81
특수 시장 89

글로벌 89
아프리카계 미국인 94
히스패닉 97
아시아계 미국인 100
레즈비언/게이/양성애자/성전환자 103
제품 사용 106
소비자 행동의 이해 108
소비자는 언제, 얼마나 구매하는가? 108
소비자는 무슨 동기로 구매하는가? 109
소비자는 제품에서 무엇을 기대하는가? 109
소비자는 인생을 어떻게 보는가 112
순서대로 조사를 집행하는 이유 125
기업 분석과 소비자 분석의 완성 126

제3장
상황 분석 설계하기: 시장, 제품, 경쟁상황의 이해 131
시장 분석 131
제품 사용 데이터 132
인구통계학적 자료와 심리통계학적 자료 135
지리-인구통계학적 자료 135
제품/브랜드 분석 140
제품의 검토 143
브랜드 개성 144
제품 조사 146
제품 · 브랜드 기회의 탐색 151
제품 이외 기타 마케팅 믹스의 평가 152
경쟁 분석 153
제품 간 비교 154
가격과 유통에 대한 재검토 157

촉진 비교 157
분석의 마무리 158

제4장
분석 결과를 통한 마케팅과 커뮤니케이션 목표 설정하기 161

브랜드 자산의 추구 161
가격 경쟁의 회피 162
품질을 바탕으로 한 경쟁 163
변함없이 중요한 브랜드명 163

문제점의 정의와 기회 요인의 확인 164
외부 요인 166
내부 요인 167

기회 요인 168
목표 시장의 결정 172
목표 시장의 설명 173

목표 설정(어떻게 연관성 있는 목표를 설정하는가?) 174
목적의 정의 176
목적의 기능 176
마케팅 목표 대 광고(커뮤니케이션) 목표 177

구매 과정에 따른 적합한 목표 설정 178
목표 설정 180
목표 작성하기 181
마케팅, 커뮤니케이션, 기타 목표 수립을 위한 원칙과 형식 181
건전한 목적 조사 187
임팩트의 차이-통합된 전체 대 개별적 활동 187
목표 설정과 근시안 188
대행사 보상, 책임, 투자자본수익률(ROI) 189

핵심적인 의사 결정의 재검토 189

제5장
마케팅 전략 수립하기 193

마케팅 대 광고(커뮤니케이션) 전략 193
광고 효과의 극대화를 위한 방법 195
다섯 가지 주요 전략적 요소들 200
판매 주안점의 결정 202
브랜드 자산의 관리 204
브랜드 충성도 205
브랜드명 인식 208
인지된 품질 211
브랜드 연상 213
브랜드 자산 보호 215
단기적 사고 대 장기적 투자 215
누가 브랜드를 보호하는가? 217
브랜드 보호의 설명 217
메시지 포지셔닝 218
제품 포지셔닝 220
목표 설정과 메시지 전달 221
마케팅 커뮤니케이션 프로그램 비용 조달 222
예산을 결정하는 전통적 접근법 223

제6장
커뮤니케이션 전략 및 메시지 기획하기 229

크리에이티브 접근법의 결정 232
FCB 그리드 — 유용한 도구 232
크리에이티브 접근법 235
캠페인 크리에이티브 컨셉 239

컨셉의 핵심적 요소들 240
물리적 연속성 241
심리적 연속성 243
오늘날 소비자에게 말하는 새로운 법칙 250
말하려 하지 말고 입증하라 250
광고처럼 보이거나 들리게 하지 마라 250
광고를 로고로 만들어라 251
브랜드를 사람처럼 대하라 251
단점에 솔직해져라 251
소비자를 관련시켜라 252
소비자가 친밀하게 느낄 수 있도록 유머를 사용하라 252
성적 소구는 여전히 효과적이지만 조심스럽게 사용하라 252
너무 자랑하지 마라 255
원칙을 파괴하라 255

제7장
캠페인 컨셉 고안하기 257
크리에이티브한 발상을 위한 준비 257
브레인스토밍의 중요성과 방법 258
크리에이티브한 사고방식 259
브레인스토밍 기법들 260
빅아이디어 실행 - 광고 만들기 268

제8장
소비자 접점 찾기: 전술적 믹스 수립 273
소비자 접점 기획하기: 메시지 중심 vs 매체 중심 접근법 275
새로운 소통 방법의 이해 277
새로운 통합 마케팅 믹스 개발 280

제9장
매체 전략과 전술 기획 309
매체 결정과 캠페인 과정 310
기본적인 매체 기획: 목표, 전략, 전술 310
매체 목표 이해 311
매체 전략 이해 312
매체 전술 이해 315
매체 기획의 실행 316
매체 목표 결정 316
매체 전술의 결정 342

제10장
광고캠페인 효과 조사 355
전략적 관점에서 효과 평가 357
효과 측정 여부 문제 358
효과 측정 수행 이유 358
효과 측정을 실시하지 않는 이유 359
측정 관련 논쟁의 불필요성 361
조사 연구 시스템의 개발 361
평가의 어려움 362
광고캠페인 효과 측정을 위한 시스템 개발 363
측정 시기와 대상 363
광고 효과 측정법과 광고회사의 실무 활용 371
동시 조사 373
사후 조사 377
디지털과 소셜 미디어 평가 381
특수한 마케팅 커뮤니케이션 전술의 측정 382
결론 383

제11장

통합적 광고 기획서(플랜북) 작성하기 387

광고 기획서에 대한 접근 387

광고 기획서의 관점 389

기획서 작성 390

탬플릿 391

서론 392

상황 분석 393

상황 분석 작성 402

SWOT 분석 403

목표 시장의 특성 407

마케팅 목표, 광고 목표 410

마케팅 커뮤니케이션 전략 개요 411

메시지 전략 412

캠페인 크리에이티브의 집행 414

매체 전략 416

예산 개요 420

캠페인의 평가 422

부록 423

광고 기획서 작성 시 고려사항 423

표지 424

목차 424

요약 425

AAF NSAC 기획서의 모든 것 426

성공적인 광고 기획서를 위한 10가지 팁 426

광고 기획서의 역할 428

제12장 프레젠테이션 점령하기 431

사전 프레젠테이션 432

청중의 이해 432

프레젠테이션 장소 평가 434

프레젠테이션 도구 선택 435

강한 인상 남기기 439

프레젠테이션 기획 440

프레젠테이션 순서 결정 440

프레젠테이션 내용 결정 442

시각적 요소의 사용 456

프레젠테이션 리허설 461

발표 장소에서 최종 확인 462

프레젠테이션 실시 463

시각 자료 제시 463

발표자 465

전미 학생광고 경연대회(NSAC) 466

린다 매독스 467

토머스 그로스 472

마지막 당부의 말 478

찾아보기 479

제1장
새로운 매체 환경과 소비자 사고방식 이해하기

광고는 계속해서 진화(e-volving)하는 중이다. 디지털 영역은 산업의 새로운 우편번호가 되어, 기업, 소비자, 그리고 모든 브랜드와 함께 살아가고 발전해나간다. "좋아요"는 새로운 통용어가 되었고, 일반 사람들의 퍼스널 브랜딩(personal branding)은 이미 보편화되었다. 지역 유명인사가 등장하기 시작하고, 그들의 일거수일투족은 트위터 세상에서 퍼져나간다. 블로그는 가장 빠르게 소식을 듣고 정보를 얻는 새로운 문화 공간이 되었다. 고객들은 그들이 자주 가는 좋아 하는 장소를 블로그에 올림으로써 융숭한 대접을 받고, 블로그에서 언급된 브랜드들은 거리의 유행이 된다. 핀보드(pinboards)는 가장 최근의 표현 방식이 되었다. 사람들은 전화 한 통 또는 간단한 문자 하나로 미래의 슈퍼스타를 선택할 수 있고, 그들의 모든 필요는 스마트폰 하나로 해결된다. 인터넷은 언제든지 필요한 정보를 제공하며, 사람들은 손가락을 까딱하는 것만으로도 일하고, 배우고, 오락을 즐길 수 있다. 무엇보다, 브랜드에 있어 인터넷은 소비자의 일거수일투족을 파악하여, 그들과 소통하고, 관계 형성을 가능케 한다. 기술의 발전을 통하여, 우리는 소비자가 관심 있어 하는 콘텐츠를 즉시 제공할 수 있고, 그들과 실시간 대화도 가능하며 개개인에 취향에 맞는 맞춤형 제품을 공급할 수 있다. 다시 말해 바로 지금 필요한 강력한 메시지를 전달할 수 있게 되었다.

새로운 소비자 태도

오늘날 소비자가 브랜드에 바라는 기대는 과거와 비교하여 유례없이 높다. 소비자는 기업과 양방향 소통과 실시간 대화를 원하고 기대한다. 현명한 기업들은 이러한 소비자 요구를 수용하여 자신들의 웹으로 초대, 대화를 통하여 그들의 필요와 욕구를 파악한다. 누구나 손쉽게 얻을 수 있는 정보로 인하여 비즈니스는 더 없이 투명해졌다. 소비자는 브랜드와 논쟁도 하고, 친구가 되기도 하고, 브랜드를 형성하기도 하고, 브랜드 자체가 되기를 열망하기도 또는 브랜드의 일부분이 되기도 한다. 기업은 더욱더 가까워졌고, 접근가능하고, 신속히 반응한다. 다시 말해, 소비자는 자연스럽게 브랜드를 자신들의 파트너로 여기고 대중문화의 일부분이라 생각한다. 소비자의 사고방식은 변화되었다. 인생 역시 변화되었다.

새로운 판매자 사고방식

사람들은 세상이 변화하고 있다고 말한다. 이러한 변화가 마케터들에게는 주는 의미는 무엇일까? 간략히 답하자면, 마케팅 믹스는 점점 복잡해지고, 더욱 비용이 많이 들고, 보다 많은 영역을 포함해야 한다는 뜻일 것이다. 예전보다 더욱더 많은 시간과 노력의 투자가 요구된다. 소비자와 밀접한 소통을 하는 것이 무엇보다 중요해졌다. 시시각각 변화하는 기술과 시대 흐름 속에서 뒤처지지 않게 따라가는 것도 하나의 계속되는 도전이다. 블로그를 읽고, 온라인 뉴스레터를 구독하고, 팟캐스트를 보고, 화상회의에 참석하는 일들은 이제 실무자들이 주요한 일상 업무가 되었다. 하지만 이러한 수많은 정보와 기회를 어떻게 업무와 유용하게 연결지어 활용하는가는 또 다른 어려운 숙제이다. 우리는 이러한 변화를 수용하지 않으면 도태될 것이며, 더 나쁘게는 철저히 소외될 것이라는 것을 알고 있다.

팔로워(followers)를 가진다는 것은 무엇을 말하는가? 어떻게 그들을 만족시킬 수 있을까? 만약 페이스북 페이지를 만든다면, 어떻게 그들을 방문하게끔 할 수 있을까? 입소문을 만들어내기 위해 인위적인 뭔가를 만들어야 되는 걸까? 여전히 많은 의문이 남겠지만, 한 가지 확실한 것은 오늘날 광고는 그 어느 때보다 크리에이티브 하다는 것이다. 새로운 기술과 새로운 사고방식은 광고의 눈부신 발전을 가져오고 있다. 작가와 감독의 상상력에는 제한이 있을 지라도 우리의 상상을 표현하는 기술에는 아무런 제한이 없다. 특수효과나 편집 프로그램은 우리가 상상하는 모든 것을 구현할 수 있게 만들었다. 미래에는 또 어떤 멋진 신기술이 나올까? 아니면 오늘? 인간의 크리에이티브한 상상력과 이를 표현하는 기술적 노하우에는 아무런 부족함이 없지만, 이 두 가지를 어떻게 함께 묶어낼지 고민할 때이다.

마케팅 커뮤니케이션 관점에서 본 광고

사람들에게 강한 의미로 오래 기억되는 광고는 분명 성공한 광고일 것이다. 하지만, 보는 관점에 따라 성공한 광고란 의미가 달라질 수 있다. 광고주에게 있어서는 판매를 끌어올린 광고가 성공한 광고일 것이고, 광고대행사 입장에서는 클리오(Clio)나 애디(Addy)처럼 유명한 국제광고대회에서 수상을 하거나 업계 잡지나 전국 신문에 회자된 광고가 성공한 광고일 것이다. 하지만 오늘날 최고의 성공한 광고는 제품의 판매증진과 광고대회 수상작인 동시에 소비자를 꿰뚫어 보는 통찰력과 기발한 아이디어로 목표 시장의 다양한 접촉점을 공략하는 광고일 것이다.

전략적 측면에서 보면, 슈퍼볼(Super Bowl) 경기는 새로운 광고나 캠페인을 위한 하나의 전시회장이다. 슈퍼볼 광고는 사람들의 흥미를 끌고, 슈퍼볼 게임 이전에도 게임이 끝난 후에도 사람들은 슈퍼볼 광고에 대하여 이야기한다. 광고 실무자들이 흔히 논쟁하는 것 중에 하나는, 과연 슈퍼볼 광고가 정말 훌륭한 광고의 샘플인지 아니면 단순히 멋진 영상물일 뿐인가이다. 물론 대부분의 슈퍼볼 광고가 지극히 엔터테인먼트적이다는 부분에 대해서는 논쟁의 여지가 없다. 매년 새로운 기술과 크리에이티브 기법이 주목받는다. 아무리 슈퍼볼 광고가 웃기고, 이성적이고, 전문적이고, 소비자가 직접 만든 광고라 하더라도 사람들에 의해 철저히 분석된다. 하지만 몇몇 비평가들은 "정말 슈퍼볼 광고가 판매를 늘렸을까?"라는 질문을 던진다. 광고의 주요한 목적이 직접적인 판매증대가 아니라는 반박에도 불구하고, 여전히 많은 사람은 수십억의 광고비를 지출하는 슈퍼볼 광고에 판매증진의 효과를 기대한다.

광고 효과에 대한 논의는 복잡해질 수 있다. 목표로 정한 효과를 달성하고 평가하는 것은 어려운 일이다. 특히 시장이 성숙해지고 광고의 역할이 변하면서 광고를 집행하는 데 신뢰가 필요하게 되었다. 대중은 광고에 이미 익숙해졌을 뿐만 아니라 더러 지긋지긋해할 수도 있다. 수많은 광고에 노출되어 있을 뿐만 아니라 어디를 가든지 촉진 성격의 메시지를 접하고 있는 실정이다. 더군다나 대부분의 기업에서 판매하는 제품이 특징적인 면에서 큰 차이가 없다 보니, 이미지나 성격 이외에는 경쟁사와 차별화할 수 있는 부분이 없다. 따라서 유수의 광고회사에서는 경쟁사뿐만 아니라 기존의 광고물보다 크리에이티브한 광고를 만들기 위해 끊임없이 노력한다. 카피라이터, 아트 디렉터, 미디어 플래너, 판매 촉진 전문가 등은 모두 고정된 사고의 '틀' 밖에서 사고를 하거나, '파괴를 통한 창조'를 해야 한다. 이에 대한 압박감은 실로 어마어마하지만, 모든 것이 적절하게 어우러졌을 때의 느낌은 말로 형용할 수 없다. 모든 광고인은 평범하다거나 식상하다는 말을 듣고 싶어 하지 않는다. 모든 광고인은 기발한 생각으로 세계를 놀라게 하는 그런 광고인이 되고 싶어 한다.

진정한 크리에이티브는 일반적인 사고의 한구석에 존재한다. 아이디어가 일반적이면 결과물은 크리에이티브가 부족하거나 다른 것과 비교했을 때 차별화되지 않는다. 크리에이티브한 사고는 사람의 일반적인 방식을 좀 더 확장하거나 때로는 좁히고, 새로운 형태를 만들어내는 등의 노력을 요구한다. 크리에이티브는 종종 소비자의 행동과 특징, 현 사회에 대한 통찰력과 제품을 새로운 방식으로 연결시킨다. 이때 중요한 것은 신선하지만 연관성이 있어야 한다는 것이다. 차별화를 갖되, 접근이 용이해야 한다. 예상 가능한 부분이 있다면, 예상하지 못한 부분도 있어야 한다. 크리에이티브 한 사고를 통해 재미있지만 제품 판매에 영향을 주지 않는 광고를 제작할 수도 있다. 경영기법 중에서는 이러한 사고를 통해 철학이나 절차가 바뀌는 경우가 종종 있다. 사업과 시장 환경이 바뀌면서 이러한 변화는 불가피하다. 하지만 변화가 꼭 좋은 것만은 아니다. ROI, MBO, TQM, IMC, CRM, EVA, SVA, 리엔지니어링, 단절(disruption) 이론 등은 마케팅과 광고산업의 용어사전을 바꾼 대표적인 예이다. 하지만 오늘날에는 이들 아이디어가 처음에 소개되었을 때만큼의 영향력은 남아 있지 않다(동의하지 않는가?). 변화를 가져올 수 있다는 것은 굉장한 일이다. 그러나 대부분의 사람에게는 변화를 평가한 후 어떤 것이 유용하고 유용하지 않은 지, 급변하는 환경에서 어떻게 하면 살아남을 수 있는지 판단하는 일만으로도 충분하다. 변화를 평가하는 것은 변화를 예상하는 것만큼 어려운 일이다. 변화를 평가하고 예상하는 일은 변화를 일으키는 것만큼 어려울 수 있다. 여기서 도움이 될 만한 몇 가지 제안을 하려고 한다.

프로세스 지향

하나의 광고캠페인을 만들기 위해서는 수많은 **프로세스**(process)가 필요하며, 다양한 프로세스는 서로 연관되어 있기에 필요한 프로세스를 적시에 이용하는 유연성이 필수적이다. 조금 이상하게 들릴지는 모르겠지만, 변화를 어떤 프로세스 안에서 일어나는 것이라고 생각하면 이해하기 쉬울 것이다. 즉, 변화는 시간의 흐름에 따라 발생하고, 일반적으로 다양한 단계를 포함한다. 유능한 실무자는 그 같은 단계를 파악하고, 서로 어떤 연관성이 있는지 파악함으로써 **변화에 적응**한다. 그렇지 않다면, 예를 들어 광고 등 최종 결과물을 만들어내는 데만 집중하고, 필요한 것만 보는 선택적 사고를 하게 된다. 시장 변화와 함께 결과를 어떻게 도출해내는가에 주목하지 않으면 변화에 대처하는 유연성을 잃을 수도 있다. 이에 반해 프로세스를 이루는 구성 요소가 서로 어떻게 연관되어 있는지를 이해하게 되면 환경 변화에 적절히 대처할 수 있다. 그것이 철저한 분석에 따른 것이든 직관에 따른 것이든 간에 변화를 정확히 예상하고 평가할 수 있으며, 변화를 잘 이용할 수 있다.

성숙한 시장에서는 변화의 범위가 넓고 그 영향력이 커서 변화가 다방면에서 동시에 일어나는 것처럼 보인다. 그러나 어떤 복잡한 상황에서도 눈에 보이지 않는 규칙이 있게 마련이다. 오늘날의 환경에서 변화를 다루기가 힘든 이유는 대부분의 책에서 말하는 것과 달리 프로세스가 순환적이기 때문이다. 책에서 말하는 프로세스 단계는 대부분 시간의 흐름에 따라 전개되어 어떤 캠페인이든 시작과 끝이 있다. 그러나 오늘날의 시장, 특히 변화가 끊임없이 존재하는 시장에서 캠페인 프로세스는 평가와 결정의 연속이다. 최근의 시장 환경은 가깝게는 10년 혹은 15년 전보다 훨씬 빠른 속도로 변하고 있다. 따라서 캠페인 프로세스를 직선보다는 나선형으로 보아야 한다. 즉, 기본적인 배경 정보를 분석하고 어떤 결정을 내릴 때쯤이면 더 많은 정보를 다시 수집하고 분석해야 한다는 것이다. 이런 관점에서 보면, 캠페인 프로세스는 지속적인 발전을 필요로 한다. 따라서 공부하는 사람을 위해서는 프로세스의 시작과 끝이 명확한 것이 좋겠지만, 캠페인은 계속해서 발전하고 있다.

이 책은 다음과 같이 구성되었다.

- 1장은 오늘날 시장에서 통합적 커뮤니케이션 캠페인을 개발하고 실행하는 데 필요한 사고방식을 주로 다룬다.
- 2장은 광고주의 비즈니스 요구를 평가하고 목표 시장 세분화 방법을 소개한다.
- 3장은 시장, 제품, 시장경쟁에 대해 알아본다.
- 4장은 문제와 기회를 캠페인 목표로 발전시키는 방법에 대해서 설명한다.
- 5장은 마케팅 전략의 방향을 설정하고 수립하는 방법을 다룬다.
- 6장은 메시지 수립 방향과 다양한 크리에이티브 접근법을 알아보고 '캠페인 컨셉'을 소개한다.
- 7장은 캠페인의 방향설정에 있어 필요한 다양한 브레인스토밍 방법들을 알아본다.

- 8장은 오늘날 캠페인의 특징인 통합적 전략과 다양한 전술들의 활용 방법을 알아본다.
- 9장은 매체 목적과 전략 등 매체 기획서를 작성하는 방법을 다룬다.
- 10장은 캠페인 평가 방법을 제시한다.
- 11장은 종합적으로 기획서를 작성하는 방법을 살펴본다.
- 12장은 성공적인 프레젠테이션을 위한 다양한 방법을 제시한다.

이 책을 이해하는 데 염두에 두어야 할 점은 각각의 장이 **캠페인 프로세스**와 연관이 있다는 것이다. 이 프로세스의 목적은 **마케팅 커뮤니케이션 기획안**을 구성하는 것이다. 이는 캠페인 목표를 달성하기 위해 필요한 활동, 아이디어, 실행 방안에 대한 가이드라인을 제공한다. 마케팅 기획안에서 목표는 대부분 매출이나 시장점유율로 정의된다. 광고 기획에서도 목표는 매출이나 시장점유율로 정의되지만, 세부 목표는 인지도나 이미지 등 커뮤니케이션 효과로 정의될 수 있다. 성공한 기획은 모두 전략적이지만, 모든 기획이 전략적인 것은 아니다. 전략과 마찬가지로 기획도 장기간에 걸쳐 이루어진다.

프로세스 내에서 전략 세우기

모든 기업은 경쟁우위를 갖기 위해 전략을 세운다. 전략은 광고캠페인 개발에 관여된 모든 사람들이 같은 생각을 가지고 같은 목소리를 내게끔 돕는다. 전략적 사고의 핵심은 여러 대안 속에서 소비자와 경쟁사의 반응을 예견하고, 그에 따라 기획한다는 것이다. 전략적 사고를 하는 사람은 현재 시점, 그리고 예상이 가능한 미래에 대해 기획한다. 따라서 가격 홍정이나 쿠폰에 의존하는 기획은 효과가 단기간에 반짝하다 끝나버리기 때문에 전략적이라고 할 수 없다. 전략적이면서 개괄적인 방향을 제시하되 전술은 구체적이어야 한다. 효과적인 전략에서 중요한 것 중 하나는 모든 활동, 아이디어, 실행 방안을 통합해 동일한 목표를 달성할 수 있도록 조합시켜야 한다는 것이다. 통합적 기획을 통해 모든 활동을 조합하면, 효과 면에서 각각의 활동이 따로 이루어졌을 때 나타나는 효과를 모두 합한 것보다 훨씬 크다. 이런 기획을 하기 위해서는 캠페인이 여러 단계가 모여 이루어졌다는 것을 인식하고, 다양한 요소의 관계를 이해하려고 노력해야 한다. 우리는 이를 **지향적 운용**이라고 부른다.

커뮤니케이션 혁명과 기회

광고 분야는 계속 변화한다. 경제 부진, 급변하는 테크놀로지, 비즈니스 모델의 끊임없는 진화, 뉴미디어 등은 사람에게 변화를 요구한다. 지난 10년간 해고와 명예퇴직 등으로 허리띠를 졸라맸던 기업은 군살빼기 경영을 해오고 있다. 지난 10년간의 다운사이징과 2000년대 들어서 경제성장의 둔화로 인해 광고를 제대로 이해하고 있는 사람의 역할이 중요해졌고, 이는 광고계 입문자와 전문가가 커리어를 쌓는 데 큰 도움이 되었다. 그러나 광고회사든 광고주의 광고 담당 부서든 간에 '광고'는 상대적으로 규모가 작은 분야이다. 실습을 통한 교육 기회가 예전보다 많이 줄어들었다. 광고계에 입문하려면 광고의 프로세스에 대한 개념 이해가 사전에 충분히 되어 있어야 한다. 오늘날처럼 급변하는 환경에서 인턴십을 통해 배우는 절차와 기술은 그리 중요하지 않다. 내년에 오늘 배운 절차대로 일을 진행할 수 있을지 아무도 모르기 때문이다.

물론 대부분의 브랜드는 기본적인 사업 영역과 목표가 10년 전과 별반 다르지 않다. 이 책은 새로운 사고와 전통적 사고의 변화 과정을 설명하면서, 동시에 어떤 면에서 전통적 사고가 아직까지 타당한가를 강조하려고 한다. 오랫동안 광고 실무자는 광고를 기업의 문제 해결을 위한 수단으로 간주해왔다. 서비스나 아이디어를 판매하면서 문제가 생길 수도 있지만, 일반적으로는 제품을 판매하면서 가장 많은 문제가 발생한다. 이때 발생하는 문제는 대부분 광고캠페인을 통해 해결할 수 있다. 오늘날의 광고주는 광고, PR, 판촉, 인포머셜(infomercials), 간접광고(PPL: product placement), 이벤트 마케팅에 이르기까지 다양한 촉진 수단이 있다는 사실을 알고 있다. 이 책의 제목을 '광고캠페인 전략'이라고 정했다. 이는 광고를 다른 형태의 마케팅 커뮤니케이션과 분리해 집행할 수 있거나, 분리해 집행해야만 한다는 관점을 반영했다기보다는 기존의 방식을 따른 것이라고 할 수 있다. 소비자는 자신이 접하는 모든 접점 매체를 광고와 연관시키는 경향이 있다. 우리 입장에서 광고는 소비자에게 기업의 메시지를 전달하기 위한 다양한 마케팅 커뮤니케이션 수단들 중 하나에 불과하다.

광고는 비즈니스다. 광고 실무자는 이 사실을 잘 인식하고 있다. 사실 소비자, 광고주, 광고 관련 업체 덕분에 이 사실을 한시도 잊어버릴 수가 없다. 광고를 전공하는 학생이나 광고업계에 처음 진출하는 사람 모두 광고가 비즈니스라는 것쯤은 알고 있지만, 경험 부족으로 이 사실을 잊어버릴 때가 종종 있다. 경우에 따라서 어떤 사람은 광고를 예술이나 응용예술로 간주한다. 전문가는 크리에이티브한 광고를 만들기 위해 때때로 예술성이 필요하지만, 그래도 광고는 비즈니스이며 마케팅의 중요한 수단이라고 생각한다. 일반적으로 광고 목표는 제품과 서비스를 좀 더 많이 판매하는 것이다. 이 책에서, 특히 이번 장에서는 마케팅의 다른 요인과 광고가 어떤 관련이 있는지를 다루려고 한다. 새로운 광고 기법이나 사고, 오랜 기간에 걸쳐 효과가 입증된 원칙과 절차 간의 차이를 적절하게 조화시키는 것은 광고를 전공하는 학생에게 주어진 과제이다.

새로운 마케팅 환경

광고가 기업 문제를 어떻게 해결할 것인가를 알아내기 위한 방법 중 하나는 광고와 여타 다른 마케팅 프로그램의 관계를 이해하는 것이다. 여러 저자가 언급했듯이, 효과적으로 제품을 판매하기 위해서는 마케팅의 4P's가 완벽하게 조화되어야 한다. 즉, 올바른 **제품**(right product), 올바른 **유통**(right place), 올바른 **가격**(right price), 올바른 **촉진**(right promotion)이 서로 조화롭게 수반되어야 한다. 오늘날 몇몇 마케터들은 정교한 소비자 분석을 통해 소비자와의 관계를 만들고 발전시키는 것이 보다 중요해지고 있기에, '사람(people)'을 새로운 하나의 P로 마케팅 믹스에 포함한다. 이러한 생각은 소비자의 마음을 반영하여 만들어진 마케팅 컨셉과 유사하며, 소비자를 무엇보다 가장 우선시하는 데 의의가 있다.

지난 10년 동안 마케팅 환경에는 상당한 변화가 있었다. 가까운 미래에 대한 전망은 앞으로 더 큰 변화가 있으리라는 것이다. 새로운 환경에서 효과적인 마케팅을 벌이기 위해 마케터는 올바른 제품, 가격, 유통, 촉진이 어떤 의미인지 정확하게 재평가해야 한다. 또한 성공하기 위해서는 경쟁력을 갖춰야 한다. 단순히 현상 유지만 고집하면 오늘날의 비즈니스 환경에서는 곧 뒤처지고 만다. 치열한 경쟁 속에서 그 구성 요소가 항상 '올바른' 것이 아닐지라도, 기업은 올바른 것을 이용할 수 있는 방법을 찾아내야만 한다. 그렇지 않으면 결국 실패할 수밖에 없다.

올바른 제품

올바른 제품을 생산하여 소비자에게 제공하는 일이 점점 어려워지고 있다. 시장에 소개되는 신제품이 점차 늘어나면서 모든 소매업자는 이윤을 최대화하기 위해 경영을 합리화하는 중이다. 소매업자는 스캐너 데이터 시스템(scanner data system)을 이용하여 점포에서 제품의 이동 추이를 파악할 수 있게 되었다. 따라서 소비자와 시장의 변화를 제대로 파악해야만 상점에 적절한 제품을 진열할 수 있다.

전통적으로 마케팅 지향적인 기업은 고객에게 무엇을 원하는지 묻거나, 고객의 행동을 통해 그들이 무엇을 원하는지 파악하고자 노력한다. 그러나 오늘날 무엇을 원하는가 하는 질문에 대부분의 소비자는 자신이 무엇을 원하는지 대답하지 못한다. 다양한 제품 개발로 소비자의 필요와 욕구를 이미 만족시키고 있기 때문이다. 소비자는 자신이 무엇을 원하는가 보다 무엇이 부족한가를 더 쉽게 설명하므로 그들에게 불만사항이 무엇인가 질문하면 더 많은 정보를 얻을 수 있다. 이런 이유로 조사자는 소비자의 필요와 욕구보다 소비자의 문제 제기에 더 많은 비중을 두고 조사한다.

소비자가 점점 세련되면서 그들은 제품의 아주 세세한 부분까지 살핀 후에 구매결정을 내린다. 1980년대 초까지만 해도 자동차 회사는 소비자가 어느 곳에 컵이나 캔을 놓는지에 관심을 갖고 있지 않았다. 그러나 최근에는 저가 자동차뿐 아니라 고가 자동차 광고에서도 그런 사소한 부분이 강조된다는 사실을 알 수 있다. 올바른 제품을 생산하기 위해 조사 담당자와 제품 개발 담당자는 소비자가 가진 문제점(아무리 사소한 것이라도)에 초점을 맞춘다. 자동차 보험의 경우, 소비자들은 사고가 났을 때 본인이 지불해야 하는 자기부담금에 대해 항상 불만을 가지고 있는 점에 착안하여, 미국 보험회사의 하나인 내이션와이드(Nationwide)는 무사고 운전자를 대상으로 매년 자기부담금을 내려주는 'Enter' 캠페인을 실시했다. 소비자의 문제를 파악하고 이를 해결하려는 자세를 가지는 것이 간단하면서도 현명한 마케팅 전략임을 잘 보여주고 있다. 기업은 소비자의 요구에 항상 귀 기울이고 우수 고객에게는 적절한 보상을 해주어야 한다. 하지만, 상당수의 소비자가 무엇이 문제인지 알지 못하는 경우도 있다. 그런 경우에는 조사 초점을 소비자의 관심이 무엇인지에 맞추는 것이 효과적이다. 광고주는 소비자의 관심이 촉진 전략으로 적합하지 않을 경우 제품의 심리적 가치를 내세운다. 이러한 심리적 가치는 브랜드 이미지나 제품의 개성을 부각시켜 준다. 예를 들어, 패션브랜드인 타미힐피거(Tommy Hilfiger)는 개성이 강한 운동선수의 이미지를, 랄프로렌(Ralph Lauren) 브랜드는 미국의 세련되고 고급스러운 이미지를, 캘빈클라인(Calvin Klein)은 절제된 미니멀리즘(minimalism)을 뚜렷하게 보여준다.

하지만, 아이팟(iPod), 킨들(Kindle), 나이키퓨어(Nike Fuel), 스마트폰과 같이 뛰어난 제품 아이디어로 만들어진 브랜드는 대개 산업이나 기술에 대한 깊은 지식과 소비자에 대한 통찰이 잘 어우러진 결과의 산물이며, 이러한 제품은 제품군에 관계없이 획기적인 생활의 발전을 가져온다.

올바른 가격

올바른 가격이란 흔히 저가(right lower price)를 의미한다고 생각하기 쉽다. 월마트(Wal-Mart), 홈디포(Home Depot), 타겟(Target) 등 대형 소매점은 가격 의식이 뚜렷한 소비자가 저가 소매점을 더욱 선호한다고 믿기 때문에 가격인하정책을 계속적으로 실시하고 있다. 유명 브랜드조차도 더 이상 권장 소매가격을 제시할 수 없게 되었다. 예를 들어 이스트만 코닥(Eastman Kodak)사는 로열 골드 필름에 책정한 할증 가격에 대해 최저 광고가격(minimum advertised price)을 제안하고, 후에 최저 광고가격을 유지한 취급점에 리베이트를 제공한 적이 있다. 필름의 소매가격을 높게 책정하여 소매상의 이윤폭을 높여 상점 내 촉진을 높이겠다는 것이 코닥사의 아이디어다. 그러나 월마트는 광고된 최저 가격을 무시하고, 취급점에 대한 리베이트도 포기하고, 권장 소매가격보다 낮은 가격을 책정했다.[1] 월마트는 최저 가격을 경쟁우위로 내세운 채 경쟁력을 잘 살려 나가고 있다. 새로운 마케팅 환경에서는 소매업자가 적은 마진율을 감수하는 경향이 있다.

많은 소비재를 취급하고 있는 필립 모리스(Philip Morris)사는 1993년 봄 소비자의 저가 선호 추세가 계속 이어질 것으로 예측했고, 1갑당 40센트 할인을 단행했다. 이 결과 프록터앤갬블(Proctor & Gamble), 사라 리(Sara Lee)에서부터 코카콜라와 제너럴 밀스(General Mills)에 이르기까지 소비재 제품 회사의 주가가 하락했다. 증권 거래 전문가는 필립 모리스사가 시장점유율 1위인 말보로사와 동등한 이윤폭을 유지하지 못한다면 다른 소비재 생산 회사의 주가도 하락할 것으로 보고 있다. 오늘날에도 기업은 비용절감을 위해 끊임없이 노력하는 중이다.

보더스(Borders)나 반스앤노블(Barnes and Noble)과 같은 대형 서점들의 저가 공세로 인해 작고 영세한 서점들은 오랜 기간 동안 고충을 겪어오고 있다. 최근에는 대형 유통업체인 월마트와 타겟(Target) 또한 서적 시장에 뛰어들어 경쟁적으로 퍼붓는 저가 공세로 인해 이들 대형서점들 역시 곤혹스러워 하고 있는 실정이다. 심지어 아마존(Amazon.com)과 같은 대형 온라인 도매업체들까지도 서적시장에 뛰어들면서, 새 책 가격은 물론 종이 박스 가격보다도 낮은 가격에 중고 책을 판매한다. 이러한 온라인 기반 서점들은 간편한 키워드 서치로 책을 고르고 몇 번의 마우스 클릭만으로도 구매자의 집까지 배달해주는 서비스를 제공한다. 디지털 역량(낮은 간접비, 다양한 재고물량)을 갖추지 못한 오프라인 위주의 대형서점 보더스는 결국 가격전쟁에서 패하고 문을 닫았다. 결론적으로 보다 주의 깊게 시대 변화의 흐름을 읽고 민첩하게 대응하는 기업만이 시장에서 생존하고 번영할 수 있다.

올바른 유통

시장혁명은 마케터가 유통 전략을 보는 시각에도 영향을 미쳤다. 공격적 시장의 영향으로 많은 기업은 과거에 상상조차 못했던 방법으로 소비자에게 제품을 제공한다. 오랫동안 완강하게 독자적 음식점(free standing store)을 주장하던 맥도날드조차도 주유소, 편의점 같은 비전통적 입지에 음식점을 설립하기 시작했다. 소비재 생산 기업은 대규모 소매상에게 유통 통제권을 빼앗기고 있다. 미국의 대형 유통업체 월마트는 제품 공급자에게 재고 통제와 진열에 있어 엄격한 요구를 하고 있다.

다른 많은 기업도 소비자에게 직접 마케팅을 시도하기 위해 노력하는 중이다. 컴퓨터의 사용이 용이해지고 광범위해지면서 기업은 방대한 데이터베이스를 구축하고 최소 비용으로 소비자에게 접근하고 있다.

비록 시어스(Sears) 백화점이 종이로 된 제품 카탈로그를 더 이상 만들지는 않지만, 애버크롬비앤피치(Abercrombie & Fitch)라든지 월마트는 온라인 세일에 관련된 정보뿐만 아니라 매장 내 세일에 관한 정보에 관한 카탈로그를 제작한다. 제품이 판매되는 장소는 여전히 브랜드의 이미지나 소비자가 가지는 제품의 품질에 영향을 미친다. 말하자면, 벼룩시장에서 판매되는 레이반(Ray Ban) 선글라스와 고급 안경매장인 선글라스 헛(Sunglass Hut)에서 판매되는 선글라스에 대한 소비자의 인식에는 많이 차이가 있다고 하겠다.

온라인 상거래(e-tailers) 시대가 도래함에 따라 오늘날 모든 제품은 인터넷을 통해 판매된다. 심지어 식료품까지 인터넷을 통해 판매하고 있는데, 피파드(Peapod), 넷그로서(NetGrocer), 에쓰닉그로서(EthnicGrocer), 세이프웨이(Safeway)는 온라인 구매자를 두고 서로 경쟁하고 있다. 집에서 식료품을 배달 받는 데 돈을 더 지불한 소비자가 얼마나 될 것인가에 의문을 갖는 사람이 있을 것이다. 하지만 많은 사람이 피자를 배달시켜 먹는 것을 떠올려보면 이는 단지 시간의 문제이며 습관의 문제일 뿐이다.

올바른 촉진

새로운 마케팅 환경에서 올바른 촉진이 무엇인가를 설명하는 것은 대단히 어렵다. 일부 산업 분석가는 대중매체시대에서 좀 더 세분화된 매체(예를 들어 직접 마케팅 등) 시대로 접어들고 있어 광고업계도 변화하는 중이라고 주장한다. 이러한 변화는 새로운 데이터베이스의 구축, 우편번호나 GPS를 이용한 목표 마케팅, 매장의 계산대에 비치된 스캐너를 통해 제품의 이동경로를 분석하는 방법을 이용한다. 이와 동시에 최근에는 뉴미디어를 이용한 수많은 메시지 전달 방법이 새로이 등장했다. 콘텐츠는 무엇보다 중요해졌고, 오늘날 소비자는 TV, 컴퓨터, 태블릿, 스마트폰 등 다양한 매체를 통해 콘텐츠를 이용하는 점을 고려해 모든 커뮤니케이션이 디자인되고 실행된다. 이제 디지털과 소비자는 뗄레야 뗄수 없는 관계이기에, 마케터는 디지털을 이용한 접점을 찾는 노력이 필요하다.

어지러울 정도로 변화하는 미디어는 광고에 많은 긍정적인 변화를 가져왔다. 매체 기획은 크리에이티브 만큼 풍부한 상상력을 필요로 한다. 소비자와 직접 연결되는 많은 길이 새롭게 열렸다는 점은 고무적인 한편 쉽지 않은 도전이다. 광고주는 소비자들의 광고회피가 더욱더 심화되지 않을까 걱정한다. 온디맨드(On Demand)나 DVR은 범람하는 광고에 짜증 난 소비자들에게 광고를 건너뛸 수 있는 기회를 주었고 노골적으로 구매를 강요하는 광고를 피할 수 있게끔 한다. 따라서 앞으로는 소비자가 피할 수 없거나 피하지 않도록 메시지를 전달하는 방법을 찾는 것이 중요하다. 좋은 예로, 소비자가 좋아하는 프로그램에 제품이나 브랜드를 노출시키는 간접광고나 페이스북, 지메일(Gmail)을 이용해 소비자와 밀접한 관련이 있는 콘텐츠 중심의 광고를 보여주는 것이다. 다시 말해, 좀 더 흥미롭고, 재미있고, 소비자와 밀접한 관련이 있는 멋진 광고를 만드는 것이 업계의 생존게임에서 살아남을 수 있는 방법이다.

광고산업의 변화를 설명하는 또 다른 견해는 점점 복잡해지고 있는 시장의 자연적 변화(하지만 여러 산업에 강력한 영향을 미치고 있는 변화)에 따른 자연적 현상이라는 것이다. 그러나 각각의 매체에서 일어나는 변화는 새로운 마케팅 환경을 반영한 것으로, 그 자체는 변화가 없다고 할 수 있다. 많은 제품이 동질화되어 가고 있으며, 각종 제품의 중요성에 대한 소비자의 우선순위가 변하고 있어 브랜드 자산을 구축하는 일이 점점 어려워지고 있다. 기업은 이런 어려움을 다양한 방법으로 극복하고 있다. 보다 세밀하게 소비자를 세분하기 위해 광고주는 새로운 매체를 통한 실험에 나섰다. 그러나 이들 대안을 이용하는 근본적 동기는 목표 시장에 효율적으로 도달하기 위해서라기보다는 소비자의 특정 필요와 욕구에 맞는 메시지를 전달하고자 하는 필요성 때문이다. 예를 들어 프리즘(PRIZM) 같은 우편번호를 이용하는 마케팅 시스템은 최소 비용으로 주요 고객에게 메시지를 전달할 수 있는 기회를 제공할 뿐 아니라 목표 시장의 가치와 라이프스타일에 맞추어 메시지를 제작할 수 있다. 따라서 이러한 새로운 마케팅 환경을 반영하는 메시지나 매체 기획을 만들기 위해서는 충분한 검토의 시간이 필요하다.

광고주가 자사 제품의 차별적 특성을 파악한 후 자사 제품의 장점을 근거로 삼아 촉진하려고 하지만, 그것이 가능하지 않게 되면서 어려움을 겪고 있는 것도 사실이다. 소비자는 제품 간에 뚜렷한 차이가 없음을 인지하기 시작했으며, 활동적인 라이프스타일을 추구함으로써 제품 간의 차이를 크게 고려하지 않고 있다. 따라서 광고주는 '브랜드 구축'을 위해 노력하고 있다. 이는 브랜드명에 무형의 가치를 더해 소비자가 브랜드의 상징 가치를 구매하도록 유도하고 있다. 이를 제대로 활용했을 경우 강력한 브랜드 아이덴티티를 구축하게 된다. 하지만 잘못될 경우 광고 인지도만 높이려는 엔터테인먼트적 가치만을 앞세우는 접근법으로 전락할 수 있다.

1992년 후반 코카콜라는 텔레비전 광고를 제작하기 위해 할리우드에 위치한 크리에이티브 아티스트 광고회사(Creative Artists Agency)를 활용하겠다고 발표해 광고업계를 놀라게 했다. 코카콜라의 이런 결정으로 오랫동안 관계를 맺어 왔던 맥켄 에릭슨(McCann-Erickson) 광고회사의 역할이 불확실해졌다. 크리에이티브 아티스트 광고회사의 대표이사이자 오락 프로그램 분야의 권위자 중 한 사람인 마이클 오비츠(Michael Ovitz)는 할리우드의 유명한 감독과 쉽게 접촉할 수 있는 위치에 있었다. 광고업계의 많은 저명인사는 코카콜라가 과연 제품 위주의 광고를 버리고 오락 위주의 광고를 제작해 다른 대형 광고주에게 본보기가 될 것인지 지켜보았다. 크리에이티브 아티스트 광고회사는 "언제나 코카콜라"라는 마지막 한마디를 제외하고는 카피도 없고, 징글(jingle)도 없으며, 단일 주제도 갖지 않은 수많은 광고를 제작했다.

《애드버타이징 에이지(Advertising Age)》는 코카콜라 광고캠페인의 효과를 측정하기 위해 두 가지 연구를 실시했다. 첫 번째 연구는 '호감도(likeability)',[2] 두 번째 연구는 '설득력(persuasibility)'[3]에 대한 측정이었다. 예상대로 북극곰이 등장하는 컴퓨터로 제작된 코카콜라 광고캠페인은 호감도에서 높은 점수를 얻은 반면, 설득력에서는 평균 이하의 점수를 얻었다. 그렇다면 코카콜라의 광고캠페인은 효과적이었을까? 광고 효과를 측정하기란 매우 어렵다. 코카콜라 같은 대규모 소비재 회사는 패키지뿐만 아니라 전통적인 광고 매체를 통한 다양한 광고 메시지나 이미지를 통하여 소비자와 접촉할 수 있다. 이처럼 다방면에서 노출이 가능하기 때문에 특정 캠페인이 판매에 미친 효과만 따로 측정하기란 극히 어렵다. 광고에 대한 소비자의 선호도와 설득력 사이에 있는 상반관계를 해결하기도 쉽지 않다. 이러한 코카콜라의 엄청난 광고량과 업계 간행물을 통한 높은 주목률로 인해, 광고 교육자나 실무자조차도 과연 코카콜라 광고의 효과에 대해 엇갈린 견해를 내놓는다.

전설적인 광고계의 거물인 데이비드 오길비(David Ogilvy)의 이름을 딴 오길비 광고학파는 캠페인을 성공으로 이끄는 요인과 실패로 이끄는 요인이 있다는 견해를 피력했다. 이 학파의 견해가 훌륭한 광고를 만드는 몇 가지 원칙과 지침을 제시하고 있어 광고 교육자는 오길비 학파의 주장을 지지한다. 또 다른 광고학파는 미국 서부 지역의 광고와 어느 정도 관련이 있는데, 이들은 비전통적이지만 고도의 크리에이티브적 접근과 기법을 내세우면서 소비자와 제품과의 관계를 극화하는 것이 중요하다고 주장한다. 대부분의 광고주는 크리에이티브가 브랜드와 소비자의 관계를 더욱 강화할 것이라는 신념을 갖고 광고의 내용 부분에서 크리에이티브를 좀 더 강화하려고 한다. 이러한 접근 방식에서는 광고의 성공 요인은 교과서처럼 고정된 것이 아니라 뛰어난 재능이나 내재적 창조성의 결과라고 주장한다.

엔터테인먼트 전문가가 광고를 제작해야 한다는 인식은 많이 사라졌지만, 마케팅과 엔터테인먼트의 통합에 대한 중요성은 점차 증가하고 있다. 대부분의 내셔널 브랜드는 이미 '애드버테인먼트(advertainment)'라고 불리는 광고와 엔터테인먼트의 통합이 이루어졌다.

포스트모던 광고

앞서 살펴본 바와 같이 크리에이티브에 대한 비전통적 접근법은 **포스트모던 광고**라고 할 수 있다. 예술이나 건축처럼 포스트모던 광고 역시 그 분야에서 통용되는 이성적 논리나 전통 분야에도 전장을 내밀고 있다. TBWA 북미 치아트데이(Chiat-Day)의 전 회장 겸 CEO였던 밥 쿠퍼맨(Bob Kuperman)은 "설득은 예술과 같다"고 믿고 있다. 즉, '사람의 마음을 움직이는' 광고여야 한다는 것이다. 과학과 달리 "광고의 성공 여부는 평가하거나 예상할 수 없는 복잡한 요소에 달려 있다"[4]고 할 수 있다. 오길비 앤 마더 월드와이드(Ogilvy and Mather Worldwide)에서 IBM의 크리에이티브 디렉터를 맡고 있는 스티브 헤이든(Steve Hayden)은 대부분의 구매 결정은 비이성적 단계를 통해 이루어지므로 광고 역시 이성적이어서는 안 된다고 주장한다. 반면에 이성주의자의 입장에서 이런 광고는 "크리에이티브는 제멋대로이고 지나치게 비효율적"으로 보일 수 있다.[5] 따라서 광고하는 사람들이 포스트모던 광고의 가치에 대해 다양한 견해를 보이고 있는 것은 그리 놀랄 일이 아니다.

훌륭한 크리에이티브에도 불구하고 목표로한 결과를 달성하진 못한 포스트모던 광고의 두 번째 예는 약 10년 후에 등장했다. 문화적 긴장감을 잘 이용하기로 알려진 크리스핀 포터+보그스키(Crispin Porter+Bogusky, CP+B)사는, 2002년 버거킹(Burger King)을 위한 7년짜리 광고를 집행하였고, 예상 밖의 성공을 거둬 유명해졌다. 그 첫 번째는 캐리커쳐를 이용하여 기괴하게 생긴 '왕(The King)'을 마임 형태로 표현한 광고로써, 1970년대 말부터 1980년대 초까지 버거킹 브랜드의 아이콘이었던 '왕'을 부활시켜, 밤늦게까지 일하는 출출한 사람들이나 건설 노동자들을 위해 다소 과장된 분장을 한 왕이 직접 버거킹을 들고 방문하여 사람들을 놀래게 만드는 광고였다.[6]

그 광고는 사람들의 호기심을 불러일으켰고 말 그대로 하룻밤 사이 유명해졌다. 2004년에는 "아무렇게나 당신 편한 방법으로 버거킹을 즐기세요(Have it your way)"라는 버거킹의 오래된 핵심 메시지를 전달하기 위해, 우스꽝스럽게 분장을 한 말 잘 듣는 치킨(Subservient Chicken)이 등장하는 웹사이트를 선보여, 고객이 명령하는 모든 것을 그대로 수행하게끔 하였다. 이 웹사이트는 사람들 사이에 입소문이 퍼져 불과 일주일 사이에 1,500만 명이 방문하였고, 오늘까지 약 4억 5천만 명의 방문자 수를 기록하고 있다. CP+B사는 2005년 클리오의 인터넷, 콘텐츠&컨텍, 프린트, 디자인, 미디어 부문의 상을 동시에 수상함으로써 최초로 그랜드 클리오(Grand Clio)를 수상하는 쾌거를 이루었다.[7] 그 이후에도 저렴한 가격을 강조하는 와퍼 패밀리(Whopper Family)와 같이 다양한 캐릭터를 이용한 광고를 계속해서 집행하였고, 심지어 엑스박스(Xbox) 버거킹 비디오 게임 시리즈를 출시하기도 하였다. 버거킹의 이러한 독특한 전략은 사람들의 관심을 불러 일으켰고, 약 3억 6,700만 달러의 이익 배당금을 거두었다.

하지만 2011년에 들어와 버거킹의 매장 매출은 점차로 줄어들어, 경쟁사인 맥도날드가 3% 매출 증가를 보인 반면 버커킹은 6%의 감소를 보였고, 2분기 순이익은 4,280만 달러로 전년 대비 13% 감소하였다(맥도날드의 매출은 15% 증가한 14억 달러를 기록하였다).[8]

되돌아보면, 남성과 10대를 목표로 한 이러한 광고는 버거킹의 또 다른 주요 고객인 '어머니' 시장을 잃어버리는 결과를 초래하였고, 오랫동안 강조해온 낮은 가격의 이미지는 가격보다는 몸에 좋은 고품질의 햄버거를 찾는 빠른 시장의 변화에 스스로 족쇄가 되었다. 2011년 가을, 버거킹의 새로운 주인이 된 3G사는 맥개리 보웬(McGarry Bowen)사를 새로운 광고대행사로 선정하여 기존의 버거킹 마스코트 전략 대신 몸에 좋은 건강한 신선한 재료를 강조한 캠페인을 선보였다.[9]

올바른 사고방식

광고의 역사를 보면 포스트모던 방법을 활용하여 성공한 광고도 많고, 보다 전통적인 기법을 이용하여 성공을 거둔 광고도 많다. 하루가 다르게 증가하는 수많은 광고 메시지 속에서 조금이라도 돋보이게 하기 위해서, 오늘날 광고는 좀 더 오락적이고, 크리에이브하고 차별화되어야 할까? 아니면 오랜 기간 동안 조금씩 진화되어온 기존의 원칙과 기법들이 여전히 효과적일까? 이러한 질문에 대답하기 위해서는 우리가 흔히 말하는 올바른 사고방식에 대해 이해하는 것이 도움이 될 것이다.

기업이 올바른 제품 · 가격 · 유통 · 촉진을 하기 위해서는 직원의 생각이 올발라야 한다. 우리는 이를 올바른 사고방식이라고 부른다. 잘못하고 있는 것처럼 보이지만 성공하는 기업이 있다. 시장은 때때로 너그러워서 최적의 효율이나 효과를 달성하지 않더라도 수익을 낼 수 있다. 하지만 어떻게 경쟁해야 하는지 알고 있는 라이벌과 맞붙어야 하는 긴박한 상황이 발생하기도 한다. 광고나 마케팅 커뮤니케이션 캠페인을 준비하는 초보자가 늘 숙지하고 있어야 할 컨셉은 다음과 같다.

- 마케팅 컨셉
- 커뮤니케이션 컨셉
- 통합 마케팅 커뮤니케이션 컨셉
- 광고캠페인 컨셉
- 전략 지향

마케팅 컨셉

제2차 세계대전 이후 많은 기업이 **마케팅 컨셉**이라는 널리 알려진 경영 철학을 받아들였다. 이것은 기본적으로 기업을 어떻게 경영하느냐에 관련된 철학이다. 마케팅 컨셉은 기업 경영의 의사 결정권자에게 올바른 제품 · 가격 · 유통 · 촉진을 도모하기 위한 전략을 기획하고 수립하기 위한 틀을 제공한다. 이 철학과 관련된 여러 가지 원칙 중 소비자 지향이 가장 중요하다. 소비자 지향을 실행한다는 것은 단순히 특정 시장의 필요와 욕구 혹은 문제에 초점을 맞추는 것부터 하나의 시장이나 틈새 시장에 소구하기 위해 모든 마케팅 노력을 조직화하는 것까지 포함한다.

소비자 지향

소비자 지향이란 소비자의 필요나 욕구 충족, 문제를 해결하기 위한 모든 마케팅 활동 기획의 중요성을 강조한다. 마케팅 기획은 소비자로부터 시작된다는 개념은 제2차 세계대전 이후 시장 변화와 함께 시작되었다. 제2차 세계대전 이전에 미국 기업은 생산 지향적이었다. 인구가 급격히 증가했고 경제공황으로 미국 소비자는 제품에 굶주린 상태였다. 제품에 대한 수요가 공급을 초과했고, 기업의 주요 관심사는 제품을 신속하게 효율적으로 값싸게 생산하는 것이었다. 소비자의 수요가 급격하게 늘어나면서 제품은 대체로 잘 팔렸다. 제2차 세계대전 중 많은 기업은 소비재 생산에서 군수품 생산으로 전환했고, 이로 인해 인위적으로 소비자의 수요가 억제되었다. 그럼에도 불구하고 군수품의 수요 증가로 인해 기업 규모는 거대화되었으며 기술은 발전했다. 전쟁이 끝난 뒤 미국 기업은 생산 능력의 향상과 기술 발전으로 소비자의 수요보다 많은 제품을 생산할 수 있게 되었다. 그 결과 기업 간에 공격적 마케팅이 시작되었다.

강력한 경쟁력을 갖춘 기업은 소비자의 독특한 욕구와 필요에 부응하게 되었다. 제품 개발의 중요성이 증대되면서 생산의 중요성은 줄어들었다. 엔지니어, 설계사, 화학자, 조리사가 제품을 개발 할 때 염두에 두었던 아이디어보다 소비자가 원하는 것을 제공해야 한다는 사실이 무엇보다 중요했다. 이 같은 소비자지향 마케팅은 성과를 거두었으나, 한두 가지 제품만으로 모든 잠재적 소비자의 수요를 충족시킬 수는 없었다. 또한 기업은 적정 이윤을 실현할 수도 없었다. 까다로워지는 소비자의 필요와 욕구를 충족시키기 위해 기업끼리 경쟁하다 보니 제품의 다양화가 심화되었다.

시장 세분화

1970년대 접어들면서 기업은 까다로운 소비자의 필요와 요구를 충족시키기 위해 제품의 다양화를 통해 경쟁해야 한다는 사실을 깨달았다. 일부 시장을 목표로 하는 시장 세분화 전략은 기업이 이질적인 소비자 집단(연령, 소득, 인종 등 공통적인 인구통계학적 특성을 기초로 분류한 이질적 집단)을 겨냥해서 이질적인 다양한 제품을 개발하여 가격을 책정하고, 유통하고, 촉진을 진행하면서 널리 보급되었다. 시장 세분화는 샴푸, 담배, 맥주, 커피 그리고 자동차에 이르기까지 다양한 제품에서 이루어졌다. 기업은 특정 제품을 보다 작은 시장으로 나누거나, 세분화된 시장에 대해 별도의 브랜드로 분할해 판매함으로써 강한 경쟁력을 갖게 된다는 사실을 깨달았다. 이 시장의 부분부분은 연령, 소득, 라이프스타일 등을 기초로 유사한 성원으로 구성된 비교적 동질적인 집단이다. 이는 유사한 선호와 비슷한 기호를 가진 집단이기도 하다. 기업은 이런 기호에 맞춰 제품을 차별화하여 세분 집단에 어필하고 있다. 기업은 점점 높아지고 있는 브랜드 간의 경쟁, 신제품 도입에 따르는 위험 부담, 유통 경로의 증대 등 복합적인 문제로 마케팅 철학을 재평가할 수밖에 없게 되었다.[10]

어떤 기업은 시장 세분화가 경쟁에서 유리한 방법이 아니라 경쟁하기 위한 유일한 방법이라는 사실을 깨닫게 되었다. 기업은 점차적으로 현재 또는 잠재적 고객에 대한 데이터베이스를 구축함으로써 세분화된 목표 수용자에게 효율적으로 혹은 능률적으로 도달하기 위한 직접 마케팅 기법을 사용한다. 소매점을 예로 들면 레인 브라이언트(Lane Bryant), 5-7-9, 포 쁘띠 온리(For Petites Only) 등은 특정 사이즈의 부인용 의류만을 전문화하여 극히 한정된 제품만 다년간 제공해오고 있다. 1980년대와 1990년대에 이르러 이처럼 한정된 시장에만 제품을 제공하는 판매를 틈새 마케팅(niche marketing)이라고 부른다.

틈새 마케팅

틈새 마케팅은 시장을 단순히 세분화한다는 것 이상의 내용을 포함하고 있다. 틈새 마케팅을 하는 기업은 일반적으로 좁은 범위의 시장을 대상으로 한정된 제품만 제공하는데, 그 범위 안에서의 제품은 다양하다. 빅토리아 시크릿(Victoria's Secret)이라는 여성 속옷 직접 우편 전문회사는 판매하는 제품의 질적인 수준에서 백화점과 경쟁하고 있으며, 오피스 디포라는 소매점은 가격 면에서 백화점과 경쟁한다.

많은 소매상(예를 들어 토이저러스Toys "R" Us)은 가격, 품질, 선택 종목의 다양성 면에서 경쟁한다. 광범위한 소비자를 대상으로 물건을 판매하던 인터스테이트(Interstate) 백화점은 파산 지경에 이르자 성공적이었던 장난감 분야에만 집중하기로 결정하고 상호를 토이저러스라고 바꾸고 나서 수천만 달러의 대형 회사로 성장했다. 하지만 토이저러스는 현재 월마트와의 경쟁에서 계속 뒤처지고 있는 실정이며, 앞으로는 장난감 분야를 떠나 좀 더 경쟁력 있는 베이비저러스(Babies "R" Us)에 집중할 가능성이 높다. 그럼에도 불구하고 이런 특정 제품 킬러(category killer)라고 불리는 기업은 엄청난 매출 증대를 누렸으며, 앞으로 다른 영역에 진출할 가능성을 보여주고 있다.

베드 배스 앤 비욘드(Bed Bath & Beyond)는 새로운 전문용품 소매업체로, 가정용 가구 비품 시장에서 가정용품과 린넨 제품(셔츠, 속옷, 시트 등의 제품을 취급)만을 판매한다. 점포는 점차 대형화되고 있는데, 평균 35,000평방피트가 넘는다. 이 회사의 경쟁사는 백화점과 린넨스 앤 싱즈(Linens'n Things) 같은 소매점이다. 이 회사가 취급하는 제품은 월마트와 K마트처럼 대량 제품을 취급하는 할인 소매상보다 제품 선택이나 점포 면에서는 수준이 높지만, 백화점보다 저렴하게 판매한다. 상시 최저 가격(EDLP: everyday low price)에 치중하여 베드 배스 앤 비욘드는 엄청난 성공을 거두었다.

대량 맞춤 생산과 개인화

마케팅 컨셉은 소비자 만족을 가장 중요한 가치로 삼는다. 이러한 가치관으로 인해 기업은 작고 좁은 시장을 공략할 수 있는 제품을 개발해 제공하게 되었는데, 요즘은 개인화된 제품까지 제공한다. 물론 이전에도 특정 제품의 경우 개인 취향에 맞는 맞춤형 주문이 가능하긴 했지만, 오늘날 기업은 맞춤형 제품을 대량으로 제공할 수 있게 되었다. 길모어(Gilmore)와 파인(Pine)은 기업이 다음의 네 가지 대량 맞춤 생산 접근법을 활용할 수 있음을 보여준다.

- 개개인과의 접촉을 통해 소비자의 필요와 욕구를 파악해 맞춤형 제품을 생산한다(예를 들면 머스 탱 자동차의 인테리어, 컴퓨터, 의류, 신발 등).
- 규격화되어 있지만 사용자가 변형해서 사용할 수 있는 제품을 제공한다(예를 들면 버거킹의 "Have it your way," 아마존닷컴, 아이구글(iGoogle), 도요타의 사이언

(Toyota's Scion)과 같은 애프터마켓(aftermarket)을 통한 맞춤제품, 나이키아이디닷컴(NikeID.com)처럼 소비자가 온라인으로 자신이 직접 원하는 신발을 디자인 가능토록 한 것).

- 규격화된 제품을 다른 사용자에게 각기 다르게 판매한다(예를 들어 사무용 가구와 조명 등).
- 소비자에게 맞춤형이라는 사실을 모르게 맞춤화된 제품을 제공한다(예를 들어 크로거(Kroger), 푸드 라이온(Food Lion), 에이엔이(A&E) 텔레비전 네트워크는 등록된 사용자의 행동 패턴을 분석한 후 개인화된 방송을 송신한다).[11]

대부분의 경우 제품이나 메시지가 유일무이한 성격의 것은 아니다. 그럼에도 불구하고 많은 마케터는 더 작은 세분화된 시장에 제품을 판매하는 마이크로 마케팅에서 성공을 거두고 있다. 도요타 사이언의 부회장 짐 팔리(Jim Farley)는 이 트렌드의 중요성을 강조하며 "유스(youth) 시장은 개인화와 특화가 성공의 핵심"이라고 말했다.[12] 개인화의 경향은 맞춤화된 제품, 배송 방법, 메시지 전달 이상의 것이 필요하다. 예를 들면 때때로 다양한 가격 전략이 필요하다. 코카콜라는 컴퓨터 네트워크를 이용하여 시기나 기온에 따라 콜라 한 캔의 가격에 변화를 주는 '똑똑한' 자판기를 실험 중에 있다.[13]

[그림 1-1]은 과거 50년간 마케팅 컨셉의 발전을 개략적으로 구분한 것이다. 물론 한 산업에서 회사별로 어떤 마케팅 컨셉을 적용하느냐에 따라 차이가 있고, 산업 간에도 커다란 차이가 있다. 예를 들어 담배산업은 맥주산업보다 훨씬 일찍 시장 세분화 전략을 적용했다. 시장 압력에 따라 기업이 마케팅 컨셉 원칙을 적용하는 것이 불가피할 수도 있다. 그렇다고 모든 회사가 틈새 마케팅을 실행한다고 볼 수는 없다. 실은 정반대의 경우도 있다. 틈새 마케팅을 이용하여 성공한 기업은 제품 계열을 확대하는 경우가 종종 있다. 이 같은 현상은 이미 베드 배스 앤 비욘드, 토이저러스, 오피스 디포

그림 1-1 마케팅 컨셉의 시대 구분

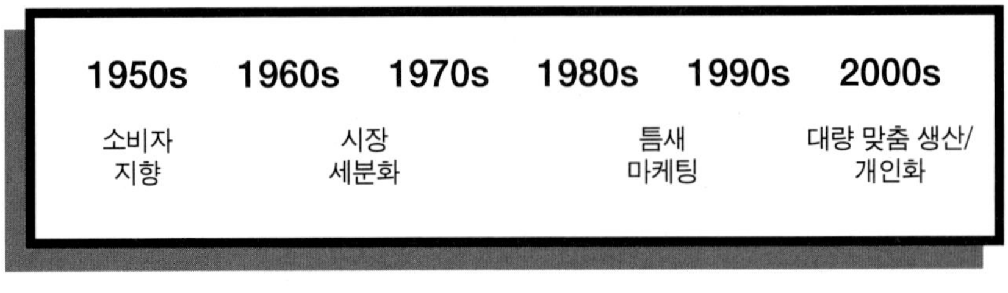

등에서 찾아볼 수 있다. 기업은 오늘날 제공하고 있는 개인화된 제품을 앞으로도 계속 공급할 필요는 없다. 너무 다양하고 복잡한 제품이 고객의 만족을 오히려 절감시킨다는 연구가 있기 때문이다. 실제로 어떤 소비자에게는 선택의 폭을 좁혀 주는 것이 만족을 더해 주는 일이기도 하다.[14]

'소비자가 항상 옳다', '소비자가 원하는 것을 제공해야 한다'는 마케팅 컨셉은 오랫동안 있어 왔다. 새로운 마케팅 환경에서의 차이점은 소비자가 정보를 많이 접할 수 있다는 것이다. 자동차를 구매하려는 소비자는 딜러를 찾기보다는 온라인으로 구매하거나, 딜러를 만날 경우에는 가격에 대한 정보를 모두 파악하고 나간다.

마케팅 통합

소비자 지향, 시장 세분화, 틈새 마케팅 전략을 효과적으로 수행하기 위해 마케팅 컨셉을 추구하는 기업은 생산 · 재무 등 중요한 의사 결정과 마케팅 의사 결정을 조정 · 통합하고자 한다. 따라서 소비자의 욕구를 충족하기 위한 제품과 서비스를 생산하기 위해 기업의 모든 활동은 통합 시스템의 일부가 되어야 한다. 이 과정에서 마케팅 결정은 보통 재무와 생산에 관한 의사 결정보다 우선순위를 차지한다. 마케팅에서 보면 제품 정책을 결정할 때 제품 기획이 가격 결정이나 유통 결정보다 선행한다. 공통 목표를 달성하기 위해 마케팅 내 · 외의 중역진에게 의사 결정을 통합 · 조정하도록 격려하는 것이 마케팅 철학이다. 비록 비광고 분야에서 이루어진 의사 결정이 광고캠페인의 효과에 직접적으로 영향을 미친다고 하더라도 품질, 가격, 유통에 관한 결정은 광고 기획에 관여하는 사람의 권한을 훨씬 넘어선다. 이 같은 관계를 알기 때문에 많은 기업은 광고 전문가를 기획 단계에서 마케팅 의사 결정에 관여하도록 한다.

기타 강조사항

마케팅 컨셉의 기본 원칙이란 기업이 소비자의 필요와 욕구를 충족시킬 제품이나 서비스 생산에 기업 활동의 초점을 맞추어야 한다는 것이다. 첫 번째, 우선순위를 기업의 자원에 두는 것이 아니라 소비자가 원하는 것을 제공하는 것을 최상의 우선순위로 설정한다. 포드 자동차가 주장하는 '제일 과제'는 소비자 제일주의를 표방하는 실례로 손꼽힌다. 결론적으로 포드사는 소비자가 가장 원하는 것이 품질이라는 사실을 알고,

"품질이 제일과제(Quality is Job One)", "포드는 튼튼합니다(Built Ford tough)"라는 슬로건으로 소비자가 무엇을 원하는지 잘 이해하고 있으며, 포드사의 우선순위는 소비자의 필요라는 것을 어필했다. 이러한 기업 환경에서 몇 가지의 경영 철학이나 경영 관리법이 보편화되고 있다.

기업은 조사지향적인 경향을 보이는데, 제품 개발은 소비자 조사로부터 시작된다. 사실에 입각한 자료와 정확한 관찰을 토대로 소비자의 필요, 욕구, 문제점을 파악한다. 집단심층면접법, 일대일 면접 조사, 태도와 의견 조사, 라이프스타일과 에스노그래픽 연구, 제품 사용 관찰, 판매 분석, 소비자 불평 조사, 시험 마케팅 등은 조사 지향적 기업이 소비자에 관한 정보를 수집하는 몇 가지 실례이다. 이와 대조적으로 신제품 아이디어가 사장이나 연구개발 부서의 간부에게서 나오는 경우가 다수 있는데, 제조나 공학 기술적 관점을 자주 반영하고 직관적 발상을 흔하게 볼 수 있다.

기술 발전에 따라 신제품 개발이 이루어지는 제품의 경우에는 제품에 어떤 새로운 기술이 추가되는지 여부를 소비자가 알 수 없으므로 기술 분야의 실무자가 추진하는 것이 바람직하다. 이때 신제품은 소비자의 필요와 욕구에 따라 개발되기보다는 소비자의 필요와 욕구 이상의 수준에서 개발된다. 컴퓨터 · 통신(라디오, 텔레비전, 전신, 전화 등) · 전자제품 · 자동차 등은 기술직 실무자가 소비자의 의견보다 훨씬 빠르게 신제품을 개발해서 제공하는 제품에 해당된다.

마케팅 컨셉과 관련된 또 다른 원칙은 기업의 경영 활동이 사전에 기획된다는 것이다. 시장 수요가 까다로워지고 경쟁이 심화되면서 기업은 문제점을 사전에 인지하고 수요를 예측할 필요가 있다. 기획된 활동은 시장의 비상사태에 대비하는 좋은 방법이다. 마케팅 캠페인이란 마케팅 기획을 집행하는 것이다. 기획은 마케팅 활동에 관여하는 모든 사람의 역할을 규정하며 문서화하는 것이 관례이다. 규모가 큰 광고회사의 경우 광고 캠페인 기획은 대부분 문서화된다.

BBDO 광고회사는 문서로 된 기획의 필요성을 다음과 같이 설명한다.[15]

1. 명확하고 논리적 사고를 조성해준다.
2. 관리자는 마케팅 사실과 목표를 매체, 카피, 아트와 관련시켜 광고에 접근하도록 한다.
3. 문서화된 광고 기획은 광고의 방향, 집행 성과, 예산 수립을 위한 사실 근거를 제공한다.

4. BBDO에 부임하는 직원이나 광고주 회사에 새로 부임하는 담당자에게 완벽한 지침서 역할을 한다.
5. 앞으로 개선할 사항이 무엇인가를 알려주고, 연도별 성취도의 기준으로 삼는다.
6. BBDO의 최고경영자에게 광고주별 목표와 진척 상황 등을 인지시킬 수 있다.
7. 광고주 회사의 담당자가 정책 문서로 이용할 수 있으며, 유관 부서나 회사 임원도 필요하면 이용할 수 있다.
8. 거래 광고주와 BBDO 간 광고 목표와 전술에 관한 이해와 의견 일치를 도모한다.

커뮤니케이션 컨셉

올바른 제품만으로는 충분하지 않다. 기업은 그것이 단순히 이미지나 정체성에 불과할지라도, 그 제품에 대해 무엇이 올바른지 전달해야 한다. 마케팅 컨셉과 마찬가지로 커뮤니케이션 컨셉 역시 모든 기획은 소비자로부터 시작되어야 한다. 이 컨셉을 수행하기 위해 메시지 작성자는 소비자의 필요, 욕구, 관심, 문제점에 근거하여 언어나 그림으로 기호화해야 한다. 이 과제를 수행하기 위해 메시지 작성자는 목표 시장의 사회적 · 심리적 특성을 완벽하게 이해해야만 한다. 즉, 메시지 작성자는 소비자가 어떤 행동을 왜 하는지 그 이유를 파악해야 한다. 그러면 소비자와 메시지를 더 잘 연결시킬 수 있다. 광고회사에 젊은 사람이 많은 이유는 중요한 유스 시장을 공략하는 데 큰 도움이 되기 때문이다. 대부분의 어른은 아이들과 요즘 유행하고 있는 것에 관한 이야기를 나누는 것조차 어렵게 생각하므로, 다른 사람과 대화를 나눈다는 것은 당혹스러운 일이 될 수 있다. 어떤 사람에게는 외국어를 하는 것처럼 느껴지기도 한다. 단어의 의미를 이해하더라도, 상대방이 제대로 이해하지 못했다는 느낌이 계속해서 드는 것이다.

매우 다양한 방법으로 소비자는 브랜드를 경험하고 그들끼리 소통하고 있다는 것을 감안한다면, 광고를 하는 사람은 그들이 블로거, 코멘트, 리뷰, 또는 소셜 네트워크에서 브랜드에 관해 나누는 대화를 이해할 수 있어야만 한다. 이렇게 넘쳐나는 소비자들의 대화는 양면의 칼날이 될 수도 있다. 먼저 디지털 미디어를 통해 브랜드는 보다 융통성을 가질 수도 있고 소비자가 주는 피드백에 쉽게 반응할 수도 있다. 반면, 소비자의 나쁜 후기나 평가는 삽시간에 그들 사이에 퍼져나가 브랜드에 악영향을 미칠 수도 있다. 결론적으로 말하자면, 좋은 전략과 현명한 아이디어는 광고를 집행하는 매체가 디지털이든 무엇이든지에 관계없이 항상 최우선시 되어야 한다.

소비자의 입장에서 그들의 필요나 욕구를 담은 메시지를 보내지 못한다면 광고 커뮤니케이션은 실패한 것이다. 소비자가 그 광고를 무시하거나 이해하지 못한다면 그 광고는 의미 없는 것이 되고 만다. 또한 소비자의 활동적인 라이프스타일과 다량의 정보로 인해 어떤 메시지는 소비자에게 잘 전달되지만 그것이 뛰어난 광고 속성에 연결되지 않으면 소비자는 그 메시지를 쉽게 잊어버린다. 모텔 식스(Motel 6)와 레드 루프 인(Red Roof Inns) 모두 가격이 싼 모텔이다. 모텔 식스가 저렴한 가격으로 인식되는 이유 중 하나는 그 이름에서 찾아볼 수 있는데, 어떤 사람은 아직도 하루 숙박료로 6달러를 받았던 시절을 기억한다. 레드 루프 인은 '저렴한 숙박료'라는 단순한 슬로건으로 소비자의 머릿속에 쉽게 기억되고 있다.

이 명제는 간단하고 상식적인 것처럼 보이지만, 많은 광고가 소비자 관점보다는 광고주의 관점에서 제작되고 있는 실정이다. 즉, 광고주가 중요하다고 생각하는 제품의 품질에 초점을 맞춰 광고가 제작된다. 소비자가 제품을 구매할 때 중요하다고 생각하는 제품의 잠재적 특성을 무시한 광고가 제작되고 있는 것이다. 만약 소비자의 필요, 욕구, 문제점에 초점을 맞추지 않고 눈에 띄거나 그럴듯하게 보이는 특성에만 초점을 맞춰 광고를 제작한다면 심각한 문제가 발생하게 된다. 이를 테크닉을 위한 크리에이티비티라고 부른다. 그 자체로는 즐거움을 주고 흥미롭지만 제품 판매에는 도움이 되지 않는 광고도 있다. 광고상 시상식이 끝나고 나면 해마다 광고업계 사람은 상을 타지 못한 '우수한' 광고에 대해 이야기를 나눈다. 실제로 광고주는 수상한 광고회사들 중 수상을 이유로 가장 먼저 광고주와의 관계를 끊는 곳이 어디가 될 것인지에 대해 다소 냉소적인 농담을 한다.

커뮤니케이션 컨셉은 소비자의 필요, 욕구, 문제점에 초점을 맞추면서 동시에 커뮤니케이션이 성취할 수 있는 것과 없는 것을 이해해야만 한다. 커뮤니케이션은 사람이 생각하고, 믿고, 느끼는 방법에도 영향을 미친다. 커뮤니케이션 자체만으로는 제품 판매에 절대적인 도움을 주지 못한다. 커뮤니케이션, 특히 광고는 마케팅 믹스의 다른 요인과 조화를 이루어야 한다. 소비자 행동에 영향을 주기 위해 수행해야 하는 광고 역할을 기획자가 정확히 이해하는 것이 무엇보다 중요하다. 광고는 설득 커뮤니케이션의 한 형태로 광고 역할은 구매 행위에 영향을 미치는 인지, 이해, 태도, 이미지 등 커뮤니케이션 기준으로 정의되는 것이 바람직하다.

예를 들어 질레트(Gillette)가 그야말로 혁명적인 센서(Sensor) 면도기를 시장에 내놓으려고 했을 때 그 신제품이 기존의 면도기보다 좋다는 것 이상의 내용을 광고에서 전달하려고 했다. 피부의 윤곽을 따라 신축성 있는 코일 위에 면도날이 있어 신제품의 성능이 월등하다는 것을 소비자에게 설명하기 위해 애썼다. 광고는 성공했고, 질레트 센서(Gillette Sensor) 면도기는 비일회용 면도기 중에서 최고의 브랜드가 되었다. 1971년 질레트는 이중 면도날을 도입하는 과정에서 소비자가 제품에 대한 주장을 믿기 전에 면도할 때 무엇이 더 좋은가를 소비자에게 이해시켜야 한다는 사실을 알게 되었다. 이중 면도날이 도입되기 전 많은 소비자는 두 개의 면도날을 가진 면도기가 성능 면에서 월등하다는 사실을 알지 못했다. 질레트는 이중 면도날이 어떻게 털을 바싹 깎아 주는지를 소비자에게 이해시키기 위해 꾸준히 노력했다. 1998년 삼중날 면도기인 마하3를 출시했는데, 그 당시에도 제품이 '몇 번의 움직임으로 어떻게 더 바싹' 깎아 주는지 광고를 통해 소비자에게 설명할 필요성이 있었다. 2003년 마하3 터보 제품은 '위아래로 면도할 수 있는 혁신적 칼날'이라고 포지셔닝을 했다. 2004년에는 배터리로 사용할수 있는 M3파워 면도기를 출시하면서 '털을 위로 세워 피부에 닿지 않아 한 번 더 깔끔하게 면도할 수 있다'는 점을 내세웠다. 가장 최근에는 윤활밴드와 유연성을 강화하여 보다 짧고 깔끔하게 털을 깎는 질레트 퓨전 프로글라이드 레이저라는 최신 제품을 내놓았다. 광고의 적절한 역할이 무엇인가에 대한 결론을 내리는 것은 결코 쉬운 일이 아니다. 광고 기획자는 모든 가능한 광고 전략이 소비자 행동에 어떤 영향을 미칠 것인가 미리 생각해보아야 한다. 예를 들어 브랜드 인지도를 높이면 판매가 늘어날 것인가? 소비자의 태도를 바꾸는 것이 효과적인가, 태도를 강화시키는 것이 효과적인가? 광고를 통해 제품의 이미지를 증진시킬 것인가, 보강시킬 것인가?

광고를 통해 소비자의 태도를 바꾼다거나, 제품이 어떻게 작용하는가를 소비자에게 이해시키는 것보다는 인지도를 높이는게 보다 쉽다. 그러나 광고의 커뮤니케이션 목표가 달성된다고 하더라도 매출액이 따라서 높아질 거라고 단정할 수는 없다. 많은 광고주는 인지도를 높인다든가, 브랜드 이미지를 높이는 등 단순한 목표로 광고를 실시한다. 그러나 이 같은 접근법으로는 카피라이터나 아트디렉터는 적절한 판매 메시지를 전달하기보다 창조성과 기술적 면에만 초점을 맞추기 때문에 광고가 그릇된 방향으로 제작될 위험성을 안고 있다.

통합 마케팅 커뮤니케이션

모든 커뮤니케이션과 촉진 활동이 통합 · 조정되어야 한다는 아이디어는 지난 20년간 확산되어 왔다. 이 기간에 달라진 양상은 점점 까다로워지고 있는 시장에서 경쟁하자면 기업이 전달하는 메시지가 통합 · 조정되지 않으면 안 된다는 사실을 기업이 인식하고 있다는 것이다. 과거의 광고주는 광고는 광고회사, PR은 PR회사, 판매와 관련된 촉진 기획은 자사의 마케팅 부서가 관리하도록 했다. 따라서 광고는 광고대로 진행되고, PR은 PR대로 다른 방향으로 추진되고, 판매 촉진 역시 다른 방향으로 진행되는 경우가 종종 있었다. 각각의 커뮤니케이션 방법이 상호 관련된 효과를 거두는 경우도 있었지만, 마케팅 관리자의 입장에서는 이것이 가장 효율적이고 효과적인 운영 방법인가 하는 의구심을 가질 수 있었다. 통합 컨셉이란 한 캠페인에 관여한 모든 사람이 빈틈없는 마케팅 커뮤니케이션을 창출하는 데 하나로 통합되어야 한다는 것을 의미한다.

낡은 방법으로 광고회사를 운영해서는 더 이상 실효를 거둘 수 없다는 사실을 인식한 마케터는 새로운 통합 마케팅 커뮤니케이션을 강력하게 도입 · 실천하고 있다. 오늘날의 시장은 점점 복잡해지고 있다. 학계에서는 1960년대부터 마케팅 믹스와 촉진 믹스를 시스템 접근이란 용어를 빌려 통합 · 조정해야 한다고 주장했으며, 통합 마케팅 커뮤니케이션이 주목받기 시작한 것은 최근의 일이다.[16]

대부분 제품에서 브랜드 간 물리적 특징이 유사해지면서 경쟁 브랜드와 심리적 차이를 부각하는 광고 역할의 중요성이 커지고 있다. 또한 단기 매출을 증대하는 데 있어 판매 촉진, 직접 마케팅 같은 여타 커뮤니케이션 방법이 더욱 중요한 역할을 하게 되었다. 이에 대형 광고주는 가능하면 다양한 방법을 통해 소비자와 접촉하는 것이 효율적이라고 판단을 내리고 다양한 매체와 분야를 이용하는 전술을 늘리고 있다. 즉, 전통적인 미디어의 중요성이 줄어든 반면, 비전통적 미디어나 기타 마케팅 커뮤니케이션 방법이 점점 중요해지고 있다고 하겠다. 예를 들면, 온라인을 이용한 소셜 미디어, 소비 행동 광고(behavioral targeting), 컨텍스츄얼(contextual) 광고가 보편화됨에 따라 일대일 또는 일 대 다수를 목표로 하는 메시지의 중요성이 대중매체를 이용하는 것만큼 중요해졌다.

기업은 시장 세분화와 제품 차별화의 개념을 인식하면서, 전체 시장에서 작은 부분에 대한 목표를 설정하게 되었다. 그리고 소비자를 대상으로 많은 이야기를 하게 되면서 기업의 모든 커뮤니케이션 정보원을 하나의 조직에서 관리하는 것이 효율성을 높일 수 있다는 사실을 깨달았다. 일반적으로 한 부서 내의 커뮤니케이션이 여러 부서의 커뮤니케이션보다 효과적이다.

눈부신 커뮤니케이션 기술의 발전으로 마케터는 변화하는 환경에 대응하기 위해 신축적으로 전략과 전술을 수정·보완할 필요성을 절감하고 있다. 한 회사의 모든 메시지가 한 조직에서 관리되는 것이 보다 능률적이며 신속할 수밖에 없다. 이것이 더 효과적인지 아닌지에 대한 논란의 여지는 있다. 따라서 이러한 시장의 이중성을 이해하고, 특정 분야의 전문가가 좋을지 아님 보편적인 업무에 익숙한 실무자가 좋을지에 대한 논의가 필요하다.

어떤 사람은 통합 마케팅 커뮤니케이션 컨셉은 실무적인 면보다는 이론적으로 가능한 것이라고 주장한다. 만일 기업의 각 부서가 조화롭게 업무를 추진하고 촉진 예산을 위해 부서 간 경쟁 위험을 피할 수 있다면, 통합 마케팅 커뮤니케이션을 실시하는 기업의 커뮤니케이션은 효과적이고 효율적일 수 있다. 전문가 입장에서 본다면, 광고주는 일반 광고회사가 가지고 있는 전문성 그 이상의 것을 원할 수도 있다. 이에 대한 해결책은 다른 곳에서 찾아볼 수 있다. 만약 냉동식품을 파는 기업이 신제품 출시에 대한 판매책을 세운다면 광고회사의 크리에이티브가 필요할까? 냉동식품 전문가가 필요할까? 예를 들어 크로거에서 20년간 경험을 쌓은 전문가라면 경험을 통해 어떻게 하면 소매상을 사로잡을 수 있는지(대부분 신제품 출시의 성패가 달린 문제) 더 잘 알 수 있다. 광고회사의 크리에이티브는 일반적으로 소비자와 관련된 것이 많다.

이처럼 광고주는 광고회사가 광고 이외의 다른 마케팅 커뮤니케이션 활동에 관여하는 것을 원하지 않을 뿐만 아니라 광고에 있어서도 일부분만 다루기를 원한다. 광고회사도 일괄적인 서비스를 제공하는 것이 아니라, 각각의 서비스에 대해 개별적으로 가격을 책정하는 '아 라 카르트(a la carte)' 회사가 등장하고 있다. 즉, 매체 대행을 하지만 크리에이티브 제작을 하지 않을 수 있고, 반대로 제작을 담당하지만 매체 대행은 하지 않을 수 있다. 최근 광고주가 한 브랜드에 대해 동일한 크리에이티브 과제를 다른 광고회사에 주는 경우를 종종 보게 된다. 광고회사는 한 회사에서 모든 광고를 담당해야 메시지의 통합 효과가 가장 잘 나타난다고 제안하지만, 기업의 광고 담당자는 모든 메시지가 잘 어우러질 수 있도록 통합 관리하는 것은 광고주의 몫이지 광고회사의 역할이 아니라고 반박한다.

반대로 보편적 실무자(generalist) 입장에서 보면, 모든 업무에 능통한 광고대행사를 원하는 광고주의 수요도 증가하고 있다. 몇몇 대행사는 홍보대행사와 온라인을 다루는 인터랙티브 회사를 흡수하기도 하고, 다양한 배경을 가진 사람들을 고용함으로써 씽크탱크(think tanks)를 만드려는 노력을 기울이고 있다. 이러한 하이브리드 대행사는 브랜드 이름이 박힌 친환경적인 포장지도 개발하고, 소셜 미디어 관리함과 동시에 바이럴 또는 그래스루츠를 만들고, 뮤직 비디오를 찍고 나아가 프로그램, 콘텐츠, 또는 채널을 직접 개발함으로써 전통적 캠페인을 보조하는 것이 가능하다.

세계 최초의 종합 광고대행사인 제이 월터 톰슨(J. Walter Thompson, JWT)사는 최근의 변화된 현실을 반영하여 통합적 관점에서 마케팅 커뮤니케이션을 다루는 획기적인 대행사 서비스 모델을 개발하여 실행하고 있다(그림 1-2). 기존의 기획부서와 어카운트 담당 부서는 유지하면서 크리에이티브, 매체, 제작을 담당하는 부서는 시대에 맞게 재해석하여 구성하였다. 이 밖에도 대행사의 회계를 책임지는 부서 등이 있다.

광고업계의 트렌드와 소비자의 요구를 반영하여, JWT사는 '경험(experience)' 모델을 강조하였는데, 이 모델은 언드(earned)미디어, 보우트(boutght)미디어, 온드(owned)미디

그림 1-2 JWT 광고대행사의 서비스 모델

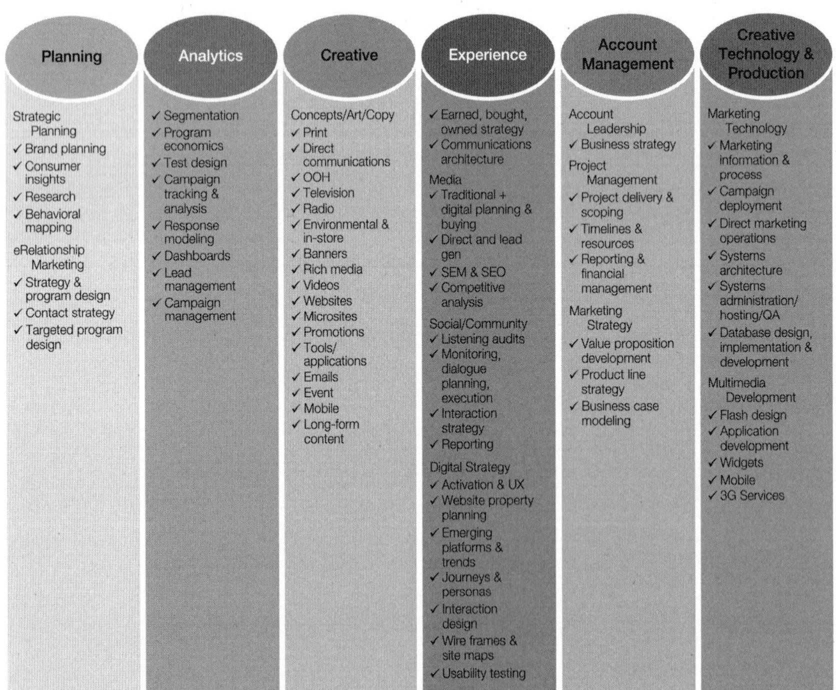

출처: J. Walter Thompson Agency

어 전략에 바탕을 둔 것으로, 전통적 미디어와 비전통적 미디어, 소셜 미디어, 신기술 등 다양한 매체를 포함한다. 따라서 크리에이티브 팀은 이렇게 수없이 다양한 플랫폼(platforms)에 맞는 메시지를 만들고 있다. 또한, 대행사는 디지털, 프린트, 방송, 뉴미디어 제작을 '크리에이티브 기술과 제작'이라는 부서 아래 통합하여 둠으로써, 획기적이고 통합적인 광고캠페인을 만들어 광고주에게 생기를 불어 넣어 준다.

광고회사, 특히 대형 광고회사의 입장에서는 비용-효율성이 떨어질 수 있다. 어떤 광고주의 경우에는 직접 마케팅, 판매 촉진과 포장을 내부적으로 해결함으로써 더 저렴한 비용으로 직접적인 통제를 할 수 있다고 생각한다. 그러나 대부분의 광고회사는 대도시의 임대비용이 비싼 지역에 위치하고 있다. 각 촉진 요소를 어느 부서에서 담당하든지 간에 모든 촉진 활동의 효과는 통합적이어야 한다. 즉, 개별 부서가 수행하는 활동 하나 하나가 조정 · 통합됨으로써 모든 활동의 통합적 효과는 각 부서의 개별 효과를 합한 것보다 높아야 한다.

광고캠페인 컨셉

성공적인 광고의 핵심은 전략적인 선택에 있다. 즉, 목표 소비자에게 어떤 메시지를 어떻게 실제적으로 전달할 것인지 선택해야만 한다. 하나의 캠페인 컨셉은 인위적이지 않아야 하며, 브랜드와 사용자 사이에 존재하는 스위트 스폿(sweet spot)을 찾아내기 위해 여러 단계마다 주의를 기울여야 한다. 어떻게 캠페인 컨셉이 소비자의 일상을 반영하여 녹여 낼 수 있을까? 소비자는 구매결정을 할 때나 광고를 접할 때 "나를 위해 뭘 해 줄 수 있지?"라고 주로 묻곤 한다. 이것이 바로 브랜드가 소비자에게 제안하는 있는 브랜드 약속(promise)이다. 결론적으로 말해서, 캠페인 컨셉은 바로 이러한 브랜드 약속을 해석하고 소비자에게 크리에이티브하게 전달하는 것이다. 어린 아이를 모델로 등장시킨다든지 어려운 온라인 증권거래를 어떻게 쉽게 이용할 수 있는 방법을 조금 색다른 방법으로 보여주는 것이 하나의 예이다. 또 다른 예로는, 피곤하고 지친 사람들에게 우유를 마시는 것이 원기회복에 어떻게 도움이 되는지를 보여줌으로써 지겨운 우유의 이미지를 없애고 좋아하게끔 만드는 것이다. 몸에 나쁜 담배를 좋아하게끔 만들거나, 대량살상 무기를 만드는 회사에 대해 좋은 감정을 갖게 만드는 것은 어떤가? 요약하자면, 캠페인 컨셉은 사람들이 미처 몰랐던 것을 전혀 새로운 방식으로 보여주는 것이다.

일단 캠페인 컨셉의 큰 줄기와 크리에이티브 방향이 결정되면, 다음으로 해야 할 일은 생명력을 불어넣는 것이다. 어떻게, 어디에 보여 줘야 할까? 때로는 이미 정해진 매체에 맞추어 작업을 할 때도 있지만, 때로는 아무런 제약 없이 내 맘대로 매체를 결정하고 작업을 할 경우도 있을 것이다. 이럴 경우, 스스로 두 가지 질문을 하라. 어떻게 아이디어를 가장 잘 표현할 수 있을까? 목표 소비자들은 언제 그리고 어디에서 광고를 주로 볼까? 어떻게 전술들을 믹스(mix)하는가에 상관없이 성공적인 캠페인은 모든 전술적 활동들을 서로 유기적으로 연관시켜야 한다. 이렇게 유기적으로 연결된 광고는 각기 독립적으로 시행되는 광고에 비하여 다방면에 걸쳐있는 소비자 구매결정에 영향을 미치고, 부차적인 의미를 부여함으로써 좀 더 오래 기억에 남을 수 있게 한다. 소비자는 이렇게 각각의 다른 광고가 서로 유기적으로 연관되어 있을 때보다 오래 광고를 기억한다.

광고캠페인에는 고도의 가시적인 면과 비가시적인 면이 있다. 소비자는 광고캠페인을 비슷하게 보이거나 비슷하게 들리는 일련의 광고물로 인식한다. 광고를 공부하는 학생이나 광고 실무자에게 광고캠페인이란 소비자 조사, 브레인스토밍, 매체 분석 등 상호 관련된 목표를 달성하기 위해 구상된 광고물을 만드는 모든 활동을 의미한다. **광고캠페인**은 '**상호 관련된 목표를 달성하기 위한 일련의 광고물, 그 광고물을 제작하는데 도움을 주는 모든 활동**'이라고 포괄적으로 정의를 내린다.

이러한 정의는 광고주가 전적으로 광고에만 의존하는 경우에 잘 적용된다. 하지만 대부분의 광고주는 광고뿐만 아니라 판매 촉진, 홍보, 직접판매 등과 같은 다른 마케팅 커뮤니케이션에도 중점을 두고 있는 것이 사실이다. 이러한 확장은 새로운 정의가 필요하고, 광고캠페인을 새롭게 바라볼 수 있는 방법 역시 필요로 한다. 따라서 광고캠페인을 따로 떼어 생각하기보다는 모든 다양한 촉진 방법과 전술을 포함하는 마케팅 커뮤니케이션 캠페인으로 보는 것이 바람직하다.

광고캠페인의 특성

어떤 의미에서 같은 제품을 위한 모든 광고는 서로 연관 되어있다. 즉, 모든 광고는 제품 판매라는 궁극적 목적을 달성하기 위해 노력한다. 광고캠페인과 여러 광고를 단순히 모아 놓은 것과의 차이는 얼마나 각각의 광고가 서로 연관되어 있고 일관성이 있는가 하는 점이다. 다시 말해 캠페인과 인위적으로 여러 다양한 아이디어와 광고를 모은 것과의 가장 뚜렷한 차이는 메시지의 일관성, 캠페인의 포장, 브랜드 이미지나 브랜드 성격의 표현이다. 사람들은 일관되게 실행된 캠페인 광고를 보고 듣는 순간, 이전에 보았던 광고를 떠올리며 그 광고가 어떤 브랜드를 말하고 있는지 알아낸다.

예를 들어, 일관성 측면에서 볼 때, 칙필레(Chick-Fil-A)는 "더 많은 치킨을 드세요(Eat More Chicken)"라는 단순하지만 일관된 브랜드 메시지를 거의 20년 동안 꾸준히 보내고 있다. 텍사스 달라스에 위치한 리차드 그룹(Richards Group)이 17년 전에 시작한 카우 캠페인(Cow Campaign)은 지금도 달력이나 TV 광고, 또는 수많은 옥외광고판에서 계속해서 광고 되고 있다. 햄버거 시장의 소비자를 빼앗아 오기 위해, 소를 광고에 등장시켜 소고기보다는 "더 많은 치킨을 드세요"라는 유머스러운 메시지를 집착스러울 만큼 고집해오고 있다. 그들은 페이스북, 트위터뿐만 아니라 머그잔, 커다란 연, 시계, 보드게임에 이르기까지 다양한 매체를 이용하여 일관된 메시지를 보낸다. 이러한 노력의 결과로, 소비자들은 저 멀리 보이는 옥외광고판이 칙필레의 광고인지 쉽게 알아챈다. 물론 가까이 와서야 어떤 제품을 광고하는지 정확히 알 수 있겠지만, 소비자들은 보는 순간 칙펠레임을 인지하고 어떤 말을 광고에서 하고 있는지 이해한다.

캠페인의 포장 측면에서 보면, 연속해서 집행되는 광고캠페인의 이미지를 통일되게 유지하기 위해서는 비슷한 비주얼 요소를 사용하여 일관성과 전체적인 조화를 유지해야 한다(일관된 레이아웃 포맷, 분위기, 컬러, 짜임새, 유사한 사진이나 일러스트레이션, 글자체, 일정한 태그라인 등). 예를 들면, 아이패드(iPads), 아이폰(iPhones), 맥북(Macbooks), 아이맥(iMacs)부터 수많은 액세서리까지 다양한 제품들의 판매를 촉진하기 위해, 애플(Apple)은 고유의 독특한 외양과 느낌을 줌으로써 다른 제품과 차별화한다. 특히 애플은 깔끔하면서도 산뜻한 레이아웃으로 대변되며, 특히 흰 색 바탕을 배경으로 한 색채감 있는 선명한 실루엣을 주로 사용한다. 영상을 이용한 대부분의 광고는 너무나 선명해 손을 뻗으면 닿을 것 같고, 제품과의 교감을 통한 차별화된 크리에이티브를 경험할 수 있을 것 같은 착각을 불러일으킨다. 하얀 여백의 공간을 이용한 디자인은 간결하면도 세련된 느낌을 주는 동시에 제품의 뛰어난 기술력을 보여준다. 맥(Mac) 디자인은 무결점이다. 애플의 단순미를 강조한 광고는 영리하게도 세상의 모든 앞선 기술들을 뒤떨어지게 보이게 하는 크리에이티브티를 보여준다. 예전의 애플은 틈새 시장이었던 전문직 디자이너만을 위한 제품이었지만, 지금의 새빨간 애플은 전 세계 교실이나 사무실에서 애용되고 있으며, 누구나 쉽게 출판을 하거나 영화를 만들 수 있게 한다.

일관된 브랜드 이미지나 브랜드 성격을 확립하기 위해서는 캠페인을 통해 집행되는 모든 메시지가 브랜드에 맞는 동일한 톤(tone)을 유지하여야 한다. 캠페인 분위기는 유머스러울 수도, 감동적일 수도, 진지할 수도, 풍자적일 수도, 과장적일 수도 있다. 이러한 것은 부분적으로 미적인 것에 의해 영향을 받을 수도 있지만, 무엇보다 브랜드를 대표하는 모델에 의해 더 많은 영향을 받는 게 사실이다. 누가 말하고 있는지? 아나운서 목소리를 직접 들려주는지? 회사 대표를 모델로 등장하는지? 동물이나 캐릭터를 이용한 브랜드 마스코트를 이용하는지? 유명 스타, 운동선수, 일반인 중 누구를 모델로 쓸지? 이 모든 것이 캠페인에 영향을 미친다. 또한, 어떠한 방법으로 광고를 보여주는가도 영향을 미치는데, 직접 제품을 시연해보일지, 생활에 한 단면을 보여줄지, 브랜드의 좋은 느낌만을 보여줄지 결정하는 것도 중요하다.

핵심 메시지를 잘 전달함으로써 캠페인은 설정된 목표를 달성하여야만 한다. 때때로 소비자의 생각과 태도를 변화시키는 것이 목표가 될 수도 있다. 나아가 소비자의 구매행동을 유발시키는 것이 목표가 될 수도 있다. 그러나 무엇보다도 캠페인 자체가 소비자에게는 브랜드에 대한 인상을 남긴다. 소비자의 마음에는 "이 브랜드는…" 인기가 있다든지, 유행을 앞서간다든지, 지적이라든지, 믿을만 하다든지, 최신이라든지, 멋지다든지, 갖고 싶다든지 하는 인상이 생긴다.

예를 들어, 2010년 와이든 케네디(Weiden Kennedy)사는 성숙기에 접어든 올드 스파이스(Old Spice) 남성용 화장품 브랜드의 이미지를 젊게 바꾸고 젊은 소비자층을 공략하기 위해, 이사이아 무스타파(Isaiah Mustafa)라는 전혀 뜻밖의 모델을 활용하였다. 그는 광고 속에서 능청스러운 무표정한 얼굴로 젊은이들 사이에 사랑하면서 일어날 수 있는 여러 재미있는 상황을 독백형식으로 희화하면서, 마지막에는 다음과 같은 메시지를 던진다. "당신의 남자에게서 날 수 있는 향기가 나는 남자(The Man Your Man Could Smell Like)." 이 광고 이후 매출은 두 배로 뛰었고, 캠페인이 목표로 했던 새로운 젊은 브랜드 성격을 만들어냄으로써 브랜드에 대한 태도 역시 바꿀 수 있었다. 2011년부터는 선장, 비행기 조종사, 억만장자 등 다양한 일반 사람을 모델로 등장시켜 성공적으로 캠페인을 계속해오고 있다. 결론적으로, 이 캠페인은 수많은 미국 젊은 남성들 사이에서 회자가 되었고, 그중 많은 사람이 그들의 브랜드로 올드 스파이스를 선택하였다.

올바른 캠페인 시작과 일관된 집행

대부분의 광고캠페인이 처음에는 확고한 목표를 갖고 일관성을 가지고 시작하지만, 캠페인이 진행될수록 리더십 부재, 잘못된 기획, 또는 실행에 관련된 문제들로 인해 점차로 캠페인의 초점을 잃는다. 즉, 담당자 교체, 역량 부족, 잘못된 업무관행, 개인적 문제, 부족한 동기부여 등은 광고를 잘못된 방향으로 이끈다. 특히, 리더십이나 기획의 문제는 주로 시작부터 방향이 잘못 설정 되었을 때 기인한다. 따라서 최고의 캠페인을 만들기 위해서는 전략적으로 캠페인의 방향을 설정하고 일관되게 실행하려는 노력이 필요하다.

전략 지향

크리에이티브 아이디어가 캠페인의 심장과 정신이라면, 전략은 두뇌이다. 전략이란 캠페인에 전략적 우위를 심기 위한 개괄적인 기획이다. 상세한 기획이 그려진 청사진이라기보다는 윤곽을 그려 주는 아웃라인이라고 할 수 있다. 전략은 캠페인을 전개하는 모든 사람에게 방향을 제시해준다. 또한 전략은 광고 업무를 운영하는 틀을 제시해주기도 한다. 전략은 모든 조직 구성원이 공통 목표를 향해 하나의 팀으로써 일해야 한다는 것을 의미한다. 전략 기획은 미래를 예측할 수 있으며, 조직의 목표를 달성하기 위한 아이디어와 운영에 따르는 과업과 절차를 개발 · 수립할 능력이 있는 팀의 구성원으로부터 나온다. 전략 기획의 주요 문제점은 위원회라는 조직으로 구성되어 있는 경우처럼 전략 수립에 오랜 시간이 소요된다는 점이다. 전략 기획을 수립하는 과정의 일부로, 기업은 치밀하게 일정을 수립하고, 기획 내에서 한정적인 토의와 논의를 필요로 한다. 그렇지 않을 경우 치밀한 업무에 집착한 나머지 마비를 초래하는 위험을 감수하지 않으면 안 된다. 10~20여 년 전에는 상황의 변화가 예상되면 회사가 집행할 활동 과정을 기술하기 위하여 비상 기획을 짜는 것이 보통이었다. 그러나 오늘날에는 시장이 너무 신속하고 빈번하게 변화해서 시시각각 변화하는 상황을 예측하는 것이 점점 어려워지고 있다. 따라서 기업은 적절한 시간 내에 변화하는 상황에 대응하기 위해 융통성과 신축성을 줄 수 있는 선택적 대안을 전략적 기획에 통합하여 조정하는 것이 절대적으로 필요하게 되었다.

전략적 기획에 대해 논의하는 것은 쉽지만, 전달하는 것은 또 다른 문제이다. 광고주는 대부분 크리에이티브한 캠페인(때로는 전략이나 개념적 분석을 필요로 하지 않는 획기적인 사고에서 나온 크리에이티브)을 요구한다. 이 같은 상황을 고려한 어떤 광고주는 광고는 광고회사에 맡기고, 전략적 기획은 부즈 앨런 앤 해밀턴(Booz, Allen & Hamilton) 같은 경영 컨설팅 회사에 맡긴다.

회사의 전략 기획

기업의 사고방식을 이해하려면 경영하는 고위층에 대한 이해가 필요하다. 하지만 고위 관리자가 늘 자리에 있지 않으므로, 그 다음으로 유용한 것은 기업의 전략 기획(전략 기획이 있다는 전제하에)을 살펴보는 것이다.[17] 모든 전략 기획에는 다음과 같은 공통 요인이 있다.

- 조직 목표
- 전략 분석
- 장기 목표
- 전략
- 통합 프로그램
- 재무 기획
- 개요

위에 언급한 요소는 전형적인 기업의 전략적 기획의 일부로, 모든 캠페인에서 이들 요인은 통합되어야 한다. 광고나 마케팅 커뮤니케이션 기획에는 위에 열거한 요인이 기획서의 곳곳에 나타난다. 아래에 열거한 것은 각 요인에 관한 설명으로, 광고 기획에서 어떻게 다루어지고 있는지 알 수 있다.

1. 조직 목표: 조직 목표란 조직이 무엇에 관심을 두고 있고, 존립 목적이 무엇이며, 이 사업을 왜 시작했는가를 구체적으로 언급하는 것이다. 이것은 전략 기획의 논리적 출발점이라고 볼 수 있다. 광고 기획에서 목표는 마케팅과 커뮤니케이션 문제를 해결하고, 기회를 최대한으로 이용하는 것이다. 이 점은 주로 '상황 분석' 중

회사 분석 부분에서 논의된다. 회사의 목표는 종종 광범위하고, 직접적이며, 함축적이다. 제너럴 모터스(General Motors)의 목표는 자동차를 많이 파는 것이다. 쉐보레(Chevrolet) 디비전의 목표는 가족에게 적합한 차를 제공하는 것이다. 올즈모빌(Oldsmobile) 디비전의 목표는 오랫동안 확실하지 않았는데, 이 기업이 살아남지 못한 것은 그리 놀랄 일이 아니다.

목표는 문제를 해결하고 기회를 이용할 수 있게 하는 기업의 능력에 영향을 미치기 때문에 기업을 분석할 때 중요한 부분이다. 어떤 시장에서는 문제가 쉽게 해결되지 않을 수도 있다. 따라서 기업은 다른 기회를 이용하기 위해 새로운 방향으로 전향하는 것이 바람직할 수도 있다. 1980년대 IBM은 메인 프레임 컴퓨터 사업에 치중했다. 그 결과 IBM은 개인용 컴퓨터 시장의 잠재력을 인식하는 데 실패했다. 또한 IBM은 새로운 기회를 재치 있고 신속하게 이용한 다른 회사에 주도권을 빼앗기고 말았다.

2. 전략 분석: 전략 기획에서 이 부분은 조사와 연구의 근거가 된다. 광고 기획에서 전략 분석은 광고 전략과 마케팅 커뮤니케이션 전략에서 언급할 중요 문제를 찾아내는 것이며, 정상적인 경우 상황 분석 부문에서 다루어진다. 상황 분석은 보통 기업, 소비자, 시장, 제품, 경쟁기업에 관한 배경 정보의 분석을 포함한다. 전략 분석(또는 상황 분석)의 목표는 정보에 대한 경쟁적 우위를 회사에 제공한다.
3. 장기 목표: 목적이나 목표란 캠페인에 관여하는 각 부서가 성취하고자 하는 것을 설명한다. 어떤 회사의 전략 기획이란 마케팅 기능에만 관계된 것이라기보다 회사 전체의 목적에 관해 언급하려는 경향이 있다. 따라서 일정 기간(장기간)에 걸쳐 회사가 성취하고자 하는 것을 광범하게 논의한다. 이와 대조적으로 마케팅 목표와 광고 목표는 1년 이하의 목표로 구체적이지 않다. 특히 21세기에 들어와 기업이 따라 잡을 수 있는 속도보다도 더 빨리 시장 환경이 변함에 따라, 이러한 목표들은 대부분 1년보다 짧게 설정된다.
4. 전략: 전략에 관한 개념적 이해에 있어 가장 중요한 요소는 목표를 달성하기 위한 모든 활동의 상호관련성이다. 전략 전문가는 행동 간의 연계성과 행동과 반응 간의 연계성 혹은 광고 사례처럼 행동과 무반응 간의 연계성을 고려한다. 이 연계성이란 단순한 아이디어 또는 행동과 전략을 구분한다. 게다가 전략 전문가는 행동, 반응 또는 응답이 일정 기간을 통해 일어난다는 것을 이해하고 있다. 마케팅 전략 전문가는 바둑이나 장기를 두는 경우처럼 시장의 움직임과 그에 대한 반응을 하

나하나 예측하지 않으면 안 된다. 광고 기획에는 마케팅 전략, 광고 전략, 크리에이티브 전략, 매체 전략뿐만 아니라 기타 마케팅 커뮤니케이션과 관련된 전략이 있다. 전략을 세우는 이유는 목표를 달성하기 위해서다. 최고의 전략은 본질적으로 경쟁력이 있으며, 기업의 경쟁우위를 확보할 수 있도록 해준다. 지금은 브랜드 리더를 뒤따르면서 그로 인해 생기는 수익에 만족하고 있다고 할지라도, 작든 크든 간에 좀 더 나은 점을 발견하지 못한다면 소비자에게 기업의 가치를 어필하지 못한 채 시장에서 퇴출당하기 쉽다. 점차로, 브랜드 보이스(brand voice), 즉 커뮤니케이션의 톤(tone)을 결정하는 것이 전략의 핵심적 부분으로 떠오르고 있으며, 이는 경쟁자 브랜드와 비교하여 기업이 소비자에게 바라는 생각과 느낌이라고 하겠다.

5. 통합 프로그램: 전략 기획 중 이 부분에서는 전략을 수행하고 목표를 달성하는 데 필요한 모든 기능적 행동을 열거한다. 광고캠페인에서 이런 행동은 흔히 전술이나 집행이라고 불리기도 하는데 매체, 크리에이티브, 판매 촉진 전략의 중요 부분에서 나타난다. 통합 프로그램은 여러 부서가 조화롭게 협조할 목적으로 프로그램과 행동을 짜는 것이며, 팀 컨셉을 강조한다.
6. 재무 기획: 재무 기획이란 재무 예측과 회사 실적을 평가하기 위해 사용되는 평가 방법을 말한다. 광고나 마케팅 커뮤니케이션 기획에서 재무 기획은 다양한 방법으로 언급된다. 실제 비용은 일반적으로 예산을 취급하는 기획서에서 언급된다. 판매 예측은 일반적으로 마케팅 목표에서 언급된다. 이익 예측은 일반적으로 마케팅 기획에서 다루어지지 않는다. 마케팅 커뮤니케이션 프로그램에 관한 재무 예측을 평가하는 방법은 광고주가 기획을 수립하면 나타난다. 기획을 광고회사가 수립하는 경우 재무 예측은 일반적으로 생략된다. 1980년대 중반 이후 광고회사가 광고 프로그램의 효과를 측정하는 일이 점차 감소되고 있다. 이 기능은 광고주나 외부 조사기관으로 이관되고 있다. 광고회사는 이 책임이 광고주에게 넘어간 것을 기쁘게 생각하고 있다. 어느 광고회사의 부사장은 광고 효과 측정을 광고회사가 직접 하는 것은 "자기가 한 일을 자기가 평가하는 것과 마찬가지다"라고 지적한 적이 있다.
7. 개요: 대부분 회사의 전략 기획에는 전체적인 개요가 서두에 나타난다. 그러나 대부분의 광고 기획에는 서두에 언급되고, 상황 분석, 크리에이티브 전략, 매체 전략 등 주요 섹션의 말미에서 다시 한 번 요약 설명된다.

광고캠페인 개관

광고캠페인을 요약하여 설명하는 방법은 여러 가지가 있는데, 특히 마케팅 커뮤니케이션 기획의 경우 더욱 다양한 방법으로 설명된다. 본질적으로 캠페인 기획이란 캠페인에 관여하는 사람에게는 지침서의 역할을 하며, 이 기획안을 승인해야 할 입장에 있는 사람에게는 제안서 역할을 한다. 제안서로서 상당한 돈을 소비할 경우 승인이 필요하며, 그 방법은 다양하다.

광고회사 제이 월터 톰슨(JWT)은 다음의 기본적인 다섯 개의 질문에 대답하는 것으로 광고 기획이 시작된다.

- 우리는 어디에 있는가?
- 왜 거기에 있는가?
- 어디에 있어야 하는가?
- 어떻게 해야 그곳에 도달할 수 있는가?
- 목표대로 가고 있는가?

JWT의 마지막 질문에 대한 응답을 얻으면 기획 과정은 다시 시작된다. 이 회사에서는 이 과정이 계속적으로 진행되기 때문에 연속 기획이라고 부른다. 시작은 있지만 광고주를 위한 기획 수립의 끝은 없다.

학계에서는 위의 질문에 상당한 관심을 갖고 있다. 그러나 학자에 따라 각 질문을 다르게 서술한다. [표 1-1]은 광고캠페인 강의실에서 이들 질문이 어떻게 다루어지고 있는가를 보여준다.

표 1-1 캠페인 기획을 위한 두 가지 접근법

제이 월터 톰슨의 질문	전형적인 광고 과목 수강생의 반응
우리는 어디에 있는가?	상황 분석
왜 거기에 있는가?	문제점 확인
우리는 어디에 있어야 하는가?	기회 요인 확인
어떻게 해야 그곳에 도달할 수 있는가?	메시지, 매체, 마케팅 커뮤니케이션 전략과 전술 수립
목표대로 가고 있는가?	캠페인의 효과를 측정하거나 추적하기 위한 기획 수립

표 1-2 마케팅 커뮤니케이션 기획의 개요

I. 목차
II. 요약 (또는 서론)
III. 상황 분석
  a. 기업 분석
    A. 기업 역사
    B. 기업 문화/사명
    C. 기업의 문제점/도전과제
    D. 산업/제품군/전체 시장의 흐름
    E. 기업의 기회
  b. 소비자 분석
    A. 1차 (주요) 조사
      1. 목표
      2. 방법
      3. 결과
    B. 인구통계학적 소비자 조사
      1. 나이, 성별, 수입, 교육, 지역, 제품 사용 등
    C. 심리학적 소비자 조사
      1. 성격과 동기
      2. 요구(wants)/필요(needs)/문제(problems)/관심(interests)
      3. 가치관과 라이프스타일
  c. 시장 분석
    A. 시장규모와 점유율
    B. 유통과 지역
    C. 계절(seasonality)
    D. 잠재적 개발
  d. 제품 분석
    A. 단일 제품 또는 제품 라인(Line)/서비스/원인(cause)/출시제품(candidate)
    B. 제품 속성과 제품 편익
    C. 브랜드 이미지/성격
  e. 경쟁자 분석
    A. 1차, 2차 경쟁자
    B. 상대적 속성과 편익
    C. 상대적 메시지 방법과 미디어 사용/지출
    D. 상대적 시장점유율/ 광고점유율
  f. SWOT 분석
    A. 강점과 약점 (내부적)
    B. 기회와 위협 (외부적)
IV. 목표 시장 프로필
  a. 전형적 소비자의 일반적 특성 묘사
  b. 브랜드 에센스 차트-목표 시장과 제품의 일치
V. 목표
  a. 마케팅 목표
  b. 커뮤니케이션 목표
VI. 메시지 전략
  a. 크리에이티브 브리프
VII. 캠페인 컨셉/방향
VIII. 멀티 터치포인트(Multi Touchpoint) 마케팅 커뮤니케이션 전략
  a. 광고, PR, 판촉, 직접판매, 대인판매/전술적 설명
IX. 매체 전략
  a. 매체 목표
  b. 전술적 제안/ 매체 믹스
  c. 정당성
  d. 시간
  e. 비용
X. 평가 계획/ 평가 방법
XI. 향후 발전을 위한 제안
XII. 부록
  a. 매체/IMC 플로우차트
  b. 예산
    A. 전술에 따른 상세 예산
    B. 지출별 원도표(pie chart)
  c. 조사 수단

[표 1-2]에는 캠페인을 집행하기 전에 준비해야 할 개요를 제시한다. 이 기획은 마케팅 커뮤니케이션 캠페인을 기획할 때 밟게 될 절차와 단계를 열거하고 있다. 모든 회사가 이 단계와 절차를 밟는 것은 아니다. 예를 들어 회사에 따라서 직접 마케팅이나 PR 기획을 포함하지 않을 수도 있다. 이들 절차는 다음 장에서 자세하게 다루기로 하겠다.

캠페인 진행 체크리스트

이 단계의 캠페인 진행을 위해서는 일반적으로 다음과 같은 사항을 명심해야 한다.

1. 변화하는 환경에서 성공하려면 광고의 기본 개념과 원리에 대해 이해해야 한다.
2. 캠페인을 이루는 요소가 어떤 상호관련성을 가졌는지 이해해야 결과가 성공적일 가능성이 높다.
3. 새로운 마케팅 환경을 이해하기 위해서는 올바른 제품 · 가격 · 유통 · 촉진에 최근 어떤 변화가 있었는지 파악해야 한다.
4. 효과적인 광고를 만들기 위해서는 올바른 태도와 사고방식을 가져야 한다.
5. 마케팅 컨셉은 모든 기획에 있어 소비자의 욕구와 필요, 관심사, 문제에 초점을 맞춰야 한다.
6. 커뮤니케이션 컨셉에서는 소비자, 욕구, 필요, 관심사, 문제라는 관점에서 제품의 특성을 잘 반영한 메시지를 개발해야 한다.
7. 통합 마케팅 커뮤니케이션 컨셉에서는 모든 커뮤니케이션과 촉진 활동이 조화를 이루고 통합되어 소비자에게 단일화된 메시지를 전달해야 한다.
8. 광고캠페인 컨셉은 연관성 없는 여러 개의 광고보다 단일화된, 상호관련성이 있는 광고가 더 효과적이다.
9. 성공한 캠페인은 모두 전략적이다. 경쟁력을 가지고 있으며, 장기간에 걸쳐 진행되는 서로 연관성 있는 활동을 나열한 개괄적인 기획안을 제공한다. 전략적인 기획은 시장의 반응을 예상하고 그에 맞는 기획을 한다.
10. 기업의 전략 기획은 광고캠페인과 유사하며, 광고주의 입장에서 더 나은 캠페인을 준비하기 위해서는 기업의 전략 기획도 분석해야 한다.

미주와 참고문헌

1. G. Khermouch, "Kodak, Wal-Mart Price Stand-off is a Royal Rumble," *Brandweek*, 18 April 1994, p. 6.
2. A. W. Fawcett, "CAA Ads Make Big Splash with Youth, Women," *Advertising Age*, 12 April 1993, p. 1.
3. A. W. Fawcett, "CAA's Coke Ads Fall Flat on Persuasion," *Advertising Age*, 10 May 1993, p. 4.
4. A. Vagnoni, "Creative Differences," *Advertising Age*, 17 November 1997, p. 28.
5. Ibid.
6. Burger King. In *Wikipedia*. Retrieved April 25, 2012, from http://en.wikipedia.org/wiki/Burger_King
7. Burger King Subservient Chicken, CPB Group Website, Awards page, Retrieved April 25, 2012 from http://wwwawards.cpbgroup.com/awards/subservientchicken.html
8. Pizac, Douglas C. (2011, August 19). *LA Times*. Burger King freshens advertising campaign, kicks out the King. Retrieved April 25, 2012 from http://latimesblogs.latimes.com/money_co/2011/08/burger-king-freshens-advertising-campaign-kicks-out-the-king.html
9. Dicker, Ron. (2011, August 19). *Daily Finance*. Burger King Drops Its King Campaign for Fresher Approach. Retrieved April from http://www.dailyfinance.com/2011/08/19/fast-food-burger-king-mascot/
10. These ideas were first presented to the author by Professor Nugent Wedding at the University of Illinois and can be found in John D. Leckenby and C. Nugent Wedding, *Advertising Management: Criteria, Analysis, and Decision Making* (Columbus, Ohio: Grid, 1982), ch. 1.
11. H. Gilmore and B. J. Pine, "The Four Faces of Mass Customization," *Harvard Business Review* 75: 1 (January/February 1997), pp. 91–101.
12. Mark Rectin, "Is Honda Losing Its Cool among Youths?" *Automotive News*, November 2004, p. 30.
13. For more information on mass customization and personalization, see Ronald E. Goldsmith, "The Personalized Marketplace: Beyond the 4 Ps," *Marketing and Intelligence & Planning* 17: 4 (1999), pp. 178–185 ; and Ronald E. Goldsmith and Jon B. Frieden, "Have It Your Way: Consumer Attitudes toward Personalized Marketing," *Marketing Intelligence & Planning* 22: 2 (2004), pp. 228–239.
14. C. Huffman and B. E. Kahn, "Variety for Salle: Mass Customization of Mass Confusion," *Journal of Retailing* 74: 4 (1998), pp. 491–513.
15. *The Advertising Plan at BBDO, A Handbook for Account Managers* (New York: Batten, Barton, Durstine & Osborn, n.d.).
16. D. P. Robin and C. E. Harris, Jr., "An Integrated Approach for Applying Marketing Strategy," *Business Ideas and Facts* (Winter 1973), pp. 35–40.
17. These seven elements are found in P. J. Below, G. L. Morrissey, and B. L. Acomb, *The Executive Guide to Strategic Planning* (San Francisco: Jossey-Bass), pp. 9–10.

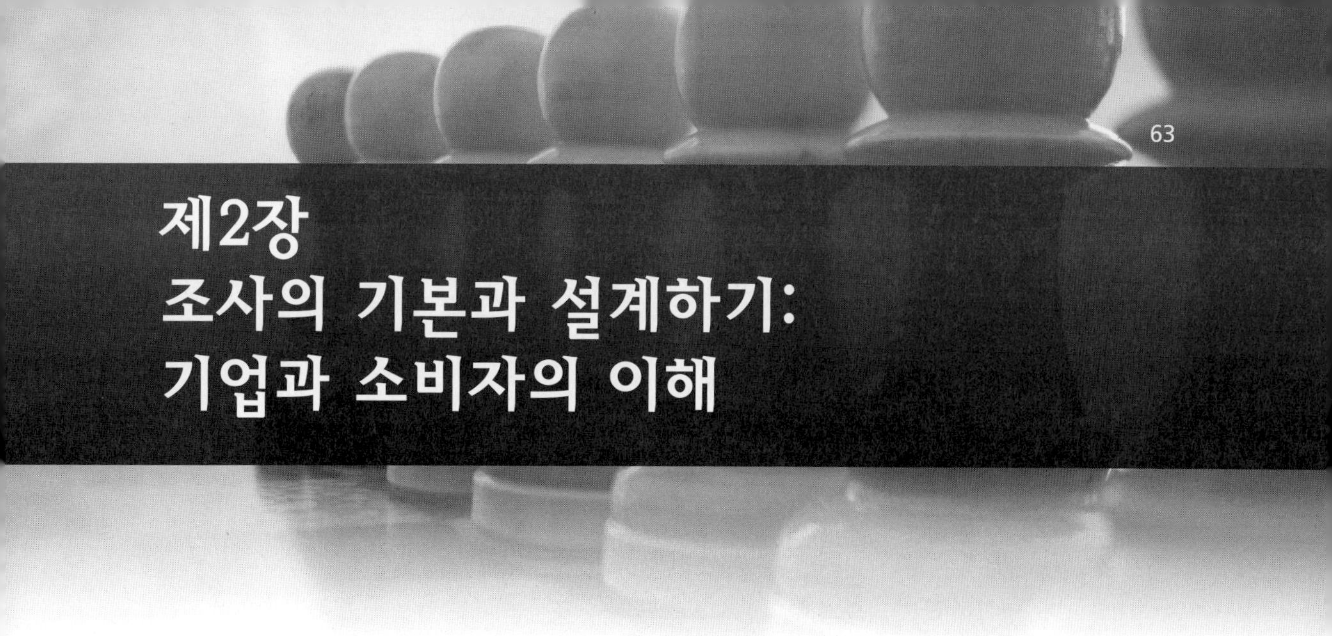

제2장
조사의 기본과 설계하기: 기업과 소비자의 이해

광고업계에는 요즘 주목할 만한 새로운 트렌드가 생겨나고 있다. 디지털, 소셜, 바이럴 시대에 알맞은 작지만 민첩한 많은 광고대행사가 생겨남에 따라, 조사와 기획을 수행하는 이들 대행사의 역할과 책임의 변화로 인해 조사가는 이제 전략가로 변신하고 있다.

예시 **대행사 역할과 명칭의 변화**

브랜드 기획자 (brand planner)		기획자 (account executive)		전략가 (strategist)
(1차, 2차 조사, 흐름 분석, 캠페인 평가)	+	(기업의 필요 평가, 전략구성, 프로젝트 운영)	=	(분석 기반 통찰, 전략적 해석과 계획 수립)

이러한 하이브리드(hybrid) 포지션의 출현은 흥미로운 이분법을 제시한다. 이전에 브랜드 기획자(brand planner)는 '소비자의 목소리'를 대변하는, 다시 말해 시장의 변화를 면밀히 읽고 소비자 문화를 제시하였다. 반면 기획자(AE)는 '광고주의 목소리'를 대변하는, 즉 광고주가 원하는 바를 파악하여 목표를 달성하기 위한 기획을 개발하여 대행사에 전달하는 역할을 맡는다. 서로 다른 욕구와 필요(wants and needs)를 충족시키기 위해 만들어진 확연히 다른 두 역할을 하나로 묶게 되었다. 소셜 미디어의 발달은 비즈니스 운영의 투명성과 소비자와의 자유로운 대화를 가능하게 함으로써, 두 가지 분야는 서서히 하나로 묶어지게 되었다. 따라서 각 분야의 전문가는 끊임없이 넘쳐 나오는 새로운 데이터를 가지고 조사를 수행하고, 전략으로 도출하여, 캠페인을 기획하고 실행할 수 있는 새로운 역량이 기대된다.

그럼 어디에서부터 시작해야 할까? 캠페인을 준비하기 위해서는 두툼한 백지가 필요하다. 알아야 할 정보가 무엇인지 생각하라. 광고주는 누구인가? 그들은 무엇으로 알려지기를 원하는가? 정확히 무엇을 팔려고 하는가? 경쟁자 상황은 어떠한가? 시장 또는 제품군의 흐름은 어떠한가? 그리고 가장 가능성 있는 잠재적 소비자는 누구인가? 이 모든 질문에 적절한 대답을 하는 것은 시간과 직접적인 노력을 필요로 한다.

프로페셔널한 전문가는 자신의 시간을 어떻게 관리하는가에 민감하다. 원하는 정보를 얻지 못하는 경우도 있지만, 그들은 정확히 어떤 정보를 찾아야 하는지 잘 알고 있다. 명확히 찾는 자료가 무엇인지 모르고 하는 조사는 다른 업무에 유용하게 쓰일 시간을 낭비하는 것이다. 실무자에게는 허투루 시간을 낭비할 여유가 없다. 그래서 계획이 필요하다.

조사 기획의 개발

조사 개요를 작성한 후에 일을 시작하면 시간을 관리하는 데 도움이 된다. 기획은 필요한 정보와 그 정보를 얻는 방법을 설명해 준다. 정보를 수집할 때는 조사 준비도 함께 진행해야 한다. 전문가는 그들 나름대로의 방식을 갖고 있겠지만, 조사 입문자인 경우에는 개략적인 조사 개요를 준비하기 위한 출발점으로 다음 사항을 고려해 보는 것이 바람직하다.

- 정보 수집을 시작할 장소
- 정보 수집을 부문별로 분리하는 방법
- 정보 획득의 방법
- 정보 처리의 방법

기업 정보 수집의 시작

대부분의 전문가는 어디서든 정보를 수집할 수 있다. 경험을 통해 그들은 정보와 아이디어를 편견 없이 처리할 수 있는 판단력을 갖고 있다. 강의실에서 학생들은 광고 문구를 작성하라는 과제를 받으면 제품에 대한 배경 정보가 충분하지 않은 상황에서 몇

분 내로 창조적 아이디어를 생각해 내려고 노력한다. **크리에이티브 브리프**(creative brief)를 완성하기까지 아이디어 발상을 연기시키라는 교수의 충고에도 불구하고 학생들은 머릿속에 떠오른 첫 번째 아이디어로 광고를 완성하려고 한다. 이런 아이디어로 만들어진 광고가 목표 집단이 불분명하고, 전략이 결여된 것은 당연한 결과이다.

BBDO 광고회사는 주 고객이 누구이고, 문제점이 무엇인가를 찾아낼 때까지 제품 정보를 수집하는 일을 연장한다. BBDO는 스태프가 소비자의 필요와 욕구가 무엇인지에 집중하기보다 제품 정보에 치중하는 것을 경계한다. 스태프는 조사와 개발 담당자가 제품을 개발하는 목적과 동일한 이유로 소비자가 제품을 구매한다는 위험천만한 생각을 갖고 디자이너, 엔지니어, 화공기사와 대화를 나누려고 한다. 기업은 생산자와 소비자가 제품을 똑같이 생각할 것이라고 여기지만 실제 그런 경우는 극히 드물다.

BBDO 광고회사는 학자들이 말하는 소위 **마케팅 컨셉**을 잘 활용하고 있다. 즉, 모든 기획은 소비자 분석에서 출발한다. 그러나 소비자가 무엇을 원하든지 간에 기업은 어떤 지침에 의해 운영되는 것을 원하지 않기 때문에, 먼저 기업이 가진 문제점과 기회 요인에 초점을 맞추는 것이 더 효과적일 수도 있다. 나아가, 배우는 학생들은 주어진 문제점 대해서 잘 알지 못할 수도 있고, 팔려고 하는 제품에 대해 잘 알지 못한다면, 잠재적 소비자를 결정하기도 쉽지 않을 것이다.

조사 분야 분류

이 단계에서는 몇 개 분야로 나누어 조사를 실시하는 것이 바람직하다. 어느 한 분야에서 발견한 정보는 다른 분야에서도 적용될 수 있지만, 분야별로 나누어 살펴봄으로써 빠뜨리는 정보가 없도록 한다. 빠진 정보를 다시 찾기보다는 한 번에 모든 정보를 수집하는 것이 훨씬 효과적이다. 일반적으로 **상황 분석**이라고 부르는 배경 정보 분석부터 하는 것이 좋다.

정보 탐색은 다음 분야에서부터 시작할 것을 권한다.

기업 분석	
소비자 분석	이 세 가지 분석을 동시 실시하라.
시장 분석	

기업과 소비자에 대한 조사를 마치고 나서, 다른 분야에 대한 정보를 수집하는 순서는 그리 중요하지 않다. 또한 다음에 제시한 분야의 정보를 수집하기 이전에 기업과 소비자에 대한 분석을 반드시 완료해야만 하는 것은 아니다.

제품 분석
경쟁 분석 } 이 두 가지 분석을 동시에 실시하라.

정보 수집

기업의 사명, 재무 상태, 제품, 기타 문제에 대한 정보는 보통 기업의 중역과 스태프에 대한 조사를 통한 1차 자료와 잡지 · 보고서 등 2차 자료에서 얻을 수 있다. 일반적으로 2차 자료부터 시작하는 것이 좋다. 2차 자료를 통해 얻은 정보는 1차 자료를 수집하기 위한 질문 문항을 만드는 데 도움이 된다. 1차 자료 조사가 필요하다면 되도록 빨리 계획을 세워야 한다.

정보를 얻을 수 있는 방법은 다양하다. 정보는 객관적인 정보원으로부터 얻는 것이 좋다. 웹사이트를 통해, 면접이나 관찰을 통해 시장에서 기업의 위치를 파악할 수도 있다. 이를 통해 얻은 정보는 가치가 있기는 하지만 때로는 편파적일 수도 있다. 소비자와 대화하는 것도 정보를 얻는 한 가지 방법이지만, 제품의 현재 사용자를 객관적으로 파악할 수 있을 때까지 기다리는 것이 좋다. 즉, 본격적인 정보 수집은 도서관에서 시작하는 것이 바람직하다.

정보 처리

실용적 태도의 수용. 정보를 확보하는 것은 해야 할 일의 절반에 불과하다. 정보 수집을 통해 발견해 낸 결과는 다듬어서 광고 캠페인을 만드는 사람이 쉽게 사용할 수 있도록 해야 한다. 이를 위해서는 올바른 사고방식이 필요하다. 시장은 경쟁이 치열한 곳이며 믿을 수 없을 정도록 실용적이다. 스스로에게 물어보라. 팀 원 개개인이 성공적으로 그들의 업무를 수행하기 위해 필요한 것은 무엇인가? 브랜드 기획자는 소비자 내적인 것을 알아내길 원하고, 카피라이터나 아트디렉터는 경쟁자의 광고와는 차별화되어 목표 소비자들에게 회자되는 빅아이디어를 찾아내기 위해 노력한다. 매체 기획자는 판매 메시지를 전달하기 위해 독특하고 특별한 방법들을 찾으려 한다. 또한 매체 구매자는 비용 측면에서 가장 효율적이면서도 효과적으로 메시지를 보내는 방법을 찾으려 한다. 이 모든 것이 전략적이 되어야 하며 수집한 정보를 적극 실용적으로 활용하여야 한다. 다시 말해 조사가는 크리에이티브 실무자나 매체 실무자만큼 모든 단계에서 실용적인 전략을 구사할 수 있는 능력이 요구된다.

얼마나 많은 정보가 충분한가?(How Much Information is Enough?) 경쟁자가 가지고 있는 정보보다 가치 있는 정보를 캠페인 기획자에게 제공하고 그 결과가 성공적 일 때까지는 충분한 정보를 수집했다고 말할 수 없다. 성숙기에 접어든 대부분 제품군들의 매출 증가는 주로 경쟁자의 시장을 잠식함으로써 가능하다. 경쟁력 있는 조사자는 포괄적이면서 현상을 꿰뚫어 볼 수 있는 최근 정보들을 기획자에게 제공하기 위해 노력한다. 그리고 성공적인 마케터들은 이러한 가치 있는 정보에 자신들의 업계 경험과 직관적 감을 더하여 주요한 의사 결정을 내린다.

관련된 자료를 실시간으로 제공받으려는 기업의 수요가 사상 유례없이 증가하고 있다. 2012년 6월, 마인드쉐어(Mindshare)는 여러 방대한 데이터를 한 번에 추적할 수 있는 시장 조사 플랫폼인 '코어(Core)'를 선보였는데, 이는 닐슨(Neilsen)을 통한 미디어 사용 자료, 마이슈퍼마켓(MySupermarket)을 통한 시장에서의 소비자 구매행태 자료, 엑스포넨셜(Exponential)을 통한 온라인 서치 행동 자료, 비저블 메저스(Visible Measures)를 이용한 소셜 미디어 사용 자료 등을 포함하고 있다. 코어 시스템은 소비자의 제품 구매 주기를 이용하여 구매와 관련된 모든 활동을 24시간 추적하는데, 주로 소비자의 매체 사용, 제품정보 수집, 소셜 미디어 이용, 구매 습관, 브랜드 선호 등을 기업의 유통과 판매정보와 상관지어 정보를 제공하는 플랫폼이다. 이러한 플랫폼은 소비자 행동에 미치는 마케팅 영향력을 좀 더 명확히 조사하기 위해서 개발되었으며, 광고주의 이해를 도와 촌각을 다투는 마케팅 의사 결정을 내리는 것을 가능케 한다.[1]

분석적 정보 대 기술적 정보(Analysis versus Description). 종합적 분석을 하기 위해서는 시간, 노력, 비용이 소요된다. 모든 기업(또는 학생)이 방대한 정보를 분석해내는 컴퓨터 프로그램을 가지고 있는 것은 아니며 경쟁사에 대한 자료를 갖고 있는 것도 아니다. 따라서 효율적인 정보 수집이 요구된다. 어떤 자료를 수집할 것인지 구체화하지 못한 자료 수집은 종종 시간만 낭비할 뿐이며, 대부분 이러한 자료 수집은 분석적(analytical)이기보다는 기술적(descriptive)이다. 기술적 정보는 우리가 이미 알고 있는 내용이나 쉽게 찾을 수 있는 정보를 말한다. 따라서 이전에 알지 못했던 새로운 무엇인가를 찾아 정보를 보다 가치 있게 만들려는 노력이 중요하다. 따라서 광고주나 같이 일하는 팀원들이 보석과 같이 귀중히 여길 수 있는 마케팅 자료를 제공하라.

시각보다 통찰력(Insight Rather that in Sight). 기술적 정보의 한계는 누구나 이미 알고 있는 당연한 사실을 주로 설명한다는 것이다. 이러한 방식은 말 그대로 정보를 시각적(in sight)으로만 다루는 것이다. 기술적 정보는 읽는 사람에게 수많은 자료의 가치와 의미를 직접 찾아야 하는 부담감을 준다. 좋은 조사가가 되는 지름길은 이러한 시각적 정보를 해석하여 **통찰력 있는**(insight) 정보를 제공하는 것이다. 조사자는 분석 자료에 내재한 모든 특성들을 속속들이 명확히 이해할 때 이러한 통찰력을 얻을 수 있다. 단지 주 고객이 누구이고 경쟁자가 누구인지 알아내는 것만으로 충분하지 않다. 왜 소비자가 특정 브랜드를 구매하고, 제품을 어떻게 사용하고 있는지, 목표 소비자의 모든 것을 알아야 한다. 소비자를 꿰뚫어 보는 통찰은 소비자에게 의미 있는 캠페인을 만드는 원동력이다. 이러한 통찰은 명확히 보이는 것 이상의 그 무엇인가를 찾으려는 조사자의 노력이 수반되어야 한다. 소비자와 관계를 맺기 위해서는 먼저 그들을 이해해야 한다. 통찰 없이도 평범한 리포터는 될 수 있겠지만 결코 조사자는 될 수 없다.

고려사항: 소비자가 왜 쿠폰을 수집하고, 대형 할인점에서 쇼핑하며, 최저 가격으로 휘발유를 판매하는 주유소를 찾아 먼 길을 마다하고 운전해 가는 이유를 생각해 보자. 명백한 이유는 바로 저렴한 가격 때문 일 것이다. 미국의 대형 주택용품 할인점인 홈디포(Home Depot)의 예에서 볼 수 있듯이, 사람들이 대형 할인점을 찾는 또 다른 이유는 아마도 다양한 종류의 상품을 한 곳에서 쇼핑할 수 있기 때문이다. 하지만 보다 더 중요한 이유는 홈디포가 고객을 대하는 운영방식에 있다. 많은 가정주부와 직접 조립하여 사용하는 제품을 좋아하는 사람이 홈디포를 즐겨 찾는 이유는 경제적으로 돈을 얼마나 아낄 수 있다는 사실보다는, 홈디포가 그들에게 주는 느낌일 것이다. 어떤 소비자는 돈을 아끼기 위해서 라기보다는 자신이 검소한 주부라는 이미지를 스스로 갖기 위해 쿠폰을 사용한다. 이와 유사하게 조립 제품을 구매하는 대부분의 사람도 절약하기 위한 이유도 있지만, 자신의 실력을 시험해 보고 싶어서이기도 하다. 따라서 이들에게 있어 홈디포는 자신을 똑똑한 소비자 이미지로 인식을 강화시키는데 도움을 주는 곳이다. 이는 일종의 보보(BOBO: bourgeois/bohemian) 현상이라고 할 수 있는데, 이는 고급 백화점에서 제품을 둘러보고, 대형 할인매장에 구입하는 것처럼 고급스러움을 즐기는

동시에 물질적 실리를 추구하는 디지털 시대의 엘리트 계층을 일컫는다.

물론 이러한 전제는 단지 가설일 뿐이지만, 만일 당신이 홈디포나 유사한 광고주를 위해 광고 캠페인을 맡게 된다면 충분히 한 번 고려해 볼 만한 가치가 있다. 낮은 가격, 우수한 품질, 편리한 유통 등 소비자가 제품을 구매하는 명확한 이유가 있지만, 기업이 이러한 이유를 모두 충족시키기란 쉽지 않다. 따라서 어떤 기업이 가격과 품질 면에서 장점을 갖고 있지 않다면, 전략적으로 판촉 전략을 수립하기가 쉽지 않을 것이다. 이러한 경우에는, 상품을 팔기 위해 경쟁기업보다 더 크리에이티브하고 효과적인 전략을 수립할 필요가 있다.

온라인 신발 도매업체의 예를 보자. 최저 가격, 다양한 종류의 신발 또는 특수 주문된 신발을 제공하는 수많은 온라인 사이트는 소비자에게 넓은 선택의 폭을 준다. 자포스 닷컴(Zappos.com)은 소비자의 눈에 띌만한 어떠한 장점 없이 설립되었다. 다른 온라인 신발업체와 비교하여 엄청 싸다거나 각양각색의 다양한 종류의 신발도 갖추지도 못하였다. 자포스의 강점은 특이한 기업문화에서 찾을 수 있는데, 그것은 바로 종업원의 복지를 최우선시하여, 궁극적으로는 보다 질 높은 고객 서비스를 제공할 수 있었다. 단순히 괜찮은 고객 서비스가 아니라, 고객마다 필요한 서비스를 찾아 도와줌으로써 고객에게 감동을 주는 서비스를 제공하였다. 특히 사람에게 도움을 받고 있다는 느낌을 전혀 주지 못하는 무감정한 콜센터가 판치는 시대에, 이러한 자포스의 고객응대 방식은 큰 반응을 불러왔다. 잘 알려지지도 않은 사이트로 시작한 자포스는 10년 사이에 10억 달러의 총매출을 기록했고, 아마존(Amazon)에 의해 12억 달러에 인수되었다.[2] 2010년 캠페인에서는 'Zappets'이라 불리는 매력적인 어릿광대를 등장시켜 인간미 넘치는 전화응대 고객서비스를 강조하고 있다.[3]

상황 분석

상황 분석은 광고 캠페인을 발전시키는 데 유용하게 사용되는 정보로 이루어진다. 정보는 **조직적, 체계적이면서도 상세하고 초점에 맞는 것**이어야 한다. 일반적으로 정보는 문서 형태로 만들어진 다음 전략과 전술을 개발하는 데 사용된다. 기업 활동에서 이런 기록과 보고서는 보통 바인더 노트에 정리되는데, 이는 앞으로도 분석이 지속될 것이고, 환경 변화에 따라 계속 수정되리라는 것을 시사한다. 앞서가는 기업은 분석을 조사 활동의 결과로 생각하기보다는 조사 시스템의 일부로 본다. 대학의 강의 과제 중 프로젝트에서 상황 분석은 종합 조사 **기획서**의 시작 부분에 해당된다.

배경 정보의 특성

체계화. 광고 캠페인을 체계화하는 다양한 방법이 있는데, 간단명료한 문장으로 전체 윤곽을 체계화하는 것이 바람직하다. 기업, 소비자, 시장, 제품, 경쟁 등 광범위한 주제를 포괄하여 광고 캠페인을 설명한다. 캠페인에 도움이 된다면 어떠한 주제라도 상황 분석에 포함될 수 있다.

구조. 상황 분석은 조직화되어야 한다. 그래야 분석을 실시하는 사람에게 기업이 당면한 문제점과 기회 요인이 가장 중요하다는 것을 명확히 전달할 수 있다. 소비자 분석을 먼저 실시할 수도 있지만, 기업의 실무진은 기업 분석을 먼저 실시하기를 원한다.

상황 분석의 각 부문에서는 내부적 · 외부적 시각을 동시에 견지해야 한다. **내부적 시각**을 갖고 기업 문제를 이해하고자 하는 노력을 기울여야 한다. 그러나 기업의 임원진은 상황과 밀접하게 관련되어 있기 때문에 종종 객관적인 시각을 잃어버린다. 따라서 **외부적 시각**에서 기업의 상황을 살펴보면 다양하고 가치 있는 정보를 얻을 수 있다. 분석가는 내부적 시각을 버리고, 소비자가 어떻게 생각하고 느끼는지 이해하려고 노력해야 한다. 그러나 소비자의 시각만으로 본다면 소비자가 제품을 사거나 사지 않는 정확한 이유를 파악하지 못할 수도 있다. 소비자 역시 객관적인 대답을 하는 경우가 드물다.

멕시코의 프리미엄 맥주 브랜드인 도스 에퀴스(Dos Equis)는 오랫동안 잘 알려지지 않은 브랜드였다. 하지만, 광고대행사인 유로 RSCG(Euro RSCG)는 소비자 조사를 통하여 대부분의 맥주 광고에서 흔히들 사용하는 우스꽝스러운 유머나 야외 파티 장면, 또는 현실감이 떨어질 정도의 미인 여성모델을 이용한 광고에 냉담한 반응을 보이고 심지어 경멸하는 소비자 집단이 있음을 발견했다. "세상에서 가장 흥미로운 남자(The Most Interesting Man in the World)" 캠페인은 이러한 이유로 만들어졌다. 헤밍웨이(Hemingway), 제임스 본드(James Bond), 조지 클루니(George Clooney)를 주인공으로 등장시킨 "The Most Interesting Man" 캠페인 시리즈는 다른 맥주 광고들이 잘 이용하지 않는 감정소구인 남자의 영감(inspiration)이나 열정(aspiration)을 공략하여 즉각적인 성공을 가져왔다. 일 년

만에 판매는 17% 증가하였는데, 다른 수입 맥주 판매가 11% 감소하였음을 고려한다면 이는 대단한 성공이라고 하겠다.[4]

몇몇 경우에는 소비자에 입장에서 생각하는 내부적(inside) 접근 방법이 성공을 거두고, 또 다른 경우에는 조금 떨어진 입장에서 소비자를 바라보는 외부적(outside) 접근 방법이 좀 더 객관적이고 정확한 해결책을 제시한다. 따라서 내부적, 외부적 접근 방법 **모두**를 사용하려는 노력이 필요하다.

구체성. 상황 분석의 목적은 전략과 전술을 개발하는 데 유용한 기초 자료를 마련하는 것이다. 전술은 전략의 구체적 실행이기 때문에 크리에이티브 담당자나 매체 담당자가 목표 시장을 대상으로 구체적 광고안을 추구하며, 기회를 살려 나갈 수 있도록 매우 구체적이어야 한다. 패스트푸드점을 선택했다고 해서 그 소비자가 가격이 저렴해야 하고, 신속한 서비스와 질 높은 음식을 원한다고 결론 내릴 수는 없다. 이런 정보는 유용하게 사용될 만큼 구체적이지 못하다. 조사 문항은 구체적인 정보를 얻을 수 있도록 만들어져야 한다. 즉, 가격이 얼마나 저렴해야 하는지, 서비스가 얼마나 빨라야 하는지 계량적인 용어로 표현하는 것이 좋다. 만일 그런 정보를 얻기 어렵다면 A기업이 B기업보다 품질이 좋다고 하는 경우와 같이 상대적이거나, 비교할 수 있는 정보를 얻을 수 있도록 질문 문항이 만들어져야 한다.

초점. 상황 분석에서는 문제점과 기회 요인을 규명하는 데 초점을 맞추는 것이 중요하다. 구체적이긴 하지만 초점이 맞춰져 있지 않은 정보는 큰 가치가 없다. 예를 들어 기업의 역사는 기업 분석의 중요한 부분이지만, 그 정보가 현재 기업이 가진 문제점과 기회 요인을 조명해 줄 때만 중요한 정보가 된다. 기업이 현재 당면하고 있는 문제점을 설명하는 데 도움이 되거나, 기업이 왜 경쟁상 우위나 기회를 갖고 있는가를 분명하게 설명할 때 기업이 언제 어떻게 설립되었는가 하는 정보가 의의를 갖는다. 문제점과 기회 요인은 목표를 세우는 근거가 된다. 모든 분석은 기업이 목표를 달성하는 데 방해가 되거나, 마케팅에 있어 우위를 가질 수 있는 특별한 상황을 규명하는 데 초점이 맞춰져야 한다. 이런 것들이 기업이 당면한 문제섬이나 기회 요인이다. 이에 대한 상세한 내용은 앞으로 다룰 것이다.

분석 방법의 선택

수집한 정보를 정리하는 방법에는 여러 가지가 있는데, 가장 흔한 방법은 **SWOT** 분석, **브랜드 진단**(brand audit), **문제 규명**, **기회 포착**이다. 각각의 접근법은 모두 유용한데, 이 중 특별하게 하나의 방법을 권하지는 않겠다. 우선 SWOT 분석의 주요 요인을 살펴보겠다.

강점(strengths) 약점(weaknesses)	기업의 마케팅, 재무, 생산, 조직적 경쟁력
기회 요인(opportunities) 위협 요인(threats)	기업이 실제로 수익을 내거나, 잠재적 가능성이 있는 상황 수익 활동을 방해할 수 있는 환경적 요소

SWOT 이름만 보면 기업의 강점과 약점을 살펴보는 것부터 시작해야 할 것 같지만, 사실은 그 반대인 경우가 많다. 일반적으로 위협 요인과 기회 요인은 없는지, 외부 환경을 먼저 분석한 후 기업의 내부 자원을 바탕으로 이 위협 요인과 기회 요인을 평가한다. SWOT 분석의 결과를 대부분 표로 나타낸다. 예를 들면 위협 요인은 심각성의 정도와 발생할 가능성에 따라 분류된다. 기회 요인의 경우에는 이와 유사하게 강 · 중 · 약으로 구분한다.

브랜드 진단 역시 SWOT나 문제 규명, 기회 포착 등 배경 정보를 제공한다. 단 브랜드 진단에서는 브랜드가 중심이고 SWOT 분석에서는 대부분의 경우 기업 중심이다. 예를 들어 SWOT 분석에서는 새로운 브랜드를 시장에 소개하는 데 성공한 기업에 대해 논하지만, 브랜드 진단에서는 약간 다른 관점에서 브랜드의 역사 등에 대해 살펴본다. '진단'이라는 단어는 자칫 딱딱하고 면밀한 검토를 해야 한다는 인상을 줄 수 있지만, 그렇지 않은 경우가 더 많다. 때로는 관점이나 의미에서 차이가 드러날 수도 있다. 브랜드 진단은 기업이나 눈에 보이는 제품 그 자체에 초점을 맞추기보다는 브랜드에 가장 큰 중점을 둔다. 진단전문가는 브랜드를 "제품은 시장의 진열대에 놓여 있지만, 브랜드는 소비자의 마음속에 있다"고 강조한다. 브랜드 진단에서 더 나아가 **브랜드 접촉 진단**을 하기도 하는데, 이는 매일, 매주, 매달 소비자가 어떻게 브랜드에 노출되는지를 밝힌다.

단순한 **문제 규명이나 기회 포착 방법**을 사용하는 이유는 어떤 분야에서 기업이 문제가 있고(위협 요인과 유사), 기회가 있는지를 알아내는 데 가이드라인을 제시하기 때문이다. 이를 위해서 기업 · 소비자 · 시장 · 제품 · 경쟁회사 등 다섯 개 분야로 나눠 분석한다. 물론 이들 분야는 모두 상황 분석의 일부이다. 각 분야에 대한 분석은 각각의 분야에서 **중대한 이슈**를 파악하는 데서부터 시작한다. 예를 들면 대다수 기업들의 가장 큰 사안은 매출과 수익이다. 그러나 시장에 처음 진출하는 기업에게 가장 중요한 이슈는 시장점유율이 될 수 있고, 극단적으로는 생존이 가장 중대한 일일 수 있다.

어떤 것이 가장 중대한 사안인가는 관점에 따라 달라진다. 매년 가을, 1A 구역의 대학은 미식축구의 관중수가 부족하다는, 늘 똑같은 문제에 시달리고 있다. 대부분의 학교에서는 미식축구 프로그램이 마치 비즈니스처럼 운영되고 있다. 감독의 입장(내부 관점)에서 가장 중요한 이슈는 대중이 팀을 응원하도록 만드는 것이다. 그러나 대중의 입장(외부 관점)에서는 경기에 참석하는 것이 팀을 응원한다거나, 애교심에서 비롯한 것은 아니다. 그들이 경기를 관람하는 이유는 팀의 실력, 축제 분위기, 화장실이 충분한가 여부나 청결 상태에 영향을 받는 즐거움 또는 만족감 때문이다. 미식축구 팀 관계자가 애교심을 갖고 경기에 참석하길 바라는 것은 현실에 맞지 않는 생각이다.

문제 규명과 기회 포착 접근법에서 분석가는 중요한 이슈를 파악하고 문제점을 찾아내며, 여러 중대한 사안과 연관된 기회를 발견한다. 4장에서는 이 문제와 기회를 어떻게 목표로 전환하는지에 대해 논할 것이다. 그 절차만 간단하게 살펴보면 다음과 같다.

중대한 이슈 진단 → 문제 규명 → 기회 발견 → 목표 설정

기업 분석

기업 분석은 기업이 어떤 일에 관심을 갖는가, 그것이 무엇을 의미하는가 등 기본적인 아이디어만으로 이루어져야 한다. 분석의 초점은 기업이 당면한 주요 문제와 기회 요인에 맞춰져야 한다. 조사에서 묻고자 하는 질문 문항을 만들 때 과거의 실적을 검토하고 내년도 예비 기획을 세우려는 마케팅 담당자의 회의 모습을 상상하도록 노력해야 한다. 어떤 문제점이 논의될 것인가? 담당자는 무슨 기회가 있다고 이야기할 것인가? 기업 분석을 잘하면 기업이 엉뚱한 길로 가는 오류를 범하지 않으며, 기업이 이제껏 고려하지 못했던 기회 요인을 발견할 수 있다.

매출과 이익: 분석의 시작

회의에서는 매출이나 이익 등 재정 문제에 초점을 맞춰 문제점과 기회 요인이 논의된다. 대부분의 기업에 이것들은 하나의 논쟁거리에 불과하다. 재정에 문제가 있다는 것은 기업의 입장에서 근본적인 문제점으로, 특히 여러 해 동안 매출이나 이윤에 문제가 있다면 그렇다. 시간의 흐름에 따른 **경향 분석**을 하면 일정 기간만 분석해서는 나타나지 않는 문제점을 발견할 수 있다. 기업은 다양한 이유로 특정 연도에 매출이나 이윤이 감소할 수 있다. 만약 매출과 관련된 문제가 수년간 지속된 다면 그것은 기업, 산업, 경제 전반에서 하나 이상이 취약하다는 것을 의미한다. 재정 문제에서 시작하여 여러 가지 의문 사항을 검토해 보면, 특히 지난 수년간 기업의 문제점을 눈여겨봤다면 좀 더 뿌리 깊은 문제점을 발견할 수 있다. [표 2-1]은 기업의 근본적 문제점을 파악하고, 그것이 기회로 작용할 수 있는지 평가하는 데 필요한 질문이다.

2010년, 건축자재/주택용품 대형 유통업체인 로우스(Lowe's)는 488억 달러라는 눈부신 매출을 기록했다. 하지만 2011년에는 전년 1사분기 대비 5.7%의 매출이 감소했고, 2사분기 역시 2.2% 매출이 감소했다.[5] 전반적인 경기 불황과 주택시장의 붕괴로 인한 지출을 줄이려는 소비자의 소비 패턴이 바뀌었음을 감안할 때 그리 놀라운 일은 아니다.[6] 2011년 10월, 포춘(Fortune) 상위 50개 기업이 미국에 기반을 둔 20개의 상점의 문을 닫았고, 시장 상황을 고려한 브랜드 리포지셔닝을 감행하였다. [표 2-1]은 로우스가

표 2-1 로우스사의 문제/기회 분석

질문	대답
근본적 문제는 무엇인가?	매출의 정체/감소, 실적이 낮은 영업점, 이윤 감소
이유는?	경기침체, 주택가격 하락, 소비자의 가용처분 소득의 감소
광고를 개선한다면 소비자가 더 많이 구매할까?	단기적 측면에서는 큰 효과 없음
왜 그럴까?	큰 돈이 들어가는 주택에 관련된 일들은 연기하고, 무분별한 과시적 소비 대신 실질적으로 필요한 소비로 전환
제품 측면에서 개선해야 할 점은 무엇인가?	저렴한 상품을 포함한 다양한 종류의 상품을 구비, 많은 돈 들이지 않고 쉽게 수리할 수 있는 상품 판매
마케팅 측면에서 개선해야 할 점은 무엇인가?	큰 수리나 장식적 프로젝트를 위한 제품이라는 이미지에서 주택 유지나 보수에 맞는 제품이라는 이미지로의 브랜드 리포지셔닝(repositioning)

새로운 전략적 접근 방식과 메시지 전략을 간략히 보여준다. 물론, 이러한 질문 방식은 일차원적이다. 하지만, [표 2-1]은 겉으로 드러나지 않은 문제점과 기회 요인을 파악하기 위해 질문을 계속 확장해나가는 것이 얼마나 중요한지 잘 보여준다. 실제로 논의 과정에서 참석자는 질문을 만들고 답하기 위해 더 많은 정보를 필요로 한다. 효과적으로 질문하고 답하기 위해서는 기업의 내부 · 외부 정보를 조사에 포함시켜야 한다.

내부 정보

필요한 정보를 기업이 보유하지 못한 경우도 있지만, 내부 정보는 기본적으로 기업 내부로부터 얻는다. 어떤 경우에는 기업 외부의 자료로부터 추론해야만 한다. 다음 질문을 살펴보자.

- 기업의 목표는 무엇인가?
- 기업 문화는 어떤가?(느린가? 보수적인가? 진보적인가?)
- 얼마나 의욕적인가?
- 어느 정도의 위험을 감수할 수 있는가?
- 기업의 재무, 기술, 관리 자원의 상태는 어떤가?
- 지난 수년간의 매출액 추이는 어떤가?
- 얼마만큼 이익을 내고 있는가?
- 시장점유율의 증감에 변화가 있는가?

외부 정보

다음의 질문을 검토해 보자.

- 과거 수년간 해당 산업의 매출 추이는 어떤가?
- 경제 전반의 현황은 어떤가?(불경기인가?, 활황인가?)
- 기업의 미래를 결정할 만한 사회적 · 문화적 · 정치적 요인이 있는가?(가치관의 변화? 새로운 정권? 새로운 기술?)

이런 정보만 갖고서는 깊이 있는 분석을 할 수 없다. 기본 정보만으로는 소비자를 잘못 파악할 수 있다.

도서관 자료 찾기의 시작

일반적으로 많이들 사용하고 있는 렉시스넥시스(LexisNexis)를 활용해 기업에 대한 정보 찾기부터 시작하는 것은 좋은 방법이다. 기업에 관한 기사나 논문뿐만 아니라 산업이나 제품군 전체에 관한 정보도 찾아야 한다. 가장 유용한 정보는 주로 업계 잡지나 신문 또는 조사 회사의 자료에 있다.

도서관 자료 이용하기

구글(Google™)을 이용하여 브랜드나 기업의 이름으로 편안하게 클릭 몇 번만으로 검색하는 쉬운 방법도 있다. 하지만 이러한 방법은 비효율적이고 질 낮은 정보만을 제시할 수 있다는 단점이 있다. 구글에서 제시하는 수많은 서치 결과 중에서 내게 꼭 필요한 정보만을 걸러내는 일은 많은 시간이 요구된다. 검색된 결과가 사실과 다를 가능성도 있고, 돈을 지불해야만 정보를 제공받을 수도 있고, 업계에서 출판하는 간행물보다 정보의 질이나 양적 측면 모두에서 신뢰성이 떨어질 수도 있다. 만약 학생이라면, 유료로 자료를 구하기 전에 학교 도서관을 먼저 활용해보라. 수없이 치열한 경쟁 속에서 성공하는 광고를 살펴보면, 광고의 성패를 좌우하는 데 있어 정보의 질과 양이 얼마나 중요한지 알 수 있을 것이다. 예를 들면, 재무 관련 자료들은 언론 관련 자료들과 비교해 관점이나 통찰적 측면에서 많은 차이를 보인다. 캠페인 시작 단계에서의 방대한 자료 수집은 캠페인 마지막 단계에서 필요한 수정을 최소화할 수 있을 것이다.

1. 기업에서 하는 광고나 마케팅에 관련된 문제점들을 찾아보는 것을 시작으로 자료를 수집하라. 산업 관련 서베이, 시장 조사 자료, 기업 재무, 업계 동향, 또는 소비자에 관한 일반적인 정보와 같은 최신의 비즈니스 자료를 제공하는 데이터베이스를 이용하는 것이 좋다. 섹션별로 정보를 제공하는 도서관 웹사이트를 활용하라. 이러한 자료들은 주로 광고나 마케팅 주제별로 알파벳 A에서 Z까지 순서대로 정리되어 있다. 수많은 소스들이 다양한 비즈니스 정보를 제공한다. 아래에 있는 소스들 중 몇 개의 소스를 확인하라.
   - ProQuest's ABI/Inform(Complete, Global, Research, Trade & Industry, Dateline) — 학계 논문, 잡지, 업계 간행물, 신문, 보고서, 관리, 마케팅, 기업, 광고 관련 논문 등 약 5,400개 이상의 출판물에 실린 자료들의 제목과 요약본

을 제공하는 유용한 소스이다.

- EBSCO's Business Source(Complete, Elite Premier) — 마케팅, 관리, 경제, 재무, 회계, 해외사업에 관련된 4,744(2,619 투고심사)개의 학술적 비즈니스 데이터베이스로 자료의 목차와 요약본을 제공한다. 이 밖에도 저자의 약력, 논문 전문, 기업 정보, 국가경제 보고서, 산업 보고서, 인터뷰, 시장 조사 보고서, SWOT 분석, 미완성 논문까지도 제공한다.
- Gale's Business and Company Resource Center — 기업, 업계, 논문 자료와 기업정보, 기업 역사, 투자 보고서, 재무 등급, 소송, 제품 목록, 산업리뷰, 연관단체에 관한 정보를 제공한다.
- Dow Jones' Factiva® — 미국뿐만 아니라 전 세계의 주요 비즈니스 잡지, 뉴스, 신문, 텔레비전/라디오 트랜스크립트, 기업정보 등에 관한 정보를 제공한다.
- LexisNexis® Academic — LexisNexis의 학술 버전으로 뉴스 전문, 기업, 법, 의료 등에 관한 정보를 제공한다.

이상과 같은 비즈니스 데이터베이스는 수천 가지 이상의 비즈니스 출판물의 기사를 인덱스화하여 제공하며, 로그인을 한 이용자에게 연중무휴로 풀 텍스트 서비스를 제공한다. 대부분의 온라인 기사는 서치 기능이 있으며, 일반 서치 기능과 고급 서치 기능을 이용할 수 있다. 일반 서치 기능을 사용하면 이용자는 한두 개 이상의 키워드를 입력하여 정보를 획득할 수 있다.

2. 데이터베이스를 탐색할 때 기업명과 함께 그 기업이 실행하는 광고와 마케팅을 키워드로 넣고 탐색하는 것이 바람직하다. 그렇게 했을 때 충분한 자료가 검색되었다면, 탐색하고자 하는 기업 정보에 관한 기사로 탐색 결과를 좁히면 된다. 만일 정보가 부족하거나 거의 나타나지 않았을 경우에는 기업명, 제품군 또는 산업 등 탐색 키워드를 확대해야 한다. 데이터베이스 탐색을 통해 기업과 산업의 트렌드를 찾아볼 수 있고, 《애드버타이징 에이지(Advertising Age)》, 《브랜드위크(Brandweek)》, 《베버리지 월드(Beverage World)》, 《슈퍼마켓 뉴스(Supermarket News)》, 《오토모티브 뉴스(Automotive News)》와 같은 업계지 그리고 《뉴욕타임스》, 《월스트리트 저널》 같은 일간지의 기사를 발견할 수 있다.
3. 다음으로는 기업에 관한 좀 더 상세한 정보, 즉 마케팅 배경 정보를 찾아야 한다. 머전트 온라인(Mergent Online), 스탠더드 앤 푸어스 컴퓨스탯 혹은 넷어드밴

티지(Standard & Poor's Compustat® or NetAdvantage), 후버스 온라인(Hoover's Online) 그리고 Disclosure's Compact D/SEC 등 데이터베이스 기관에서 제공하는 서비스를 도서관에서 구입했다면, 이들 데이터베이스를 활용해 탐색하고자 하는 기업의 상세한 정보를 얻을 수 있다. 예를 들어 넷어드밴티지를 이용하여 특정 기업명을 탐색하면 그 기업의 전체적인 개관, 뉴스나 홍보 기사, 자세한 재무 정보, 산업 서베이, 경쟁자 목록 등 다양한 정보를 얻을 수 있다. 정부에서 제공하고 있는 EDGAR 데이터베이스를 이용하면 탐색하고자 하는 기업에 관한 심층 정보를 얻을 수 있다(http://www.sec.gov/edgar.shtml). Gale's Business and Company Resource Center, LexisNexis Academic, Dow Jones' Factiva® 같은 데이터베이스는 패키지로 정보를 제공하기 때문에 한 번의 탐색으로 위의 다양한 데이터베이스에서 제공하는 정보를 한꺼번에 얻을 수 있다. 기업의 홈페이지를 방문하는 것도 좋은 방법이나, 홈페이지에 제공된 정보는 기업에 유리한 정보만 수록되어 있다는 점을 명심해야 한다. 많은 도서관이 시장 조사 보고서 전문 서비스를 시작했다. MarketResearch.com Academic, Euromonitor's Passport GMID(Global Market Information Database), IBISWorld, Mintel Oxygen Academic와 같은 검색 옵션을 찾아보라.

4. 정보를 탐색할 때는 다양한 자료들을 참고해야 한다. 특정 브랜드, 특정 기업 또는 특정 산업에 관한 서적은 도서관의 온라인 카탈로그를 이용해 찾을 수 있다. 오래된 정보는 쓸모가 없으므로 출판 날짜를 확인해야 한다.
5. 소비자, 브랜드, 제품군에 관한 정보도 탐색할 필요가 있다. 그것에 관한 신문 기사나 잡지 기사도 도움이 되지만 도서관에을 활용하여 GfK MRI에서 제공하는 미국 소비자 설문 조사나 시몬스 원뷰(Simmons OneView)에서 제공하는 익스피리언 시몬스(Experian Simmons)의 전국 소비자 조사 자료도 활용하라.
6. 위의 단계에서 필요한 정보를 탐색한 이후에는 소비자 정보와 경쟁사 정보를 위의 방식으로 탐색할 필요가 있다(정보원은 위의 3단계를 참조).

기업 분석에서 소비자 분석으로의 전환

기업 분석을 어느 정도 마친 다음에는 소비자 분석을 시작해야 한다. 소비자 분석을 통하여 소비자에 대해 이해하게 되는 시점에서 기업의 종업원을 대상으로 관찰 혹은 면접을 실시하거나, 기업 내부의 매출 관련 자료를 확보하여 기업 분석을 마무리 지을 수 있다. 기업 분석을 시작한 뒤에 소비자 분석을 시도하고, 다시 기업 분석을 완료하기 위해 기업 자료를 살펴보는 것은 순서상 바람직하지 못하다. 조사를 실시한다는 것은 과학인 동시에 기술이라는 것을 명심해야 한다. 중요한 것은 가능한 객관적인 입장에서 정보를 얻는 것이다. 기업의 종업원으로부터 어떤 이야기를 듣게 되면 우리는 그 사람이 제공한 정보에 따라 편견을 갖고 그 기업을 평가하는 오류를 범할 수 있다.

소비자 분석

성공한 광고는 설득력 있고 소비자의 기억에 오래 남는 메시지를 포함하고 있다. 메시지는 광고를 통해 말이나 문자로 전달될 수도 있고 단순하게 표현될 수도 있다. 이런 메시지를 개발할 때 중요한 것은 말이나 아이디어에 대한 이해보다 소비자를 더 잘 이해해야 한다는 것이다. 다른 유명 광고인과 마찬가지로, 레오 버넷(Leo Burnett) 역시 광고를 통해 소비자에게 어떻게 말해야 하는지 잘 이야기하고 있다. 그는 소비자와 제품을 연결하는 '내재적 드라마'를 즉시 이해할 수 있는 보통의 외모와 목소리를 지닌 평범함으로 표현하기도 했다. 오늘날 마케팅은 5~10년 전의 마케팅과 비교하여 더욱 복잡해졌고 경쟁이 치열해졌다. 따라서 마케팅과 광고계에서 일하는 사람은 소비자를 더 잘 이해해야만 한다. 소비자 분석을 하기위해서는 아래의 여섯 가지 질문이 필요하다.

1. 소비자는 누구인가? 소비자가 갖고 있는 공통적 특징은 무엇인가?
2. 소비자는 제품을 어떻게 사용하는가? 얼마나, 어디에서, 언제 사용하는가?
3. 제품을 구매한 동기는 무엇인가? 일반적으로 소비자는 구매하는 것, 통상 제품 혹은 특정 브랜드를 구매하는 것에 대해 어떻게 생각하고 느끼는가?
4. 제품을 통해 소비자가 추구하는 것은 무엇인가? 소비자의 필요와 욕구, 문제점과 관심사는 무엇인가?
5. 소비자는 그들의 인생을 어떻게 바라보는가? 그들의 가치관은 무엇인가? 무엇을 좋아하는가? 무엇에 열정을 갖고 있는가? 그들은 브랜드와 사회적으로 연결되어 있는가? 하루의 일상을 어떻게 보내는가? 어떻게 제품을 그들에 일상에 맞출 것인가?

6. 소비자는 시장에서 어떻게 활동하는가? 정보는 어떻게 얻는가? 그들의 결정에 영향을 주는 사람은 누구인가? 어디에서 제품을 구매하는가?

소비자는 누구인가

대부분의 제품에서 주요 고객은 이전에 그 제품을 사용한 경험이 있는 사람이다. 이는 반드시 그런 것은 아니지만, 대부분의 회사는 이 원칙에 따른다. 물론 인구통계학적 · 심리통계학적 특징으로 집단 간의 비교가 가능하지만, 제품 사용에 영향을 미치는 요인을 명확하게 찾아내기는 쉽지 않다. 미래 제품 사용을 예측할 수 있는 가장 간단한 방법은 제품을 사용한 경험 자료이다. 낚시를 잘할 수 있는 최적의 장소가 반드시 고기가 몰려 있는 곳일 필요는 없지만, 고기가 있는 곳이어야만 '미끼'가 효험이 있다.

예를 들어 1일당 핫도그의 판매 개수를 비교해 보았을 때 미국의 다른 대도시보다 시카고에서 많이 판매되고 있다. 핫도그는 시카고 문화의 일부분으로 오랫동안 인식되어 왔고, 지난 50년간 이 도시에서 많이 팔렸다. 시카고에서 판매되는 핫도그는 코셔 스타일(kosher-style)인 순 쇠고기 제품이며, 손님은 주로 테이크아웃(take-out) 서비스를 전문으로 하는 소규모 상점에 몰려들었다. 가장 인기 있는 핫도그 브랜드는 비엔나(Vienna)이다. 지난 20년간 이 회사는 애틀랜타, 세인트루이스, 덴버, 내슈빌, 플로리다 등 많은 도시에서 시카고 스타일로 판매하려고 노력했다. 그 결과 사업은 실패하지 않았지만 시카고처럼 성공을 거두지는 못했다. 왜 성공하지 못했을까? 이들 도시는 시카고가 아니기 때문이다. 핫도그는 소비자가 꼭 필요로 하는 식품이 아니다. 시카고 사람들은 어렸을 때부터 핫도그를 먹어 왔기 때문에 핫도그의 판매가 다른 도시보다 높은 것이다.

소비자를 잘 이해하기 위해서는 현재의 소비자를 먼저 이해하는 것이 도움이 된다. 소비자 분석의 목표는 소비자들 보편적으로 가지고 있는 특성들을 잘 파악하는 것에 있다. 이러한 특성들은 시장 세분화를 정의하거나 상술할 때 유용하다. 나아가 이러한 시장 세분화는 다음의 목표 소비자나 목표 시장을 구체화하는 데 바탕이 된다. 목표 선정은 캠페인 전략의 핵심적 요소이며 각기 다른 개별적 분석들이 완전히 끝마친 후에 결정되어야만 한다. 사용자, 즉 소비자는 일반적으로 아래와 같은 특성들에 의해 구분된다.

- 인구통계학적 기준(demographic criteria)

- 심리통계학적 기준(psychographic criteria)
- 제품/브랜드 사용 정도(degree of product/brand usage)
- 브랜드 충성도(degree of brand loyalty)

인구통계학적 기준. 인구통계학적 기준은 소비자의 연령, 성별, 수입, 지역, 결혼유무, 교육, 인종, 가족 구성원과 같은 변인들에 의해 구분된다. 이러한 인구통계학적 분류는 목표 시장을 묘사하거나 정의할 때 보편적으로 가장 많이 쓰이는 분류 방식으로 소비자의 매체이용 행태와 쉽게 접목하여 사용된다. 이러한 방식으로 상대적으로 손쉽게 측정될 수 있으며, 익스피리언 시몬스와 GfK MRI 등 많은 자료 소스에서 제공한다(표 2-2 "MRI 데이터 보고서 읽는 법" 참조).

몇몇 제품의 경우 시장을 세분화하는 기준으로 인구통계학적 기준을 사용하는 것이 명백한 도움을 줄 때도 있지만, 어떤 제품의 경우 핵심 고객과 일반 고객의 차이점을 충분히 반영하지 못할 때도 있다. 예를 들어 어떤 구 그룹이 연령, 성별, 교육, 수입에 있어서는 비슷할 수도 있겠지만, 그들이 제품을 구매하는 이유나 방식은 인구통계학적으로 구분 할 수 없는 다른 여러 가지 요인이 있을 수도 있을 것이다. 따라서 소비자를 좀 더 잘 이해하기 위해 조사자는 구매 성향에 영향을 미칠 수 있는 소비자의 심리학적 요인과 라이프스타일과 같은 다른 요인도 조사하여야 한다. 그러나 광고매체를 구매할 때는 인구통계학적 기준을 사용하는 것이 일반적이다.

제품 사용

소비자 전문 조사기관은 소비자의 제품 사용 행태에 관한 전문적인 자료를 제공함과 동시에 제품의 소비자가 누구인지를 신속하게 결정하는 데 도움을 준다. 물론 업계에서 발행하는 출판물을 통해 소비자에 관한 단편적인 정보를 얻을 수는 있지만, 이들 전문 조사기관은 좀 더 정확하고 완벽한 자료를 제공한다. 이러한 전문 조사 회사들의 자료로는 입소스(Ipsos)사의 Mendelson Affluent Survey, 익스피리언 시몬스의 National Consumer Study, GfK MRI사의 Survey of the American Consumer 등이 있다.

특히 이 중에서 익스피리언 시몬스와 GfK MRI사의 자료들이 가장 보편적으로 많이 사용되는 자료이다. 이들 회사는 일 년에 한두 번 정도 약 20,000에서 30,000명의 성인들을 대상으로 조사를 실시한다. 특히 시몬스 원뷰(Simmons OneViews)는 500개의 제

표 2-2 MRI 데이터 보고서 읽는 법

비록 MRI 데이터 보고서는 매우 유용한 정보를 제공하고 업계에서도 널리 사용되고 있지만, 학생들이나 매체 기획을 처음 경험하는 사람들에게는 데이터 보고 형식을 이해하는 것이 쉽지 않을 것이다. 언뜻 보면, 의미 없는 숫자가 끝없이 펼쳐진 것 같이 보일 것이다. 그러나 어떻게 데이터를 읽는지 알기만 한다면, 정말 간단히 이해할 수 있다.

MRI 데이터 보고서를 도시를 가로지르는 거리라고 생각하라. **가로** 또는 가로지르는 거리들은 **소비자의 인구통계학적, 심리통계학적 정보**들을 나타낸다. **세로** 또는 위, 아래를 관통하는 길은 **제품군이나 브랜드**에 관한 정보를 보여준다. 모든 거리는 명확히 표시되어 있기에, 어디에 있는지, 어디로 가야되는지 쉽게 방향을 찾을 수 있을 것이다.

항목별 MRI 데이터 읽는 법

[그림 2-1A]는 2011년 크래프트(Kraft)사의 마카로니와 치즈 제품에 관한 Gfk MRI데이터 보고서이다. 먼저 보고서에 있는 가로 또는 열을 알아보기로 하자.

Unwgt는 'Unweighted'의 약자이며, 서베이에 참여한 실제 특정 제품군 또는 브랜드를 사용한 적이 있는 사람들의 수를 나타낸다. 모든 MRI 데이터의 자료는 미국 성인을 랜덤하게 샘플로 뽑아 전체 미국인의 태도와 행동에 맞도록 일반화시킨 것으로, 대표성과 타당성을 지닌다. [그림 2-1A]를 보면 전체 5,938명의 남성과 5,688명의 여성이 크래프트 마카로니 & 치즈를 사용한다고 대답한 것을 볼 수 있다. 35~44세에 속하는 성인 840명이 크래프트 마카로니&치즈를 사용한다고 응답했다.

(000s)는 앞에서 언급한 서베이 조사에 응답한 사람들을 기반으로하여, 추측한 예상되는 미국인 수이다. MRI는 서베이에 응답한 사람들의 퍼센트(%)를 계산, 전체 인구에 적용한 퍼센트 수를 천단위로 표현한 (000s)로 나타낸다. 즉, [그림 2-1A]를 보면 전체 25,449,000명의 남성이 크래프트 마카로니&치즈를 사용하고, 8,275,000명의 남성이 크래프트 이지맥(Easy Mac)을 사용하며, 약 1,932,000명의 남성이 크래프트 디럭스 마카로니&치즈(Deluxe Macaroni & Chesse)를 구매한다.

Horz %는 'Horizontal %'의 줄임말이며, 컴포지션(composition)이라고 불리기도 한다. 이 숫자는 가로 또는 행(row)에 있는 특정 변인의 퍼센트를 나타내며(예: 나자, 여자, 18~24세), 세로 또는 열(Column)과 교차되는 변인과 연결지어진다(크래프트 마카로니&치즈). 교차된 숫자를 읽는 방법은 "모든 미국 남성의 23.07%가 크래프트 마카로니&치즈를 구매한다" 또는 "18~24세 미국인들의 10.46%가 크래프트 이지맥을 구매한다"라고 읽을 수 있다.

Vert %는 'Vertical %'의 줄임말이며, 리치(reach) 또는 컨벌지(converge)라고도 알려져 있다. 이 숫자는 세로 또는 열(Column)에 있는 특정 변인의 퍼센트를 나타내며(예: 크래프트 마카로니&치즈, 크래프트 이지맥 등), 가로 또는 행(row)과 교차되는 변인과 연결지어진다(예: 남자, 여자, 65세 이상 등). 읽는 방법은 "크래프트 이지맥 이용자의 54.77%가 여성이다" 또는 "크래프트 마카로니&치즈 사용자의 12.69%는 65세 이상이다"라고 읽을 수 있다.

Index는 특정 집단의 제품 사용량을 전국 평균과 비교한 수치를 나타낸다. Index 숫자 100은 평균, 즉 전국 평균과 같다는 것을 나타낸다. 100보다 작은 Index 숫자는 소비자가 제품을 전국 평균보다 덜 구매하고 있다는 것을 나타내며, 커뮤니케이션 또는 목표 시장 선정이 잘못 되었을 수도 있음을 암시한다. 100보다 큰 Index 숫자는 바람직한 판매실적과 목표 시장 설정이 잘 되었음을 암시한다. [그림 2-1A]은 18~24세의 크래프트 이지맥의 Index 숫자는 130이며, 이는 대학생 또는 젊은 세대는 다른 세대들과 비교하여 30%나 많이 크래프트 이지맥을 먹는다는 것을 나타낸다. 반대로, 65세 이상의 Index 54는 다른 세대와 비교하여 46%나 적게 그 제품을 먹는다는 것을 나타낸다.

[그림 2-1B]는 음식에 관한 태도 등과 같이 심리학적 정보를 반영한 MRI 데이터 보고서이다. 5점 리커트 척도를 이용하여 수많은 태도에 관한 질문에 응답을 받았다. 표를 보면 알겠지만, 크래프트 이지맥은 "I prefer picking up quickly to cooking meals" 항목에서 높은 동의를 얻었다. 또한 정크푸드를 반대하는 집단과 유기농 음식을 정기적으로 먹는 집단들의 사람들은 낮은 Index 숫자를 보임으로써 크래프트 제품을 평균보다 적게 사용하고 있다는 것을 보여준다. 이러한 MRI 데이터 보고서는 여러 유용한 변인들과 교차하여 사용할 수 있는 장점으로 인하여, 흥미있는 소비자 정보를 제공할 수도 있다.

그림 2-1A GFK MRI 제품 사용 데이터

		All	Kraft Macaroni & Cheese	Kraft Easy Mac	Kraft Deluxe Macaroni & Cheese
All	Unwgtd	52027	11626	3814	3822
	(000)	228111	54910	18294	19150
	Horz %	100.00	24.07	8.02	8.40
	Vert %	100.00	100.00	100.00	100.00
	Index	100	100	100	100
Men	Unwgtd	26943	5938	1949	1890
	(000)	110304	25449	8275	8654
	Horz %	100.00	23.07	7.50	7.85
	Vert %	48.36	46.35	45.23	45.19
	Index	100	96	94	93
Women	Unwgtd	25084	5688	1865	1932
	(000)	117808	29461	10019	10496
	Horz %	100.00	25.01	8.50	8.91
	Vert %	51.64	53.65	54.77	54.81
	Index	100	104	106	106
Age 18-24	Unwgtd	4181	1017	387	300
	(000)	28899	7751	3023	2324
	Horz %	100.00	26.82	10.46	8.04
	Vert %	12.67	14.12	16.52	12.13
	Index	100	111	130	96
Age 25-34	Unwgtd	8287	2069	717	598
	(000)	40762	10875	3784	3330
	Horz %	100.00	26.68	9.28	8.17
	Vert %	17.87	19.81	20.69	17.39
	Index	100	111	116	97
Age 35-44	Unwgtd	10062	2780	996	840
	(000)	41532	11660	4250	3885
	Horz %	100.00	28.08	10.23	9.35
	Vert %	18.21	21.24	23.23	20.29
	Index	100	117	128	111
Age 45-54	Unwgtd	10595	2549	821	810
	(000)	44498	10954	3324	3888
	Horz %	100.00	24.62	7.47	8.74
	Vert %	19.51	19.95	18.17	20.30
	Index	100	102	93	104

그림 2-1A GFK MRI 제품 사용 데이터 (계속)

		All	Kraft Macaroni & Cheese	Kraft Easy Mac	Kraft Deluxe Macaroni & Cheese
Age 55-64	Unwgtd	8639	1554	497	586
	(000)	34483	6703	2272	2827
	Horz %	100.00	19.44	6.59	8.20
	Vert %	15.12	12.21	12.42	14.76
	Index	100	81	82	98
Age 65+	Unwgtd	10263	1657	396	688
	(000)	37937	6966	1641	2897
	Horz %	100.00	18.36	4.33	7.64
	Vert %	16.63	12.69	8.97	15.13
	Index	100	76	54	91

* 제시된 수치는 절대값이 아니므로 해석 시 주의를 요함.

출처: 2011 Doublebase GfK MRI; Weighted to Population (000) - Base: All; Copyright © 2011, GfK MRI All Rights Reserved.

그림 2-1B GFK MRI 제품 사용 데이터

		All	Kraft Macaroni & Cheese	Kraft Easy Mac	Kraft Deluxe Macaroni & Cheese
All	Unwgtd	52027	11626	3814	3822
	(000)	228111	54910	18294	19150
	Horz %	100.00	24.07	8.02	8.40
	Vert %	100.00	100.00	100.00	100.00
	Index	100	100	100	100
Food Attitudes: I don't allow junk food in my home. Agree somewhat or Agree completely	Unwgtd	17617	3203	1089	1101
	(000)	74774	14939	5143	5429
	Horz %	100.00	19.98	6.88	7.26
	Vert %	32.78	27.21	28.11	28.35
	Index	100	83	86	86
Food Attitudes: Frozen dinners area convenient alternative for a meal. Agree somewhat or Agree completely	Unwgtd	24965	5809	1999	2030
	(000)	110551	27531	9617	10205
	Horz %	100.00	24.90	8.70	9.23
	Vert %	48.46	50.14	52.57	53.29
	Index	100	103	108	110

그림 2-1B GFK MRI 제품 사용 데이터 (계속)

		All	Kraft Macaroni & Cheese	Kraft Easy Mac	Kraft Deluxe Macaroni & Cheese
Food Attitudes: I indulge my cravings for sweets. Agree somewhat or Agree completely	Unwgtd	31599	7331	2429	2357
	(000)	139664	35073	11757	11814
	Horz %	100.00	25.11	8.42	8.46
	Vert %	61.23	63.87	64.27	61.69
	Index	100	104	105	101
Food Attitudes: I prefer picking up quick meals to cooking meals. Agree somewhat or Agree completely	Unwgtd	19050	4325	1519	1490
	(000)	85477	20842	7368	7552
	Horz %	100.00	24.38	8.62	8.83
	Vert %	37.47	37.96	40.27	39.43
	Index	100	101	107	105
Food Attitudes: I don't pay much attention to my intake of fat. Agree somewhat or Agree completely	Unwgtd	21001	4870	1635	1652
	(000)	97328	23961	8210	8573
	Horz %	100.00	24.62	8.44	8.81
	Vert %	42.67	43.64	44.88	44.77
	Index	100	102	105	105
Food Attitudes: Dinners in my home are usually planned ahead of time. Agree somewhat or Agree completely	Unwgtd	32743	7347	2401	2393
	(000)	144146	34985	11705	12131
	Horz %	100.00	24.27	8.12	8.42
	Vert %	63.19	63.71	63.98	63.34
	Index	100	101	101	100
Food Attitudes: I'm a creature of habit, and stick to the food I know I like. Agree somewhat or Agree completely	Unwgtd	35254	7930	2628	2611
	(000)	155149	37449	12406	13186
	Horz %	100.00	24.14	8.00	8.50
	Vert %	68.01	68.20	67.81	68.86
	Index	100	100	100	101
Food Attitudes: I regularly eat organic foods. Agree somewhat or Agree completely	Unwgtd	17690	3381	1090	1094
	(000)	76726	15894	5252	5461
	Horz %	100.00	20.72	6.85	7.12
	Vert %	33.64	28.95	28.71	28.52
	Index	100	86	85	85

* 제시된 수치는 절대값이 아니므로 해석 시 주의를 요함.

출처: 2011 Doublebase GfK MRI; Weighted to Population (000) - Base: All;

품군에 속하는 약 8,000개의 브랜드를 대상으로 소비자 600명에게 그들의 태도, 의견, 상세한 인구통계학적/심리학적 특성, 제품 사용에 관한 자료를 수집하여 제공한다. 이 밖에도 전통/비전통 미디어 사용에 관한 자료를 포함한 약 1,000개 넘는 매체에 관한 자료도 제공한다.[7] GfK MRI Doublebase는 미 전역에 살고 있는 2억 2천 6백만 명의 성인자료를 바탕으로 하여 약 550개가 넘는 제품군의 6천여 개의 브랜드를 대상으로 그들의 인구통계학적, 미디어 이용행태, 라이프스타일, 사고방식, 제품 사용에 관한 정보를 제공한다.[8]

심리통계학적 기준. 심리통계학적 기준은 개성, 동기, 태도 등 심리적 요인과 라이프스타일, 행동, 일상 생활방식 등과 같은 사회적 요인에 대한 정보를 모두 포함한다. 인구통계학적 기준이 설문지 조사 등과 같은 양적 조사 방법으로 상대적으로 쉽게 측정할 수 있는 것에 반해, 심리통계학적 특성들은 측정하기가 어렵다. 일반적으로 소비자 자신들에 관한 질문의 응답 결과는 조사자가 원하는 것만큼 정확하지 않을 수도 있다. 따라서 심층그룹 인터뷰, 인터뷰, 에스노그래픽과 같은 질적 조사 방법들을 이용하여 소비자의 성격이나 라이프스타일에 관한 보다 심층적인 조사를 하는 것이 필요하다.

하지만 많은 경우, 기업 자체적으로 이러한 심층적인 질적 조사를 집행하기에는 시간도 부족하고 인력을 포함한 자원이 부족한 관계로 다음과 같은 이용 가능한 자료들을 대신 활용한다. (1) VALS, 닐슨(Neilsen), 마인드베이스(MindBase)와 같은 조사 전문기관 자료, (2) 미국 정부에서 집계하는 자료인 U.S. Bureau of Labor Statistics' American Time Use Survey나 Consumer Expenditure Survey, (3) Journal of Advertising and Journal of Consumer Research와 같은 학계에서 발행하는 소비자나 커뮤케이션 관련 논문집, (4) 업계에서 발행하거나 운영하는 trendwatching.com과 thecoolhunter.net, (5) 끝으로 소비자가 직접 만든 자료들을 이용한다.

온라인상에 존재하는 많은 특수 목적의 커뮤니티, 즉 예를 들면 블로거, 파드캐스트, 포럼, 위키, 모바일폰 사진, 공유하는 코멘트들과 같은 많은 유저가 직접 생산해내는 컨텐츠를 둘러보는 것 또한 좋은 경험이 될 수 있다. 이러한 온라인 소스는 소비자들이 누구인지 즉시 알 수 있을 뿐만 아니라 마케터들로부터 강요된 반응이 아니기 때문에 그들의 진솔한 반응을 알 수 있다. 소비자들이 관심 있어 하는 것은 알지 못하는 조사자에 의해 인위적으로 만들어진 질문에 대답하는 것이 아니라, 비슷한 관심을 가진 사람들끼리 정보를 공유하는 것이다. 예를 들어, 취미로 뜨개질을 하는 사람들의 온라인 커뮤니티에는 그들이 얼마나 이 취미를 열정적으로 좋아하고 정보를 공유하는데 적극적이라는 것을 쉽게 알 수 있을 것이다. 이러한 커뮤니티 조사를 통해 그들의 행동방식을 이해함으로써, 직물 공예와 같이 좀 더 전문적으로 이 일을 하는 사람들과 원활한 소통도 가능케 한다. 예를 들어, 뜨개질하는 여성들은 주로 마음의 안정과 성취감을 얻기 위한 취미 수단으로 뜨개질을 하며, 완성된 옷은 그들이 활동하는 다른 봉사단체에 주로 기부한다.

심리통계학적 자료는 명확한 정의나 측정이 어려운 심리적 요인과 사회적 요인을 다루기 때문에 인구통계학적 자료처럼 신뢰도나 타당도를 갖기 어렵다. 일반적으로 사람의 성별이나 학력 수준, 외식행태를 조사하는 것이 사람들의 태도를 조사하는 것보다 훨씬 수월하다. 따라서 광고에 활용되는 대부분의 심리통계학적 정보는 광고주의 특정된 필요에 맞게 조사된다. 이 장에서는 일반적으로 많이 사용되는 (1) 익스피리언 시몬스, (2) VALS 프레임워크라는 2개 자료에 대해 알아보기로 한다.

익스피리언 시몬스. 익스피리언 시몬스 자료는 기존의 인구통계학적, 매체사용, 제품소비에 관한 정보를 제공하는 것에서 나아가 다양한 라이프스타일이나 태도 세분화 시스뎀을 제공한다. 이러한 시스템은 시장의 흐름이 유행하는 문화에 반응하는 소비자의 특성을 이해하는 데 필요한 통찰력 있는 정보를 제공한다. 이 시스템의 분류 기준은 다음과 같다.

- 기술채택 세분화(Technology Adoption Segments)
- 경제전망 세분화(Economic Outlook Segments)
- 모바일 소비자 세분화 및 심리통계학적 척도(Mobile Consumer Segments and Psychographic Scales)
- 음식 라이프스타일 세분화 시스템(Food Lifestyle Segmentation System)
- 친환경인식 세분화 시스템(GreenAware Segmentation System)
- 영화, TV 간접광고 세분화 시스템(Movie and TV Product Placement Segmentation System)
- 소매상 세분화 시스템(Retail Shopper Segmentation System)
- 티핑 포인트 세분화 시스템(Tipping Point Segmentation System)
- 웨이스트밴드 세분화 시스템(Waistband Segmentation System)
- 건강, 웰빙 세분화(Health and Well-Being Segments)[9]

익스피리언 시몬스가 가장 최근에 서비스를 시작한 모자이크 USA(Mosaic USA)는 소비자의 행동이나 태도에 관한 데이터를 세밀하게 분석하여 약 20개의 제품군을 대상으로 소비자의 라이프스타일을 70여 개로 세분화하며 아래와 같은 예들이 있다. Soulful Spenders, Babies and Bliss, Rooted Flower Power, Golf Carts and Gourmets, Gospel and Grits, Birkenstocks and Beemers, Hispanic Harmony, Gotham Blend, Metro Fusion, Cul de Sac Diversity.[10] 광고주, 대행사, 학생들은 온라인 플랫폼인 Simmons OneView를 통해 어디에서나 쉽게 자료를 제공받을 수 있다.

이러한 자료를 효율적으로 이용하기 위해서는 제품 사용자의 인구통계학적 요소를 먼저 결정한 뒤, 위와 같은 다양한 세분화 시장을 이용할 수 있다.

VALS. VALS™은 미국의 소비자 시장을 세분화하고 행동을 예측하기 위해 SRI International사가 개발하고 현재 SBI(Strategic Business Insights)사가 운영하고 있는 심리통계학적 시스템이다. VALS는 태도를 측정하는 35개의 질문과 몇몇 기본적 인구통계학적 자료를 바탕으로 소비자를 8개의 그룹으로 나눈다. VALS는 GfK MRI's Survey of the American Consumer와 같은 다른 상업적 조사기관과 협업하거나 심층면접자를 위한 맞춤 설문지를 함께 사용하면 신제품 개발자와 마케터가 제품과 서비스의 적절한 목표 시장을 찾는 데 도움이 될 수 있다. 또한 VALS는 새로운 제품 개발부터 브랜드 포지셔닝, 광고제작에서 매체 선택에 이르기까지 전 과정에 통합 마케팅을 위한 정보를 제공한다. 매체 선호도에 대한 조사는 일 년에 두 차례 실시한다.

VALS 시스템은 소비자의 근본적 동기와 개인적 능력을 바탕으로 하여, 시장을 세분화하고 소비자 행동을 예측한다. VALS에 따르면, 소비자는 만족감을 주며 자아를 형성하는 데 도움을 주는 제품, 서비스, 경험을 추구하려고 한다. 소비자는 다음 세 가지의 강력한 동기 중 하나로 분류될 수 있다.

1. 이상적 동기(Ideals Motivated). 여기에 속한 소비자는 감정, 이벤트, 다른 사람의 의견이나 동의보다 이상적 기준으로 제품을 선택한다.
2. 성취적 동기(Achievement Motivated). 여기에 속한 소비자는 동료나 친구에게 성공했다는 것을 보여주거나, 목표를 달성하거나, 효율적인 제품과 서비스를 추구하려는 경향이 강하다.
3. 자아표현적 동기(Self-Expression Motivated). 여기에 속한 소비자는 사회적 활동, 심리적 활동, 다양성을 추구하며 위험이 따르더라도 과감하게 구매하는 경향이 높다.[11]

또한 VALS 시스템은 수입, 교육 수준, 활동 수준, 도전 정신, 자신감 등 개인적 자질도 소비자 행동에 영향을 미친다고 설명한다.

VALS와 유사한 시스템으로 3장에서 구체적으로 살펴볼 GeoVALS™는 우편번호나 지역별로 목표 집단을 분류하고 있다.

소비자의 라이프스타일이나 태도와 같은 심리통계적 정보를 이용한 소스로는 3장 '시장 분석'에서 자세히 소개될 닐슨의 Claritas' PRIZM과 MindBase 등이 있다. 만일 이러한 정보를 얻을 수 없다면, 조사자는 1차 조사 방법을 사용하여 정보를 수집해야 한다. 이 장의 뒷부분에서 몇 가지 방법을 살펴보겠다.

특수 시장

기업의 판매 잠재력을 극대화하기위해 마케터는 새로운 기회를 찾기 위해 기존의 전통시장은 물론 전통시장을 뛰어넘는 시장에 점차로 주목하고 있다. 전체 시장 내에는 기존의 광고로는 접근하기 어려운 특수하고 작은 시장들이 있다. 몇몇 주목받을 만한 주요한 특수 시장으로는 (1) 글로벌 시장, (2) 아프리카계 미국인 시장, (3) 히스패닉 시장, (4) 아시안 시장, (5) 레즈비언/게이/동성애/성전환자 시장 등이 있다.

글로벌

중요한 주제인 글로벌을 이 책에서 하나의 장(chapter)으로 따로 다루지 않는 것은 그것이 중요하지 않아서가 아니라 단지 책의 분량을 감안해서이다. 대부분 광고주는 국내 시장보다 해외 시장에서 더 많은 판매를 한다. 기업들이 기회를 고려할 때, 왜 전 세계를 고려해야 하는지 아래와 같은 많은 이유가 있다.

- 국내보다는 해외에 더 많은 소비자가 있다는 명백한 사실이다. 2010년 월드 팩트북(World Factbook)에 따르면, 유럽 연합의 국내 총생산(GDP)은 16조 700억 달러였으며, 미국의 GDP는 14조 6,600억 달러였다.[12]
- 미국 시장에 비해 많은 해외 시장은 더 많은 개발 잠재력을 가지고 있다. 미국시장 내에서의 경쟁에 비해 해외 시장에서의 경쟁이 더 쉽다.

- 유럽의 브랜드가 보편적인 브랜드로 인식되는 반면, 미국 브랜드는 특정적 이미지를 가짐으로써 세계 곳곳에서 높은 수요를 보인다.
- 정보 시대를 맞아 전 세계를 대상으로 마케팅하는 것은 클릭 한 번으로 가능하다.
- 외국기업의 미국 내 진출이 증가하고 있다. 그들이 미국 시장에 진출하고 미국 기업이 해외로 나가지 않는다면, 결국에는 그들이 더 큰 회사로 성장할 것이다. 이것은 규모의 문제로써 회사의 규모가 중요할 때가 종종 있다.
- 미국은 눈에 띄는 독창적인 아이디가 드물다. 배울 가치가 있는 많은 아이디어가 해외에 있다. 특히, 런던은 활력 넘치는 광고 아이디어를 만들어 내고 있다. 획기적인 광고 기획은 바로 이러한 아이디어에서 시작한다.
- 수출은 무역적자를 메우는 쉬운 방법이다.

글로벌 마케팅 커뮤니케이션의 이해. 대부분의 사람은 직관적으로 나라에 따라 광고가 다르다는 것을 인식한다. 경제력이나 군사력 측면에서 미국의 세계 지배는 광고에도 영향을 미쳐, 미국의 광고가 다른 나라보다 우월하고 나라에 관계없이 효과가 있을 것이라고 생각해왔다. 하지만 이것은 잘못된 생각이다. 각 나라의 필요를 담는 광고는 나라마다 다르다. 미국보다 역사가 유구하고 문화적으로 더욱 발달된 국가에서 미국 광고가 그들 나라에서도 효과가 있을 것이라는 생각은 미국인의 교만한 생각일 뿐이다.

다른 나라가 미국과 다르다는 이유는 열거할 수 없을 정도로 많고 일일이 설명할 수도 없다. 불행히도 미국 여행객들이 잘 인지하지는 못하지만, 가장 명백한 차이는 언어와 문화이다.

언어적 문제의 이해. 한 권의 책으로 다른 나라의 언어를 공부하는 것만으로 충분하지 않다. 모든 언어에서 단어들이 내포하는 미묘한 의미를 제대로 이해하기 위해서는 그 나라에서 살아보는 것이 큰 도움이 된다. 심지어 한 나라 내에서도 모든 사람들이 일상에서 사용하는 단어의 함축적 의미가 다를 수 있다. 예를 들어, 미국인들에게는 '나쁜(bad)'이라는 단어는 부정적으로 인식된다. 그러나 어떨 때는 '좋아(cool)'이라는 의미로도 쓰인다. 모든 나라의 언어는 외국들이 잘 이해하기 어려운 기묘한 언어적 사용법이 있다. 몇몇 단어들은 문자 그대로는 번역이 되지 않을 뿐더러 발음조차도 할 수 없는 경우가 있다. [표 2-3]은 다른 나라의 언어를 제대로 이해하지 못한 경우 일어날 수 있는 상황을 보여준다.

문화적 차이 이해의 중요성. 언어적 문제로 기인한 어려움은 종종 쉽게 눈에 띄고 적절한 수정을 하기도 쉽다. 하지만, 문화적 차이에서 오는 문제들은 외국인들이 항상 알아채고 이해하기란 쉽지 않다. 예를 들어, 미국인들은 유럽의 광고가 자신들의 광고와 다르다는 것은 쉽게 알 수 있다. 유럽의 광고는 일반적으로 보다 오락적이고, 판매 중심적 메시지가 덜하며, 누드모델 사용에 있어 관대하다. 비주얼 스타일에 있어서도 명백한 차이가 있으며, 자주 나타나는 이러한 차이는 주로 광고를 실행하는 차이 때문일 것이라고 생각한다. 아마도 전략의 차이라든지 아니면 다양한 나라의 문화적 가치의 차이에서 오는 것이라고 생각하기는 쉽지 않을 것이다.

프랑스 광고에서는 모델들이 카메라를 주시하며 말하는 비율이 10% 미만인 반면, 미국의 광고는 70% 이상 차지한다. 미국의 영업사원들은 소비자의 눈을 보며 말하는 것이 진실되게 보인다고 교육을 받는다. 반면에 보다 내성적 성격을 지니고 있는 프랑스 사람들에게는 이러한 행동이 제품 판매만을 위한 다소 무례하고 직설적인 표현으로 받아들여진다.[13] 비슷하게 일본인들은 사회적 조화를 최고의 가치로 여긴다. 버거

표 2-3 해외광고의 실수

감기약 Vicks가 독일 시장에 처음 진출할 당시 얻은 뼈아픈 교훈이다. 독일인은 알파벳 'v'의 발음을 'f'와 같이 발음하는데 이는 Vicks가 '성기의 삽입'을 의미하는 브랜드로 인지되었다.
불과 몇 년 전, 화장지 브랜드인 Puffs 역시 독일인들에게는 'Puff'라는 단어가 집창촌이라는 의미를 가지고 있다는 것을 뒤늦게 깨달았으며, 영국인 역시 이 단어가 동성애자를 비하하는 단어로 쓰이고 있기에 Puffs라는 브랜드 네임을 좋아하지 않았다.
몇 년 전 Pepsi가 중국시장에서 마케팅을 시작할 당시, 그들의 슬로건인 'Pepsi Brings You Back to Life(당신의 활력을 되찾아 주는 펩시)'는 중국어로 직역되면 'Pepsi Brings Your Ancestor Back From the Grave(죽은 선조를 무덤에서 가져다주는 펩시)'가 된다는 사실을 뒤늦게 알았다.
코카콜라가 중국시장에 제품을 선적할 당시, 코카콜라는 'Coca-Cola' 발음과 비슷하게 나는 중국 문자를 사용하였는데, 이는 중국인들에게는 '미끄러운 올챙이를 깨물어라'는 의미였다. 이후 코카콜라는 '입안의 행복'이라는 의미의 문자로 바꾸었다.
헤어제품 브랜드인 Clairol사가 'Mist Stick'이라는 고데기 제품을 독일에 소개할 때 'mist'라는 단어가 독일에서는 '수동'을 의미하고 있으며, 독일인들은 수동 고데기를 거의 사용하지 않고 있다는 것을 알았다.
Gerber가 유아용 식품을 아프리카에서 처음 판매할 당시, 미국과 똑같이 귀여운 애기 사진을 이용한 포장 라벨을 사용하였다. 이후에 깨달은 사실이지만, 아프리카 사람들은 대부분이 글을 읽지 못하기에 제품의 포장지에는 주로 제품의 내용물을 담은 사진을 보여주어야 한다는 것을 알았다.[14]
노키아가 자사의 다양한 색깔의 핸드폰을 독일에서 프로모션하기 위해 '표현의 자유(freedom of expression)'라는 슬로건은, 우연하게도 라틴어 속담에 있는 '각자 알아서(to each his own)'라는 단어로 잘못 쓰인 상태로 2차 대전 당시 악명 높았던 Buchanwald 수용소 입구 위에 광고를 하게 되었다. 이는 유태인의 분노를 가져와 약 3,000개나 되는 모든 광고물을 바꾸어만 했다.[15]

킹의 "때때로 규율을 어겨보세요(Sometimes you just gotta break the rules)"라는 슬로건은 그들의 가치관과 맞지 않는다. 하지만 개인주의적 가치관을 가지고 있는 미국이나 호주에서는 이러한 광고는 좋은 효과를 보였다.

조화로운 글로벌 마케팅 커뮤니케이션의 구성. 기업들은 글로벌 시장에서 경쟁하기 위하여 점차로 그들의 조직을 개편하거나 개선하거나 다듬어간다. 기업의 계획은 모든 세세한 부분의 기능까지 통제한다. 시장의 상황뿐만 아니라 정치상황이나 사소한 절차까지도 구체화한 후, 특수한 상황에서 어떠한 일이 가능하고 불가능한지 그들의 고용인들에게 상세히 알려준다.[16] 기업은 위험을 분석하고, 목표를 설정하고, 전략을 수립하고, 우연히 일어날 수 있는 일까지도 예견한다. 하지만 이러한 중앙집중식 경영방식은 사회주의나 공산주의와 같이 한계점을 내포한다.

가장 큰 문제점은 고용인들의 독창적인 사고를 제한하는 것이다. 만약 어떠한 나라를 담당하는 매니저에게 그들의 아이디어를 실험하거나 적용할 수 있는 기회가 주어지지 않는다면, 그 나라의 소비자를 누구보다 가장 잘 알고 있는 그들의 장점을 살릴 수가 없을 것이다. 이러한 이유로 점차로 많은 기업이 "생각은 글로벌하게, 실행은 지역 소매상처럼(Think globally, but act like a retailer)"이라는 격언이 주는 이점을 이해한다. 하지만 중앙에서 결정을 내리는 방식의 장점도 있다. 특히 강력한 브랜드를 가진 기업들은 통일된 브랜드 연상을 유지함으로써 상당한 브랜드 자산을 지닌다. 예를 들어 코카콜라는 지역 담당자가 기업의 핵심 가치를 조금이라도 바꾸려는 모든 행동을 금지한다. 코카콜라는 전 세계 사람들이 하나의 통일된 브랜드 이미지를 갖게끔 만들기 위해 말 그대로 천문학적인 돈을 쓴다. 비유적으로 표현하자면 세계는 하루가 다르게 작아지고 있다. 코카콜라는 자신의 이미지나 아이덴티티를 유지하기 위해 그들 내에서 경쟁하기를 원하지 않는다.

아래의 세 가지 모델은 기업이 글로벌 마케팅 커뮤니케이션을 수행함에 있어 도움이 될 것이다.

1. 지역의 선택권이 거의 없는 표준화된 캠페인. 이 방식을 높이 평가하지 않아서 이에 대해 언급하는 것이 망설여졌다. 이 방식은 코카콜라나 말보로 담배처럼 기업들이 미국에서와 같은 방식으로 소구하고 이미지를 사용하는 경우에 효과적이다. 인도를 제외하고 코카콜라는 전 세계적으로 자신의 광고방식을 거의 바꾸지 않는

다. 여러 국가에 진출해 있는 말보로의 경우 이런 모델은 효과가 있는데, 그 이유는 해당 국가 소비자가 이 제품을 미국 브랜드로 인정하기 때문이다. 많은 나라에서, 특히 아시아 사람들은 서구 문화를 현대적이고 최신 유행이라고 간주하며, 또한 불행하게도 미국 담배를 피우는 것으로 비교적 돈을 조금 들이고도 그들의 이미지를 높일 수 있는 방법이라고 생각한다. 이런 방식의 한계점은 다방면에서 다른 나라들이 미국과 상당히 다르다는 사실을 고려하지 않는다는 것이다.

2. 지역적 유동성을 갖고 권역별로 운영되는 캠페인. 이 방식은 다양한 이유들로 인해 많은 기업이 사용하는 방식이다. 프록터 앤 갬블(P&G) 등이 사용하는 이 방식은 제품의 마케팅 활동을 어느 정도 통제하면서, 지사에게 그 지역에 효과적인 지역 캠페인을 선택하는 권한을 준다. 이 방식은 P&G 같은 기업에게 효과적인데, 그 이유는 제품의 기능적 가치를 토대로 판매를 촉진하기 때문이다. 타이드(Tide)가 옷을 깨끗하게 해준다고 고객에게 소구하는 것은 세계 어느 나라에서든 유사하게 사용되는 판매 촉진 방식이다. 그러나 모든 P&G 브랜드가 표준화에 성공한 것은 아니다. 에스쿠다(Escuda)는 세이프가드(Safeguard)에 대한 스페인 명칭으로, 멕시코에서는 강력한 브랜드이다. P&G가 브랜드 이름을 표준화하기 위해 세이프가드로 바꾸었을 때 판매량이 급격히 떨어졌다. 그러자 P&G는 다시 에스쿠나로 바꾸었고, 매출이 제자리로 돌아왔다.[17]

3. 지역별로 운영되는 캠페인. 이 방식은 다양한 단계에 과정에 있는 국가에서 운영되고 있는 기업의 경우에 효과적이다. 독일에서 효과가 있었다고 해서 인도에서도 꼭 효과가 있는 것은 아니다. 맥도날드는 정서적인 보상을 기초로 해서 제품을 판매한다. 이 회사는 햄버거만 파는 것이 아니라 햄버거 속에 포장되어 있는 경험을 판매한다. 맥도날드는 지역 경영자에게 지시를 내리는데, 대부분은 포괄적인 내용으로 사업을 시작하는 방법이다. 10년 후 이 사업이 어떻게 될 것인지 예측하는 방법 등을 지시한다. 맥도날드는 문화적 차이의 중요성을 고려하여 미국 내의 지점보다 해외 지점에게 훨씬 많은 선택의 자유를 부여한다. 그 결과 맥도날드 점포는 상당히 다르게 보이는데, 심지어 같은 나라 내에서도 그렇다. 스위스는 작은 나라이지만, 이탈리아인, 독일인, 프랑스인이 서로 다른 지역에 밀집되어 있어서 서로 다른 세 개의 문화로 나뉘어져 있다. 이 세 지역의 맥도날드 점포는 스타일이나 외형에 있어 차이가 있다. 맥도날드는 이 방식을 브랜드 저널리즘이라고 부르는데, 그 이유는 전 세계 119개 국가에서 서로 다른 방식으로 서로 다른 이야기를 하기 때문이다.[18]

아프리카계 미국인

아프리카계 미국인이 대중매체의 광고에 등장한 것은 1960년대 중반 이후였다. 이 시기 이전에 광고주는 아프리카계 미국인에게 광고하기 위하여 에버니(Ebony)나 제트(Jet), '에스닉(ethnic)' 라디오 같은 전문적 매체를 사용했다. 대중매체 광고에서 아프리카계 미국인 모델을 많이 기용하고 있지만, 광고주는 여전히 이들을 대상으로 하는 광고를 특정 세분 시장에 집행하는 광고라고 생각한다. 아프리카계 미국인은 단지 피부가 검은 소비자가 아니다. 그들은 다른 가치관과 생활방식, 관심, 취향을 갖고 있다. 간단히 말해, 그들은 다양하고 특별하다.

아프리카계 미국인은 피부색과 유전적인 요소로 판단된다. 비록 공식적인 석상에서는 아프리카계 미국인이라는 용어를 더 선호하는 것처럼 보일지라도, 이들은 '흑인'이라고 불리는 것을 꺼려하지 않는다.

인구통계학적 정보

아프리카계 미국인에 대한 정보는 익스피리언 시몬스나 GfK MRI 등 여러 많은 곳에서 얻을 수 있다. 가장 포괄적인 자료는 '미국의 인구통계조사국'을 통해 얻을 수 있다.

인구수: 42,020,743
인구 비율: 13.3%
평균 가계 소득: 29,177 달러
교육 수준: 고등학교 이상 졸업자 84.2%, 대학교 이상 졸업자 19.8%[19]

시카고, 오클랜드, 디트로이트, 워싱턴 D.C. 등과 같이 전통적으로 아프리카계 미국인이 많이 살던 대도시의 인구는 점차로 감소하는 반면, 아틀란타, 버밍햄, 뉴올리온즈, 잭슨과 같은 남쪽 도시의 아프리카계 미국인의 인구수는 증가하고 있다.[20] 아프리카계 미국인의 인구 증가속도는 전체 인구 증가 속도보다는 빠르나, 히스패닉이나 아시아계보다는 현저히 느린 추세를 보인다.

가치관. 역사적인 경험의 결과, 아프리카계 미국인들은 친교를 중시하고 자신의 민족 유산을 자랑스러워한다. 또한 이들은 자신이 속한 체제가 규정하는 대로 따르기보다는 자신만의 독특한 스타일을 만들어가는 것을 선호한다.[21] 가족이나 종교, 교회는 그들에게 아주 중효하고, 80% 이상은 자신이 '독실한 기독교 신자'라고 생각한다. 이들은 가족이나 인종적 의미를 중요시하기 때문에 부활절이나 마틴 루터 킹 목사 기념일, 흑인 역사 기념의 달 등 국경일이나 행사를 중요시한다.[22]

아프리카계 미국인들이 다른 시장 고객과 다른 점을 이해하기 위해서는 이들이 다른 이주민과는 달리 자신들의 의지와는 상관없이 이 나라에 끌려왔다는 사실을 기억해야 한다. 《타깃 마켓 뉴스(Target Market News)》의 발행인 켄 스미클(Ken Smikle)에 따르면, 이로 인해 이들은 권위 부여의 느낌을 주고, 이 사회의 중요한 구성원이라는 것을 보여주는 제품을 종종 찾는다고 한다.[23]

소비 습관. 이러한 권위 부여의 제품을 찾는 경향은 많은 아프리카계 미국인이 왜 비싼 술과 옷을 사는지 설명해준다. 아프리카계 미국인 소비자에 대한 다양한 연구는 다음과 같은 사실을 보여준다.

- 흑인은 모든 인종과 민족 집단 중에서 패션에 가장 민감하다.
- 흑인은 쇼핑을 즐거운 일이라고 인식하고 있으며, 1시간 이상이 걸려도 좋아하는 가게를 찾아 가는 것을 마다하지 않는다.
- 주요 흑인 쇼핑군은 미혼이거나 이혼자, 미망인 등이다.
- 흑인이 많은 소비를 하는 분야는 전화 서비스, 신발, 아동복, 여성복, TV, 라디오, 음향기기, 개인 제품이나 서비스, 대형 가전제품 등이다.[24]

아프리카계 미국인 시장에 접근할 수 있는 최상의 방법

1960년대 말 광고주는 이 시장에 접근할 수 있는 최사의 방법을 찾기 위해 고심했다. 그들은 특수 매체를 사용하는 것이 좋을지, 단지 흑인 모델을 광고에 기용함으로써 아프리카계 미국인에게 호소하면서 동시에 나머지 시장에도 호소하는 것이 좋을지 고민했다. 오늘날 광고주는 이 두 가지를 동시에 사용한다. K마트, 맥도날드, 레그스(L'eggs), 크래프트, 퀘이커 오츠(Quaker Oats), 폴라로이드 등 많은 광고주들은 아프리카계 미국인 시장을 겨냥한 광고회사, 예를 들면 버렐 커뮤니케이션(Burrell Communications Group, Inc.)과 같은 광고회사를 활용한다.

시대가 변화하는 것처럼 이들 아프리카계 미국인 각각의 개인에게 소구하는 광고 방식도 달라진다는 점을 기억하는 것이 중요하다. 뉴욕에 위치한 JRH 마케팅 회사의 회장인 J. 로버트 헤리스(J. Robert Harris)에 따르면, "오늘날 대중매체에서 아프리카계 미국인과 다른 소수 인종들이 등장하는 모습은 흔히 찾아 볼 수 있고, 모든 상황이나 환경에서 묘사되고 있다. 광고주들은 아직도 이러한 변화에 무관심해 보이지만, 이러한 목표 집단은 그들이 보고 읽는 것에 민감하다는 것을 명심해야 한다." 또한 헤리스는 다양한 아프리카계 미국인들 집단이 존재하고 그들 사이에서도 엄연한 차이가 존재하므로 그들 집단을 일반화해서 마케팅하기보다는 세분화된 목표 집단의 생활 방식을 반영하는 광고가 필요하다고 언급한다.[25]

아프리카계 미국인 시장에 접근하기 위해 캠페인이나 캠페인의 일부를 개발할 때 다음 사항을 고려하라.

- 아프리카계 미국인 시장은 전체 집단과 다른 독특한 가치관과 생활 방식, 소비 유형, 매체 습관 등을 갖고 있는 또 다른 하나의 문화라고 생각하라.
- 이러한 하위문화에 친숙한 사람이나 광고회사를 사용하라(P&G는 이런 시장에서 일할 수 있는 소수 민족을 고용하는 것을 최우선 과제로 여긴다).[26]
- 이 시장의 특수성을 반영하는 차별화된 캠페인을 기획하라.
- 흑인에 대한 부정적인 편견을 배제하고 그들이 광고를 통해 특별한 사람으로 대접 받고 있다고 느끼게 하라.
- 아프리카계 미국인은 많은 공통점을 갖고 있지만, 다른 집단처럼 이 집단에도 다양함이 존재한다는 사실을 인정하라.
- 이들을 단순한 고객 이상으로 생각하고 있다는 것을 잘 보여줄 수 있는 공익 연계 마케팅을 활용하라.

1990년대 버넬그룹(Burrell Group)을 위해 얀켈로비치 파트너스(Yankelovich Partners)가 수행한 연구 결과에 의하면, 약 60%의 흑인 소비자들은 TV나 신문, 잡지 등의 광고가 대부분 백인들만을 주요 대상으로 하고 있다고 여겼다. 이러한 사실을 반영하여, 흑인들을 대상으로 하는 약 800개의 미디어들이 생겨났다. 흑인 가구의 98%가 BET(Black Entertainment Television Network)를 시청하고, 850만 명의 흑인들이 《Essence》 잡지를 구독하고, 70% 이상의 흑인들이 지역사회를 기반으로 하는 출판물을 읽고 있다고 한다.[27] 지상파 TV 방송사도 12세에서 17세, 50세 이상의 흑인, 백인 시청자 모두들 대상으로 좋은 결과를 얻고 있다.[28]

아프리칸 미국인에게 특화된 미디어나 뉴스 채널은 다음과 같다.

- 라이프스타일 또는 특화된 잡지: Ebony, Jet, Essence, Black Enterprise, Vibe, American Legacy
- 케이블 방송국: BET, TV One, Bounce
- 지상파 프로그램: TBS's Tyler Perry's Meet the Browns, For Better or Worse
- 검색 엔지: blackwebportal.com, searchblack.com, blackamericaweb.com
- 블로그 사이트: netnoir.com, blackvoices.com
- 소셜 네트워크 사이트: blackplanet.com, amightyriver.com
- 흑인 전문가 집단 커뮤니티 네트워크: LinkedIn

히스패닉

광고주는 히스패닉 시장의 중요도가 점차 증가하고 있다는 사실을 인지하고 있다. 현재 히스패닉은 소수인종 그룹 중 가장 큰 규모를 가지고 있으며, 미국 전체 인구 증가율의 거의 4배에 해당하는 인구 증가 속도를 보이고 있다. 2011년 히스패닉의 구매 능력은 2011년 1조 달러에서 2015년 1조 5천억 달러로 증가할 것으로 예상된다.[29] 미국에 사는 히스패닉은 개나다 전체의 인구보다도 많다.

인구통계학적 정보

인구수: 50,477,594 (인종에 상관없이 모든 히스패닉 계통)
인구 비율: 16.3%
평균 가계 소득: 37,759 달러
교육 수준: 고졸 이상 62.9%, 대졸 이상 30%[30]

히스패닉은 비교적 젊으며 대가족이고 미국 평균 가정보다 더 많은 자녀를 두는 경향이 있다. 가계 소득이 미국 평균 가정보다 낮지만, 이 시장의 급속한 인구 성장으로 인해 많은 회사가 매력을 느끼고 있다. 멕시코인이 미국 히스패닉 인구의 약 63%를 차지하고, 그 다음으로 푸에르토리코인과 쿠바인이 많다.

히스패닉의 특징. 정확히 누가 히스패닉인지를 규정해주는 특성에 대해서는 의견이 일치하지 않는다. 1970년 미국의 인구통계조사에서는 멕시코인, 멕시코계 미국인, 치카노, 푸에르토리코인, 쿠바인, 기타 등이 포함되었다. 2010년 미국의 인구통계조사에서는 인종(race)으로 분류하는 대신 히스패닉, 라티토 또는 스패니시 등과 같이 민족(ethnicity)으로 분류하여 여러 다른 인종을 포함하였다. 결과적으로 히스패닉은 여러 인종의 조합으로 백인종, 황인종, 흑인 모두를 포함한다. 히스패닉으로 결정하는 주요한 분류 기준은 스페인어와 천주교(Catholicism) 등이 있다.

광고주는 종종 로스앤젤리스나 뉴욕, 마이애미에서 사는 히스패닉을 가리켜 '라티노' 또는 '라틴계'라는 용어를 사용한다. 하지만 이때 사용되는 라틴계라는 용어는 라틴에 뿌리를 둔 이탈리아나 프랑스, 로마의 유산을 가진 사람을 가리키지는 않는다. 또한 현재의 미국의 인구통계조사에서는 단순히 그들이 히스패닉인지, 라틴인지, 아니면 히스패닉과 라틴 둘다 아닌지를 묻고 있다. 히스패닉 시장 내에 존재하는 다양한 하위문화의 독특한 문화적 가지 기준은 소비자 행동에서 중요한 역할을 하므로, 이런 정체성 문제는 중요하다. 다시 말해 모든 히스패닉의 하위 그룹이 모두 같다고 생각해서는 안 된다.

히스패닉 시장은 이미 전체적인 문화에 너무 많이 통합되어 이들 시장만을 고려한 접근의 필요성 여부와 스페인어를 사용하는 매체가 히스패닉 시장에 도달하기 위해서는 전문적인 특수 매체를 사용해야 한다고 너무 지나치게 강조하는 것이 아니냐는 의문을 제기하는 사람도 있다.[31] 로레알(L'Oreal), P&G, 크래프트 푸드(Kraft Food), 에티엔티(AT&T), 나이키(Nike), 올스테이트(Allstate), 모든 주요 맥주 브랜드들은 오랫동안 히스패닉 시장을 목표로 많은 노력을 기울여 왔다는 것만큼은 분명한 사실이다. 2011년 상위 50개의 광고주는 이러한 히스패닉 시장에 상반된 광고비를 집행하였는데, 몇몇 회사는 광고비를 대폭 증가시킨 반면 다른 몇몇 회사는 거의 절반으로 광고비를 삭감하였다. 히스패닉 시장에 투자되는 광고비는 전체 미국시장 광고비의 약 6.6%를 차지한다.[32]

가치관. 히스패닉은 그들의 문화와 전통, 언어를 지켜 가는데 큰 관심을 갖고 있다. 즉, 그들은 미국식 주류 문화에 동화되지 않으려고 끈질기게 저항한다. 대다수 히스패닉은 집이나 사회에서 계속해서 스페인어를 사용한다. 그들 고유의 음악과 미술을 높이 평가하고 축구, 야구, 복싱 등의 스포츠에 열정적이다. 그들은 가족이나 자녀에 큰 의미를 두며, 개인적인 외모나 미학에 큰 관심을 보인다. 그들에게 삶의 질은 아주 중요하며, 집단적으로 볼 때 그들은 외향적이고 종종 감정 표출을 분명하게 한다.

소비 습관. 히스패닉은 브랜드명을 강하게 의식하고 스페인어로 광고하는 회사의 제품에 충성심을 보인다. 평균 가계 소득은 미국 전체 일반 국민들에 비해 낮지만, 동일한 히스패닉 하위 그룹 내에서도 평균소득은 아주 다양하다. 예를 들어 1960년대 이후 마이애미에 살아온 쿠바인은 부유한 토지 소유자인 반면 미국에 갓 이민 온 쿠바인은 훨씬 낮은 사회적, 경제적 지위에 있다. 히스패닉 소비자에 대한 다양한 조사에 따르면, 다음과 같은 사항을 고려해야 한다.

- 히스패닉은 전국 체인을 갖고 있는 유통업체에서 쇼핑하는 것을 선호하며, 특히 할인마트를 선호한다.
- 히스패닉은 특정 의류 브랜드를 충성스럽게 고집한다.
- 히스패닉은 가족과 쇼핑하는 것을 좋아하고, 아이들과 함께 가는 것도 꺼리지 않는다.
- 히스패닉은 소득의 상당 비율을 식료품, 신발, 의류, 가스, 자동차 오일, 카페트 등과 같은 제품과 서비스에 소비한다.[33]

히스패닉 시장에 접근할 수 있는 최상의 방법

초기부터 계속된 핵심적인 결정사항은 히스패닉 매체나 광고회사를 포함해서 '히스패닉 마케팅'이라는 용어를 사용해야 할지, 히스패닉을 일반적인 마케팅 프로그램의 일부로 간주하고 접근해야 할지에 관한 것이었다. 히스패닉은 일부 사람들이 생각하듯, 특정 브랜드만 충성스럽게 고집하지는 않는다. 그들의 브랜드에 대한 충성도는 단지 대안이 될 수 있는 브랜드에 대한 정보가 부족해서 일 수도 있다. 스카브로우 조사 회사에서 발간한 '히스패닉 멀티마켓 연구(Hispanic Multi-Market Study)에 따르면 히스패닉 시장의 스마트폰 사용 증가율은 일반 시장보다 빠르며, 아비트론(Arbitron)사의 광고서비스 부문 부회장인 알리사 조셉(Alisa Joseph)은 모바일 시장의 주요 목표 시장으로 히스패닉 시장의 중요성을 강조한다.[34] 갈라비전(Galavision)사의 방송운영 부문 전 부회장인 스튜어트 리빙스톤(Stuart Livingston)은 히스패닉 시장에 도달하기 위해서는 글을 읽고 쓰는 교육과 장학 프로그램의 자금을 지원하거나, 운동팀을 후원하거나, 축제나 장터 같은 특별 행사를 개최하는 등 지역 시민을 위한 노력이 필요하다고 제안한다. 또한 징역에 기반을 둔 기업은 오직 하나의 특정 집단을 목표로 삼아 수익을 얻기도 한다.[35]

히스패닉 집단은 주로 주요 도시에 모여 사는 경향이 있다는 사실을 이해해야 한다. 로스앤젤레스, 샌프란시스코, 시카고 등에는 주로 멕시코인이 살고 있으며, 뉴욕에는 푸에르토리코인, 마이애미에는 쿠바인이 몰려 살고 있다.

스탠다드 레이트 앤 데이터 서비스(Standard Rate and Data Service)에 따르면, 스페인어를 전용으로 사용하는 주요 잡지의 수는 약 42개이며, 영어와 혼용하여 쓰는 잡지는 31개, 스페인어 신문은 103개, 그리고 300개가 넘는 라디오 방송국이 있다고 한다. 지상파 TV 방송국인 유니비전(Univision)과 텔레문도(Telemundo)는 히스패닉 집단이 가장 선호하며, 유니비전은 약 80%, 텔레문도는 약 20%의 히스패닉 시청률을 가지고 있다.[36]

이들 히스패닉 시장에 도달할 수 있는 몇몇 주요 다른 매체는 다음과 같다.

- 히스패닉 포탈 또는 검색 엔진: espanol.yahoo.com, latino.aol.com, terra.com
- 스페인어 소셜사이트: migente.com, quepasa.com
- 주요 소셜사이트: Facebook, Pinterest, MySpace.com[37]

주의사항. 히스패닉이 가진 특성에 대해 부정적인 편견을 갖지 않고 그 특성을 이용하는 것이 중요하다. 가능하다면 이들 문화에 친숙한 사람을 고용하라. 만약 스페인어로 광고하려면, 스페인어를 사용하는 약 20개 국가의 사람이 미국에 살고 있다는 사실과 각 국가의 집단마다 개별적인 언어의 의미가 다를 수 있다는 사실을 반드시 염두에 두어야 한다. 영어로 된 광고를 문자 그대로 스페인어로 직역해서는 안 된다. [표 2-3]은 영어를 직역하면 어떤 일이 일어날 수 있는지를 보여주는 예이다.

아시아계 미국인

아시아계 미국인은 부유하고 교육 수준이 높은 편이며, 급속한 인구 증가를 보이고 있다. 아시아계 미국인 시장은 중요한 시장이며, 공통된 언어를 사용하고 비슷한 문화를 가지고 있는 히스패닉 시장과는 달리, 각기 다른 언어와 문화를 가지고 있다. 주요 아시아계 시장은 6개이며, 이 밖에도 타이, 라오스, 말레시아, 인도네시아와 같은 작은 시장도 존재한다. 6개 주요 아시안 시장은 다음과 같다.

1. 중국계: 이 집단의 구성원은 보통 베이징어와 광둥어를 사용하고, 스스로를 미국 태생의 중국인(ABC: american-born chinese), 또는 미국에 온지 얼마 안 된 이민자(FOB: fresh-off-the-boat)라고 생각하고 있다. 일반적으로 미국에서 오래 산 사람은 부유하

고, 이민 온 지 얼마 지나지 않은 중국인은 보통 육체노동자이고 보수적이며 가부장적이다(인구: 3,794,673).

2. 필리핀계: 이 집단은 아시아계 미국인 중 가장 '동화된' 집단이다. 대부분의 필리핀계는 여전히 필리핀 모국어인 타갈로그 언어를 사용한다. 하지만 많은 사람이 스페인어나 영어도 사용한다(인구: 3,416,840).
3. 아시안 인도계: 다른 집단과는 달리 이들은 어떤 특정 지역에 몰려 살지 않는다. 아시아계 인도인은 서비스 업계에 주로 종사하고 있으며, 이 집단 중에는 교육 수준이 높은 전문가가 많다(인구: 3,183,063).
4. 한국계: 이 집단은 대도시 지역에 밀집해 사는 경향이 있으며, 대다수의 한국인들은 소규모 자영업을 하고 있다(인구: 1,706,822).
5. 베트남계: 다른 아시안 집단과 비교하여 상대적으로 최근에 미국으로 이민 온 사람들로, 다른 아시아계 미국인보다 낮은 사회 경제 수준에 있다(인구: 1,737,433).
6. 일본계: 이 집단의 구성원은 영어를 매우 잘하며, 부유하고 캘리포니아나 뉴욕에 많이 거주하는 경향이 있다(인구: 1,304,286).[38]

인구통계학적 정보

인구: 17,320,856

인구 비율: 5.6%

가계 평균 소득: 64,308 달러

교육 수준: 고졸 이상—88.9%, 대졸 이상—52.4%[39]

가치관. 아시아인은 집단의 조화와 가족의 단합을 중요시한다. 이들은 '나'보다 '우리'라는 단어를 많이 사용하는 경향이 있다. 비아시아계 사람은 여러 다른 아시아계 집단 사이에 뚜렷한 차이가 있음에도 불구하고 쉽게 구분하지 못하기 때문에 다른 아시아계와 동일시한다. 아시아계 사람들의 출신 국가는 비아시아계가 생각하는 것 보도 훨씬 다양하다. 아시아 지역은 동서 길이가 미국보다 2배 더 길고, 남북 길이도 미국의 2배이나. 아시아인은 교육열이 높고, 자녀 교육을 위해 부모가 헌신하는 경우가 많다.

역사적으로 중국인, 일본인, 한국인, 베트남인 가족은 서로 다르지만, 대부분 기본적으로 유교적 가치관과 규범을 따르다. 이들의 사고방식에는 부모에 대한 순종과 책임, 부계중심, 가부장적인 사고, 남아 선호 사상, 교육 중시, 수치심과 죄의식을 통한 행동 통제, 인간관계에 있어 상호의존 등이 존재한다. 아시아계 인도인들 역시 비슷한 경향을 보인다.[40]

소비 습관. 비록 아시아계 미국인은 백인에 비해 평균 소득이 낮지만, 그들은 가족 수가 많고 노동력이 풍부해 평균 가계 소득은 상당히 높은 편이다. 그 결과 일본계, 중국계, 인도계 등 일부 아시아계 집단은 가처분 소득이 백인보다 더 많다.

시몬스에 따르면 아시아계 미국인 소비자는 다음과 같은 특징을 보인다.

- 아시아계는 가장 자주 쇼핑하는 집단이다.
- 아시아계는 브랜드를 의식하지만, 브랜드 충성도는 가장 낮다.
- 아시아계는 자신의 외모를 가꾸는데 가장 열성적이다.
- 아시아계는 백화점에서 물건을 사는 경향이 있다.
- 아시아계는 혼자 쇼핑하는 일이 드물다.
- 아시아계는 대부분 계획된 쇼핑을 한다.[41]
- 아시아계는 인터넷 사용을 가장 많이 하며, 80%를 상회한다.[42]

아시아계 시장에 접근할 수 있는 최상의 방법

아시아계 미국인을 겨냥한 광고는 가족과 전통적 가치관을 중시하는 광고 메시지를 담고 있어야 한다. 현재 이 시장에서 광고는 협력과 전통적인 성 역할을 강조하고, 성공적인 전문 직업인으로 묘사되는 모델이나 배우를 기용하고 있으며, 노인을 공경하는 문화에서 기인하여 노인을 모델로 쓰는 경우도 자주 있다. 광고주는 6개의 주요 아시아계 집단에 효율적으로 광고하기 위해서는 캘리포니아, 뉴욕, 하와이, 텍사스 등 주요 대도시에 집중적으로 거주하는 이들을 대상으로 그들의 모국어를 활용하는 매체를 이용해야 할 것이다. EthnoConnect사 회장인 마이클 순 리(Michael Soon Lee)에 따르면, 목표로 하는 소비자 집단이 어떤 아시안 그룹에 속해있는지 정확하게 파악하는 게 중요하다고 한다. 아시아계 시장의 유사성뿐만 아니라 차이점을 인식하고 이를 긍정적인 시선으로 바라보는 것이 중요하다.[43]

1990년 이후, 아시아계 미국인의 신문이나 뉴스 매체는 300% 급증하였다. 오늘날 약 800개 넘는 매체가 이들 집단을 목표로 하고 있으며, 다음과 같다.

- 온라인 뉴스 매체: 중국어 신문 — World Journal과 Sing Tao Daily; 한국어 신문 — Korea Daily와 Korea Times; 필리핀 매체 — Filipino-American Media
- 온라인 컨텐츠 및 서치 제공자: YouTube, Google
- 라디오 방송국: EBC Radio(뉴저지 위치, 남아시아 청취자 중심), KLOK(캘리포니아 위치, 현대의 Bollywood 제공)
- 케이블 또는 공영 방송국: Asian America(PBS 협력사)
- 잡지: Hyphen, Audrey, Giant Robot, Thirteen Minutes, Koream[44]

지난 20년 사이 아시아계 미국인을 목표 시장으로 하는 많은 다문화 회사가 생겨났다. 예를 들어 아시아인과 히스패닉을 대상으로 하는 AMS(Asian Marketing Services), MegaHit Direct Marketing, 로스앤젤리스에 위치한 IW Group, 뉴욕시에 위치하며 많은 은행, 화장품, 통신, 자동차 회사를 광고주로 가지고 있는 AdAsia 등이 있다.

주의사항. 아시아계를 목표로 하는 광고에서는 그들의 사회적, 경제적 지위를 부정하는 광고를 해서는 안 된다. 또한 성적인 주제나 개인주의를 강조하는 광고 역시 큰 효과를 얻지 못한다.[45]

레즈비언/게이/양성애자/성전환자

이 시장은 1990년대부터 주목받기 시작했다. 오늘날 사회는 게이나 레즈비언에게 좀 더 관대한 생각을 갖게 되었고, 마케팅 담당자는 이들이 상당한 가처분 소득이 있다는 사실에 주목하였다.

인구통계학적 정보

이 집단에 대한 정확한 정보를 얻는 것은 쉽지 않다. 인구통계조사는 개개의 동성애자 수를 파악하기보다는 결혼 또는 미혼의 동성애자 가구 수만을 조사하기 때문이다. 일부 게이나 레즈비언은 자신에 대해 밝히거나 설문 조사에 응답하기를 꺼려한다. 다음의 정보는 추정치로써 미국의 인구통계조사를 포함한 몇몇 자료들을 참고로 하였다.

인구: 약 400만에서 1,600만으로 추정
혼인한 동성애 커플 가구 수: 131,729
미혼의 동성애 커플 가구 수: 514,735
평균 소득: 76%가 40,000달러 이상[46]
연간 소비액: 2011년 약 8,350억 달러
교육 수준: 고학력[47]

가치관. 이 집단은 우정에 높은 가치를 둔다. 이성애자의 사회적 행동 패턴은 종종 한 가족이나 동료와의 관계에서 나타난다. 반대로 게이 집단 사회는 동성을 더 좋아하는 친구들과 더 많은 인간관계를 맺는다. 델로지어(Delozier)와 로드리게스(Rodriguez)는 게이와 레즈비언이 현재의 사회적 이슈를 아주 잘 인식하고 있으며, 정치적으로도 매우 활동적이라는 사실을 발견했다. 대부분의 게이와 레즈비언은 대도시에 거주하고, 직업 활동에도 큰 관심을 갖고 있다. 교외에서 거주하는 동성애자는 주택 소유, 정원 가꾸기, 지역사회 활동 등 전통적인 활동에 많은 관심을 보인다.[48]

소비 습관. 게이는 다양한 제품과 서비스를 소비한다고 알려져 있다. 보고서에 따르면 게이는 이성애자가 소비하는 것 이상으로, 또는 적어도 비슷한 수준으로 소비한다고 한다. 특히 오락이나 외식, 여행, 운동, 전자제품, 주류, 의복, 향수, 서적, 연하장, CD 같은 제품이나 서비스에 많은 돈을 사용한다. 또한 새로운 기술에 많은 관심을 보이며 적극적 받아들이는 브랜드 충성도가 높은 집단이다.

게이, 레즈비언, 양성애자, 성전환자 시장에 접근할 수 있는 최상의 방법

《2천만의 새로운 소비자》의 스티븐 M. 케이스(Steven M. Kates)에 따르면, 게이 집단은 제품이나 서비스에 완전히 만족하지 않더라도 그들의 생활 방식을 이해하는 회사의 제품을 사용하는 것을 선호한다. 한편 그들은 '동성애 혐오주의자' 기업의 제품은 사용하지 않거나 불매운동을 벌인다.[49] 1970년대 말 맥주회사 쿠어스(Coors)는 거짓말 탐지기를 이용에 직원에게 여러 가지 질문을 했는데 그 중에는 동성애 성향에 관한 질문도 포함되었다. 현재 쿠어스는 동성애 성향을 포함하여 모든 차별에 반대하는 정책을 채택하고 있지만, 많은 게이들은 여전히 이 회사에 대한 부정적인 감정이 남아있다.[50]

2009년 샌드위치 체인회사인 칙필레(Chick-Fil-A)가 게이를 부정하는 집단에 2백만 달러를 기부한 사실이 게이들이 주로 보는 매체에 널리 보도되었다.

기업이 이 집단의 생활 방식에 최소한 관용적이라는 사실을 확신시키기 위해 일부 전문가는 기업이 사회적으로 책임 있는 이벤트를 후원하는 등 의미 있는 활동을 해야 한다고 제안한다. 이러한 활동에는 예술을 후원하거나 에이즈 연구를 후원하는 활동부터 게이 게임이나 게이/레즈비언 퍼레이드 같은 이벤트를 후원하는 일도 포함된다. 광고주는 이 집단을 '일반적인 대중'의 일부로 취급할 수는 없다. 게이는 특별한 필요를 갖고 있는 특수 시장이다. 이 집단은 게이 지역사회의 이익을 후원하고, 게이에게 호의적이며, 다양성을 중시하는 기업에 우호적이다.[51]

이 집단에 대한 관심이 점점 증가하고 있으며, 그 예는 다음과 같다.

- 지역 게이/레즈비언 신문: Gay City News
- 케이블이나 공영 방송 프로그램(지난 몇 년 동안 게이, 레즈비언, 양성애자, 성전환자가 주요 프로그램에 등장한 쇼): Glee, Grey's Anatomy, Outlaw, Bones, House, The Good Wife, 90210
- 지상파 방송: ABC, Fox, NBC, The CW[52]
- 라디오 쇼: Sirius Satellite Radio's OUTQ(LGBT content 24/7), Twist, XMs' The Ellen De Generis show
- 전국 잡지: The Advocate, biMagazine, The Gay & Lesbian Review Worldwide, National Gay News, G.L.A.M.(Gay & Lesbian Alternative Magazine), Lesbian News, Gay News, GaySOFLA Magazine Online, Out, Curve, Passport
- 인터넷: gay.com(광고주: Armani, Scion, British Airways, Skyy Vodka, Macy's, Volkswagen, Travelocity)

또한 게이와 레즈비언 시장에 접근하는 데 관심을 가진 기업에게 광고와 마케팅 서비스를 제공하는 전문적인 기업도 몇몇 존재한다. 그 예로는 로스앤젤리스에 위치한 YesDesignGroup, 소셜미디어 전문회사인 Pink Banana Media, 최초로 이 시장을 목표로 겨냥한 기업 중 하나인 Witeck-Combs Communications 등이 있다.[53]

제품 사용

인종, 성별, 성적 취향, 여러 심리학적 기준을 바탕으로 목표 시장을 세분화하는 방법과 더불어 소비자의 향후 구매 행동을 예측하는 데 큰 도움을 주는 방법은 그들의 제품 사용 행태를 이용하는 것이다. 소비자의 제품 사용량, 브랜드 전환 정도 또는 브랜드 충성심 정도, 소비 패턴, 구매 동기, 쇼핑 경험과 그들의 욕구와 필요 등은 광고주가 시간을 투자하여 면밀히 조사할 가치가 충분히 있다.

제품/브랜드 사용 정도

소비자를 이해하는 또 다른 방법은 제품 사용량에 따라 소비자를 분류하는 것이다. 제품의 사용량 정도에 따라 분류하는 표준 방법은 **다량 사용자**(heavy users), **보통 사용자**(medium users), **소량 사용자**(light users)로 나누는 것이다. 시몬스(Simmons)와 MRI는 이러한 제품의 사용 정도에 따라 데이터를 분석, 보고한다. 일반적으로 광고주는 다량 사용자를 목표로 광고하기를 원하지만, 모든 마케터가 그런 것은 아니다. 다량 사용자를 목표로 삼는 것은 시장 선도자(market leader)와의 직접적 경쟁을 의미한다.

사탕이나 가전제품의 경우 광고주는 시장 선도자보다 매출 규모가 작은 회사라도 다량 사용자를 목표로 광고를 할 수 있다. 담배의 경우에는 다량 사용자를 목표로 광고하면 가장 큰 담배 브랜드인 말보로(Malboro)와 뉴포트(Newport)와 경쟁하게 된다. 말보로의 경우, 제품군에 상관없이 전 세계에서 두세 번째로 강한 브랜드 파워를 지녔으며, 그들과의 경쟁은 힘겨운 싸움이 될 것이다. 따라서 새로운 담배 브랜드가 시장에 처음 진입할 때는 일반적으로 보통 사용자나 소량 사용자를 목표로 메시지 전략을 짠다. 그러나 맥도날드처럼 강력한 마케팅 능력을 보유하고 있다면 최다량 소비자(SHUs: super heavy users)를 목표로 마케팅할 수 있다.

2차적 자료를 제공하는 회사를 통해 소비자 정보를 얻는 방법 외에도, 요즈음은 소셜 미디어를 이용하여 제품 사용자에 대한 많은 정보를 얻을 수 있다. 모든 제품군에는 사용자 커뮤니티가 만들어지고 있으며, 이러한 온라인 공간은 사용자들이 함께 모여 특정 상품이나 서비스에 대한 그들의 경험을 토론하거나 서로에게 정보를 얻는 장소 역할을 한다. 예를 들어, Acrobatusers.com은 어도비 아크로뱃(Adobe Acrobat) 사용자 커뮤니티로써 이 안에는 사용자 이해를 돕는 공간과 대화 공간, 블로거, 뉴스와 이벤트, 갤러리 등 많은 공간을 제공한다.[54] 사용자의 소비패턴 또는 제품 사용경험에 대한 직접적이고 진솔된 의견 등은 매우 중요하므로 많은 시간을 투자하여 모니터링 하거나 내용 분석을 통해 전체를 한 번 이해하려는 노력은 충분한 가치가 있다.

브랜드 충성도

일반적으로 특정 제품군에서 브랜드 충성도를 파악하는 것은 매우 유용하다. 소비자의 브랜드 충성도는 광고 전략과 전술에 커다란 영향을 미친다. 시장에서 브랜드 충성도를 파악하는 것은 브랜드의 주요한 자산 가치가 감소할 것인지 여부를 판단하는 데 도움을 준다. 만약 그렇다면, 기획 담당자는 브랜드 자산 가치(4장에서 논의될 것임)를 유지하기 위한 조치를 취할 것인지, 단순히 가격 변동이나 판매 촉진 전술에 의지할 것인지를 결정할 수 있다.

가장 강력한 브랜드 충성도 측정법은 구매 행위를 조사하는 것이다. 닐슨과 IRI는 연속되는 두 기간에 소비자가 동일한 브랜드를 구입하는 정도를 측정한다. 소비자는 신규 소비자와 충성 소비자로 구분된다. 그리고 신규 소비자는 다시 가격 할인을 받고 구매한 소비자인지, 정상 가격으로 구입했는지로 재분류된다.[55]

스캐너 자료의 접근이 가능하지 않을 경우 그 대안으로 1차 자료 조사와 2차 자료 조사를 통해 소비자의 구매 스타일에 대한 정보를 수집한다. 광고대행사 레오 버넷은 브랜드 충성도와 구매 전략에 따라 소비자를 네 가지 유형으로 분류하는 방법을 개발했다.

1. 장기 브랜드 충성자: 가격이나 다른 요인에 상관없이 하나의 브랜드만 고집하는 소비자이다. 이 유형은 점차 감소하고 있는데, 구매 상황이 '고관여(high involving)'인 경우에 나타난다. 여기에 속한 좋은 예로 고급 화장품을 들 수 있다.
2. 브랜드 간 순환자: 가격 이외의 다른 여러 가지 요인에 따라 선호하는 브랜드를 바꾸는 형태를 보이는 소비자가 이 유형에 속한다.
3. 특별 판매 민감자: 특별 사은품이나 각종 판촉물의 유무에 따라 선호하는 브랜드를 바꾸는 소비자가 이 유형에 속한다.
4. 민감자: 브랜드와는 무관하게 가장 저렴한 것을 구매하려는 소비자가 이 유형에 속한다.[56]

소비자 행동의 이해

점차로 많은 마케터들은 쇼핑 공간에서 소비자들이 겪는 경험에 대해서 알고자 한다. 소비자는 쇼핑하는 것에서 즐거움을 얻는다.[57] 또한 마케터들은 시장에서 이러한 소비자들이 어떻게 행동하는지 알고 싶어 한다. 프록터 앤 갬블(Proctor & Gamble)은 아주 예전부터 '진실의 첫 순간'에 대해 강조해 왔는데, 이는 쇼핑객들이 시장에서 제품을 처음으로 경험하는 특별한 순간의 중요성을 의미하며, 이를 위해 프록터 앤 갬블은 광고뿐만 아니라 구매시점 판촉물, 포장, 진열대 등 다양한 마케팅 기법들을 사용하고 있다.

오늘날 마케터들은 소비자들이 쇼핑을 시작하기 훨씬 전에 구매 결정을 내린다는 것을 잘 알고 있다. 매장 내 마케팅은 오랫동안 행해져왔다. 오늘날과 비교해 다른 점은 단지 소비자의 쇼핑 경험을 이해하기 위한 좀 더 발전된 방법들을 이용한다는 것이다. 특히 디지털 미디어를 통한 소비자와의 새로운 접근 방법은 그들이 쇼핑가기 전부터 영향을 미친다. 학생들이 라디오 전파를 이용한 소비자 행동을 측정하는 도구나 소비자의 머리에 장착된 카메라를 이용할 수 있을 것 같지는 않다.

하지만 소셜 미디어에서는 비공식적이지만 이러한 정보를 충분히 얻을 수 있다. 정보를 수집하려는 이러한 모든 노력의 궁극적인 목적은 소비자들이 브랜드나 제품과 어떻게 관계를 맺는지를 이해하는 것이다. 소비자들은 각기 다른 방법으로 각기 다른 이유로 쇼핑을 한다. 기억하라. 소비자들은 그들의 경험, 취미, 열정을 공유하기 위해 자발적으로 소셜 커뮤니티에 가입한다. 유용한 정보를 얻기 위해서는 그들의 목소리에 귀 기울이고, 그들 집단의 법칙이나 규범을 잘 관찰하고, 커뮤니티 내에 있는 다른 사람들과 관계를 형성하는 것이 바람직하다.

소비자는 언제, 얼마나 구매하는가?

광고의 기본 전제는 소비자 행동의 변화 추세에 따라 광고를 해야 한다는 것이다. 매체 기획자는 다음 두 가지의 변화 추세를 고려해야 한다.

- 소비자는 얼마나 자주 제품을 구매하는가(구매 주기)?
- 소비자는 언제 구매하는가(계절성)?

매체 기획자는 광고 스케줄을 작성할 때 소비자가 얼마나 자주 구입하는가, 언제 구입 하는가에 대한 정보를 이용한다. 구매 주기와 계절성에 대한 가장 정확한 정보는 AC닐슨과 IRI의 제품이 용도 조사를 통하여 얻을 수 있다. 이밖에도 업계지와 산업단체가 발행하는 정보가 있다.

소비자는 무슨 동기로 구매하는가?

현행 소비자를 확인한 후에는 소비자가 무슨 동기로 특정 장소에서 돈을 쓰는가를 이해하는 것이 도움이 된다. 소비자가 심리적으로 좀 더 좋아하거나 매력을 느끼는 '스위트 스폿(sweet spot)'이 있는가? 할머니는 손자에 대한 특별한 감정이 있는가? 청소년기의 남자아이는 여자아이보다 자동차에 대한 관심이 더 많은가? 소비자가 제품이나 브랜드에 대해 갖는 느낌을 파악하는 것이 설득력 있는 메시지를 개발하는 데 큰 도움이 된다.

소비자에 관한 업계 기사는 소비자가 어떤 동기로 제품을 구매하는지 이해하는 데 도움을 준다. 다른 2차 조사 자료를 이용하는 것은 많은 도움을 주지 못하는 반면, 1차 조사를 통해 얻은 정보는 아마도 가장 유용할 것이다. 특히, 대화방, 포럼, 블로거 등과 같은 소셜 미디어 플랫폼을 활용한 온라인은 큰 도움이 될 것이다. 이 장의 뒷 부분에서 이러한 것을 논의하겠지만, 무엇보다 먼저 어떠한 질문을 할 것인지 결정하는 것이 가장 우선되어야 한다.

소비자 행동에 대한 이해를 넓히기 위한 한 가지 방법은 소비자가 제품에 대하여 무엇을 생각하고 느끼는지, 어떻게 사용하는지를 살펴보아야 한다. 이러한 학습을 통해 소비자가 제품을 구매하거나 구매하지 않는 이유를 이해할 수 있을 것이다. [표 2-4]는 1차 조사와 2차 조사 자료에서 살펴보아야 할 질문이 무엇인지 요약해 놓았다.

이들 질문 문항으로부터 얻는 정보는 광고 캠페인과 관련한 문제점과 기회 요인을 파악하는 데 도움이 된다. 그리고 모든 분석이 완료된 후에는 목표를 세우는 기초 자료가 된다.

소비자는 제품에서 무엇을 기대하는가?

소비자와의 인터뷰 과정에서 그들이 제품에 대해 어떻게 생각하고 느끼는지 질문하면

표 2-4 조사 문항에 포함할 내용

소비자는 제품을 어떻게 생각하는가?
1. 제품, 특히 브랜드에 대해 어느 정도 알고 있는가?
2. 특정 브랜드의 특징, 성분, 눈에 보이지 않는 품질에 대해 알고 있는가?
3. 특정 제품이나 브랜드의 효능을 이해하고 있는가?
4. 특정 브랜드의 우수한 품질을 알고 있는가?
소비자는 제품에 대해 어떻게 느끼는가?
1. 제품군에 대한 태도는 어떠한가?
2. 특정 브랜드에 대한 태도는 어떠한가?
3. 그 제품이나 브랜드를 얼마나 좋아하고 원하는가?
4. 브랜드가 약속한 편익을 믿는가?
5. 이 브랜드를 선호하는가?
6. 제품이나 브랜드에 대해 어떤 이미지나 개성을 느끼는가?
7. 소비자는 브랜드의 핵심 가치를 느끼는가?
소비자는 제품을 어떻게 사용하는가?
1. 제품을 어떻게 사용하는가?
2. 어디서 사용하는가?
3. 언제 사용하는가?
4. 왜 사용하는가?
5. 제품을 다른 용도로 사용하는가?
6. 어떤 상황에서 제품을 더 많이 사용하는가?

자연스럽게 제품에 대해 무엇을 기대하는지에 대한 대답을 듣게 된다. 어떤 소비자는 제품을 사용하면서 얻게 되는 편익을 즉시 대답하지만, 대부분의 소비자는 대답하는 데 어느 정도 시간이 걸린다. 소비자의 관심이 질문 내용으로 바뀌지 않으면 면접자는 그 방향으로 이끌어가야 한다. 이를 위해 구조화된 질문지를 사용하거나, 심층 면접을 실시할 수도 있다. 소비자가 제품에서 얻고자 하는 편익이 무엇인지 구체적으로 파악할 수 있다면 가장 직접적이고 효과적인 방법은 소비자의 필요와 욕구의 관점에서 제품의 속성을 표현하는 것이다.

예전에는 소비자의 필요와 욕구를 파악하는 것이 용이했지만, 오늘날에는 매우 어렵다. 소비자는 제품에 완전히 만족하진 않지만, 제품에 대해 자신이 원하는 바를 정확하게 설명하지 못한다. 소비자가 왜 제품이나 브랜드를 구매하는지 이유를 파악할 수 있는 충분한 정보를 얻기 위해서는 면접 기술을 필요로 한다. 소비자는 일반적으로 다음과 같은 이유로 제품을 구매한다.

- 욕구와 필요를 충족시켜 주기 때문에
- 문제 해결에 도움이 되기 때문에
- 단순하게 호기심과 흥미를 불러일으키기 때문에
- 특정 브랜드를 사용함으로써 소비자가 어떤 사람인지, 어떤 사람처럼 보이고 싶은지를 대변해 주기 때문에
- 특정 브랜드나 광고를 좋아하기 때문에

또한 사람들은 광고에서 표현된 가치나 라이프스타일을 좋아해서 제품을 구매하기도 한다. 그러나 이러한 시각은 소비자 자신이 제품을 구매하는 이유를 설명하는 도중에 나온 것이 아니라 소비자의 가치나 라이프스타일에 대한 분석자의 추론에서 나왔을 가능성이 크다. 포커스 그룹 인터뷰나 심층 면접을 하다보면, 소비자는 광고 때문에 제품을 구매했다고 대답을 하기도 하지만, 광고를 보여주기 전에 동일한 질문을 하면 광고 때문에 구매했다는 대답을 듣기가 어려울 수도 있다.

필요와 욕구. 필요와 욕구의 차이는 시각의 문제인데, 소비자는 그 차이를 혼동하기도 한다. 농구캠프에 참가한 소년은 유명인이 추천한 신발을 '필요'로 할 수 있고, 소녀는 비슷한 이유로 다이어트가 필요하다고 느낄 수도 있다. 대부분의 사람은 그 소년이나 소녀의 의견과 같지 않다. 필요와 욕구의 차이는 의미론적인 차이일 뿐이다.

문제점. 일반적으로 소비자의 필요와 욕구는 이미 어느 정도 충족되어 있다. 그렇기 때문에 소비자로부터 정보를 얻기가 더욱 어렵다. 사람은 제품을 사용하면서 만족을 얻지 못한 경우에도 자신이 필요로 했던 것을 인식하지 못할 수도 있다. 그러나 소비자가 제시하는 제품 관련 문제점들은 광고 캠페인의 방향을 제공하고 제품을 개선하는 데 충분한 정보를 제공한다.

마케팅 조사자가 단순한 질문의 수준을 넘어 소비자가 제품에 대해 갖는 필요와 욕구가 무엇인지를 질문할 때에는 주의를 기울여야 한다. 예를 들어, 아이폰(iPhone)이 시장에 출시되기 전에 소지자들은 통화 음질과 저렴한 가격이 휴대폰을 결정하는 데

중요한 고려 사항이라고 시장 조사자에게 말했다. 하지만 이들은 휴대폰, 블랙베리, MP3, 노트북 등 다양한 미디어 기기들을 용도에 따라 따로따로 사용하고 있었다. 애플은 이런 다양한 미디어 기기의 기능들을 사용하기 쉽게 하나로 묶는 제품을 만든다면, 휴대폰 시장에 큰 혁명을 가져올 것이라고 믿었고, 실제로 이루어냈다. 아이폰이 처음 시장에 출시될 때의 가격은 무려 599달러였지만 사람들은 제품의 가격에 그다지 놀라지 않았으며, 통화 음질에도 그다지 신경을 쓰지 않았다. 즉, 소비자가 휴대폰을 살 때 가장 중요하다고 말했던 사항들은 구매 시에는 아무런 영향을 미치지 못하였다. 만약 스티브 잡스와 애플사가 소비자가 원하는 바에 귀를 기울였다면, 아마도 우리는 다양한 기능을 갖춘 지금의 아이폰은 보지 못했을 것이다. 고맙게도 그러한 일은 일어나지 않았으며 이 모든 것은 역설적으로 좋은 소비자 조사 때문일 것이다.[58]

소비자는 인생을 어떻게 보는가

소비자의 가치와 라이프스타일에 대한 정보는 신디케이트 조사기관에서 얻을 수도 있지만 그것만으로는 광고 캠페인을 실행하는 데 충분하지 못하다. 또한, 도서관에서 이러한 다양한 정보를 얻기는 쉽지 않다. 이러한 정보는 수많은 1차 조사를 통해 가능하며, 지난 20년 동안 광고산업 내에서는 이러한 정보들을 모아 유용한 가이드라인을 만들었다. 오늘날 브랜드에 관련된 소비자의 목소리는 세계 곳곳에서 들려오며, 목표 시장에 대한 통찰은 무조건 마케터들이 알아야 할 필수 요소가 되었지만, 모든 마케터가 그러한 것은 아니다.

광고 기획자의 변화

JWT나 치아트/데이(Chiat/Day)와 같은 광고회사를 비롯한 미국의 대부분 광고회사들은 19080년대 초 마케팅 캠페인 수립에 필요한 정보를 관리하기 위해 영국의 광고회사들이 사용하던 시스템을 도입했다. 이 시스템은 **광고 기획 입안**(account planning) 시스템이다.[59] 이 시스템에서 광고주 담당 기획자의 주된 임무는 광고 메시지 전략의 근거가 될 수 있는 소비자에 대한 정보를 찾기 위해 실시되는 전통적 조사와 비전통적 조사를 통해 얻은 정보를 관리하는 것이다. 광고 기획자는 전통적 조사자의 역할과는 달리 카피라이터 및 아트디렉터와 함께 일하며 크리에이티브 아이디어 개발에서도 이들과 책임을 공유한다. 역사적으로 볼 때, 카피라이터는 숫자에 집착하는 조사자를 싫어하는 경향이 강하다. 그러므로 광고회사 FCB(Foote, Cone and Belding)를 비롯한 여러 광고회사는 조사자 대신에 광고주 담당 기획자를 고용하고 있다. 광고 캠페인 수립을 위해 광고주 담당 기획자는 많은 종류의 정보를 사용하는데, 대부분의 정보는 에스노그래피(ethnography) 조사, 일대일 심층 면접 조사, 집단심 층면접 등 정성적 조사 자료이다. 정량적 조사라고 불리는 서베이, 관찰, 소비자 패널, 실험 등 전통적 조사 자료는 광고주나 조사 회사를 통해 얻는다.

정성 조사의 역할

정성 조사는 광고 캠페인 전략을 개발하기 위해 실시하는 것이 보통이며, 소비자에 대한 통찰력을 얻는데 유용하다. 정성 조사는 컨셉이나, 광고, 캠페인에 대한 평가와 아이디어를 제공한다는 면에서는 유용한 방법이지만, 전통적 정량 조사보다는 신뢰도와 타당도가 낮다. 그럼에도 불구하고 정성 조사를 통해 얻은 통찰은 캠페인 전략에 큰 도움이 된다. 정성 조사는 전체 조사의 '골격'을 만들어주고, 정량 조사는 이에 '살'을 덧붙이는 역할을 한다.

질문 문항. 인터뷰를 잘하기 위해서는 질문을 언제, 어떻게 해야 하는지를 알아야 한다. 능력 있는 인터뷰 담당자는 소비자가 어떻게 생각하고 느끼고 행동하는가를 알아내기 위해 노력한다. 좋은 정보는 표면적으로 드러나지 않는다. 최고의 정보를 찾는데 감수성과 판단력은 동원해야 한다. 이런 정보는 종종 **전략적 · 전술적 핵심 요점**을 개발하는 데 사용된다(이에 대해서는 뒤에서 다시 언급하겠다). 또한 경험이 많아야 하며, [표 2-5]에 요약된 참고사항에 주의해야 한다.

정성 조사의 또 다른 장점은 소비자의 태도, 선호, 편견, 동기 등 근원적 사고와 감정을 이해할 수 있는 기회를 제공한다는 것이다. 정성 조사는 숙련된 인터뷰 담당자가 조사하는 데 도움을 주는 반면에 초보자는 **래더링**(laddering)이라는 기법을 이용할 수 있는데, 이 기법은 제품에 대한 태도와 품질을 소비자가 특정 제품을 사용하는 가치와 연결시킬 수 있다.

표 2-5 생산적인 면접을 위한 10가지 참고사항

1. 차분해져라. 가능한 한 소비자가 편안하게 느끼도록 하는 것이 중요하다. 평소와 다르고, 자연스럽지 않다는 생각을 갖게 되면 불편해할 것이다. 따뜻하고, 친절하며, 신중한 모습을 보여라.
2. 면접에 대해 간단히 말하라. 소비자는 의심하지 않지만 호기심을 갖고 있다. 일반적이지만 정보가 담 긴 말을 하라. 광고 캠페인을 만들려고 하며, 제품에 대한 의견을 듣고 싶다고 말한다.
3. 면접 내용을 녹음하라. 소비자는 녹음한다는 사실을 쉽게 잊어버린다. 그러나 노트에 열심히 기록하는 모습을 보게 되면 신중해지고 자신의 말을 의식하게 된다. 소비자는 자의식을 느낄 수도 있다.
4. 쉬운 질문부터 시작하라. 목적은 소비자와 편하게 이야기하기 위해서이다. 처음에는 쉬운 질문을 하되 개방형 질문을 사용하여 면접 대상자가 한 단어로 대답하도록 하라.
5. 유도 질문을 해서는 안 된다. 면접자가 어떤 대답을 듣기를 원하고 있다는 느낌을 갖게 되면 면접 대상자는 면접자가 원하는 방향으로 답변할지도 모른다. 면접자의 관점이 표현된 질문(언어 또는 비언어를 사용하여)을 하지 않도록 주의해야 한다.
6. 면밀하게 조사하라. 소비자는 그들이 생각하고, 느끼고, 행동하는 이유를 알지 못할 수도 있다. 면접자는"왜"라는 말을 반복해 물으면서 깊은 곳에 숨어 있는 생각과 느낌을 찾아내야 한다.
7. 대답을 주의해 들어라. 경험이 부족한 면접자는 다음 질문을 생각하느라고 서두른다. 그러다 보면 대답을 놓치게 된다.
8. 면접 대상자의 관심을 높여라. 협조적인 면접 대상자라 할지라도 피곤해하고 지루해할 수 있다. 15분 정도가 지나면 주의력과 흥미가 떨어진다. 계속 친절하게 대하고 인내하면서 주기적으로 고맙다는 표시를 해라.
9. 정신을 차려라. 면접자도 지친다. 모든 대답을 제대로 들었는지 확인한다.
10. 면접이 끝나면 고마움을 표시하라. 전문가의 면모를 보이는 것이 중요하다. 면접 대상자가 면접에 대해 긍정적인 느낌을 갖도록 한다.

래더링. 이 기법은 심층 면접과 함께 사용될 수 있는 질문 방식이다. 인터뷰 담당자는 제품의 속성 과 제품 사용을 통하여 소비자가 갖게 된 가치관계를 추적하도록 고안된 다양한 질문을 한다. 이 기법은 **수단-목적 이론**(means-ends theory)에 기초한 것으로, 소비자는 다양한 목적을 달성하기 위해 제품을 사용한다는 것이다. 이런 목적은 소비자의 가치라는 개념으로 규정된다.[60] 대부분의 소비자는 제품을 사용하는 이유와 제품에 대해 어떤 기대를 갖는지에 관한 대답을 하는데 제품의 품질이나 속성에 초점을 맞춰 대답한다. 그러나 소비자는 제품이 갖고 있는 속성뿐만 아니라 제품에서 얻게 되리라고 기대하는 것(즉 제품에 대해 느끼는 감정) 때문에 구매하게 된다. 만약 광고주가 소비자의 감정이나 소비자가 제품을 사용하는 데 있어 어떤 가치를 부여하는가 파악할 수 있다면, 단지 제품의 특성뿐만 아니라 감정에 근거한 메시지 전략을 수립할 수 있다.

이런 기법을 래더링이라고 부르는 것은 면접자가 지속적인 질문을 통해 제품의 속성과 이것이 소비자에게 주는 가치 사이의 관계를 하나씩 밝혀 나가기 때문이다. 제

품의 속성은 물리적 속성을 지니며, 가치는 본질적으로 심리적 특성을 지녀 면접자는 단편적인 질문부터 시작해 점점 복잡한 질문으로 옮겨간다. 면접자는 제품에 관한 지식의 사다리를 오르는 것이다.

개념적으로 제품 속성을 가치에 연결하는 요인은 **결과**이다. 어떤 속성을 지닌 제품을 사용하면서 소비자는 효과 혹은 결과를 경험한다. 소비자는 이런 효과를 **가치**로 해석한다. 속성은 가시적이거나 물리적인 것일 수도 있고(예를 들어 맛, 색, 크기, 영양분, 칼로리, 모양 등), 물리적인 것(예를 들어 매력적인 옷, 재미있어 보이는 장난감, 고급스러운 자동차, 젊은 브랜드 이미지 등)일 수도 있다. 면접자는 보통 제품이나 브랜드의 속성에 관한 것부터 질문을 시작한다.

결과는 기능적(가시적)이거나 심리적(주관적)일 수 있다. 만일 A샴푸를 사용하면 모발이 부드러워지고 윤기가 흐르고 손질하기 쉽다고 광고한다면, 이 광고는 **기능적 결과**를 강조한 것이다. 만일 A브랜드를 사용하면 여성의 머리가 매력적으로 되어 남성으로부터 호감을 받게 될 것이라고 광고 한다면 이것은 **심리적 결과**를 강조한 것이다. 결과는 부정적 시각이나 긍정적 시각을 모두 강조할 수도 있다. 광고주가 자사의 제품을 사용하면 좋지 않은 결과를 얻게 된다고 주장하는 경우는 거의 찾아볼 수 없지만, 경쟁사 제품을 사용하면 부정적 결과를 초래할 수 있다고 광고하는 경우를 종종 보게 된다. 이에 반해 자사 제품을 사용하지 않음으로써 받을 수 있는 부정적 결과를 강조하기도 한다. 예를 들어 렌터카 업체인 허츠(Hertz)는 다른 경쟁사의 부정적인 면을 부각시키기 위해 광고에 "여기 허츠와 허츠가 아닌 렌터카가 있습니다"라는 카피를 사용한다. 심층 면접 시 노련한 면접자는 소비자에게 왜 '부정적' 결과를 회피하는지 질문한 뒤, 긍정적 결과에 관해 질문하는 래더링 기법(수단-목적 사슬)을 이용한다.

긍정적 결과는 소비자가 제품을 사용할 경우 어떤 **편익**을 얻는가 하는 것이다. 카피라이터는 광고 카피에서 편익을 매우 강조한다. 소비자가 제품의 속성이 아니라 편익 때문에 구매한다는 것은 널리 알려진 사실이다. 이런 믿음에 근거하여 일부 광고주는 시장을 소비자가 제품에 대해 기대하는 편익에 따라 세분하기도 한다. 이 방식을 **편익 세분화**라고 부르는데, 이는 메시지 전략과 매체 전략에도 영향을 미친다. 오랫동안 치약회사는 소비사의 편익을 강조하는 메시지를 지속적으로 사용하고 있는데, 회사별로 강조하고 있는 편익은 다음과 같다.

편익	↔	**브랜드**
충치 예방	↔	크레스트(Crest)
산뜻함	↔	아쿠아프레시(Aquafresh)
맛	↔	에임 앤 콜게이트(Aim and Colgate)

오늘날 치약 브랜드들은 많은 제품 확장과 다양한 방법으로 촉진을 하고 있다. 이러한 현상이 시장의 경쟁이 치열해지고 어느 한 시장도 경쟁자에게 양보하지 않으려는 기업들의 욕심 때문에 나타났는지 아니면 이익을 주는 세분화된 집단에 관한 전략에 대한 믿음이 약하기 때문에 나타났는지 명확히 판단하기가 어렵다.

소비자가 어떤 편익을 원하는가를 파악한 후, 면접자는 편익이 소비자의 마음이나 **가치**에 어떤 영향을 미치는가에 질문의 초점을 맞출 수 있다. 어떤 학자는 가치를 수단적 가치와 궁극적 가치로 세분하기도 한다. **수단적 가치**는 선호하는 행동 양식을 표현하는 것으로 독립심, 애정, 공손함, 책임감, 즐거운 시간 등이 포함된다. **궁극적 가치**는 궁극적 목표가 되는 상태와 정신으로 평화, 안락, 자존심, 안전, 진정한 우정, 행복 등을 말한다.[61] 경험이 풍부한 면접자는 브랜드의 속성에 관한 질문으로 시작해서 소비자가 제품을 사용하면서 얻고자 하는 가치를 밝히는 질문으로 끝내는 래더링 절차를 따를 것이다. [그림 2-2]는 제품 사용에 따른 단계적 의미를 설명한 것이다.

래더링은 면접자와 면접 대상자가 일대일로 상호작용을 할 때 가장 효과적이다. 래더링은 물론 집단심층면접법에도 이용될 수 있다. 경험이 풍부한 면접자는 다양한 기법을 사용하여 여러 단계 간의 차이를 밝혀낼 수 있다. 응답자는 실제로 질문에 대한 답을 모를 수도 있고, 질문이 민감한 내용을 다룰 수도 있다. 따라서 면접자는 질문 순서를 바꿀 수도 있고, 응답자에게 생각할 시간을 주 거나 긴장하지 않도록 잠시 침묵을 지키며 기다려야 할 때도 있다. 그리고 질문 내용을 바꿔 응답자의 동기나 가치에 대한 질문에서 제3자의 동기나 가치를 질문할 수도 있다. 래더링 기법을 사용하더라도 응답자로부터 소비자의 편익에 대한 것 이상의 응답을 듣지 못하는 경우도 있다.[62]

설문에서 단순히 "왜"라는 질문으로 시작하는 것도 좋은 방법이다. "왜 그것이 중요합니까?", "왜 좋아하지 않습니까?", "다른 사람들은 왜 그렇게 생각합니까?", "느낌이 어떻습니까?", "당신에게는 무슨 의미가 있습니까?" 다음의 내용은 안전 면도기에 대한 조사에 사용될 수 있는 래더링 기법을 예시한 것이다.

그림 2-2 제품 사용과 관련된 의미의 수준

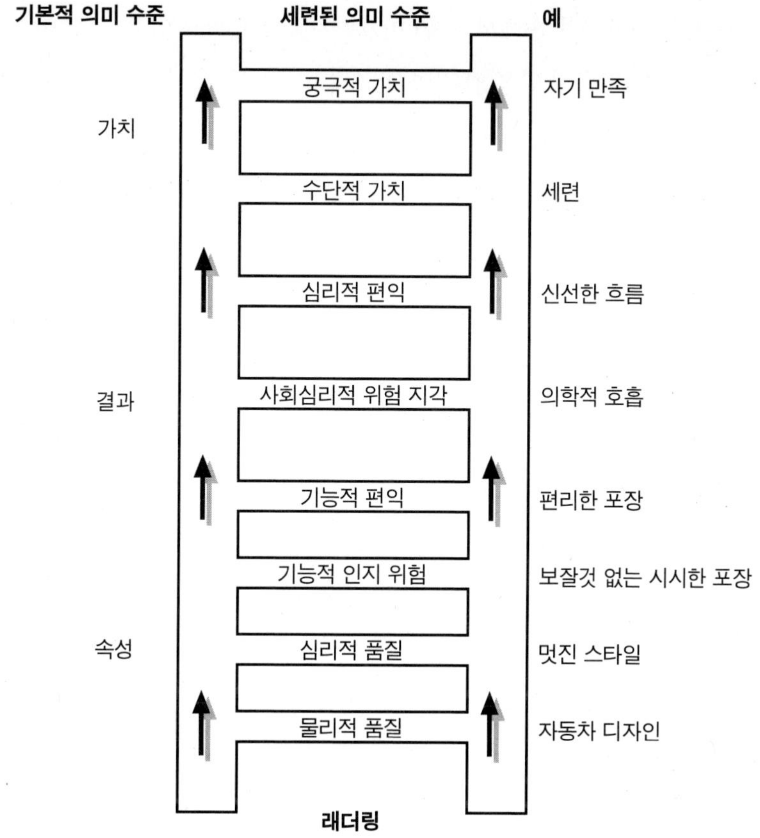

면접자: 어떤 면도기가 좋을 것 같습니까?

응답자(여성): 다리를 베지 않았으면 해요.

면접자: 무슨 말이죠?

응답자: 너무 날카로운 칼날은 좋지 않아요.

면접자: 왜요?

응답자: 왜냐하면 면도 중에 다리를 자주 베거든요.

면접자: 왜요?

응답자: 성격이 좀 급한 편이에요. 바쁘면 도중에 면도기를 떨어뜨리고 다시 집어 들 때면 눈에 물이 들어가기 일쑤죠.

면접자: 왜 면도기를 떨어뜨리나요?

응답자: 비누 때문에 손에서 미끄러지거든요.

면접자: 면도기의 날이 너무 날카롭지 않고, 손에서 잘 미끄러지지 않아야겠군요.

응답자: 면도기가 손에서 자꾸 미끄러지지 않으면 시간을 갖고 차분하게 다리를 면도할 수 있을 것 같아요.

면접자: 그게 왜 중요하죠?

응답자: 다리에 대한 느낌이 좋았으면 하고, 깨끗해 보였으면 해요.

면접자: 왜?

응답자: 모두들 다리가 예뻐 보이기를 원하거든요.

면접자: 그게 왜 중요하죠?

응답자: 그럼 느낌이 좋거든요.

정성 조사법

캠페인을 만들기 위한 조사들은 여러 측면에서 볼 때 과학 이라기보다는 하나의 예술이다. 소비자들의 내면을 알기 위해 다양한 방법들이 사용된다. 소비자에 대해 심층적인 지식을 얻기 위한 몇 가지 주요한 방법들로는 에스노그래피, 심층면접(in-depth interviews), 집단 심층면접법(focus groups), 투사법(projective tests) 등이 있다. 이러한 방법들이 공통적으로 가지고 있는 원칙은 광고주나 광고대행사가 목표 소비자에게 많은 시간을 투자하여 그들의 삶속에서 브랜드의 역할을 관찰하고, 상호반응하고, 탐구하고, 이해하는 것이라고 하겠다.

에스노그래피. 방대한 관찰을 통하여 소비자에 대한 정보를 얻는 **에스노그래피**는 오늘날 광고업계에서 널리 사용되는 방법이다. 이 같은 정성 조사 방법은 소비자의 제품 사용에 영향을 미치는 라이프스타일을 이해하는 데 특히 도움이 된다. 에스노그래피의 문자적 의미는 다양한 문화와 인종을 설명하고 분류하는 것이다. 광고에서 에스노그래피의 의미는 소비자의 일상생활을 보고 관찰하는 것 이상의 의미를 지닌다.

에스노그래피를 이용한 조사에서 조사자들은 최대한 소비자와 가까운 곳에 위치하여 소비들이 특정 상품에 대한 구매결정을 내리는 실제 사황고 똑같이 조사하려고 노력한다. 소비자의 라이프스타일 특성과 소비자가 제품을 어떻게 사용하는지 알기 위해 조사자는 소비자의 실제 환경 속으로 뛰어들어가 그들의 행동 유형을 관찰하고 질문을 주고받는다. 관찰 과정의 일부러 수많은 메모뿐만 아니라 실제로 사진을 찍기도 한다.

프록터 앤 갬블은 뛰어난 에스노그래피 기법으로 유명한데, 몇 주 동안 직원을 보내 소비자와 함께 살며 일하며 여가 시간을 보내도록 한다. 이러한 방법을 통하여 회사는 그들에게 주요한 소비자들의 찬장, 냉장고, 약통에 무엇이 있는지 들여다 볼 수 있을 뿐만 아니라, 그들의 실제 일상을 이해할 수 있다.

바람직한 에스노그래피는 세밀한 관찰뿐만 아니라 대화도 필요로 한다. 예를 들어, 식료품 조사의 경우, 인터뷰 조사자는 소비자에게 음식에 대한 생각과 철학 혹은 관리 방법을 질문한다. 가족의 건강 중심으로 식료품을 구매하는가? 가족 구성원은 건강에 도움을 주는 식품과 맛이 뛰어난 식품 중 어떤 것을 선택하는가? 가족은 그들의 선택에 대해 어떻게 합리화하는가? 식료품 소비는 얼마나 하는가? 집밥을 먹는 경우는 얼마나 되는가? 외식은 얼마나 자주하는가?

바람직한 에스노그래피 조사는 또한 참여를 필요로 한다. 조사자는 소비자와 동반하여 그들이 슈퍼마켓에서 내리는 구매 결정 과정을 보다 가까이서 관찰할 수도 있다. 이런 과정을 통해 조사자는 소비자가 제품을 구입할 때의 역동적인 상황을 보다 잘 이해하게 된다. 만약 광고수가 식당 체인점에 대한 소비자의 생각을 알고자 할 경우 조사자는 단지 식당에 가서 소비자를 관찰할 수도 있겠지만, 소비자와 함께 식당을 직접 이용할 수도 있다. 이런 방법을 통해 조사자는 소비자의 시각에서 그들이 겪는 문제점, 불편 사항, 만족 정도를 직접 경험해 볼 수 있다. 이러한 방법을 통해 조사자는 그들이 찾으려는 정보와 함께 소비자의 관계도 돈독히 할 수 있다. 이 같은 조사 방법은 소비자 입장에서 생각하고 나서 분석가로 해석하자는 것이다.

유로 RSCG 타담(Euro RSCG Tatham)이라는 시카고에 위치한 대형 광고회사는 에스노그래피 조사를 통해 소비자가 어떻게 냉동식품을 구매하는가 조사했다(표 2-6 참조). 이 조사를 통해 광고회사는 소비자의 냉동식품과 관련된 이성적 필요와 감성적 필요 모두를 알아냈다. 소비자는 어떤 음식이 건강에 좋은가 하는 이성적 필요와 단순히 맛이 좋은가 하는 감성적 필요를 갖고 브랜드를 분류했다. 소비자는 헬시 초이스(Healthy Choice), 린 쿠진(Lean Cuisine), 웨이트 워쳐스(Weight Watchers) 등 건강 브랜드를 건강식 냉동식품으로 인식했다. 소비자는 이들 브랜드를 이성적 필요를 만족시키기 위하여 구매하기에 매우 낮은 감성적인 브랜드 충성도를 보였다.

광고회사는 소비자가 냉동식품을 구매할 때 브랜드 충성보다는 음식의 맛을 더

표 2-6 에스노그래퍼의 하루

9:00 A.M.	음식에 대해 이야기할 소비자의 가정을 방문, 소비자 조사 참석자 섭외 전문회사가 약속을 정해 놓았다.
9:05 A.M.	가벼운 이야기를 나누고 나서 소비자와 가족의 음식에 대한 생각이나 요리법 등에 대하여 대화하고, 가족이 쇼핑과 요리에서 어떤 역할을 하는지 질문한다.
9:15 A.M.	소비자의 요리책과 음식 조리법을 보여 달라고 요구하고 이를 사진 촬영한다.
9:25 A.M.	찬장을 보여 달라고 청하고 스낵류, 유명 브랜드, 깡통 음식의 비중에 대한 것을 기록하고 해당 제품을 촬영한다.
9:35 A.M.	냉장고를 보여 달라고 요청하고 나서 신선한 음식의 양, 먹다 남은 음식의 양, 유명 브랜드의 양을 기록하고 사진 촬영을 한다.
9:45 A.M.	냉동칸을 점검하고 이곳에 음식을 얼마 동안 보관했는지 질문하고 사진 촬영을 한다.
9:55 A.M.	부엌을 촬영하고 나서 설거지 용구와 일하는 시간을 절약해 주는 도구도 촬영한다. 같이 쇼핑할 것을 요청하고 50달러를 소비자에게 주었다.
10:10 A.M.	슈퍼마켓에 도착했다. 소비자가 특히 신선 제품과 빵, 깡통 음식, 고기, 냉동 음식에 관심이 많다는 사실을 깨달았다. 소비자가 가격에 민감하고, 전국적 유명 브랜드보다 소매상의 저가 자체 브랜드를 선호한다는 것을 발견했다.
10:40 A.M.	계산대에 와서 카트를 촬영하고, 소비자에게 구매 이유를 알려 달라고 요구한다.
10:45 A.M.	작별인사를 하고 회의 준비에 들어갔다. 나중에 사무실로 돌아가서 소비자가 말한 내용과 사진, 인터뷰 노트를 비교한다.

중요하게 생각한다는 사실을 발견했다. 이 광고회사는 맛도 좋으면서 소비자 개개인의 건강과 영양 섭취에 도움이 되는 냉동식품을 개발할 것을 광고주에게 제안하였다. 광고주와 광고회사는 소비자에게 맛과 함께 건강과 영양을 강조함으로써 브랜드 충성도를 높이기 위한 노력, 즉 이성적 필요와 감성적 필요를 동시에 느낄 수 있는 냉동식품을 개발하여 광고했는데, 시장에서 대성공을 거두었다.[63]

일대일 면접. 또 다른 정성 조사법으로는 일대일 면접(one-on-ones interview)으로 학계에서는 **심층면접법**(in-depth interview)이라고도 부른다. 이 방법은 설문 조사나 집단심층면접법처럼 비용이 덜 드는 방법으로, 정보 수집이 어려운 경우에 사용된다. 숙련된 면접자는 다양하고 구조화되지 않은 질문을 통해 응답자와 상호작용한다. 면접자가 의도하는 것은 소비자로부터 숨겨진 의미, 문제점, 태도, 동기, 행동 등을 밝혀내는 것이다. 그러나 면접 시 응답자에게 어떤 영향도 끼쳐서는 안 된다. 일대일 면접은 다음과 같은 경우에 적합하다.

1. 소비자 개인의 행동, 태도, 필요, 욕구에 대한 세밀한 조사가 필요할 때

2. 복잡한 행동이나 의사 결정 패턴(가족의 휴가 기획 등)을 상세하게 단계적으로 이해하고 싶을 때
3. 소비자에게 민감하고 당혹스러운 질문을 할 때(예를 들어 개인위생 제품 등)
4. 아주 개인적인 질문을 할 때(예를 들어 주식투자 등)
5. 사회적 규범이 존재하거나(예를 들어 육아법 등), 집단의 상호작용이 응답자에게 영향을 줄 때
6. 면접 대상자가 전문가일 때(예를 들어 재무관리자)[64]

집단 심층 면접법. 마케팅 정보를 알아내는 데 있어 유용한 또 다른 정성 조사법으로는 **집단 심층 면접법**(focus groups interview)이 있다. 확장된 심층 면접법으로 여러 참가자를 그룹으로 묶음으로써 새로운 대화나 예기치 않은 정보를 얻을 수도 있다. 면접 대상 집단은 보통 8~12명인데, 최근 주요 광고회사는 6명의 소수 인원으로 실시하기도 한다. 면접 대상 집단은 목표 수용자로 판단되는 세분 시장을 대표할 수 있는 사람들 중에서 선정된다. 면접은 대체로 숙련된 중재자의 사회로 면접 대상자가 편안함을 느낄 수 있는 곳에서 실시되는 것이 보통이다. 면접은 대체로 1~3시간 정도 걸리지만, 1시간 정도가 일반적이다. 진행 상황은 녹음되며, 양방향 유리를 통해 관찰되거나 녹화되기도 한다.

집단심층면접법은 소비자가 제품에 대해 가진 겉으로 드러나지 않는 생각, 느낌, 문제점 등을 파악하기 위한 것이다. 사회자는 모임의 초점이 주제에 맞도록 이끌어가는 역할을 한다. 사회자는 참석자들 간의 토론에 방해가 되지 않도록 최대한 주의를 기울여야 한다.

경험이 풍부한 사회자는 예정된 주제를 다룰 수 있도록 토론을 어떻게 이끌어가야 하는지 알고 있다. 도중에 적절한 단어나 말을 사용함으로써 토론의 방향을 조절하고 분위기를 자연스럽게 이끈다. 사회자는 이야기에 주의를 기울여야만 적절한 순간 자연스럽게 토론에 끼어들 수 있다. 경험이 도움이 되기도 하지만 약간의 기술도 필요하다.

학생들은 고도로 훈련된 사회자와는 달리 주세와 관련된 세부 문제를 나루는데 익숙하지 않다. 특히 처음으로 집단 심층 면접을 진행하는 학생들은 보통 긴장하게 되는데, 이러한 긴장은 면접을 망치게 할 수도 있다. 특히 이러한 문제점은 학생들이 언제 다음 주제로 넘어갈지, 어떻게 다음 주제로 자연스럽게 연결해야 할지 모를 때 더

욱 심각해진다. 한 가지 해결 방안은 심층 면접 사회자를 두 명으로 하는 것이다. 첫 번째 학생이 첫 번째 질문에 몰두할 때 두 번째 학생은 다음 질문을 준비할 수 있으며, 세 번째 질문은 다시 첫 번째 학생이 주도 하고 네 번째 질문은 두 번째 학생이 주도한다. 이렇게 해서 심층 면접에 익숙하지 못한 학생 사회자의 단점을 보완할 수 있다.

집단 심층 면접법의 가치는 그룹 참가자들이 주고받는 상호 반응에 있다. 바람직한 집단 심층 면접의 경우, 조사자가 미처 생각하지 못한 핵심 주제나 질문을 참가자 스스로가 생각해낸다. 종종 그들은 좋은 질문을 할 뿐만 아니라 조사자보다 더 좋은 대답을 서로 주기도 한다. 비록 집단 심층 면접법이 참가자들의 대표성 문제와 같은 이유로 종종 비판을 받기도 하지만, 이 방법은 여전히 폭넓게 사용되고 있으며, 호프집이나 커피숍에 나누는 대화 또는 온라인 포럼 등과 같은 새로운 환경에도 적용되어 활용된다.

투사법. 투사법(projective tests)은 정성 조사의 한 가지 형태이다. 이 방법은 소비자를 조사하는 우수한 방법으로, 제품에 대한 정보를 얻어내는 데 효과적이다. 이에 대한 자세한 내용은 3장 제품 · 브랜드 분석 부분에서 다룰 것이다.

정량 조사 방법

정성 조사가 아이디어를 찾아내고 소비자에 대한 통찰력을 얻는 데 적절한 방법이기는 하지만, 소수의 참가자를 대상으로 한 연구 결과를 전체 모집단에 적용하여 일반화하기에는 어려움이 있다. 이러한 이유로, 정성 조사 방법(quantitative research methods)은 신뢰도나 타당도에 약점이 있다. 따라서 폭넓은 정보를 얻는 것이 목적이라면 정량 조사가 좀 더 적절한 방법이라고 하겠다.

정량 조사 방법을 이용한 연구는 본질적으로 좀 더 결과를 엄격하게 판단하고 치밀한 연구 디자인을 요구한다. 하지만 정량 조사 방법은 소비자의 성격을 알아낸다든지, 구매행동을 예측한다든지, 광고 반응을 알아내는 것처럼 수많은 시장 변수를 설명, 예측, 통제할 수 있다는 장점이 있다.

다시 말해 대표적인 정량 조사 방법의 네 가지 접근법은 묘사, 상관, 인과, 실험이라고 하겠다. 가장 기본이라고 할 수 있는 **묘사 연구**(descriptive research)는 단순히 상황을 묘사하는 자료를 수집하여 현재 상황을 요약하는 것이다(예: 인지도, 브랜드 선호도, 쇼핑패턴, 매체이용). **상관 연구**(correlational research)는 두 개 이상의 변인들 간의 관계를 찾는 것을 목적으로 한다. 예를 들어, 제품 판매와 지역 또는 계절 간의 관계를 찾아내는 것이다. **인과 비교 연구**(cause-comparative research)는 인과관계를 규명하고 관계를 비교하는 데 있지만, 소비자의 성별이 소비자의 제품 구매나 사용에 어떠한 영향을 끼치는 것과 같은 확정변인에는 적합하지 않다. **실험 연구**(experimental research)는 인과관계를 규명하고 비교하는데 원인은 조작된다. 예를 들어 소비자의 광고에 대한 감정 반응을 연구함에 있어, 연구자는 다른 종류의 광고, 다양한 카피, 비쥬얼, 레이아웃 등을 보여주곤 한다.[65]

설문 조사. 모든 가능한 조사 방법들 중에서, 커뮤니케이션 실무자들은 설문을 이용한 시장 조사를 가장 자주 사용하는데 주로 묘사나 상관 연구가 주를 이룬다. **설문 조사**란 질문지를 이용하는 것을 의미한다. 이 조사 방법은 보통 설문 문항이 구조화되고, 계량화할 수 있으며, 전문적 기술이 없는 조사자도 실시할 수 있다. 이 방법은 광고회사가 실시하기도 하지만, 광고주나 조사 회사가 더 자주 이용한다. 자료를 수집하기 위해 주로 사용되는 방법으로 전화 면접, 쇼핑몰 면접, 자기기입식 설문법, 이메일 설문, 우편 설문 등이 있다.

전화 면접. 이 조사 방법은 전국을 대상으로 하는 표본 조사처럼 광범위한 지역을 대상으로 하는 조사에 특히 많이 사용된다. 다른 방법에 비해 상대적으로 비용이 적게 들지만, 응답자와 15분 이상 면접하기 어려운 단점이 있다. 따라서 어떤 경우에는 방문면접으로 대체되기도 한다. 인지, 태도, 제품 사용을 평가하기 위한 추적 조사에 널리 사용된다. 전화 면접은 쇼핑몰 면접과 함께 가장 많이 쓰이는 방법 중에 하나이다.[66]

발신자 번호 확인 서비스, 자동 응답기, 제품 판매를 위해 사용되는 설문 등으로 전화 면접의 응답률은 계속해서 떨어지고 있는 추세이다.[67] 오늘날에는 인터넷이 정보 수집의 중요한 매체로 부상하고 있는데, 이는 인터넷이 다른 매체보다 저렴하고 신속하며 이용하기 쉽기 때문이다. 대표적인 온라인 서베이 사이트로는 서베이몽키닷컴(SurveyMonkey.com), 체크박스닷컴(Checkbox.com), 주메랑닷컴(Zoomerang.com)이 있다.

쇼핑몰 면접. 대인면접법 중 가장 일반적으로 사용되는 방법이다. 시장 현장에서 면접이 실시되거나, 상가 내 조용한 장소에서 실시된다. 학생들은 상가 내로 들어가는 것이 여의치 않을 경우 밖에서 소비자와 면접하기도 한다. 대인 면접은 소비자 가정을 포함하여 어디서나 실시될 수 있지만, 시장에서 실시되면 많은 장점이 있다. 이 방법은 특히 포장, 브랜드명 변경, 광고 컨셉, 광고물 등 시각적인 자극에 대한 소비자 반응을 조사하는 데 적합하다. 인터뷰를 하는 사람은 질문지를 갖고 조사하며, 비교적 짧은 시간에 많은 소비자를 대상으로 조사할 수 있다.

이 방법의 단점은 표본의 대표성을 확보하기 어렵다는 것이다. 시장 방문자가 전체 모집단이라고 가정할 수는 없다. 그러나 시장에서 쇼핑하고 있는 사람은 광고주가 도달하고자 하는 여러 계층을 대표한다. 쇼핑몰 면접의 변형으로는 **구매 후 조사법**이 있는데, 이는 제품을 구입한 소비자만을 대상으로 한다. 또 다른 변형으로는 웹사이트 인터셉트(web site intercept)가 있다.

자기기입식 설문법. 일반적으로 소비자보다는 면접자가 질문지를 채우는 것이 바람직하다. 그래야 면접자는 정보의 흐름을 통제할 수 있고, 응답자가 질문 문항을 잘못 이해할 가능성을 낮출 수 있다. 또한 면접자는 질문 읽는 시간과 응답하는 사람의 속도를 조절할 수 있다. 즉, 응답자가 질문지의 뒷부분을 응답할 때 앞부분과 동일한 정도의 관심을 갖도록 할 수 있다.

자기기입식 설문법에는 두 가지 유형이 있다. 하나는 **리브-비하인드 질문법**(leave-behind questionnaire)이고, 다른 하나는 **핸드-딜리버드 조사법**(hand-delivered questionnaire)이다. 첫 번째 방법은 소매점이나 레스토랑 등에 소비자를 모아놓고 대답하도록 하는 방법이다. 응답자가 설문 응답을 하는 데 어느 정도 통제가 가능하다.

두 번째 방법은 미리 선정된 가정에 설문지를 배달하고 자료를 수집하는데, 선정된 응답자에게는 선물을 주는 것으로 참여를 독려한다. 자료를 수집하는 사람은 일정 기간 후에 설문지를 수거한다는 사실을 알려주어야 하는데 일반적으로 수거 기간은 일주일이다. 이 방법은 자기기입식 설문법의 단점인 표본의 대표성을 높이는 데 도움을 준다. 이는 익스피리언 시몬스가 제품 사용에 대한 자료를 수집할 때 주로 사용하는 방법으로, 많은 양의 정보를 수집할 때 특히 좋으며 저렴한 비용으로 실시할 수 있다는 장점이 있다.

이메일 설문/우편 설문. 이 자료 수집법이 사용되는 주된 이유는 비용이 저렴하기 때문이다. 질문지는 응답 가능한 사람에게 이메일이나 우편으로 배달되거나 잡지나 신문에 삽입되어 전달된다. 이 방법은 인구통계학적 기준이나 심리통계학적 기준에서

두 집단이 유사하더라도 제품 사용에 영향을 미치는 여러 변인에 있어 응답자와 무응답자 간에 어떤 차이가 있는지 밝히기 어려운 큰 단점이 있다.

이 방법은 자기기입식 설문법의 변형으로 볼 수 있으며, 유사한 장점과 단점을 갖고 있다. 표본 단위(sampling unit)를 소비자 패널에 참석하는 사람으로 구성한다면 미응답에 따른 조사 결과의 불확실성을 어느 정도 해소할 수 있다. 그러나 패널 조사는 조사 회사가 패널 가구를 아무리 잘 관리한다고 하더라도 전체 인구의 횡단적 대표성(cross section)을 유지하는 데 한계가 따른다.

조사 기업이 설문 조사 응답자에게 설문에 응답하는 데 따르는 인센티브를 제공한다면 우편 설문은 매우 효과적이다. 회수율을 높이기 위하여, 설문 응답자에게 샘플 제공과 대답 후 추가적으로 할인 쿠폰을 제공하기도 한다. 어떤 조사 회사는 우편 조사 회수율을 높이기 위해 제품구매보증서를 작성하도록 요구하기도 한다. 조사 회사는 소비자에 대한 데이터베이스를 구축할 때 이런 방법으로 수집된 정보를 사용하기도 한다.

이메일은 저렴할 뿐만 아니라 신속하고 다른 방법보다 사용하기도 편리하며 더 솔직한 응답을 이끌어낼 수 있다. 전화 면접이나 일대일 면접보다 온라인으로 질문했을 때 사람들은 더 직접적이고 솔직하게 대답하는 것으로 나타났다. 한 온라인 조사자가 쇼핑몰 조사와 인터넷을 통해 "일주일에 목욕이나 샤워를 몇 번이나 하십니까"라는 질문을 던졌다. 인터넷 설문을 통해 조사한 결과 평균 4.8회로 나타났으나, 쇼핑몰 조사에서는 6.2회 응답한 것으로 나타났다.[68] (어느 것이 더 솔직한 결과라고 생각하는가?) 기존에 우편을 통해 조사되었던 패널 연구보다는 인터넷 패널이 증가하고 있는 추세이다.

순서대로 조사를 집행하는 이유

사실 전문가가 조사를 집행할 때 엄격한 방식이 따로 있는 것은 아니다. 하지만 학생들은 다음 순서를 참고하는 것이 좋겠다.

1. 일대일 면접 — 소비자에 관한 통찰력을 얻으려 할 때
2. 집단 심층 면접, 에스노그래피, 다른 정성 조사 방법 — 심층적인 풍부한 정보를 얻으려 할 때

3. 설문 — 폭넓고 설득력 있는 결과를 내리려 할 때
4. 필요한 경우에는 추가 조사 — 세부적인 사항이 필요하거나 다른 방향으로 탐구하고자 할 때

일대일 면접으로 조사를 시작할 것을 권한다. 제품 카테고리나 브랜드에 대한 경험이 많지 않다면, 일대일 면접은 소비자가 그 제품이나 브랜드에 대해 어떻게 생각하고 활용하는지에 대한 이해를 넓혀주는 데 도움이 된다. 여기에서 얻은 배경 지식으로 집단심층면접 등을 위한 질문을 구성하는 데 활용할 수 있다. 특히 학생의 입장에서 일대일 면접의 가장 큰 장점은 조사하기가 매우 용이 하다는 것이다. 집단심층면접을 마치면, 이를 통해 발견한 것을 설문지를 작성하는 데 사용할 수 있다. 여기에서 우리의 목표는 일대일 면접과 집단심층면접을 통해 정보와 아이디어를 얻은 후, 설문을 통해 우리가 앞서 발견한 점이 다른 목표 그룹이나 인구 전체에서도 나타나는가를 확인하는 것이다. 일대일 면접이나 집단 면접을 통해 얻은 정보는 하나의 아이디어이긴 하지만, 이런 개인 또는 소수의 생각을 일반화할 수는 없다는 점을 명심해야 한다. 설문 조사를 마치고 나면, 추가적인 조사의 필요 여부를 판단할 수 있다.

기업 분석과 소비자 분석의 완성

비록 이 장은 여기서 끝나지만, 기업 분석과 소비자 분석이 끝났음을 의미하진 않는다. 3장에서 논의될 방법도 기업과 소비자를 이해하는 데 도움을 줄 것이다. 예를 들어 기업에 대한 많은 정보원들은 경쟁 상황을 분석하는 데 도움을 주며, 마찬가지로 경쟁 상황을 분석하는 데 이용되는 조사 기법 역시 기업 분석에 도움이 된다.

아울러 제품을 평가하는 데 사용되는 여러 가지 조사 방법 역시 소비자를 분석하는 데 사용된다. 다시 말해, 비록 상황 분석이 독립된 섹션으로 설명되었더라도, 기업이 처한 문제와 기회를 명확히 이해하기 위해서는 앞에서 말한 모든 정보수집 노력이 활용되어야 한다. 실제로 조사 회사는 업무에 따라 여러 부서로 나뉘어져 있고 여러 다른 사람들이 배치되어 있지만, 다른 부서에서 얻은 정보를 서로 공유함으로써 이익을 극대화한다.

캠페인 진행 체크리스트

이 단계의 캠페인 진행을 위해서는 일반적으로 다음과 같은 사항을 명심해야 한다.

1. 가장 효율적으로 캠페인을 준비하는 방법은 조사 기획안을 작성하는 것이다.
2. 배경 분석은 다음 순서를 따를 것을 권한다(기업과 소비자 분석을 한 후에 시장, 제품, 경쟁 분석을 실시한다).
3. 경쟁력을 갖추기 위해서는 수집한 정보가 단순히 기술적인 것이 아니라 통찰력을 제공해야 한다.
4. SWOT 분석 또는 브랜드 진단을 하든, 문제점과 기회에만 집중하든 간에 분석에 있어서는 가장 중요한 이슈가 무엇인지 파악하고 문제 규명과 기회를 포착하는 데 활용되어야 한다. 이는 나중에 목표를 설정하는 데 훌륭한 기반이 된다.
5. 기업 분석에 있어 기업의 역사보다 기업의 문제와 기회에 대한 과거 자료가 훨씬 더 중요하다.
6. 기업 분석에서 산업 전반이나 일반 상품의 매출 트렌드 자료도 유용하다.
7. 누가 제품이나 브랜드를 사용하는가도 중요하지만, 왜 그것을 사용하고 어떻게 사용했는지 아는 것도 중요하다.
8. 래더링 기법은 제품의 속성이 소비자가 제품을 사용하면서 느끼는 가치에 어떤 영향을 미치는지 알아내는 데 유용하다.
9. 일대일 면접과 집단심층면접은 전략을 세우고 실행하는 데 있어 새로운 아이디어를 얻기에는 좋지만 이를 일반화하기는 어렵다.
10. 설문 조사는 일대일 면접과 집단심층면 접을 통해 발견한 점이 전체 인구에 어느 정도 나타나는지 알아보는 데 유용하지만, 이것 역시 연구에 참여한 샘플에만 국한된 결과일 수 있다.

미주와 참고문헌

1. McClellan, Steve. (2012, June 20). *MediaPost News Online Media Daily*. Mindshare Launches New Integration Platform. Retrieved June 20, 2012 from http://www.mediapost.com/publications/article/177149/mindshare-launches-new-integration-platform.html.

2. Hsieh, Tony. (2012, June 1). *Inc*. Why I Sold Zappos. Retrieved June 6, 2012 from http://www.inc.com/magazine/20100601/why-i-sold-zappos.html

3. Pancheri, Kay. (2011, July 14). Mullen. Zappos.com: More than Shoes! Retrieved June 6, 2012 from http://www.mullen.com/tag/zappos/.

4. Bhanaturally. (2009, July 24). Bhatnaturally. Case Study series: Dos Equis – a triumph for creative. Retrieved June 6, 2012 from http://www.lbhat.com/advertising/dos-equis-campaign-case-study-a-triumph-for-creative/.

5. Seeking Alpha. (2011, July 23). Lowe's Companies' CEO Discusses Q4 2010 Results - Earnings Call Transcript. Retrieved on June 15, 2012 from http://seekingalpha.com/article/254537-lowe-s-companies-ceo-discusses-q4–2010-results-earnings-call-transcript.

6. Zmuda, Natalie. (2011, July 25). *Advertising Age*. With Home Sales Down, Focus Turns to Upkeep: Lowe's, Ikea Emphasize Value as Consumers Abandon Big Renovations for Smaller Projects. Retrieved June 6, 2012 from http://adage.com/article/special-report-housing/lowe-s-ikea-emphasize-consumers-eye-home-upkeep/228887.

7. Experian Simmons National Consumer Study (2011). Retrieved May 3, 2012 from http://www.experian.com/simmons-research/consumer-study.html.

8. GfK MRI Survey of the American Consumer (2011). Retrieved May 3, 2012 from http://www.gfkmri.com/Products/TheSurveyoftheAmericanConsumer.aspx.

9. Experian Simmons National Consumer Study (2011). Retrieved May 3, 2012 from http://www.experian.com/simmons-research/market-segmentation-system.html.

10. Mosaic® USA: Targeting and engaging the new American consumer. Experian Simmons National Consumer Study (2011). Retrieved June 20, 2012 from http://www.experian.com/assets/marketing-services/brochures/mosaic-brochure.pdf.

11. VALS™ Consumer Groups, From the VALS™/GfK MRI Fall 2011 Educational Presentation Package.(Menlo Park, CA: Strategic Business Insights, 2011)

12. "Europe: European Union," *The World Factbook 2012*. Washington, DC: Central Intelligence Agency, 2012. https://www.cia.gov/library/publications/the-world-factbook/geos/ee.html 1 November 2010 and "North America: United States" The World Factbook 2012. Washington, DC: Central Intelligence Agency, 2012. https://www.cia.gov/library/publications/the-world-factbook/geos/us.html 1 November 2010.

13. J.M. Dru, *Disruption: Overturning Conventions and Shaking Up the Marketplace* (New York: John Wiley and Sons, 1996), p. 3.

14. Excerpted from Louisa Ha, "Classical Examples of International Advertising Mistakes," from American Demographics. International Advertising Resource Center, accessed 7 February 2003 (28 January 1999). http://bears.ece.ucsb.edu/personnel/astornet/humor/humor91.html

15. "Nokia Hastily Pulls Ad Using Nazi Slogan," Advertising Age International, June 1998, p. 5.

16. K. Ohmae, *The Mind of the Strategist: The Art of Japanese Business* (New York: McGraw-Hill, 1982), p. 3.

17. Jack Neff, "P&G Flexes Muscle for Global Branding," *Advertising Age*, 3 June 2002, p. 53.

18. Mercedes M. Cordona, "Mass Marketing Meets Its Maker," *Advertising Age*, 21 June 2004, p. 1.

19. U.S. Census Bureau, "DP-1. Profile of the General Population of Housing Characteristics: 2010. 2010 Demographic Profile Data." *American Factfinder*. http://factfinder2.census.gov/faces/tableservices/jsf/pages/productview.xhtml?fpt=table, November 1, 2011; Carmen DeNavas-Walt, Bernadette D. Proctor, and Jessica C. Smith. U.S. Census Bureau, "Current Population Reports, P60–239", *Income, Poverty, and Health Insurance Coverage in the United States: 2010*, U.S. Government Printing Office, Washington D.C., 2011, http://www.census.gov/prod/2010pubs/p60–238.pdf, November 1, 2011; U.S. Census Bureau, "Table 229. Educational Attainment by Race and Hispanic Origin: 1970 to 2010." *Statistical Abstract of the United States: 2012*, http://www.census.gov/prod/2011pubs/12statab/educ.pdf, November 1, 2011.

20. Haya El Nasser, "Blacks leaving major cities," *USA Today*, n.d. : *Academic Search Premier*, October 31, 2011.

21. U.S. Census Bureau, Facts for Features: African American History Month: February 2004. Accessed 17 January 2005, from http://www.census.gov/Press-

Release/www/releases/archives/facts_for_features_special_editions/001667.html.

22. Julie Clark, "Is Retail Getting a Bad Rap?" *Display and Design Ideas* (2001), p. 28.

23. A.J. Jewler and B.L. Drewniany, *Creative Strategy in Advertising, 6th Ed.* (Belmont, CA: Wadsworth, 1998), p. 48.

24. Rebecca Gardyn and John Fetto, "Race, Ethnicity and the Way We Shop," *American Demographics* 25 (February 2003), p. 31 ; and Jeffrey M. Humphreys, "The Multicultural Economy 2004: American's Minority Buying Power," *Georgia Business and Economic Conditions* 64 (2004), p. 3.

25. Robert J. Harris, "Black Power; Old Tricks Won't Lure Af-Am Consumers," *Marketing News* (2002), p. 21.

26. Jack Neff, "Diversity," *Advertising Age*, 16 February 1998, p. S1.

27. M.L. Rossman, *Multicultural Marketing: Selling to a Diverse America* (New York: AMA-COM, 1994), pp. 129–130.

28. C. Fisher, "Black, Hip, and Primed (to Shop)," *American Demographics* (September 1996), p. 5.

29. Lockwood, Lisa. "Hispanics: A Growing Force" *WWD* 201.60 (2011). b.2. ABI/INFORM Complete. PROQUESTMS. 1 Nov. 2011 <http://ezproxy.mtsu.edu/login?url=http://search.proquest.com/docview/858667409?accountid=4886>.

30. U.S. Census Bureau "DP-1. Profile of the General Population of Housing Characteristics: 2010. 2010 Demographic Profile Data." American Factfinder. Web. November 1, 2011. http://factfinder2.census.gov/faces/tableservices/jsf/pages/productview.xhtml?fpt=table and DeNavas-Walt, Carmen, Bernadette D. Proctor, and Jessica C. Smith. U.S. Census Bureau, "Current Population Reports, P60–239", Income, Poverty, and Health Insurance Coverage in the United States: 2010, U.S. Government Printing Office, Washington D.C., 2011 Web. November 1, 2011. http://www.census.gov/prod/2010pubs/p60–238.pdf and U.S. Census Bureau. "Table 229. Educational Attainment by Race and Hispanic Origin: 1970 to 2010." Statistical Abstract of the United States: 2012 Web. November 1, 2011 http://www.census.gov/prod/2011pubs/12statab/educ.pdf.

31. "No Habla Espanol," *Forbes*, 23 December 1992, p. 140.

32. Lockwood, Lisa. "Hispanics: A Growing Force" WWD 201.60 (2011): b.2. ABI/INFORM Complete. PROQUESTMS. 1 Nov. 2011 http://ezproxy.mtsu.edu/login?url=http://search.proquest.com/docview/858667409?accountid=4886.

33. Gardyn and Fetto, "Race, Ethnicity and the Way We Shop," p. 31 ; and Humphreys, "The Multicultural Economy," p. 7.

34. Hispanics are Important Mobile Marketing Targets. United States, New York: PR Newswire Association LLC, 2010. ABI/INFORM Complete. Web. 1 Nov. 2011.

35. Stuart Livingston, "Marketing to the Hispanic-American Community," *Journal of Business Strategy* (March/April 1992), pp. 56–57.

36. Allison Romano, "Hispanic-American TV Booms: Expanding Demographic Fuels Univision, Telemundo Growth," *Broadcasting & Cable*, 20 May 2002, p. 29.

37. DK Web Consulting. 2010–2011 Hispanic Social Media Guide. Retrieved June 19, 2012 from http://dkwebconsulting.com/2010–2011-Hispanic-Social-Media-Guide.pdf.

38. Population statistics are from U.S. Census Bureau "QT-P8. Race Reporting for the Asian Population by Selected Categories: 2010. 2010 Census Summary File 1" *American Factfinder*. Web. November 1, 2011.

39. Statistics are from the following sources: U.S. Census Bureau "DP-1. Profile of the General Population of Housing Characteristics: 2010. 2010 Demographic Profile Data." *American Factfinder*. Web. November 1, 2011. http://factfinder2.census.gov/faces/tableservices/jsf/pages/productview.xhtml?fpt=table and DeNavas-Walt, Carmen, Bernadette D. Proctor, and Jessica C. Smith. U.S. Census Bureau, "Current Population Reports, P60–239", Income, Poverty, and Health Insurance Coverage in the United States: 2010, U.S. Government Printing Office, Washington D.C., 2011 Web. November 1, 2011. http://www.census.gov/prod/2010pubs/p60–238.pdf and U.S. Census Bureau. "Table 229. Educational Attainment by Race and Hispanic Origin: 1970 to 2010." Statistical Abstract of the United States: 2012 Web. November 1, 2011 http://www.census.gov/prod/2011pubs/12statab/educ.pdf

40. J.X. Fan, "Expenditure Patterns of Asian Americans: Evidence from the U.S. Consumer Expenditure Survey, 1980–1992," *Family and Consumer Sciences Research Journal* 25 (June 1997), p. 341.

41. Gardyn and Fetto, "Race, Ethnicity and the Way We Shop," p. 31.

42. Illuminasians. Spotlight on the Asian American Market. Retrieved on June 19, 2012 from http://www.illuminasians.com.

43. Uhland, Vicky. "Marketing to Asian-American Customers." Natural Foods Merchandiser 2010: 62-. ABI/INFORM Complete. Web. 1 Nov. 2011 http://ezproxy.mtsu.edu/login?url=http://search.proquest.com/docview/193488044?accountid=4886.)

44. Illuminasians. Spotlight on the Asian American Market. Retrieved on June 19, 2012 from http://www.illuminasians.com.

45. J. Burton, "Advertising: Targeting Asians," *Far Eastern Economic Review*, 21 January 1993, p. 43.

46. Jed Kolko, Michael E. Gazala, and Charles Q. Strohm, Consumer Technographics Brief. "Gays are the Technology Early Adopters You Want." Accessed 17 January 2005, from http://www.forrester.com/ ER/Research/Brief/0,1317,17004,00.html.

47. U.S. Census Bureau News. "Census Bureau Releases Estimates of Same-Sex Married Couples, Web. 1 Nov. 2011. http://2010.census.gov/news/releases/operations/cb11-cn181.html and Morrissette, Paul. "Market to LGBT Community." American Agent & Broker 82.7 (2010): 50,50,52. ABI/INFORM Complete. Web. 1 Nov. 2011."

48. M.W. Delozier and J. Rodriguez, "Marketing to the Homosexual (Gay) Market: A Profile and Strategy Implication," in *Gays, Lesbians & Consumer Behavior: Theory, Practice & Research Issues in Marketing*, ed. Daniel J. Wardrop (New York: Haworth Press, 1996), p. 205. According to the U.S. Census, same-sex households exist in 99% of U.S. counties.

49. Daniel B. Baker et al., *Cracking the Corporate Closet* (New York: Harper Business, 1995).

50. Delozier and Rodriguez, "Marketing to the Homosexual (Gay) Market," p. 210 ; and L. Penaloza, "We're Here, We're Queer and We're Going Shopping!: A Critical Perspective on the Accommodation of Gays and Lesbians in the U.S. Marketplace." In *Gays, Lesbians, and Consumer Behavior: Theory, Practice & Research Issues in Marketing*, ed. Daniel J. Wardrop (New York: Haworth Press, 1996), p. 27.

51. Sandra Yin, "Coming Out in Print," *American Demographics* 25 (February 2003), p. 20.

52. Where We Are on TV Report 2010–2011 Season, published by GLAAD.org.

53. National Gay and Lesbian Chamber of Commerce. BizQ&A: LGBT PR and Marketing, Part 2 of 3. Retrieved June 19, 2012 from http://www.nglcc.org/BIZ/management/qanda2.

54. Adobe Acrobat User Community. Retrieved June 19, 2012 from http://acrobatusers.com.

55. D.J. Curry, *The New Marketing Research Systems: How to Use Strategic Database Information for Better Marketing Decisions* (New York: John Wiley & Sons, 1993), p. 86.

56. J.F. Engel, T.C. Kinnear, and M.R. Warshaw, *Promotional Strategy: Managing the Marketing Communications Process, 8th Ed.* (Burr Ridge, IL: Irwin, 1994), p. 14.

57. Mario J. Miranda, "Engaging the purchase motivations to charm shoppers," Marketing & Intelligence Planning,Vol 27, No 1, 2009, pp. 127–145.

58. Vogelstein, Fred. (2008, January 9). The Untold Story: How the iPhone Blew Up the Wireless Industry. Retrieved on June 19, 2012 from http://www.wired.com/gadgets/wireless/magazine/16–02/ff_iphone?currentPage=1.

59. For more information, see Lisa Fortini-Campbell, *Hitting the Sweet Spot: The Consumer Insight Workbook, 2nd Ed.* (Chicago: Copy Workshop, 1992), pp. 159–170.

60. J. Gutman, "A Means–End Chain Model Based on Consumer Categorization Processes," *Journal of Marketing* 46 (Spring 1982), pp. 60–72.

61. Milton J. Rokeach as quoted in J. Paul Peter and Jerry C. Olson, *Consumer Behavior and Marketing Strategy, 2nd Ed.* (Homewood, IL: Irwin, 1987), p. 78.

62. T.J. Reynolds and J. Gutman, "Laddering Theory, Method, Analysis, and Interpretation," *Journal of Advertising Research* (February/March 1988), p. 16.

63. This information is based on written material from Michael Robinson, research director, Euro RSCG Tatham.

64. D.S. Tull and D.I. Hawkins, *Marketing Research: Measurement and Method, 4th Ed.* (New York: Macmillan, 1987), p. 311.

65. Ouyang, R. Basic Inquiry of Quantitative Research. Retrieved June 19, 2012 from http://ksumail.kennesaw.edu/~rouyang/ED-research/details.htm and Gay, L. R. (1996). Educational research: Competencies for analysis and application. Upper Saddle River, NJ: Merrill.

66. W.R. Dillon, N.H. Firtle, and T.J. Madden, *Essentials of Marketing Research* (Homewood, IL: Irwin, 1993), p. 154.

67. John Rubin, "Online Marketing Research Comes of Age," *Brandweek*, 30 October 2000, p. 26.

68. *Ibid.*

제3장
상황 분석 설계하기: 시장, 제품, 경쟁상황의 이해

시장 분석

오늘날 기업들은 현명하게 마케팅 비용을 지출하는 방법에 대하여 고민한다. 광고주는 한정된 자원을 가지고 잠재력을 살려, 최소의 지출로 최대의 효과를 만들어내길 원한다. 예전과 같이 하나의 메시지로 광범위한 지역에 광고하는 시대는 지났다. 다시 말해 비효율적인 광고캠페인은 광고주를 설득하지 못한다. 보다 정교한 소구방법과 전국, 지방, 지역을 커버하는 전통적인 매체와 비전통적 매체를 동시에 병행하는 기획이 빠르게 표준으로 정착되고 있다. 지출을 최소화하면서 효과를 극대화할 수 있는 경제적인 광고 기획만이 이제는 살아남을 수 있다. 여기서 효율적인 지출은 더 많은 효과를 내는 광고 기획임을 명심하라.

2장에서는 목표 시장의 인구통계학적 · 심리학통계학적 정보의 중요성에 대해 논의했다. 하지만 지역통계학적 정보 역시 광고주에게 좀 더 깊이 있고 또는 세분화된 정보를 줄 수 있다. 광고업계에서는 “글로벌하게 생각하고, 소매상처럼 행동하라”라는 말을 곧잘 사용한다. 이러한 표현은 매장 접근성이 좋은 지역처럼 보다 많은 판매 잠재력을 지닌 특정지역 시장에 중점을 두어야 한다는 것이다. 또한 **시장 분석**의 기본 목적은 마케팅 커뮤니케이션 프로그램에 호의적으로 반응함으로써 특별한 주의를 기울일 가치가 있는 지역인가, 그렇지 않은 지역인가를 결정하는 것이다.

시장(audience)이란 용어의 명확한 정의를 내리자면,

> ‘시장’이란 용어는 지리적 장소를 지칭하거나 히스패닉(Hispanic) 시장처럼 모집단의 부분을 지칭하는 용어로 사용된다. ‘목표 시장’은 일반적으로 모집단의 부분, 지역 등 두 가지를 모두 지칭한다. 시장 분석을 ‘지역 분석’이라고 부르는 것이 보다 일

반적일 수도 있겠지만, 판매가 발생하는 장소를 의미하는 시장이라는 용어를 이 장에서 쓰기로 하겠다.

지역 또는 스폿(spot) 시장이라는 개념은 오랫동안 사용해온 것으로 전통매체, 즉 지역 케이블 TV, 라디오, 신문 등 지역 소비자들에게 도달하기 위해 주로 사용되어 왔다. 하지만 최근 들어서는 그래스루트 이니시에티브(grassroots initiatives), 브랜드 팝업 경험(brand pop-up experiences), 매장 내 소비자 마케팅 등 새로운 대안 전략들이 등장하고 있다. 소비자들이 어디에 살고, 일하고, 즐기는가에 대한 상세한 정보를 찾아내어 그들에게 연관된 밀접한 브랜드를 제시하는 일은 점점 더 중요해지고 있다.

따라서 이 장에서는 매체 기획자가 광고주의 광고비를 어떤 특정 지역 또는 시장에 사용해야 하는가를 결정할 때 도움이 되는 것들을 논의하기로 한다.

제품 사용 데이터

시장의 중요성은 일반적으로 제품의 사용량과 그 지역에 거주하는 현재 사용자 수에 의해 결정된다. 정확히 어느 지역에서 가장 많은 매출이 일어나고 제품 사용이 많은가? 어느 지역이 문제인가? 제품 판매를 극대화시킬 수 있는 잠재력을 가진 지역은 어디인가? 만약 이런 정보가 없거나 입수하기가 어렵다면, 일반적으로 기획자는 그 지역에 거주하고 있는 소비자의 인구통계학적 · 심리통계학적 특성에 근거하여 시장을 선택한다. 그러나 가능하다면 미래 판매를 예측하는 자료로써 현재 구매 행위 정보를 이용하는 것이 바람직하다.

분석 시작 단계에서 반드시 참조해야 할 좋은 자료는 회사 내부에 있는 판매 자료이다. 오늘날 판매경로를 추적하는 기술은 전국적, 지역적으로 판매실적을 상세히 보여주고, 나아가 특정 매장 또는 유통 장소 심지어 판매시점까지 상세한 정보를 제공한다.

이러한 정보는 마케팅 부서에서 쉽게 얻을 수 있다. 물론 정보의 양과 유형은 회사마다 차이가 있을 것이다. 학생들은 제한적이긴 하지만 기업이 발표하는 영업실적 보고서나 도서관의 자료를 참조하면 될 것이다. 불행히도 시장점유율이나 닐슨의 스캔트랙과 IRI의 인포스캔과 같은 유용한 시장 정보는 꽤 비싼 비용을 지불해야만 하고 도서관에서는 얻기 힘들다. 이런 정보는 주로 시장의 상대적인 가치를 나타내는 지수(Index Numbers)를 개발, 산출하기 위해 사용된다.

지수

지수는 시장의 판매 잠재력을 나타내는 측정치로 널리 사용된다. 지수 100이 의미하는 것은 특정 지역시장의 가치와 전국 시장의 평균 가치가 똑같다는 것을 나타낸다. 만약 어떤 시장의 지수가 139라면, 이는 이 시장의 명확한 판매 잠재력을 보여주고 마케팅 노력을 집중해야 하는 지역임을 나타낸다. 반면에, 지수가 100보다 낮다는 것은 투자하기에 최선의 시장은 아님을 나타낸다.

이 장에서는 다음 세 가지 종류의 지수를 살펴보겠다. (1) 지역별 제품 사용 지수를 나타내는 GfK MRI 또는 익스피리언 시몬스(Experian Simmons), (2) 인구통계조사의 자료를 이용한 구매력 지수, (3) 브랜드 또는 전체 제품군의 판매를 인구통계조사의 자료를 이용하여 개발한 IRI 또는 스캔트랙의 브랜드 개발 지수와 제품군 또는 카테고리 개발 지수 등이다.

GfK MRI 또는 익스피리언 시몬스. 2장에 언급했듯이, GfK MRI와 익스피리언 시몬스 자료는 550개의 **제품군별**로 약 8천개 넘는 브랜드의 제품 사용 정보를 제공하며, 교차분석을 통한 지역별 정보도 제공한다. 즉, 지역별(예: 중서부지역), 지역시장의 규모별, 대도시별, 상위 주요시장별(ADI) 등 세분된 정보를 제공한다. 제품 사용 자료는 총사용량과 지역별 사용 비율로 분석된다. 특히 세분화된 지역의 지수는 상대적 제품 사용량을 나타낸다. 이 지수는 지역별 판매 잠재력을 비교, 예측하는 데 이용된다. 또한 시몬스 로컬(SimmonsLOCAL[SM])은 미국 전역 6만여 명의 소비자가 사는 지역의 우편번호를 이용하여, 그들의 매체 이용행태, 시장 선호도, 브랜드 태도와 관련된 정보를 제공한다.[1]

구매력 지수(BPI). **구매력 지수**(BPI: buying-power index)는 판매 잠재력을 예측하는 또 하나의 유용한 지수이다. 구매력 지수는 특정시장 소비자의 수입을 생활비와 비교한 것으로, 소비자의 가처분 소득과 장기적 이익 측면에서의 기업의 잠재력을 나타낸다.[2] 구매력 지수는 미국의 인구통계조사 정보와 여러 다양한 정보를 모아 만들어진다.

브랜드 개발 지수와 제품군 개발 지수(BDI & CDI). **브랜드 개발 지수**(BDI)와 **제품군별 개발 지수**(CDI)는 특정 시장의 잠재력을 파악하는 데 이용된다. 브랜드 개발 지수(BDI)는 특정 지역에서의 브랜드 실적을 그 지역에 살고 있는 인구수와 비교하여 보여준다. 예를 들어, 어떤 지역이 전체 인구의 1%를 차지하고, 또한 그 지역이 평균적인 시장일 경우 브랜드의 판매량은 1%가 된다. 이 지수를 산출하는 공식은 다음과 같다.

$$\frac{\text{미국 전체 브랜드 판매에서 차지하는 시장의 비율} \times 100}{\text{미국 전체 인구에서 차지하는 시장의 비율}} = \text{BDI}$$

만약 지수가 100 이상이라면, 이는 그 제품이 그 지역 시장에서 평균 이상으로 판매되고 있음을 의미한다. 지수가 100 미만이라면 그 제품은 그 지역 시장에서 평균 이하로 판매되고 있는 것이다. 어떤 경우이더라도, 그 시장에서 성공 혹은 실패한 원인을 조사하고 대처해야 한다.

종종 어느 특정지역에서 한 브랜드가 잘 팔리는 주요 원인으로 그 브랜드의 마케팅 노력과 관계없이 제품군 자체가 잘 팔리기 때문일 수도 있다. 이러한 효과를 평가하기 위해서는 제품군 전체의 판매를 그 지역의 인구수와 비교 계산한 제품군 개발 지수(CDI)를 고려해야만 한다. 이 지수를 산출하는 공식은 다음과 같다.

$$\frac{\text{미국 전체 제품군 판매에서 차지하는 시장의 비율} \times 100}{\text{미국 전체 인구에서 차지하는 시장의 비율}} = \text{CDI}$$

만약 지수가 100 이상이라면, 그 제품군(카테고리)은 다른 지역시장의 평균 이상으로 그 시장에서 판매되고 있음을 나타낸다. 지수가 100 이하라면, 시장이 그 제품 범주의 수용력이 없음을 의미하는 것이 아니라 그 제품의 판매에 있어 다른 시장보다 떨어진다는 의미이다. 이런 상황일 경우 더 깊은 분석이 요구된다. 시장에 충분한 유통망이 갖춰져 있는가? 상인은 촉진 지원책, 특히 판매 촉진에 있어 저 · 중 · 고 수준 중 어느 정도의 지원을 받고 있는가? 해당 지역에서 그 제품은 얼마나 참신한 것인가? 만약 시장의 마케팅 촉진 수준이 낮은 상태라면 촉진 수준을 높여 매출액을 높일 수 있는 기회를 가질 수 있다.

브랜드 개발 지수와 제품군 개발 지수는 시장의 **상대적 중요성**을 표시하는 지수라는 점을 꼭 명심하길 바란다. 따라서 이들 지수가 '판매 촉진을 많이 실시할 것인가, 적게 실시할 것인가'에 대한 의사 결정을 내리는 유일한 판단 기준으로 사용되어서는 안 된다.

다음으로 중요한 단계는 브랜드 개발 지수와 제품군 개발 지수를 비교하는 것이다. 만약 브랜드 개발 지수가 제품군 개발 지수보다 낮고 이들 지수가 여전히 100 이상이라면, 이것은 브랜드와 제품군이 잘 판매되고 있지만 소비자가 경쟁 브랜드를 더 선호한다는 의미이다. 일반적으로 소비자에게 처음으로 제품을 사용하도록 하는 것보다 브랜드를 바꿔 구매하도록 하는 것이 훨씬 용이하기 때문에 기업의 입장에서는 좋은 기회를 가질 수 있다.

높은 브랜드 개발 지수와 그보다 더 높은 제품군 개발 지수가 자동으로 마케팅의 호기를 의미한다고 여기는 것은 착오이다. 어떤 경우이든 분석가는 시장을 빈틈없이 관찰하고, 촉진 활동에 대한 시장의 반응 기록과 촉진 지원 정도까지 평가해야만 한다.

인구통계학적 자료와 심리통계학적 자료

시장의 기회를 평가하기 위해 가장 먼저 해야 할 일은 제품의 사용 정도를 분석하는 것이다. 그 다음 단계는 현재 사용자의 인구통계학적 · 심리통계학적 특성을 찾아내고, 그와 유사한 특성을 지닌 다른 지역을 살펴보는 것이다. 일반적으로 좁은 지역을 발견하면 할수록 유용한 정보를 얻을 가능성이 높다. 예를 들면, 익스피리언 시몬스와 GfK MRI는 특정 지역별 인구통계 정보를 제공하는 반면, 닐슨과 영국의 CACI 마케팅 시스템(CACI Marketing Systems), 그리고 시몬스 로컬은 지역 세분화된 정보를 제공하는데, 특히 6~25가구, 25~50가구, 250~550가구와 같이 작은 가구 수조차도 그룹별로 묶어 정보를 제공한다.

또 다른 유용한 시장정보 자료로는 지역인구학적 자료와 익스피리언 시몬스 또는 GfK MRI를 단점들을 보완한 SRDS사의 Local Market Analyst로써 온라인으로도 가능하다. Local Market Analyst는 특정 요구에 따른 지역의 인구통계학적 라이프스타일 정보를 제공한다. 즉, 닐슨의 인구통계학적 자료와 My Best Segments 자료를 이용하여 소비자의 다양한 행동과 관심 등을 교차 분석한 자료를 제공한다.

지리-인구통계학적 자료

지리-인구통계적 분석은 동일한 지역에 사는 사람은 유사한 특성을 갖는 경향이 높다는 원리에 근거한 것이다. 주요한 세 개의 지리-인구통계 컴퓨터 프로그래밍 시스템으로는 프리즘(PRIZM), 영국 CACI사의 ACORN 클러스터링 시스템(Clustering System), 클라리

타스(Claritas)의 마이크로 비전(MicroVision) 등이 있다. 이 세 가지 시스템은 미국의 인구통계조사국에서 얻은 정보를 가지고 지역 크기에 따라 지리-인구통계 자료를 분류한다. 그 다음에 이들 지역은 미국의 인구통계조사, 익스피리언 시몬스와 GfK MRI 등 신디케이트 조사기관의 지역 자료와 행동 자료를 사용하여 다시 세분된 자료를 제공한다. 이러한 시스템은 미국 전역을 제품별로 유사한 특성을 보이는 지역들을 동일 그룹으로 묶어, 광고주가 원하는 목표 시장만을 공략하게끔 도와준다.

최근 새롭게 부각되고 있는 지리-인구통계 시스템은 매체 소비 조사, UPC 스캐너 데이터, 소비자 패널, 라이프스타일 유형(예를 들어 VALS) 등 다른 데이터베이스와 연결되어 있다. 따라서 이 자료를 보면 광고주는 먼저 목표 시장을 인구통계와 심리통계적 특성으로 정의한 뒤, 다시 그 소비자를 지리적 특성으로 재확인할 수 있다. 가장 많이 사용되는 지역 분류는 우편번호이다. 따라서 그 시스템은 **우편번호 마케팅**으로 불리기도 한다. 지금은 닐슨사의 My Best Segments의 한 부분이 되었지만, 가장 오래되었으며, 가장 널리 사용되고 있는 프리즘에 대해서 알아보기로 하겠다.

프리즘. 이 시스템은 1970년대 초 이래로 사용되기 시작했고, 미국의 인구통계조사의 발전에 따라 계속 개선되고 있다. 1990년대 클라리타스사는 12가지 인구통계와 라이프스타일 변화 요인을 다음과 같은 여섯 개의 범주로 분석했다(여섯 가지 요인이 거의 모든 변량을 설명함).

1. 사회 계층(수입, 고용, 교육)
2. 가구 구성(연령, 성별, 가족 유형, 독립 여부)
3. 이동성(자택 또는 임대에 의한 거주 연한, 자동차 소유 여부)
4. 인종(종족, 외국 태생, 조상, 언어)
5. 도시화(도시, 교외, 소도시, 도심, 농촌 등 인구밀도와 주택밀도)
6. 주택(자택 · 임대, 주택 가격, 층수)

이 여섯 가지 범주는 62개의 지역 유형을 산출하기 위해 통계적으로 분석된다. 각각의 지역 유형은 고급 부동산, 고급 호텔, 고급 수영장 등과 같은 별명이 붙는다.[3] 프리즘은 이처럼 분류된 지역 유형을 설명하기 위해 지도와 컴퓨터 소프트웨어를 사용한다. 지리통계학적 지역 분류는 상세하게 디지털화된 미국 지도(1990년 미국의 인구통계조사 시 사용되었음)를 근거로 작성된다.

62개 지구 유형 또는 군집은 사회집단이라고 불리는 더 큰 집단으로 재분류된다. [그림 3-1]은 미국의 대부분 가구를 14개의 사회집단으로 분류한 것이다.

각각의 사회집단은 Urban Uptown 같은 단어로 묘사된다. 각각의 사회집단 밑에

그림 3-1 프리즘의 사회 그룹

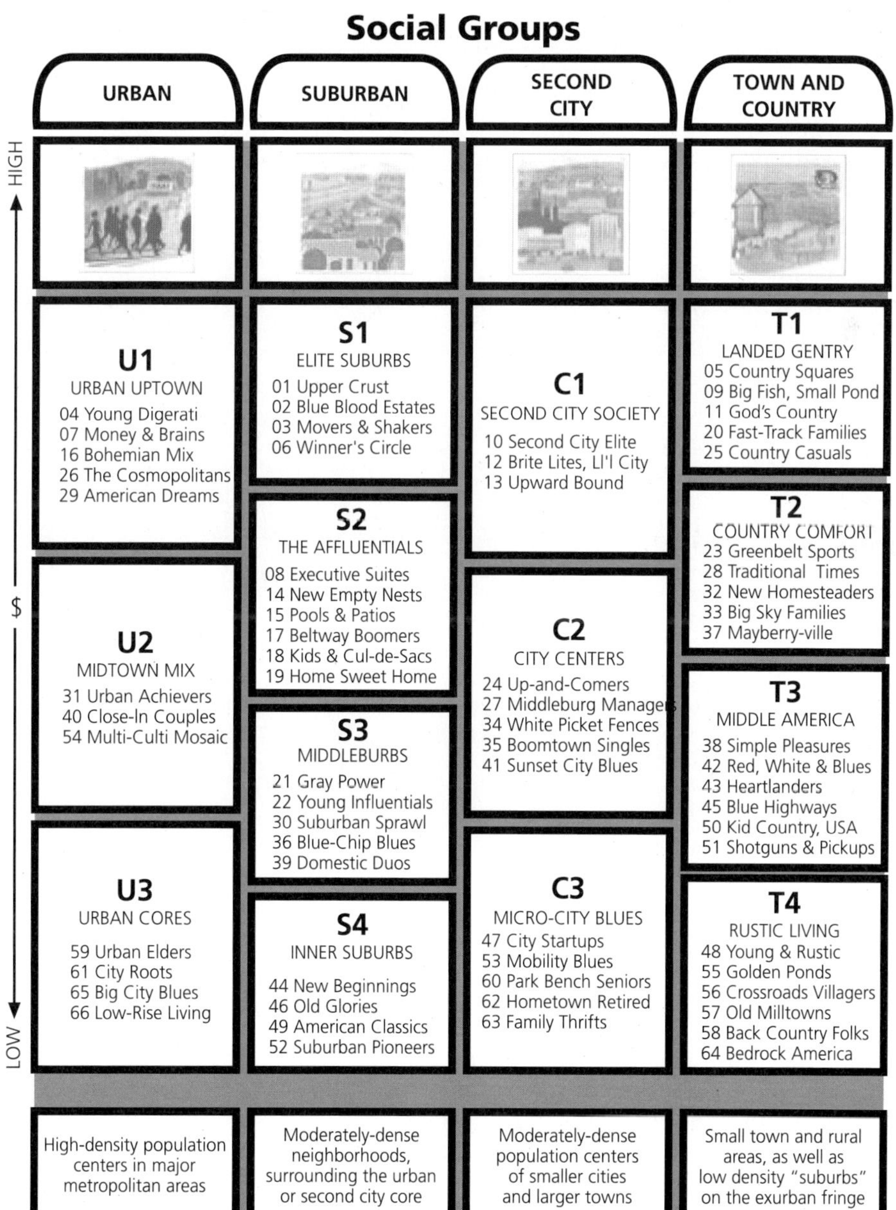

출처: Information courtesy of Nielsen. Information based on 2011 Census data.

그림 3-2 프리즘의 지역 군집 유형

Characteristics of PRIZM Neighborhood Types					
Cluster Name	**Winner's Circle**	**Money & Brains**	**Executive Suites**	**Big Fish, Small Pond**	**Second City Elite**
Demographic Description	Executive-Level Suburban Families	Older, Upscale Urban Sophisticates	Upscale, Suburban Singles & Couples	Upscale, Older Exurban Couples	Executive Couples in Small Cities
Tenure/Housing Type	Owner/SFDU	Owner/SFDU	Owner/SFDU, Hi-Rise Multi	Owner/SFDU	Owner/SFDU
Cluster Number	06	07	08	09	10
Predominant Age Ranges	25~54	45+	25~44	45+	45+
Key Education Level(s)	College Graduate+	College Graduate+	College Graduate+	College Graduate+	College Graduate+
Race/Ethnicity	White, Asian	White, Asian	White, Asian	White	White
Lifestyle Preferences	Go Downhill Skiing Own a Home Theatre System Parents Magazine The Cartoon Network TV Honda Odyssey	Shop at Nordstrom Support The Arts Business Week Magazine All-News Radio BMW 5 Series	Exercise At Health Clubs Research Internet Real Estate GQ Magazine Will & Grace TV BMW 3 Series	Go Cross-Country Skiing Own a Vacation/Wknd Home Southern Living Magazine Classical Radio Cadillac de Ville	Own Home Exercise Equipment Travel Domestically by Plane Travel & Leisure Magazine Wall Street Week TV Chrysler 300M

출처: Information courtesy of Nielsen. Information based on 2011 Census data.

있는 숫자는 각 카테고리에 있는 군집의 숫자를 나타낸다. 예를 들어 사회집단 U1인 Urban Uptown은 04부터 29까지의 5개 군집으로 구성되어 있다. [그림 3-2]는 사회집단 내 각 군집의 인구통계학적 특성과 라이프스타일 특성을 요약한 것이다(이곳이 가장 부유한 동네가 아니라는 점을 주목하라).

My Best Segments은 규모가 작은 시장에서 목표 수용자의 이름과 주소를 찾아내는 장점을 가지고 있으며, 이러한 장점은 광고주에게 있어, 특히 규모가 큰 시장 내에서 매체전략을 세우는 데 도움을 준다.[4] [표 3-1]은 프리즘의 지역유형을 보여준다.

표 3-1 프리즘의 지역 유형

Group	Cluster	Cluster Nickname
Urban Uptown		
U1	04	Young Digerati
U1	07	Money & Brains
U1	16	Bohemian Mix
U1	26	The Cosmopolitans
U1	29	American Dreams
Elite Suburbs		
S1	01	Upper Crust
S1	02	Blue Blood Estates
S1	03	Movers & Shakers
S1	06	Winner's Circle
2nd City Society		
C1	10	Second City Elite
C1	12	Bright Lites, Li'l City
C1	13	Upward Bound
Landed Gentry		
T1	05	Country Squires
T1	09	Big Fish, Small Pond
T1	11	God's Country
T1	20	Fast-Track Families
T1	25	Country Casuals
Midtown Mix		
U2	31	Urban Achievers
U2	40	Close-In Couples
U2	54	Multi-Culti Mosaic
The Affluentials		
S2	08	Executive Suites
S2	14	New Empty Nest
S2	15	Pools & Patios
S2	17	Beltway Boomers
S2	18	Kids & Cul-de-Sacs
S2	19	Home Sweet Home
City Centers		
C2	24	Up-and-Comers
C2	27	Middleburg Managers
C2	34	White Picket Fences
C2	35	Boomtown Singles
C2	41	Sunset City Blues
Country Comfort		
T2	23	Greenbelt Sports
T2	28	Traditional Times
T2	32	New Homesteaders
T2	33	Big Sky Families
T2	37	Mayberry-ville
Urban Cores		
U3	59	Urban Elders
U3	61	City Roots
U3	65	Big City Blues
U3	66	Low-Rise Living
Middleburbs		
S3	21	Gray Power
S3	22	Young Influentials
S3	30	Suburban Sprawl
S3	36	Blue-Chip Blues
S3	39	Domestic Duo
Micro-City Blues		
C3	47	City Startups
C3	53	Mobility Blues
C3	60	Park Bench Seniors
C3	62	Hometown Retired
C3	63	Family Thrifts
Middle America		
T3	38	Simple Pleasures
T3	42	Red, White, & Blues
T3	43	Hoartlanders
T3	45	Blue Highways
T3	50	Kid Country, USA
T3	51	Shotguns & Pickups
Inner Suburbs		
S4	44	New Beginnings
S4	46	Old Glories
S4	49	American Classics
S4	52	Suburban Pioneers
Rustic Living		
T4	48	Young & Rustic
T4	55	Golden Ponds
T4	56	Crossroads Villagers
T4	57	Old Milltowns
T4	58	Back Country Folks
T4	64	Bedrock America

출처: Information courtesy of Claritas, Inc. Information based on 2000 Census data.

그림 3-3 조지아주 오거스타시의 GeoVALS™ 자료

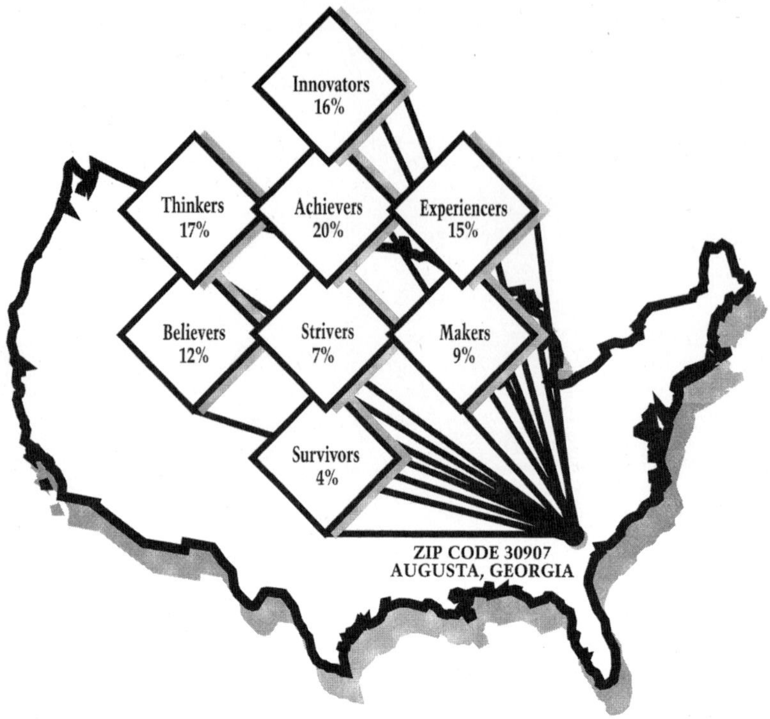

출처: SRI Consulting Business Intelligence, http://www.sric-bi.com/VALS/.

GeoVALS™. 2장에서도 언급했듯이 SBI는 GeoVALS를 적용하여 시스템 이용자가 특정 VALS 소비자를 우편번호나 블록 그룹에 따라 찾을 수 있도록 개발한 시스템이다. GeoVALS의 데이터는 엑셀 파일로 정리되어 있으며, Scan/US 같은 매핑 소프트웨어로 다운로드받을 수 있다. GeoVALS는 대부분의 경우 직접 우편에 많이 활용되고 있다. [그림 3-3]은 조지아주 오거스타시의 우편번호 30907에 살고 있는 사람을 VALS로 분류한 것이다.

제품/브랜드 분석

제품 분석에서 대두되는 기본적인 질문은 제품의 다양한 측면이 소비자의 필요, 욕구, 문제점, 관심에 얼마나 조화를 이루고 있는가 파악하고자 하는 것이다. 제품은 물질

적 · 심리적 품질로 구성되어 있다. 단순한 제품이라도 실제로는 매우 복잡하다. 제품의 크기는 적절한가? 가격은 적절한가? 유통망은 적절한가? 일반적으로 소비자는 제품의 전체적인 패키지를 보고 구매한다. 소비자는 제품을 가격 때문에 구매했다고 말할 수 있지만, 실제로는 그 제품이 최소한의 품질 기준에 부응해서 구입한 것이다. 제품을 어떻게 마케팅하느냐에 따라 소비자의 필요와 욕구가 충족될 수도, 그렇지 않을 수도 있다. 즉, 현실보다는 소비자가 어떻게 지각하느냐가 더 중요할 수 있다. 따라서 제품이 소비자에게 어떤 의미를 주고, 어떻게 지각되는지 판단하는 것은 분석자의 몫이다. 종종 브랜드에 대한 외적 지각과 내적 지각에 차이가 생길 수 있다. 기업은 그들이 생산한 제품에 대해 소비자가 어떻게 생각하고 느끼는지 이해하고 있다고 생각하지만, 조사해보면 그렇지 않은 경우가 많다.

제품 카테고리가 성숙기에 접어들면서 제품의 마케팅 초점이 물리적 요인에서 무형의 것으로 옮겨가는 경향이 있다. 이런 무형의 특성은 브랜드명이나 브랜드와 연관이 있다. 소비자는 제품을 전체적인 패키지로 구매한다고 하더라도 통찰력 있는 분석가는 제품을 전체적으로 분석하는 것 외에 개별적인 구성 요소로 분리하여 분석한다. 제품 분석의 요점은 마케팅 믹스의 기본 요인(제품, 가격, 유통, 촉진)을 검토하고 나서 다음과 같은 기본적 질문을 하는 것이다.

1. 제품이 소비자가 원하는 모든 것(필요 등)을 제공하는가?
2. 제품이 소비자가 원하는 모든 것을 제공할 수 있다고 약속하는가?
3. 제품이 소비자의 기대와 부합하는가?
4. 제품이 소비자의 기대 이상인가?
5. 브랜드 에센스는 무엇인가?
6. 가치 있는 에센스인가?
7. 이 브랜드에 대해 얼마나 호감을 갖고 있는가?
8. 얼마나 강력한 브랜드인가?

1번부터 3번까지 세 가지 질문은 성공적인 마케팅 프로그램을 실시하는 데 방해가 될 만한 잠재 요인에 관한 것이다. 소비자의 욕구를 만족시키지 못하는 제품은 장기적으로 성공할 가능성이 낮다. 품질이 높지만 촉진되지 않으면 판매 기회를 잃어버릴 수 있다. 기회는 쉽게 사라질 수 있는 것이다. 소비자에게 어떤 것을 약속했지만 촉진 메시지에서 다른 것을 전달하면 제품의 효과는 떨어진다. 지각이 현실보다 더 중요하며, 지각은 바로 그들의 현실이다. 소비자에게 전달된 메시지보다 소비자가 받았다고 느끼는 메시지가 더 중요하다. 대부분의 브랜드에 대해 소비자가 원하는 것은 올바른 이미지이다. 샤넬 No. 5는 50년이 넘도록 사랑받고 있다. 샤넬 No.5는 어떤 사람에게는 우아한 향기이지만, 어떤 사람에게는 '할머니가 뿌리는 향수'이다. 이 중 어떤 생각이 더 우세한지 알아보는 것도 중요하지만, 할머니와 샤넬의 연관성이 클래식한 느낌과 고급스러운 이미지를 주는지, 그저 고리타분한 느낌을 주는지도 알아봐야 한다.

네 번째 질문은 실제이든 인지된 것이든 간에 제품이 소비자에게 주는 어떤 것 이상에 관한 것이다. 이 질문은 소비자의 관점에서나 마케팅 전략가의 관점에서나 해답을 제시하기가 가장 어렵다. 해답을 얻으려면 조사자나 소비자 입장에서는 상상력이 필요하다. 코로나(Corona) 맥주는 멕시코에서 수입된 단순한 맥주일까? 아니면 맥주병 속에 휴가를 연상케하는 아이디어를 제공하는가?

다섯 번째, 여섯 번째, 일곱 번째 질문 역시 매우 중요하다. 하지만 대부분의 제품에서 브랜드별 제품의 외적 요인에는 큰 차이가 없다. 앞으로는 제품 자체에 대한 차이는 점점 사라질 것이라고 예견된다. 따라서 기업은 시장에서 성공하기 위해 제품보다는 브랜드명에 따라 연상되는 이미지, 성격, 가치의 차별화가 필요하다는 것을 알고 있다. 우리는 이를 **브랜드 구축**이라고 말한다. 분석가의 역할은 이 특정 브랜드를 만들기 위해 무엇이 필요한가를 찾아내는 것이다. 브랜드에 대해 소비자가 갖게 되는 내적인 관계를 **브랜드 에센스**(좀 더 자세한 정보를 위해 5장과 [표 5-3]을 참조)라고 부른다. 어떤 브랜드 에센스는 제품의 내재적 속성과 연관이 있는데, 이들 내재적 속성은 브랜드의 'DNA'라고 할 수 있다. 이와 달리 브랜드를 어떻게 마케팅했느냐에 따라 에센스가 달라질 수 있고(예를 들어 말보로 담배), 소비자가 브랜드에 대해 어떤 경험을 갖고 있느냐에 따라 달라질 수도 있다(예를 들어 할리- 데이비슨 오토바이).

여덟 번째 질문(얼마나 강력한 브랜드인가)은 앞에서 살펴본 일곱 개의 질문에 뒤이어 자연스럽게 나오는 질문이다. 이에 대한 답은 캠페인의 전략적 집중 포인트가 어디에 있는지 그 방향을 제시해준다. 소비자는 브랜드에 대해 여러 단계의 충성도를 보여준다(좀 더 자세한 정보를 위해 5장과 [그림 5-1]을 참조). '브랜드 선호'와 '브랜드 고집'의 근처에 놓여 있는 브랜드를 우리는 '**파워 브랜드**'라고 한다. 이들 브랜드는 매우 강력해서 이름 자체만으로 커다란 경제적 가치가 있다. 코카콜라, 코닥, 말보로, 인텔, 마이크로소프트, 버드와이저, 스머커즈, 크리니크, 갭, 스타인웨이, 할리-데이비슨, 메르세데스 벤츠, 디즈니월드, 하인즈, 맥도날드 등이 있다. 기업은 파워 브랜드를 구축하기를 바라지만, 그런 경우는 흔하지 않다. 따라서 분석가의 역할은 브랜드의 현재 상태를 정확하게 파악하고, 더 강력한 브랜드를 구축할 수 있는 기회 요인을 평가하는 것이다.

제품의 검토

소비자가 어떤 제품에 대해 생각하고 느끼고 있는 것을 완전하게 이해하기 위해서는 경쟁 제품과 비교하는 것이 도움된다. 제품 분석을 하면서 동시에 경쟁사 분석을 실시하는 것이 유용할 수 있다. 이 장에서는 그들 단계를 각기 살펴보고 있는데, 이는 각각의 단계가 순차적으로 수행되어야 하기 때문이 아니라 다양한 상황 분석을 어떻게 조화롭게 수행해야 하는가를 설명하기 위해서이다. 제품 품질을 묘사하는 방법은 여러 가지가 있다(예를 들어 구체적 · 추상적, 물리적 · 심리적, 유형적 · 무형적). 광고업계에서는 일반적으로 제품을 속성(물질적 성향), 기능(물질적이면서 약간 심리적), 이미지 혹은 브랜드 개성과 평판(심리적)으로 논의한다.

제품 속성

제품을 평가하면서 소비자의 욕구를 충족시킬 수 있는 제품의 품질 중에서 얼마나 많은 부분이 유형적이며, 어느 정도가 무형적인가를 이해하면 도움이 된다. 만일 제품의 속성 부분이 취약하다면 그 제품을 시장에 내놓기 위한 해결책은 마케팅보다는 조사나 개발 쪽에서 나와야 한다. 이미지나 브랜드 개성 등 무형적 품질이 문제라면 광고나 다른 커뮤니케이션 도구로 해결해야 한다. 제품의 유형적 품질을 분석할 때는 다음 사항을 고려해야 한다.

- 제품의 다양성
- 특별한 디자인
- 차별화된 외양
- 품질(잠재적 품질과 관찰 가능한 품질)
- 포장
- 규격
- 서비스

- 보증
- 반품[5]

제품의 기능

대부분의 제품 범주에 있어 소비자는 제품이 그들을 위해 무엇을 할 수 있는가보다는 제품의(이해하지 못하거나 이해하기를 원하지 않는) 속성에 관심을 덜 갖는다. 1970년대 어떤 발한억제 탈취제(antiperspirant)의 방송 광고는 그 제품이 알루미늄 클로로히드레이트(aluminum chlorohydrate)를 함유하고 있다고 소구했으나, 그 광고 내용은 소비자가 기억할 수 있는 능력의 한계를 넘어선 것이었다. 오늘날 에리드 엑스엑스(Arrid XX®) 발한억제 탈취제에 함유되어 있는 특효 성분은 알루미늄 지르코늄(aluminum zirconium)이다. 소비자가 알고자 하는 것은 그 제품이 '땀을 건조시키는 우수한 기능'을 가졌다는 것뿐이다.

제지 제품을 예로 들어보겠다. 샤민 울트라(Charmin Ultra®) 화장실용 티슈는 주로 '포근한 부드러움과 두터움'을 주제로 광고하고 있다. 이와는 대조적으로 바운티(Bounty®) 부엌용 종이 타월은 제품의 흡수성을 부각시켰고, 최근에는 내구성을 강조하고 있다. 속성과 기능을 동시에 강조하는 제품도 있다. 크리넥스 울트라 미용 티슈는 피부에 '부드럽고 실크 같은 느낌'을 제공하는 제품의 '독특한 표면층의 부드러움'을 강조한다.

속성과 기능 중 어느 것을 더 강조하느냐 하는 의사 결정은 목표 시장에 따라 달라진다. 민감한 피부를 가진 남성 시장을 목표로 하는 면도용 크림인 에지 젤(Edge® Gel)의 포장은 "더욱 정밀하고 부드러운 면도!"라는 메시지를 전달하고 있다. 에지 젤 브랜드와 마찬가지로 여성을 위한 스킨메이트 셰이빙 젤(Skintimate® Shaving Gel)도 민감성 피부를 위한 제품으로 알로에 베라를 함유하고 있다. 그러나 스킨메이트 셰이빙 젤은 그 기능에 대해 포장 뒷면에 작은 글씨로만 써 있다. 여성은 남성보다 알로에가 민감하고 자극성인 피부에 효과적이라는 사실을 더 잘 이해하고 있기 때문이다. 따라서 이 브랜드를 사용하면 피부에 어떤 영향을 미칠 것이라는 사실에 대해 세세하게 알려줄 필요가 없다.

브랜드 개성

눈에 띄는 브랜드 캐릭터 또는 제품의 품질과 마찬가지로 독특한 브랜드 개성(brand personality)은 중요하다. 소비자는 사람과 마찬가지로 브랜드가 지적이거나, 크리에이티

표 3-2 브랜드 가치: 어떤 브랜드를 선호하십니까?

	첫 번째 표본 브랜드명이 부착되지 않은 치킨	두 번째 표본 브랜드명이 부착된 치킨
브랜드A(자사치킨)	50%	60%
브랜드B(경쟁사치킨)	50%	40%

브하거나, 유머스럽다거나, 심지어 냉담할 수 있다고 여기고 브랜드와 관계를 형성해 나간다. 사물의 인간의 속성을 주입하는 **의인화**(anthropomorphism)는 소비자에게, 브랜드가 소비자의 사랑을 받게끔 만드는 강력한 방법이다. 다시 말해 브랜드는 숨을 쉬는 생명체로서 소비자의 사랑을 구애하고 상호작용한다. 친구, 조력자, 선생님, 파트너 등 소비자는 브랜드를 그들에게 필요한 사람으로 여기고 그들의 라이프스타일을 함께 만들어간다고 생각한다. 심지어 소비자는 그들의 열망을 브랜드가 잘 말해준다고 여긴다.

브랜드의 역사와 모든 연상은 차별화된 브랜드 개성을 형성한다. 브랜드 이름의 가치와 캐릭터의 영향력은 정성 조사나 잘 통제된 제품 간 비교 조사를 통해 객관적으로 예측된다. 조사에서 구매 의도나 가격 민감성에 관한 질문 외에 브랜드나 브랜드 개성과 관련된 질문을 할 수 있다. 설문은 "어떤 브랜드를 선호하십니까?"처럼 단순할 수 있다. [표 3-2]는 브랜드 가치 조사의 한 가지 예이다.

결합 표본(matched samples)을 대상으로 실시되는 이런 형태의 조사는 브랜드명의 가치를 측정하기 위해 사용된다. 두 번째 표본의 경우(브랜드명이 부착되었음) 브랜드 A가 더 높은 선호도를 보인 것은 응답자에게 사전에 이 브랜드를 알리고 조사를 실시했기 때문이다. 브랜드 가치 조사는 브랜드가 제품에 부여할 수 있는 가치가 얼마나 되는지 알아보기 위해 실시된다.

다음 단계는 제품의 속성과 브랜드 개성이 제품 성공에 얼마나 기여할 수 있는가를 이해하는 것이다. 이 같은 정보를 얻기 위해 기업이나 광고회사는 이 장의 뒷부분에서 논의할 다른 기법뿐만 아니라 설문 조사, 면접원 조사, 집단심층면접법 등 다양한 기법을 이용한다.

제품 조사

제품에 대한 소비자의 생각을 평가하는 가장 좋은 방법 중 하나는 현실 상황에서 어떤 제품을 주고 그것에 대해 생각하고 있는 점을 질문하는 것이다. 소비자 조사는 소비자에게 초점을 두고 있으며, 그들의 욕구를 이해하기 위해 실시된다. 마찬가지로 제품 조사는 소비자의 욕구를 충족시킬 수 있는 제품의 능력을 이해하기 위해 실시된다. 제품 조사는 다음의 세 가지 방법으로 실시된다.

1. 단일 제품 조사(monadic testing): 소비자에게 한 가지 제품을 제공하고, 비교하기 위해 그 제품을 사용하도록 하고 나서 평가하는 방법이다. 단일 제품 조사는 소비자가 비교하기 위해 경쟁 브랜드를 사용할 수 없는 현실 상황을 반영하도록 고안된다. 이 같은 아이디어는 소비자가 암묵적으로 조사하고 있는 제품과 생활 속에서 그들이 생각해왔던 다른 제품과 비교하기 때문이다. 광고 분야에서 단일 제품 조사는 널리 사용되고 있다.
2. 제품 간 비교 조사(paired comparison testing): 소비자에게 한 번에 두 개 이상의 제품을 제공하고, 비교 평가를 하도록 하는 것이다. 조사하는 제품의 품질과 속성에 초점을 두는 단일 제품 조사와 달리 제품 간 비교 조사는 제품 사이에 존재하는 차이점에 초점을 두고 있다. 이 조사 방법은 경쟁 분석에 관한 부분을 설명할 때 자세하게 논의될 예정이다.
3. 투사(projective tests): 제품에 관한 정보를 수집하는 매우 독특한 방법이다. 이 같은 조사 방법은 임상심리학에서 시작되었다. 이 조사는 응답자 자신보다는 다른 사람이나 사물에 대한 상황에 응답자의 감정이나 신념을 투사하도록 함으로써 그들 내부의 감정이나 신념을 드러내도록 고안된 것이다. 이 방법을 통해 응답자는 자연스럽게 소비자로서 응답하게 된다. 브랜드 개성을 설명할 때 이 방법이 가치가 있으므로 여기서 설명하도록 하겠다.

단일 제품 조사

이 조사는 다양한 방법으로 실시된다. 대부분의 조사에서 수치를 이용한 척도를 사용하여 호의적이거나 비호의적인 방법으로 응답자가 제품에 대해 갖는 반응을 측정한다. 가장 일반적으로 사용되는 척도는 다음과 같다.

의미 분별 척도. 의미 분별 척도(semantic differential)는 소비자 시장 조사에서 가장 널리 사용되는 척도 중 하나이다. 일반적으로 설문 문항은 양쪽에 서로 반대되는 형용사를 두고 7점 서열 척도로 구성된다. 이 척도는 제품의 속성이나 이미지를 측정하는 데 사용된다.

예시 **브랜드 X**

우호적	___	___	___	___	___	___	___	비우호적
깨끗한	___	___	___	___	___	___	___	더러운
현대적	___	___	___	___	___	___	___	구식의
값비싼	___	___	___	___	___	___	___	값싼

* 어떤 경우에는 반대되는 형용사 대신 문구가 사용되기도 함.

스테이플 척도. 스테이플 척도(stapel scales)는 의미 분별 척도를 약간 수정한 것이다. 이 조사에서 응답자는 제품이나 문구에 대한 자신의 동의나 부정의 강도에 따라 제품이나 소매 유통 기업을 평가한다. 이 기법은 실시하기 편리하며, 전화 인터뷰에서 주로 사용된다.

예시 **전화 면담 조사:** 브랜드 X의 품질을 +5부터 -5까지의 척도로 평가해주십시오(때때로 0이 중심점으로 사용되기도 하지만, 일부 조사 전문가는 응답자에게 긍정적 혹은 부정적 점수를 선택하도록 하는 것이 더 바람직하다고 주장하기도 한다).

+5	+5	+5	+5
+4	+4	+4	+4
+3	+3	+3	+3
+2	+2	+2	+2
+1	+1	+1	+1
맛있는 음식	영양가 있는 음식	가치 있는	독특한 맛
−1	−1	−1	−1
−2	−2	−2	−2
−3	−3	−3	−3
−4	−4	−4	−4
−5	−5	−5	−5

리커트 척도. 응답자에게 일련의 문장에 대한 동의나 부정을 표시하라고 요구한다. 리커트 척도(likert scales)는 비교적 구성과 관리가 편리하다. 호의적인 문장과 비호의적인 문장의 수를 균형 있게 배치하도록 주의를 기울여야 한다.

예시 **브랜드 X**

	강한 동의	동의	중간	부정	강한 부정
이 상점의 치킨은 아주 맛있다.	______	______	______	______	______
카운터 종업원이 불친절하다.	______	______	______	______	______
상점 내부가 안락하다.	______	______	______	______	______
치킨은 건강에 좋다.	______	______	______	______	______

구매 관심 조사. 구매 관심 조사(purchase interest)는 응답자에게 제품이나 서비스를 구매할 가능성을 5점이나 11점 척도로 표시하도록 한다. 제품의 실질적 구매와 구매 의향 간의 상관관계는 반드시 높지 않다. 이 조사는 구매 의향 조사라고도 불린다.

예시 **다음 질문에 답해주십시오.**

로스티드 치킨을 가까운 곳에서 구매할 수 있다면 구매 가능성은 어느 정도입니까?

______________ 확실히 구매할 것이다.
______________ 아마도 구매할 것이다.
______________ 구매할 수도 있고 안할 수도 있다.
______________ 아마도 구매하지 않을 것이다.
______________ 확실히 구매하지 않을 것이다.[6]

호감도 척도. 호감도 척도(likeability scales)는 패러티 제품(parity product)의 조사에 많이 사용된다. 이는 제품을 좋아하는 정도에 따라 의사 결정을 한다는 가정에 바탕을 둔다. 다음의 예는 호감도를 조사하기 위해 사용될 수 있는 방법 중 하나이다.

투사법

이해하기 어려운 브랜드 개성을 파악하기 위해 많은 광고회사는 투사법을 사용한다. 훈련받은 인터뷰 면담자는 응답자에게 그 자신을 어떤 상황에 투사하도록 함으로써 소비자 내부에 숨어 있는 태도, 감정, 동기 등을 드러내도록 유도한다. 다음은 가장 많이 사용되는 투사법의 예이다.

예시 **다음 척도에 당신이 브랜드 X를 얼마나 좋아하고 있는지 표시해주십시오.**

________	100 최고이다.	________	50 중간이다.
________	90 우수하다.	________	40 그렇게 많이 좋아하지 않는다.
________	80 대단히 좋아한다.	________	30 그렇게 좋아하지 않는다.
________	70 많이 좋아하다.	________	20 전혀 좋아하지 않는다.
________	60 좋아한다.	________	10 최악이다.

문장 완성법(sentence completion). 이 기법은 응답자에게 미완성된 문장을 주고 당장 떠오르는 한 단어나 문구를 써 넣어 문장을 완성하도록 한다.

예시 가장 맛 좋은 피자는 일반적으로 ________________에서 비롯된다.
피자를 먹기 위해 외출하는 것을 좋아하지 않는 이유는 ________________이다.
피자 먹는 것을 가장 좋아하는 이유는 ________________이다.

이야기 완성법(story completion). 이 기법은 문장 완성법의 변형이다. 이 조사에서 면담자는 어떤 이야기의 일부분을 자세히 응답자에게 말하고 나서 이야기의 나머지를 완성하도록 요구한다.

예시 한 부부가 아홉 살 된 딸을 데리고 거리를 걷고 있다. 피자헛과 KFC의 중간 지점에 멈춰 서서 어디로 갈 것인지를 이야기를 나눈다. 그들은 상대방에게 무슨 말을 하고 있으며, 결국 어떤 결정을 내릴 거라고 생각하는가?
____ (개방형 질문)

단어 연상법(word association). 이 기법은 어떤 자극적인 단어를 들었을 때 응답자의 마음속에 떠오르는 첫 단어를 기재하도록 하는 것이다. 자유로운 단어 연상 조사에 있어 가장 중요한 것은 첫 번째 단어이다. 연속적인 단어 연상 조사에서는 일련의 단어가 요구된다. 일반적으로 면담자가 가장 관심을 갖고 있는 단어들 사이에 중립적 단어가 위치한다.

예시 자극 유발 단어	단어 연상	연속적인 단어 연상		
피자	________	________	________	________
값싼 패스트푸드	________	________	________	________
햄버거(중립적)	________	________	________	________
건강에 좋은 패스트푸드	________	________	________	________
맛좋은 패스트푸드	________	________	________	________

역할 연기법(role playing). 응답자에게 다른 사람이나 사물의 역할을 하도록 요구한다. 가장 보편적인 기법 중 하나는 응답자에게 제품 구매를 꺼리는 고객을 설득하도록 요구하는 것이다. 이 기법은 제품과 잠재 소비자에 대한 응답자의 태도를 드러내는 데 사용된다.

가상 게임법(pretend games). 응답자에게 제품을 일반적인 사람, 유명 연예인, 유명 운동선수, 또는 친척으로 상상하도록 한다. 일반적으로 인터뷰 면담자는 그 사람이 어디에 살고, 어떤 종류의 집에 살고, 몇 살인가 등의 질문을 한다. 응답은 브랜드 이미지나 브랜드 개성에 대해 정의하기 위해 사용된다.

스토리텔링(storytelling). 광고 기획자가 즐겨 사용하는 방법 중 하나로 소비자가 실제로 원하는 것이 무엇인가를 이해하는 데 도움이 된다. 스토리텔링 기법은 대부분의 소비자가 자신이 인지하지 못하는 것에도 영향을 받는다는 전제에서 출발한다. 즉, 사람의 내재적 감정과 생각을 끄집어내도록 요구한다. 가장 널리 사용되고 있는 방법 중 하나는 하버드경영대학원의 제리 잘트먼(Jerry Zaltman) 교수가 개발한 것으로, 이는 사람이 언어가 아닌 이미지로 사고한다는 아이디어에서 출발한다. 제품 사용자는 사진첩, 카탈로그, 잡지 등 매체에서 이미지를 수집해 그것을 갖고 콜라주를 만든다. 수집된 이미지는 그 사람의 내재적 사고와 감정을 표현해낸 것이라고 할 수 있다. 이 기법은 다음과 같이 정리할 수 있다.

1. 제품 사용자를 모집한 후에 “이 브랜드나 제품을 구매하고 사용하는 것에 대해 어떻게 생각하십니까”라는 질문을 던진다.
2. 사용자에게 수십 장의 그림을 찾게 한다.
3. 일주일이 지난 후 이에 대해 두 시간에 걸친 심층 면접을 실시한다.
4. 전문가의 도움을 받아 컴퓨터를 이용해 콜라주를 제작한다. 이 새로운 그림은 소비자의 내면을 살펴볼 수 있는 창이 된다.

예시 고전적 어카운트 플래닝(Account Planning Classic)

듀퐁(Dupont)사는 스토리텔링 기법을 이용해 여성이 팬티스타킹에 대해 어떤 속마음을 갖고 있는지 알아냈다. 기존의 조사, 특히 집단심층면접법(FGI)에서 여성은 팬티스타킹을 굉장히 싫어하며, 입을 수밖에 없어 입는 것뿐이라고 응답했다. 나일론 생산업체인 듀퐁사는 팬티스타킹 생산에 관심이 있어 과연 팬티스타킹이 어쩔 수 없이 입어야 하는 것에 불과한 것인지 조사하기 시작하였다. 조사에 참여한 여성은 구불구불한 전화선, 나무를 지지하는 강철, 수축 포장된 울타리 기둥 등의 이미지를 떠올렸다(나중에 이들 여성은 실제로 팬티스타킹을 싫어 하는 것으로 나타났다). 그러나 이와 대조적으로 꽃이 담겨져 있는 꽃병이나 실크 드레스를 배경으로 한 정원에 있는 호스를 떠올리기도 하였다. 이들 이미지는 여성이 팬티스타킹에 대해 단순히 호감-비호감 관계만 가지고 있는 것이 아니라는 것을 시사한다. 후속 인터뷰를 통해 이들 여성은 팬티스타킹 덕분에 자신의 다리가 남성에게 섹시하게 보인다는 것을 좋아한다는 사실을 발견했다. 이는 설문 조사나 집단심층면접에서는 이끌어낼 수 없었던 사실이다. 이 결과를 바탕으로 스타킹 생산업체와 소매업체는 광고에 섹시한 이미지를 사용하기 시작했다.[7] 스타킹으로 인해 여성의 다리가 섹시하든 아니든 간에 팬티스타킹은 여전히 잘 잘 팔리고 있다.

제품 · 브랜드 기회의 탐색

대부분의 조사는 제품 속성이나 브랜드 개성이 소비자의 필요와 욕구를 어느 정도 만족시키는가 알아보기 위해 실시된다. 소비자의 욕구를 충족시키는 제품은 마케팅 관리자에게 잠재적인 기회를 부여한다. 조사자는 조사 기획에 맞도록 조사하지만, 기회를 예측할 수 있는 가능성을 높이기 위해 절차를 수정하기도 한다. 기존 제품의 기회를 확인하기 위해 조사 절차에는 이상적인 제품 컨셉과 실질 제품을 비교하는 것이 포함될 수도 있다.

이 같은 조사를 실시하기 위해 쇼핑몰에 소비자를 모아놓고 제품 컨셉에 관한 인식 조사를 포함한 구매관심 조사, 호감도 조사, 지각된 가치 등 다양한 평가를 실시한다. 또한, 조사 직후 응답자에게 제품을 제공하고 일주일이 지난 후 예전에 질문했던 것과 똑같은 질문을 하는 **조사-재조사**(test-retest) **방법**은 문제를 진단하고 기회를 확인하기 위해 사용된다. 만약 제품이 소비자의 기대를 충족시키지 못한다면 그 제품은 연구개발 부서로 다시 보내질 것이다. 그러나 제품이 소비자의 기대를 충족시킨다면 그 제품의 기회를 살리기 위한 노력이 시작된다. 또한 이 절차는 실제 제품에서 소비자가 가장 좋아하는 것이 무엇인지(즉 이상적인 제품 컨셉)를 비교하기 위해 사용될 수도 있다.

예시	사례 1	사례 2
1단계	**제품 묘사 평가**	**제품의 이상적 컨셉 평가**
2단계	**제품 사용**	**제품 사용**
3단계	**실제 제품 평가**	**제품 재평가**
		…
4단계	3단계에서 제품의 평가가 1단계보다 좋은가, 나쁜가?	

제품 이외 기타 마케팅 믹스의 평가

소비자의 필요와 욕구에 제품이 어떻게 부합하는가를 정확히 이해하기 위해 가격, 유통, 촉진 프로그램 등 제품 이외의 기타 마케팅 믹스에 대해 평가할 필요가 있다.

가격 설정. 소비자의 가격 민감도에 대한 대부분의 정보는 제품에 대한 조사가 수행되는 동안 얻을 수 있다. 그러나 소비자가 응답한 내용을 100% 그대로 믿을 수는 없다. 예를 들어 소비자는 대부분의 경우 제품 가격이 너무 비싸다고 지적한다. '자사 제품의 가격이 불리한 조건인가'같은 중요한 문제는 시장 조사로 결정될 수 있는 단순한 문제가 아니다. 기업은 가격 민감도를 측정하기 위해 다른 요인을 고정시킨 상태에서 시장별로 가격을 다양하게 책정한다. 이런 조사를 위해서는 스캐너 기술이 매우 유용하다.

유통. 소비자의 필요와 욕구를 충족시킬 수 있는 제품의 능력을 이해하기 위해 유통이 잘 되고 있는가를 조사한다. 유통에 대한 평가는 간단한 관찰을 통해 정성적으로 평가될 수도 있고, 스캐너 자료를 이용하여 정량적으로 평가될 수도 있다.

촉진. 광고를 기타 다른 마케팅 커뮤니케이션의 방법과 분리하는 것이 유용하지만, 소비자의 입장에서 보면 광고와 판매 촉진 간의 구분은 뚜렷하지 않다. 이 분야는 대부분 소비자 조사로 평가된다. 소비자는 현 광고캠페인에 대해 어떻게 생각하고 있는가? 소비자는 쿠폰(가격 할인의 한 가지 형태)에 대해 어떤 생각을 갖고 있는가? 그러나 소비자가 광고캠페인의 메시지 전략에 대해 생각하고 느끼는 것은 소비자 조사나 제품 조사, 특히 브랜드 개성에 대한 조사로 알 수 있다. 과거에 대형 광고주는 텔레비전 방송 광고의 시청 시간대, 빈도, 메시지 내용을 조사하기 위해 AC닐슨의 모니터 플러스(Monitor Plus) 같은 고도의 추적 조사를 이용했다. 그러나 AC닐슨은 이 서비스를 중단했고, 광고주와 광고회사는 경쟁사의 촉진을 조사하기 위해 자사만의 시스템을 구축해야만 했다.

캠페인의 크리에이티브 부분에 대한 효과는 추론될 수 있지만, 매체 효과는 측정되어야만 한다. 매체 효과를 계산하기 위해서는 매체 기획이 잠재 수용자와 시장에 어떻게 전달되는가를 이해해야 한다. 기획의 성공 여부는 얼마나 많은 자금이 광고에 투입되어야 하고, 그 투자 자금이 광고 목표를 달성하기 위해 충분한 것인가에 달려 있다. 기업과는 달리 학생들은 얼마나 많은 자금을 광고에 투입할 것인가를 결정하기가 쉽지 않다. 학생들에게 가장 좋은 참고 자료는 칸타르 미디어(Kantar Media)와 같은 신디케이트 조사기관이 제공하는 경쟁자 매체 비용 리포트를 활용하는 것이다.

경쟁 분석

소비자는 제한된 구매력을 가지고 있다. 소비자는 브랜드 X를 구매하지 않으면 대신 다른 브랜드 구입에 그 돈을 소비할 것이다. 비록 이것이 사실이 아닐지라도 경쟁적으로 사고하는 것이 바람직하다. 전향적인 사고를 하는 기업은 직접적 경쟁과 간접적 경쟁 모두를 파악해야만 한다. 어떤 기업은 한 시기에 약한 경쟁자일 수도 있지만, 언젠가는 업계의 경쟁자를 압도할 수 있는 강력한 기업이 될 수도 있다.

경쟁 분석을 시작하기 위해 먼저 소비자가 구매 의사 결정을 할 때 고려하는 대안을 확인할 필요가 있다. 이들 대안에는 동일한 제품 범주 내에서 직접적으로 경쟁하는 제품을 포함시켜야 하며, 상이한 제품 범주이기 때문에 간접적으로 경쟁하는 제품도 포함시켜야 한다. 예를 들어 와인쿨러의 직접적 경쟁 제품은 다른 와인쿨러이지만 간접적 경쟁 제품으로는 와인, 맥주, 특수 혼합주 등이 있다. 또 다른 대안으로는 어떤 제품도 구매하지 않거나, 후일을 위해 구매 의사 결정을 연기하는 것도 포함시켜야 한다.

철저한 경쟁 분석을 하기 위해서는 경쟁사와 경쟁 브랜드 분석을 자사 분석만큼 깊이 있게 다루어야 한다. 현실적으로는 그것이 타당하지 않고 실용적이지 못할 수도 있다. 그러나 기업은 최소한 경쟁사의 재원과 경쟁 브랜드 간의 상대적 차별 정도(실제 차이와 인지된 차이)를 이해해야 한다.

기업 분석에서 언급되었던(2장 참조) 다양한 조사 방법과 제품 분석에서 설명된 다양한 조사 방법은 모두 이 부분에서도 적합하다. 이 방법에는 일대일 면접이나 집단심층면접법이 포함된다. 또한 투사법도 경쟁 제품의 브랜드 개성을 이해하는 데 사용될 수 있다. 단일 제품 조사, 특히 의미 분별 척도와 U자형 고리 척도는 브랜드 간 비교에 유용하다. 브랜드 간 비교에 적합한 조사는 다음과 같다.

제품 간 비교

제품 간 비교는 전략 결정(특히 포지셔닝)의 기초가 된다. 여기서는 지각도(한 기업이나 브랜드가 제품 범주에서 소비자의 지각 어디에 위치하는가)와 태도 척도(한 브랜드나 기업을 다른 브랜드나 기업과 비교하기 위해 사용됨) 등 두 가지 제품 비교 방법을 살펴보겠다.

지각도

이 기법은 한 제품이 소비자의 마음속에서 어떤 위치를 차지하고 있는가를 이해하는 데 도움이 된다. 지각도(perceptual mapping)를 만들기 위해서는 단순한 기법(이 절에서 언급될 것임), 컴퓨터 소프트웨어가 필요한 복잡한 다차원 평가 기법 등 다양한 기법이 사용된다.[8]

지각도는 브랜드 이미지에 대한 감정을 얻기 위해 사용된다. 브랜드 이미지는 브랜드의 물질적 · 기능적 측면, 브랜드 자산과 연관된 심리적 품질, 경쟁 브랜드와 연관된 모든 총체적 이미지 등 다양한 요소에 의한 결과이다. 지각도는 소비자가 한 브랜드를 경쟁 브랜드와 관련하여 어떻게 지각하고 있는가를 그림으로 나타내 보여줌으로써 브랜드 이미지를 정의하는 데 도움을 준다.

지각도는 다양한 브랜드를 이차원적으로 동시 평가하여 브랜드 간의 차이를 명확하게 보여준다. 예를 들어 한 소매점은 우호적 · 비우호적 서비스 차원과 고품질 · 저품질 제품 구색의 차원에서 평가될 수 있다. 모든 브랜드의 이미지나 개성이 두 개의 차원으로 설명될 수는 없지만, 이 방법은 두 가지 차원에서 소비자가 여러 가지 브랜드를 어떻게 지각하고 있는가를 보여준다. 지각도를 만들기 위해 조사자는 경험을 바탕으로 응답에 사용될 두 가지 차원을 선택해 결정한다. 일반적으로 브랜드의 유사성에 관한 응답자의 판단, 다양한 속성과 품질에 대한 응답자의 선호도로 지각도가 그려진다.

[그림 3-4]은 광고학개론을 수강하는 대학생들을 대상으로 다양한 연예인에 관해 조사한 지각도이다. 기성 세대와 비교하여 차이가 나는 것은 당연한 결과인 듯하다.

그림 3-4 연예인에 대한 지각도

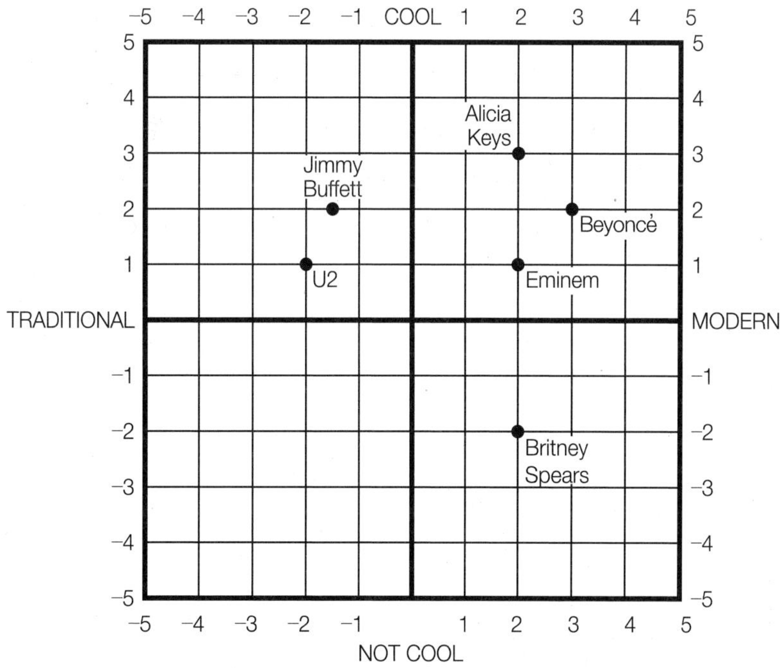

비교 태도 평가 척도

제품 조사에 관한 부분에서 언급했던 대로, 경쟁 상황을 분석하기 위해 사용될 수 있는 기본적인 제품 조사 유형 중 하나가 비교 태도 평가 척도이다.

순위 서열 척도. 이 조사에서 응답자는 몇 가지 기준에 따라 다양한 제품(또는 소매점)에 대해 순위를 매긴다. 순위는 전체적인 품질에 따라 평가되기도 하지만, 일반적으로 특정 속성이나 특정 품질이 기준이 된다.

예시 다음에 열거한 레스토랑을 대상으로 가장 맛좋은 치킨을 메뉴로 갖고 있는 순서에 따라 1부터 5까지 순위를 매겨주십시오. 가장 좋은 것에 1을 사용하십시오.

__________ Boston Market Chicken
__________ Popeye's
__________ KFC
__________ Church's
__________ Brand X Chicken

분류 평가 척도. 이 조사는 여러 가지 제품을 특정 제품과 비교하여 순위를 매기도록 하는 것이다. 일반적으로 특정 제품(비교가 되는)은 리더 브랜드나 리더 기업의 브랜드가 된다. 이 조사의 목적은 소비자가 다양한 브랜드를 얼마나 비슷하게, 얼마나 차별적으로 생각하고 있는가에 대한 아이디어를 얻고자 하는 데 있다.

예시 만약 X 레스토랑이 '빠른 서비스' 측면에서 100점을 받았다고 가정한다면, 당신은 아래 열거된 레스토랑에 대해 어떤 점수를 주겠습니까?

__________ Boston Market Chicken
__________ Popeye's
__________ KFC
__________ Church's

제품 간 비교 척도. 이 조사는 개념적으로 간단하지만 실행하기는 매우 복잡하다. 응답자는 일정한 기준에 따라 두 제품을 비교한 뒤 한 제품을 선택해야 한다. 만약 두 가지 제품만 조사 대상이라면 조사 절차는 응답자에게 다른 제품보다 선호하는 한 제품을 선택하는 것이므로 매우 단순하다. 비교 기준은 제품 범주에 있어 중요한 속성이다. 그러나 조사 대상 브랜드 수가 두 개 이상일 경우 각 속성에 대한 비교의 경우 수는 [n(n−1)/2] 식에 따라 증가한다. 조사 대상 브랜드가 세 가지일 경우 비교가 3번 필요하고, 네 가지 브랜드일 경우 6번, 다섯 가지 브랜드일 경우 10번, 여섯 가지 브랜드일 경우 각 속성별로 15번의 비교가 요구된다.[9]

이 조사는 한 기업이 제품에 대해 둘 또는 세 가지 이상의 다른 종류를 고려하고 있을 때 유용하게 사용된다. 또한 이 조사는 어떤 기업이 특정 경쟁사에 대항하여 브랜드를 포지셔닝시킬 수 있다고 믿을 때도 유용하다.

가격과 유통에 대한 재검토

가격과 유통의 경쟁 상황을 분석하는 것은 제품 분석 방법과 매우 유사하다. 제품을 분석할 때와 마찬가지로 가격과 유통 분석을 통해 많은 정보를 얻는다. 정보는 제품 분석을 통해 얻어진 것이 많기 때문에 각 경쟁사의 가격과 유통의 장점과 단점을 확인하는 것이 바람직하다.

촉진 비교

경쟁 분석을 완벽하게 하기 위해서는 경쟁사의 마케팅 커뮤니케이션 활동을 이해해야 한다. 경쟁사의 일부 활동에 대한 자료는 입수하기가 어려울 수도 있는데, 광고에 대한 정보를 입수하기는 수월하다.

경쟁사의 광고 정보는 메시지와 매체에 대한 것 두 가지이다. 대부분의 광고주와 학생은 AC닐슨의 모니터 플러스가 제공하는 정보인 추적 데이터베이스(Ad Tracker database)에 접근할 수 없기 때문에 자체 데이터베이스를 구축하는 것이 보통이다(그 데이터베이스가 완벽하지는 않더라도). 보편적으로 많이 사용되는 한 가지 방법은 모든 경쟁사의 광고를 하나의 파일로 만드는 것이다. 인쇄 광고는 스크랩할 수 있으며 방송 광고 장면은 간략하게 요약 정리할 수 있다. 일반적으로 경쟁 관계에 있는 광고의 포지셔닝, 주제, 이미지, 속성, 목적 등을 파악하고 추적하기 위해 비공식적이기는 하지만 광고 내용 분석을 실시하는 것이 유용하다. 경쟁자의 매체 활동에 관한 정보를 얻기 위해서 주요 매체를 체계적으로 모니터링하는 방법이 있다. 그러나 이 방법은 시간을 낭비할 뿐만 아니라 완전하지 못하다. 가장 좋은 방법은 신디케이트 소스를 이용하여 경쟁자의 매체 비용에 관한 정보를 얻는 것으로, 컴페티트랙(Competitrack), 칸타르 미디어의 Intelligence The Advertising Checking Bureau, 그리고 닐슨사의 Competitive Advertising Spend & Creative Information 등이 있다.

이 정보를 가장 효과적으로 사용할 수 있는 방법에 대해 25여 년 전에 미디어 디시전(Media Decisions)의 기자들이 요약해 놓은 것이 있다. 지난 십여 년간 매체업계에 엄청난 변화가 있었지만, 다음 일곱 가지 사항은 여전히 유용하다.

1. 비용에 관한 수치는 지역성과 계절성을 보여준다. 그리고 경쟁 브랜드와 잠재 경쟁 브랜드의 수치가 지역성과 계절성에 따라 어떻게 변화하는지 보여준다.
2. 이 자료는 시장별 광고 예산 규모와 매체 믹스를 설정하는 데 활용된다.
3. 신제품 조사에 활용될 수 있고, 새로운 브랜드의 출시를 검토하기 위해 사용될 수도 있다.
4. 자금이 어디에 소비되고, 경쟁자가 목표 수용자를 어떻게 보고, 경쟁사가 브랜드를 어떻게 생각하고, 경쟁사가 시장에서 차지하고자 하는 위치가 어디인가를 추론할 수 있다.
5. 경쟁사의 광고비 투자 경향을 파악할 수 있다(텔레비전 광고 스케줄, 라디오 광고 스케줄, 잡지 광고의 위치, 신문).
6. 경쟁사에 대한 완벽한 정보를 갖게 되면, 경쟁사와 정면충돌할 수 있는 부분과 측면 공격을 해야 할 시기 등 성공적인 의사 결정을 내릴 수 있다.
7. 신제품이나 제품 확장 기획 시 시장에 투입하는 데 어느 정도의 비용이 드는지, 그 제품이 이미 시장에 존재하는지, 어떤 경쟁 제품이 가장 빨리 성장하는지를 평가하기 위해 비용 자료는 필수적이다.[10]

분석의 마무리

분석은 계속 진행되는 과정이므로 이 제목은 다소 잘못 붙여진 제목일 수 있다. 그러나 현실적으로 보면 주어진 시간 내에 조사를 마쳐야 하고, 조사 예산에는 한계가 있다. 중요한 부분에 대해 분석하고 난 후에는 적어도 문제점이나 기회 요인을 어느 정도 찾아내야 한다. 절차상으로 볼 때 모든 분석이 완료된 후에 문제점과 기회 요인에 대한 요약이 실시되어야 한다. 이와 유사하게 SWOT 분석을 하게 되면 의사 결정을 내리기 위해 필요한 장점, 기회 요인, 단점, 위협 요인 등을 결정할 수 있다. 4장에서는 이런 의사 결정 사항에 대해 논하겠다.

캠페인 진행 체크리스트

이 단계의 캠페인 진행을 위해서는 일반적으로 다음과 같은 사항을 명심해야 한다.

1. 시장 분석의 기본적 목표는 마케팅 커뮤니케이션 캠페인에 가장 호의적으로 반응할 지역을 찾는 것이다.
2. 시장의 상대적인 중요성을 평가할 수 있는 좋은 방법 중 하나는 그 지역에서 현재 제품을 사용하고 있는 사용자의 제품 사용량을 살펴보는 것이다.
3. 지수는 제품의 사용량과 기타 인구통계학적 요인을 기반으로 특정 시장과 다른 시장을 쉽게 비교할 수 있다.
4. 전문가는 지리-인구통계학적인 시스템을 이용해 다양한 지역적 구분(우편번호, 우편망, 블록)을 통해 목표를 선정한다.
5. 제품 분석의 목표는 제품의 성격이 소비자의 필요, 요구, 관심을 잘 반영했는가를 알아보는 것이다.
6. 제품에 있어 가장 중요한 부분은 종종 브랜드명에 따라 연상되는 이미지, 성격, 가치이다.
7. 제품이 소비자의 필요와 요구를 잘 반영했는지 이해하려면 브랜드 가격과 유통, 촉진도 살펴봐야 한다.
8. 경쟁 분석을 할 때에는 카테고리 내에 있는 직접적 경쟁사뿐만 아니라 다양한 접점에서 발생할 수 있는 간접적 경쟁사 분석도 해야 한다.
9. 경쟁관계를 자세하게 분석하려면 경쟁사에 대한 이해가 포함되어야 한다.
10. 경쟁사를 분석할 때 유용한 방법 중 하나는 매체 비용과 크리에이티브 컨셉을 비교하는 것이다.
11. 배경 정보 분석이 끝나면, 문제와 기회 요인을 정리한다(예를 들어 SWOT 분석을 통해).

미주와 참고문헌

1. Some of this information is from promotional materials by GfK MRI and Experian Simmons.

2. B. Sperling and P. Sander, *Cities Ranked & Rated*, (2007), 2nd Ed., p. 69.

3. Some of this information is from promotional material by Claritas, Inc. and Nielsen.

4. D.J. Curry, *The New Marketing Research Systems: How to Use Strategic Database Information for Better Marketing Decisions* (New York: John Wiley, 1993), p. 255.

5. Adapted from Philip Kotler, *Marketing Management: Analysis, Planning, Implementation, and Control*, 8th Ed. (Englewood Cliffs, NJ: Prentice Hall, 1994), p. 98.

6. For more information on 11-point scales, see William R. Dillon, Thomas J. Madden, and Neil H. Firtle, *Essentials of Marketing Research* (Homewood, IL: Irwin, 1993), p. 279.

7. D. H. Pink, *Metaphor Marketing* (April/May 1998), pp. 214–229.

8. T. C. Kinnear and J. R. Taylor, *Marketing Research: An Applied Approach*, 3rd Ed. (New York: McGraw-Hill, 1987), p. 536.

9. D. S. Tull and D. I. Hawkins, *Marketing Research: Measurement and Method*, 4th Ed. (New York: Macmillan, 1987), p. 286.

10. "Do You Know Your Competitive Brand Data?" *Media Decisions* (August 1975), p. 60.

제4장
분석 결과를 통한 마케팅과 커뮤니케이션 목표 설정하기

배경 분석이 끝났으면, 이제는 분석에 대한 결론을 짓고 결정을 내릴 단계이다. 이 단계에서 잊지 말아야 할 것은 정보 수집은 절차상 현재 진행형이므로 모든 의사 결정은 새로운 정보가 입수될 때마다 계속적으로 수정되어야 한다는 점이다.

이 단계에서 내려야 할 첫 번째 주요 결론은 회사명이나 그 회사가 팔고 있는 브랜드 가치가 얼마나 되느냐는 것이다. 이어서 내려야 할 두 번째와 세 번째 결론은 문제점과 기회를 규명하는 것이다. 이 세 가지 결론은 향후 캠페인 개발의 방향을 제시한다.

위의 결론을 바탕으로 먼저 목표 시장을 결정하고 문제점과 기회 요인을 파악하는데, 이는 캠페인 기획자에게 캠페인 목표 설정의 기초가 되고 목표 수용자를 대략적으로 그려보는데 도움이 된다. 캠페인 목표는 캠페인 활동의 다음 단계에서 이루어지는 모든 과정에 지침을 제공한다. 원칙적으로 캠페인 과정은 [그림 4-1]과 같이 진행된다.

그림 4-1 캠페인 과정의 순서도

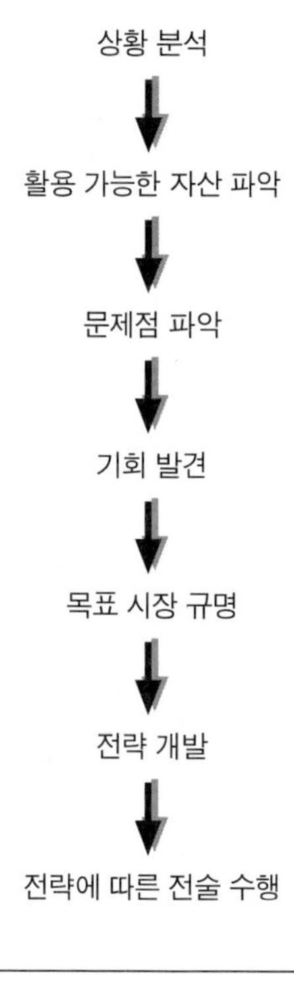

브랜드 자산의 추구

기업은 소비자가 상점과 상점을 비교하는 것을 원하지 않는다. 이는 소규모의 비즈니스를 경영하는 소매상에 중요한 사실인 것처럼 대기업에도 마찬가지이다. 기업은 소비자에게 상점과 상점을 비교해보라고 말할 지도 모르지만, 실제로는 그런 뜻으로 말한 것이 아니다. 기업은 기업명 자체 때문에 소비자가 자사 제품을 구매하고, 자기 소매점에서 쇼핑하는 것을 선호한다. 기업이 재산을 소유하고 있는 것처럼 기업명도 가치, 즉 자산을 가지고 있다. 배경 분석을 검토한 후에 분석가는 최소한 회사가 어느 정도의 자산을 갖고 있으며, 어느 정도의 자산을 취득할 수 있는가에 대한 생각을 가져야 한다.

기업은 다른 제품과 구별하기 위해 브랜드를 만든다. 제품명은 소비자가 생각하고, 느끼고, 이미지를 연상하는 데 사용할 유형적인 어떤 것을 소비자에게 제공한다. 이 연상이 긍정적이라면, 광고주는 어떤 소비자의 미래 구매에 영향을 미칠 수 있다. 이러한 연상은 소비자가 제품을 구매하도록 설득하는 데 사용될 수 있으며, 따라서 가치를 갖는다(이러한 가치는 제품의 물질적 · 심리적 품질과는 별개이며, 이를 **브랜드 자산**이라고 부른다).

예를 들어 당신이 값비싼 전자 기타를 소유하고 있다는 사실을 누군가에게 이야기한다는 것은 소유한 악기 종류에 관해 무엇인가를 말한 것이다. 실버스톤(예, 대중에게 잘 알려진 시어스(Sears) 백화점 브랜드) 같은 이류 브랜드가 아니라 깁슨(Gibson) 같은 일류 브랜드를 갖고 있다면, 당신을 '근사하다'고 여길 것이다. 여기서 부연해 레스 폴 프리퍼드(Les Paul preferred) 모델을 갖고 있다고 말한다면, 음악 애호가나 음악가는 당신이 전설적인 록 앤 블루 기타리스트가 선호하는 브랜드를 소유했음을 알고 경의를 표할 것이다. 레스폴 프리퍼드 브랜드에서 풍기는 특별한 가치로 인해 소비자는 고액을 기꺼이 지불할 것이다. 브랜드와 브랜드에 따른 연상은 현대 기업의 주요한 자산이 되었다.

가격 경쟁의 회피

모든 기업은 현재 판매되고 있는 제품을 갖고 사업을 계속해 가길 원한다. 대부분의 기업은 가격 경쟁을 원하지 않는다. 가격 경쟁을 하는 기업은 저원가 생산자가 되기 위해 많은 노력을 기울이기 때문에 제품 개발에 많은 투자를 하지 못한다. 기업이 저원가를 유지하는 한 가격 경쟁을 통해 이윤을 많이 남길 수 있다. 경쟁사가 더 저렴한 노동비를 갖고 있는 국가로 제조 설비를 이전시키거나, 다른 기업이 더 값싸게 운영할 수 있는 방법을 개발했을 때 저원가 위주의 기업은 경쟁력을 상실한다. 가격 경쟁을 피하기 위해 광고주는 브랜드 자산 개발에 투자한다. 자사 브랜드의 가치가 높은 기업일수록 가격 경쟁을 회피한다. 기업에서 자사 브랜드를 개발 · 발전시키는 것은 제품의 품질을 높이는 것만큼 중요하다.

품질을 바탕으로 한 경쟁

기업은 제품 혁신을 통해 경쟁하려고 노력한다. 많은 소비재에서 품질 우위를 달성하는 것이 점점 어려워지고 있다. 심지어는 어떤 기업이 자사 제품에 대해 차별화할 수 있는 품질을 개발하면 경쟁업체가 그 제품을 복제하는 데 그리 오랜 시간이 걸리지 않는다. 프록터 앤 갬블(Procter & Gamble)은 최초로 부드럽게 씹을 수 있는 쿠키를 개발하고 그 제품을 전국적으로 유통시키기 전에 시험적으로 시장에 내놓았다. 그런데 그 회사가 제품을 전국적으로 유통시킨 때는 이미 나비스코(Nabisco), 키블러(Keebler), 프리토-레이(Frito-Lay) 등이 시장에 유사한 제품을 내놓은 후였다.[1]

전국 브랜드 역시 다방면에서 값싼 유통업자 브랜드와 치열한 경쟁을 벌여야 한다. 월마트나 타겟과 같은 일반적인 대형 유통업체는 자신의 상표를 부착한 제품을 판매하고 있는데, 그레이트 밸류(Great Value), 이퀘이트(Equate), 아처 팜스(Archer Farms) 등이 좋은 예이다. 위생용품과 처방전이 필요 없는 의약품 공급업체인 페리고(Perrigo)나 냉동피자, 셀러드 드레싱, 고기양념, 양념 등을 판매하는 리슐리외 푸드(Richelieu Foods)사는 전통적인 브랜드가 시장을 점령하고 있는 제품군에 자체 브랜드를 이용해 시장을 잠식하려는 노력을 계속해오고 있다. 또한 네슬레 소유의 랠스턴-퓨리나(Ralston-Purina)사나 키블러 등은 이미 전국적 브랜드(national brand)를 가지고 있음에도 불구하고 자체 브랜드(private-label)를 개발, 시장에 내놓음으로써 주요 유명 브랜드 간의 경쟁이 더욱 치열해지고 있다. 그들은 "자체 브랜드를 개발하지 않으면 다른 회사가 개발할 것"이라는 인식 때문에 자사 브랜드의 매출을 기꺼이 잠식하고 있다.[2]

변함없이 중요한 브랜드명

다방면에 걸친 이러한 경쟁의 결과로 인해 시장은 예전과 달리 급변하고 있다. 특히 소셜 미디어의 출현은 전통적으로 소비자의 브랜드 충성도를 이끌어내기 위해 최상의 방법으로 여겨져, 많은 돈이 투자되었던 소비자 광고나 판매 촉진, 또는 유통 촉진에 쓰였던 과도한 투자의 효과를 새롭게 조명하는 계기를 가져왔다. 이러한 변화는 오늘날 더욱 빨라지고 있으며, 훨씬 더 역동적이다. 오늘날 브랜드는 팔로워를 쉽게 모을 수 있게 되었고, 파워 블로거나 다른 제품군에 영향력을 가진 사람들을 이용할 수 있게 되었고, 온라인 커뮤니티를 만들어 적극 활용할 수도 있게 되었다. 이러한 디지털 시대에는 브랜드 자산이나 소비자의 충성도를 측정 가능한 가시화된 결과로 보여줄 수 있어, 예전에는 측정이 불가능했던 브랜드 건전성을 오늘날에는 쉽게 온라인 사이트의 내용 분석을 통하여 확인할 수 있게 되었다. 즉, 간단한 웹 서핑만으로도 브랜드의 건전성을 쉽게 평가할 수 있게 되었다.

튼튼한 기초 위에 벽을 쌓은 주택처럼 브랜드 자산을 구축하고자 하는 전통적 개념은 표적거리에서 표적을 겨냥하는 사냥꾼처럼 인식되어야 한다. 표적은 재빠르게 움직일 뿐만 아니라 사냥꾼도 움직이고 있기 때문에 표적을 정확히 맞히기란 대단히 어렵다. 소비자는 끊임없이 변화하고 변함없이 똑똑하다. 또한, 기업도 제품도 계속해서 진화해가고 있다. 사냥은 더욱더 정교해졌으며 숨바꼭질처럼 숨고 찾는 일방적인 게임이 아니다. 이제 소비자는 수시로 자신의 위치를 스스로 알려주고, 브랜드가 마지막으로 트윗을 하는지 또는 소비자가 마지막으로 트윗을 하는가 하는 태그(tag)게임으로 변모되었다. 누구나 승자가 될 수 있으며, 여전히 표적은 맞힐 수 있다. 발전적인 기업은 브랜드 자산을 만들어가는 것이 그들의 중요한 목표라는 것을 이해하고 있으며, 과거의 업적에 머물러서는 안 된다는 것을 잘 알고 있다. 오직 실시간으로 소비자와 관계를 만들어가는 브랜드만이 소비자의 마음을 얻을 것이며 유지해나갈 수 있을 것이다.

상황 분석의 중요한 기능은 기업 전체의 브랜드 자산을 평가하는 것이다. 브랜드 자산을 추구하고 구축하기 위해 문제점을 해결하고, 기회 요인을 개발하는 캠페인을 실시해야만 성공할 수 있다.

문제점의 정의와 기회 요인의 확인

마케팅 기획에 있어서, 스왓 분석(SWOT analysis)은 브랜드의 현재 위치와 앞으로 브랜드가 어디로 나아가야 할지 방향이 되는 캠페인의 핵심적 전략을 연결하는 다리 역할을 한다. 스왓 분석은 마케팅 기획의 핵심적 사항을 제시하고 적극적인 캠페인을 해야 할지, 방어적인 캠페인을 해야 할지 알려준다. 모든 기업은 항상 풀어야 할 문제점을 갖고 있으며, 극단적인 경우에는 위기 상황에 놓이게 된다. 그러므로 기업은 계속해서 문제를 풀어 나가야만 한다. 유능한 전략 전문가는 예측 능력이 있다. 따라서 예방을 확실히 해서 문제가 일어나지 않도록 하는 것이 바람직하다.

마케팅에서 **문제점은 과거, 현재 혹은 미래에 목적을 달성하는 데 방해가 되는 어떤 장벽이나 상황을 말한다.** 회사는 생존을 위해 이 문제를 해결하고 목적을 달성할 수 있어야 한다. 마케팅 문제는 판매나 시장점유율의 관점에서 보통 논의된다. 보통 이 두 가지는 경쟁자 상황, 경기 상황, 소비자/산업 경향, 제품 개발 이슈 등과 밀접한 관계가 있다. 종종 브랜드는 이러한 심각한 문제들을 단순히 광고로 얼버무리려고 시도한다. 하지만 기업이 진정으로 긍정적인 변화에 관심이 있고 광고대행사와 잘 쌓아온 믿음이 있는 경우에는, 기업 경영 방식의 개선이라든지, 정책의 변화, 또는 제품의 변화와 같이 기업의 경영 측면에서 변화를 요구하는 대행사의 제안을 받아들일 것이다.

하지만, 가격, 유통, 제품 등 많은 것들 역시 고려해야 할 사항이다. 매주, 매달, 또는 매년 이러한 요인을 지속적으로 변화시키는 것은 비실용적이고 비효율적이다. 마케팅 믹스의 여러 요인 중에서, 촉진이 가장 통제하기 쉽지만, 반면에 촉진은 상황을 악화시키는 가장 쉬운 방법이 될 수도 있다. 촉진 분야에 내재된 복잡성으로 많은 마케팅 문제들은 커뮤니케이션이나 메시지 문제로 거슬러 올라가 조사되기도 한다. 제품은 소비자의 마음속에 제대로 포지셔닝되었는가? 또는 경쟁자와 비교해서 포지셔닝은 어떠한가? 강력한 설득적 메시지를 잘 전달하고 있는가? 실행된 전략들은 비용효율적인가? 소비자는 제품에 대해 어느 정도 알고 있는가? 이러한 질문들은 가장 기본적인 것들로 잘 짜인 1차 조사에 의해 쉽게 대답할 수 있을 것이다.

만약 어떤 회사가 문제점을 잘 해결한다면, 그 회사는 마케팅 문제를 기회로 전환점을 맞이할 수 있다. 시장에서 선도자가 되려는 회사는 끊임없이 그런 기회 요인을 이용할 수 있어야 한다. **기회 요인은 잠재적으로 마케팅에 장점을 줄 수 있는 상황이나 환경이다.** 기회 요인은 회사가 상황을 이용하기를 원하고, 이용할 수 있다는 가정에 근거한다. 마케팅 문제점을 기회 요인으로 전환시킨 기업에 관한 사례가 [표 4-1]에 예시되어 있다.

문제점과 기회 요인 간의 차이는 간혹 사람이 상황을 어떻게 보느냐에 따라 달려 있다. 하인즈 케첩의 진한 농도는 문제점으로 보일 수도 있고, 기회 요인으로 보일 수 있다. 다른 사람이 문제점으로만 보는 것을 기회 요인으로 보는 사람은 훌륭한 지도자가 될 수 있다. 다른 사람이 상상하지 못하는 것을 기회 요인으로 볼 때, 그는 최고의 지위를 차지하게 된다. 낙관적인 태도를 취하면 문제점은 기회로 전환된다. 기업의 내부적 · 외부적 요인은 기회를 어느 정도 활용할 수 있는가에 영향을 미친다.

표 4-1 문제점을 기회 요인으로 전환시킨 기업의 사례

제품:	암 앤 해머(Arm & Hammer) 빵굽는 소다
문제점:	요리용으로 사용되어 시장 확장에 한계가 있음
기회요인:	새로운 용도의 개발(예: 냉장고와 냉동고용 신선제나 카펫 탈취제)
제품:	밀러 라이트(Miller Lite) 맥주
문제점:	술을 많이 먹는 남성은 저칼로리 맥주가 남성적이지 못하다고 생각함
기회요인:	제품을 매우 남성적인 사람과 연결해 연상시킴
제품:	하인즈(Heinz) 케첩
문제점:	일부 소비자는 케첩이 너무 느리게 쏟아진다고 불평
기회요인:	천천히 흘러 내린다는 것과 농도가 짙다는 것을 연결해서 연상시킴
제품:	스머커스(Smuckers) 젤리와 잼
문제점:	브랜드명의 이상한 발음
기회요인:	이상한 이름을 극복하도록 품질의 우수성을 강조(스머커스 같은 이름을 갖고 있다면 품질이 우수해야만 함)

외부 요인

기업이 거의 통제할 수 없는 여러 요인이 기회를 이용하고자 하는 기업에 심각한 영향을 미친다. 심지어 정치적 · 법률적 환경은 (특히 외국에서) 기업이 아주 단순한 모험조차도 시작하기 어렵게 만들거나 때로는 거의 불가능하게 한다.

어떤 주, 지역, 지방은 사회적 · 문화적 요인이 너무 강하게 뿌리를 내리고 있어 기업이 기존의 추세를 바꾸려는 시도를 무너뜨린다. 맥도날드가 대다수 국민들이 쇠고기를 먹지 않는 인도에서 개점 하자 사람들은 미국과 다르게 운영되리라고 예상했다. 맥도날드는 인도에서 야채를 위주로 만든 햄버거를 판매하고 있다. 비슷하게 미국 내 슈빌(Nashville)에 잘 팔리는 제품이 시애틀(Seattle)에서는 판매가 저조할 수 있다. 다시 말해 미국 남동부 지역에서 잘 팔리는 굵게 간 옥수수가 아무리 프로모션을 하더라도 미국 북서부 지역에서는 잘 팔리지 않을 것이라 예측하는 것은 시장 조사를 하지 않아도 쉽게 알 수 있을 것이다.

또한 시대의 경제적 상황을 고려하는 것도 현명한 생각이다. 불경기에 고가의 제품을 출시하려는 것은 좋은 생각이 아니다. 최근의 불경기로 인해, 많은 소비자는 지갑을 쉽게 열지 않고, 사치품보다는 꼭 필요한 제품만을 구매한다. 이러한 이유로, 몇

몇 마케터들은 기존 고가 브랜드 이미지의 광고대신 제품의 속성, 이점, USP, 필요를 충족하여 문제를 해결할 수 있는 메시지 전략을 시도하고 있다. 예를 들어, 2010년 미국 대형 유통업체인 타겟(Target)은 "시대의 상징(Sign of the Times)"이라는 슬로건 대신 소비자의 경제 상황을 잘 감안한 "인생은 움직이는 타겟(Life's a Moving Target)"이라는 슬로건으로 바꾸었다. 살아가면 겪을 수 있는 예기치 못한 곤경스러운 상황을 코믹스럽게 표현한 캠페인 시리즈는 소비자로부터 좋은 반응을 얻었는데, 캠페인의 핵심 내용은 타겟이 곤궁에 처한 그들을 여러 다양한 제품으로 구해준다는 것이다. 2012년에는 기존의 "더 많이 기대하세요, 더 작은 비용으로(Expect More, Pay Less)"라는 슬로건과 함께 소비자의 마음을 따뜻하게 광고로 인기를 얻을 수 있었다. 불경기 시대에 타겟의 이러한 착한 가격은 소비자의 삶에 작은 빛과 함께 예기치 못한 기쁨으로 다가갈 수 있었다.

내부 요인

기회 요인을 추구할 것인가 평가를 내릴 때 비전과 꿈 사이의 차이를 구분할 줄 알아야 한다. 마케팅에서 '비전가'라는 단어는 기회 요인을 찾아 그것을 이용할 수 있는 충분한 자원을 갖고 있는지 이해할 수 있는 사람을 말한다. 반면에 몽상가는 기회 요인을 알고 있지만 꿈이 실현될 수 있도록 성공적인 전략을 개발하고 실행할 수 있는 회사의 능력에 관해 현실적인 판단을 하지 못한다. 기회 요인을 추구하기 위해 기업은 항상 재무, 생산, 마케팅 분야 등 주요 부문에서 적당한 자원을 갖고 있어야 한다.

재무 자원

협의의 지역에서 경쟁하기를 원하는 기업도 일정 기간 활동을 유지하기 위해서는 충분한 재무 자원이 필요하다. 중소기업을 운영하는 대부분의 사람은 기업 활동을 하는데 드는 비용을 과소 추정하고 있다. 예를 들어 피자 레스토랑은 상점 내로 판매를 제한하는 경우 비교적 적은 경비로 운영될 수 있다. 그러나 가정 배달로 사업을 확대한다면, 더 많은 재정 자원이 필요하다. 경쟁력을 높이기 위한 방안으로 피자 굽는 속도를 높이기 위해 컨베이어 벨트가 달린 고가의 오븐이 필요할지도 모른다. 그러면 총투자 대비 수익률을 높이기 위해 회사는 현재 고객이 살고 있는 지역보다 더 넓은 지역으로 사업을 확대해야 한다.

특히 촉진 비용을 많이 지출하게 되면 회사는 상당한 위험을 감수해야 한다. 구전 광고로 경쟁할 수 있을 것이라고 생각되었던 작은 피자점도 재정적 어려움에 직면할 수 있다. 이처럼 사업에는 많은 돈이 들어가며 적자가 날 수도 있다. 전국적으로 기업을 운영하려면 재정 문제는 더욱 중요할 수밖에 없다.

생산 자원

신제품 컨셉이나 서비스를 생각해내는 것은 제품을 생산하거나 서비스를 제공하는 것보다 훨씬 쉽다. 패스트푸드 사업의 경우 관리를 포함한 운영상의 세부 지침은 제품 컨셉보다 레스토랑의 운명을 좌우한다. 만약 품질 높은 제품을 경쟁력 있는 원가로 생산할 수 있는 충분한 자원을 갖지 못했다면, 그 기업의 신제품 아이디어는 기회 요인이 되지 못한다. 단기적으로 기업은 관리전문가, 기술력, 생산 시설이 필요하다. 장기적으로 기업은 이것을 획득하거나 구매할 수 있지만, 기회는 장기간 지속되지 않는다.

마케팅 자원

포드사는 세계 역사에서 가장 강력한 회사 중 하나로 평판받고 있다. 포드사는 GM 다음으로 세계 제2의 자동차 회사로 인식되고 있다. 헨리 포드(Henry Ford)의 정신은 자동차 판매로 생산 자원을 결집시킬 수 있는 능력에 있었고, GM의 알프레드 슬로운(Alfred Sloan)의 정신은 마케팅에 있었다는 것이 이들 회사의 차이점이다. 소비자 욕구와 상관없이 단지 검정색 자동차만 판매한다는 헨리 포드의 근시안적 사고는 오늘날에는 결코 생각할 수도 없는 것이다. 기업의 의사 결정 과정에서 마케팅 부서의 중요성이 점점 높아지고 있다.

기회 요인

배경 정보를 분석하고 나면 분석한 각 분야에서 (기업과 기업 자원 분석, 소비자 분석, 시장 분석, 4P 분석, 경쟁 분석) 기회 요인을 발견할 수 있다. 소비자 분야에서 기회 요인은 신중하게 판단해야 한다. 기업이 소비자에게 판매하고 싶어 하는 것과 소비자가 구매하기를 원하는 것을 혼동하는 기업이 많다. 기회 요인을 찾으려고 할 때, 일반적으로 매출 증가를 위한 방안에 초점이 맞춰진다. 매출을 증가시키는 네 가지 기본적 방법은 다음과 같다.

1. 현재 이용자가 계속해서 제품을 사용하도록 만든다.
2. 현재 이용자가 제품 사용량을 늘리도록 만든다.
3. 현재 이용되고 있는 제품에서 새로운 사용법을 찾는다.
4. 새로운 이용자를 찾는다.

1. 현재 이용자 유지하기: 현재 고객에게 계속해서 그 브랜드를 사용하게 만드는 것은 수요를 촉발시키고자 하는 모든 전략의 기초이다. 일반적으로 제품을 이미 사용하고 있는 사람에게 제품을 다시 구매하도록 하는 것은 비교적 쉽다. 그러나 이때 잊지 말아야 할 것은 경쟁사가 소비자에게 현재 사용하는 제품을 바꾸도록 열심히 설득하고 있다는 점이다. 이런 점에서 선두 브랜드의 경우 그들의 제품을 구매한 행위가 올바른 결정이었음을 확신시키려고 한다. 예를 들어 미국 내 1위 렌터카 업체인 허츠(Hertz)는 "허츠, 그리고 허츠의 유사품(There's Hertz, and not exactly)"이라는 슬로건을 통해 다른 경쟁업체가 가격 측면에서는 저렴하지만, 자사 서비스의 우수성은 따라오지 못한다는 사실을 강조한다. 더욱 정교해진 소비자와 관계경영(CRM: customer relationship management)이라든지 충성도 프로그램(loyalty program)의 중요성은 이제 기업의 기본이 되었으며 나아가 오늘날에는 소비자 입장에서 브랜드가 제공하는 작은 노력마저도 중요해졌다. 미국 여객항공 업체인 델타(Delta)나 에어트랜(AirTran)은 소비자들이 여러 다른 항공사 대신 자신들의 비행기를 선택해준 것에 대한 감사의 인사를 비행하는 동안 반복해서 전한다. BMW는 그들의 고객에게 브랜드를 넘어 고객의 삶의 질을 향상시켜줄 수 있는 여러 유용한 정보를 담은 라이프스타일 잡지를 만들어 고객에게 발송한다. 아메리칸 익스프레스 카드 회사는 그들의 고객만이 누릴 수 있는 좋은 경험의 기회를 제공한다. 또한 탐스 신발(Tom's Shoes)은 "하나를 위한 하나(one for one)"라는 슬로건 아래, 고객이 한 켤레의 신발을 구입하면, 한 켤레의 신발을 아프리카 어린이들에게 기부한다. 다시 말해, 어떠한 방법이 되었든 대부분의 브랜드는 현재의 고객에게 보상을 주는 프로그램을 시행하고 있으며, 이러한 노력은 결국 소비자의 구매행동을 강화시키려는 의도이다.

2. 현재 이용자의 사용량 늘리기: 현재 고객의 사용량을 증대시키는 것은 판매 확대에 이용되는 또 다른 인기 방법이다. 헤인즈 헤웨이 스포츠 브라회사(Hanes Her Way® Sports)는 이용자가 스포츠용 브래지어를 상용할 것을 유도했다. 이 판촉은 스포츠를 즐기는 젊은 여성이 증가하면서 매일 사용할 수 있는 의류를 원한다는 조사 결과에 따른 것이다. 미국 유가공품 육성협회(The National Fluid Milk Processor Promotion Board)의 "우유 있니(Got Milk)?" 캠페인은 사람들에게 우유를 하루 석 잔씩 마시도록 권한다. 미시건 치과협회(Michigan Dental Association)는 공중에게 "6개월 정기 치아 진찰을 6개월 이상 늦추지 않기"를 홍보하고 있다. 때때로 가격 할인, 예를 들어 1+1 방법은 사용량을 증가시키는 또 다른 방법이다.

   위의 첫 두 가지의 접근법을 쓰는 기업들은 브랜드 충성도를 강화시키고 제품 사용량을 증대시켜 많은 이윤을 얻을 수 있다. 마케팅에서 헤비 하프 룰(heavy half rule)이라고 일컫는 법칙에 따르면 20%의 충성심 높은 소비자가 브랜드 매출의 80%를 차지한다고 한다. 다시 말해 제품 판매량의 약 4분의 3 이상이 많지 않은 다량 소비자에 의해 판매됨을 의미한다. 따라서 이들 충성심 강한 그룹이 얼마나 가치가 있고 또한 이들과 소통이 얼마나 중요한지 상상할 수 있을 것이다.

3. 제품의 새로운 사용법 찾기: 소비자의 제품 사용을 늘리는 또 다른 방법은 새로운 사용자를 찾아내는 것이다. 식품의 경우 새로운 조리법을 개발하여 비교적 쉽게 이 전략을 구사할 수 있다. 《패밀리 서클(Family Circle)》, 《우먼스 데이(Woman's Day)》 등 여성 잡지를 보면 약간의 변화만 주면 기존의 제품을 새롭게 쓸 수 있는 많은 아이디어가 있다. 크래프트 푸드(Kraft Foods)사는 《푸드 앤 패밀리(Food and Family)》라는 잡지를 통해 자사의 모든 제품을 활용하여 요리할 수 있는 요리법과 매일 스낵을 색다르게 먹을 수 있는 다양한 방법을 제시하고 있다. 암 앤 해머(Arm & Hammer)사의 베이킹 소다가 대표적인 성공 사례로, 기존의 제빵에 쓰던 제품을 냉장고 탈취제로 전용했다. 최근에는 카펫 탈취제와 애완 고양이 용변 상자 등 예전에 없었던 응용을 통해 계속해서 사용 영역을 넓히고 있다. 2007년 코카콜라는 사람들이 콜라를 찾는 경우를 더 만들어내기 위해, 생일파티, 졸업식, 명절 또는 주로 주스나, 맥주를 떠올리는 이벤트에 콜라를 마시는 예기치 못한 상황을 유머스럽게 보여주는 광고캠페인을 시리즈로 보여줌으로써, 콜라를 마셔야만 하는 상황들을 만들어내 매출을 증대시켰다.

4. 새로운 이용자 찾기: 새로운 이용자를 찾는 것은 금을 찾는 것과 같다. 처음 둘러봐야 할 곳은 자신이 이미 성공을 거둔 곳이고, 다음은 다른 경쟁자가 성공을 거둔 곳이다. 이때 이미 발견한 곳을 탐사하는 것이 얼마나 많은 수익을 낼 것인지, 아니면 새로운 곳을 찾는 것이 경제적으로 합리적 방법이 아닌지 결정을 내려야 한다. 광고에서는 기존 고객이 공통적으로 갖고 있는 특성을 통해 새로운 고객을 예상해볼 수 있는데, 이는 인구통계학적 · 심리학적 변인 등을 통해 알아볼 수 있다. 이 접근법에는 한 가지 문제가 있는데, 이런 변인들은 기존 시장에서는 매출을 예측하는 데 좋은 지표가 되지만 신규 시장에서는 좋은 지표가 되지 못한다는 점이다.

매출 확대를 추구하는 경우에는 다음과 같은 요소를 고려하여 기회 요인을 찾아보아야 한다.

- 소비자의 필요, 욕구, 관심에 대한 변화
- 소비자의 라이프스타일에 대한 변화
- 새로 성장하는 국내 시장
- 새로 성장하는 해외 시장
- 해외 시장 구축
- 제품 또는 브랜드의 장점
- 서비스의 강점
- 새로운 기술
- 가격의 강점
- 유통의 장점
- 마케팅과 촉진의 장점[3]

확인해야 할 가장 중요한 기회 요인 중 하나는 경영 방향을 결정하는 것이다. 물론 이 기회 요인은 **목표 시장**이나 **목표 수용자**를 말한다. 이 의사 결정은 캠페인을 수립하는 데 근거가 된다. 주의: **어떤 기획 담당자는 소비자 분석 후 성급하게 목표 시장을 결정하는 실수를 범한다. 목표 시장에 대한 결정은 모든 분석이 완료되어 소비자의 필요, 욕구, 관심을 만족시킬 수 있는 충분한 자원을 갖고 있다는 확신이 설 때까지 미루어야 한다.**

목표 시장의 결정

엔젤(Engel)과 그의 동료들은 목표 시장 결정에 관해 비차별화된 마케팅(undifferentiated marketing), 차별화된 마케팅(differentiated marketing), 집중화된 마케팅(concentrated marketing) 등 세 가지 종류를 논의한 적이 있다.[4] 오늘날에는 많이 사용되진 않지만, 비차별화된 마케팅은 시장을 따로 세분화하지 않고 모든 시장을 하나의 대중시장으로 간주한다. 이러한 전략은 비록 모든 사람을 대상으로 광범위한 마케팅을 하지만, 다양한 하위 그룹에도 효과적인 크리에이티브 소구를 해야 한다. 비용면에서의 장점은 있지만, 만약 제대로 실행되지 않는다면, 특색 없고, 관심을 끌지 못하는 죽은 메시지만 소비자에게 전달함으로써 어떤 소비자 그룹에도 환영받지 못할 것이다. 반면, 어떤 경우에는 이렇게 덜 차별화된 전략이 필요할 때도 있는데, 예를 들어 제품 자체가 상당히 복잡하고 여러 가지 용도로 사용되는 경우이다. 일례로, 미국 TBS 텔레비전 방송국은 프라임 타임시간에 다양한 유형의 코미디 프로그램을 함께 방영하고 있다(예: The Big Bang Theory, Men at Work, Conan O'Brien, For Better or Worse, House of Payne, The King of Queens, Family Guy). 이러한 프로그램들은 매우 다른 시청자들을 공략한다. 하지만, TBS는 "매우 재미있는(very funny)"이라는 단순한 슬로건으로 매우 성공적으로 시청률을 올리고 있다. 시청자들이 공통적으로 가지고 있는 코미디 장르에 대한 사랑과 인간이라면 누구나 좋아하는 유머는 시청자를 굳이 세분화하지 않더라도 높은 시청률을 가져올 수 있었고, 계속해서 유지해오고 있다. 즉, 시청자들은 자신이 좋아하는 방식으로 제각각 프로그램을 즐기고 있는 것이다.

하지만 시장이 점점 더 경쟁적으로 변함에 따라, 이러한 비차별적 접근법은 줄어들고 있는데, 가장 큰 이유는 라이벌 기업이 세분 집단에 맞는 효과적인 소구방식들을 이용하여 중점적으로 공략하기 때문이다. 비차별적 접근법의 약간 변형된 것으로는 가장 큰 집단 또는 가장 많은 이윤을 주는 집단만을 골라 공략하는 것인데, 이는 앞에서 언급한 충성스러운 고객의 중요성을 반영한 것이라 하겠다(헤비 하프 법칙heavy half rule).

오늘날 가장 많이 사용되는 접근법은 시장을 세분화하여 공략하는 **차별화 시장** 접근법이다. 차별화된 시장을 목표로 하는 기업은 (1) 시장을 주요한 순서에 따라 제1시장, 제2시장, 제3시장으로 세분하거나, (2) 목표 시장에 맞게 제품군에 적합한 목표 집단을 선정하거나, (3) 간단히 모든 시장을 세분화하는 것이다. 이러한 방식의 접근법에서 기업은 세분화된 집단에 맞게 판매할 제품을 결정하고, 어떤 메시지를 어떻게 전달할 것인지는 그들이 목표로 하는 집단의 커뮤니케이션 방식에 의해 전적으로 달라질 수 있다. 휴대폰 회사는 MMS/SMS를 이용하여 10대들을 끌어들이는 반면, 그들의 부모들에게는 GPS나 부모들이 아이들의 핸드폰 사용을 컨트롤할 수 있는 기능을 강조한다. 항공사, 스포츠 의류회사, 그리고 많은 소매상은 오랫동안 이러한 차별화 접근법을 사용해왔는데, 이는 같은 제품군에 있는 비슷한 제품을 여러 브랜드명으로 판매하는 방식이다. GM자동차의 초기 성공은 전체 자동차 시장을 세분화하고, 차별화된 세분 시장을 만족시키기 위한 제품을 개발하도록 전략적 의사 결정을 한 데서 그 이유를 찾을 수 있다.

집중화된 시장은 **틈새 시장** 또는 **세분 시장**을 말한다. 이 방법은 시장점유율이 큰 선도 기업과 직접 경쟁하는 것보다는 전체 시장 중 일부인 세분 시장을 목표로 하면 성공할 수 있다는 것을 가정하고 있다. 틈새 기업은 대기업에게 양보하는 위험을 감수하고 있다. 브랜드 자산을 구축한 시장점유율 선도 기업은 새로운 제품으로 틈새 기업과 정면으로 경쟁하려는 의사 결정을 할 수도 있다. 선도 기업은 큰 세분 시장에서 시장점유율을 유지하면서 동시에 더 작은 시장에서는 시장점유율을 획득하기 위해 브랜드 자산을 이용할 수도 있다. 스포츠 음료 시장에서 선도 기업인 게토레이는 한때 코카콜라와 펩시콜라가 스포츠 음료 시장에 진입하려고 할 때, 시장점유율 잠식이 불가피하다고 생각했다. 왜냐하면 코카콜라와 펩시콜라 브랜드와 광범위한 유통 구조가 결부된 기업 자산이 너무 강력했기 때 문이다. 한편 펩시콜라는 게토레이 브랜드의 잠재된 힘을 인지하고 결국 그 브랜드를 자사 제품군으로 매입함으로써 문제를 해결했다.

목표 시장의 설명

목표 시장에 대한 정보를 어떻게 활용할 것인가는 매우 중요하다. 크리에이티브 담당자는 설득력 있는 메시지를 개발하기 위해 목표 시장에 대한 정보를 활용해야 하고, 매체 담당자와 매체 구매자는 메시지를 효율적 · 창의적으로 전달하기 위한 매체를 결정하기 위해 목표 시장에 대한 정보를 활용해야 한다. 캠페인 초기 단계에서 목표 시장의 결정은 주로 개략적인 형태로 이루어진다. 크리에이티브 담당자나 매체 담당자는 목표 수용자 혹은 목표 시장을 더 자세하게 정의하기 위해 소비자 분석과 자체 정보를 사용할 것이다. 목표 시장은 다음 기준 중 최소한 일부 사항을 고려해 설명되어야 한다.

- 인구통계적 변인
- 심리통계적 변인(라이프스타일 포함)
- 제품 사용 정도(예를 들면 다량 사용자, 보통 사용자, 소량 사용자)
- 브랜드 충성도
- 소비자의 필요와 욕구
- 소비자의 관심
- 소비자의 문제점
- 소비자의 동기

목표 설정(어떻게 연관성 있는 목표를 설정하는가?)

21세기에 들어와서 광고주는 목표를 설정하고 달성하는 것에 많은 비중을 둔다. 기업은 그들 자신의 마케팅 목표를 갖고 있는 것뿐만 아니라, 광고대행사가 그들이 투자한 돈에 상응하는 효과를 가져왔는지 커뮤니케이션 캠페인 평가를 통해 대행사의 업무능력과 설정된 목표를 달성 여부를 측정한다.

하지만 이와는 다르게, 광고 실무자들은 소셜 미디어나 PR처럼 너무나 빠르게 시장 환경이 변화고 있어 충분히 시간을 갖고 주의 깊게 목표를 세울 시간이 없다고 하소연한다. 이러한 변명은 전략 개발이 부족할 때도 종종 말해진다. 하지만, 이러한 목표단계를 무시하고 다음 단계로 넘어가면 실패한 캠페인으로 이끄는 지름길이 된다. 캠페인을 진행함에 있어 여러 다양한 파트가 어떻게 조화를 이룰지에 대한 이해 없이도 직관에 의해 그럴싸한 광고를 만들 수도 있겠지만, 전체 과정을 이해한다면 성공적인 광고를 만들어낼 가능성이 한층 높아질 것이다. 이러한 것은 비즈니스 세계에서는 쉽게 얻기 힘든, 교육에서 얻을 수 있는 혜택이라고 하겠다.

목표 시장이 결정되고 나면 그 다음 단계는 기회 요인을 목적으로 전환시키는 것이다. 목적 설정은 모든 캠페인에서 핵심적 의사 결정 중 하나이며, 가장 어려운 일 중 하나이다. 첫째, 기획 담당자는 광고나 다른 형태의 커뮤니케이션이 매출에 어떤 도움이 되는가를 결정해야 한다. 브랜드 인지도를 증가시키는가? 이미지를 바꾸는가? 제품의 작동법에 관한 소비자의 이해를 어떻게 증가시키는가? 다음 단계로는 인지도, 이미지 변경, 소비자 이해가 현 상황에 바람직한가를 정할 수 있도록 좀 더 구체적이어야 한다.

대부분의 기업가는 광고 목적이 제품을 판매하는 것이라고 생각한다. 그들은 비록 광고의 최종 목표가 판매를 창출하는 것이지만, 이 목표를 달성하기 위해서는 그 이전에 소비자의 마음속에 어떤 정신적 영향을 불러일으켜야 한다는 점을 인식해야 한다. 이런 중간 단계의 목표는 어떤 브랜드에서는 인지도를 높이는 것일 수도 있고, 어떤 브랜드는 소비자의 태도를 바꾸거나 이미지를 업그레이드시키는 것일 수도 있다. 중간 단계의 목표는 종종 커뮤니케이션 효과라고 불린다.

경기에서 지고 있는 선수들을 중간 휴식 시간에 라커룸으로 데리고 들어가는 축구 코치에게서 비슷한 점을 찾을 수 있다. 코치는 선수들에게 "더 열심히 해라", "집중해라"고 말할까? 대부분의 코치는 이런 진부한 말로 동기를 부여하는 것은 지나치게 긴장해 있는 팀에 역효과를 초래할 수 있다는 사실을 잘 알고 있다. 코치는 일단 선수들이 라커룸에 들어오기 전의 상황을 완벽하게 분석하고 있어야 한다. 만일 패스가 충분히 이루어지지 않은 것이 기본 문제라면 어떻게 해야 그 상황을 극복할 수 있는지, 왜 그렇게 해야 되는지를 결정할 필요가 있다. 공격이 너무 단순한 것은 아닌지, 상대 수비진이 쿼터백을 차단하는 것을 막아야 할 라인맨이 쿼터백이 충분히 판단하고 공을 던져 줄 시간을 벌어 주지 못하는 것은 아닌지? 코치는 선수들에게 구체적인 사항을 지시해야만 한다.

축구팀 문제를 해결하는 방법은 광고캠페인 목적을 세우는 것과 비슷하다. 즉, 광고를 통해 다양한 목표를 달성하려고 노력하지만, 한 가지 목표 달성만으로 축구 경기에서 승리하거나 판매를 보장받는 것은 아니다.

목적을 설정하면 또 다른 문제가 발생한다. 목적을 측정하는 것 이외에 목적을 연구하고, 결정하고, 작성하는 과정은 많은 시간이 걸린다. 어떤 사람은 구체적인 목적을 세우면 책임이 너무 커진다고 염려한다. 목적을 설정하고 작성하는 과정은 매우 어렵다. 경영진은 매출 확대, 인식 고취, 이미지 개선, 판매의 우위 확보 외에도 무엇인가 더 말하고 싶어 한다. 목적 설정을 이해하는 데 따르는 문제점은 의미의 혼란(semantic confusion) 때문이지만, 대부분의 어려움은 목적 설정의 여러 가지 원칙을 부적절하게 이해하기 때문이다. 다음에 설명할 내용은 목표에 따른 관리(MBO)에 대한 조지 오디온(George Odiorne)의 고전적 연구를 참조한 것이다.[5]

목적의 정의

목적은 행동의 결과, 즉 성취하기를 기대하는 모든 것이다. 목표에 따른 관리(MBO) 용어를 보면 목적은 효과의 기준이 된다. 광고나 마케팅 캠페인에서 크리에이티브 아이디어를 포함한 모든 전략과 전술은 특정 결과를 달성하기 위해 기획된다. 비록 어떤 사람은 그 결과를 목적이라고 부르지 않지만, 그 결과는 목적이다. 어떤 사람은 목적(objective)과 목표(goal)를 구별하여 사용하지만, 이 책에서는 '바람직하고 구체적인 목적'을 의미하는 것으로 구분 없이 사용한다.[6]

목적의 기능

목적을 세우는 이유가 뭘까? 어떤 사람은 이를 위해 시간을 투자하느니 전략이나 아이디어를 구상하는 데 집중하자고 주장한다. 그러나 목적은 사람에게 동일한 종점을 향하도록 방향을 제시하면서 불필요한 우회를 최소화한다. 광고물 제작에 있어 광고의 모든 메시지는 동일한 느낌과 정보를 담아야 하며, 외견상 다양하게 변형된 광고도 동일한 아이디어를 근간으로 해야 한다. 매체 기획에 있어서도 모든 전략과 전술이 광고물이 동일한 청중에게 다가갈 수 있도록 하는 데 초점을 맞춰야 한다.

목적 설정은 목적을 달성해야 할 책임을 맡고 있는 모든 사람에게 무엇을 해야 하는가를 정확하게 전달하는 데 도움이 된다. 논리적으로 목적이 달성되려면, 어떤 문제점이나 문제점의 일부가 해결되는 방향으로 설정되어야 한다. 또한 목적 달성은 기업이 어떤 기회 요인을 갖고 있는지를 알려준다.

그리고 목적은 여러 사람에게 책임을 알리기 위해 설정된다. 목적은 어떤 사람이나 단위 부서의 성과가 어떻게 평가될 수 있는가에 대한 기준이 된다. 생산 분야에서 목적 설정은 장기적으로 확립된 실무적인 일이다. 예를 들어 많은 공장에서 생산 목표(때론 할당이라고 함)는 개인과 부서별로 수립된다. 생산 분야에서 결과물의 산출은 유형적인 항목이므로 목적을 설정하기가 비교적 쉽다.

광고 분야에서는 광고가 매출에 영향을 미치는 여러 가지 변인 중 단 하나의 변인이기 때문에 광고와 매출 간의 직접적인 인과관계를 설정하는 데 어려움이 따른다. 사람은 광고 목적의 본질에 대해 각기 다른 의견을 갖고 있다. 어떤 사람은 목적이 매출과 관련해서 설정되어야 한다고 주장한다. 어떤 사람은 인식이나 태도 변화 같은 커뮤니케이션 효과 측면에서 목표가 정의되어야 한다고 주장한다. 다음에 논의될 사항들은 마케팅을 기획할 때 두 가지 모두가 포함되어야 한다는 것을 보여줄 것이다.

마케팅 목표 대 광고(커뮤니케이션) 목표

비록 우리는 마케팅 목표와 광고 목표가 비슷하게 언급되는 것을 자주 듣곤 하지만, 이 두 가지는 엄연히 다른 것이다. 이들은 각기 다른 소스를 이용하고 다른 목표를 가지고 다른 영역에 영향을 미친다. 전체 계획이 성공을 거두기 위하여, 마케팅 목표와 광고 목표는 연관이 있지만, 분리된 전략을 필요로 한다. 즉, 그들은 다른 것이며, 목표를 달성하기 위해 서로를 도와주는 관계라고 하겠다. 또한, 이들은 매우 다른 방법으로 측정된다.

마케팅 목표는 기업의 궁극적 목표를 구체적인 수치를 이용하여 표현하는 것으로, 주로 순매출 증가, 판매량 증가, 순이익 증가 등으로 표현된다. 다시 말해, 이러한 목표들은 매출 또는 이윤을 직접적으로 언급하고 있으며, 이는 바로 기업의 성공을 평가하는 데 있어 가장 중요한 측정 방법이다. 이러한 목표들은 주로 판매액이나 생산성 보고서를 통해 쉽게 얻을 수 있으나, 제품군이나 계절별로 큰 차이를 보일 수도 있다. 다양한 마케팅 목표들을 예를 들자면, 소매점 방문자 수 증가, 평균 티켓 판매 증가, 평년 성장률 유지, 수익 구조의 다양화, 투자 대비 이윤 증대, 시장점유율 증대 등이다. 날로 중요시되는 온라인 판매를 감안하여, 오늘날 기업들은 마케팅 목표 아래 온라인 목표를 따로 두곤 한다.

- 2014년 12월까지 건강과 미용 부분에 있어 1,400,000개 제품을 더 판매
- 1사 분기까지 남동부 지역에 위치한 매장의 방문객 수를 17% 증대
- 신학기 시즌 동안 평균 3개의 제품 더 팔기
- 적어도 8%의 연 성장률을 달성하기
- 올 회계연도까지 33% 웹 트래픽 증대하기

마케팅 목표는 광고주가 정하는 것으로 주로 브랜드 매니저가 정하는데 그들의 주요 목표는 브랜드 전체의 번영이다. 브랜드 매니저의 역할은 전략적으로 마케팅 믹스(4P's: product, price, place, promotion)를 활용하여 기업의 성장과 관리의 목표를 가장 효과적, 효율적으로 이루어내는 것이다. 브랜드 매니저는 다음과 같은 질문을 해야만 한다. 기

대하는 효과를 내기 위해서 어떠한 요소들을 이용해야 하는가? 품질 개선? 제조 공정의 현대화? 가격 조정? 유통망의 확대?

또한, 누구에게, 무엇을, 어디에다 제품을 알려야 할 것인가라는 프로모션도 중요한다. 마케팅 믹스의 네 번째 'P'는 프로모션(promotion)으로 바로 광고가 활동하는 부분이다. **광고** 혹은 오늘날에는 좀 더 넓은 의미에서 일컬어지는 **커뮤니케이션 목표는 구체적인 목표 수용자를 대상으로 수립되고 광고캠페인의 결과를 측정할 수 있어야 한다.** 이러한 목표는 일반적으로 커뮤니케이션 효과로 측정되는데, 인지, 회상 등이 있다. 본질적으로 광고주는 소비자의 태도나 행동에 영향을 미치기를 목표로 한다. 이러한 목표는 궁극적으로 제품 판매를 위해 소비자들을 구매 고려 단계로 움직이려는 생각이다. 하나의 커뮤니케이션 캠페인의 목표는 광고대행사(또는 PR, 프로모션 대행사)에 의해서 만들어지며, 항상 광고주의 마케팅 목표를 달성하기 위해 연관된다. 광고 목표와 마케팅 목표는 연관되어 있으며, 목표들 달성하기 위해 서로 돕는 관계에 있다.

아래의 예시는 구매 과정에서 일어나는 전형적인 단계들이다. 제품군에 따라서 다를 수 있다는 것에 주의하라. 예를 들어, 사탕 자판기에서 의미하는 'trial'은 사탕 하나를 구입하는 것을 의미하지만, 자동차 대리점에서의 'trial'은 시험주행을 위해 대리점을 방문하는 것을 의미한다. 전자는 판매 목표를 달성했지만, 후자는 그렇지 못하다. 저관여 제품, 특히 식품매장에서 진열되어 있는 먹음직스러운 음식인 경우에는 소비자의 구매결정 과정이 짧고, 몇 단계를 뛰어 넘어, 인지부터 구매까지 바로 연결될 수도 있을 것이다. 고관여 또는 중요한 제품 결정에 있어서는, 이러한 구매결정 단계는 복잡해지고 많은 시간을 필요로 할 것이다.

구매 과정에 따른 적합한 목표 설정

1차 조사를 수행하고 목표 시장을 세분화할 때, 여러 단계의 구매 사이클 중 잠재 고객이 속한 위치를 파악하는 것은 무엇보다 중요하다. 목표는 그들이 현재 속해있는 단계에 따라 직접적으로 연관되어야 하기 때문이다. 어떤 특정 단계에 목표 고객을 단순히 머무르도록 하는 캠페인은 비효율적이므로 계속해서 그들을 다음 단계로 옮겨가도록 만들어야 한다. 가장 최악의 경우는 이전 단계로 후퇴하거나 한 단계를 지나는데 오랜 시간이 걸리는 것이다. 스스로에게 물어봐라. 목표 고객이 제품의 존재를 알고 있는가? 정확히 어떤 제품인지 이해하고 있는가? 만약 그렇지 못하다면, 그들에게 새로운 제품을 알릴 수 있는 목표를 설정하는 것부터 시작하여야 한다. 반면 이미 시장에서 잘 알려진 제품이라면, 캠페인의 목적은 브랜드 태도를 강화시키거나 소비자의 최종 구매리스트에 포함시키는 것이 될 것이다. 또한 목표고객이 제품에 대한 지식은 상당히 높으나 구매를 아직 하지 않고 있다면, 제품을 시험 구매하려는 확신을 만들어내는 것이 목표가 될 것이다. (주요 포인트: 커뮤니케이션 목표에 판매라는 용어를 쓰지 마라. 그러한 것은 브랜드와 관련이 있고 마케팅 목표에서 다루어진다. 만약 소비자의 행동에 영향을 미치려 노력한다면, 구매 의도, 시험 구매, 반복 구매, 사용량 증대와 같은 단어를 사용하라.) 광고의 궁극적 목표는 브랜드를 사용하는 소비자들의 충성도를 만들어내는 것이다.

예시

- 인지(제품이 존재하고 있다는 사실을 알려라)
- 이해(제품의 속성이나 장점을 이해시키는 것에 집중하라)
- 지각(브랜드나 브랜드 혜택에 관한 태도를 형성하거나 브랜드 개성 또는 이미지를 가꾸어라)
- 선호(제품 구매 고려군에 포함되도록 하라)
- 구매 의도(구매행동을 확신시키도록 노력하라)
- 시험 구매(첫 구매를 유발하라)
- 반복 구매(재구매를 촉진하라)
- 사용량 증대(사용량 증대를 촉진하거나 새로운 또는 다른 방법으로 제품을 사용하는 것을 유도하라)
- 브랜드 충성도(오랜 시간동안 지속될 수 있는 관계를 형성하거나 유도하라)

이 장의 후반에서는 커뮤니케이션 목표를 세우는 정량적인 방법에 관하여 논할 것이다. 특히 제품이 무엇인지 또는 제품에 존재 사실을 단순히 알리는 것보다 소비자의 습관을 바꾸는 것이 얼마나 어려운 것인지 느끼고 기억하는 것이 중요하다. 따라서 구매 사이클에서 한 단계 한 단계 나아갈수록 캠페인이 영향을 미칠 수 있는 사람의 숫자는 줄이 들것이리고 예상해야 한다. 예를 들면, 브랜드 인지도를 50%에서 70% 정도 높이겠다는 계획은 쉽게 만들 수 있을 것이다. 하지만 브랜드 충성도가 목표라면 그러한 높은 숫자는 급격하게 줄어들어 아마도 15%에서 20% 정도에 그칠 것이다.

아래는 커뮤니케이션 목표의 몇 가지 예시이다. 앞에서 언급한 마케팅 목표와 매우 비슷한 형식을 지녔지만, 내용 면에서는 큰 차이가 있음에 주목하라. 마케팅 목표는 기업에 영향을 미치고, 커뮤니케이션 목표는 사람들에게 영향을 미친다. 말하자면, 대행사가 커뮤니케이션 목표가 달성하였는지 못했는지의 평가를 내리는 일은 훨씬 더 많은 시간을 필요로 한다. 말하자면, 커뮤니케이션 목표를 달성했는지에 관한 평가는 대행사에 있어 훨씬 더 시간집약적인 노력을 필요로 한다. 브랜드 평가자는 실제 시장에 달려가 1차 조사를 해야 함은 물론이고 때로는 캠페인의 효과를 측정하기 위해 포커스 그룹, 인터뷰, 서베이 등을 실시하여야 한다.

- 2014년 말까지 25세에서 34세의 남성을 대상으로 브랜드 인지도를 70%까지 증가시킴
- 회계연도 말까지 전문직 여성의 35%에게 브랜드 X를 프리미엄 브랜드로 제고시킴
- 2015년 9월까지 10대 청소년을 대상으로 구매의도를 20% 증대시킴
- 4분기 말까지 현재의 고객의 15%에게 브랜드 충성도를 창출시킴

목표 설정

일단 광고캠페인이 달성해야 할 어떤 특정한 효과를 결정했다면, 다음은 기대되는 효과가 어떻게 일어나기를 원하는지 결정하는 것이다. 펩시콜라의 경우 현대적이고 최신유행을 가진 젊은 사고의 사람들이 마시는 이미지를 매우 성공적으로 전달했다. 또한 펩시콜라가 바란 것은 아니었지만 자사의 다른 음료도 이 같은 이미지로 판매되고 있다. 이러한 이미지는 현재 제 역할을 하고 있기에 이러한 커뮤니케이션 과업은 함부로 바뀌어서는 안 된다(기억하는가, 펩시도 판매를 늘리고 싶어 한다). 펩시의 과업은 그러한 이미지를 강화시키는 것이다. 다른 캠페인을 위한 '확립하다', '유지하다', '증가시키다', '변화시키다' 등의 단어는 고안된 캠페인이 이루고자 하는 효과 상태를 나타내는 행동 언어이기에, 커뮤니케이션 과업에 적용될 경우에는 '인식을 높인다', '이미지나 태도를 변화시킨다', '브랜드 선호도를 유지 또는 증가시킨다' 등으로 바뀐다. 또한 '브랜드 신뢰도 또는 선호도를 증가시킨다'와 같은 목표 설정도 가능하다.

[표 4-2]는 일반적으로 쓰이는 커뮤니케이션 효과와 관련 행동 언어를 보여준다.

표 4-2 목적과 행동 언어

원하는 커뮤니케이션 효과	효과와 관련된 행동 언어
인식 (최초 상기) (브랜드) (특정 제품의 품질) (구성 요소) (구성 요소 중에서 빠진 것)	확립하다, 유지하다, 증가시키다.
이해 혹은 해석	확립하다, 유지하다, 증가시키다.
확신 혹은 믿음	확립하다, 유지하다, 증가시키다 혹은 강화하다.
신뢰	확립하다, 유지하다, 증가시키다 혹은 강화하다.
태도	확립하다, 유지하다, 강화하다 혹은 변화시키다.
이미지	확립하다, 유지하다, 강화하다, 변화시키다 혹은 증가시키다.

목표 작성하기

커뮤니케이션 목표는 서면으로 작성되어야 한다. 커뮤니케이션 목표는 의사 결정에 도움이 되도록 단기 · 중기 · 장기 목표를 제공함으로써 커뮤니케이션을 용이하게 만든다. 또한 커뮤니케이션 목표는 캠페인의 효과를 평가하거나 책임의 소재를 명확히 할 수 있는 기준을 제공한다. 목표를 작성하면 그릇된 해석이나 오해의 가능성을 감소시킨다. 직원이 아프거나 출장으로 자리를 비울 수도 있다. 문서화된 목표는 업무가 올바른 방향으로 흐르도록 잡아주는 데 큰 도움이 된다.

목표 작성은 올바른 목표 설정에 기초가 되는 원칙에 대한 철저한 이해를 필요로 한다. 다음 절에서는 목표를 계획하고 작성하는 데 고려해야 할 10가지 기준을 설명하겠다.

마케팅, 커뮤니케이션, 기타 목표 수립을 위한 원칙과 형식

앞에서 언급했듯이, 비록 마케팅 목표와 커뮤니케이션 목표는 다르지만 같은 원칙과 형식을 공유한다. 마케팅 또는 커뮤니케이션 목표 수립 시 아래의 기준을 참조하라.

단위 부서 지향. 목적은 과업을 수행해야 하는 조직의 각 부서별로 설정되어야 한다. 광고에서 과업은 마케팅, 광고, 크리에이티브(메시지), 매체 분야, 판매 촉진이나 PR 등 다른 형태의 마케팅 커뮤니케이션과 관련되어 있다. 비록 한 사람이나 한 부서가 한 개 이상의 분야에 관해 의사 결정을 해야 한다고 하더라도 각 분야별로 개별 목적을 설정하는 게 도움이 된다. 전형적인 캠페인 보고서는 목표를 성취하기 위한 전략과 전술이 있는 한 마케팅, 광고, 크리에이티브, 매체, 마케팅 커뮤니케이션 목적을 포함해야 한다.

어떤 부서가 독립적으로 원하는 결과를 달성할 수 없다면 목적이 그 부서로 설정되어서는 안 된다. 흔히 일어나는 잘못 중 하나는 마케팅 목표와 광고 목표를 혼돈하는 것이다. 예를 들면 'X개의 단위를 판매한다는 것'은 분명히 마케팅 목적이다. 왜냐하면 제품을 판매한다는 것은 광고부서의 통제하에 있지 않은 가변적 요인, 예를 들어 품질, 가격, 유통, 촉진 등 복합적 결과이기 때문이다. 목표 달성을 위해 필요한 과업이 특정 단위 부서의 책임하에 있도록 목적이 설정되어야 한다.

어떤 부서에 속한 구성원은 그 부서의 공헌뿐만 아니라 전체 효과에 대한 공헌까지도 인정받아야 한다. 단위 부서의 지향적 목적을 구체화하는 것은 각 부서의 책무를 제공한다는 점에서 중요하다.

마케팅 기획에 있어서 소셜 미디어는 다양한 플랫폼들이 다르게 기능하기에 플랫폼에 알맞은 목표를 설정하는 것이 중요하다. 소셜 미디어 플랫폼이 주로 PR을 위한 기능을 한다면 PR 목표를, 목표 소비자에게 노출을 위한 플랫폼이라면 광고 또는 매체 목표를 설정하여야 한다. 목표 달성을 위해서는 무엇보다 탄력적이고 일관된 커뮤니케이션 전략을 가져야 한다.

단위 부서 연계. 목표를 향한 모든 노력은 상호연계되어야 한다. 광고캠페인에서 크리에이티브 기획과 매체 기획은 각각 그 자체의 목적을 가져야 하며 양립되어야 한다. 이들 목표는 광고 목적(마케팅 목적과 연결됨)과 직접적으로 연결되어야 한다. 이와 마찬가지로 마케팅 목표는 생산 · 재무 목표와 양립해야 하며, 기업 목표와 직접적으로 연결되어야 한다. 예를 들어 최근 어떤 신생 음료 회사가 신제품을 내놓았다고 하자. [표 4-3]은 그 기업 목표가 광고 목표와 어떻게 연결되어 있는지 설명해주고 있다.

실제 광고캠페인을 실행할 경우, 여러 가지 목표는 단위 부서별로 작성된다. [표 4-3]은 이들 목표가 어떻게 상호연계되었는가를 보여주는 좋은 예제이다. 이런 관점에

표 4-3 목표의 연결

1. 기업 목적: 2006년까지 이익률을 매출의 5%에서 7%로 증가시키기
2a. 재무 목적: 6개월 내로 새로운 생산 설비 건설을 위한 재정을 조달하기 위해 1,000만 달러의 자본 확보
2b. 생산 목적: 1사분기 말에 10만 케이스의 과일 주스를 생산
2c. 마케팅 목적: 연말에 전년도와 비교해 과일 주스의 매출 300% 증가
3. 광고 목적: 2007년 10월 말까지 목표 시장의 최초 인지도가 70%가 되도록 함
4a. 크리에이티브 목적: 캐릭터 JUICE MAN과 과일 주스 간의 연상을 목표 시장에 확립
4b. 매체 목적: 그해 말 목표 시장의 85%에 도달
4c. 판매 촉진 목적: 1사분기 동안 20%의 목표 시장이 경품식 추첨에 참여

서 볼 때, 우리는 광고 목표가 매출액으로 설정되어 있지 않다고 해도 매출과 연계되어 있음을 쉽게 알 수 있다.

단위 부서 간 목표 연계에 있어 두 개 단위 부서가 동일한 목표를 세우는 중복 상황을 피해야 한다. 마케팅 목표와 커뮤니케이션 목표가 모두 매출액 목표로 설정되는 경우 **중복 상황**이 발생한다. 모든 단위 부서가 어떤 특정 목표 설정을 하지 않는 경우에는 **미설정 상황**이 발생하는데, 판매 촉진 목표 설정 시 이런 경우가 종종 나타난다. 마케팅 부서는 광고 부서가 판매 촉진 목표를 세울 것으로 판단하고, 또한 광고 부서는 마케팅 부서가 판매 촉진 목표를 세울 것으로 판단하면 두 부서에서 모두 판매 촉진 목표를 미설정하게 된다. 목표를 설정할 때 중복 설정과 미설정 상황이 발생하지 않도록 부서 간 상호연계가 필요하다.

산출 지향. 많은 목적 보고서가 원하는 결과(산출)보다 투입(input)에 초점을 맞추는 잘못을 저지르고 있다. 즉, 전략이나 전술이 목적과 혼돈되고 있다. 예를 들어 크리에이티브 접근법 중 일부는 전반적인 메시지 전략의 일부로 안전이라는 소비자 욕구를 소구할 수 있다. 투입지향적인 목적(input-oriented objective)은 '브랜드 X를 안전이나 안정을 열망하는 상황과 연상시키는 것'이라고 보고서를 작성하는 반면에, 산출지향적인 목적(output-oriented objective)은 '브랜드 X가안 전한 제품이라는 느낌을 목표 시장이 가질 수' 있도록 보고서를 작성한다. 이 두 가지 보고서는 비슷한 의미를 가지고 있지만, 투입지향적인 보고서는 전략의 일부분인 원하는 결과를 달성하기 위해 취해야 하는 것에 초점을 두고 있다. 반면에 산출지향적인 보고서는 원하는 활동의 결과를 나타낸다. 활동보다 차라리 원하는 결과에 초점을 두는 것은 광고 효과의 더 나은 지표가 된다. 왜냐하면 캠페인 목적은 결과를 달성하기 위한 것이기 때문이다.

시간 제한. 광고캠페인은 항상 특정 기간, 보통 일 년 이내에 완료된다. 일반적인 캠페인은 12개월에서 18개월 동안 수행된다. 캠페인 과정은 캠페인 기간에 다양한 각도에서 검토되어야 한다. 목적은 특정한 날에 특정한 결과가 달성될 것이라는 기대를 반영해야 한다. 예를 들어 '브랜드 X의 과일 음료는 캠페인 3개월 이내에(혹은 특정일에) 목표 시장의 50%가 브랜드를 인지하도록 하는 것'을 광고 목표로 설정했다고 하자. 두 번째 목표는 첫 번째 목표가 달성된 이후 그 다음 3개월 동안 70% 인지도를 달성하는 것으로 설정됐다고 하자. 캠페인은 기간별로 평가되거나 추적되기 위한 기준이 된다. 전년도에 비해 목표로 잡은 기간이 점차적으로 짧아지는 경향이 있는데, 이는 시장 상황이 급격하게 변하기 때문이다.

현실적 목표. 이런 유형의 목표는 지나치게 과대하거나 과소해서는 안 된다. 목표는 무엇보다 이룰 수 있는 것이어야 한다. 어떤 경영자는 달성하기를 기대하는 수준을 넘는 과도한 목표를 세우고 무조건 한 번 해보라고 말한다. 이런 목표는 종종 **과장된 목표**(stretch objecive)라고 불린다. 이런 상황은 단위 부서의 효과를 평가할 때 문제점이 나타날 수 있는 과부하(overload) 상황이다. 비현실적인 목표는 기획 수립자가 원하는 것일 뿐 달성 가능한 것은 아니다. 만일 기업이 광고 예산 규모를 결정하는 데 목표 과업법을 사용한다면, 더 좋지 않은 경우가 발생한다. 왜냐하면 이 방법은 목표를 설정하고 난 후에 그것을 달성하기 위한 매체 비용을 산정하기 때문이다. 비현실적으로 높은 목표는 예산 증가를 가져온다. 과소부하(underload)는 기업이 노력하지 않고도 달성할 수 있는 매우 낮은 수준에서 목표를 설정할 때 나타난다. 비현실적인 목표를 세우면 광고를 통해 소비자에게 정확하게 전달될 수 없다.

공통적 효과. 효과와 관련된 어떤 책임은 대부분의 단위 부서에서 공유한다. 효율적으로 목표 시장을 체계화하고 기획하며 도달하는 책임, 창의적이어야 하는 책임, 최소의 자금으로 최대의 작업을 하는 책임은 모든 부서와 관련된다. 그것은 일할 때 암묵적 기준이 된다. 사용자나 광고주는 종업원이나 대행사가 이 기준을 준수하길 기대한다. 목적으로 이런 기준을 세우는 것은 단지 이런 사항을 명확히 하고자 하는 것이다.

목적의 단순성. 명확히 전달하고 평가를 용이하게 하기 위해 한 가지 결과만 연상되도록 각각의 목적은 보고서에 기록되어야 한다. 예를 들어 메시지 전략은 고객이 '경제성'과 '고품질'을 연상하도록 설정될 수 있다. 이것은 하나의 목적인가, 두 개의 목적인가? 하나의 단일한 목적을 세우면 두 개의 목적 중 절반이 달성되었을 때 일어날 수 있는 혼란을 방지할 수 있다. 문단 형식의 목적이나, 3~4개의 원하는 결과를 나타내는 목적은 어떻게 해서든지 캠페인의 평가 단계에서 분리되어야 한다. 그렇지 않으면 "우리는 여러 개의 목표 중에서 이 부분은 달성했지만, 저 부분은 달성하지 못했다"는 결과 보고서를 얻게 된다. 캠페인의 마지막 단계보다는 시작 단계에서 다면적 목표를 여러 가지 목표로 분리하는 것이 좀 더 현명하고 효율적인 방법이다. 어떤 캠페인은 다음 목표로 옮겨가기 전에 반드시 성취해야 할 커뮤니케이션 목표를 하나하나 단계별로 세우는 '단계별' 접근방식을 활용한다. 예를 들어, 새로 나온 아침 샌드위치를 시장에 출시할 때는 신상품을 많은 소비자에게 알리기 위해 우선 인지율 향상을 위한 캠페인 목표를 설정하고, 높은 도달률을 획득하기 위한 매체를 전략적으로 이용한다. 브랜드 인지도가 어느 정도 높아지면, 좀 더 세분된 촉진 전술이나 공격적인 판매 전술을 이용하여 소비자들의 시험 구매를 유도하는 목표를 설정할 수 있다.

측정 가능성. 목적이 책임을 묻기 위한 것이라면 반드시 측정 가능해야만 한다. 측정에 관한 문제는 목적을 수량화하는 데 따르는 어려움 때문이다. 커뮤니케이션 기준을 측정하는 것은 여전히 부정확한 과학이다. 많은 의사 결정자들은 측정 기술이 취약하면 목표를 수량화하여 측정하는 것이 별 의미가 없다고 생각한다. 그럼에도 불구하고 측정 문제가 너무 어려워 극복할 수 없거나 너무 많은 비용이 들더라도 가능하다면 목표를 수량화하는 것이 좋다. 왜냐하면 수량화된 목표는 캠페인이 흘러가야 할 지침의 의미를 분명하게 보여주기 때문이다.

광고의 주요 의사 결정 분야에서 목적을 수량화하는 것이 가능할지라도, 크리에이티브 분야에서 목적을 수량화하는 것은 이미지, 태도 등 메시지 변인의 주관적 특성으로 인해 별 의미가 없을 수도 있다. 커뮤니케이션과 마케팅 목표 간의 특별한 관계는 자세히 알려져 있지 않기 때문에 카피라이터와 아트디렉터는 조사 부서가 그들의 작업을 평가하려고 할 때 불만을 표시한다. 카피라이터가 수량화된 측정에 집착해 조사에서는 높은 점수를 받았지만 시장에서 성공하지 못하는 광고를 제작한다면 또 다른 문제가 발생한다. 마찬가지로 모든 매체 목표가 계량화될 것을 고집한다면, 불필요하게 창조적인 매체 기획자의 발목을 잡는 경우가 생길 수도 있다(9장 참조).

경험 없는 의사 결정자, 특히 학생들은 순전히 어림잡아 목적을 측정하려고 한다. 만일 경험 없는 평가자가 작업을 한다면 학생들의 미숙한 결정을 옳다고 판단할 수도 있다. 광고 기획 담당자가 기존의 인지도 수준에 대한 정확한 정보를 갖고 있지 않다면, 새로운 인지도 목표를 설정하는 것은 매우 어려운 일이다. 경험이 많아지면 많아질수록 더욱 현실적이고 의미 있는 계량화된 목표를 세울 수 있다.

경험 없는 의사 결정자는 광고 목적을 평가할 때 정확성을 높이기 위해 다음 과정을 참조할 수 있다.

1. 판매량이나 시장점유율을 환산하여 마케팅 목적을 추정하라.
2. 전체 마케팅 믹스에서 광고가 수행해야 할 특정 역할을 결정하라.
3. 적절한 광고(혹은 커뮤니케이션) 목적을 설정하라. 만일 예산이 설정되어 있지 않다면, 목적을 달성하기 위해 어느 정도 비용이 들 것인지(매체 비용을 추정함으로써 측정됨)를 계산하는 문제가 우선되어야 한다. 예산이 설정되어 있다면, 매체 목적을 달성하는 데 드는 비용과 예산 규모를 비교해야 한다. 이때 차이가 있다면, 매체 목적의 일부를 수정해야 한다(혹은 예산 규모를 늘리거나, 감소시켜야 한다).
4. 매체 목적은 광고와 마케팅 목적이 수정된 후, 그에 따라 수정되어야 한다. 대부분의 초보자나 학생들은 최종 목적을 결정하기 전에 여러 번 목적을 수정해야 한다는 사실을 과소평가한다. 사실상 모든 목적은 광고캠페인 기획이 완성될 때까지 계속해서 수정 작업을 하는 상태로 남겨두어야 한다. 기획 작업이 마무리되면 광고 목표는 확고하게 유지되어야 한다.

구체성. 구체적으로 목적을 세우는 것은 부서별로 지침을 제공하는 데 도움이 되고, 부서별 효과를 평가하는 데 기준이 된다. 구체적으로 수량화하지 않고 '증가하다', '최대화한다', '만족시킨다', '극대화하다' 등의 단어를 사용하면 목적이 애매하고, 캠페인을 평가하는 데 문제가 된다. 예를 들어 광고 목표가 '인식을 최대화하는(증가하는) 것'이라면 성공의 기준은 무엇인가? 모든 사람에게, 많은 사람에게 브랜드를 인식시키는 것은 경제적으로 실용적일까? 구체적으로 목적을 작성하게 되면 이 같은 측정 문제가 발생하지 않는다.

비용의 효율성. 목적은 달성 가치가 있다는 전제하에 기획되어야 한다. 커뮤니케이션 기준 달성을 판매와 연관시키는 데 어려움이 있기 때문에 목표 달성 비용을 간과하기가 쉽다. 만일 어떤 형태의 한계 분석이 사용되지 않는다면, 목표 설정 과정은 여전히 경영진의 판단 결과라는 것을 명심해야 한다. 어떤 목적은 수행하기에 너무 많은 비용이 드는 단점을 포함하기도 한다.

건전한 목적 조사

기획 단계나 목적을 작성한 이후에는 각 목적에 대해 [표 4-4]에 수록된 질문을 하면서 목적 작성이 잘 되었는가를 확인하는 것이 바람직하다.

임팩트의 차이–통합된 전체 대 개별적 활동

나날이 변해 가는 마케팅 상황과 촉진 환경은 통합적 커뮤니케이션 캠페인이 풀어야 할 도전이다. 예전에 많이 실시된 전국 규모의 광고캠페인은 주로 전국을 커버하는 대중매체를 통해 실시되었으며, 이로 인한 빈틈을 지역 매체가 보완해주는 형태였다. 판촉, 직접 마케팅, PR은 종종 별개의 영역으로 다루어졌다. 전국적 규모의 광고는 대체로 브랜드를 형성하는 데 이용된 반면에 지역 매체를 통한 광고는 소비자의 즉각적인

표 4-4 목적이 잘 설정되었는가를 평가하기 위한 질문

1. 그 자체로 성취될 수 있는 (마케팅, 광고, 크리에이티브, 매체 등) 기획인가(이것은 단위 부서 지향적인가)?
2. 목적은 또 다른 단위 부서, 분야, 부서의 목표와 연결되는가(단위 부서와의 연계성이 높은가)?
3. 이 문장은 전략적 혹은 전술적인 말인가, 내가 수행하려고 하는 (마케팅, 광고, 크리에이티브, 매체 등) 계획이 있는가(이것은 산출 지향적인가)?
4. 목표를 달성하기 위한 기간이 정해져 있는가(시간이 제한되어 있는가)?
5. 목표가 현실적이며 도달 가능한가, 혹은 그것은 지나치게 과대하거나 과소한 것인가(이것은 현실적 목표인가)?
6. 목적은 모든 (마케팅, 광고, 크리에이티브, 매체 등) 기획에서 기대하는 것인가(공통적 효과가 있는가)?
7. 목적이 너무 복잡한가, 더 많은 단순한 목적으로 분리할 수 있는가(목적이 단순한가)?
8. 목적을 측정할 수 있는가(측정 가능한가)?
9. 목적이 구체적인가?
10. (마케팅, 광고, 크리에이티브, 매체 등) 목적을 수행하는 데 드는 비용만큼 가치가 있는 것인가(비용 효율성 이 높은가)?

구매를 유도하는 데 사용되었다. 한편 판촉과 직접 마케팅은 가격 정책에 의한 판매 촉발을 이끄는 데 많이 적용되었다. 그러나 현재의 새로운 마케팅 환경에서 기업은 커뮤니케이션 활동을 통합함으로써 각각의 요소가 개별 목표를 갖고 있음에도 불구하고 소비자에게 빈틈없이 일관된 판매 메시지를 전하고 있다. 이런 방식은 다양한 커뮤니케이션 활동을 용이하게 조정하도록 만들었다. 왜냐하면 관련된 모든 분야가 동일하거나 연관된 목표에 초점을 맞춰 일관된 브랜드의 아이덴티티(identity)를 구축하기 때문이다.

그런데 문제는 효과 측정이다. 메시지나 어떤 임프레션을 전할 때 전통적 접근법과 새로운 접근법이 혼용되고 있으며, 또한 다양한 방법이 밀접한 목표와 맞물리게 됨으로써 이들 중 어느 하나의 커뮤니케이션 활동이 전체 목표에 미치는 인과관계를 밝혀내기가 더욱 어려워졌다. 물론 직접 메일이나 인터넷 광고의 경우 광고물과 제품 판매를 기호화함으로써 쉽게 그 효과를 측정할 수 있다. 그러나 통합적 캠페인일 경우 담당자는 이들 매체 광고가 브랜드를 강화하거나 성장시키는 데 효과가 있는지 알아보아야 한다. 그래서 배너 광고의 클릭 수나 직접 메일에 의한 판매가 기획된 목표에 맞지 않는다고 해서 이들 활동을 간단하게 실패로 치부할 수는 없다. 개별적인 이들의 촉진 활동을 함께 묶어내는 효과는 단순히 여러 활동을 산술적으로 합한 것 이상의 시너지 효과를 낼 수도 있다. 통합적 캠페인의 시너지 효과는 브랜드 아이덴티티처럼 간접적일 수도 있고, 판매 증진이나 클릭 수처럼 즉각적일 수도 있다.

목표 설정과 근시안

눈에 보이는 판매량 효과를 측정하는 것이 보이지 않는 커뮤니케이션 효과를 측정하는 것보다 훨씬 쉽다는 것은 명백하다. 또한 대부분 캠페인의 궁극적인 마케팅 목표는 더 많은 돈을 버는 것이다. 하지만 모든 광고 목표가 이러한 실적 중심의 목표를 가질 필요는 없다. 광고주를 달래기 위해 항상 구매목표에만 전념해야 한다는 생각은 잘못된 생각이다. 통합 마케팅의 목적은 장기적인 안목에서 브랜드 아이덴티티와 명성을 구축하는 동시에 이윤을 창출하는 것이다. 강하고 성공적인 브랜드는 최종 구매시점에서만 소비자와 연결되는 것이 아니라 여러 다양한 단계에서 그들과 관계를 맺고 있다. 1장에서 언급했듯이, 모든 것들이 고려되어야 하는 오늘날 시장상황에서 성공적인 브랜드는 브랜드 커뮤니티를 만들고, 소비자들의 자발적 참여를 유도하여 많은 시간을 그들의 브랜드와 보내게 하는 다양한 유형의 효과를 얻기 위한 목표를 설정한다.

쉽지 않은 이러한 목표를 이루기 위해서는, 태도적, 행동적 목표가 동시에 수립되어야 하며 진행상황은 정기적으로 평가되어야 한다. 캠페인 목표에 대한 고려의 폭은 전체 캠페인이 달성하고자 하는 효과의 폭만큼 커야 한다.

대행사 보상, 책임, 투자자본수익률(ROI)

많은 기업이 자사의 커뮤니케이션 프로그램의 효율성을 높이기 위해 광고대행사 등 커뮤니케이션 활동에 대한 책임을 구체적이고 표준화된 방식으로 설명할 수 있는 외부 회사를 이용하고 있다. 많은 기업이 점차적으로 구체적 목표를 정하고 외부 회사가 그 목표를 달성하면 이를 보상해주는 식의 계약을 맺고 있다. 제네럴 모터스의 경우 이런 방식의 계약을 관련된 모든 대행사와 체결하고 나름대로의 활동 평가 기준(performance-based standard)을 요구하고 있다.[7] 이런 경향은 마케팅 매니저보다는 구매부서 등 가격에 대해 민감한 측면에 의해 야기되고 있다. 특히 수익성이 단기적으로 주가에 미치는 영향을 항상 신경 써야 하는 최고 재정 중역(CFO: chief financial officer)의 입김이 크게 작용하기 때문에 기업 매니저는 재정 관리 분야의 압박을 받고 있다. 그 결과 기업은 마케팅 커뮤니케이션에 대한 투자를 꼼꼼하게 살펴보게 되어 단순히 커뮤니케이션 목표 달성뿐만 아니라 이 투자가 실질적인 판매 증대와 수익률 상승에 어떤 영향을 주는지 알려고 한다.

투자자본수익률(ROI: return on investment)은 기업에 어떤 목표를 어떤 방법으로 접근해서 얼마나 투자해야 하는가를 우선순위화하는 데 도움을 준다.[8] 이를 측정하려면 문제는 매우 복잡해지지만 고객 관계 관리(CRM) 분야의 측정은 특히 많은 발전을 이루었다. ROI 분야의 접근은 이 책의 영역 밖이지만, 업무 책임이 명확한 목표 설정은 ROI 분야에서 매우 중요한 단계다. 일류 기업의 가장 핵심적인 고려사항이 바로 이것이므로 학생들은 이 방식을 잘 배워두기 바란다.

핵심적인 의사 결정의 재검토

목적이 설정되고 나면 마케팅 커뮤니케이션 전략이 개발될 수 있다. 커뮤니케이션 전략을 진행하기 전에 전략의 명료함과 짜임새를 따져보는 마지막 점검으로 모든 핵심적 의사 결정을 검토하는 것은 때때로 도움이 된다. 이러한 의사 결정 중에서 가장 중요한 것이 바로 목표 수용자의 정의이다. 목표 수용자는 소비자 전체 인구 중에서 단 한 개의 유일한 세분 시장으로 구성될 수도 있고, 제1차 목표 시장, 제2차 목표 시장 등 여러 개의 세분 시장으로 구성될 수도 있다. 이러한 세분화는 기업 제품의 최고 잠재 고객이다.

다음은 목적을 위시한 각각의 개별적 요소에 관한 여러 종류의 의사 결정을 점검하는 것이다. 이 단 계에서 마케팅 목적은 확정적이지만 광고 목표는 여전히 유동적이어야 한다. 매체 전략과 전술이 결정되고 난 이후에 광고 목표가 확정된다. 그러나 이는 목적이 불변한다는 것을 암시하지 않는다. 왜냐하면 새로운 정보에 의해 상황이 바뀔 경우 목적 수정이 불가피하기 때문이다. 비록 심사숙고하여 준비된 프레젠테이션의 경우라도 상황이 바뀐다면 목적도 바뀌어야 한다는 것을 인정할 필요가 있다.

마케팅 목적과 광고 목표는 모두 상황 분석에서 발견된 문제점과 기회 요인을 반영해야 한다. 많은 문제점과 기회 요인 중에서 그 기업의 브랜드와 그 브랜드가 가장 본질적으로 내세울 수 있는 무엇인가와 연계할 수 있는 가치 혹은 자산이 매우 중요하다.

위의 과정이 완료되었다면, 다음은 어떤 캠페인 전략에 집중할 것인가를 전략적으로 초점에 두고 결정해야 할 단계다.

캠페인 진행 체크리스트

이 단계의 캠페인 진행을 위해서는 일반적으로 다음과 같은 사항을 명심해야 한다.

1. 배경 분석을 통해 가장 먼저 도달해야 할 결론은 브랜드의 자산과 가치 정도를 파악하는 것이다.
2. 기업의 문제와 기회를 평가할 때 가장 우선순위에 두어야 할 것은 브랜드 자산(예를 들어 브랜드 육성)을 개발하는 것이다.
3. 브랜드를 성공적으로 육성시키는 광고인의 성공 비결은 문제 해결 능력에 달려 있지만, 이보다 최상의 방법은 문제가 발생하기 전에 예측하는 것이다.
4. 창조적으로 사고하는 사람은 때때로 문제를 기회로 전환한다.
5. 약점을 이용하는 능력은 기발한 생각 이상을 필요로 한다. 이를 위해서는 기업의 내부 자산과 외부 자산을 철저히 분석할 수 있는 능력이 필요하다.
6. 목표를 결정하는 것은 캠페인에서 가장 중요한 단계이므로 모든 배경 정보 분석이

완료될 때까지 성급하게 결정을 내려서는 안 된다.

7. 목표 수용자(혹은 목표 시장)는 여러 가지 방법으로 비춰질 수 있다. 중요한 것은 어떤 잣대가 소비자의 구매에 가장 큰 영향을 미치는가 파악하는 것이다.
8. 어떤 문제를 해결할 것인가, 어떤 기회를 활용할 것인가 결정하는 것은 캠페인 목적의 기반을 형성하는 것이다. 또한 이런 결정은 향후 캠페인의 방향성을 제시한다.
9. 마케팅이나 판매 목표는 커뮤니케이션 목표와 구별되어야 하는데, 커뮤니케이션 목표는 여러 가지 커뮤니케이션 측정 기준에 의해 정해진다.
10. 핵심적인 커뮤니케이션 과업을 밝혀내는 작업은 결과적으로 마케팅 목표의 달성으로 이어지는데, 이 목표는 원하는 효과(인지도)와 효과에 따른 행동(강화)으로 이루어진다.
11. 적합한 원칙에 의한 목표 작성은 캠페인에 참여하는 스태프에게 명확한 방향을 제공하고, 매니저에게 캠페인의 효율성을 평가하는 데 도움을 준다.

미주와 참고문헌

1. M. Heller, "The Great Cookie War," *Madison Avenue* 27 (January 1985), p. 100.
2. F. Warner, "Going Private: Keebler Heads into Private Label after Disastrous 1992," *Brandweek,* 1 February 1993, p. 6.
3. For additional information on opportunity analysis, see Robert J. Hamper and L. Sue Baugh, *Strategic Market Planning* (Chicago: NTC Business Books, 1994), ch. 5.
4. J.F. Engel, M.R. Warshaw, and T.C. Kinnear, *Promotional Strategy: Managing the Marketing Communication Process*, 8th Ed. (Burr Ridge, IL: Irwin, 1994), p. 162.
5. G. S. Odiorne, *Management by Objectives: A System of Managerial Leadership* (New York: Pitman, 1965), p. 204.
6. Some authors, Russell H. Colley in particular, distinguish between an objective and a goal: An objective is general or long term in nature, and a goal is specific or short term in nature. R. H. Colley, *Defining Advertising Goals for Measured Advertising Results* (New York: Association of National Advertisers, 1961), p. 6.
7. Lisa Sanders and Jean Halladay, "GM Overhauls Compensation," *Advertising Age,* 17 March 2003, p. 1.
8. James D. Lenskold, *Marketing ROI* (New York: McGraw-Hill, 2003), p. 114.

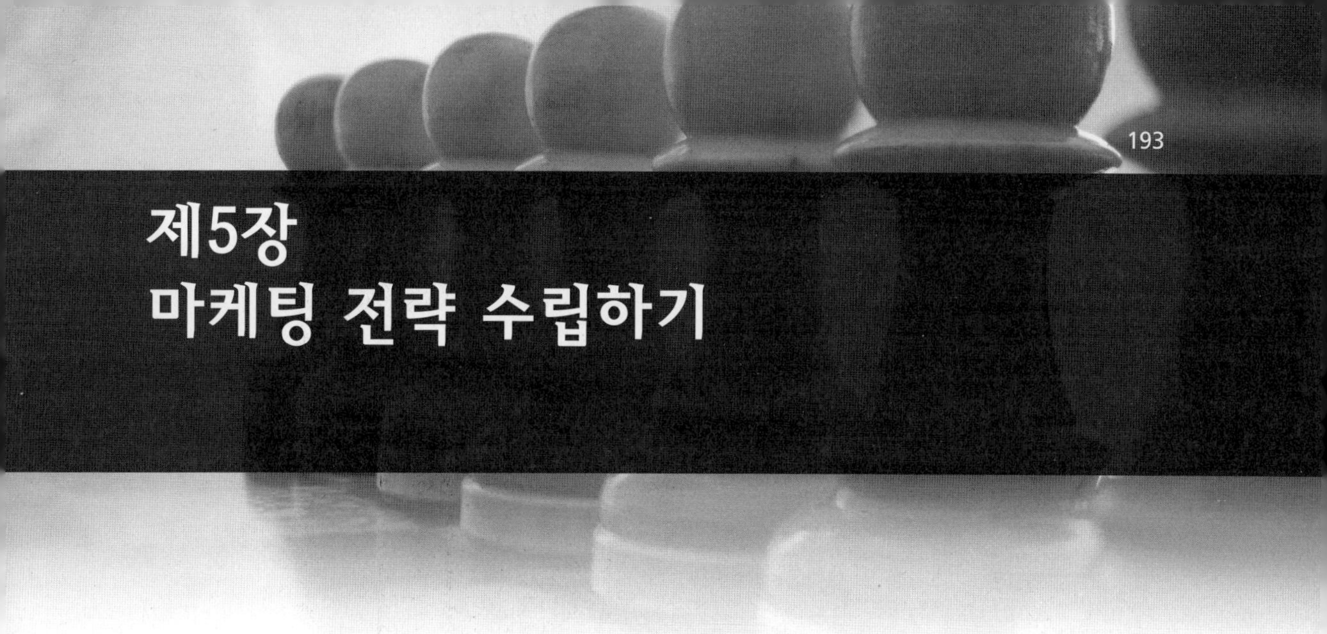

제5장
마케팅 전략 수립하기

만약 이 책을 읽고 있는 동안 어떤 광고캠페인을 기획하고 있다면, 수시로 시장 조사를 업데이트하고, 목표 시장을 명확히 하고, 캠페인 목표를 다시 평가하라. 이러한 일련의 수정 작업은 결코 작업을 더디게 하거나 처음부터 캠페인을 다시 시작해야 한다는 것을 뜻하지 않는다. 비즈니스 세계에서 이러한 수정 작업은 최상의 결과를 도출하기 위해 필요한 세밀한 조정 작업이며 거쳐야만 하는 일반적인 과정의 일부이다.

대부분의 사람은 캠페인 전체를 수정하기보다는 일부분만을 수정하기를 원할 것이다. 처음부터 다시 시작할 필요는 없다. 사실에 근거한 최신의 자료가 충분히 고려되었는지, 캠페인에 영향을 미칠 수 있는 지극히 극단적인 결정이 없었음만을 명확히 하자. 캠페인이 기획되는 동안 많은 예기치 않은 일이 벌어질 수도 있다. 경제상황이 바뀔 수도 있고, 경쟁기업의 괄목상대할 도약이 있을 수도 있고, 천재지변이 있을 수도 있다. 또한 캠페인의 모델로 쓴 유명인이 스캔들에 휘말릴 수도 있을 것이다. 광고에 있어서, 광고주나 소비자가 광고를 보는 순간까지 모든 것은 '진행 중'이며, 심지어 그 이후에 더욱더 많은 변화가 일어난다.

마케팅 대 광고(커뮤니케이션) 전략

전략은 아무것도 없는 진공상태에서 만들어져서는 안 되며, 세심한 주의를 기울인 분석으로부터 만들어져야만 한다. 목표 시장의 프로파일은 빠짐없이 모아져야 하고, 시

5장은 TV 광고, 소셜미디어, 엔터테인먼트 마케팅 전문가인 조안 앤더슨(JoAnn Anderson)이 부분적으로 집필했으며, 그녀는 현재 뉴욕 CNN에서 디지털과 소셜 미디어가 브랜드의 가치를 증가 또는 발전에 미치는 영향에 대한 연구를 평생 동안 해오고 있다.

장을 꿰뚫어보는 통찰을 통한 목표가 설정되어야 한다. 면밀한 상황 분석을 한 다음에 문제와 기회가 규명되어야 하고, 기획에 착수하여야 한다. 다음 단계로 어떻게 현실적으로 목적을 이루어낼지 생각하여야 한다. 전략은 브랜드에 경쟁사 비교 상대적인 이점을 부여하고 명확히 하는 모든 행동이라고 할 수 있다. 전략은 자연스러운 일반적인 것으로 캠페인의 모든 단계에서 일어난다. 좋은 전략은 유연하고 소비자와 경쟁자의 반응을 예측한다.

앞 장에서 언급했듯이 마케팅 목표와 커뮤니케이션 목표에는 뚜렷한 차이가 존재한다. 두말 할 필요없이 성공적인 캠페인이 되기 위해서는 두 가지 모두 필요하다. 목표를 이루어내기 위해서는 강한 마케팅 전략과 잘 짜여진 커뮤니케이션 전략에 관한 아웃라인이 필요하다.

마케팅 전략: 마케팅 목표는 광고주로부터 나온다는 것을 기억하라. 마케팅 목표는 주로 판매, 사업 성장, 이윤, 트래픽, 거래, 예약, 이익과 손실 등을 주요한 목표로 삼는다. 마찬가지로, 제품, 가격, 유통, 프로모션 등과 같은 마케팅 믹스(4Ps)에 세심한 주의를 기울여야 한다. 목표를 달성하기 위해 기업은 제조 공정이나 자재들을 개선할 수도 있고, 재고량을 조절하거나 제품의 품질을 향상시킬 수도 있다. 제품 가격의 조절을 통해 기업은 비용을 줄이고, 이윤을 증가시키고, 소비자들을 유혹할 수도 있다. 제조업자로부터 시작하여 도매상, 물류센터, 소매상, 세일즈맨을 거쳐 최종적으로 소비자에게 이르기까지의 유통구조를 개선함으로써 보다 손쉽게 소비자들이 제품을 구입하거나 독점적으로 공급하는 등의 다양한 목표를 달성할 수 있다. 마지막으로, 마케터들은 세분된 목표 시장과 소통하고 설득하기 위해 광고, 홍보, 촉진, 직접 판매, 판매 영업 등과 같은 다양한 프로모션을 수행할 수 있다.

광고주의 자료나 기존의 사례 연구가 있다면, 위에서 언급한 마케팅 요소들을 어떻게 가치 있는 사업 제안으로 만들어낼지 사려 깊게 고려하고 신중히 실행하여야 한다. 때때로 이러한 제안들은 말 그대로 엄청난 비용을 필요로 할 수도 있다. 따라서 비용에 대한 고려 없이 함부로 로고를 바꾼다든지, 제품을 개선한다든지, 가격을 조정한다든지, 대대적인 유통구조를 개선하는 일들은 하지 말아야 한다. 철저한 조사가 수반되지 않은 어떠한 제안도 해서는 안 된다.

커뮤니케이션 전략: 마케팅 전략과는 달리 커뮤니케이션 전략은 마케팅 믹스의 '프로모션'의 하나로 광고대행사에 의해서 만들어진다. 커뮤니케이션 전략은 비즈니스 대 비즈니스(B2B)이든 비즈니스 대 소비자(B2C)이든 간에 최종 이용자의 태도나 행동에

영향을 미치는 것을 목표로 한다. 따라서 **커뮤니케이션 전략**은 캠페인의 방향과 메시지가 소비자에게 전달되는 방법에 중점을 둔다. 하지만 이러한 전략은 단순한 크리에이티브나 매체 결정 이상의 것을 필요로 한다. 즉, 잘 만들어진 커뮤니케이션 전략을 위해서는 다른 여러 전략과의 조화를 필요로 한다. 이 밖에도 자금, 경영, 커뮤니케이션 노력의 평가 등이 요구되고, 캠페인의 모든 단계에서 전략적 사고를 필요로 한다.

광고 효과의 극대화를 위한 방법

모든 사람들에게 효과적으로 광고를 전하는 방법은 오직 한 가지만 있지 않다. 다양하고 예측하기 어려운 소비자들과 복잡한 시장 환경을 고려하면 놀라운 것도 아니다. 이러한 현실에서 어떻게 목표를 성취할 수 있을까? 정답을 말하자면 그때그때의 목표에 달려있다고 하겠다. 모든 전략은 같을 수 없고, 각기 다른 도전 과제를 가지고 있다. 새로운 제품을 출시하는가? 오래된 브랜드를 젊게 만들려고 하는가? 따라서 광고인들은 보통 "우리 광고에 대부분의 목표 소비자가, 대부분의 시기에 반응할 때"라고 생각한다면 만족해한다.

고전적 접근 방식 대 브랜드 구축

판매원은 소비자가 원하는 물건을 가지고 있으면 쉽게 팔수 있다는 것을 안다. 그렇다면 최상의 접근법은 잠재 고객에게 팔고자 하는 물건이 그들의 라이프스타일이나 열망하는 것을 가져다 줄 수 있다는 것을 말하면 된다.

예전에 광고 교육의 아버지라고 일컬어지는 샌디지(Sandage) 교수는 광고의 본질을 논하면서 '중간인(middleman)'이라는 용어에 대해 언급했다. 그는 광고를 상품과 서비스를 팔고자 하는 기업과 상품과 서비스를 구매하여 혜택을 얻고자 하는 개인을 연결해 주는 매개체라고 말했다. 따라서 광고는 소비자의 수요와 욕구를 환산하여 광고하려는 대상(제품, 서비스, 아이디어)이 이들의 욕구를 충족시켜 주는 속성으로 해석하는 기능이 있다.[1] 광고에 대한 이러한 정보직 접근법은 이 책의 앞 장에서 논의되었던 브랜드와 소비자와의 사이에서 상호의 필요에 적합한(fit) 것으로 이해한 샌디지의 제안에 근거를 둔다. 간단하게 말하자면 브랜드의 속성과 혜택이 어떻게 소비자의 욕구와 필요에 부합되게 할 것인가, 어떻게 광고는 이러한 만족을 전달할 것인가라는 것이다.

이러한 관점에서 보면 광고의 기능은 소비자를 교육시키는 것이면, 이것이 잘 수행된다면 광고는 설득적일 것이다. 좋은 광고와 그렇지 않은 광고를 구분짓는 것은 소비자의 주의를 끌고, 흥미를 유발시키고, 신뢰를 심어주고, 오랫동안 기억에 남도록 하는 광고의 능력이다. 나아가 고전적 접근법은 좋은 광고의 필수 요소로 상당량의 크리에이티브티를 요구한다. 다시 말해, 고전적 접근법은 매우 직설적이고 단순해 보이지만, 실행은 훨씬 어렵다는 것이다. 좀 더 주의를 끌고, 좀 더 설득적이고, 좀 더 기억에 남는, 다시 말해 가장 혁신적이고 적합한 크리에이티브티를 보여주는 캠페인을 만들 것을 요구한다.

소비자가 무엇을 중요시 하는가에 따라 광고는 제품의 물리적 측면 또는 소비자가 제품 소비로 얻을 수 있는 심리적 측면 모두에 초점을 둘 수 있다. 고전적 판매 접근법은 잠재 고객에게 제품 사용으로 얻을 수 있는 편익을 말하는 것이다. 만약 제품 사용으로 얻을 수 있는 편익들이 정말로 소비자가 필요 또는 원하는 것이라면 판매는 쉽게 이루어진다.

고전적 접근법이 예전처럼 효율적이지 못한 이유

사실 오늘날의 많은 광고는 고전적 접근법을 따르지 않는다. 여기에는 여러 가지 이유가 있겠지만 공통적으로 거론되는 몇 가지 이유는 아래와 같다.

너무 많은 제품 간의 유사성. 제품 사용으로 소비자의 욕구를 충족시킬 수 있다는 소비자 편익을 강조하는 고전적 접근방식은 요즘처럼 같은 제품군에서 주요 브랜드 간의 차이점을 발견하기 힘들 때는 그다지 효과가 없다. 치약, 빵가루, 세재, 전자제품, 진통제 등의 제품군에서 제품 간의 차이를 찾기란 쉽지 않다. 오늘날 정말로 차별화된 제품은 드물다. 새로운 제품이 시장에 출시되면, 경쟁자는 곧바로 비슷한 제품을 내놓는다. 크레스트(Crest) 치약과 콜게이트(Colgate) 치약, 던칸 하인즈(Duncan Hines) 케이크 믹스와 베티 크로커(Betty Crocker) 케이크 믹스, 타이드(Tide) 세제와 치어(Cheer) 세제, 아이패드(iPad)와 서페이스(Surface) 등이 좋은 예이다. 소비자에게는 단지 비슷한 편익들을 제공하는 비슷비슷한 제품들로 느껴지기에 소비자는 제품 구매 시 '이 제품이나 저 제품이나 똑같지 않겠어?'라고 단순히 생각한다.

너무 많은 광고. 오늘날 소비자는 광고의 범람 속에 살고 있다. 정보의 홍수 속에서 소비자는 DVR 또는 리모컨을 이용하여 손쉽게 광고를 무시하거나 회피한다. 오늘날의 광고는 초창기보다 훨씬 어려운 일이 되었다. 광고는 좋은 제품을 소비자에게 보여줄 수 있지만, 광고로 뒤덮인 오늘날 매체환경에서는 쉽게 무시당할 수 있다.

너무 많은 약속. 매일 엄청난 양의 광고를 접하는 오늘날의 소비자는 점점 더 영리해지기에 그들을 확신시키는 것은 쉽지 않다. 얼마나 많은 광고가 "당신의 _____"로 시작하는, 소비자에게 전혀 설득적이지 않은 광고 카피를 보내고 있는가? 소비자는 광고에서 말하는 약속과 주장에 대해 냉소적이지는 않더라도 매우 회의적인 것만은 사실이다. "새로운 또는 개선된", "강하면서 부드러운", "원하는 어느 곳에서든" 같이 광고들이 쏟아내는 약속들은 소비자들에게 외면당하기 십상이다. 광고에서 표현된 약속이 진부하거나 진실하지 않으면, 소비자는 그러한 메시지를 무시할 것이다.

예시 브랜드 중심의 선언적 광고 문구들

"아름다워지기 위한 10분" (Revlon)
"레드불은 당신에게 날개를 달아 드립니다" (Red Bull)
"입에서만 녹고, 손에서는 녹지 않는" (M&Ms)
"저 높은 구름에서 만들어진" (Microsoft Windows Server)
"설명 그 이상의" (Krups)
"영감을 움직이는 기술" (Mercedes-Benz)

당신은 광고에서 말하는 이러한 주장들을 믿는가? 아마도 그럴 수 있을 것이다. 하지만 오늘날 문화적 영향력이 기업에서 소비자에게 옮겨간 것과 발맞춰, 많은 기업은 기업 중심의 브랜드나 제품에 대한 과장된 약속을 공언하는 대신, 특별한 소비자들에게 초청장을 보내든지, 그들의 사고방식을 이해하고 브랜드 커뮤니티에 참가하기를 독려함으로써 소비자를 브랜드의 일원으로 끌어들인다.[2]

예시 소비자 중심의 광고 문구들

"당신의 모든 감각을 맘껏 즐기세요" (Clairol Herbal Essence)
"색깔있는 당신, 함께 해요" (Yellow Tail)
"행복을 오픈하세요" (Coca-Cola)
"당신이 여기 있을 때, 당신은 가족입니다" (Olive Garden)

스타벅스(Starbucks), 홀푸드(Whole Foods), 룰루레몬(Lululemon), 노드스트롬(Nordstrom)과 같이 오늘날 성공한 많은 브랜드는 이러한 광고 문구조차 더 이상 사용하지 않는다. 천편일률적으로 똑같은 거창한 브랜드 캠페인을 전개하는 대신, 제각기 다른 소비자에게 적합한 다양한 브랜드 이미지와 브랜드 아이덴티티로 그들이 원하는 약속을 제공하는 유연한 브랜딩 철학(flexible branding philosophy)[3]을 구현하기 위해 노력한다.

브랜드의 소비자 구애

넘쳐나는 광고와 비슷비슷한 제품들 속에서 브랜드를 돋보이게 하기 위해 많은 광고인들은 뛰어난 크리에이티브나 테크닉을 사용하는 비전통적인 접근 방식으로 브랜드와 소비자들과의 드라마틱한 관계를 맺는다. 다시 말해, 오늘날 광고인들은 그들의 목표 소비자와 만나 연애를 하는 데 시간을 투자한다.

소비자의 관심과 사랑을 받으며 궁극적으로는 충성적인 고객으로 만들기 위한 기업의 노력은 일상에서 구혼자가 사랑을 구애하는 것과 여러 공통점이 있다. 연인들만의 연애사가 있듯, 기업과 소비자의 친밀한 관계는 소비자와 함께하며 만들어진다. 연애와 마찬가지로 소비자와의 지난 과거들은 쉽게 지워지거나 잊히지 않는다. 소비자와 어느 정도 단계까지 관계를 발전시켰는지에 달려 있겠지만, 기업은 소비자를 구애하기 위한 이전의 노력을 간과해서는 안 된다. 비록 이러한 비교가 기본이 되겠지만 모든 커뮤니케이션 상황에서 항상 적용되진 않는다. 원작 《화성에서 온 남자, 금성에서 온 여자》에서 유추한 존 그레이(John Gray)의 '연애의 5단계'는 소비자와 좋은 관계를 맺기를 소망하는 이에게 가이드라인을 제공한다.[4]

1. **매력**(attraction) = **인지**(awareness) & **이해**(comprehension)

연애의 처음 시작에서 가장 중요한 것은 파트너의 관심을 끌고 흥미를 유발하는 것이다. 서점에 있는 카페에서의 자기소개나 온라인 데이트 사이트에서의 윙크는 서로의 관심사에 관한 대화를 유도하고 나아가 관계를 진전시키는 원천이 된다. 비슷한 배경, 비슷한 가치관, 비슷한 열정 등은 대화를 시작하기 좋은 소재가 된다. 연애와 마찬가지로 브랜드 역시 먼저 소비자의 호기심을 유발시키고 서서히 제품과 제품의 편익에 대해서 이해시켜야 한다.

2. **궁금증**(uncertainty) = **흥미 또는 필요/욕구 유발**(establishing interest or need/want)
   일단 호기심이 일어나면 알고 싶은 갈망이 시작된다. 관계 시작단계에서 이러한 궁금증의 간지러움은 더 없이 즐거운 느낌이 된다. 이 사람이 그토록 찾던 사람일까? 서로의 장점이 서로에게 이로울까? 정말 어울리는 커플일까? 다음에 무엇을 하고 어떤 말을 할까? 꼬리에 꼬리를 질문으로 하루 종일 머릿속이 가득할 것이다. 마찬가지로 브랜드는 소비자들이 갈망하는 라이프스타일에 딱 맞는 것을 제공하여야 한다.
3. **특별함**(exclusivity) = **함께하는 경험**(shared experience)
   상호 필요와 흥미를 만든 다음 연애 단계는 함께 할 수 있는 장소나 경험을 만드는 것이다. 그들만의 사랑스러운 이야기를 나눌 수 있는 커피하우스나 동거할 수 있는 집으로 이사를 하는 것처럼 그들의 관계에 특별한 도움이 되는 장소를 결정하는 것으로부터 시작할 수 있다. 또한 해외여행처럼 함께하는 경험을 만드는 것도 특별한 관계 형성을 위한 좋은 방법이다. 마찬가지로, 가끔 제품을 사용하는 소비자를 좀 더 진전된 관계로 만들기 원하는 기업들은 소비자가 적극적으로 참여하여 브랜드를 경험할 수 있는 기회를 제공해야만 한다. 오프라인이나 온라인에 상관없이, 사용자가 초대되어 참여하고 느끼고 제품에 대하여 조언하고 상호 대화하고 심지어 제품을 직접 개발할 수 있는 기회를 제공하여야 한다. 공유된 경험은 브랜드 관계에서 상호 주인정신을 이끌어낸다.
4. **친밀함**(intimacy) = **브랜드 선호/유지와 감사의 표시**(brand preference/maintenance and appreciation)
   지속되는 연애 관계로의 전환은 앞에서 언급한 단계들보다 많은 시간과 노력을 필요로 한다. 사랑이 쌓여 갈수록 서로에 대한 친밀감과 감사의 표시는 더욱 중요해진다. 즉, 편안한 단계에서는 서로를 의지하게 된다. 이 단계에서 기업은 소비자들의 브랜드 선호를 유지하기 위해 각각의 소비자에게 맞춘 개인 커뮤니케이션에 집중, 소비자들의 행동 하나에 보상 또는 혜택을 줄 수 있는 프로그램계을 이용하여 관계를 지속하는 것이 중요하다.

5. **약속**(engagement) = **브랜드 충성도**(brand loyalty)/**개선**(renewal)/**재개발**(reinvention)**과 재미**(excitement)
오랫동안 유지되는 모든 관계에서 중요한 것은 진부함을 느끼지 못하도록 하는 재미가 있어야 한다는 것이다. 그것은 똑같은 일상생활에 변화를 줄 수 있는 것으로, 외모의 변화도 될 수 있고 커플 간의 사랑을 소통하는 방식이나 표현방식에 변화를 주는 것을 말한다. 단조로움을 깨뜨리는 예기치 못한 순간이나 기쁨이 중요하다. 마찬가지로 오랜 시간동안 영위해왔던 기업들은 절박한 노력 없이는 더 이상 월계관을 차지할 수 없다. 계속해서 소비자와 친밀한 관계로 남기 위해서 기업들은 브랜드 이미지를 업데이트 하거나, 뉴스나 버즈를 생성하거나, 새로운 제품을 개발하거나, 제품의 새로운 사용가치를 더하거나, 소비자의 생활을 보다 윤택하게 할 새로운 가치를 더해 줄 수 있는 콘텐츠 마케팅을 시도하여야 한다. 당연히 이러한 노력은 투자를 동반한 많은 시간과 노력을 필요로 한다.
요약하자면, 오랫동안 소비자와 지속되는 의미 있는 관계를 만들기 위해서는 기업은 부지런하고 계획적이어야만 한다.

다섯 가지 주요 전략적 요소들

모든 마케팅 캠페인의 핵심에는 전략 개발에 기본적 근거를 줄 수 있는 결정들이 있다. 이러한 **전략적 기반**은 아래의 다섯 가지 요소를 구성된다.

1. 판매 주안점의 결정(determining the selling focus)
2. 브랜드 자산 관리(managing brand equity)
3. 메시지 포지셔닝(positioning the message)
4. 목표 시장 설정 및 메시지 전달(targeting and delivering the message)
5. 마케팅 커뮤니케이션 프로그램 지원(funding the marketing communication program)

첫 번째 전략 요소는 **판매 주안점**을 고려하는 것으로, 상황 분석으로부터 시작한다. 만일 제품이 소비자의 욕구를 충족시킬 수 있는 양질의 제품이라면 경쟁자 우위의 이점에 기반을 두어 판매 촉진에 노력을 기울이면 된다. 만약 제품이 경쟁제품과 차별성이 부족하다면, 브랜드 구축에 보다 집중하는 것이 바람직하다. 이러한 전략적 기획을 결정할 때에는 비록 때때로 광고주가 동의하지 않더라도 "나를 위해서 뭘 해줄 수 있어?"라고 질문하는 기존 소비자의 욕구와 비즈니스 목표를 일치시키는 것이 중요하며, 이러한 접점이 바로 판매 주안점이라고 할 수 있다.

명심해야 할 것은 판매 주안점의 유무를 떠나서 항상 브랜드 구축에 대한 노력을 기울여야 한다는 점이다. 두 번째 요소인 **브랜드 자산**에 대한 고려는 커뮤니케이션 전략에 있어 가장 중요한 부분이다. 브랜드가 자산을 잃는다면 그 브랜드는 더 이상 생존하지 못한다. 대부분의 기업광고캠페인은 너무 단기적으로 집행되고 있으며, 단기간 판매증진에만 지나치게 초점을 맞추고 있다. 따라서 경영자는 장기적 관점에서 브랜드 구축의 전략적 중요성에 대하여 배우고 깨달을 필요가 있다. 광고캠페인의 목표는 브랜드 구축과 제품 특성 간의 상대적 중요성을 반영하는 것이다. 그러므로 캠페인 기간에 브랜드 가치가 어떻게 취급되고 운영되는가를 다시 한 번 생각해보는 것은 매우 가치 있는 일이다.

소비자의 마음속 특별한 곳에 브랜드를 자리 잡게 하는 **포지셔닝**(positioning)은 전략적 기반의 세 번째 요소이다. 포지셔닝은 복잡한 시장 내에서 소비자에게 브랜드를 어떻게 생각하고 분류해야 하는지에 대해 초점을 둔다. 식사대용 과자? 시간을 절약하는 기기? 부와 특권의 상징? 일반적으로 브랜드 아이덴티티 또는 브랜드 성격은 만약 브랜드가 사람이라면 그들에게 어떤 사람으로 인식되는지, 나아가 그들의 삶에 어떤 영향을 미치는가에 대한 소비자들의 인식에 영향을 주려하는 기업의 노력을 반영한다.

전략적 기반의 네 번째 요소인 **목표 시장** 결정(targeting decision)은 단기와 장기로 구분될 수 있다. 앞 장에서도 언급했듯이, 목표 시장 세분화는 이윤성, 도달성, 추적가능성에 근거하여 결정해야 한다. 목표 시장은 투자자본수익률을 달성할 있는 충분한 잠재 구매력을 가지고 있어야 하며, 매체를 통하여 효과적이며 효율적으로 도달할 수 있어야 하며, 누구에게 가장 효과적으로 메시지가 전달되었는지 측정 가능하여야 한다.

광고비에 관한 결정은 전략적 기반의 다섯 번째 요소이다. 비록 매우 중요한 요소이기는 하나 이 책에서는 상세하게 다루어지지 않았는데 그 이유는 마케팅 또는 광고에서 만들어지는 결정이기보다는 기업 차원에서 만들어지기 때문이다. 광고/마케팅 커뮤니케이션 예산 대부분이 미리 결정되는 일반적인 광고캠페인 특성 때문이기도 하다. 하지만 이 장의 후반부에서 다루겠지만, 마케팅 예산이 아직 결정되지 않았을 시에는 브랜드의 전년도 판매 실적을 이용하여 현실적인 예산을 세우는 데 유용할 수 있다.

전략은 캠페인이 진행 중이거나 이전 캠페인에서 다음 캠페인을 준비할 기간에도 언제나 중요한 역할을 담당한다. 장기 전략 효과에서 단기 효과를 분리해서 바라보는 것은 단지 판단의 문제일 뿐이다. 장기, 단기 전략 모두 즉시적인 또는 미래의 전략에 심오한 영향을 미칠 수 있다. 다섯 가지 전략적 가반 요소들을 좀 더 상세하게 보기로 한다.

판매 주안점의 결정

캠페인에 있어 **판매 주안점**은 광고주의 사업목표를 포함하는 마케팅 목표와 소비자의 라이프스타일, 욕구, 필요를 포함하는 커뮤니케이션 목표에서 시작된다. 가장 중요한 것은 이 두 가지를 어떻게 가장 효과적으로 조화시키는 것이다.

광고주의 단기적 관심은 일반적으로 판매를 증진시키는 것이다. 판매 촉진을 위해 특별히 고안된 광고의 경우 보통 단기간에 걸쳐 집행되는데, 이를 **거래지향적** 광고(transaction-oriented advertising)라고 일컫는다. 소비자의 수요를 빨리 일으키기 위해 기업은 할인판매, 샘플증정, 쿠폰을 이용하여 시장에서 반짝 붐을 조성한다.

이와 대조적으로, 장기적 관점에서는 브랜드나 기업명에 가치를 더하거나 자산을 고려하는 것에 더 중점을 둔다. 당연히 이렇게 **브랜드를 구축**하거나 **브랜드 자산**을 키워가는 전략은 일반적으로 좀 더 상위 단계의 전략으로 전통적인 이미지 광고뿐만 아니라 많은 시간과 노력을 필요로 한다.

이러한 단기/장기 전략의 구분은 매우 다른 마케팅 또는 광고 전략과 특성있는 전술, 메시지 요소 등을 필요로 하며 각각의 장점, 단점을 가지고 있다고 하겠다.

거래지향 중점(transaction-based focus)

가격(price). 가격(예를 들어 샘플이나 쿠폰 제공)이나 제품의 우수성을 바탕으로 경쟁하는 것은 기업이 장점을 가지고 있을 때 효과적이다. 쓰리프티 렌터카(Thrifty Car Rental), 페이리스 대형 할인신발 매장(Payless Shoes), 수아브 미용 세트(Suave personal care)가 이런 예이다. 그러나 시장은 경쟁적 우위를 상실한 기업에 가혹한 대가를 요구한다. 미래의 시장 상황은 더욱 공격적이고 경쟁적일 것이다. 현재 저가시장의 리더는 미래에는 외국의 저임금 생산으로 무장한 경쟁사에 경쟁력을 잃을 수도 있다.

속성/특성/이익(attributes/features/benefits). 제품의 품질을 바탕으로 한 경쟁도 이에 못지않게 위험성을 내포한다. 많은 제품군에서 1, 2, 3위 톱 브랜드 간에는 품질 면에서 큰 차이가 없다. 한 기업이 혁신적인 제품을 내놓으면 다른 경쟁사는 재빨리 이를 채택하고 유사한 개선 제품을 내놓는다. 또한 혁신적 기업은 개인 브랜드 생산업자(private-label manufacturer)와 경쟁해야 한다. 개인 브랜드 생산업자란 기존의 주요 기업과 유사한 제품을 만드는 회사로, 자사의 개인 브랜드를 붙여 판매하기도 하고, 다른 유통업체에 그들의 브랜드를 붙여 납품하기도 하는 곳을 말한다. 특히 시장이 성숙해질수록, 물리적 특성을 가지고 경쟁브랜드와 차별성을 두는 것은 더욱 어려워진다.

브랜드구축 지향 판매 중점(brand building (demand)-based selling focus)

브랜딩 또는 인지와 연상을 이용한 충성도(loyalty through branding and the building of perceptions and associations). 고객 충성도를 쌓기 위한 첫 번째 단계는 제품에 고유의 브랜드명을 붙이는 것이다. 브랜드는 이름, 용어, 심볼, 디자인 혹은 이들의 조합으로 어떤 제품이 어느 특정 기업에서 나온 것임을 소비자에게 알리고 경쟁사로부터 차별화되도록 한다.[5] 무특정 제품을 특정 브랜드화하는 것은 소비자가 마음속에 무언가를 연계할 수 있는 구체적인 어떤 것을 제공한다. 예를 들어 소니(Sony)를 생각할 때 사람들은 품질을 떠올리고, 노드스트롬은 고객 서비스, 페더럴 익스프레스(Federal Express)는 야간 발송 서비스를 연상한다. 이러한 연계는 일부 어떤 구체적인 품질을 기반으로 두고 있지만, 대부분의 연계가 매우 주관적으로 결정되는 소비자의 인식에 근거를 둔다.

인식은 종종 실재보다 중요하다. 기업은 최고로 맛있는 맥주, 비스킷, 바비큐를 가진 것만으로는 부족하다. 중요한 것은 소비자가 그것이 최고라고 믿는 것이다. 소비자가 이런 결정을 어떻게 내리는가를 밝혀내기란 매우 어렵다. 소비자는 종종 객관적 사실이나 소비자 보고서(Consumer Report) 등 독립적인 제품 평가 결과를 무시하곤 한다. 오늘날에는 브랜드나 제품에 관한 인식들의 상당 부분은 소비자 스스로 그들의 경험을 트윗하거나 블로그에 올려 공유할 수 있도록 하는 소셜 미디어나 온라인 소비자 리뷰에서 기인한다고 하겠다. 긍정적인 브랜드 연상을 구축할 때 바탕에 깔린 생각은 기업이 팔고자 하는 브랜드에 대한 충성도를 높이는 것으로, 이는 오히려 팔고자 하는 제품보다 더 중요한 것이다. 그럼에도 불구하고 궁극적으로 소비자의 필요와 요구를 만족시켜 주는 것은 특정 제품(브랜드)이다.

소비자의 브랜드에 대한 수요를 조정하는 것은 매우 중요한 일인데, 왜냐하면 전략과 전술을 기획할 충분한 시간을 주기 때문이다. 가격경쟁을 피함으로써 기업은 제품 개선, 라인 확장, 제품 개발에 좀 더 많은 것을 투자할 수 있다. 광고는 기업이 자사 브랜드 충성도에 영향을 주는 주요 도구이다. 이 밖에 중요한 수단으로는 제품 품질, 신뢰성, 영업력, 커뮤니티 PR, 기업의 옥외 사인(디지털 광고판 등), 제품의 진열 또는 매장의 외관, 소비자의 불만을 다루는 기업의 역량 등을 들 수 있다.

브랜드 자산의 관리

브랜드명은 가치 또는 자산을 가지고 있으며, 이들 자산은 기업이 사옥을 건설할 때 사용한 회반죽이나 벽돌처럼 매우 중요하다. 투자 자산과 마찬 가지로 브랜드 자산도 관리되어야 한다. 브랜드 자산이란 기업명이나 심벌의 가치—외형적 · 암시적—를 말한다. 기업명과 이에 대한 연상은 소비자가 구매를 결정할 때 큰 영향을 미친다. 소비자는 제품을 구매할 때 물리적인 특성뿐만 아니라 무형의 특성에 의거해 제품을 구매한다. 버드와이저 맥주는 비치우드로 숙성시킨 맥주이지만 그 특성이 버드와이저가 내세우는 '맥주의 왕'이나 클라이데스데일(주로 무거운 짐을 끄는 스코틀랜드산 말, 버드와이저의 심벌인 맥주 배달용 마차를 끄는 데 이용됨)을 연상시키게 하는지는 미지수이다. 이것은 브랜드가 가진 기회 요인이 개발되고 양성되어야 하고, 시장에서 브랜드 위상이 강화되고 보강되어야 하고, 시장에서 브랜드의 입지를 위태롭게 하는 그 어떤 상황으로부터 브랜드를 보호하고 방어함으로써 브랜드를 관리해야 한다는 것을 의미한다.

데이비드 아커(David A. Aaker) 교수는 그의 유명한 저서 《브랜드 자산의 관리(Managing Brand Equity)》에서 브랜드 자산의 토대가 되는 다섯 가지 범주의 무형 자산과 의무에 대해 언급했다.

1. 브랜드 충성도
2. 브랜드명 인식
3. 인지된 품질
4. 브랜드 연상
5. 특허권, 등록 브랜드, 캐릭터, 유통관계 등 기타 자산[6]

브랜드 충성도

브랜드 충성도를 확립하고 강화시키고 증가시키는 것은 아마도 브랜드 자산 관리의 가장 중요한 측면일 것이다. 마케팅에서는 새로운 고객을 확보하는 것보다 기존 고객을 유지하는 것이 더욱 용이하다는 격언처럼 소비자는 일상적으로 단지 습관에 의해 (특히 만족하고 있다면) 제품을 구입하는 경향이 있다. 새로운 고객을 확보하기 위한 비용은 일반적으로 기존 고객을 유지하는 데 드는 비용보다 더 많다. 기존 고객의 입을 통한 홍보도 수요를 늘리는 데 도움이 된다. 또한 기존 고객을 만족시키기 위한 적절한 단계를 밟는다면 충성스러운 고객은 계속해서 그 브랜드의 고객으로 남을 것이다.

그러나 선도 브랜드가 된다는 것이 장기적인 성공을 보장하는 것은 아니다. "크면 클수록 넘어질 때 아픔은 배가 된다"는 말은 거인뿐만 아니라 일반 기업에도 똑같이 적용된다. 1970년대 선도 기업이었던 이스턴 항공사나 올즈모빌 자동차사는 파산했다. 또한 야후 파이낸스의 24/7 월스트리트는 향후 미국에서 사라질 주요 브랜드로 JC페니(JCPenney), 볼보(Volvo), 리프(Leap), 로드 앤 트랙(Road & Track), 미츠비시 모터스(Mitsubishi Motors), 누크(Nook), 마사 스튜어트 리빙(Martha Stewart Living)을 꼽았다.[7]

모든 기업이 자신들의 업계에서 리더가 될 수는 없다. 현명한 기업은 브랜드 충성도가 자동으로 시장점유율 선도 기업으로 이어지지 않는다는 사실을 이해하고 있다. [그림 5-1]은 브랜드 인식에서 시작하여 브랜드 고집까지 소비자를 움직이기 위한 기업의 노력을 보여준다.

브랜드 인식은 소비자가 그 브랜드명에 친근해지는 시기부터 제품군이 언급되었을 때 소비자의 마음속에 연상되는 첫 번째 브랜드명이 되기까지를 말한다. 브랜드를 단순히 인식하는 단계는 소비자의 마음을 통제하는 데 미약한 상황이지만, 머릿속에서 첫 번째로 떠오르는 브랜드가 되면 차별적 장점이 될 수 있다. 특히 제품 간의 차별점이 미미한 일반적 제품군에서는 더욱 그렇다. 일부 소비자 집단이나 지역에서 어떤 브랜드는 브랜드명을 일반 용어로 사용하여 머릿속에서 첫 번째로 떠오르는 브랜드가 되었다.

그림 5-1 브랜드 충성도의 연속성

대부분의 소비자 브랜드는 소비자의 '선택 고려 대상' 안에 포함되어 있는 **브랜드 수용**의 단계에 속한다. 이러한 소비자의 선택 고려 대상에 포함되는 것은 제조업자에게는 매우 중요한 것으로 이 단계에 속하지 못하는 브랜드는 소비자의 선택을 받을 기회조차도 없음을 뜻한다. 일반적으로 소비자는 가용성, 프로모션, 계절성 등 다양한 판단 기준을 바탕으로 한 제품군에서 몇 개의 브랜드를 떠올리고 그 중에서 제품 구매를 결정한다. 스토어 브랜드나 PB 브랜드들 역시 전국적으로 광고를 집행함으로써 점차로 소비자의 수용 영역을 넓혀 가고 있다.

브랜드 선호는 대부분의 기업이 자신의 브랜드가 달성하기를 원하는 충성도의 측정이다. 브랜드 선호는 단지 소비자의 고려 대상 리스트에 포함되는 것을 넘어, 최종 한두 개의 브랜드 리스트에 포함되는 것을 뜻한다. 많은 오늘날 캠페인의 목적은 소비자의 선호를 획득하는 것에 목적을 두는데, 같은 제품군에서 조그마한 선호도의 차이가 시장을 주도권을 결정할 수도 있다.

브랜드 충성도의 가장 마지막 단계는, 소수의 기업들만이 도달한 **브랜드 고집** 단계이다. 이 단계의 소비자들은 제품을 구매하기 위해서 몇 달을 기다리는 것은 물론이고, 적극적으로 브랜드 이용자 클럽에 가입하여 이벤트에도 참석하고, 기업로고가 박혀 있는 셔츠를 입기도 하고, 자신의 몸에 브랜드 이름을 문신하기도 한다. 명백히 일반적인 제품에 이러한 브랜드 충성도를 기대하는 것은 비현실적이다. 따라서 배경 분석에서 주요한 부분 중의 하나는 바로 현실에 맞는 브랜드 충성도를 결정하는 것이다.

브랜드 충성도 양성

브랜드 충성도를 개발하는 핵심은 소비자가 기업이나 기업의 브랜드, 혹은 양자 모두에게 감정적 친밀감을 갖도록 하는 것이다. 계속적으로 경쟁사보다 더 좋은 제품을 생산하는 기업은 소비자와 감정적 유대를 형성하는 데 더욱 용이하다. 그러나 더 좋은 제품이 어떤 것인가에 대한 판단은 의견의 문제이고 관점에 달린 것이다. 21세기에 접어들면서 많은 기업들은 소비자에게 그들이 원하는 것뿐만 아니라 그 이상의 것, 즉 더 많은 관심, 더 많은 인식, 더 많은 만족, 간단하게 말해 더 많은 가치를 부여하도록 마케팅 컨셉의 범위를 넓히면서 브랜드 충성도를 개발하고 있다. 일부 기업은 이러한 접근법에 특별한 명칭, 즉 **관계 마케팅** 또는 고객 관계 마케팅(CRM: customer relationship marketing)이라는 명칭을 부여하면서 이 접근법을 공식화하려고 시도한다.

관계 마케팅

고객과의 관계를 개발하는 핵심은 바로 태도이다. 기업은 더 많은 브랜드 충성도의 반대급부로 소비자에게 특별한 가치를 제공해야 한다. 이는 1980년대 스튜어트 스몰리(Stuart Smalley)가 그의 팝 뮤직에서 한 말을 도용한 것이다. "당신이 사랑받기를 원한다면 사랑을 줘라." 이 말은 트렌드워칭(Trendwatching)의 '관용의 G세대'라는 말과 함께 오늘날 그 가치를 발한다. G세대는 관용을 사회와 기업을 이끄는 가치로 여기고 커져가는 관용의 중요성을 인식한다. 탐욕적인 기업과 지긋지긋한 작금의 불경기에 환멸을 느끼고 있는 소비자는 그 어느 때보다 온라인에서 일어나기 시작한 공유, 배려, 관계, 창조, 협동을 실천하는 사람들의 문화가 현실에서도 큰 변화를 가져오기를 갈망한다. G세대에 관한 정보는 http://trendwatching.com/trends/generationg/에서 얻을 수 있다. 오늘의 기업들은 탐욕적인 기업이라는 낙인을 지우기 위하여 많은 공동기부와 같은 친사회적 노력을 기울이고 있다.[8]

많은 브랜들이 사회환원적인 마케팅 없이도 상당한 브랜드 가치를 지속해 가고 있지만, 보다 많은 기업들은 더욱 주의 깊은 고객지향적 접근법이 유용하다는 사실을 깨닫게 되었다. 제품 간의 차별성이 점차로 사라지면서 고객에게 특별한 가치를 제공하기 위한 방법을 개발하기 위해 많은 시간과 노력을 투자하고 있다.

기업은 소비자가 브랜드에 대해 가지는 경험의 3단계 (1) 구매 전, (2) 제품을 사용하고 있는 기간, (3) 브랜드의 사용이나 구매 행동을 멈춘 후와 같은 매 단계에서 긍정적인 관계를 형성할 수 있다.

또한 기업은 고객이 구매를 멈춘 후 그들과의 관계를 추구하는 것에 대한 중요성을 인식하기 시작했다. 테리 베라(Terry Varra)는 《마케팅 이후(After Marketing)》에서 가장 훌륭한 잠재 고객의 일부는 더 이상 그 기업의 제품이나 서비스를 구매하지 않는 소비자라고 주장했다. 이에 대해 그는 세 가지 이유를 제시하고 있다.[9] 첫째, 이전의 고객으로부터 획득한 많은 양의 정보가 있다. 즉, 그들은 그 제품이나 서비스에 불만족스러워하고 있는가? 그들은 낮은 가격의 제품으로 구매를 전환하고 있는가? 그들은 단순히 새로운 제품에 관심을 보이고 있는 것인가?

둘째, 새로운 고객을 창출하는 것보다 과거의 고객을 되찾는 비용이 더 적게 들기 때문이다. 많은 기업들은 이전의 고객에 대한 상당한 양의 데이터베이스를 축적하고 있다. 휴면 고객(inactive customer)의 파일을 제거하는 대신에 과거의 고객을 재목표로 설정하는 것이 새 고객을 유치하기 위한 목적으로 캠페인을 시작하는 것보다 비용도 적게 들고 용이하다.

셋째, 과거의 고객으로부터 얻은 정보를 이용해 기업은 종종 고객이 다른 제품을 구매하도록 만드는 문제를 조정한다. 몇 번 구매한 경험이 있는 고객은 다른 제품으로 구매를 전환한 후에도 그 기업에 대해 긍정적인 감정을 갖고 있을 수 있다. 따라서 예전의 좋았던 관계를 연상시키기 위해 불을 새롭게 지피려는 노력도 필요하다.[10]

많은 기업들이 고객과의 접근을 위해 이메일을 사용하는 사례가 늘고 있다. 고객 유지 수단으로 이메일은 저렴하고 빠르며 전화나 편지보다 이용자 중심의 편의성을 띠고 있다. 시장 조사 회사인 이마케터(eMarketer)는 2013년 중소 상인들의 디지털을 이용한 마케팅 비용은 95억 달러로 최고 기록을 경신했다고 한다.[11]

확실한 것은 고객 중심의 접근을 적용한 기업은 매출의 많은 부분을 여기에 투자한다는 것이다. 캠페인 전략을 개발할 때 이런 기업의 고객 친화적인 태도와 정책을 알아내고, 이를 기사화하고 알리는 일은 매우 중요하다.

브랜드명 인식

브랜드명 인식은 브랜드 충성도의 한 측면에 불과하지만, 특별히 주의를 기울일 가치가 있을 만큼 전술적 · 전략적으로 중요한 개념이다. 인식 자체는 브랜드 충성도에 많은 공헌을 하지 못한다. 그러나 인식이 없다면 어떤 브랜드 충성도도 있을 수 없다. 이런 전제로 인해 많은 광고들이 인식 제고를 첫 번째 목적으로 삼는다. 의사 결정자가 광고 목표를 설정하는 방법을 살펴보기 위해 3,000명 이상의 광고 담당자를 대상으로 조사한 결과, 많은 응답자들이 인식이 여타의 어떤 다른 기준보다 중요한 목적이라고 응답했다.[12]

인식과 가치

아커 교수는 인식은 적어도 다음의 네 가지 방법으로 브랜드 자산에 기여한다고 주장한다.

1. 브랜드명은 어떤 연상을 부가할 수 있는 도구가 된다.
2. 인지할 수 있는 브랜드명은 사람에게 친근감을 준다.

표 5-1 브랜드명과 연상

크레스트 치약	충치 예방
지피루브(카센터)	신속한 서비스
월마트 할인 매장	저렴한 가격
제리 루이스 텔레톤	근위축증협회(코미디언 제리 루이스가 근위축증 환자를 위해 노동절에 24시간 실시하는 자선모금 TV 방송)
배스킨라빈스	31가지의 맛
버드와이저	맥주의 왕
홀마크	카드
ESPN	스포츠

3. 널리 알려진 브랜드명은 그 브랜드 저변에 좋은 품질과 강한 책임감이 있다는 것을 암시한다.
4. 널리 알려진 브랜드명은 그 브랜드를 고려해볼 가치가 있음을 알려준다.[13]

[표 5-1]은 몇 가지의 공통적 연상을 갖고 있는 브랜드명의 목록이다. 만약 이들 브랜드명이 당신에게 친숙하다면 표에 나타난 연상과 비슷한 연상을 할 것이다. 그러나 이들 브랜드명이 당신에게도 익숙하지 않다면 그런 연상이 어떤 것으로부터 생겨났는지에 대한 실마리를 풀 수 없을지도 모른다. 물론 친근감이 항상 좋은 느낌을 가져오는 것은 아니다. 때로는 경멸을 자아낼 수도 있다. 하지만 부정적인 연상이 있을 경우라도 사람마다 각기 다른 연상을 하므로 그 브랜드에 대해 기꺼이 주의를 기울일 필요가 있다. 그렇다면 왜 크레스트(Crest) 치약은 '치석 제거'에 대한 이야기를 중단하고 미백 효과에 좀 더 많은 비중을 둔 것일까? 아마도 '치석 제거'는 수년 동안 지속된 것으로, 이로 인해 고루한 브랜드로 인식될 수 있다는 염려 때문이 아닐까.

인식의 단계

인식은 무인식에서 최고의 인식까지 다양한 단계로 구성된다. 그러나 측정은 그런 방법으로 인식되지 않는다. [그림 5-2]를 보면 인식의 여러 단계가 제시되었다. 첫 번째 라인의 아래에 있는 것은 인식 단계가 개념적으로 어떻게 측정되는가를 보여주는 또 다른 연속선이다. 단계와 측정의 구별은 전략적 목적과 운영상의 목적 때문에 중요하다.

그림 5-2 인식의 다양한 단계

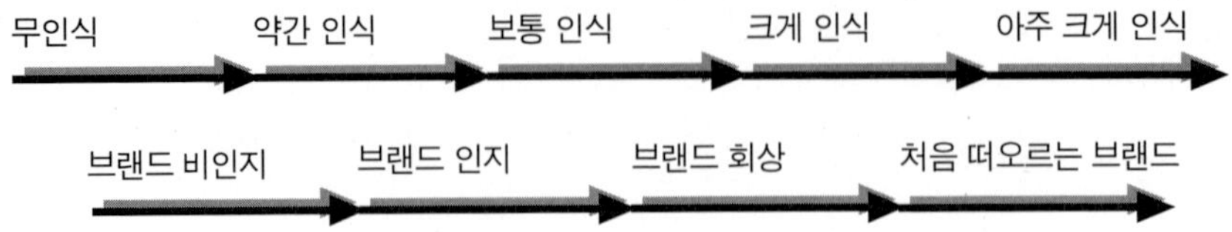

전략을 논의할 때 상식적 접근 방식을 사용한다면 소비자가 브랜드명을 크게 인식하기 원한다는 목표를 세울 수 있다. 그러나 카피라이터나 매체 구매 담당자가 그런 목표를 달성하기 위한 기획을 세울 때 '큰 인식'이 의미하는 것에 대해 다른 생각을 할지도 모른다. 이 같은 혼란을 피하기 위해 기획 입안자는 "우리는 목표 시장의 X%가 브랜드명을 회상할 수 있기를 원한다" 등 매우 구체적인 목적을 제시해야 한다. 브랜드 인식은 인식의 가장 낮은 형태로, 단순히 응답자에게 (일반적으로 전화로) 질문자가 말하는 브랜드에 대해 인지하고 있는지를 질문하여 측정된다. **회상**은 응답자에게 어떤 보조 수단이나 도움 없이 한 제품군 내에서 한 브랜드의 이름을 말하도록 함으로써 측정된다. 인식과 회상은 모두 기억 조사이다. 많은 기획 입안자들은 기억력 조사를 사용하는 것에 대해 만족감을 느끼지 못한다. 그 이유는 방법론적인 합리성과 기억 조사에서의 높은 점수가 판매 증가로 이전된다는 확실한 증거가 없기 때문이다.

최초 인식(top-of-mind awareness)은 기본적으로 (1) 제품군을 이야기한 후로 응답자의 머릿속에 떠오르는 최초의 단어, (2) 회상 조사에서 최초로 언급한 브랜드라는 두 가지 방법으로 측정된다.

최초 인식

마음속에서 최초 인식은 큰 장점이다. 이것은 일반적으로 충동 제품과 많은 브랜드들이 품질 면에 동일하며, 브랜드 수용을 이룩하고 있는 제품군에서 최우선적으로 고려되는 브랜드명이 되도록 도움을 준다. 피자는 일반적으로 충동 제품이며, 많은 브랜드들이 브랜드 수용을 이룩하고 있는 제품군의 좋은 사례이다. 심지어 품질이 나쁜 피자도 팔리고 있는데, 때로는 아주 잘 팔린다. 수많은 시장에서 사람은 피자를 배달시키고자 할 때 "피자를 주문합시다"라고 말하는 대신에 간단히 "도미노(또는 피자헛)에 전화합시다"라고 말할 것이다. 도미노가 훌륭한 피자를 만들고 있기 때문에 이렇게 말하는 것인가? 꼭 그렇지만은 않다. 수년간에 걸쳐 도미노는 브랜드 자산을 만들기 위해 상당한 자금을 투자했고, 그 결과 소비자는 피자 배달을 생각할 때 도미노를 가장 먼저 떠올리게 되었다. 만약 도미노 제품이 다른 제품보다 비싸거나, 피자 간에 품질 차이가 나거나, 소비자가 더욱 분별력 있는 감식안을 가졌다면 도미노 피자는 소비자의 마음속에 이렇게 탁월한 위치를 점유하지 못했을 것이다.

캠페인 과정에서 마케팅 목표를 달성하는데 있어 인식이 저해 요인인지 아닌지 여부를 결정하는 것은 매우 중요하다.

인지된 품질

품질 이미지는 브랜드 자산의 중요한 부분이다. 일단 품질이 좋다는 이미지를 갖게 되면 브랜드 충성도를 높여 브랜드 자산이 된다. 이런 이미지를 얻는다는 것은 어려운 목표일 수 있다. 견실한 연구 · 개발 부서를 보유하고 있는 기업은 작업을 수행하는 과정에서 눈에 보이는 것보다 이미지가 더 중요하다는 것을 재빨리 깨닫는다. 연구 · 개발 담당자는 소비자가 경쟁 제품 중 바람직한 것을 찾아내는 기준으로 소유한 제품의 품질을 사용한다. 그리고 그들은 세부 명세서에 있는 것보다 품질이 더 높은 제품을 생산하기 위해 노력한다. 만약 어떤 기업이 필적할 만하거나 심지어는 우월한 제품을 고안해낼 수 있다면 경쟁에서 반은 승리한 것이다. 남은 절반은 소비자를 확신시키는 것이다.

알 리스(Al Ries)와 잭 트라우트(Jack Trout)는 《마케팅의 22가지 불변 법칙(The 22 Immutable Laws of Marketing)》에서 "마케팅은 제품의 전쟁이 아니라 지각의 전쟁이다"라고 언급했다.[14] 가장 훌륭한 제품이 자동으로 시장의 리더가 되는 것은 아니다. **문제는 얼마나 좋은 제품이냐 하는 것이 아니라 사람들이 얼마나 좋게 생각하느냐 하는 것이다.** 제품 품질을 평가하는 잡지인 《소비자 보고서(Consumer Report)》는 가장 높은 점수를 얻은 제품이 항상 가장 높은 시장점유율을 보이는 브랜드가 아니라는 증거를 확실히 보여주고 있다.

품질을 이상적인 것으로 만드는 것도 판단(생각)의 문제이다. 캘리포니아주에 사는 소비자는 작고 핸들 조작이 편리한 자동차를 선호하는 반면에 중서부 지역에 사는 소비자는 크고 안락한 중형차를 선호한다. 또한 품질을 이상적인 것으로 만드는 건 기업이 고객에게 강한 인상을 줄 수 있는 이미지를 획득할 기회를 갖고 있느냐의 문제이다. 분명한 점은 소비자는 일단 사람, 제품 또는 장소에 대해 어떤 인상이나 이미지를 얻을 경우 그 이미지나 연상을 장기간 유지하려는 경향이 있다는 것이다. 리스와 트루트는 "제품이 다른 제품보다 좋다는 것보다 최초의 제품이 되는 것이 바람직하다. 누군가에게 당신이 최초의 제품보다 더 좋은 제품을 가졌다고 확신시키려고 노력하는 것보다 첫 번째 제품이라는 인식을 심어주는 것이 훨씬 쉽다"라고 주장했다.[15] 이에 대한 증거로 그들은 첫 번째로 떠오르는 유명한 것(famous firsts)과 그렇게 유명하지 않은 차선의 것(not-so-famous seconds)을 인용했다. [표 5-2]에는 그 목록이 제시되었다.

강한 인상을 심어주었던 최초의 기업이 다른 기업에 비해 어떻게 그 같은 장점을 갖게 되었는가에 대한 이유를 파악하는 것은 어려운 일이다. 소비자가 한 브랜드에 대해 만족했다면 그들은 더 많은 정보를 추구하고자 하는 동기, 이유 또는 자극을 거의 갖지 않았을 거라는 추측이 이에 대한 해답이 될 수도 있을 것이다.

제품에 대한 소비자의 인식에 영향을 주는 일은 매우 어렵다. 어떤 인식을 강화시켜야 할지, 어떤 인식을 변화시켜야 할지 밝혀내는 것은 기획자의 임무이다. 브랜드에 대한 소비자의 인식을 변화시키는 것은 분명 어려운 일이다. 새 브랜드에 대한 인식을 세우거나 기존 브랜드의 인식에 약간의 변형을 주는 일은 다소 쉬울 수 있지만, 기존의 인식을 완전히 바꾸는 일은 대단히 어렵다. 닛산(Nissan) 자동차의 "Enjoy the ride" 캠페인은 흥분이라는 인식에 초점을 두었지만, 이것은 소비자가 일반적으로 닛산에 대해 느끼는 것과 거리가 있었다. 결국 닛산은 신뢰성과 기술력에 중점을 두어 소비자가 일반적으로 인식하는 것과 궤를 같이했다.

표 5-2 첫 번째로 떠오르는 유명한 것

유명한 사건이나 제품	유명한 사람이나 물건	그리 유명하지 못한 이인자나 물건
비행기로 대서양을 최초로 단독 횡단한 사람	Charles Lindbergh	Bert Hinckler
최초의 접착 테이프	Scotch	3M
최초로 달에 착륙한 우주인	Neil Armstrong	Buzz Aldrin
최초의 스포츠용 드링크	Gatorade	Unknown
미국 초대 대통령	George Washington	John Adams
최초의 비행	The Wright brothers	Alberto Santos Dumont
최초의 흑인 야구선수	Jackie Robinson	Larry Doby

브랜드 연상

기업은 자사 소유의 브랜드가 갖고 있는 연상을 통해 브랜드 자산을 적극적으로 관리한다. 연상은 지각에 영향을 주고, 브랜드 인식을 증가시키며, 브랜드 충성도를 제고할 수 있다. 기업이 조장하는 연상의 종류는 그 범위가 무한하다. 요약하면 소비자가 브랜드에 대해 느끼는 연상은 이들이 제품에 대해 어떻게 생각하는가에 영향을 미친다. 대체로 일반적 연상은 유명인사, 장소, 캐릭터, 아이디어, 단어 등을 통해 이루어진다.

유명인을 이용하여 제품을 보증하거나 단순히 광고에 출연시키는 것을 흔히 볼 수 있다. 마이클 조던이 게토레이 음료 광고에 나오는 것만으로도 판매량은 급증했다. 남성이 절대적으로 지배하는 목표 시장에 '마이클 조던 같이 되어라'는 큰 반향을 불러왔다. 최근 포드 자동차는 마이크 로(Mike Rowe)를 광고모델로 등장시켜 트럭운전자들 사이에서 포드 트럭에 야생적이고 강한 브랜드 이미지를 만들어낼 수 있었다.

또 다른 제품은 지리적 영역이나 주 또는 도시를 이용하여 긍정적인 연상을 얻어냈다. 지미 딘의 아침용 소시지나 브라이언 소시지는 남쪽 지방의 전통을 잘 이용했고, 노던 화장실 티슈는 북쪽 지방의 전통이 연상된다. 루이지애나 핫소스와 캘리포니아 건포도, 아이다호 감자, 워싱턴 사과 같은 제품은 주와 연관된다. 또한 어떤 도시하면 곧장 연상되는 것이 있는데 여기에 대한 예로는 올드 밀워키 맥주, 엘에이 기어 스포츠웨어, 매스터피스 바비큐 소스, 필라델피아 크림치즈, 오시코시 의류, 그리고 롤리, 윈스턴, 살렘 담배가 있다. 이런 연상이 가치가 있는 것일까? 어떤 것은 다른 것보다 가치가 있어 보인다. 워싱턴에서 자란 사과나 아이다호에서 나온 감자는 확실히 테네시에서 경작된 것보다 맛이 좋다. 그러나 필라델피아와 크림치즈의 연상이나, 위스콘신 주 오시코시와 옷에 대한 연상은 비슷한 정도의 가치를 보이지 않는 것 같다.

또한 기업은 캐릭터를 통해 연상을 만들어낸다. 캐릭터는 만화화되거나 인형을 사용하기도 하는데, M&M 초콜릿, 자동차 보험회사인 가이코(Geico)의 기코(gecco), 버거킹(Burger King), 에너자이저 건전지의 버니(Energizer Bunny), 치토스 과자의 치타(Chester Cheetah) 등이 좋은 예이며, 살아있는 동물이나 사람을 이용한 AFLAC 보험회사의 오리, 위스키 캡틴 모건(Captain Morgan), 무선통신회사 버라이즌의 테스트맨(Verizon wireless test man)도 있다.[16]

간단한 단어 연상은 매우 강력해서 한 단어나 두 단어가 고객의 마음속에서 브랜드와 강하게 연관되기도 한다. 버드와이저는 맥주의 왕으로 널리 알려져 있다. 이는 강력한 연상으로, 이 연상은 버드와이저라는 단어에서 비롯된다. 버드와이저라는 단어가 등록 브랜드가 아니었다면 그 단어를 사용하는 것은 우스운 일일 것이다. 왜냐하면 그 단어에는 어떤 믿음도 없기 때문이다. "맥주의 왕 파브스트(Pabst)", "왕들의 맥주 쿠어스(Coors)"라는 문구를 생각해보자. 또한 "밀러 제뉴인 드래프트(Miller Genuine Draft: 병맥주의 왕족)"라는 문구는 어떤가? 왕족과 관련해 버드와이저는 사실상 왕족을 나타내는 모든 단어를 사용해왔다. 따라서 아마도 '맥주의 왕자', '병맥주의 여왕' 같은 것은 없을 거란 생각이 든다.

다음과 같은 한 단어 연상을 해보자.

아이보리	순수
도미노 피자	배달
리 청바지	딱맞는
미쉐린 타이어	돌보는
존 디어(John Deere)	달리는

다음과 같은 두 단어는 어떤가?

샤민 화장지	안고 싶은 부드러움
에이비스 렌터카	열심히 일하는
밀러라이트	덜 살찌는
올스테이트 보험	잘 도와주는
에너자이저 건전지	아직도 움직이는
나이키	그냥 하는

단어를 통한 연상 중 가장 좋은 방법은 1~2개의 단어로 메시지를 전달하는 것이다. 이러한 심리적 연상이 좋은 이유는 브랜드 자산을 오랜 시간 동안 똑같은 가치로 유지하는 어려움에서 기인하는데, 애플의 'user friendly' 연상은 기술이 급속히 발전하는 시대에서는 다른 경쟁사가 이러한 연상을 차지할 수도 있기 때문이다. 기업이 자사의 독특함을 잃는다면 물리적 품질에 기초한 연상을 유지하기가 매우 어렵다.

가장 큰 잠재적 문제는 한 기업이 연상의 효율성을 잃어버리기 전에 자발적으로 그것을 포기해 버릴 때 발생한다. 광고주는 일반적으로 광고의 효율성이 없어지기 오래 전부터 광고 전략이나 슬로건에 싫증을 낸다. 광고주는 단순히 새로운 것을 시도하려고 노력할 수도 있고, 광고회사가 그들의 투자를 보상하기에 충분한 능력을 갖고 있지 않다고 생각할지도 모른다. 또한 새로운 제품군에 참여함으로써 브랜드 자산을 자본화하려고 시도할지도 모른다.

브랜드 자산 보호

모든 커뮤니케이션 전략에서 브랜드의 보호가 가장 중요하다는 것을 이해해야 한다. 브랜드 자산의 관리가 마케팅 커뮤니케이션 전략을 기획하는 데 사용되는 전략 기반의 일부인 데 반해 브랜드 자산의 보호는 모든 전략적 · 전술적 사고의 원리이다.

브랜드란 기업에서는 손상되기 쉬운 자산이다. 이스턴 항공(Eastern Airlines), 플라이마우스(Plymouth), 팬암(Pan Am), 슈리츠(Schlitz), 워드스타(Wordstar), 포스터 그랜트(Foster Grant), 올즈모빌(Oldsmobile), 화이트 클라우드(White Cloud) 등 한때 유명한 브랜드명을 가졌던 이들 기업의 현재 상태가 어떤지 생각해보자.

어떤 브랜드는 일 년 정도 강력했지만, 몇 년 이내에 시시한 브랜드로 전락할 수도 있다. 경영자는 지역별로 기업명이 잠식되는 것을 막기 위해 열심히 일해야 한다. 지역의 하드웨어나 정원용품 상점이 소비자를 위해 제공하는 모든 제품이 단지 하드웨어나 정원 용품 장비라면 분명히 이 기업은 월마트(Wal-Mart)나 다른 거대 유통 판매업자에 의해 파산당할 것이다.

기업은 전략 기반을 수립하는 모든 단계를 통해, 그리고 전략과 전술을 이해하는 과정에서 브랜드명이 보호되도록 해야 한다. [그림 5-3]은 브랜드 자산을 관리하고 보호하는 데 연관된 여러 가지 관계를 도표로 제시하고 있다.

단기적 사고 대 장기적 투자

지금까지 일본 기업과 미국 기업의 경영에 존재하는 차이점에 대한 많은 글이 발표되었다. 일본 기업은 장기적 관점에 관심을 기울이는 경향이 높은 데 반해 미국 기업은 일반적으로 단기적 성과를 반영하는 기업의 주가에 더 많은 관심을 기울이는 경향이

그림 5-3 브랜드 운영과 보호

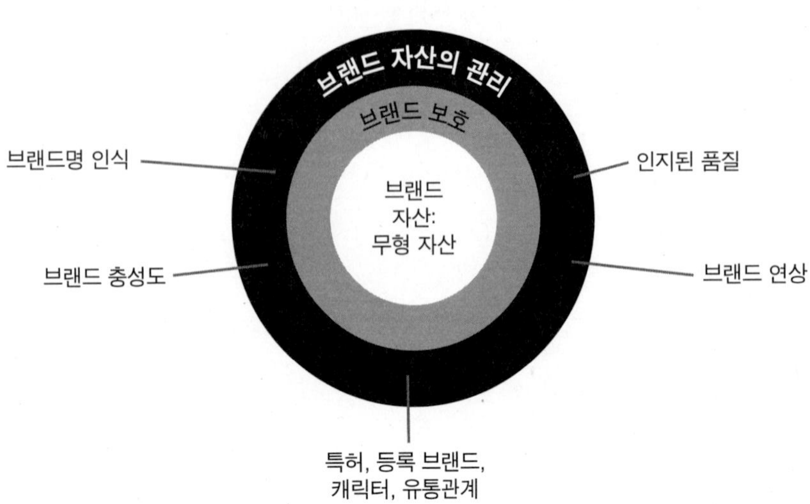

있다. 미국의 많은 브랜드 관리자는 대부분 분기별로 평가를 내렸다. 만약 판매가 각 분기에 할당된 마케팅 목표에 도달하지 못한다면 대부분의 관리자는 할인, 소비자 리베이트, 쿠폰, 가격 할인 등 가격 촉진을 활용한다. 이 같은 촉진 수단은 순이익의 폭을 감소시키며 "우리의 입장은 강력하지 못해 낮은 가격으로 제품을 제공합니다. 지금 당장 그 제품을 구입할 능력이 없다면 조금만 기다리십시오. 머지않아 그 제품 가격을 더 낮게 책정할 것입니다"라는 미묘한 메시지를 소비자에게 전달하는 꼴이 된다. 가격 촉진은 브랜드 가치에 대해 소비자가 지각하고 있는 확신을 손상시킨다. 브랜드 자산의 가치는 소비자가 브랜드명에 기꺼이 높은 프리미엄을 지불하고자 하는 것이다.

브랜드 자산을 만들고 자산의 손상을 막기 위해 광고 촉진에 투자하는 것은 쿠폰 보상, 가격 촉진, 인터넷 클릭 수, 수신자 부담 전화를 통한 소비자 문의 등 단기적 행동의 효과 측정보다 측정하기가 매우 어렵다. 브랜드 자산에 초점을 맞춘다는 것은 본질적으로 장기적 목표이다. 왜냐하면 브랜드 자산을 만들기 위한 광고 효과는 장시간에 걸쳐 축적되는 경향이 있기 때문이다. 그러나 장기적 기간은 기업에서 출세와 승진을 위해 일하는 브랜드 관리자에게는 지루한 시간일지도 모른다. 그들에게는 브랜드 자산처럼 막연하거나 측정하기 곤란한 것보다는 쉽게 측정할 수 있는 성과를 바탕으로 보고서를 작성하는 것이 더 용이하다. 가격 스캐너 등 새로운 기술은 매니저가 아주 사소한 매출의 하락까지 추적할 수 있도록 하여, 곧바로 가격 할인을 통한 촉진을 할 수 있게 만든다. 비록 이런 모습이 브랜드의 장기적 손실을 야기시킬 수 있지만, 새로운 기술의 유혹은 뿌리치기가 힘들다.

누가 브랜드를 보호하는가?

만일 브랜드 관리자가 브랜드의 장기적 자산 보호를 책임질 수 없다면, 이것은 누구의 책임일까? 이 책임은 모든 사람이 져야 한다. 그러나 대부분의 기업들은 그렇지 못한 실정이다. 기업은 장기적 효과보다 단기적 효과를 측정하는 것이 더 쉽다고 판단하고 있기 때문에 그 결과 의사 결정자의 위치를 더욱 방어적으로 만들고 있으며, 고객이나 감독관의 면밀한 조사를 꺼리게 되었다.

광고의 책임이 광고 관리자에게 있는 것처럼 브랜드 보호의 책임은 마케팅 관리자에게 있어야 한다. 광고회사의 입장에서 보면 브랜드 자산의 보호는 명목상 광고주 담당자에 소속되어야 한다. 그러나 광고주 담당자는 브랜드 관리자와 마찬가지로 카피 검토, 쿠폰 관리, 매체 기획 검토 등 매일의 세부사항에 많은 관심을 쏟고 있으며, 단기적 성과를 위해 장기적 자산을 포기하는 위험을 감수해야 한다. 광고주 담당자보다 높은 직급에 있는 고객 관리자는 섭외 담당자보다 경험이 더 많을 것이며, 매일의 세부사항에 관심을 덜 쏟을 수 있기 때문에 브랜드 자산에 초점을 맞추는 업무를 수행해야만 한다.

브랜드 자산이 장기적으로 전략적 고려 대상이라는 사실이 알려진 후, 많은 광고회사들은 전략적 기획을 주 임무로 하는 인원의 수를 늘리고 있다. 또 다른 이유로 광고회사가 그런 기능이 없으면 브랜드 전략을 위해 외부 컨설턴트를 채용하든지, 브랜드 구축을 위해 제2의 대행사를 쓸 것이라는 인식 때문일지도 모른다.

브랜드 보호의 설명

브랜드 자산 보호는 전략 기획의 핵심 요소거나, 모든 캠페인의 부분에 포함되어야 한다. 우리는 기업의 상호명 보호가 다른 모든 활동에서 가장 중요한 것이 되어야 하며, 기업의 마케팅 기획에서 상세히 열거될 필요가 없을 만큼 중요하다는 가정을 하고자 한다.

자산 보호는 브랜드 자산 관리와는 차이점이 있다. 자산 보호가 방어적 전략을 의미하는 반면에 자산 관리는 적극적 전략을 암시한다. 예를 들어 X라는 새로운 브랜드를 만들려고 하는 제조회사는 기존에 가지고 있는 브랜드 자산이나 회사이름에 맞지 않는다는 이유로 브랜드 X 개발에 미온적일 수 있고, 반대로 브랜드 X 개발을 위해서는 기존의 브랜드 자산이나 회사이름을 지켜온 방식이 아니더라도 과감히 할 가치가 있다는 것이다. 일반적으로 매일매일 일어나는 문제는 브랜드 자산의 보호보다 브랜드 관리와 더 깊은 관련이 있다. 그러나 PR에 실패하게 되면 기업은 모든 것으로부터 브랜드명을 보호하고자 한다.

메시지 포지셔닝

그 다음으로 중요한 전략 기반의 요인은 포지셔닝이다. 이것은 브랜드 자산 관리와 아주 긴밀한 관계가 있다. 넓게 생각할 때, 포지셔닝은 광고주가 원하는 방향으로 소비자가 감성과 경험에 따라 광고주의 제품에 대해 생각하고 느끼게 하는 것이다. 기업이 브랜드에 대한 고유 아이덴티티를 구축하는 방법이 있는데, 예를 들어 캘빈 클라인(Calvin Klein)은 소비자가 자사의 옵세션(Obsession®) 향수에 대해 감성적 연계를 느끼기를 원한다. 맥도날드의 창업자중 한 명인 레이 크록(Ray Kroc)은 항상 직원에게 "맥도날드는 햄버거 이상을 판다. 햄버거와 연관된 기억을 파는 것이다"라고 상기시켰다.

소비자는 자신의 마음속에 한 제품과 다른 제품을 유사점이나 차이점에 따라 위치를 정립시키는 인지 지도(perceptual map)를 갖고 있는 것으로 생각된다. 포지셔닝의 개념을 좀 더 좁혀 생각해보면, 시장에서 무언가 다른 브랜드가 있고, 소비자는 이들 브랜드 사이의 유사점과 차이점을 의식적·무의식적으로 비교한다. 기업은 소비자가 자기 브랜드를 다른 경쟁사보다 관심을 갖도록 영향을 주려고 노력하는데, 이런 종류의 포지셔닝을 **경쟁적 포지셔닝**이라고 한다.

예를 들어 시보레 자동차는 일반적으로 가정용 자동차로 연상되며, 볼보는 안전하고 내구성이 우수한 차, 캐딜락은 호화스러운 자동차로 연상된다. 보통 소비자는 더 세부적으로 제품에 대해 지각한다. 캐딜락은 단순히 호화스러운 자동차가 아니다. 이 자동차는 지위와 명성을 나타내는 매우 전통적 이미지를 갖고 있으며, 은행가나 소규모 사업을 하는 사람 등이 구매한다고 생각한다. 이와는 대조적으로 렉서스는 현대적이면서 호화스러운 이미지를 갖고 있어 소비자는 투자 자문역이나 중소기업 최고경영자 등이 주로 구매한다고 생각한다.

포지셔닝은 기업이 소비자가 그들 제품에 대해 가지고 있는 이미지, 혹은 경쟁 제품에 대한 이미지에 의도적인 영향을 주기 위해 결정해야 하는 의사 결정을 반영한다. 예를 들어 펩시콜라는 소비자가 그들의 제품이 젊은 사람들이 선호하는, 최신 유행을 선도하는 제품이라고 인식되기를 원했다. 끊임없는 소비자의 라이프스타일 연구를 통해 펩시는 소비자의 다양한 문화를 담아내는 디지털 소셜&콘텐츠 플랫폼 '펩시 펄스(Pepsi Pulse)'를 선보였다. 반면 펩시의 가장 주요한 경쟁자이며 현재의 시장리더인 코카콜라는 지난 몇 년 동안 소비자의 보다 나은 삶을 위해 희망과 가슴 따뜻한 이야기를 전함으로써 큰 성공을 거두었다. 코카콜라의 '행복을 여세요(Open Happiness)' 캠페인은 넘쳐나는 미소와 예기치 못한 기쁨의 순간을 보여줌으로써 말그대로 지구의 모든 소비자를 행복으로 연결시킬 수 있었다.

2장과 3장에서 소비자의 브랜드에 대한 인지 지도를 결정하는 데 사용될 수 있는 절차와 방법에 대해 언급했다. 이 조사의 목적은 대부분 브랜드 이미지와 개성을 결정하고 이해하기 위한 것이다. 조사 결과로 얻어진 정보는 이미지를 변화시키고 재강화하며 보강하기 위해 사용된다. 브랜드 이미지나 개성은 광고, 가격 정책, 포장, 제품의 욕구 충족을 위한 품질 등 다양한 요인에 의해 영향을 받는다. 포지셔닝은 행동지향적이다. 이것은 기업이 소비자가 생각하고 느끼는 것에 영향을 주기 위해 취하는 행동이다. 브랜드나 기업의 이미지를 확립하는 데는 시간이 필요하지만, 일단 이것이 소비자의 인지 지도에 심어지면 기업이 확립된 것을 변화시키고자 할 때도 확고하게 자리를 잡아 잘 변화되지 않는 경향이 있다.

포지셔닝 의사 결정은 매우 전략적인 것으로, 캠페인이 나가야 할 방향을 제시해 준다. 잘 만들어진 경쟁적 포지셔닝은 보다 효과적으로 정교한 것에 초점을 맞추기 위해 과감한 희생을 불사한다. 일례로, 오마하 스테이크스(Omaha Steaks)는 채식주의자들을 위한 직접 마케팅을 벌이기도 했다. 브랜드 매니저들은 이러한 접근을 커다란 기회로 보고 어떤 특정 소비자 집단을 차별하는 것을 비이성적으로 여겼다. 세계적으로 큰 성공을 거둔 캠페인들은 바로 이러한 세분화로부터 많은 이익을 거둘 수 있었다. 앞에서 언급한 틈새 마케팅(niche marketing)과 같은 **세분화된 브랜딩**은 이제 브랜드 개인화의 일환으로 여겨진다. 이러한 세분화 전략은 특정한 시장을 위해 고안된 간단한 메시지가 될 수도 있고, 제품, 포장, 유통, 매체, 콘텐츠, 메시지를 포함하는 소비자가 브랜드를 통해 경험하는 여러 모든 측면을 고려한 복잡한 것이 될 수도 있다.

제품 포지셔닝

제품을 포지셔닝하기 위한 일곱 가지 방법이 있다.

1. 제품 특성이나 고객 편익에 의한 방법(리 청바지는 '몸에 딱 맞는 브랜드')
2. 가격-품질 관계에 의한 방법(시어스는 '가치 있는' 매장)
3. 제품의 사용과 응용에 의한 방법(코르타이드는 '가려움증 치료')
4. 제품 사용자에 의한 방법(트릭스는 '아이들을 위한 것')
5. 제품 범주에 의한 방법(도브는 단순한 비누가 아니라 클렌징)
6. 문화적 심벌에 의한 방법(할리-데이비슨은 '미국이 원산지')
7. 경쟁자에 의한 방법(에이비스는 허츠와 비교하여 자신의 위치를 설정)[17]

[표 5-4]는 브랜드 핵심가치를 나타내는 **브랜드 에센스**로 포지셔닝 결정에 유용한 도움을 준다. 예시는 브랜드의 최고 기술을 바탕으로 혁신적인 골프 제품을 계속해서

그림 5-4 포지셔닝/브랜드 에센스 예시표

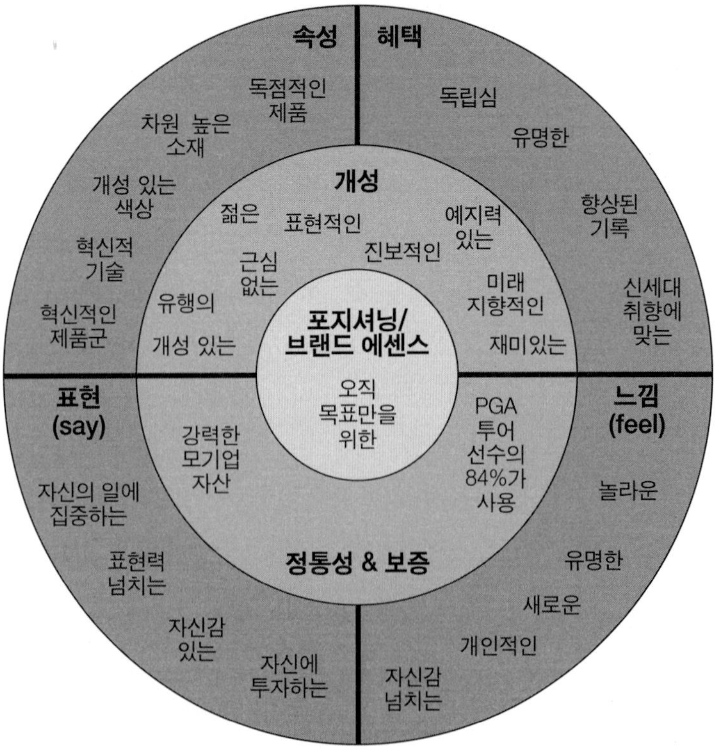

개발해나가는 브랜드의 핵심 가치를 나열하고 있다.

도표에 포함된 요소들은 두 가지로 다시 나누어지는데, 원의 윗부분은 브랜드에 관한 것으로 제품의 속성, 물리적 특성, 제품의 이점, 브랜드 이미지와 개성을 나타내고 있다. 원의 아랫부분은 소비자에 초점을 두고 있으며, 소비자의 제품 사용 시 느낌, 소비자의 개성을 살려주는 단어나 그들을 대표할 수 있는 표현으로 구성되어 있다.

원의 가장 깊숙한 내부는 브랜드의 핵심 가치를 나타내고 있으며 제품이 존재하는 이유 또는 소비자의 욕구를 어떻게 잘 만족시키는지 나타내고 있다. 마케터들에게 이러한 브랜드 핵심 가치를 이해하는 것은 매우 중요하다. 즉, 브랜드가 제공하는 브랜드 가치와 소비자의 니즈를 충족시키는 접점을 파악하는 것은 브랜드와 소비자가 자연스럽게 함께 할 수 있으며 항상 소비자가 원하고 필요로 하는 메시지를 줄 수 있다.

목표 설정과 메시지 전달

목표 설정은 전략 기반을 위한 네 번째 요소이다. 메시지의 목표 설정은 넓은 의미에서 목표로 하는 대상과 메시지가 전달되는 수단이라는 두 가지 요소를 포함한다. 캠페인 개발 단계에서 일반적으로 목표 시장은 이미 결정되어 있다. 그러나 전략을 개발하는 과정에서 새로운 기회 요인으로 목표 시장의 재검토나 수정이 필요할 수도 있다. 이것은 캠페인 개발의 반복적인 수정 과정이라는 것을 보여주는 또 다른 사례이다.

목표를 설정하는 의사 결정은 모든 고객에 대해 한 가지 메시지나 소구 방법을 사용할 것인가부터 세분 시장에 따라 다른 메시지를 사용할 것인가에 이르기까지 실로 다양하다. [그림 5-5]는 목표 설정의 전형적인 예를 보여준다.

어떤 기업이 특정 경쟁자에 대항하여 메시지를 포지셔닝하기 위해 의사 결정을 내릴 때, 적어도 시장을 세분화하는 것이 논리적이다. 기업은 소비자가 제품에 대해 어떤 방법으로 생각하도록 영향을 줄 때 그 제품에 대해 다르게 생각하지 않도록 유도한다. 펩시콜라가 자사의 제품을 젊음을 표상하는 것으로 포지셔닝했을 때 이 기업은 젊거나, 젊음을 동경하거나, 젊어지길 원하는 모든 사람을 메시지의 목표로 설정했다.

범위가 큰 대중시장에 하나의 메시지를 사용하는 기업의 제품은 웨슨(Wesson)의 휘발유, 헌트(Hunt)의 토마토 페이스트, 나비스코(Nabisco)의 크래커처럼 인구통계적 범주에서 폭넓은 소비자를 가진 제품이다. 이러한 접근법을 성공적으로 활용하기 위해서

그림 5-5 목표 설정의 예

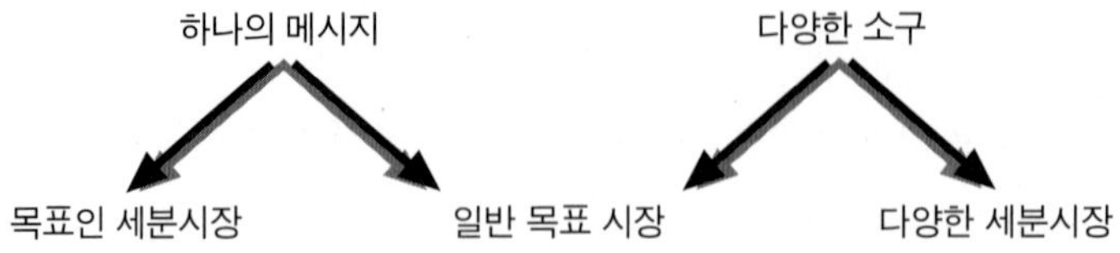

는 다양한 각각의 소비자 집단이 그 메시지가 자신들에게 소구하는 편익이라고 인식할 수 있도록 충분히 일반적이며 광범위한 것이어야 한다. 캠벨사의 수프 광고인 "몸에 좋고 영혼에 좋은"이라는 메시지가 이 같은 유형의 한 사례이다. 이런 접근법은 일반적으로 한 제품군에 있는 시장 리더에게 가장 효과적이다. 캠벨 수프는 캔 수프 시장의 50% 이상을 차지한다. 한 제품군 내의 경쟁이 심화되거나 각 제품의 접근법이 비슷할 때 기업은 일반적으로 전체 시장의 일부분에 우선적으로 소구할 수 있는 메시지 전략을 선택한다.

다수의 세분 시장을 목표로 다수의 메시지를 사용하는 기업은 주로 대기업이다. 이런 기업은 단순하게 마케팅 개념을 세분화된 시장에 적용시킨다. "언제나 코카콜라" 캠페인에서 코카콜라는 "무슨 일이 일어나든지 코카콜라는 항상 옆에 있다"라는 동일한 원칙과 절제된 테마를 포함하고 있는 다양한 메시지를 다수의 세분 시장에 전달하기 위해 록, 랩, 컨트리 등 다양한 음악을 사용했다. 다양한 메시지를 사용하는 방법으로 성공을 거두기 위해 기업은 코카콜라가 했던 것처럼 각각의 메시지를 브랜드의 핵심 자산과 반드시 연계되도록 해야 한다. 이 방법은 코카콜라에는 잘 먹히지 않을 것이다. 왜냐하면 결국 이들의 광고는 더욱 일관되고 덜 변형되고, 궁극적으로는 다른 캠페인으로 바뀔 것이기 때문이다.

마케팅 커뮤니케이션 프로그램 비용 조달

얼마의 예산을 마케팅 커뮤니케이션에 투자할 것인지 결정하는 일은 전략 결정에 있어서 마지막 단계로, 개념적으로는 간단하겠지만, 실제에 있어서는 복잡한 결정이다. 이러한 결정은 기업이 경쟁해나가는 방법에 많은 영향을 미치므로 전략적으로 매우 중요하다. 기업은 메시지의 양과 질이라는 두 가지 측면에서 경쟁한다. 보통 **지출액**으로 불리는 광고 예산의 규모는 메시지 전략에 있어 크리에이티브에 영향을 줄 수도 있지만 매체에 더 큰 영향을 준다. 크리에이티브는 비용과 관계없이 성공적일 수도 있지만, 매체 노출은 그렇지 못하다. 매체 효과의 중요성은 다음과 같이 표현된다.

매체 지출 점유율(share of media expenditures) = 매체점유율(share of media vioce)
= 고객의 정신과 마음의 점유율(share of mind and heart) = 시장점유율(share of market)

물론 이런 논리는 일정한 비용의 범위 내에서만 작용한다. 일정한 수준을 넘어선 광고비용은 투자를 상회할 만큼 충분히 매출을 증가시키거나 순이익에 공헌하지 못할 것이다. 광고비용과 판매의 관계를 이해하기 위해서는 한계 분석을 사용하는 것이 비교적 쉬운데, 이 관계에 대한 향후 전망은 매우 어려울 것으로 예상된다.[18] 광고에 투자하는 자금의 규모를 결정하는 것은 광고나 광고회사가 직면한 가장 어려운 일 중의 하나이다.[19]

지출 규모에 영향을 주는 모든 변인에 대한 충분한 검토와 비용의 최적 수준을 결정하는 방법은 이 책의 범위를 넘어선다. 이에 대해 검토하기 위해서는 시간의 흐름에 따라 광고와 판매의 관계를 설명하고 예측하기 위해 다중회귀 분석을 사용한 모델링을 실시해야 한다.

이 책의 독자는 일반적으로 그런 문제를 다루지 않으며, 예산 규모도 광고캠페인의 종류에 따라 강의 시간에 이미 결정되어 부여된다. 또한 광고회사 역시 일반적으로 광고 예산을 자체적으로 결정하는 것이 아니라 광고주인 기업으로부터 제시받는 입장이다. 그러나 중요한 것은 광고 커뮤니케이션에 투자되는 자금의 규모는 문제 해결이나 기회 개발 등 기대되는 업무에 적합한 규모여야 한다는 것이다. 이 같은 의사 결정이 어떻게 이루어지는가에 대해 개략적으로 설명하기 위해 예산안을 결정하는 전통적 방법과 예산 규모에 영향을 미치는 요인에 대해 살펴볼 것이다.

예산을 결정하는 전통적 접근법

예산을 결정하는 수많은 방법들이 광고학 교과서에 실려 있다. 한 기업이 사용하는 광고 예산 방법은 다양한데, 보통 여러 가지 방법을 조합하여 사용한다.

최대 지불 능력 기준법

이 방법의 사용 횟수는 점차 감소하고 있다. 이것의 주요 장점은 단순하다는 것이며 제한된 자원을 갖고 있는 기업에서는 유일한 선택일지도 모른다. 이 방법의 주요 단점은 의사 결정에 합리적 근거가 미약하다는 것과 시장을 자극하고 영향을 주기에 충분한 광고 노출을 만들어내기에 미약한 수단이라는 것이다. 많은 기업들은 여러 가지 접근법을 사용하고 있으며, 또한 예산상의 제약으로 인해 이 방법을 사용한다.

매출액 비율법

널리 사용되고 있는 이 방법은 마케팅 커뮤니케이션 예산을 결정하기 위해 과거나 향후 매출액에서 일정 비율을 산출한다. 여기에 적용되는 비율은 동일 업계와의 접촉, 동종 업계 조합, 업계지, 정부기관 자료, 그리고 회의 등 다양한 출처로부터 입수될 수 있다. 이것은 특히 의사 결정자의 전문영역이 마케팅이나 광고 영역이 아닌 경우에 매우 유용하다. 매출액에 적용되는 비율이 동종 업계에서 성공적인 기업과 유사하도록 설정된다면 이것은 좋은 방법이 될 가능성이 높다. 이 방법의 큰 단점은 매출액이 광고비용을 결정한다는 것이다. 매출액이 높으면 광고 예산이 올라가지만, 매출액이 낮으면 예산도 더불어 낮게 책정된다는 점이다. 그러나 논리적으로 볼 때는 그 반대가 되어야 한다. 특히 매출액이 낮아질 때 광고비용을 더 늘려야만 한다.

경쟁자 대응법

이 방법은 경쟁자의 광고비용을 기준으로 광고 예산을 설정하는 것이다. 기업은 이 방법을 두 가지 이유 때문에 사용한다. 첫째, 기업은 경쟁자가 사업에 성공했다면 그 기업이 광고비용에 가장 적절한 자금을 분배했다고 생각한다. 둘째, 기업은 경쟁하기 위해서는 경쟁자의 광고 예산과 견줄 수 있는 자금을 투자해야 한다고 생각한다.

이 방법의 한계는 필적하는 기업이 얼마나 비슷한가에 따라 나타난다. 비슷한 기업이라고 할지라도 면밀히 검토한다면 심각한 차이점이 존재할 수 있기 때문이다.

목표 과업 기준법

이 접근법은 가장 논리적이지만 사용하기에 가장 까다롭다. 이 방법은 대형 광고주 회사의 거의 3분의 2가 사용하고 있다.[20] 이를 사용하기 위해 기획자는 우선 명확한 목적을 정의해야 한다. 그 다음 단계는 그 목적을 성취하기 위해 요구되는 다양한 업무를 결정한다. 가장 쉬운 일이자 마지막 단계는 그 업무를 수행하는 데 필요한 비용을 산정하는 것이다.

이 방법은 마케팅 커뮤니케이션 비용과 목적 달성을 연결하기 때문에 논리적이라고 할 수 있다. 목적이 매출액 같은 행위적 목적으로 정의된다면 목적을 정의하는 첫 번째 단계는 비교적 쉽다. 그러나 그 목표를 달성할 수 있는 마케팅 커뮤니케이션 업무를 결정하는 두 번째 단계는 어려울 것이다.

매출액이 목표일 경우 광고 등 대부분의 마케팅 커뮤니케이션 수단은 매출액에 영향을 준다. 매출에 영향을 미치는 변인을 결정하는 일은 종종 매출 목표, 광고, 판매 촉진 등 특정한 커뮤니케이션 수단 간에 차이를 보인다. 이런 문제를 해결하기 위해 어떤 광고주는 그들의 커뮤니케이션 목적을 지각이나 태도 등 커뮤니케이션 기준으로 설정한다. 이런 접근은 목적과 커뮤니케이션 업무 사이의 관계를 더욱 명확하게 만든다. 그러나 태도 변화와 같은 커뮤니케이션 기준의 목적 달성이 매출액 등 마케팅 목적의 달성과 연결되느냐 하는 문제는 여전히 존재한다. 목표 과업 기준법은 다른 방법보다 복잡하지만, 이것은 다른 방법이 고려하지 못하는 문제를 고려한다는 것이다. 아이러니한 것은 마케팅 커뮤니케이션의 예산 크기를 결정하는 데 가장 많이 쓰이는 방법은 산업 조사에서는 결코 포함되지 못할 것 같은 과거 사례(historical precedent)라는 점이다. 기업은 종종 그들의 예산 규모를 전년도 지출 예산에 근거하여 책정한다.

메시지 전략

기본적인 마케팅 전략과 브랜드 포지셔닝이 결정된 이후에는 캠페인의 메시지 전략을 포함하는 실제적인 광고 기획이 크리에이티브 브리프 형태로 만들어진다. 브리프 구성 요소와 다양한 창의성 있는 접근법에 대해 6장에서 알아보고자 한다.

캠페인 진행 체크리스트

이 단계의 캠페인 진행을 위해서는 일반적으로 다음과 같은 사항을 명심해야 한다.

1. 기업의 전략은 다섯 가지 요소로 구성된 전략적 기반을 바탕으로 여기에는 판매 초점의 결정, 브랜드 자산 관리, 메시지 포지셔닝, 마케팅 커뮤니케이션 프로그램을 위한 재원 조달, 목표 시장 설정과 메시지 전달이 있다.
2. 많은 경우에 있어 오늘날의 캠페인 기획 과정은 소비자에게 구애하고 관계를 맺기까지의 다양한 단계와 연관된다.
3. 장기적인 브랜드의 성공을 위해서는 브랜드명으로부터 연상되는 무형의 가치 또는 자산이 요구된다. 이를 확보하면 가격 경쟁 또는 (제품 차별성이 없음으로 인한) 차별성 경쟁을 피할 수 있다.
4. 브랜드 충성도를 쌓는 것은 브랜드 자산 운영에 있어 가장 중요한 측면이다.
5. 대부분의 브랜드에 있어 소비자의 마음에서 첫 번째로 떠오르도록 하는 인지는 매우 중요하다.
6. 브랜드의 품질에 대한 소비자의 인식은 실제 제품 품질보다 더 중요할 수 있다.
7. 소비자가 갖는 브랜드에 대한 연상은 소비자가 제품을 생각하고 느끼도록 하는 데 영향을 준다.
8. 특허, 명성 등 기업의 독점적 자산은 제품 자체의 중요한 부분으로, 주의 깊게 평가되고 알려지도록 해야 한다. 그렇지 못하면 브랜드는 그 가치를 상실할 수 있다.
9. 제품을 포지셔닝하는 것은 중요한 전략적 결정이다. 왜냐하면 그것은 카피라이터나 제작 디렉터에게 방향을 제시해 그들에게 광고가 목표와 전략에 맞게 제작 되도록 도와주기 때문이다.
10. 목표 시장 설정을 위해서는 다음 세 가지에 대한 중요한 결정이 필요하다. 첫째, 누구에게 목표를 맞출 것인가? 둘째, 그들에게 어떻게 효율적으로 도달할 것인가? 셋째, 메시지를 전달하기 위해 어떻게 매체와 관련된 커뮤니케이션 도구를 효과적으로 사용할 것인가?
11. 예산이 이미 결정되어 주어지더라도, 커뮤니케이션 활동을 위해 마케터들이 활용하는 다양한 예산 책정 방법에 대한 이해가 필요하다.

미주와 참고문헌

1. C.H. Sandage and Vernon Fryburger, *Advertising Theory and Practice*, 7th Ed. (Homewood, IL: Irwin, 1967), p. 5.
2. Yohn, Denise Lee. "The Death of the Tagline: Flexible branding is the new name of the game," AdWeek, September 9, 2013. Retrieved on December 27, 2013 from http://www.adweek.com/news/advertising-branding/death-tagline-152255.
3. Knee, Jonathon A. " How New York's Love Affair with Starbucks Turned Sour," Published on Slate.com in CultureBox section on July 17, 2012. Retrieved on March 30, 2014 from http://www.slate.com/articles/life/culturebox/2012/07/how_new_york_s_love_affair_with_starbucks_turned_sour_.html.
4. Gray, John. "Understanding the Five Stages of Dating," Askvenusmars.com, a website derived from the book entitled *Men Are From Mars, Women Are From Venus*, Chapter 1, page 4, Retrieved on October 26, 2012 from http://www.askmarsvenus.com/Article.php?id=63&aff=!aff.
5. Boone, L.E. and Kurtz, D.L. *Contemporary Marketing* (Fort Worth, TX: Dryden Press, 1999), p. 399.
6. Aaker, D.A. *Managing Brand Equity* (New York: Free Press, 1991), p. 16.
7. McIntyre, Douglas A. "Ten Brands That Will Disappar in 2014," Yahoo Finance's 24/7 WallSt. Retrieved on December 29, 2013 from http://finance.yahoo.com/news/ten-brands-that-will-disappear-in-2014–181419498.html?page=all.
8. "8 Ways for Corporations to Join Generation G," from Trendwatching.com's Trend Briefing, originally published in June 2009. Retrieved on December 29, 2013 from http://trendwatching.com/trends/generationg/.
9. This article is an excerpt from Terry G. Vavra, "After-Marketing: How to Keep Customers for Life through Relationship Marketing," *Brandweek*, 7 December 1992, p. 20.
10. Vavra, T.G. "Learning from Your Losses," *Brandweek*, 7 December 1992, p. 21.
11. Retailers' Digital Ad Spending to Reach Record Levels in 2013," eMarketer.com, published November 27, 2013. Retrieved on December 29, 2013 from http://www.emarketer.com/Article/Retailers-Digital-Ad-Spending-Reach-Record-Levels-2013/1010418.
12. Parente, D.E. "A Look at the Way Advertisers Write Objectives," Unpublished working paper, p. 9.
13. Aaker, D. *Managing Brand Equity*, p. 63.
14. Ries, A. and Trout, J. *The 22 Immutable Laws of Marketing: Violate Them at Your Own Risk* (New York: HarperBusiness, 1993), p. 18.
15. Ries, A. and Trout, J. *The 22 Immutable Laws of Marketing: Violate Them at Your Own Risk* (New York: HarperBusiness, 1993), p. 18.
16. List of American Advertising Characters," Wikipedia, February 2012. Retrieved on December 29, 2013 from http://en.wikipedia.org/wiki/List_of_American_advertising_characters.
17. Aaker, D.A. et al. *Advertising Management*, 5 th ed. (Englewood Cliffs, NJ: Prentice Hall, 1995), pp. 190–201.
18. For more information on marginal analysis, see Aaker et al. *Advertising Management*, pp. 548–551.
19. Sissors, J.Z. and Bumba, L. *Advertising Media Planning*, 5 th ed. (Lincolnwood, IL: NTC Business Books, 1995), p. 407.
20. Patti, C.H. and Blasko, Vincent. "Budgeting Practices of Big Advertisers," *Journal of Advertising Research* 21 (December 1981), pp. 23–29.

제6장 커뮤니케이션 전략 및 메시지 기획하기

오늘날의 소비자는 어디를 가든 넘쳐나는 상업적 메시지에 노출된 채 살고 있다. 넘쳐나는 메시지와 혼잡한 미디어 환경 속에서 광고는 소비자의 시선을 사로잡아 그 걸음을 멈추게 하고 주의를 끌 수 있는 힘을 가져야 한다. 하지만 이러한 힘은 그저 우연히 얻어지는 것이 아니라, 모든 커뮤니케이션 과정이 주의 깊게 고려되었을 때만 가능할 것이다.

이 단계에서는 모든 노력이 하나의 문서를 작성하는 데 모아져야 하는데, 그것이 바로 크리에이티브 브리프(creative brief)이다. 카피 플랫폼(copy platform) 또는 크리에이티브 인스피레이션(creative inspiration)이라고도 알려져 있는 크리에이티브 브리프는 크리에이티브 팀의 빅아이디어 개발에 중요한 가이드라인 역할을 하며 캠페인의 모든 단계에서 필요로 하는 메시지 전략에 지침이 된다.

[표 6-1]은 좋은 크리에이티브 브리프를 쓰기 위한 기술과 꼭 포함되어야 할 모든 요소들을 상세히 설명한다. 크리에이티브 브리프 작성시 중요한 것은 수많은 결과물과 결정을 어떻게 압축적이면서도 심도 있게 나타내는가이다.

간결하되 함축적이어야 한다. 브리프는 모든 조사와 영감, 결정들을 자그마한 상자에 압축적으로 담아내야 하며, 캠페인에 있어 필요한 '누가, 무엇을, 언제, 왜, 어떻게'라

표 6-1 크리에이티브 브리프 개요

기업/광고주 연락 정보 및 프로젝트 정보
기업명, 담당 광고주 이름, 전화번호, 이메일 주소, 프로젝트명(2016년 연휴 캠페인)
제품/성격
어떤 브랜드 또는 제품인가? 간략하게 제품/브랜드의 핵심적 특성을 설명하고 왜 꼭 필요한지 얘기하라. 브랜드만의 성격이나 이미지를 나타낼 수 있는 몇 개의 형용사를 활용하라.

표 6-1 크리에이티브 브리프 개요 (계속)

핵심요소/배경/개요

목적은 무엇인가? 시장에서 위치는? 캠페인을 이끄는 가장 중요한 요소는 무엇인가? 주로 이러한 요소는 제품의 장점, 약점, 기회, 위기를 요약한 SWOT 분석에서 찾을 수 있다(예: 문화적, 시장 또는 제품군의 트렌드, 경제상황, 제품혁신, 계절성, 경쟁사 활동, 목표시장의 라이프스타일 변화 등).

문제점/잠재적 필요사항

앞에서 말한 시장상황이 어떻게 소비자에게 영향을 주었는가? 직면한 주요한 이슈는 무엇인가? 광고를 통해 해결할 수 있는 문제들은 어떤 것인가(예: 정보의 필요, 해결책 제시, 욕구 충족 등)?

커뮤니케이션 목표/기대되는 태도 및 행동 변화

왜 광고를 해야 하는가? 광고의 목적은 무엇인가? 커뮤니케이션 목표를 명확히 설명하라. 광고를 통해 소비자에게 미칠 수 있는 효과를 간략하게 서술하라. 그들의 행동 변화를 말하라. 또한 어떻게 소비자가 생각하고 느끼고 행동하기를 원하는지 서술하라(인지도 증대, 선호도 개발, 시험구매 유도, 브랜도 충성도 증대 등). 양적 목표 수치와 기간을 포함하라.

목표시장/시장 세분화

누구에게 말할 것인가? 누가 가장 잠재력 있는 소비자인가? 더 정확하고 더 상세한 설명은 더 좋은 결과를 낳는다. 가능하다면 일반적인 인구통계학적, 심리통계학적 설명을 뛰어 넘어 세분화된 목표시장에 대해 풍부한 정보를 제공하도록 하라. 목표 시장을 개인화하여 구체적인 프로파일을 제시하라.

소비자 인사이트/스위트 스폿

소비자의 사고방식은 어떠한가? 현재 그들은 어떠한 생각을 갖고 있는가? 그러한 생각은 어디서 기인하는가? 그들을 감정에 호소하여 기억에 남게 하기 위해 어떤 인간적 요소를 활용해야 하는가(예: 습관, 라이프스타일, 이상, 공포, 꿈, 소통, 소비상황, 열망 등)?

약속/혜택/제안

그들이 무엇을 생각하기를 바라는가? 다시 말해, 우리가 그들에게 전할 수 있는 가장 중요한 하나의 설득적, 경쟁적 아이디어는 무엇인가? 어떤 반응을 기대하는가? 간단한 문장으로 설명하라. 일반적으로, 이러한 것은 제품/브랜드를 사용하며 느끼는 감정적 반응을 상술한 것이다. 믿을 수 없는 광고로 여겨지지 않기 위해서는 허황되거나 과장된 요소는 피하고, 소비들이 사용하는 언어로 말하라. 그것은 바로 그들이 원하는 것이자, 당신이 그들에 원하는 것으로 캠페인을 성공으로 이끌 것이다.

지원/입증/신뢰

광고를 보고 행동 또는 믿어야 하는 이유는 무엇인가? 광고에서 주장하는 사실들에 대해 신뢰감을 줄 수 있는 이성적, 감성적 이유들을 하나하나 열거하라. 주로 이러한 것들은 제품, 서비스, 아이디어의 속성이나 혜택에서 찾을 수 있다. 제안한 약속들을 지지할 수 있는 모든 중요한 포인트를 열거하라. 시간과 공간의 제약이 있을 때에는 중요한 순서대로 제시하라.

크리에이티브 가이드라인/광고물 요소/의무사항

광고에 필수적으로 표현되어야 할 요소들을 모두 포함하라(예: 로고, 제품사진/포장, 회사 웹사이트, 주소, 전화번호, 새로운 또는 기존의 태그라인, 면책사항 등).

분위기/톤/목소리

광고에서 사용할 수 없는 특별한 보이스 톤이 있으면 여기서 말하라. 모든 브랜드 커뮤니케이션은 앞에서 언급한 브랜드 개성과 조화를 이루어야 함을 명심하라(예: 유머스러운, 발랄한, 전문적인, 지적인, 세련된, 최신 유행의). 톤은 캠페인 전체의 느낌에 영향을 줄 뿐만 아니라 단어 선택, 문장의 스타일에도 영향을 미칠 수 있다.

는 질문에 답들도 잘 담아내고 있어야만 한다.

크리에이티브는 장황한 소비자 포커스 그룹에 앉아만 있다고 해서 나오지 않으며, 시장 조사만 쳐다본다고 나오지 않으며, 마케팅 부서를 기쁘게 한다고 해서 나오지 않는다. 데이터는 별로 쓸모가 없다. 광고주의 메시지를 가장 강력하게 소비자에게 전달할 수 있는 방법을 찾는데 모든 힘을 쏟아야 한다.

규범을 따르되 영감을 지녀라. 브리프는 크리에이티브 팀의 브레인스토밍에 유용한 변수를 제공할 뿐만 아니라 흥미로운 도전에 대한 프레임 또한 제시하여야 한다.

일단 영감을 받으면 크리에이티브한 생각은 일 분에 백 마일을 간다. 개념을 잡을 때는 수천 가지의 가능성이 오고가며, 쓸모없는 해결책에 많은 시간을 허비하기도 한다. 따라서 결코 팀원들의 생각들을 제한하려 하지 말아야 한다. 그들의 생각에 활력을 불어주고 정제하는 데 도움을 줘라.

계약적이면서도 사실적으로 브리프를 작성하라. 크리에이티브 브리프는 광고주와 대행사 간의 계약서 역할을 한다. 크리에이티브 브리프는 팀원 모두가 목표를 달성하기 위해 현재 자신들이 어디에 있으며 어디로 나아가야 할지 명확한 방향을 제시한다.

대부분의 광고주는 좌뇌가 발달하여 논리적이며 경영에 초점을 둔다. 따라서 창의적인 아이디어 평가나 제작물에 대한 그들의 생각을 표현하는 것에는 항상 어려움이 있다. 따라서 이들 광고주에게는 크리에이티브 브리프는 컨셉이 전략적으로 제대로 수행되고 있는지 아닌지를 말해주는 중요한 체크포인트 역할을 제공한다.

크리에이티브 브리프는 독창적이고 독점적이어야 한다. 크리에이티브 브리프는 브랜드에 의해서만 소유되어야 하고, 경쟁자에 의해 사용되어서는 안 된다. 가능하다면 어디에서든 브랜드를 구체적으로 표현하는 요소를 포함시켜라.

또한 브리프는 앞뒤 내용이 잘 이어져야 하는데, 뒤의 내용은 앞의 내용을 기반으로 써져야 한다. 한 부분 한 부분 앞의 내용과 맞게 연결시켜야 한다. 브리프를 작성하기 앞서 전체적인 접근법을 주의 깊게 살피고 핵심을 짚어 나가는 것으로 시작하여야 한다. 컴퓨터 프로그래밍의 '만약-그러하면(if-then)' 명령어에 따라 어떻게 전체가 작동하는지 생각해보라. 핵심적 내용은 문제를 도출해야만 하고, 문제는 목표를 이끌어내야만 한다. 결과는 간단명료한 메시지의 방향을 제시하여야 한다.

크리에이티브 접근법의 결정

FCB 그리드 — 유용한 도구

가장 최적의 크리에이티브 전략 개발에는 몇 가지 다른 방법이 있다. 캠페인은 제품이 줄 수 있는 이점에 초점을 맞추어야 하고, 브랜드 개성을 개발하고 강화해야 하며, 특별한 느낌이나 감정을 유발하여야 한다. 또한 광고는 집단이나 브랜드 연상을 개발하기 위해 활용될 수도 있다.

광고회사 FCB(Foote, Cone & Belding)는 크리에이티브 담당자들이 메시지 전략을 풀어나가는 데 도움을 주기 위하여 분석적 접근법을 개발했다. FCB는 미국과 유럽에서 광범위한 조사를 수행한 후 제품이 네 개의 뚜렷한 유형으로 분류될 수 있다는 결론을 내렸다.[1] 그리고 이런 유형을 그리드상의 4면 중 하나에 위치시켰다. 첫 번째 분류는 소비자가 주로 '사고'에 의존해 구입하는 제품과 소비자가 '감성'에 의존해 구입하는 제품으로 구분한다. 두 번 분류는 제품 구입과 관련된 소비자의 관여도에 따라 고관여 제품과 저관여 제품으로 구분한다. 구체적인 분류는 다음과 같다.

- 소비자의 제품 구매가 **사고**와 관련이 깊고 **고관여** 제품(생명보험, 자동차 배터리, 주택 외장 페인트, 오디오)
- 소비자의 제품 구매가 **감성**과 관련이 깊고 **고관여** 제품(향수, 염색약, 스포츠카, 저녁식사를 위한 와인)
- 소비자의 제품 구매가 **사고**와 관련이 깊고 **저관여** 제품(액체 표백제, 화장지, 살충제, 샴푸)
- 소비자의 제품 구매가 **감성**과 관련이 깊고 **저관여** 제품(땅콩버터, 바비큐소스, 다이어트 음료, 패스트푸드 음식점)

이러한 제품 유형은 소비자가 구매를 위해 얼마나 신경을 쏟는지 또는 시간, 돈, 노력 등을 얼마나 투자하는 정도에 따라 그리드상에 위치하게 된다. 또한 구매가 얼마나 이성적인지, 논리적인지, 사실이나 정보의 의존성, 감정적인지, 자아감, 만족도 또는 사회적 요소 또한 고려한다. [표 6-2]는 FCB 그리드(FCB Grid)상에 위치하는 다양한 제품군의 예를 보여준다.

표 6-2 FCB 그리드

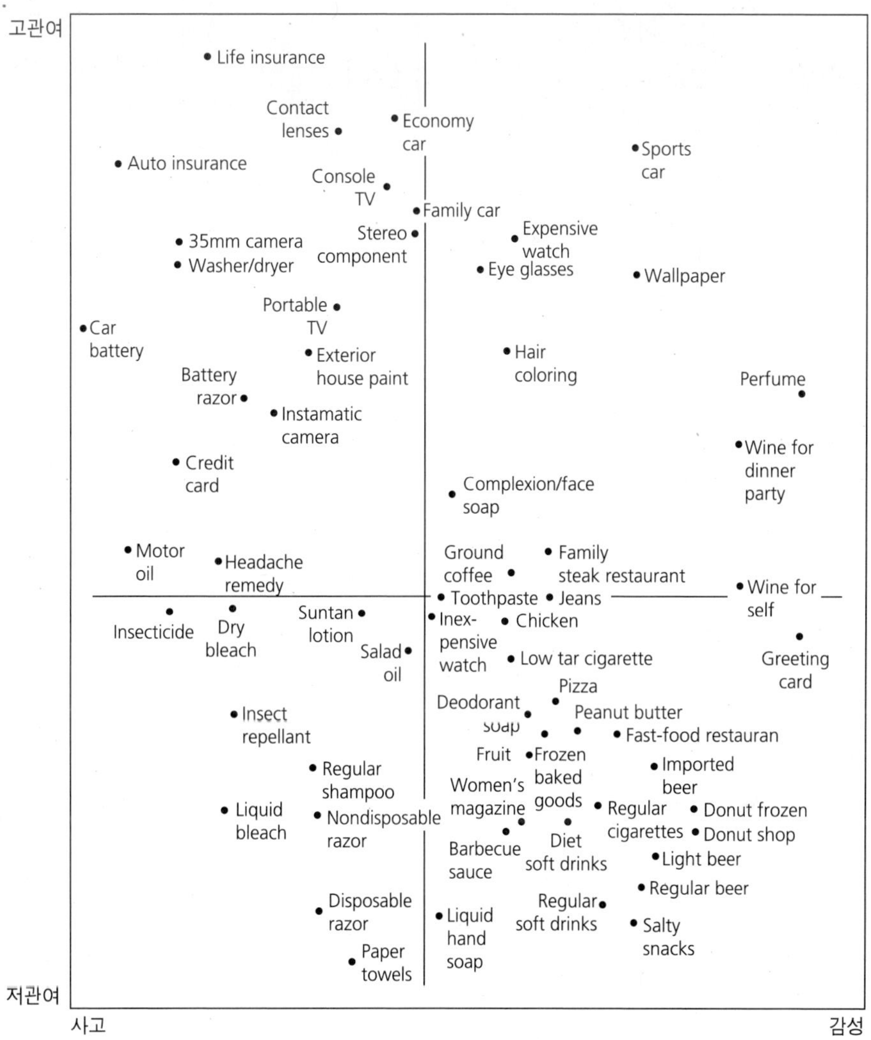

출처: Slightly altered version from John J. Rossiter et al., "A Better Advertising Planning Grid," *Journal of Advertising Research* (October/November, 1991), p. 12.

FCB 그리드의 활용

[표 6-3]에서 보듯, FCB 그리드 모델은 단순히 구매를 유형별로 나타내는 것에 그치지 않고 제품이 위치한 그리드에 따라 실제 사용할 수 있는 원칙을 제시함으로써 적합한 광고캠페인을 개발하는 하는 데 활용된다. 다시 말해 소비자의 니즈에 맞게 메시지를 전달할 수 있도록 돕는다.

표 6-3 그리드 활용 예시

	사고	감정
고관여	**정보적** 제품군: 기술, 집, 사치품, 자동차, 가구, 가전제품, 보험, 신제품 구매모델: 학습 - 느낌 - 행동 목표: 회상, 이해 매체: 콜랙트럴, 신문/잡지, 웹/디지털, 개인판매 크리에이티브 톤: 정보적, 강의적, 시범적, 믿음	**감정적** 제품군: 보석, 화장품, 의류, 스포츠카, 향수 구매모델: 느낌 - 학습 - 행동 목표: 감정 반응, 태도 변화 매체: TV, 잡지, 이벤트, 경험 마케팅, 빌보드 크리에이티브 톤: 시각적, 자극적, 눈에 띄는
저관여	**습관** 제품군: 음식, 집안도구, 세제, 미용도구 구매모델: 행동 - 학습 - 느낌 목표: 판매, 재구매, 사용량 증대 매체: 촉진, 라디오, 신문, 쇼핑객 마케팅 크리에이티브 톤: 상기하는, 보상하는	**자아만족** 제품군: 사탕, 주류, 맥주, 담배, 과자, 오락, 휴식 구매모델: 행동 - 느낌 - 학습 목표: 판매, 충동구매 매체: 빌보드, 신문, 구매시점 광고, 이벤트, 경험 마케팅 크리에이티브 톤: 주의력을 사로 잡는, 무상으로 제공하는, 안심시키는

먼저, FCB 그리드 모델의 위치에 따른 소비자의 구매결정 과정을 보여준다. **학습**(learning)은 소비자가 정보 얻기 위한 조사를 포함하는 것으로, 웹사이트나 브로셔를 참조하거나 소비자 평가, 구전 등이 포함된다. **감정**(feeling)은 소비자 선택에 대한 평가나 의견 또는 인식 개발과 관계가 있다. **행동**(doing)은 제품의 실제적 구매를 나타낸다. 관여도의 정도에 따라, 소비자는 구매를 하기까지 많은 시간을 쓰기도 하는데, 주로 제품에 관한 충분한 정보를 수집하거나 경쟁제품에 대한 철저한 평가를 한 이후에 마지막 행동에 들어간다. 반면, 소비자는 즉흥적으로 구매를 하고 한참 후에 평가를 내리기도 한다. 또한 이성적으로 결정을 하는지 감성적으로 결정을 하는지에 따라 구매에 필요한 것이 정보가 될지 자극이 될지 좌우된다. 이러한 소비자의 구매 과정을 이해한다면, 그들의 행동에 영향을 미칠 수 있는 메시지를 최적의 시간에 최적의 장소에 노출시킬 수 있을 것이다.

FCB 그리드 모델은 또한 커뮤니케이션 목표를 정의하는 데 도움이 된다. 정보적 그리드에 위치한 제품은 많은 경우 제품이 제공할 수 있는 소비자 혜택에 초점을 맞추는 게 중요하다. 감정적 그리드에 위치한 제품은 감정적 반응이나, 열망, 관계에 중점을 둔다. 반면 습관에 위치한 브랜드는 소비자의 암기적 행동을 유발하는 것에 중점을 두고, 자아만족 그리드에 위치한 제품은 즉흥적인 구매를 유도한다.

전술적 측면에서도 그리드 모델은 메시지를 전달하기 위한 적합한 방법을 제시한다. 제품에 대한 많은 정보가 필요할 때에는 브로셔나 웹페이지와 같은 많은 정보를 담는데 적합한 매체가 유용하다. 소비자의 강력한 감정적 반응을 이끌어낼 때에는, 경험 마케팅이 활용된다. 프로모션이나 보상 프로그램은 소비자의 습관을 형성하는 데 유용하고, 강렬한 구매시점 광고는 소비자의 즉흥적인 구매를 이끈다.

크리에이티브 접근법

전략과 크리에이티브 기획를 확실히 이해했다면 목적을 달성하기 위한 최상의 크리에이티브 접근법을 결정할 필요가 있다. 패티(Patti)와 프레이저(Frazer)는 광고 크리에이티브의 가이드라인으로 사용될 수 있는 일곱 가지 크리에이티브 접근법을 다음과 같이 제시하고 있다(표 6-4 참조).

포괄적 전략(generic strategy)은 경쟁적이거나 우월성을 주장하지 않는 접근법으로, 상품군 내에서 가장 지배적인 상품이나 브랜드가 사용하는 전략이다. 이를 사용 하면 시장 리더임을 쉽게 확인할 수 있다. 이 전략은 경쟁 상품과는 비교할 수 없는 우월한 속성과 편익을 이용한다. 캠벨 수프는 "수프는 좋은 음식이다"라고 광고했다. 이 회사는 통조림 수프 시장에서 50% 이상의 점유율을 지키고 있어 광고주는 사람이 수프를 더 많이 먹게 된다면 늘어난 매출의 대부분을 자신들이 가져올 수 있을 거라고 생각한다.

선점적 주장(preemptive claim)은 브랜드에 대한 차이점을 광고함으로써 경쟁 상황에서 선점하는 접근법이다. 경쟁 브랜드도 유사한 편익이나 속성을 갖고 있을 수 있지만, 그런 편익이나 속성을 광고하지 않고 있을 경우에 실행할 수 있다. 그러한 편익이나 속성을 제일 먼저 강조하여 시장을 선점할 수 있다. 예를 들어, POM은 자신들의 석류 주스가 업계 최초로 뛰어난 효능을 지닌 산화방지 비타민을 포함하고 있다고 주장했다. 그 결과 비슷한 주장을 내세우는 경쟁사들은 멍청한 카피캣처럼 보일 뿐이다.

USP(unique selling proposition)는 확실한 경쟁적 이점, 즉 브랜드를 차별화할 수 있을 때 사용된다. 로저 리브스(Rosser Reeves)는 이 기법을 M&M 캔디의 "당신의 손에서 녹지 않고 입에서 녹는다"라는 슬로건에 이용하여 유명해졌다. 이 전략은 수많은 상품과 브랜드가 출현하는 오늘날의 극심한 경쟁 환경에서는 사용하기 어려운 기법이다. 광고하

표 6-4 크리에이티브 전략: 요약

전략	특징	가장 적합한 상황	경쟁적 시사점
포괄적 전략	경쟁적 우월성을 주장하지 않는 접근법으로 상품이나 편익에 대한 직접적 주장	독점 혹은 상품군에서 절대적 시장 지배 상황	광고주의 브랜드를 상품군과 일치시킴
선점적 주장	경쟁사보다 우월성을 강조하는 일반적 주장	경쟁적 광고가 일반화되었거나, 전혀 존재하지 않는 성장기 시장에 가장 적합	광고주 브랜드의 우월성을 소비자에게 확신시키는 데 유리하고, 소비자에게 브랜드의 우수성을 확신시키는 데 효과적
USP	독특한 물리적 특성이나 편익에 근거한 브랜드의 우월성 주장	광고에서 주장한 차별점을 경쟁사가 따라올 수 없을 경우 가장 유용함	광고를 통해 설득적인 메시지를 전달할 수 있고, 경쟁사에게 모방 광고 혹은 더 공격적인 전략을 사용하도록 함
브랜드 이미지 전략	심리적 차별점에 근거한 주장: 보통 상징적 연상 전략을 이용함	물리적 차별화가 매우 어려운 상품의 광고에 적합한데, 의미 있는 상징이나 연상을 개발하기 위해서는 소비자를 잘 이해해야 함	경쟁사가 직접적으로 도전할 수 없는 최고급 이미지를 사용
포지셔닝	경쟁 브랜드와 비교하여 소비자의 마음속에 브랜드의 틈새를 만드는 전략	선도 브랜드를 공격하는 데 가장 적합한 전략으로, 공격적 광고를 비교적 오랜 기간 지속해야 하며 소비자에 대한 이해가 필요함	이 전략에 대한 경쟁사의 직접적 비교가 어렵고, 이 전략에 대한 경쟁사 반격의 성공 가능성이 낮음
공감 접근법	소비자가 브랜드에 대한 어떤 경험을 가졌을 때 실시되며, 그 경험에 어떤 의미와 중요성을 전달함	사회적으로 눈에 많이 띄는 상품에 가장 적합하고, 광고 메시지 형태를 디자인하는 데 소비자에 대한 많은 이해가 필요함	경쟁사가 사용할 수 있는 전략은 한정되고, 경쟁사가 사용할 가능성이 높은 전략은 모방 전략임
정서적 소구 전략	애매함, 유머 등과 같은 메시지를 이용해 소비자의 관여와 감성을 불러일으키는 전략으로 강력한 판매 메시지를 강조하지 않음	사치품에 적합한 전략이며 차별화를 극대화하는 경쟁사의 전략에 따라 효과가 달라지고, 조사보다는 영감 혹은 통찰에 의한 접근	경쟁사는 차별화 전략을 약화시키기 위해 모방 전략을 사용하거나, 다른 대안을 강조할 가능성이 높음

는 브랜드가 경쟁 브랜드와 비교하여 갖고 있는 장점을 검토할 때, 그것이 긍정적이고 유용한 차별화 요인인가 신중하게 판단해야 한다. [그림 6-1]의 질레트 MACH3는 강력한 USP를 이용한 광고의 예이다.

브랜드 이미지 전략(brand image strategy)은 브랜드에 내재해 있지 않은 요인을 이용한다. 특정한 상품 속성은 상대적으로 무의미하다. 광고는 주로 심리적 또는 정서적 소구에 집중하면서 브랜드에 대한 소비자의 태도를 형성 · 강화 · 변화시켜야만 한다. 이러한 접근법은 주로 패션, 액세서리, 향수 등의 제품군에 사용된다.

그림 6-1 질레트의 MACH3 면도기 광고

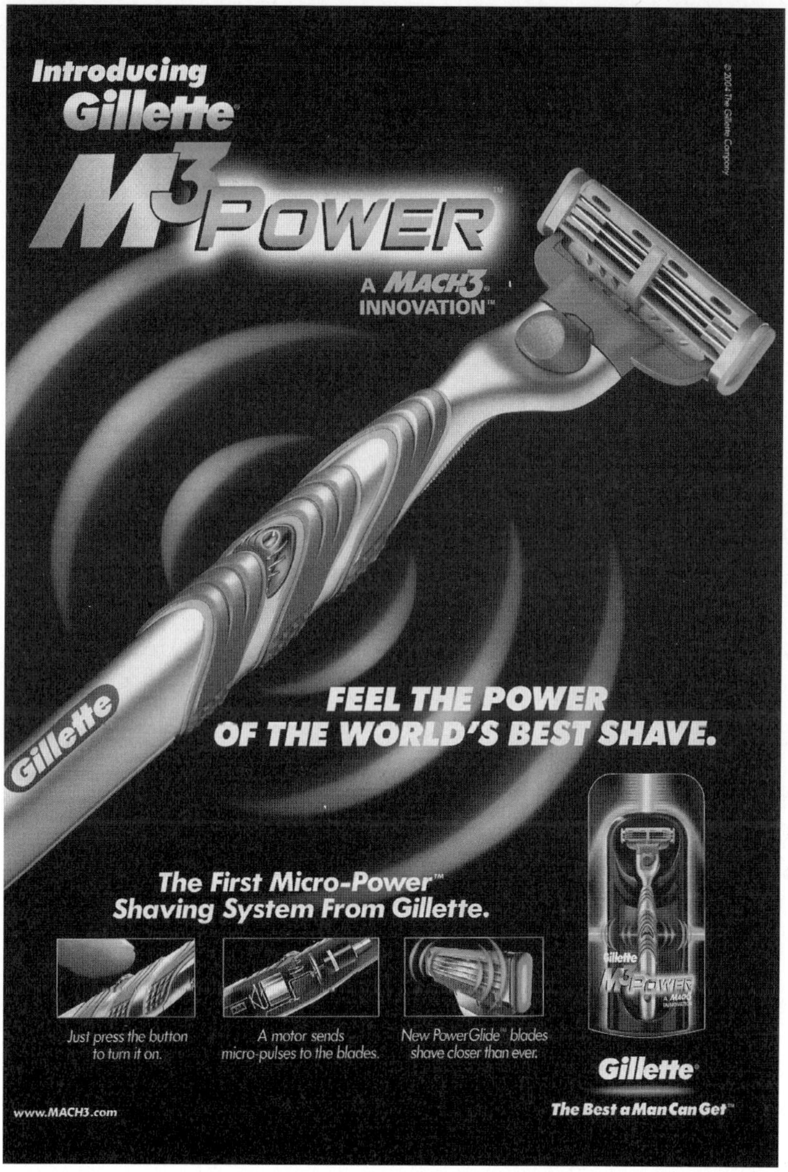

출처: The Gillette Company.

제품 포지셔닝(product positioning)은 경쟁 브랜드와 비교하여 소비자 마음속에 광고하는 브랜드의 틈새를 만드는 전략이다. 이 전략은 경쟁 브랜드로부터 자사 브랜드를 차별화하는 수단으로, 특히 새로운 브랜드나 시장점유율 면에서 경쟁적 리더가 되고자 할 때 유용하다. 스타벅스는 고급 커피로 자신을 포지션하고, 펩시는 새로운 세대의 선택으로, 서브웨이 샌드위치는 신선함을 먹는 것으로 차별화한다.

공감접근법(resonance approach)은 소비자가 브랜드에 대해 가지고 있는 애정이나, 긍정적 기억 또는 느낌과 같은 연상을 이용하는 전략이다. 맥코믹(McCormick), 코카콜라, 홀마크(Hallmark) 등과 같이 오랜 시간 동안 소비자의 사랑을 받아온 브랜드가 주로 사용하는 전략이다. 공감접근법의 가치는 이미지와 브랜드 연상이 소비자의 마음속에서 자유롭게 활발히 생성될 수 있다는 점이다.

정서적 소구 전략(affective strategy)은 브랜드와 소비자 간의 감성적 연계를 형성하고자 할 때 이용되는 전략이다. 때때로 음악과 결합된 상징적 이미지나 언어는 소비자로부터 고조된 감성적 반응을 유발한다. 정서적 소구 전략은 시장에서 차별화하기 어려운 브랜드에 유용하고, 성공 여부는 소비자와의 감성적 연계 정도에 따라 결정된다. 푸부(FUBU)는 인기 있는 도시 패션 브랜드이다. 이 회사는 1992년 미국 내 흑인에게 옷을 디자인하고 판매하는 5명의 흑인에 의해 설립되었다. 브랜드명은 흑인의 힘을 확대하려는 'For Us By Us'의 약자이다.

이상의 일곱 가지 전략이나 접근법이 서로 분리된 것처럼 설명했지만, 이들 전략이 상호 중복된다는 점을 이해하는 것도 중요하다. 예를 들어 광고하는 브랜드가 속성에 근거한 분명한 차별점이 부족하여 소비자와의 감성적 연계를 이루길 원한다면 **공감 접근법**과 **브랜드 이미지 전략**을 조합하여 사용하면 된다. 최근 포드 머스탱(Mustang)의 광고를 보면 브랜드에 대한 향수를 자극하고 감성적으로 표현하며 단순히 "It's a Mustang"이라고 소구했다. 여러 시기에 사용될 다양한 광고 혹은 한 광고 내에서 그래픽과 카피의 다양한 조합을 고려할 때, 크리에이티브 의사 결정을 하기 위한 질문은 매우 다양하다. 상품의 사용법을 강조할 것인가? 압축된 상징을 이용할 것인가? 가격/품질의 관계를 보여줄 것인가? 상품의 특성이나 속성을 이야기할 것인가? 경쟁사보다 선점 효과를 높여야 할 것인가? 효과적인 포지셔닝을 위해 경쟁사에 관한 정보를 갖고 있어야 할 것인가? 단지 핵심 편익만 강조해야 할 것인가?

질문의 목록은 이보다 많을 수 있지만, 기억해야 할 핵심 질문은 다음과 같다. 목표 수용자가 가장 중요하게 생각하는 필요 혹은 욕구를 만족시킬 수 있는 브랜드의 특성은 무엇인가? 소비자가 얻으려는 만족은 물질적인 것일 수도 있고, 심리적인 것일 수도 있다. 만약 조사에서 무엇인가 존재한다는 사실을 알게 되고, 그것이 상품 판매에 결정적 요인이라는 확신이 들고, 그것이 전략상의 목표와 맞아 떨어지고, 메시지를 전달하는 독창적이고 크리에이티브한 아이디어를 발견했다면, 그것은 아마도 가장 성공적인 광고가 될 것이다. 크리에이티브에 관한 의사 결정은 주의 깊은 이해와 사고를 요하는 수많은 변인들의 선택에 따라 결정된다.

캠페인 크리에이티브 컨셉

모든 광고상 수상작들이나 기억에 남는 캠페인들의 공통적 특성은 소비자와 자연스럽게 공감하는 생각들로 만들어졌다는 것이다. 1장에서도 언급했듯이, 크리에이티브 컨셉 또는 빅아이디어는 대행사 밖으로 나가는 모든 커뮤니케이션 활동의 중심에 있다. 이러한 크리에이티브 컨셉은 크리에이티브 브리프에서 유래하며 브랜드의 약속을 소비자에게 전달하는 유용한 방법이다.

약속은 캠페인이 주는 보증이다. 앞에서도 언급했듯이, 그것은 바로 '나를 위해 무엇을 담았나?'라는 질문에 대한 해답이다. 브레인스토밍 과정을 거치는 동안, 아트디렉터나 카피라이터들은 어떻게 소비자들에게 차별적이면서도 제품과 연관된 생각을 보여줄지 알아내야만 한다. 간단한 궁금증을 유발할 수도 있고 복잡한 증거들을 보여줄 수도 있다. 또한 기쁘게 할 수도 있고 놀라게 할 수도 있으며 충격과 호기심 함께 불러일으킬 수도 있다. 땅을 파는 효율적인 도구로 면봉을 생각해보라. 스파이더맨의 거미줄로 스카치테이프! 대량살상 무기로 담배! 아기도 쉽게 할 수 있는 온라인 주식거래! 각기 모두 간단하면서도 제품이 소비자에게 줄 수 있는 약속을 명백하게 보여준다. 단순히 제품의 속성이나 혜택을 말하는 것보다 이와 같이 전혀 예기치 못한 새로운 관점을 이용하면 훨씬 더 기억에 오래 남을 것이다.

광고는 아이디어 사업이다는 말을 우리는 흔히 듣는다. 이 말은 핵심적 크리에이티브가 얼마나 중요한 역할을 하는지 잘 나타내고 있다. 비슷한 제품과 넘쳐나는 광고의 바다 속에서 소비자의 귀에 제품이 들리게끔 물장구를 치는 역할, 그것이 바로 핵심적 크리에이티브가 중요한 이유다. 컨셉은 캠페인을 하나로 묶고 경쟁자 브랜드와의 차별성을 준다. 광고 종사자에게는 황금과 같으며, 마케터들에게는 풍성한 들판과 같다.

캠페인 컨셉은 하나의 캠페인 안에서 모든 광고를 통일되게 이끌어가는 도구로 사용되어야 한다. 애플락(Aflac) 보험회사의 광고에 나오는 불만에 가득찬 오리는 바로 무엇이 광고를 흥미롭고 기억에 남게 만들 수 있는지 잘 보여준다. [표 6-5]는 통일된 아이디어로 만들어진 최근의 사례들이다. 표현된 크리에이티브 전략과 잘 통일된 아이디어의 유사성에 주목하라. 에너자이저 건전지의 크리에이티브 전략은 다른 건전지

표 6-5 통일감을 주는 아이디어의 예

에너자이저	에너자이저 건전지는 오래 지속되므로 장난감 버니는 계속해서 움직인다.
메이택(Maytag)	메이택 세탁기는 망가지지 않아서 일이 없는 메이택 애프터 서비스맨은 지루하기만 하다.
빅 레드 껌(Big Red Gum)	입 안을 상쾌하게 해줘 당신은 키스를 좀 더 오래 하고 싶을 것이다.
미쉐린 타이어	아기와 타이어가 함께 있는 사진은 당신의 차에 안전한 타이어를 사용해야 한다는 생각을 불러일으킨다.
타겟(Target)	로고와 빨간색을 세련되게 사용한다.
시크릿 데오도란트 (Secret deodorant)	남성을 위해 충분히 강하지만 여성을 위하여 pH 밸런스를 유지한다.
프로스티드 미니 휘츠 (Frosted Mini Wheats)	성인과 아이를 위한 좋은 맛과 영양을 제공한다.
서브웨이	서브웨이는 몸무게를 줄일 수 있다.
썰타(Serta)	썰타 매트리스는 잠을 잘 오게 해서 잠들기 위해 더 이상 양을 셀 필요가 없다.
시보레 트럭	록 음악과 어울린다.

보다 오래 간다는 아이디어에 초점을 맞추고 있다. 분홍색 토끼는 다양한 방법으로 이점을 이야기하는 매개체 역할을 하는 동시에 핵심 메시지를 잘 전달하고 있다.

컨셉의 핵심적 요소들

캠페인의 방향을 평가함에 있어 과연 제대로 하고 있는지 아닌지 어떻게 알 수 있을까? 7장에서는 수많은 브레인 스토밍 기법들에 대해서 알아보고 훌륭한 아이디어를 얻는 방법에 대해서 이야기할 것이다. 하지만 모든 것이 똑같지는 않다. 어떤 것은 더 잠재력이 있을 수도 있고 어떤 것은 다른 것에 비해 보다 많은 옵션들을 가지고 있다.

성공적인 컨셉은

- 주요 제안들을 명료하게 전달하고
- 연관성이 있으며, 독창적인 영향력을 줄 수 있어야 하며
- 다양한 원칙과 전술에 적용될 수 있어야 하며

- 참신한 광고물로 좋은 아이디어를 지루하지 않게 느끼게끔 오랫동안 유지할 수 있어야 하며
- 브랜드 이미지와 개성과 일치하여야 한다.

훌륭한 컨셉은 캠페인 전체는 물론 모든 광고 집행물을 아우르는 포괄적인 테마를 제공한다. 컨셉은 광고를 쉽도록 만들어야 한다. 즉, 컨셉만 보고도 앞으로 시리즈로 집행될 다섯 개의 광고를 떠올릴 수 있어야 한다. 전략적 기획 내 다양한 요소의 상호작용으로 인해 캠페인은 서로 관련 없는 광고들을 모아놓은 것보다 설득력이 높아진다. 이런 아이디어는 캠페인의 한 면이 다른 면을 강화함으로써 각기 다른 요소를 응집력 있는 메시지로 통합한다. 이들 요소는 관찰 가능한 것(물질적)일 수도 있고, 단순히 사람이 생각하는 것(심리적)일 수도 있다. 이것은 캠페인 전반에 걸쳐 연속성과 지속성을 제공한다.

물리적 연속성

캠페인에서 물리적 연속성을 주는 일반적인 방법은 소비자가 각각의 광고 사이에서 연결성을 느끼도록 하나하나의 광고가 비슷한 인상을 줄 수 있도록 만드는 것이다. 즉, 각기 다른 광고물을 한 눈에 봐도 일관된 모습이나 느낌을 줄 수 있도록 만들어야 한다. 독특한 스타일의 사진이나 반복되는 색깔을 사용할 수도 있다. 메시지를 포장하는 방법으로 생각해도 좋고, 같은 테마를 가지고 살짝 변형한 것이라 생각해도 된다. 색깔, 구성, 이미지, 레이아웃, 모양, 공간, 글자모양 등 여러 가지 디자인 요소를 이용하여 통일감을 줄 수 있다.

캠페인과 독립적인 많은 광고들의 차이를 구분 짓는 것은 각기 다른 광고물이 얼마만큼 서로 연결되어 있냐는 것이다. 비슷한 모습과 소리를 가진 광고들은 소비자에게 크리에이티브가 제 역할을 하게끔 도와준다. 소비자들은 기존 캠페인에서 익숙한 요소들을 이용하여 만들어진 새로운 광고를 더 오래 기억한다. 하지만 이러한 통일성을 주기 위해서는 좀 더 많은 것들이 필요하다.

슬로건, 태그라인, 캐릭터는 특정 기업의 광고에 연속성을 부가시키는 일종의 광고적 장치다. 슬로건이나 태그라인은 한 번의 캠페인에만 사용할 수도 있고, 오랫동안 지속적으로 사용할 수도 있다. “지금 제 목소리가 들립니까”는 슬로건도 아니고 태그

표 6-6 레오 버넷사가 개발한 캐릭터들

제품명	연도	캐릭터
그린자이언트(Green Giant)	1935	Jolly Green Giant
	1973	Little Green Sprout
필스베리(Pillsbury)	1965	Pillsbury Doughboy
프로스티드 플레이크(Frosted Flakes)	1952	Tony the Tiger
말보로(Marlboro)	1955	Marlboro Man
나인-라이브(9-Lives)	1969	Morris the Cat
메이택(Maytag)	1967	Lonely Repairman
스타키스트(Starkist)	1961	Charlie Tuna
프룻룹스(Froot Loops)	1963	Toucan Sam
키블러(Keebler)	1968	Keebler Elves
유에스닷(U.S. DOT)	1985	Crash Test Dummies
세븐업(7-UP)	1988	Spot

라인도 아니지만 많은 사람들은 그렇게 생각한다. 그러나 이 문장은 베리존(Verizone) 통신사 광고에서 반복되어 이 통신사의 사용자가 좋은 통신 감도로 통화할 수 있다는 아이디어를 효과적으로 전달한다.

좋은 슬로건이나 태그라인이 그렇듯이, 효과적인 캐릭터도 계속해 사용할 수 있다. 레오 버넷사는 광고주를 위해 캐릭터를 개발함으로써 어느 광고회사보다 성공을 거두었다. 이 회사가 개발한 캐릭터로는 호랑이 토니(Tony the Tiger), 필스베리 병정 소년(Pillsbury Doughboy), 키블러 꼬마 요정(Keebler Elves) 등이 있다. [표 6-6]은 레오 버넷사가 개발한 몇몇 캐릭터를 요약한 것이다.[2]

에너자이저 건전지 광고의 분홍 토끼가 행진하면서 두드리는 북소리처럼 독특한 소리를 이용하는 것도 통일감 있는 캠페인을 만드는 하나의 방법으로 소리만으로도 소비자는 쉽게 브랜드를 떠올린다. 닛산 자동차의 '슝~ 슝~(zoom zoom)', 미 해병대의 칼을 가는 소리, MGM 영화사의 사자가 포효하는 소리, 인텔사의 독특한 톤의 멜로디 등은 소리만으로도 쉽게 브랜드 이름을 떠올리게 한다. 이와 같이 캠페인에 통일감을 부여하는 방법에는 비슷한 인상을 주는 요소들을 일관되게 사용하는 방법뿐만 아니라, 리듬이나 멜로디를 가미한 소리의 반복은 우리의 뇌에 물리적 길을 만들 수 있다는 것이 과학적으로 증명되었다. 즉, 광고에 사용된 소리, 징글, 슬로건은 소비자들의 머릿속에 오래오래 남을 수 있다.[3]

심리적 연속성

광고가 비슷하게 들리거나 보이더라도, 심리적으로 비슷하거나 일관성을 줄 수 없다면 캠페인으로서 기능을 발휘하지 못한다. 광고주는 광고에서 일관성 있는 테마, 이미지, 분위기(톤), 태도를 개발하여 소비자가 그들의 광고에 관해 생각하는 것을 통합하기 위해 노력한다. 이들 요소 하나하나는 사람이 어떤 광고에 대해 생각하고 느끼는 방법에 영향을 미친다는 점에서 비슷하다. 캠페인이 모든 광고에서 테마, 이미지, 태도, 분위기를 포함하고 있지 않더라도 소비자가 생각하는 느낌이 같으면, 이는 응집력 있는 메시지로 전달된다.

대부분의 캠페인에서 통합적 요인으로 작용하는 것은 '테마', 즉 광고의 핵심을 이루는 전반적 아이디어다. 테마는 여러 가지 방법으로 표현될 수 있다. 테마는 특히 슬로건으로 분명하게 설명된다. 그래서 많은 광고에서 슬로건이 반복되는 것을 볼 수 있다. 또한 슬로건은 글이나 그림으로 표현되어 물리적 연속성을 갖기도 한다.

광고에서 사용되는 BMW의 슬로건 "Ultimate Driving Machine"은 차의 성능을 나타내기 위해 고안된 테마이다. 슬로건 "You're in good hands"는 우리가 보험회사로부터 느끼고 싶어 하는 감정인 신뢰를 전달하기 위해 고안되었다. 보험회사는 신뢰를 전달하는 또 다른 방법으로 "Like a good neighbor"라고 말할 수도 있다. (위의 슬로건을 사용한 두 보험회사 이름을 떠올릴 수 있는가?)

통찰력을 가진 광고주는 제품의 '이미지'가 판매에 중요한 영향을 미친다는 사실을 잘 알고 있다. 캠페인을 통해 이미지를 만들거나 보강하거나 강화할 수 있으며, 또한 새롭게 바꿀 수도 있다. 지금까지 이미지 캠페인 중 가장 성공한 것으로 말보로 맨을 예로 들 수 있다. 1955년 이전에 말보로 맨이 신제품으로 소개되기 전에는 필터 담배는 주로 여성용이었다. 사실 말보로 담배는 원래 '5월처럼 부드러운'이라는 컨셉으로 소구했다.[4] 그러나 남성 흡연자의 수는 여성 흡연자의 수에 비해 압도적으로 많았다. 남성 흡연자 시장이 훨씬 큰 잠재력을 가지고 있음을 인지한 광고대행사 레오버넷(Leo Burnet)은 기존의 여성 이미지를 과감히 탈피한 거칠고 자신감에 찬 '말보로맨'을 선보였다. 이러한 심리적 그림을 통해 남성들을 말보로를 편안함을 주는 브랜드로 느끼게 만들었고, 수십 년이 지난 지금까지도 서부 또는 미국개척 문화를 상징하는 대표적 심벌 브랜드로 여겨진다.

소비자의 태도를 변화시키기 위한 캠페인은 소비자의 판단을 변화시키려는 경향이 높은 반면에 이미지 캠페인은 일반적으로 아이디어나 제품 컨셉, 인간 또는 제도에 초점을 두는 경향이 높다. 특정 학교, 특정 회사, 특정 지역의 출신은 보통 유사한 태도를 갖고 있다. 사람은 어떤 것에 대해 특정 태도를 갖는다. 캠페인도 마찬가지로 하나의 태도로써 설명될 수 있다. 마케팅 전략가의 문제는 소비자가 어떤 상황에 동의하느냐 혹은 동의하지 않느냐를 알아내는 것이다. 동물에 대한 태도를 볼 때 사람이 가장 아끼는 동물은 고양이다. 개와 달리 고양이는 흥분하거나 사람의 기분을 맞춰 주는 동물은 아니다. 사실 좋은 음식을 던져 주면 코를 세워 반기고, 나쁜 음식을 주면 멀리 달아나 버린다. 고양이는 성가시며, 손이 많이 가며, 먹는 것이 까다로운 동물이기도 하다. 고양이를 키우는 대부분의 사람들은 고양이가 이렇게 자립적 생활 방식을 갖고 있기 때문에 좋아하고 사랑한다.

스타키스트사의 나인-라이브(9-Lives®)는 아무리 까다로운 고양이라도 거절할 수 없는 고양이 식품이라는 것을 보여주기 위해 모리스(Morris)라는 이름의 캐릭터를 이용하는 전략을 채택했다. 나인-라이브는 모리스 사진을 제품 포장에도 넣었다. 모리스가 등장한 지 4개월 만에 시장점유율이 2배로 증가했다. 이것은 캐릭터가 광고에서 얼마나 강력한 효과를 나타내는가를 보여주는 좋은 예다.[5]

창의적 전략: 독창성과 차별화

단순히 다르다고 해서 독창적인 것은 아니다. 레오 버넷은 "만약 당신이 다른 사람과 다르기만 원한다면, 매일 아침에 양말을 입에 물고 출근하면 된다"라고 말했다. 독창적이기 위해 광고는 차별화되어야 하고, 어떤 면에서는 특별해야 한다. 독창적인 광고를 일반적인 광고와 구별하기 위해서는 소비자가 다르다고 느낄 뿐만 아니라 특별하기도 해야 한다. 반면에 다르다는 느낌 없이 특별한 느낌을 전달하는 것도 독창적이지 못하다. 특히 이것은 "나는 당신을 사랑합니다"라는 말처럼 그런 느낌이 수없이 표현되었을 때 그렇다고 할 수 있다.

학생 등 초보자에게 있어 어려운 점은 전략의 틀 안에서 특별하고 다르게 보이는 방법을 찾아야 한다는 것이다. 여러 사람의 말처럼 이것은 예술의 영역이다. 그러나 결과를 중요시하고 세부적인 면에 신경을 씀으로써 카피라이터나 아트디렉터는 그의 생각이 최소한 목표 수용자와 전략에 초점을 맞추고 있다는 사실을 다른 사람에게 알려줄 수 있다.

하나의 접근법은 광고가 집행되거나 광고를 제작하는 방법에 있어 사람들이 생각하는 방법을 뒤흔들고 전통적인 사고방식을 뒤집어엎는 것이다. 이런 접근법은 오랫동안 사용되어 왔으며, 많은 창조적인 광고에서 발견할 수 있다. 최근 이 접근법은 장 마리 드루(Jean-Marie Dru)의 《파괴》, 《파괴를 넘어서》를 통해 언론의 주목을 받고 있다.[6]

예상 파괴

인생을 사는 동안 사람의 행동은 자신의 경험에 의해 형성된다. 사람은 세상을 효과적이고 효율적으로 살아가기 위해 복잡한 예상을 한다. 길을 건너기 전 양쪽을 살필 때, 우리는 자신이 안전하게 길을 건너가기를 원한다는 것을 안다. 우리가 누군가에게 손을 내밀 때, 그 사람은 악수를 할 것이다. 또한 우리는 그 사람이 어떻게 악수할 것인가에 대해 미리 생각한다. 그 사람이 빈약한 체격이고, 특히 여성일 경우 악수하는 손의 힘이 강하다면 대부분 놀랄 것이다. 예상하지 않았기 때문이다. 10대 소년은 종종 악수하는 척 손을 내밀었다가 마지막에 손을 빼는 장난을 하곤 한다(많은 것들이 10대 소년에게만 재미있는 것이다).

아마 광고의 가장 중요한 기능 중 하나는 사람의 주의를 끄는 것이다. 유명 광고상 수상 실적이 있는 광고회사 키센바움 앤 본드(Kirshenbaum & Bond)의 설립자인 조너선 본드(Jonathan Bond)와 리처드 키센바움(Richard Kirshenbaum)은 오늘날의 소비자는 다분히 냉소적이라고 말한다. 이들에 의하면 소비자는 과부하라고 할 정도의 수많은 메시지들에 대항하여 그들을 향해 쏟아지는 대부분의 메시지를 걸러내는 구조를 개발했다. 이들은 이 구조를 개인적인 '레이더'라고 부른다. 오늘날 이런 소비자에게 도달하는 데 성공하기 위해 키센바움과 본드는 '레이더를 피하여' 소비자에게 도달할 수 있는 효과적인 광고를 제안한다(《애드위크》를 위하여 저술한 자신들의 책 제목이기도 하다).[7]

사람들의 예상을 깨는 것은 그들에게 멈춰 서서 주의를 기울이도록 하는 하나의 방법이다. 이들에게 미소 짓거나 웃게 한다면 훨씬 효과적이다. 광고에서 소비자의 예상을 파괴하는 열쇠는 대조이다.[8] 만약 소비자가 어떤 것을 기대한다면 다른 것을 제공하라.

크리에이티브의 주요 과제는 사람의 주의를 끄는 것뿐만 아니라 그들의 관심을 자극하는 것이다. 사람들이 광고를 보는 동안 광고에서 의도한 순간적 혼동을 일으키게 하는 것이 중요하다. [그림 6-2]는 제너럴 푸드 인터내셔널 커피의 광고이다. 얼핏 보면 "잠깐 멈춰 서서 초콜릿 향기를 맡으세요!"라는 헤드라인이 좀 어색해 보인다. "장미 향기를 맡으세요!"가 더 적절하다고 생각될 것이다. 그러나 초콜릿을 좋아하는 사람에게는 초콜릿 향기를 맡는다는 표현이 그리 어색하지 않다. 만약 이런 순간적인 파괴가 광고에 좀 더 관심을 갖게 하는 기능을 한다면 사람들은 광고를 더 자세히 볼

그림 6-2 제너럴 푸드 인터내셔널 커피 "초콜릿 향기를 맡으세요" 광고

출처: General Foods International Coffees® is a registered trademark of KF Holdings.

것이고, 결국 광고는 효과를 달성하게 된다. 만약 제품 특성이 광고에서 제안하고 있는 약속을 반영한다면 광고는 더욱 효과적일 것이다. 이 광고에서 제안하고 있는 메시지는 "만약 당신이 초콜릿과 커피를 좋아한다면 이 제품은 당신을 위한 것입니다"이며, 이 메시지에 많은 사람들이 동의할 것이다.

광고에서 대조를 이용하는 또 하나의 방법은 광고에 궁금증을 안겨줌으로써 사람을 자극하는 것이다. 이런 유형의 광고에 있어 성공의 열쇠는 목표 수용자의 궁금증을 자아내는 것이다. 제너럴 푸드의 두 번째 커피 광고 [그림 6-3]의 헤드라인은 "무지방?

그림 6-3 제너럴 푸드 인터내셔널 커피 프렌치 바닐라 광고

출처: General Foods International Coffees® is a registered trademark of KF Holdings.

그림 6-4 디펜드 이엑스스폿의 광고

매우 현명하십니다"이다. 이 광고에서 의미하는 것은 광고에 등장하는 모델처럼 날씬한 엉덩이를 유지하려면 이 제품이 적당하다는 것이다. 그러나 이 광고에서는 날씬한 엉덩이를 직접적으로 약속하면서 사람들에게 모욕감을 주지 않고 단지 이런 내용이 암시되고 있을 뿐이다. 그러나 사람은 광고 모델처럼 날씬한 엉덩이를 유지하기를 원한다.

그림 6-5 딱따구리를 활용한 암스트롱(Armstrong)의 마루 광고

출처: Courtesy of Armstrong Inc.

지금까지 광고에서 우리가 언급했던 파괴는 주로 헤드라인에서 이루어졌다. 대조를 통한 파괴는 사진을 통해서도 표현될 수 있다(그림 6-4와 6-5참조). [그림 6-4]는 개를 위한 구충제인 디펜드 이엑스스폿(Defend EXspot) 광고이다. 이 광고는 물속에서 물안경을 쓴 개라는 어울리지 않는 상황을 표현하고 있다. 재미있는 상황 설정이라고 할 수 있다.

대조는 광고를 구성하는 다양한 요소들 사이에서도 표현될 수 있다. 대조는 광고의 어떤 요소를 통해서도 표현이 가능한데, 헤드라인이나 비주얼 등 주요 요소를 통해 표현될 때 극적인 효과가 있다.

오늘날 소비자에게 말하는 새로운 법칙[9]

말하려 하지 말고 입증하라

텔레비전에서 말로만 제품이 좋다고 떠드는 것은 제품이 좋지 않다는 것이 반증이다. 연기자가 단순히 하얀색 의사 가운을 입는다고 그 사람을 의사라 믿지 않는다. 소비자는 광고에서 하는 모든 말을 말 그대로 믿지 않으며 제품을 구매하지도 않는다. 만약 모든 경우에 가능하다면, 오늘날 새로운 기술로 제품이 어떻게 작동하는지 보여주어라. 아마존사의 킨들 파이어 HDX(Kindle Fire HDX) 태블릿에 장착된 'Mayday' 버튼을 떠올려보라. 소비자가 태블릿 사용에 문제가 생겼을 때, 언제든지 'Mayday' 버튼을 누르면 아마존 고객센터에 있는 전문가와 실시간으로 화상으로 연결되어 문제를 해결해나가는 모습을 TV 광고에서 보여준다. 시간 절약은 물론이고 제품이 소비자에게 줄 수 있는 이익과 혜택이 무엇인지 자연스럽게 증명한다.

광고처럼 보이거나 들리게 하지 마라

소비자는 누군가가 무엇을 팔려고 할 때 즉시 몸을 사리는데, 특히 광고에서 무언가 인위적이고 부자연스럽다고 느낄 때에 그렇다. 있는 그대로, 인간적인 모습을 보여라. 그럴싸한 말로 지나가는 모든 사람에게 제품을 팔려고 욕심내는 세일즈맨은 어느 누구도 좋아하지 않는다. 오히려 소비자들은 그들 자신 스스로가 흥미를 발견하고 유용한 것을 찾아내는 것을 더 좋아한다. 스텀블어픈(StumbleUpon), 텀블러(Tumblr), 레딧(Reddit), 핀터레스트(Pinterest)와 다른 소셜 미디어 플랫폼들의 경우를 살펴보면, 어떻게 이들 브랜드가 성공적으로 소비자들을 불러 모으는지 알 수 있다. 또한, 사람들에게 구전되는 재미있는 바이럴 비디오의 영향력은 브랜드나 제품을 보여주는 것과는비교할 수 없다. 본드와 키센바움은 소비자가 광고를 받아들이고 믿게 하려면 전략을 노출시키지 말아야 한다고 강조하면서 신선하고 진부하지 않은 표현을 사용해야 한다고 했다.

광고를 로고로 만들어라

광고에서 사용하는 어떤 문양은 특정 브랜드와 강하게 연결될 때, 광고 자체가 로고의 역할을 하는 경우가 있다. 오랫동안 많은 사람들이 독특한 서체와 흰 여백의 사용만으로 폭스바겐의 인쇄 광고를 재빠르게 인지했다. 미국의 대형할인마트 타겟은 광고의 주요한 비주얼로 그들의 독특한 과녁 모양의 로고를 자주 보여줌으로써, 소비자로부터 광고가 덜 강압적이라는 평가를 얻을 수 있었다.

브랜드를 사람처럼 대하라

브랜드를 소비자가 편안하게 느낄 수 있는 그 누군가로 만들어라. 이런 편안함은 브랜드를 단순한 상표가 아닌 하나의 이름으로 인식하게 한다. 맥도날드는 종종 광고에서 따뜻함과 친밀함을 표현함으로써 이런 목적을 달성한다. 맥도날드의 슬로건 "우리는 당신의 미소를 사랑합니다", "나는 맥도날드를 사랑합니다"가 그 예이다.

단점에 솔직해져라

소비자의 작은 불신은 큰 문제를 야기할 수 있으므로 항상 조심해야 한다. 많은 광고들에서 여성이 동경하는 날씬한 몸매, 아름다운 머릿결, 부드러운 피부를 가진 여성 모델을 기용해왔다. 하지만, 도브의 '진정한 미의 스케치(Real Beauty Sketches)' 캠페인의 예기치 못한 엄청난 성공을 생각해보자(아마도 역사상 가장 성공한 바이럴 캠페인으로 기록될). FBI 범죄 몽타주 전문가가 일반 여성들이 자신들의 얼굴 생김새에 대하여 스스로 묘사하는 것을 듣고 그녀들의 얼굴을 스케치한다. 전문가는 그녀들의 얼굴을 볼 수가 없다. 또한 전문가는 그녀들의 친구 또는 지인을 불러, 그들이 묘사하는 것에 따라 그녀들의 얼굴을 스케치한다. 결과가 어땠을까? 그녀들이 스스로 말한 스케치와 친구 또는 지인이 말한 스케치는 너무나도 다른 얼굴이었다. 그녀들 스스로가 말한 스케치의 얼굴은 모두 슬프고, 무섭고, 못난 얼굴인 반면, 친구들이 말한 얼굴은 자신감에 넘치는 밝고 아름다운 얼굴이었다. 다시 말해, 그녀들은 자신의 얼굴을 현실과는 너무 동떨어지게 스스로 못나고 슬프고 이상하게 생각하고 있었다. 진솔함이 묻어있는 도브 캠페인이 전 세계 소비자들에게 큰 반향을 일으켰음은 주지의 사실이다.

소비자를 관련시켜라

소비자와 관계를 형성하는 가장 좋은 방법 중의 하나는 소비자를 브랜드의 일부가 되도록 돕거나 만드는 것이다. 소비자를 브랜드 커뮤니티를 초대하라. 그들에게 브랜드가 직면한 문제를 해결할 수 있는 방법을 찾아보자고 도움을 청하라. 그들의 전문성을 제품 발전으로 이끌어라. 그들이 캠페인 메시지를 다듬거나 그들만의 메시지를 만들 수 있도록 기회를 부여하라. 오프라인에서든 온라인에서든 그들이 항상 브랜드와 긴밀하게 소통하고 있다는 용기를 북돋아라. 단지 몇 분 만에 만들 수 있는 트윗이 되었던 몇 주가 걸릴 수 있는 팬 아트(fan art)가 되었던 그들 스스로가 흥미를 가지고 그들이 원하는 시간에 그들의 언어로 캠페인을 만들 수 있도록 도와라.

소비자가 친밀하게 느낄 수 있도록 유머를 사용하라

비슷비슷한 경쟁관계에서의 유머는 광고를 차별화시키는 좋은 방법이다. 또한 아무리 조금이라도 소비자를 웃고 미소 짓게 하는 광고는 브랜드를 사랑하게끔 도와준다. 그러나 유머는 판매 메시지의 일부가 되어야 한다. 그렇지 못하면 소비자는 단지 웃기만 하고 광고가 전달하고자 하는 요점을 제대로 인식하지 못할 수 있다. M&M 밀크 초콜릿 광고는 그들의 브랜드명이 바뀌었음을 익살스러운 평소 이미지를 이용하여 유머러스하게 알리고 있다. [그림 6-6]은 판매 메시지 안에 어떻게 유머가 적절히 쓰일 수 있는지 잘 보여준다.

성적 소구는 여전히 효과적이지만 조심스럽게 사용하라

성(sex)은 여전히 사람들의 행동에 영향을 미치는 강력한 동인 중에 하나이다. 그러나 성은 광고에서 자주 잘못 사용되어 왔기 때문에 많은 소비자, 특히 여성은 매우 예민하다. 제품을 판매하기 위한 성적 소구의 활용은 그 제품과 관련이 있어야 한다. 관련성을 확신하지 못한다면, 오직 성과 관련 있는 제품을 광고할 경우에 한해 성적 소구를 활용하라. 심지어 그 경우라도 성적 소구는 비효과적일 수 있다. 전자제품 회사인 파이오니어(Pioneer Electronics)는 주로 16세에서 30세의 남성에게 카오디오를 판매한다. 과거의 광고에서는 주로 '수영복 입은 여성'을 모델로 활용했다. 그러나 남성으로 이루

그림 6-6 유머를 사용한 M&M 광고

출처: M&M's® and the M&M's® Characters are trademarks of Mars, Incorporated and its affiliates. The M&M's® Characters are also registered with the U.S. Copyright Office. These trademarks and copyrights are used with permission. Mars, Incorporated is not associated with South-Western Publishing. Advertisement printed with permission of Mars, Incorporated. © Mars, Inc. 2005.

어진 심층그룹 면접 조사에서 이들은 여성의 섹시한 모습을 보여주는 광고를 좋아하지 않는다고 말했으며, 대신 제품에 관한 더 자세한 정보를 주기를 원했다. 따라서 새

그림 6-7 성적 소구를 사용한 BCBGIRLS의 광고

출처: AP Images/PRNewsFoto/Unilever Cosmetics International

로운 광고에서는 목표 수용자에게 제품에 관한 자세한 정보를 제공하기 위해 홈페이지를 방문하도록 하고 있다.[10] [그림 6-7]은 노골적이지 않으면서 우아한 성적 소구 광고의 예를 보여준다.

너무 자랑하지 마라

만약 소비자가 광고에 대해 냉소적이라면, 그들은 "우리는 1등이다"라는 메시지를 믿지 않으려고 할 것이다. 비록 이런 주장이 객관적인 자료에 근거했다고 하더라도, 소비자들은 이러한 주장이 주관적이고 오만하고 사실과 동떨어졌을 거라고 대부분 의심한다. 따라서 소비자의 입장에서 그들에게 편익과 혜택을 주는 사실만을 말하라. 소비자를 더 멋있게 더 좋게 느끼게 만드는 것만 장점으로 이야기하라. 그들은 사회적 지위에 걸맞은 고상한 소비를 갈망한다. 자신이 마시는 커피 한 잔으로 다른 사람에게 행복을 가져다 줄 수 있다면 조금 더 비싼 돈을 치루는 것을 마다하지 않고, 이러한 이타적이고 도덕적인 광고에 좋은 반응을 보낸다.[11]

원칙을 파괴하라

소비자는 광고가 다양한 방법으로 그들을 설득하려는 것을 잘 알고 있고 면역되어 있다. 따라서 원칙을 파괴하고 새로운 접근법과 전술을 시도할 필요가 있다. 캠페인 컨셉을 브레인스토밍하는 법과 메시지를 만드는 다양한 방법은 7장에서 알아보자.

캠페인 진행 체크리스트

이 단계의 캠페인 진행을 위해서는 일반적으로 다음과 같은 사항을 명심해야 한다.

1. 마케팅 전략을 결정한 다음 단계는 광고와 메시지 전략을 도출하는 것이다.
2. 마케팅 기획에서 가장 중요한 핵심 중 하나는 크리에이티브 브리프이다.
3. 크리에이티브 브리프는 제품 개요, 주요 시장 상황, 소비자 니즈, 광고 목적, 목표 시장, 브랜드 약속, 지원, 톤, 의무사항 등을 포함한다.
4. FCB 그리드 모델은 맞춤형 메시지를 만들거나 구매 상황에 맞는 매체를 선택하는 데 유용하다.
5. 크리에이티브 브리프에 포함된 브랜드 약속은 캠페인 컨셉을 아우르고 아이디어들을 통일되게 해야 한다.
6. 크리에이티브 기획에 깊이와 완벽성을 더하기 위해서는 슬로건, 태그라인, 캐릭터와 같이 물리적인 연속성을 보여주는 요소와 테마, 이미지, 톤, 태도 등과 같이 심리적인 연속성을 가지는 요소들이 필요하다.

7. 메시지 전략을 수립할 때 포괄적 전략, 선점적 주장, USP, 브랜드 이미지 전략, 포지셔닝, 공감접근법, 정서적 소구 전략 등 다양한 전략적 접근법을 활용할 수 있다.
8. 크리에이티브한 광고가 되기 위해서는 차별화만으로 충분하지 않고, 그 차별화 포인트가 소비자에게 중요한 것이어야 한다. 차별화하는 하나의 방법은 기대를 파괴하는 것이다. 만약 소비자가 어떤 것을 기대한다면 그와 다른 것을 제시한다.
9. 제품 판매를 촉진하기 위해 브랜드의 이미지, 명성, 개성 구축의 중요성을 명심하라.
10. 설득력 있는 광고를 제작할 때 참고할 만한 원칙이 있기는 하지만, 때때로 그 원칙을 파괴할 필요가 있다.

미주와 참고문헌

1. Parameswaran, M.G. and Medh, Kinjal. "Brand Building Advertising: A Method to the Madness," An excerpt from Brand Building Advertising Concepts and Cases. Published on PitchOn.net. Retrieved on January 13, 2014 from http://pitchonnet.com/blog/2011/04/01/brand-building-advertising-the-method-to-the-madness/.
2. Information on the trade characters discussed in this section, is abstracted from unpublished, undated, and unnumbered material on enduring campaigns from Leo Burnett Company, Inc.
3. Sprague, Duane. "The Power of Sound in Advertising," Shared on Slideshare.net on August 01, 2009 by Vortex Integrated Marketing. Retrieved on March 22, 2014 from http://www.slideshare.net/duanesprague55/the-power-of-sound-in-advertisingduane-sprague.
4. University of Virginia American Studies Department Online, "From 'Mild as May' to 'Tough as Shoe Leather,' " 1 April 1997. Retrieved on 23 October 2002 from http://xroads.Virginia.edu/~CLASS/Marlboro/mman2.html.
5. The information of the trade characters discussed in this section is abstracted from unpublished, undated, and unnumbered material on enduring campaigns from Leo Burnett Company, Inc.
6. Information used from two books by J.M. Dru, *Disruption: Overturning Conventions and Shaking Up the Marketplace* (New York: John Wiley and Sons, 1996) and *Beyond Disruption: Changing the Rules in the Marketplace* (New York: John Wiley and Sons, 2002).
7. Adapted from Jonathan Bond and Richard Kirshenbaum, *Under the Radar: Talking to Today's Cynical Consumer* (New York: John Wiley and Sons, 1997), pp. 68–92.
8. I am indebted to Tom Groth who helped me understand the concept of disrupting expectations. It's not surprising that his students have three times won the NSAC sponsored by the AAF.
9. These rules, first published in 1997, seem as appropriate as ever. Bond and Kirshenbaum, *Under the Radar,* pp. 80–81.
10. Kris Oser, "Pioneer Targets Tuners by Spurning Sex for Information," *Advertising Age,* 17 May 2004, p. 16.
11. Graves, Philip. "Brands that brag," Published on TheMarketer.com, Magazine of the Chartered Institute of Marketing. Retrieved on January 13, 2014 from http://www.themarketer.co.uk/opinion/philip-graves/brands-that-brag/.

제7장
캠페인 컨셉 고안하기

이 장을 읽을 쯤이면 아마도 여러분은 이제 성공적인 캠페인 컨셉에 관한 뚜렷한 생각이 있을 것이다. 아니면 이미 벌써 실행에 옮겼을 수도 있고, 구글과 같은 회사에서 스토리를 만들고 있을지도 모르겠다. 자, 그럼 이제는 사업적 측면에서 여러분의 총체적 브레인파워를 실행에 옮기는 시간이다. 무한 아이디어를 만들기 위해 출발!

크리에이티브한 발상을 위한 준비

많은 광고대행사의 팀원들은 '워룸(war room)'이라 불리는 방에 모여 아이디어 회의를 한다. 경쟁 대행사의 아이디어보다 나은 아이디어로 광고주의 선택을 받기 위한 노력은 전쟁터를 방불케 한다. 모든 팀원들이 하나가 되어 브랜드에 몰두할 수 있도록 만들어진 이 방은 캠페인 컨셉과 소비자와의 접점을 이끌어내기 위한 팀원들의 감각을 최대한 살리고 집중할 수 있도록 한다.

일반적으로 워룸은 컨퍼런스룸으로 사방 벽에는 클라이언트, 경쟁사 광고, 목표, 전략, 제품군, 소비자 트렌드, 제품 속성이나 사진, 목표 시장 프로파일, 소비자 일상의 사진들이 붙어있다. 또한 방안에는 포스트잇, 노트, 펜, 노트패드, 마커펜이 널려 있고, 화이트보드는 완성되지 않은 플로우차트들로 채워져 있다. 조사와 아이디를 위한 노트북과 모니터는 물론이고 만져보고, 살펴보고, 사용해보기 위해 실제 제품도 갖다 놓는다. 브레인파워 강화를 위한 커피와 스낵은 절대 떨어지면 안 된다.

때때로 당구대, 테이블 축구, 우스꽝스러운 소파, 푹신한 카펫, 빅스크린 TV, 편안한 빈 백 의자, 영감을 떠오르게 하는 장난감, 퍼즐게임 등 아이디어를 떠오르게 하는 물건들로 편안한 분위기를 제공하는 회사 내 카페와 같은 곳에서 미팅을 하며 아이디어를 구상하기도 한다.

이러한 곳에서는 정교하거나 세련된 아이디어를 만들어낼 필요는 없다. 캠퍼스 내 카페나 잔디밭, 또는 학생회관 안의 스터디룸처럼 아이디어를 떠올리기 위한 편안한 장소이면 그만이다. 일할 수 있고 크리에이티브를 구상을 위한 분위기 좋은 곳이면 어디든 상관없다.

무엇을 하든 간에 서로 함께 모여 작업하라. 구글채팅, 구글닥스, 페이스타임, 페이스북 등은 아이디어를 위한 좋은 촉진제 역할은 할 수 있어도, 진정한 아이디어를 만들어내기에는 충분하지 않다. 온라인을 이용한 대화는 서로 잘못 이해하기도 하고 좋은 아이디어가 쉽게 무시되기도 한다. 발전된 기술을 이용하는 것은 필요할 수도 있지만 진실한 팀워크를 대체하는 것은 아무것도 없다는 것을 명심하라. 최고의 브레인스토밍은 당신의 아이디어가 다른 팀원들의 영감에 도움을 주고, 그들의 제안을 통해 당신의 아이디어가 발전해나갈 수 있을 때이다.

브레인스토밍의 중요성과 방법

브레인스토밍은 기발한 아이디어를 떠올리기 위해 입증된 가장 좋은 방법들 중 하나이다. 광고에서 캠페인 컨셉은 크리에이티브 브리프에 포함된 약속이나 통찰에서 기인한다. 따라서 브레인스토밍은 특별한 주제나 문제 해결을 위한 적극적인 과정일 뿐만 아니라, 여러 사람의 다양한 관점과 전문성을 바탕으로 그룹의 생각을 제공하기도 한다.

오늘날 많은 대행사에서는 직급과 역할에 관계없이 모든 팀원들이 함께 브레인스토밍을 하는데, 신입 카피라이터, 아트디렉터, 크리에이티브 디렉터, 브랜드 기획자, 미디어 기획자, 전략 책임자, 제품 매니저 등 모두가 참여한다. 몇몇 작은 부띠끄 대행사에서는 필요한 전문성에 따라 외부에서 뛰어난 사람을 채용하기도 하는데, 환경기술전문가, 인테리어 디자이너, 인류학자들에게 마케팅이 직면한 문제 해결을 위해 자문을 구하기도 한다. 이러한 것들은 아이디어나 정보를 얻기 위한 매우 흥미로운 일들이다.

그럼 브레인스토밍은 어떻게 해야 할까? 아무런 형식 없이 그냥 자유롭게 생각들을 이야기하면 되는 걸까? 아니면 자연스러운 진행을 위한 조금의 형식을 갖추어야 할까? 가끔 사람들은 자신들이 어떻게 뛰어난 캠페인 컨셉을 도출할 수 있었는지 자세한 과정을 설명하는 데 어려움을 느낀다. 대부분의 사람들은 '그냥 아이디어가 떠올랐어요'라고 이야기할 것이다. 하지만 아무리 기발하고 창의적인 생각들도 반드시 시작하는 포인트가 있다.

이 장에서는 좋은 아이디어를 생산적으로 만들어내기 위한 모든 기법들과 제안들을 살펴본다. 여기에서 언급되는 방법들은 뉴욕, 애틀랜타, 시카고 등 미국 전역의 광고대행사 크리에이티브 디렉터들과의 대화를 통해 모아졌으며, 현재 온라인에서 널리 통용되는 기법들도 포함한다.

크리에이티브한 사고방식

모든 사람들이 미팅에 오자마자 아이디어 스위치를 켜고 기발한 아이디어를 마구 쏟아내지는 않는다. 《DIY 브레인스토밍 가이드》라는 책에 따르면, 크리에이티브한 아이디어를 도출을 위한 몇 가지 좋은 사고 방법을 다음과 같이 제시한다.[1]

- 미팅장소에 모든 참석자가 도착하면, 가벼운 인사나 게임으로 편안한 분위기를 만들어라. 다른 참가자와 편안한 친근감을 느낄 때 가장 좋은 아이디어가 만들어진다.[2-4]
- 아이디어를 구체화하기 위한 방법들을 명확히 하라. 화이트보드, 스마트보드, 플립차트, 붙일 수 있는 노트 등을 이용하여 공유된 생각들을 모두 사람들이 볼 수 있게끔 하라. 아이디어 회의를 시작하기 전에 기록할 사람을 지목하여 책임을 위임하라. 정신없이 오고가는 어떠한 아이디어도 놓치지 마라. 회의 중 작성된 많은 것들이 스마트폰의 스냅샷을 통해 전해지기도 한다.
- 일을 진척시키기 위해서는 크리에이티브 브리프에 있는 목표, 통찰, 약속들을 다시 한 번 살펴봐라. 모든 사람이 볼 수 있는 곳에 캠페인 컨셉이 전달해야 하는 것을 적어라. 이제 시작할 준비가 되었다. 핵심 메시지에 도달할 수 있는 방법을 찾기 위해 할 수 있는 모든 기법을 활용하라(여기에 대해서 계속 이야기해보자).
- 주제에 벗어나지 않는 범위에서 아이디어를 끊임없이 유도하라. 크리에이티브 회의 과정을 부드럽게 이끌 경험이 많은 사람을 사회자로 지명하라. 제한시간을 두지

마라. 이는 시간에 쫓겨 그런저런 아이디어를 서로의 합의에 의해 만들 뿐이다.

- 비평은 삼가고 결정은 미루어라. "우리가 해봤는데 안 돼", "그건 못해", "광고주가 절대 안 할거야" 등 아이디어를 제한하는 부정적인 생각으로 어떠한 아이디어도 짓밟지마라. 아무리 엉뚱하고 이상한 아이디어라도 생각해볼 가치가 있다. 또한 우연히 떠오른 첫 번째 아이디어에 너무 집착하지 마라. 너무 일찍 하나의 아이디어에 집착하면 훨씬 더 훌륭한 아이디어를 미리 포기하는 것과 같다.
- 다방면에 걸친 깊이 있는 아이디어를 얻기 위해서는 일단 많은 아이디어를 모으고, 하나하나 이야기를 나누며 발전시켜야 한다. 다른 사람의 생각에 대하여 자유롭게 의견을 제시함으로써 아이디어는 흥미롭게 발전해간다. 열띤 논쟁으로 정신없이 회의가 진행되더라도 회의는 재미가 있어야 하며 좋은 아이디어는 바로 이렇게 왔다갔다 날아다니는 생각들에서 나온다.[5]

브레인스토밍 기법들

아래의 다양한 방법들은 브리프에 포함되는 약속을 만들어내는 것부터 캠페인 컨셉 도출까지 다양한 과정에 도움을 준다.

- 발화장치법(sparking). 보편적이며 일상적으로 가장 많이 사용하는 브레인스토밍 방법은 발화장치라는 불리는 방법이다. 발화장치는 자그마한 영감들의 은유로 큰 불을 만들기 위해서는 작은 불꽃이 필요하듯 좋은 아이디어를 위해 불을 댕기는 작은 영감들이 필요하다는 것을 뜻한다. 이 방법은 매우 간단한데, 크든 작든, 세련됐든 되지 않았든, 현실 가능하든 가능하지 않든 간에 머리에 떠오르는 모든 아이디어들을 쭉 종이에 나열하고 가장 잠재력 높은 아이디어를 선택 하면 된다.

  좀 더 효과적인 방법으로 유튜브 창시자 채드 휠리와 스티브 챈은 여러 아이디어 중에서 좋은 아이디어를 선택하는 방법으로 흥미로우면서도 초점이 확실한, 그리고 살을 붙여나가기 좋은 아이디어를 고르기를 제안한다.[6]
- 단어 연상법(word associations). 단어 연상법은 초등학교 선생님부터 심리학자에 이르기까지 두루 쓰이는 방법으로 사물들 간에 연결고리를 만들게 하는 방법이다. 광고의 예를 들자면, 사람들에게 제품, 브랜드, 제품군, 목표 소비자, 매체, 제품 사

표 7-1 단어 연상의 예시—소셜 미디어 플랫폼

페이스북(Facebook) — 중독, 연락, 실시간, 친구, 공유, 좋아함, 지위, 스토킹
핀터레스트(Pinterest) — 칠판, 흥미, 아이디어, 발견, 기쁨, 수집, 커뮤니티
트위터(Twitter) — 팔로워, 마이크로 블로그, 외침, 흥미, 접근, 유명인, 브랜드
인스타그램(Instagram) — 사진, 필터, 공유, 순간, 유행, 생활, 스냅샷
바인(Vine) — 비디오, 생활 정보, 연결, 스마트폰, 캡쳐, 기록, 공유
유튜브(Youtube) — 비디오, 대중문화, 유머, 정보, 도움되는, 재미
플리커(Flickr) — 사진, 수집, 초보자에서 전문가까지, 공유, 상점, 전시장, 진열장
스카이프(Skype) — 화상회의, 현재, 연결, 다함께, 시각적, 사업, 가족
포스퀘어(Foursquare) — 체크인, 방문, 탐사, 크레딧 따기, 메이어, 친구, 자주
링크트인(LinkedIn) — 사업, 네트워킹, 온라인 이력서, 추천, 연결
위키(Wiki) — 사전, 백과사전, 온라인, 수집, 손끝 정보, 협동
옐프(Yelp) — 장소 찾기, 지역 탐방, 유용한, 새로운 시도, 관광객, 네비게이션, 도움
스텀블어픈(StumbleUpon) — 탐사, 기회, 웹, 비디오, 사진, 발견, 지루함 탈출, 매력적
딜리시어스(DeLicious) — 웹 북마크, 상점, 소셜, 분류, 공유, 운영, 열정
워드프레스(WordPress) — 쉽게 웹사이트 만들기, 블로깅, 탬플릿, 모두, 장소감각

용 경험 등에 관해 생각하게 하고 가장 먼저 떠오르는 단어들을 말하게 하는 것이다. 계속해서 이어지는 연상 단어들을 모두 기록하고, 떠올리는 속도가 느려지기 시작하면 다음 주제로 넘어간다. 단어 연상법은 바로 이러한 최초연상을 잡아내기 위한 방법이다. [표 7-1]은 소비자들의 다양한 소셜 미디어 플랫폼에 관련된 연상 단어들의 예이다.

하지만 머리에 즉각적으로 떠오르는 단어들은 우리가 흔히 사용하는 단어들로 광고에서는 진부하거나 평범한 단어로 전락할 수도 있다. 단어 연상법만을 통해 생각해낸 단어들은 대부분 그 제품이 속한 제품군에서 흔히 기대되는 것들이다. 화장품, 공구, 금융, 구강 관리 제품들을 떠올려보면, 대부분의 광고가 '하루종일 지속되는 강력함'과 같이 놀라울 정도로 비슷비슷 단어들을 사용하고 있는 것을 발견할 수 있다.[7] 따라서 단어 연상법은 헤드라인이나 바디카피를 만들 때 딱 맞는 브랜드 경험을 표현하거나 글을 세련되게 만드는 형용사, 명사, 동사, 부사

등의 무기고라 여기는 것이 좋을 것이다.

- 집단화(clustering). 집단화 방법은 단어 연상법의 확장 형태로 광고대행사에 활용하는 가장 보편적인 브레인스토밍 방법이다. 단어 연상법에 비해 좀 더 흥미롭고 덜 진부한 결과물을 제시한다. 집단화 방법은 브랜드 약속, 회사명, 목표 시장, 제품군, 소비자 편익 등 주요 단어들을 노트의 중간에다 배열한다. [표 7-2]에 보듯, 중심 단어들로부터 연상된 단어들은 선으로 연결되고 계속해서 다른 새로운 연상 단어들과 연결된다. 이러한 과정을 반복함으로써 중심으로부터 바깥쪽으로 연속되는 층이 겹겹이 생기게 되고, 다소 평범하거나 진부한 단어들은 중심단어가 위치한 가장 첫 번째 층에 놓이게 됨으로써 쉽게 선택에서 배제할 수 있다.

즉, 좋은 아이디어는 두 번째 또는 세 번째 층에서 주로 찾을 수 있다. 이러한 아이디어는 중심단어 또는 브랜드 약속 등과 연결되어 있지만 간접적인 연결로 이어진 단어들 중에는 주의를 끌기에 충분한 좋은 단어들이 많다. 이러한 접근법은 새로운 관점에서 제품이나 제품 사용 등을 고려함으로써 목표 시장에 관한 개관적인 컨셉을 잡을 수 있다. [표 7-2]는 대학생을 대상으로 에너지 드링크인 레드불 캠페인 개발 과정을 보여준다. 중간시험 기간 동안 학업과 관련된 연상 단어들

표 7-2 집단화 예시 – 대학생 목표시장

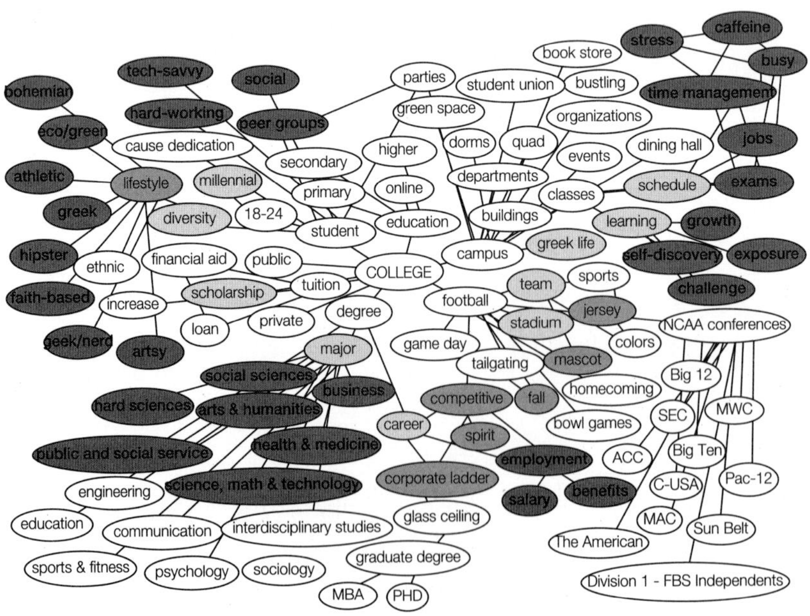

은 물론, 시험을 위해 학생들에게 필요한 것은 에너지 드링크 같은 연상 단어들도 있다. 한편, 또 다른 쪽에 집단을 이루고 있는 개념들을 보면 '당신이 마시는 것이 바로 당신입니다'를 암시하며 빌게이츠가 벤티 사이즈의 마끼아또를 마시는 것을 언급하는 커피가게 캠페인에 적용하면 어떨까?[8] 아니면 재활용 캠페인용으로 오래된 음료수 캔을 이용하여 연필꽂이나 머리카락을 말고, 2리터 물병을 활용하여 물조리개로 사용하는 것은 어떨까? 펩시는 실제로 이러한 캠페인을 푸에리토리코에서 실행하였다. 이러한 아이디어는 모두 좋은 예로서 빅아이디어를 만들어내기 위해 어떻게 집단화 방법을 적용하는지 잘 보여주고 있다.

- 해결책으로써의 문제(problem as solution). 광고가 위협이나 약점에 대응할 때 직접적으로 맞서는 것보다 사실을 인정하고 최선을 다해 보완하는 것이 때때로 더 유용할 때가 있다. 딜레마 시장에서 이러한 방법은 가치를 발한다. 역사적으로 브랜드에 잠재하는 부정적 이슈들을 솔직히 말함으로서 큰 성공을 거둔 예도 많다. 마치 거울을 들여다보고 거울에 비친 자신의 모습을 그대로 자백하는 것과 같다. 폭스바겐에 만든 비틀 자동차는 독특한 동그란 외형 때문에 어려운 도전도 받았지만 이후 고유의 특성으로 인식되어 많은 판매를 이끌었다. 독일의 ING은행은 미국에 지점이 없다는 약점을 온라인 전용 은행서비스를 제공하는 은행으로 미국 소비자에게 포지셔닝하여 큰 성공을 거두었다.[9]
- 역설적 의도(paradoxical intention). 단어 연상과 마찬가지로 역설적 의도는 심리학에서 기인한다. 만약 무엇이 역설적이면, 그것은 미스테리하게 되고, 타당해 보이지 않거나 말이 안 되는 상황들이 사실 또는 현실로 나타난다. 이러한 방법은 심리치료에서는 흔히 사용되는데 환자들이 가지고 있는 공포를 의도적으로 극대화시켜 경험하게 함으로써 극복할 수 있게끔 한다. 광고에서 이러한 방법은 문제에서 해결책을 찾는 브레인스토밍 방법으로 여겨진다.

믿기 어렵겠지만 이러한 접근법은 참석자들에게 문제를 인식하는 것을 넘어 문제를 더욱 심각하게 만들어 보라고 독려한다. 이 방법은 모순을 극대화시키고 일반 상식에 반하는 생각들을 만들어내길 종용한다. 어떻게 상황을 더 악화시킬 수 있는지 스스로 자문해보라. 새롭게 탄생한 버거킹을 떠올려 보라. TV 광고나 엑스박스(Xbox) 비디오 게임인 스니크킹(Sneak King)에 나오는 패스트푸드 업계 제왕의 기괴한 모습에 소비자들은 어떻게 반응했나? 도미노 피자는 소비자의 비판에 공개적으로 반응하고 그들의 요구에 충실히 따름으로써 죽어가던 브랜드를 다시 살려

낼 수 있었다. 라디오 쉑(Radio Shack)의 2014년 슈퍼볼 광고 '30~40대의 요구: 우리의 가게를 돌려주세요?'는 어떤가? 수백만 달러를 들여 라디오 쉑은 올드한 곳이지만 재미가 있는 곳이라는 새로운 컨셉 광고를 대중에게 보냄으로써 큰 성공을 거둘 수 있었다. 위의 모든 예들은 역발상을 이용하여 성공을 거둔 좋은 예이다.

- 시각적 비유/은유(visual analogy/metaphor). 비유는 서로 연관이 없어 보이는 두 개의 사이에서 비슷한 것을 찾는 것이다. 어떠한 실체, 사물, 상황 모두 비유의 대상이 될 수 있다. 비유는 본질적으로 추상적이거나 이질적인 생각 또는 익숙한 것들 사이에서 유사점을 만들어낸다. 이러한 비유는 설명을 밝히는 목적에 유용하게 이용된다. 광고의 경우, 시각적 비유 기법은 브레인스토밍을 하는 사람들에게 제품과 제품 사용 상황을 일상의 모든 사물과 상황에 견주어 비교하도록 종용한다. 비타민 제품의 예를 들자면, '자동차 엔진 성능의 유지를 위해 엔진오일이 중요하듯, 비타민은 당신의 건강에 중요합니다'라고 말한다.[10]

  그림을 이용한 은유는 지난 수십 년 동안 제품의 판매의 촉진을 위해 마케터들에 의해 성공적으로 활용되어 왔다. 신발업체 뉴발란스(New Balance)는 빨간색, 하얀색의 런닝화를 빨간색, 파랑색 물병과 헤드폰에 비유하여 인간의 심장을 나타내었고 소비자들에게 달리기는 심혈관 건강에 도움이 된다는 점을 부각시켰다. 세계 야생동물 협회는 시각적 은유를 통해 강력한 메시지를 전달하는데, 황폐해진 열대우림의 항공사진을 죽어가는 동물들의 폐에 비교하며 야생동물의 보호의 필요성을 강하게 보여주고 있다.

  이러한 은유기법의 힘은 바로 진정성, 즉시성, 명료성, 확실성 등을 강조하는 것으로 현명하게 사용된다.

- 언어유희(pun). 언어유희란 숨은 암시나 이중적 의미를 가지는 어구를 이용하여 하나 이상의 의미를 제시하는 일종의 말장난이다. 대부분의 언어유희는 유머나 호기심을 활용한다. 적절한 언어유희는 제품명이나 제품, 제품군, 실제 소비와 연관된 다른 단어들의 조합을 떠올리는데 때때로 유용하다. 속눈썹이 진짜인지 가짜인지 언어유희를 통해 맞추어 보도록 하는 마스카라 광고와 요한계시록(apocalips)을 언어유희를 통해 표현한 립스틱(lipstick) 광고 등이 좋은 예이다. 비록 이러한 언어유희는 소비자의 주의를 끌지만 얼마 지나지 않아 그 효과는 사라진다. 또한 이러한 언어유희를 통한 장기 캠페인을 만드는 것은 쉽지 않다. 똑같은 것을 계속해서 재치 넘치게 말하는 것은 결코 쉽지 않다. 하지만 이러한 언어유희를 브레인스토

밍할 때 잘 이용한다면 진부한 아이디어를 기발하고 획기적인 아이디어로 바꾸는 훌륭한 방법이 될 수도 있다.

- 진정한 소비자 관점(authentic target perspective). 소비자 관점에서 바라보는 방법은 소비자에 대해서 잘 모르거나 그들의 가치관이나 그들에게 어떻게 어필할지 잘 모를 때 특히 유용하다. 브레인스토밍의 연습의 일부분으로 소비자가 가는 곳을 직접 방문하기도 하고, 그들이 일어나서 생활하는 방식, 즉 그들의 걸음걸이, 나누는 이야기 등 하루 동안 그들의 생활을 관찰한다. 그들이 보고, 듣는 모든 것을 적극적으로 관찰하고 그들이 사용하는 제품, 매체, 문화 등을 직접 소비해본다. 또한 그들의 언어를 따라 이야기해보고 브랜드, 제품, 서비스 등에 관한 생각을 상술해본다. 판매 제품에 관해 그들이 무슨 이야기를 나누는지? 어디서 구입하는지? 어떻게 이용하는지 이야기해본다.

  이러한 문화인류학적 조사를 이용하는 기법은 아이디어를 만들어내는 과정에도 적용 가능하다. 모터사이클 회사인 할리-데이비슨은 현재 이러한 기법을 활용하고 있는데, 브랜드 마케팅 조사가가 직접 모터사이틀 동호회에 참여하여 그들의 일상이나 모터사이클에 대한 그들의 생각에 관해 이해하고 캠페인을 위한 브레인스토밍 때에는 그들을 고용하여 컨셉팅 리더로서 활용하기도 한다. 그 결과 할리-데이비슨은 브랜드를 위한 새로운 크리에이티브티 개념을 개발했는데, 지루한 일상에서의 탈출을 원하는 소비자들을 위한 '창살 탈출(No Cages)' 캠페인이 그 좋은 예이다.[11]

- 크리에이티브 구애(creative courting). 5장에서 소개한 데이트 상황을 염두에 두고 목표 소비자와의 관계를 개발하는 방법을 생각하라. 진정으로 누군가를 구애하고 싶다면 무릎을 꿇고 결혼 프로포즈를 하기 전에 진지하게 미리 계획해야 할 것이다. 여러 가지 계획을 잘 정리하고 가끔은 소셜 미디어를 이용하여 일반적인 구애 방법이나 어떤 말로 구애할지 정보를 얻기도 한다. 우연을 만남을 가장할 구애 장소를 물색하고 모든 경쟁자를 물리치는 방법을 모색하는 등 이 모든 것이 복잡한 계획의 한 부분이 될 것이다. 말하자면, 이러한 브레이스토밍 방법은 크리에이브팀, 매체팀, 기획팀, 전략팀 등 여러 팀이 함께 일할 때 특히 유용하다. 각각의 멤버는 데이트를 위한 기발한 방법을 제안할 것이다.

  소비자가 브랜드를 사랑하게끔 만들기 위해 얼마나 노력해야 할 것인지 생각해보라. 어떻게 그들의 시선을 끌 수 있을까? 나아가 어떻게 당신의 제품을 찾도록 만들 수 있을까? 멋진 와인과 음식을 함께 할 수 있는 곳은 어디일까? 무엇을 해야 하고 무엇을 말해야 할까? 어떻게 유머나 매력적인 모습을 사용하여 그들의 마음을 뺏을 수 있을까?

- 과장법(exaggeration/hyperbole). 과장법은 하나의 브레인스토밍 과정으로 상황을 터무니없게 과장하는 방법이다. 어처구니없는 유머를 사용한다거나 제품의 편익을 말하기 위해 소비자를 기괴스럽게 느끼도록 하는 방법이다. 이런 터무니없는 주장을 믿는 사람은 아무도 없기에 법적인 제약이나 법률에 위반되지 않는다.

  브레인스토밍할 때, 브랜드와 관련된 정말 엉뚱한 생각으로 어떻게 긍정적인 결과를 만들어낼 것인가 자문해보라. 예를 들어, 버튼을 누르면 드라마와 같은 일들이 계속해서 일어난다든지, 캔디바를 먹으면 대머리에서 머리가 자라든지, 할머니가 좋아하는 아이스크림을 위해 건장한 청년 10명을 때려눕힌다든지 생각해보라.

  또는, 제품을 구매하지 않아 일어나는 최악의 가상 시나리오를 떠올려 봐라. 예를 들어, 초등학교 연극 발표회에서 당김줄 고장으로 자그마한 주인공 여자 아이의 얼굴이 무대에 부딪히는 것을 목격한 관람객들의 놀란 모습이라든지, 분노조절의 문제를 가지고 있고 길거리 유기 동물들을 유일한 친구라고 생각하는 사회적으로 따돌림을 받는 사람이 케이블 TV 서비스에 불만으로 폭발하는 모습을 생각해보라.

  너무 터무니없이 들리는가? 아마도 그럴지도 모르겠지만 이러한 광고는 실제는 꽤나 자주 실제로 만들어진다. 큰 문제가 없다면, 소비자들은 이러한 광고가 주는 메시지를 기억할 것이다. 물론 이러한 방법이 판매로까지 이어질 수 있는가 하는 것은 여전히 논쟁거리이다.

- 소비자 통찰(consumer insight). 캠페인을 준비할 때 실제 소비자 통찰에 관해서는 결코 실수해서는 안 된다. 매일매일 목표 소비자의 일상은 어떠한가? 그들의 습관은? 제품이나 제품군에 관계없이 일반적인 그들의 일상은? 소비자의 통찰을 통한 그들의 특성을 잘 활용한 제품군 중에는 이동통신서비스 업체나 신용카드 회사 등이 있다. 미국의 이동통신서비스 업체 AT&T는 가족 간에 전월 남은 데이터나 통화 시간을 이월하여 쓸 수 있게 하는 캠페인을 통해 1분을 아끼는 검소한 엄마나 실수로 텍스트 메시지를 보내는 할머니들을 기쁘게 해주었다. 또 다른 통신업체 티모바일(T-Mobile)은 우연히 자동으로 걸린 결혼한 커플 사이의 통화 상황이나, 딸

을 걱정하는 보수적인 아빠의 모습이나, 아빠를 골탕 먹이려고 계획하는 아이들의 모습을 배꼽이 빠지도록 우습게 보여줌으로써 소비자들을 기쁘게 해주었다. 또한 마스터카드사는 인생에서 돈 주고 살 수 없는 귀중한 순간들을 보여줌으로써 소비자에게 좋은 반응을 얻을 수 있었다.

- 교리/이단(dogma/heresy). 교리(dogma)란 넓게 받아들여지며 강하게 가지고 있는 신념이다. 예를 들자면, 사람들이 빠른 시간에 신념으로 여기는 것을 말한다. 상황에 따라 조금씩 다르긴 하지만, 이러한 확신은 변화기가 매우 어렵다. 종교에서 유래한 단어인 이단(heresy)은 비정통적인 행동이나 생각을 말한다. 정통이나 인정되는 주의에 반대하거나 비협조적인 것을 칭한다.

  캠페인 컨셉 개발 과정에 이러한 교리나 이단을 적용하는 것은 쉽지 않은 일이다. 몇몇 대행사는 큰 위험을 수반하는 것으로 여긴다. 하지만 CB+P 같은 대행사는 문화적 긴장감을 불러일으키기 위하여 주로 사용한다. 컨셉 과정에서 그들은 광고에 이용할 제품군이 가지고 있는 교리는 무엇인지, 모든 사람들을 무엇을 하는지, 그들은 우리에게 무엇을 하길 기대하는지, 수백만 년이 지나도 그들이 절대로 하지 않을 일은 무엇인지 등과 같은 질문을 한다. 이단은 어느 누구도 가보지 않은 곳이나 해보지 않은 극단적인 일을 찾아 나선다. CB+P는 "남자처럼 먹어라(Eat Like a Man)"는 캠페인을 통해 경쟁사들이 건강식 메뉴 옵션을 넓혀나가는 것과는 정반대로 트리플와퍼를 먹는 남성의 모습을 광고에서 보여주고 있다.

- 솔직함(straightforwardness). 원조가 되는 것은 항상 중요하다. 원조가 되기 위한 문제의 핵심은 '소비자를 위해 무엇을 해줄 수 있는가?'라는 질문에 거짓 없이 솔직하게 답하는 것이다. 솔직함을 이용하는 캠페인은 제품에 바탕을 둔 메시지 전략에 적합하다. 크리에이티브 브리프의 소비자 약속이나 지원 등과 놀랍게도 유사하다. 이러한 방법은 컨셉팅이라기보다는 테이블에 컨셉들을 늘어놓는 것이다. 맥도날드의 맥카페 광고의 '4달러는 바보, 이제는 에스프레소'나 애플의 '모든 것을 해봐' 아이패드 광고는 간단명료하면서도 꾸미지 않는 솔직함으로 소비자를 이끌고 있다.

- 라이프스타일/이미지(lifestyle/image). 라이스타일 중심의 광고는 마케팅 범주 안에서 매우 설득적이다. 이러한 접근법은 소비자의 실제 일상이나 그들이 인지하는 셀프 이미지에 맞게 브랜드를 제시하거나 그들이 갈망하는 라이프스타일을 보여준다. 브레인스토밍을 할 때 목표 소비자가 되고 싶어 하는 사람이나, 어떠한 삶을 살고 싶어 하는지 자문하라.

이러한 기법을 이용하는 캠페인은 세상에서 가장 매혹적인 모습으로 제품을 보여줌으로써 소비자를 우연한 기회에 멋진 장면이나 순간을 경험하는 운좋은 구경꾼으로 만든다. 여행, 사치품, 패션, 술 광고 등은 이러한 소구 방법을 이용한다. 이러한 광고는 주로 행복하고 즐겁고 세상을 즐기는 모습을 담는다. 쥬시코트레, 구찌, 폴로, 나이키 인쇄물 등은 이러한 경험을 극대화한 모습을 강조하는 사진을 활용한다. 코카콜라의 '코크와 함께하는 인생'이나 '행복을 여세요' 캠페인 역시 이러한 이미지를 성공적으로 이용하고 있다.

이러한 방법의 브레인스토밍은 대부분이 직설적이지만 때때로 비유적이기도 하다. 대부분은 소비자가 중심이 되지만 몇몇의 경우는 제품이나 브랜드가 중심이 되기도 한다. 많은 다양한 관점에서 상황을 곰곰이 고려했다는 확신을 갖기 위해서는 여러 다양한 방법을 사용해보는 것이다. 모든 측면에서 생각이 고갈될 때까지 계속해서 하나의 생각을 물고 늘어지는 것도 좋은 방법이다. 최종 아이디어가 평가받고 결정될 때까지 플립차트나 칠판이 문자 그대로 아이디어로 빽빽이 넘쳐나야 한다. 명심하라, 떠올린 어떠한 컨셉도 더 발전되어갈 수 있는 플랫폼 역할을 한다는 것을!

대부분의 결실이 좋은 브레인스토밍은 정신이 없이 빡빡하게 느껴지고, 심지어 미친 듯이 느껴지기도 하지만 걱정하지 마라. 더 엉망진창일수록 더 좋은 아이디어를 얻을 수 있다. 크리에이티브 과정은 항상 진행형이고 아이디어들은 항상 꼬리에 꼬리를 물고 발전해나간다는 것을 명심하라. 또한 가장 좋은 것은 종종 본인의 생활에서 찾을 수 있다.

빅아이디어 실행 – 광고 만들기

일단 캠페인 방향이 결정되면, 6장에서 논의한 대로 가장 중요한 요소인 컨셉을 다시 한 번 살펴보는 것이 필요하다. 그렇다면 이제는 다양한 소비자 접점을 위한 연결성 있는 일관된 실제 광고 집행물을 만들어낼 준비가 되었다.

인쇄물 전략을 위해서는 모든 커뮤니케이션에 시선의 흐름, 리듬, 통일성, 조화, 대비 등과 같은 디자인의 원칙들을 어떻게 반영할지 생각하라. 이 단계에서는 빅아이디어를 어떻게 시각적 스토리텔링으로 전환할지에 초점을 두어야 한다는 것을 명심하

라. 브랜드 약속에 모든 것들이 연결되어야 한다는 목표를 잊지마라. 소비자의 주의를 끌어 광고물을 보게끔 만들어야 한다. 눈에 띄는 레이아웃을 만들기 위해 다양한 디자인 요소를 활용하고, 포인트, 선, 모양, 문자체, 리듬, 구조, 여백, 크기, 색깔, 문자 등 다양한 방법으로 시선을 끌도록 하라.

레이아웃 시 고려 사항(잡지, 옥외, 콜래트럴, 디지털, 프로모션, 직접 우편)

1. 헤드라인은 주의를 끌고 고객의 흥미를 이끄는가? 뉴스 가치, 호기심, 편익 등을 주는가? 고객이 믿을 만한 헤드라인인가?
2. 광고에 사용된 일러스트레이션과 사진은 헤드라인이나 바디카피와 연관성이 있는가? 주요 메시지를 전달하기 위해 헤드라인과 잘 부합하는가?
3. 바디카피는 헤드라인을 잘 설명하는가? 바디카피는 헤드라인이 말하고 있는 것이나 암시하는 것을 잘 나타내거나 상세히 설명하고 있는가? 바디카피는 제품에 관해 잘 표현하고 있는가? 제품의 속성이 주는 편익을 잘 말하고 있는가? 카피의 길이는 적당한가? 이해하기 쉬운가?
4. 레이아웃은 통일감이 있고 조화되어 있는가? 밸런스, 비율, 대비 등이 잘 적용되었는가? 레이아웃의 모든 요소들은 논리적 순서로 고객의 시선을 옮기게 하는가?

라디오 광고 시 고려 사항

라디오 광고 시에는 시각적 레이아웃 요소들보다는 오페라 극장을 떠올려야 한다. 음악이나 음향 효과를 이용해 머릿속에 장면을 떠올리게 해야 하고, 캠페인 컨셉이나 핵심 메시지를 전달할 수 있는 완벽한 시나리오를 작성해야 한다. 라디와 광고의 톤은 전체 캠페인과 조화되어야 함을 명심하라.

1. 광고는 핵심 판매 아이디어를 잘 전달하는가?
2. 광고는 하나의 아이디어에 초점을 두고 있는가?
3. 광고는 브랜드명을 기억하게끔 하는가?
4. 청취자는 시각화할 수 있는가?
5. 광고는 반복해서 핵심 메시지 또는 브랜드명을 제시하는가?
6. 적절하고 음악이 사용되었는가?

7. 광고는 흥미를 유발하고 매력적인가? 약한 부분은 없는가? 광고의 마지막은 긍정적이며 제안을 하는 멘트로 끝나는가?
8. 광고 메시지는 청취자에게 믿음을 주는가?

TV 광고, 바이럴 또는 브랜드 비디오, 웹 광고, 브랜드 영화 제작 시 고려 사항

비디오는 장면, 음향, 움직임 등 모두를 이용할 수 있는 장점이 있다. 텔레비전 광고 제작 시에는 무엇보다 우선 시각적인 것에 중점을 두고 다음으로 단어나 음향 효과, 음악 등을 고려하라. 광고 시작 첫 몇 초에 시청자의 관심을 끌도록 하라. 장면의 배치, 모델의 등장, 반전 등 특이한 처음, 중간, 마지막을 제시하여 시청자의 관심을 잡아야 한다.

필요 시에는 비디오의 장점을 살려 브랜드를 극화시켜 흥미와 감정을 유발하라.

1. 광고는 핵심 판매 아이디어에 초점을 두고 있는가?
2. 광고는 목표 고객과 연관된 상황을 제시하는가?
3. 비디오뿐만 아니라 스토리도 함께 보여주고 있는가?
4. 광고는 제품의 편익을 잘 보여주고 있는가?
5. 클로즈업 등 다양한 촬영기법을 활용하여 시청자에게 흥미를 주고 있는가?
6. 적절한 길이와 다양한 장면 전환으로 시청자가 지루함이나 예측을 못하게 하는가?
7. 장면 전환을 주의를 분산시키지 않게 적절히 사용되었는가? 촬영 기법은 적절하게 사용되었는가?
8. 브랜드, 포장, 로고 등은 적절히 노출 되었는가?
9. 믿을 만한 광고라는 인식을 주는가?
10. 제품의 약속은 제품의 속성을 잘 반영하는가?

캠페인 진행 체크리스트

이 단계의 캠페인 진행을 위해서는 일반적으로 다음과 같은 사항을 명심해야 한다.

1. 성공적인 브레인스토밍을 위해서는 주요한 사람을 포함시키는 것부터 편안한 장소 선택, 크리에이티브 만들어내기 위한 협동적이고 생산적인 분위기를 만드는 것이 중요하다.
2. 캠페인 컨셉을 도출해내기 위한 다양한 브레인스토밍 기법은 다음과 같다. 단어 연상법, 집단화, 해결책으로써의 문제, 역설적 의도, 시각적 비유/은유, 언어유희, 진정한 소비자 관점, 크리에이티브 구애, 과장법, 소비자 통찰, 교리/이단, 솔직함, 라이프스타일/이미지.
3. 아이디어는 마지막 결정되는 순간까지 시간제한이나 예단 없이 가능한 많은 아이디어를 포함시켜야 한다.
4. 좋은 캠페인 컨셉은 크리에이티브 브리프에 있는 브랜드 약속을 반영하여야 한다. 바로 그러한 최고의 컨셉은 대부분 기발하고 통찰적이다.
5. 다양한 플랫폼을 통해 캠페인을 집행할 때에 모든 전술들은 핵심 메시지를 통일되게 전달하고 비슷한 모습이나 느낌을 주는 것이 가장 중요하다. 꼼꼼한 주의를 기울여 캠페인의 다양한 요소들이 일관되고 통일되게 표현되었는지 확인하여야 한다.

미주와 참고문헌

1. Garner, Eric. "Brainstorming Techniques and Tips: The DIY Guide to Brainstorming," published on ManageTrainLearn.com, 2005. Retrieved on December 30, 13 from http://brainstorm-brain-storm-techniques.blogspot.com/2005/10/diy-guide-to-brainstorming.html.

2. Von Oech, Roger. "A Whack on the Side of the Head: How You Can Be More Creative," Third edition, Warner Books, New York, NY, 2008.

3. Miller, Brian Cole. "Quick Brainstorming Activities for Busy Manager: 50 Exercises to Spark Your Team's Creativity and Get Results Fast," American Management Association, New York, NY, 2012.

4. Michalko, Michael. "Thinkertoys: A Handbook of Creative-Thinking Techniques," Ten Speed Press, an imprint of the Crown Publishing Group, a division of Random House, Inc., New York, NY, 2006.

5. Garner, Eric. "Brainstorming Techniques and Tips: The DIY Guide to Brainstorming," published on ManageTrainLearn.com, 2005. Retrieved on December 30, 13 from http://brainstorm-brain-storm-techniques.blogspot.com/2005/10/diy-guide-to-brainstorming.html.

6. Hurley, Chad and Chen, Steve. "3 Ways to Spark Ideas for Videos," published on November 19, 2013 on MixBit. Retrieved on January 3, 2013 from http://blog.mixbit.com/brainstorming/.

7. Irani, Delshad, "Why advertising in some product categories is extremely boring," Published in the Economic Times on January 8, 2014. *Retrieved* on February 19, 2014 from http://articles.economictimes.indiatimes.com/2014-01-08/news/45991678_1_ogilvy-advertising-detergent.

8. Phonsakkhwa, Patrick. "Portfolio: Print and Packaging," Published on freelance graphic designer's blog, entitled IdealPad.com. Retrieved on February 19,

2014 from http://www.idealpad.com/portfolio-3/print-packaging.

9. "ING Builds U.S. Brand By Turning Weakness Into Strength," Published on Brandeo.com. Retrieved on February 23, 2014 from http://brandeo.drupalgardens.com/content/ing-builds-us-brand-turning-weakness-strength.

10. Barron's Marketing Dictionary excerpt on analogy advertising. Published on Answers.com. Retrieved on February 19, 2014 from http://www.answers.com/topic/analogy-advertising.

11. Klaassen, Abbey. "Harley-Davidson Breaks Consumer-Created Work From Victors & Spoils ('No Cages' Pushes HD1 Factory Customization Program)," Published in Advertising Age on February 14, 2011. Retrieved on February 22, 2014 from http://adage.com/article/news/harley-davidson-breaks-consumer-created-victors-spoils-ad/148873/.

제8장 소비자 접점 찾기: 전술적 믹스 수립

앞에서도 이미 언급했듯이, 최근 몇 년 사이 시장과 소비자는 급격한 변화를 경험해왔고, 그러한 변화에 따라 캠페인을 집행하는 방법에도 많은 변화가 있었다. 기술의 발달에 힘입어, 소비자의 힘은 더욱 강력해져 이제는 그들이 사용하는 제품에 개발에 직접 관여하고 그들이 수용하는 메시지 개발에 참여하며 그들이 노출되는 커뮤니케이션 매체 역시 직접 컨트롤하는 것이 가능해졌다. 오늘날의 소비자는 커뮤니케이션 과정에서 예전의 수동적인 구경꾼에서 적극적인 참여자로 바뀌었다. 많은 부분들이 소비자와의 대화를 필요로 한다. 광고를 하는 사람은 그러한 소비자의 변화를 열광적으로 받아들여야 한다. 실제로 소비자는 그들이 접하는 캠페인에 대해 많은 생각들을 말한다. 왜냐면 우리는 그들에게 말하는 것이 아니라, 그들과 함께 말하는 것이기 때문이다. 이전의 360도 마케팅은 365일 커뮤니케이션으로 대체되었다.[1]

마케터들에게 있어 소비자와의 커뮤니케이션은 더 이상 일방향 매체를 통해 반복적으로 메시지를 뿌리는 것이 아니다(비록 전통적인 인쇄나 방송은 많은 마케팅 예산을 필요로 하겠지만, 인쇄나 방송의 기획 과정은 9장에서 자세히 언급하겠다). 이제는 하나의 아이디어를 구상하고 여러 방향으로 살을 붙여 스스로 성장하고 변화해나가게끔 해야 한다. 좋은 크리에이티브 컨셉은 스스로 성장하고 탄력을 얻어 목표 시장을 움직일 수 있도록 해야 한다. 오늘날의 캠페인 제작에 있어 중요한 두 가지 핵심 요소는 **플랫포머빌러티**(platformability)와 **트랜스미디어 스토리텔링**(transmedia storytelling)이라고 하겠는데 이 두 가지 모두 소비자의 관여를 높이는 데 쓰이는 방법이다.

캠페인의 방향을 정할 때 가장 먼저 고려해야 할 사항은 하나의 아이디어가 많은 다양한 매체를 통하여 만들어질 수 있고, 또한 자연스럽게 다른 플랫폼으로 옮겨갈 수 있는지를 결정하는 플랫포머빌러티 가능성 여부이다. '캠페인은 다리를 가진다'라는 말을 대행사에서는 흔히들 쓰고 있는데, 이는 모든 소비자 접점 또는 플랫폼은 캠페인

예시 **광고주:** 지역 대학 스포츠 케이블 방송국

크리에이티브 컨셉: 팬들의 열성적인 팬십 시험하기

잠재 플랫폼/터치포인트 믹스:

- 스포츠 잡지를 이용한 인쇄 집행물은 TV와 함께 리그에 속한 경쟁 대학들의 학교 고유의 색상이 가지는 시각적 패턴을 시험
- 대학 스포츠 경기에 설치된 팝업(pop-up) 광고물의 노출 경험
- 경기 전날 대학 캠퍼스에 벌어지는 파티 행사에 설치된 브랜드 광고물
- 지역 도시 내에서 행해지는 대학 동문 스포츠 토너먼트
- 열성적인 팬을 위한 콘텐츠 큐레이터로서의 작은 캠페인 또는 팀이나 리그 관련 모든 것(통계, 수집품, 감독 인터뷰, 연습 장면 등)
- 재학 또는 예비 신입생 부모를 대상으로 한 직접 마케팅 노력
- 스포츠 잡지 편집자, 대학 동문회, 블로거, 스포츠 관련 방송기자와 미디어 관련 연계

메시지를 전달함에서 제각각 역할을 스스로 감당할 수 있어야 한다는 의미와 함께 전체 캠페인의 성공을 돕는데 도움이 될 수 있다는 의미이기도 하다.

또한, 요즘 캠페인의 풍부하고 폭깊은 특성은 잘 짜인 스토리텔링에서 기인한다. 인류학에서는 이미 오래전부터 정보를 설명하고 증명하며 논리를 입증하는 데 사용되어 왔다. 스토리텔링 기법은 의미를 전달하고 관계를 암시하며 도덕적인 것을 포함하는 동시에 재미와 감정을 불러일으킨다. 광고에서도 이미 스토리 전부 또는 일부분을 이용하여 브랜드와 소비자의 관계를 형성해오고 있다. 제품의 속성이나 혜택은 소비자의 라이프스타일, 욕구, 필요에 맞게 잘 전달될 때 그 효과는 더욱더 강력하게 되고 그 의미는 배가된다.

트랜스미디어 스토리텔링은 브랜드를 중심으로 형성되며, 소비자가 하나의 아이디어를 습득하고 이해하며 나아가 본인의 것으로 만드는 것을 돕는다. 이러한 스토리텔링 기법은 브랜드와 많은 사람들이 만들어낸 콘텐츠를 절묘하게 조화시키는 기술을 이용함으로 가능하다. 이렇게 만들어진 스토리 또는 캠페인은 스스로 발전해나가며 조금씩 살을 붙여 궁극에는 더욱 풍부해진 이야기로 발전된 채로 또 다른 매체를 통해 소비자에게 전달된다.

미국 MIT대학의 비교 미디어 연구학 책임자인 헨리 젠킨스에 따르면, 이러한 기법이 가능해진 배경에는 오늘날 소비자들은 발전된 기술을 이용하여 새로운 방법으로 다시 말해 혁신적, 실험적, 재해석적으로 이미지에 반응하기 때문이라고 설명한다.[2]

예시 다양한 매체를 이용한 스토리텔링 믹스

- 소셜 미디어를 이용하여 즉각적인 열성팬 증명을 유도
- 스마트폰 앱을 이용하여 광팬들이 직접 콘텐츠 게시
- 유튜브를 이용하여 광팬들이 직접 만든 비디오 게시
- 개인 홈페이지 또는 블로그 등을 이용하여 본인 또는 경기와 관련된 셀피 사진 올리기
- 리그, 팀과 관련된 배경으로 팬이 직접 만든 이미지를 인쇄하거나 저장할 수 있도록 하기

미국 NBC 텔레비전 방송국이 히어로즈(Heroes) 시즌 2는 시즌 1의 마지막 장면에서부터 시작했다. 시즌 2가 방영되는 동안, NBC는 웹페이지 참여를 통하여 시청자가 직접 등장인물의 스토리라인을 구성하여 제안하도록 유도했다. 그 결과 시청자가 만든 콘텐츠는 헤아릴 수도 없이 많이 접수되었고 궁극에는 마케팅 믹스에도 활용되었다.

앞에서 예로 제시된 대학 스포츠 케이블 방송에 이러한 다양한 매체를 이용하는 스토리텔링 기법을 적용해보면, 광팬 컨셉을 확장하는 동시에 리그에 대한 그들의 열정을 느끼고 표현할 수 있도록 아래의 요소를 잘 조화시켜 이용해야 한다.

결론적으로 말하자면, 오늘날의 미디어 환경은 집단지성의 출현을 이끌었고, 자그마한 영감의 불씨가 대중의 들불 같은 참여를 촉발시키는 문화 운동의 도화선이 되었다.

하지만 이러한 것들이 모두 사실일지라도 과연 우리에게 의미하는 것은 무엇일까? 의미 없는 말장난은 절대 아니다. 똑같은 활동 영역을 바라보며 새로운 의미를 찾아야 하며 기획 단계에서부터 이러한 급격한 변화의 의미를 찾아야 한다. 이 장에서는 현재 광고업에 종사하는 이들이 메시지를 전달할 수 있는 다양한 매체를 살펴보고 시장이나 사회를 관통할 아이디어를 만들어내기 위한 기획을 어떻게 협동하여 만드는 방법에 관하여 살펴보도록 하겠다.

소비자 접점 기획하기: 메시지 중심 vs 매체 중심 접근법

과거의 전통적인 매체 중심의 기획의 시대는 저물었다. 대부분의 사람들이 이제는 매체나 프로그램 위주의 매체 기획을 세우는 것은 잘못된 것이라 주장한다. 이러한 접근법은 소비자를 융단 폭격하는 방법으로 주로 비용효율성, 경쟁자 대비 광고량, 최적의

도달률과 빈도수, 또는 엄격한 예산 배분 모델에 중점을 두고 있다. 오늘날 총시청률(GRP), 타깃시청률(TRP), 또는 총노출수(gross impressions)에만 의존하는 기획은 점점 더 찾아보기 어렵다.

오늘날 광고를 하는 사람들이라면 소비자가 메시지에 노출되는 환경에 따라 메시지 효과가 달라질 수 있으며, 따라서 환경에 적합한 매체를 선택하는 것이 중요하다고 인식한다. 오늘날 매체는 그 어느 때보다도 더 중립적이고 수동적이라고 여겨진다. 대신에 매체가 전달할 수 있는 정보의 종류나 소비자의 태도 또는 행동적 목표를 달성하는 데 얼마나 유용한가에 따라 평가된다.

이렇게 새로운 접근법으로 매체환경을 바라보는 방식은 접점 기획이라 일컬어진다. 이러한 메시지 중심의 접근법에서는 캠페인의 핵심 약속과 크리에이티브 컨셉을 동시에 가장 강력하게 전달할 수 있는 매체에 우선순위를 둔다. 이러한 방법은 전통적인 광고 매체 기획에서 시작하여 홍보나 프로모션 등 다양한 분야를 활력적으로 섞어 발전시킨 것으로 잊지 못할 브랜드 경험으로부터 개개인에 맞춤화된 경험까지 소비자와 브랜드 사이의 모든 과정을 포함한다. 이러한 접점 기획은 대중매체, 집단매체, 개인매체 등 다양한 매체에서 이야기되고 있는 소비자와의 진정한 대화를 바탕으로 만들어지며, 기업 운영하는 채널이나 소비자가 직접 운영하는 채널 모두를 포함하고 있다. 그 과정은 더욱 복잡해졌으나 궁극적 목적은 더 많은 소비자 참여임은 틀림없을 것이다.

미디어컴(Mediacom) 캐나다의 디지털 전략 상무인 로빈 핫산에 따르면, 아래의 사항은 전통적 매체 기획과 새로운 접점 기획을 비교하는 데 있어 중요하다고 말한다.

유저 인게이지먼트(user engagement) 기획 vs. 매체 중심 기획
목표 시장과 연관 메시지 전달 vs. 도달률/빈도 중심
핵심 고객을 위한 ROI 연구 vs. 대중매체 중심의 CPM
소비자와 소통량 vs. 경쟁사 대비 광고량
미래 발전적 채널 vs. 현실적 채널[4]

브랜드와 소비자 사이의 건강하고 공생할 수 있는 관계의 형성은 이 산업의 미래를 위해 중요하다. 다시 말해 “진정 소비자를 위한 것은 무엇인가?”라는 원칙에 중점을 두어야 한다. 소비자가 어디에 있는지, 그들이 무엇을 하는지, 어떻게 그들에게 다가갈지 알아야 한다.

핫산에 의하면, 일단 거기까지 다다르면 소비자의 접점과 관계는 만든 것이다. 나

아가 재미와 정보를 더함으로써 가치를 높여야 한다. 또한 배너나 30초 광고, 인쇄물 광고, 이벤트에서는 줄 수 없는 고유한 경험을 전달함으로써 그들의 공감을 얻어야 한다.[4] 전략 믹스를 잘 조합하고 실행하여 소비자의 마음을 얻도록 해야 한다.

새로운 소통 방법의 이해

이러한 새로운 소통 방법은 좋은 의미에서 도전적이고 고무적이다. 커뮤니케이터로 일한다는 것은 흥미로운 일이다. 분야별 고유의 특성은 점점 희미해지고 서로 혼용되어 다양한 역할을 맡게 된다.

지금 프로모션 회사들은 소셜 미디어 영역에서 새로운 실험을 하고, PR 회사들은 브랜디드 콘텐츠를 대중문화에 적용하는 시도를 하고 있으며, 전통적 대행사들은 생소한 단어인 '브랜드 경험'을 만들어내기를 열망한다. 클라이언트의 전폭적인 지지에 힘입어 커뮤니케이터는 더 이상 미지의 세계를 탐험하는 것을 두려워하지 않는다. 점점 더 많은 경우에 있어 브랜드는 대행사와 소비자에게 많은 권력을 이양하고 있는 중이다. 기술 발전을 촉매제로 삼아 업무의 질과 독창성은 점점 더 발전해가고 있다.

이러한 철학을 갖고 있는 많은 광고대행사들은 **브랜드와 소비자와의 접점 지도**를 이용해 매체 기획을 수립하기 시작했다. 이러한 접점 지도는 소비자가 캠페인 컨셉을 만날 수 있는 여러 다양한 방법에 관해 기술한다. [표 8-1]은 오늘날의 새로운 마케팅 믹스를 위한 전통적 광고 기획에 첨가된 다양한 커뮤니케이션 원칙과 세부사항, 전략 등을 보여주고 있다.

[그림 8-1]은 각 요소의 가치와 적용사례를 보여준다. 광고의 다양한 분야를 한 눈에 파악하기 어려웠던 학생들에게는 이러한 표와 그림이 이 책에서 가장 유용한 도움이 될 것이다. 이 표와 그림을 활용해 각 매체를 살펴보고 여러 매체를 함께 묶어 봄으로써 마케팅 또는 커뮤니케이션 목표에 부합하는 최선의 매체를 찾도록 하라.

몇몇 매체는 소비자들의 생활에서 자연스럽게 접하는 환경과도 같다. 따라서 브랜드 메시지가 시기적절하게 노출되고 문맥에 맞을 때 그 메시지는 소비자와 더욱 관련된다. 온라인의 예를 들면 행동적 또는 리타깃팅이라고도 하는데, 판도라나 아이튠즈를 통해 좋아하는 음악을 듣고 있거나, 친구에게 콘서트 티켓에 관해 이메일을 하려고 수신된 메일을 체크할 때, 좋아하는 가수의 새로운 앨범에 관한 광고가 갑자기 나온다고 생각해보라.

표 8-1 브랜드와 소비자의 접점 지도

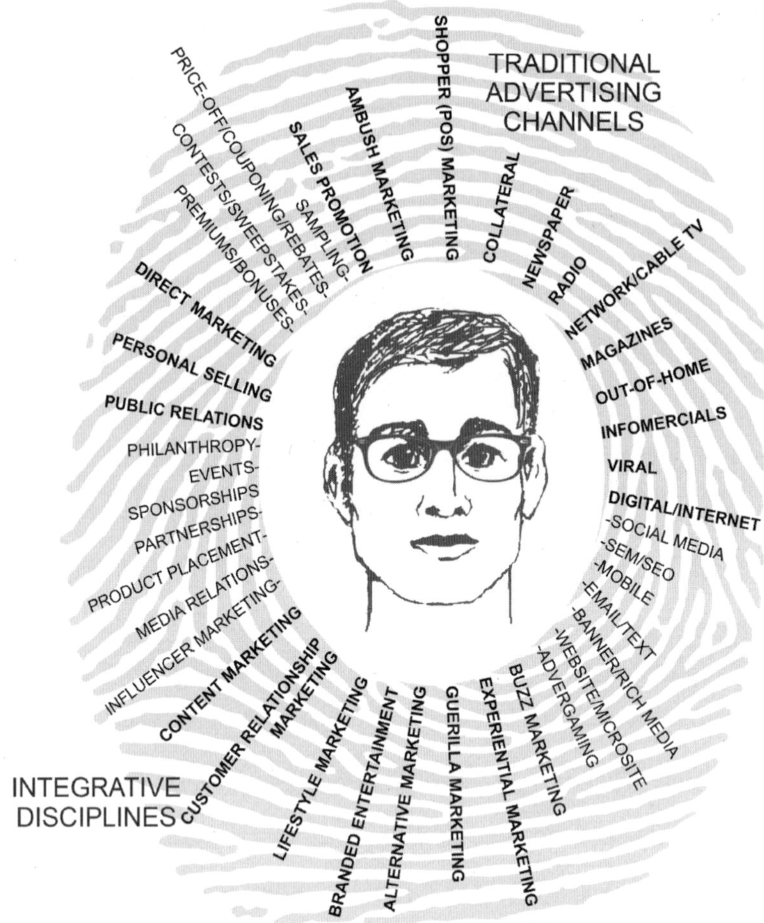

그림 8-1 브랜드/소비자 접점 효과

매체/전술	기대 효과
지상파/케이블 TV	강력한 브랜드 정체성을 전달하기 좋으며 스토리텔링이 가능
잡지	상세한 제품 정보나 감정소구에 적합
신문	지역 광고에 적합하고 신속성이 있음
라디오	소비자의 행동을 상기시키며, 운전 중 상점이나 이벤트 등으로 유도할 수 있음. 또한 특정 지역 광고가 가능함
옥외광고	강력한 상기 역할을 하며 교통량이 많은 곳에서는 특히 효과적

그림 8-1 브랜드/소비자 접점 효과 (계속)

매체/전술	기대 효과
인터넷/디지털/모바일	정보나 오락을 하는 중에도 양방향 상호작용이 가능하며, 즉시적이고 트래킹이 가능함
이메일 마케팅	개인 맞춤형 메시지 전달이 가능하고 비용 효율성, 신속성이 좋음
직접 마케팅	소비자 반응을 일으키고 개인적이며 효과 측정이 가능함
SEM/SEO	연관 콘텐츠 전달에 좋으며 즉각적 반응이 가능
콜래트럴 머트리얼	브랜드/제품 관련 풍부한 정보 전달이 가능
홍보	브랜드 관계를 관리하며 기업 내부적, 외부적으로 대중들과 장기적 자산 형성
인포머셜(infomercials)	설득력 높은 풍부한 정보 제공
소셜 미디어(social media)	브랜드 지지자 유인, 브랜드와 보내는 시간 증대, 입소문 유발
판매 촉진(sales promotion)	소비자 참여, 인센티브 제공, 제품의 시험사용 유도, 광고 효과 강화, 소매상 지원, 단기/계절별 판매 증대
이벤트(events)	깊은 브랜드 경험 기회를 제공하여 좋은 인상을 심어줌. 브랜드를 이용하며 보내는 시간을 증대함
쇼핑객 마케팅(shopper marketing)	상점 내 주목도를 높여 충동구매를 유도
라이프스타일 마케팅 (lifestyle marketing)	소비자의 취향에 맞는 패션, 음악, 예술 관련 소비 촉진
콘텐츠 마케팅(content marketing)	새로운 가치를 제공하고 라이프스타일을 강화
대인 판매(personal selling)	일대일로 맞춤형 메시지를 전달
버즈 마케팅(buzz marketing)	재미를 주고 입소문을 유도함
후원(sponsorships)	제품과 관련이 높은 소비자에게 노출 기회 제공
게릴라(guerilla)	잠재 고객의 실생활에 직접 접근, 입소문을 일으킴
바이럴(viral)	입소문을 이용 브랜드 노출
CRM	지속적으로 대화함으로써 소비자의 충성도를 유지
파트너십(partnerships)	기존의 유명 브랜드와 연관 시켜 좋은 이미지를 불러옴
얼터너티브 마케팅 (alternative marketing)	브랜드명 없이 홍보기사에 사용됨
브랜디드 엔터테인먼트 (branded entertainment)	원작 속에 브랜드 메시지를 심어 강한 긍정적인 브랜드 연상을 일으킴
매복 마케팅(ambush marketing)	후원 비용 없이 이벤트를 기회 삼아 브랜드 연상을 가능케 함
자선사업(philanthropy)	인도적, 지역사회 기여하는 기업 이미지를 줌

소비자 가정에 특별한 메시지를 전달하는 데 특히 유용한 매체들도 있다. 케이블 TV 사업자는 텔레비전에서뿐만 아니라 스마트폰, 태블릿, 랩탑 등에서도 시청이 가능하도록 서비스를 제공한다. 이러한 경우는 경험 마케팅이 주요한 전술로 사용되어 기술의 가능성을 직접 시연해보이고 있다.

오늘날의 커뮤니케이션 환경은 소비자가 다양한 제품군이나 마케팅 환경에서 자신에게 딱 맞는 제품만을 골라 선택할 수 있는 것과 유사하다. 다양한 소비자 접점을 이러한 특별하고 전략적인 방법으로 혼용하여 활용함으로써 광고는 소비자에게 정보를 제공하는 역할뿐만 아니라 교육, 설득, 오락 등 다양한 역할을 담당할 수 있다. 또한 각각의 요소는 소비자에게 주요 캠페인 컨셉을 전달하고 커뮤니케이션 기획이 차질 없이 실행되게 도움을 주는 기본적 역할을 한다.

새로운 통합 마케팅 믹스 개발

소비자 접점은 대행사나 프로젝트에 따라 캠페인 컨셉팅 과정 이전, 이후, 또는 켄셉팅 도중에 개발된다. 비록 기획 과정이나 시간은 바뀔 수가 있으나 오늘까지도 불변하지 않는 원칙은 메시지와 매체가 서로 잘 조화된다면 더욱더 강력하고 오래 기억에 남는 효과를 낼 수 있다는 것이다.

또한, 통합 마케팅 커뮤니케이션 개발에 있어 가장 중요한 결정 중 하나는 커뮤니케이션 믹스의 각 요소 중 어느 요소에 얼마만큼 중요성을 두어야 하는가를 결정하는 것이다. 비록 이 결정은 예산 배분과 지출의 문제이지만, 이런 지출의 배경을 전략적이고 합리적인 방법으로 설명해야 한다. 이 결정을 할 때 출발점은 소비자가 판매 과정 혹은 구매 사이클의 어느 위치에 속해 있는가를 파악하는 것이다. 거기서부터 소비자로부터 어떤 반응을 기대하는지 알 수가 있으며, 목표 소비자 집단에 어떤 전략을 구사할지 선택할 수 있다. 만일 그들이 제품을 아직 구매하지 않은 잠재 고객이라면, 광고 등 인지도 향상을 위한 커뮤니케이션 방법을 이용하여 잠재 고객에게 제품에 관한 정보를 더 제공해야 한다. 또한 소비자가 제품을 한 번 사용하도록 유도하기 위해 판매 촉진을 고려해볼 수도 있다. 제품 가격 프로모션은 더 자주, 더 많이 구매하도록 자극을 주는 데 사용될 수 있다. 직접 마케팅과 인적 판매는 목표 시장이 명확할 때와 구매력이 높은 잠재 고객을 대상으로 하는 세일을 종료할 때 유용하다.

그림 8-2 반응, 비용, 목표 믹스

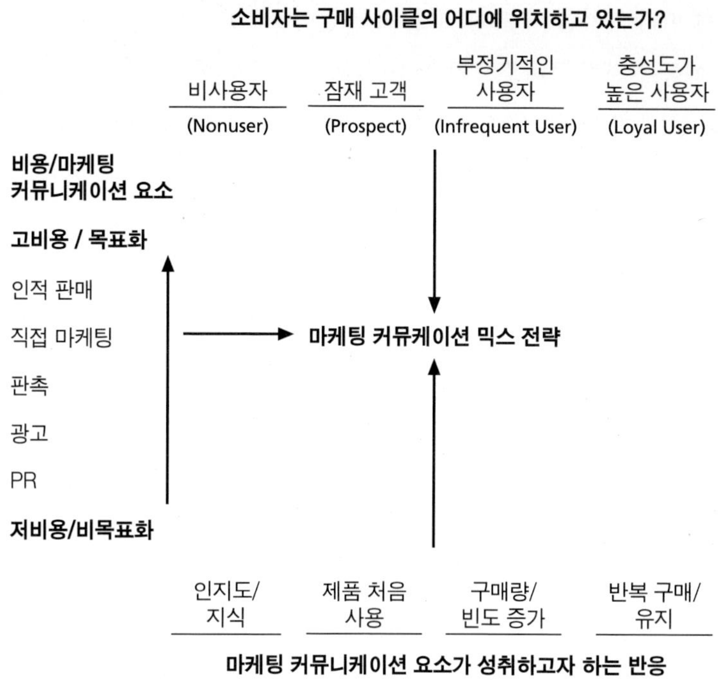

충성 고객을 위해서는 그들과의 관계를 지속하기 위해 PR 등 관계 강화를 위한 촉진 전략의 사용을 고려해야 한다. [그림 8-2]는 마케팅 상황을 비교, 분석하기 위해 이용될 수 있는 삼차원 매트릭스를 보여주는데, 이는 마케팅 커뮤니케이션 요소에 대한 전략적 가중치를 결정하는 데 이용되기도 한다.

소비자의 행동에 영향을 미치는 것보다 그들의 생각에 영향을 미치는 것이 훨씬 쉽다. 영리한 마케터라면 메시지를 전달하려고 하는 소비자의 숫자와 구매 가능성이 높은 잠재 고객들을 끌어들이는 것 사이에는 일반적으로 비용 측면에서 상반관계가 존재한다는 것을 이해한다. 매스 미디어를 이용하면 비싸지만 간단하게 광범위한 인구를 커버할 수 있다. 더욱 세분되게 소비자를 분류하는 것은 매우 도전적인 일이다. 비록 그 숫자는 작아질지라도, 훨씬 어렵고 비용도 더 많이 들어간다. 하지만 목표 소비자 집단이 높은 잠재가치를 가지고 있다면 비용효율성 측면에서 훨씬 효율적이다. 어떠한 접근을 해야 하는가는 목표집단에 대한 정보의 질과 양에 달려있다.

만약 소비자에 대한 데이터베이스를 구축하여 인구통계학적 특성, 심리통계적 특성, 지리통계적 특성과 지리-인구통계학적 특성을 수집했을 뿐만 아니라 소비자의 구매 행동과 매체 사용에 대한 정보까지 갖고 있다면, 이런 기초 정보를 갖고 소비자별 분류에 따라 시장을 나눌 수 있다. 예를 들어 어떤 집단이 최상의 소비자이고, 어떤 집단이 제품을 전혀 구매하지 않은 소비자인지를 확인할 수 있다.

다음 단계로, 목적을 달성하기 위해 확인된 소비자 세분 시장에 가능한 마케팅 커뮤니케이션 요소를 어떻게 적용할 것인가를 결정해야 한다. 만약 판매량을 늘리고 시장점유율을 높이기로 결정했다면 기존의 고객을 유지시키면서 자주 구매하지 않는 고객, 경쟁사의 제품을 구매하는 고객을 끌어들여 광고주의 브랜드를 구매하도록 유도하여야 한다. 이런 전략적 결정에는 각기 다른 특성과 구매 행동 방식을 갖고 있는 세 개의 세분 소비자군이 포함된다. 잠재 목표 그룹은 다음과 같은 세 그룹으로 분류된다.

- 자사 브랜드에 충성도가 높은 사람(brand loyals): 이들은 정기적으로 많은 양의 자사 브랜드를 반복 구매하는 최상의 고객이다. 자사 브랜드의 구매가 당장 어렵다면 이들은 구매가 가능할 때까지 기다리거나, 그 브랜드를 사기 위해 다른 상점으로 간다.
- 브랜드를 계속해서 바꿔 구매하는 사람(brand switchers): 이들은 자사 제품을 자주 구매하지 않으면서 경쟁자의 브랜드도 구매하는 소비자군이다. 생활의 변화를 위해 혹은 쿠폰, 경품, 프리미엄 등 판매 촉진 인센티브 때문에 브랜드를 바꾸어가면서 구매한다. 이들은 다른 브랜드도 골고루 구매하며, 제품군 내의 어떤 특정 브랜드에 대한 충성도가 없다.
- 경쟁 브랜드에 대한 충성도가 높은 사람(competitors' brand loyals): 이들은 경쟁사 브랜드에 충성도가 높은 사람으로, 정기적으로 경쟁사 브랜드를 반복적으로 다량 구매한다. 이들은 평상시 상점에서 경쟁사 브랜드를 찾을 수 없으면 그 브랜드를 찾기 위해 다른 상점으로 쇼핑을 가는 사람이다.

이런 시장 상황에서는 자사 브랜드에 충성도가 높은 사람을 계속 유지하고, 브랜드를 바꿔가며 구매하는 사람에게는 자사 브랜드를 더 많이 구매하도록 유도하고, 경쟁 브랜드에 대한 충성도가 높은 사람에게는 자사 브랜드를 사용할 기회를 주어 결국에는 사용하는 브랜드를 바꾸도록 유도하는 전략이 필요하다. 다시 말해 각각의 집단의 특성에 맞게 다른 전략을 사용하여야 한다.

그럼 과연 어떻게 해야 하나? 각각의 소비자 집단군에 대한 목표를 달성하기 위해 적합한 마케팅 커뮤니케이션 방법에는 여러 가지가 있다. 판매 촉진 인센티브는 브랜드를 계속 바꿔 구매하는 사람이 자사 브랜드를 구매하는 기회를 늘리도록 유도하기 위해 사용될 수 있으며, 경쟁 브랜드에 대한 충성도가 높은 사람에게 자사 브랜드를 사용해보도록 유도하기 위해 사용될 수도 있다. 이미지 광고의 지원을 받으면 이와 똑같은 인센티브로 자사 브랜드에 대한 충성도가 높은 사람에게 더 많은 양을 사용하도록 유도할 수 있을 뿐만 아니라 그들에게 사은품을 주는 기회로 이용할 수도 있다. 특별 이벤트와 PR 등을 통해 충성도가 높은 고객을 감동시키고 고객과의 거래에 진정한 가치를 부여하고 있다는 메시지를 전달할 수도 있다.

이러한 마케팅 상황은 어떻게 커뮤니케이션이 광고주의 잠재적 소비자군과의 관계를 고려하면서 전략적, 전술적 관점으로 접근해 가야 하는지를 보여준다.

이 장의 다음 부분에서는 목적을 달성을 도울 수 있는 다양한 채널의 적용에 관해 논하기로 한다.

전통적 광고

전통적 매체 캠페인은 아직 죽지 않았다. 더욱더 정교화된 마케팅 믹스가 생겨나고 있지만, 메시지 중심의 접근법은 항상 강력한 크리에이티브 컨셉을 가장 중요하게 요구하기 때문이다. 방송, 인쇄, 옥외 광고물 등은 캠페인의 빅아이디와 같이 핵심적 크리에이티브를 광범위하게 전달하는 광고대행사의 중요한 자산이다.

때때로 광고의 도움 없이 괜찮은 홍보물이나 게릴라 전술 등이 효과를 나타내기도 하지만 광고의 힘은 여전히 건재하다. 폭발적인 새로운 채널의 등장은 오히려 전통 광고의 영향력을 높이는 계기가 되었다.

[그림 8-3]은 주요 광고 매체들의 특성을 보다 자세히 담고 있으며 매체 특성에 맞게 언제 활용되는지를 제시한다. DDB 니덤은 매체를 선택하는 몇 가지의 전통적 기준을 제시했으며, 다양한 매체가 어떻게 광고 메시지를 효과적으로 전달하는지 설명하는 그리드(grid)를 개발했다. [그림 8-4]는 이런 그리드를 수정한 것으로, 각각의 매체가 어떻게 효과적으로 메시지를 전달하는지 설명한다. 매체 전략가의 주요 과제는 다양한 매체에 광고를 집행하면서 브랜드 포지셔닝과 아이덴티티를 유지하는 것이다.

그림 8-3 전통매체의 특성과 제안

주요 매체	매체 특성	주 사용 시점
신문	• 많은 수용자에게 전달 가능 • 특정 지역에 메시지 전달 • 집행의 신속성 • 높은 시의성 • 짧은 광고 생명 • 인쇄 품질의 상대적 저하 • 비교 광고 용이 • 부가적 서비스 제공 가능(광고 디자인 등) • 세분화된 섹션(여행, 비즈니스 등)	• 지역 소매업자 • 특정 지역 시장을 목표로 할 때 • 일시적 제안(세일) • 특별 제공(예를 들면 비행기표 가격) • 브랜드 노출이 덜 중요할 때 • 신속한 정보 제공시(부정적인 퍼블리시티에 대한 반응 등)
잡지	• 세분화된 독자 • 장기적 광고 노출 • 높은 열독률 • 우수한 인쇄 품질 • 긴 발행 주기 • 집행의 신속성이 떨어짐 • 즉시성이 떨어짐	• 정보 제공이 필요한 상품 • 이미지를 창조하고자 할 때 • 장기간 지속되는 이미지를 원할 때 • 잡지 내용이 제품의 이미지로 전이되기를 원할 때
TV	• 시각과 청각의 결합으로 복잡한 메시지의 전달성과 기억력 증가 • 짧은 메시지 전달 시간 • 일반적으로 높은 도달률 • 특정 수용자층에 높은 빈도 • 모든 사람에게 접촉 가능 • 강제성이 강하고 종종 광고 관여도가 떨어짐 • 절대 비용은 높지만 다수의 수용자에게 도달할 수 있는 가장 비용효율적인 매체 • 집행 지역의 유동성(전국 또는 지역)	• 제품 인지도 증대를 원할 때(신제품 소개시 등) • 제품 실연이 필요할 때 • 저관여 제품의 광고시 주변 단서를 사용하고자 할 때(브랜드에 주의를 끌기 위해 음악이나 유명인 사용) • 매체 효율성이 더 높은 매체를 사용하기 위해 매체 비용이 높은 TV 프로그램 광고를 실시할 때 • 전국적인 브랜드
라디오	• 즉시성 • 짧은 메시지 지속 기간 • 지역 광고에 적당 • 낮은 절대 비용 • 상상력 자극 • 메시지나 시연의 어려움 • 소비자가 어느 장소에 있든 간에 접촉 가능	• 충동구매를 자극하고자 할 때 • 광고를 회상시키고자 할 때 • 지역 소매상 • 자주 변하는 정보를 알릴 때 • 외식 등 그날의 특정 시간대에 자극받는 소비자 행동 • 제품이 이해하기 쉬울 때 • 예산이 적을 때

그림 8-3 전통매체의 특성과 제안 (계속)

주요 매체	매체 특성	주 사용 시점
옥외매체	• 탁월한 잠재 도달률 • 구매 시점에 노출 • 지역별로 선택 • 빠른 메시지 전달 • 인쇄 상태 등 광고 제작물의 질이 떨어질 수 있음	• 지역 비즈니스 • 지역 비즈니스에 집중할 경우 • 지역에 따라 목표 수용자 세분화 • 특정 지역이나 집단에 인지도를 높이고자 할 때 • 특정 지역에 집중적으로 도달률을 높이고자 할 때

그림 8-4 전통매체별 적합한 메시지 특성

잡지
- 정보
- 관능성
- 스타일
- 매력
- 우아함

신문
- 영향력
- 신뢰감
- 뉴스
- 즉시성
- 가치

TV
- 실연
- 영향력
- 감정
- 열정
- 유머

직접 우편
- 정보
- 교육 효과
- 즉시성
- 혁신
- 가치

라디오
- 메시지 침투력
- 유머
- 융통성
- 즉시성
- 상상력

디지털/인터넷/모바일/멀티스크린 뷰잉

오늘날에 있어 브랜드 스토리는 스마트폰, 태블릿, 랩탑, 플랫 스크린과 같이 모든 크기의 스크린을 통해 퍼져나간다. 더 이상 TV와 컴퓨터 스크린을 구분하지도 않는다. 나아가, 디지털 공간이 이제는 명백하게 우리의 일상생활과 연결되어 '피지털(phygital)'이라는 전통적 물리적 개념과 새로운 디지털 개념을 묶어 새로운 영역을 탄생시켰다. 따라서 마케터들에게 이러한 능력을 갖추는 것은 필수불가분한 것이 되었다. 변화를 확실히 이해하고 있어야 한다. 릴리어블소프트(Reliablesoft.net)사는 전통적 광고대행사, 홍보대행사, 기타 전문 대행사의 역할을 통합하여 온라인상에서 찾을 수 있는 모든 소

표 8-2 인터넷 기반 마케팅 채널

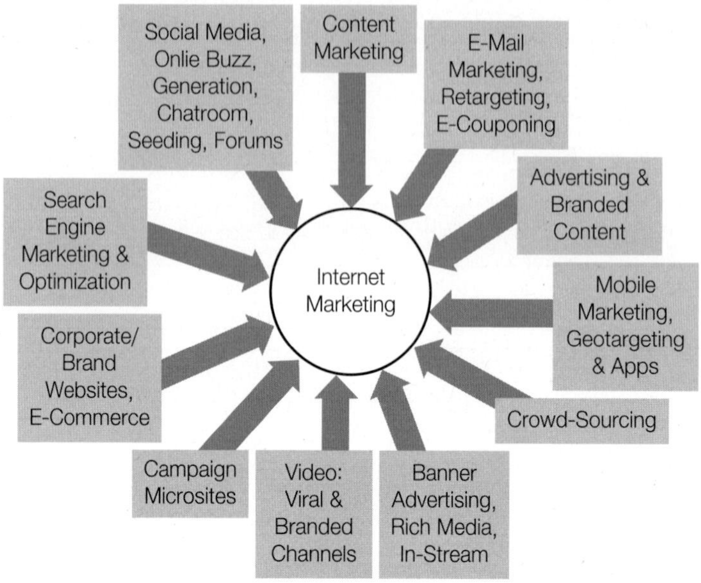

비자의 접점을 이용하여 브랜드 노출을 극대화하고 있다. [표 8-2]는 수정된 릴리어블 소프트사의 모델로 오늘날 **인터넷 마케팅**에 사용되는 여러 매체를 통해 제공되는 서비스를 보여준다.[5]

앞에서 언급한 전형적인 디지털 브랜드 자산뿐만 아니라, 대부분의 하위 마케팅 활동은 실제적으로 웹을 통하여 행해지기 때문에 인터넷 마케팅의 일부분으로 여겨지기도 한다. 소셜 미디어 또는 콘텐츠 마케팅과 같이 대표적인 것들은 뒷장에서 따로 그 가치와 적용에 대해서 자세히 다루기로 한다.

온라인상에서의 소비자 접점은 높은 수준의 브랜딩 또는 엔터테인먼트부터 제품 정보, 낮은 가격, 구매 촉진 수단까지 모든 것을 전달할 수 있다. 나아가, 모든 수단들은 실시간은 측정이 가능하고 마케팅 믹스는 상황에 따라 쉽게 조정이 가능하다. 최근 몇 년 사이 웹 분석은 광고산업 분야 중 가장 빨리 성장하는 하나의 분야로 자리 잡았다. 이러한 데이터에 대한 연구는 마케터들에게 소비자의 구매 결정 과정이나 정보 수집 과정, 제품 구매행동 등에 대한 지식을 제공한다.

온라인 마케팅의 궁극적 목표는 이러한 여러 과정을 거쳐 소비자를 적절한 접점까지 움직이게 만드는 것이라 하겠다.

표 8-3 깔때기식 인터넷 마케팅

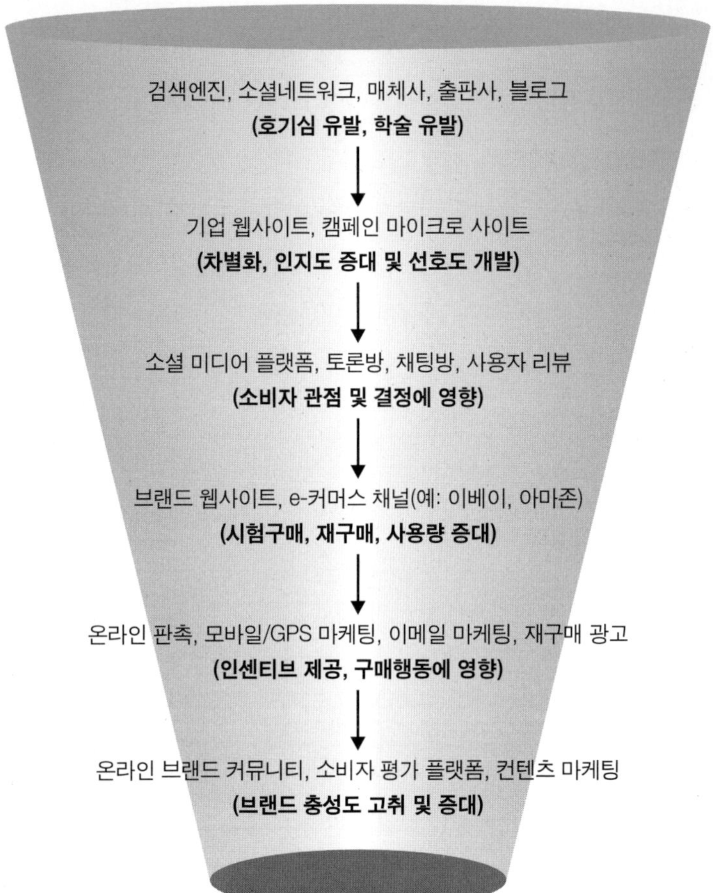

소셜 미디어

오늘날 소셜 미디어(social media)는 우리의 생명줄과도 같다. 페이스북은 10억이 넘는 가입자를 넘어 섰고, 트위터는 5억 6천 명, 링크드인은 2억 4천 명의 유저들이 있다. 소셜 미디어는 이제 우리의 삶에 있어 없어서는 안 될 필수품이 되었다.

플랫폼을 통해 소비자는 실시간으로 자신들의 일이나 개인적인 생활, 취미에 관해 서로 연결되어 소통하는 것이 가능해졌다. 수많은 전문분야의 잡지가 일반적인 인쇄출판물로 계속해서 존재해오고 있듯이, 특별한 청중을 위한 수많은 소셜 미디어 채널이 존재한다. 소셜이라는 광대한 분야에는 수 많은 플랫폼 등이 소셜네트워킹, 블로깅, 마이크로 블로깅, 사진 공유, 비디오 공유, 메시지 보드, 채팅룸, 팟캐스트, RSS, 위젯 등과 같이 느슨하게 구분된다.

물론 모든 브랜드가 '좋아요' 또는 충성심 강한 팔로워를 많이 얻고 싶어 하는 것은 명백하지만, 투자자본수익률 측면에서 이러한 것을 직접적으로 측정하는 것은 불가능하다. 각 분야의 소셜 미디어는 고유의 역할과 전략적 가치를 지니며, 마케터의 커뮤니케이션 목표에 따라 전적으로 적용된다. 소셜 미디어는 특히 (1) 쌍방향 대화를 만들어낼 수 있고, (2) 브랜드 선호도 또는 만족을 이끌어내며, (3) 실시간 고객 서비스가 가능하고, (4) 소비자의 관여도를 높이고, (5) 바이럴 또는 콘텐츠 마케팅이 가능하고, (6) 매체를 초월하는 스토리텔링에 적합하다. 소비자에게 청혼하고 그들의 마음을 사로잡기를 원하는 기업들은 두말할 필요 없이 그들의 계획서 안에 소셜 미디어를 이용하는 많은 계획이 있어야 한다.

인플루언서 마케팅

거의 모든 분야에는 영향력자로서의 역할을 하는 일련의 사람들로 구성된 핵심 그룹이 존재한다. 엄마 블로거, 패션 편집자, DIY 열광자, 핀터레스트(Pinterest) 엄마, DJ, 경제학자 등 모두는 그들의 커뮤니티나 하위 문화에서 어떠한 지위를 차지하고 있으며 어느 정도 다른 사람의 의견에 영향력을 행사한다. **인플루언서 마케팅**(influencer marketing)은 소비자의 주의를 끄는 콘텐츠를 개발하여 공유하는 것에 초점을 둔다. 이미 그룹 내에서 신분과 지식을 검증 받은 인플루언서들이 전하는 마케팅 메시지는 믿을 만한 내부인이 전하는 메시지라는 이유로 상당한 신뢰를 가진다. 다양한 커뮤니티에서 이미 영향력을 행사하고 있는 인플루언서를 활용하는 것은 브랜드의 신뢰와 지속되는 관계를 유지하는 데 도움이 된다.

테네시주 프랭크린시에 위치한 작은 부츠회사인 두란고 부츠(Durango Boots)는 뉴욕에 위치한 브루클린시처럼 멀리 떨어진 몇몇 도시에까지 자신의 제품이 팔리고 있다는 사실에 놀라워했다. 이에 회사는 수 많은 시장을 직접 찾아가는 팀을 꾸려 지역의 클럽을 방문하거나 지역의 인플루언서를 찾아 제품의 샘플을 제공하기도 했다. 두란고 부츠는 전통적인 미국 남부의 회사로 힙합에 열광적인 집단을 목표로 삼고 있는 회사임에도 불구하고 지역의 인플루언서를 활용, 직접 마케팅으로는 얻기 불가능한 살아있는 신뢰를 얻음으로써 성공을 거두었다.

한 유명 골프회사 역시 컬러풀한 이색적인 골프그립을 출시하면서 체크무늬 바지를 즐겨 입는 카메론 디아즈나 스파이크 머리스타일을 한 저스틴 팀브레이크 등과 같은 유명인을 인플루언서로 이용하여 보수적인 스포츠로 알려진 골프에서 젊은 골퍼들을 공략하였다. 물론 이들에게는 무료 그립뿐만 아니라 좋은 선물세트를 선물함으로써 그들이 그들의 브랜드를 좋아하고 나아가 다른 사람들에게도 추천하도록 유도한다.

게릴라 마케팅

게릴라 마케팅(guerilla marketing)은 사람들을 놀라게 해서 시선을 끌어들이는 힘이 있다. 전혀 뜻하지 장소에서 소비자가 메시지를 접하게 됨으로써 다른 수많은 메시지와는 차별되게 하는 독특함이 있다. 풍경, 건축구조물, 행인으로 꽉찬 도로, 출근지역 등과 같은 이미 자연스럽게 존재해왔던 환경적 요소를 전혀 새로운 것으로 바꾸어 활용한다.

포저스(Folger's) 커피는 추운 겨울 거리의 맨홀 뚜껑을 이용하여 따뜻한 김이 피어나는 커피 한 잔을 떠오르게 만들었고, 벤자민 무어는 브랜드의 다양한 색조를 표현하기 위해 변화무쌍한 하늘의 색깔을 이용했다. 디스커버리 채널은 자사의 프로그램 'Shark Week' 10주년을 기념하여 상어에게 물려 뜯겨진 서핑보도를 해변가에 갖다 놓고, 파도에 휩쓸려 나가게 둠으로써 사람들의 큰 반향을 불러왔다.

몇몇 게릴라 마케팅은 단순히 주위환경을 이용하는 대신에 지역 문화의 현실을 활용한다. 1~2분에 하나 꼴로 휴대폰을 도둑 맞는 로마의 현실을 이용하여, 통신회사인 보다폰(Vodafone)은 소매치기들을 고용하여 출근하는 사람들의 가방 속에 전화기 분실 보험을 구입하라는 전단지를 몰래 집어 넣었다.[6] 전단지의 앞면은 휴대폰 모양을, 뒷면에는 이러한 메시지를 담고 있는 전단지를 가방 속에서 발견한 사람들의 놀라는 반응이 쉽게 상상될 것이다.

하드록 호텔(Hard Rock Hotel)이 시카고에 개업했을 때, 게릴라 마케팅팀이 패션 모델을 고용, 호텔 주변의 몇몇 거리에서 목욕 가운을 입고 워킹하도록 했다. 이들 모델은 지나가는 사람들을 붙잡고 호텔로 돌아가는 방향을 물었다. 사람들은 그 전날밤에 성대한 파티가 호텔에서 있었고, 이들 모델은 호텔 밖으로 바람을 쐬러 나갔다가 길을 잃었을 거라고 추측했다. 이들 모델들은 호텔에 대한 많은 소문을 불러 일으켰다. 이들 모델이 지나간 후에 사람들이 뭐라고 말했을지 상상해보라.

타투가 새겨진 거울부터 엘리베이터를 이용한 광고, 일광욕을 즐기는 사람들 발가락에 끼워진 피부암 경고문 등 게릴라 마케팅의 독특함을 무기로 하는 강력한 전달력은 대상이 누구이든, 메시지가 무엇이든 효과가 있음에 틀림없다.

버즈 마케팅

버즈 마케팅(buzz marketing)은 입소문을 이용하여 브랜드와 관련된 흥미를 일으키는 광고기법으로 사람들에게는 신선하게 여겨진다. 버즈 마케팅의 핵심은 사람들을 이야기하게끔 만드는 것이다. 버즈에이전트(BzzAgent)사는 특별한 제품을 위한 열정적인 브랜드 홍보대사가 될 사람을 찾는 것에 특화된 기업이다. 그들의 임무는 브랜드에 관해 끊임없이 관심을 끌만한 이야기를 하는 것이다. 채팅방, 블로그, 포럼, 소셜 미디어 등과 같이 온라인에서도 가능하며, 또한 거리에서 활동하는 팀, 커피숍, 공항, 술집 등을 돌아다니며 손님들과 재미있는 대화를 나누는 사람들과 같은 사람을 통해서도 가능하다.

마크 휴(Mark Hughes)는 그의 《버즈마케팅(Buzzmarketing)》 책에서 대화를 시작케 하고 입소문을 만들어내는 여섯 가지 요인을 소개했는데, 금기 또는 논란(taboo or controversal), 이상한 또는 독특한(unusual or unique), 놀랄만한(remarkable), 충격적인(outrageous), 우스운(hilarious), 비밀(secrets) 등이었다.[7] 위의 여섯 가지 모두는 사람들의 관심과 호기심을 불러일으키는 동인의 역할을 한다.

브랜드에 관한 입소문은 플래시몹, 퍼블리시티 스턴, 게릴라 또는 바이럴 전술 등을 이용한 많은 다양한 방법으로 만들 수 있다. 이러한 버즈 마케팅을 위한 노력에 다른 많은 마케팅 노력이 지원할 때 그 영향력은 더욱더 커진다고 하겠다.

라이프스타일 마케팅

라이프스타일 마케팅(lifestyle marketing)은 다양한 소비자에게 접근하기 위해 지역에 있는 조그마한 기업들이 서로 파트너십을 맺는데, 이는 특정 제품이나 서비스를 사용하는 소비자는 유사한 소비행태를 보이기 때문이다. 레스토랑, 부띠끄, 선물가게, 유흥업소, 스파, 요가, 가라데, 지역 사진사, 예술가, 음악가 등 많은 다양한 종류의 가게들이 서로의 파트너십을 통하여 다른 가게의 매출을 올리는 데 상부상조한다.

예를 들면, 만약 힙스터가 주요 목표 소비자이라면, 그들은 도시적 취향의 같은 식당을 자주 갈 것이고, 특정한 커피가게에서 모일 것이며, 특정 유기농 식품점을 이용할 것이며, 같은 지역행사에 참여하며, 콘서트 등에서 함께 즐기는 것을 좋아한다는 알 수 있을 것이다. 만약 당신이 뮤지션이라면 만화가게 또는 음반가게 앞에 공연 관련 전단지를 붙일 것이며, 만약 당신이 침대, 식당, 보석 등을 판매하는 사람이라면, 지역에 위치한 분위기 있는 커피 가게에 명함이나 전단지를 전략적으로 갖다 놓을 수 있으며, 만약 당신이 지역에서 빵가게를 한다면, 지역에서 가장 유명한 식당에 당신의 빵을 납품하는 거래를 시도할지도 모른다.

도시 관광 안내서나 지역 명소를 소개하는 책은 주로 지역의 작은 업소들이 공동으로 참여하여 출간하며 광고 또한 공동으로 게재한다. 인쇄물이나 온라인에서 지역민과 방문객들은 손쉽게 구할 수 있으며, 지역의 명소를 자세히 소개한다.

라이프스타일 마케팅은 지역의 작은 가게 주인들에게는 꼭 필요한 것으로, 그들 간의 상부상조는 지역의 경제나 지역사회의 발전에 큰 도움이 된다.

경험 또는 밤 문화 마케팅

경험 마케팅(experiential marketing)은 한 마디로 소비자에게 브랜드를 직접 사용 또는 진짜 경험하는 기회를 제공함으로써 그들의 생각을 브랜드로 둘러싸거나 깊이 관여토록 하는 것이다. 이러한 경험 마케팅의 핵심은 소비자의 입장에서 감정적으로 브랜드를 느끼고, 물리적으로 오감을 이용하여 느끼게 하는 것이다.

동네에 위치한 상점들은 이러한 경험 마케팅을 활용하는 것이 용이하며, 상점의 모든 환경, 예를 들면 빌딩의 소재, 실내장식 색상, 가구재, 조명, 장식, 제품 진열 등 모든 것이 상점을 브랜드가 될 수 있다. 소비자가 상점을 방문하며 경험하는 모든 접점 하나하나가 소박하다거나 세련되었다거나 편안하다거나 고급스럽다는 등과 같은 특별한 인상을 남길 수 있다.

사탕, 시리얼, 수프, 음료 등과 소비재 상품에서 이러한 경험 마케팅을 활용하기는 쉽지 않지만, 강력한 경험을 전달하기 위해서는 소비자가 특정한 사용 환경에서 특정 제품군을 소비할 때 특정 브랜드를 떠올리게 하는 연결고리가 있어야 한다. 마케터들은 바로 그러한 연결고리를 강조하는 시나리오를 만드는 것에 집중하여야 한다.

트로피카나 오렌지 주스의 예를 들자면, 오렌지 주스는 주로 아침에 마시며, 한 잔의 주스는 사람들에게 작은 기쁨과 하루를 시작하는 상쾌함을 선사한다. 이러한 사실에 착안하여 트로피카나는 '더 밝은 아침 캠페인(Brighter Mornings campaign)'에서 모든 도시 사람들에게 말 그대로 더 밝은 아침을 선물하기 위하여 커다란 헬륨 풍선을 이용하여 빨갛게 떠오르는 아침 태양이 주는 따뜻함을 하늘에 띄었다. 특히 트로피카나는 추운 겨울 몇 주 동안 해를 볼 수 없는 캐나다의 오지 작은 마을에서도 이 캠페인을 실행하였다. 작은 마을에 떠 있는 풍선은 마을 사람들에게 빛을 가져다준 것뿐만 아니라 활기찬 생기를 다시 가져다주었다. 놀란 기쁨으로 가득 찬 주민들에게 주스가 무료로 선물되고, 이러한 모습을 필름에 담아 TV와 온라인을 통해 전해짐으로써 사람들의 경험을 극대화할 수 있었다. 트로피카나는 그 때부터 지금까지 그 마을의 공식 오렌지주스가 되었다.

밤 문화 마케팅(nightlife marketing)은 경험 마케팅과 라이프스타일 마케팅의 하이브리드라고 할 수 있다. 밤 문화 마케팅은 술집, 클럽, 고급 파티 등과 같이 밤 문화 활동과 깊은 연관이 있는 브랜드에서 찾아 볼 수 있다. 관련 제품군으로는 술, 담배, 패션, 통신, 사치품 등이 있으며, 이벤트나 파티 후원을 통해 제품을 직접 사용해보고 시연해 보이는 기회를 갖기도 한다.

문화 마케팅

문화 마케팅(cultural marketing)은 대중 문화 속에 브랜드를 주의 깊게 계산하여 미묘하게 주입하는 것이다. 이러한 접근에서는 소비자들의 일상 라이프스타일에 브랜드가 자연스럽게 스며들 수 있는 방법을 찾는 것이 중요하다. 소비자들을 단순히 인구통계학적으로 고려하기보다는 공유된 경험이나 가치와 같은 그들의 사고방식을 이해하는 것이 중요하다.[8] 문화 마케터들은 유행하는 트렌드나 인플루언서를 통하여 소비자들에게 먹혀드는 행동 방식을 만들려고 노력한다. 음악, 예술, 패션, 스포츠, 자선 등을 이용하는 것도 전형적인 방법이다.

미국의 리글리(Wrigley's)가 성숙기에 접어든 그들의 껌 브랜드를 젊게 다시 포지셔닝하기 위해, 제품의 포장을 다시 디자인했음은 물론이고 크리스 브라운(Chris Brown), 네오(Neo), 줄리아니 휴(Julianne Hough)와 같은 유명 작곡가를 고용하여 그들의 제품인 더블민트, 빅레드, 주시프루트 브랜드에 맞는 곡을 팝, R&B, 컨츄리 장르로 만들게 했다. 그 결과, 죽어가던 이 세 개의 브랜드 껌은 수백만 명의 입을 통해서 다시 불리기 시작했다.

문화 마케팅은 또한 지구 온난화, 동물 학대, 환경파괴, 인신매매 등과 같은 사회문제에 변화를 유도할 수도 있다. 많은 비영리 단체는 이러한 이슈를 사람들의 바로 눈앞까지 가져와 보여주는 전술을 통해 언론에 좀 더 많이 보도되고 이슈화하여 사람들의 즉각적인 집중을 유도한다. 이러한 방법을 통해 사람들의 주의를 받지 못하는 작은 이슈도 생명을 이어나갈 수 있다.

가난한 인도 소녀들의 교육을 돕는 Nanhi Kali라는 기구는 뉴욕에 있는 상점 유리 앞을 지나가는 사람들에게 인도 소녀들의 처참한 교육현실을 보여줌으로써 소녀들을 위한 옷, 책, 책상 등을 위한 기금을 충분히 조성했을 뿐만 아니라 곤경에 처한 온 세계의 아이들을 돕도록 유도하였다.

쇼핑객 마케팅

쇼핑객 마케팅(shopper marketing)은 주로 상점에서 쇼핑을 하고 있는 소비자에 영향을 주는 것에 초점을 둔다. 제품을 찾는 소비자를 돕는 것으로부터 제품의 속성과 혜택을 시연하는 것, 시험구매를 유도하는 것, 브랜드를 바꾸도록 설득하는 것, 재구매 또는 구매량을 늘리도록 하는 것과 같이 매장 내에서 행해지는 모든 마케팅 활동이 포함된다. 이러한 방법에는 구매시점 광고, 배너광고, 바닥광고, 매장 내 프로모션, 쿠폰머신, 모바일 광고나 쿠폰과 같은 GPS 마케팅, 샤이니지, 샘플 등이 포함된다.

쇼핑객 마케팅은 브랜드를 트랜디하거나 고품질, 더 좋은 가치를 가진 것처럼 보이도록 활용될 수도 있다. 더욱더 많은 기업들은 소비자 구매 결정의 대부분은 매장에서 일어난다는 것을 안다. 따라서 많은 광고대행사는 마케팅 전문가를 고용하여 매장 내 판매시점에 필요한 전략을 고안하는 것을 돕도록 한다.

매복 마케팅

매복 마케팅(ambush marketing)이란 한 회사가 공식적인 이벤트의 정식 후원자라는 거짓 인상을 만들어내는데 목표를 둔다. 가장 좋은 예는 올림픽과 슈퍼볼 같은 주요 이벤트를 중심으로 이루어진다. 이벤트 매니저는 정도의 차이가 있긴 하지만 다양한 기업 후원을 제공한다. 회사는 그 브랜드를 주요 이벤트와 연상시켜 신뢰를 얻기 위해 계약한다.

사람에게 잘못된 인상을 주는 방법은 아주 다양하다. 하나의 방법은 행사위원회에 후원금을 내기보다는 방송의 광고시간을 사는 것이다. 2004년 솔트레이크 시티에서 열린 동계올림픽 기간에 나이키는 공식후원사가 아니었음에도 전 세계 거의 모든 아이스하키 팀이 나이키 로고가 박힌 유니폼을 입고 있었다. 또한 런던마라톤에서 나이키는 공식 후원 자격을 얻는 데 드는 비용보다 더 많은 돈을 들여 매복 마케팅을 하기 위해 마라톤 전 코스를 따라 광고할 공간을 구매했다.[9]

브랜디드 엔터테인먼트

새로운 미디어 환경이 가져온 도전에 맞서기 위해서, 광고실무자들은 메시지 전략이나 매체 전략과 딱하니 부합하지 않더라도 새로운 유형의 제품 프로모션을 시도하고 있다. 넓은 의미에서 브랜디드 엔터테인먼트(branded entertainment)라고 불리며, 이는 바로 브랜디드 마케팅과 엔터테인먼트의 혼합체이다.

브랜디드 엔터테인먼트의 가치는 다양한 방면에서 찾을 수 있다. 브랜드를 사용하는 모습이 계속해서 노출되는 것 자체도 가치가 있지만, 무엇보다 제품이 사용되는 최적의 환경에서 최적의 방법으로 제품이 노출됨으로써 브랜드는 사회적 인정을 받게 된다. 이러한 노출은 또한 소비자들에게 간접적으로 "이 브랜드는 멋져, 요즘 사람들이 다 가지고 있는 브랜드야"라고 말한다. 다시 말해, 사회와 브랜드를 깊게 관련 시킴으로써 사람들은 그 브랜드를 구매 시 고려해볼 만한 것으로 여긴다.

PPL과 브랜디드 엔터테인먼트

수십 년 동안 PPL(product placement)은 헐리우드나 텔레비전 산업의 기본적 형태로 이미 활용되어 왔다. PPL은 장면의 배경이나 세팅을 위해 제품을 제공하는 것으로, 대부분 소품담당자와의 관계나 PPL 전문 대행사를 통해 계약이 체결된다.

제품과 소도구 사이의 연결에서 제품은 '배경'에서 '전면'으로 등장하여 프로그램 내용의 핵심 부분이 된다. 또한 이를 넘어 프로모션 프로그램을 확장할 수 있는 기회를 제공한다. TV가 처음 시작되었을 당시에는 하나의 브랜드가 전체의 TV 프로그램을 후원하는 일이 관례였다. 홀마크 카드, 시보레, 질레트, 크래프트는 몇 시간짜리 프로그램을 후원했다. 프로그램은 종종 담당 광고회사에 의해 특정 광고주를 위해 제작되었다.

이런 '마케팅 공간'에는 두 가지의 새로운 면이 있다. 첫째는 프로그램 개발자, 방송국, 마케터가 이 영역을 중요하게 고려한다는 점이다. 둘째는 재정적인 요인이다. '통합'요금, 무료 상품, 광고집행 약속 등은 콘텐츠 제공자에게 수익의 원천으로 간주되고 광고주에게는 마케팅 비용으로 간주된다. 높은 노출 효과를 고려해볼 때 이 비용은 지불할 가치가 충분히 있다.

광고와 콘텐츠를 연결시키고자 하는 동기는 광고주나 엔터테인먼트 제작자로부터 기인한다. 이 두 가지가 결합되는 것을 'Madison 1 Vine'이라고 부른다. NMA 엔터테인먼트 앤 마케팅(NMA Entertainment & Marketing)은 PPL 대행사로 출발했는데, 현재 광고주와 콘텐츠 관련 회사를 연결시켜 주는 업체의 선두 주자가 되었다. NMA는 미국 내 여러 주의 제과점과 협력하여 '슈렉 2' DVD를 소개하면서 녹색의 빵고물을 이용한 특수한 트윈키(Twinkies)를 만들었다.

브랜디드 엔터테인먼트가 효과를 얻으려면 프로그램과 브랜드 사이의 연결이 자연스러워야 한다. 성공적인 협업을 위한 또 다른 핵심은 다양한 형태의 마케팅 커뮤니케이션 전체 과정을 통해 이러한 연결을 통합시키는 것이다. 코카콜라는 '아메리칸 아이돌'을 후원하는 여섯 스폰서 회사 중 하나인데, 코카콜라는 파티나 캠퍼스 행사 등을 통한 소비자 접근뿐만 아니라 네트워크, 소매점, 광범위한 지면 광고, 온라인 촉진과 연결하여 마케팅 활동을 한다.[10]

브랜디드 콘텐츠는 브랜디드 엔터테인먼트의 특수 형태로, 한 브랜드를 위해 특수하게 제작된다. 소비자의 시선을 사로잡을 만한 콘텐츠를 만드는 것이 핵심 관건이다. 시어스, 아메리칸 익스프레스, BMW는 이러한 방식을 활용하는 회사들이다. ESPN은 후원자의 브랜드를 통합하여 짧은 제작물로 광고하는 'ESPN shorts'를 개발했다. 프로그램 'SportsCenter'가 방송되는 동안 광고를 위한 시간에 주기적으로 나온다. 초기 광고주로는 시어스, 밀러맥주, 도요타 등이 있었다. 예를 들면, ESPN과 시어스는 12살 야구소년의 경이적인 재능에 관한 이야기를 몇 회에 걸쳐 방영했는데 시어스의 크래프트맨(Craftman) 브랜드가 이야기의 모든 부분에서 노출되어 있다. 'The Hire'라는 제목으로 잘 알려진 BMW가 만든 필름은 유명한 헐리우드 배우를 고용해 액션 영화 같은 짧은 스턴트 필름을 만들어 그들의 웹사이트나 자동차 쇼케이스 행사에서 방영했다.

콘텐츠 마케팅

성공적인 브랜드는 소비자를 위하여 보다 좋은 성능의 제품을 만드려는 미션을 가지고 있다. 단순한 제품의 속성이나 혜택 이상의 무언가를 제공하려는 것이다. **콘텐츠 마케팅**(content marketing)은 소비자에게 의미있고 가치있는 콘텐츠를 제시하여 브랜드 선호도 높이고 소비자의 충성도를 이끄는 전략이다.[11]

성공적인 콘텐츠 마케팅을 위해서는 소비자의 욕구, 필요, 태도, 라이프스타일, 지위, 제품 사용 환경 등과 같이 소비자에 관련된 지식을 이해하기 위한 엄청난 조사를 필요로 한다. 또한 단순히 매체를 빌리는 것이 아니라 소유하는 것도 필요로 한다. 따라서 온라인 뉴스레터, 웹사이트, 스마트폰 애플리케이션, 애드버게임 등에 시간과 돈을 투자하는 것이 필요하다.

브랜드가 진실로 보다 나은 가치를 전달하기 위해서는 이러한 매체 소스들이 독창적이고 유용하며 재미있는 정보를 제공하여야 하며, 외부 소스의 정보를 수집하여 콘텐츠에 적합한 정보를 제공하여만 한다. 크래프트 푸드 회사는 소비자의 보다 맛있는 인생을 위하여 정기적으로 《푸드 앤 패밀리(Food & Family)》라는 잡지를 발행하여, 조리법, 좋은 음식 등을 소비자에게 제공한다.[12]

로우스(Lowe's)는 'My Lowe's app'을 통해 소비자가 매장을 돌아볼 수 있게 하고, 제품의 상세한 정보나 판매자 정보를 제공하며, 리모델링 계획을 돕고 과거 구매정보도 제공한다. BMW는 콘텐츠 마케팅과 브랜드 확장의 하이브리드 형태의 'BMW Lifestyle Shop'을 오픈해, 고급 의류, 이국적 오토바이, 선글라스 등 그들의 고객이 소비할 만한 제품까지도 판매한다.

대인 판매

대인 판매(personal selling)는 전통적 방식으로 제품이나 서비스를 판매를 촉진하기 위해 소비자와 세일즈맨이 일대일 또는 얼굴 대 얼굴을 맞대는 환경에서 일어난다. 가가호호 제품을 들고 방문하여 판매하는 세일즈맨들 시대로 돌아가 보면, 이러한 대인판매는 소비자가 고가의 제품이나 복잡한 제품의 구매를 결정할 때, 제품에 관한 상세한 설명을 해주는 세일즈맨의 전문가적 지식에 의존할 때 특히 효과가 있다. 자동차 영업소, 보험회사, 여행사, 통신사 대리점, 백화점, 인쇄소 등 많은 제품군에서 대인 판매를 통해 판매가 이루어진다.

대인 판매의 가장 두드러지는 장점은 소비자에게 제품관련 풍부하고 상세한 정보를 제공해줄 수 있고, 소비자 눈앞에서 제품 시연을 할 수 있다는 점이다. 하지만 이러한 장점은 잘 훈련된 비싼 인력을 필요로 하므로 많은 비용이 들 수밖에 없으며, 이러한 비용은 고스란히 소비자에게 전가된다.

판매 촉진

촉진(promotions)은 주로 단기간에 소비자의 관심을 끌어 판매를 증진시키기 위하여 활용된다. 자동차, 서비스 분야, 패스트푸드, 병원, 소비재, 여행, 계절이 바뀌기 전 물건을 처분하려는 소매상에 이르기까지 다양한 제품군에서 사용된다.

판매 촉진(sales promotions)은 유통경로에 있는 소매상과 소비자 모두에게 인센티브를 지급함으로써 제품의 판매를 증진시킨다. 대부분의 이러한 판매 촉진은 구매와 관련된 소비자의 위험성을 낮추는 방식으로 활용되는데, 소비자에게는 가격할인, 선물제공 등을 하고 소매상에게는 낮은 가격으로 제품을 공급하고 재고를 모두 재구매하는 판매 촉진 방법을 쓴다. 다양한 판매 촉진 방법을 알 수 있는 가장 간단한 방법은 소비자 촉진과 거래 촉진으로 나누는 방법이다.

소비자 촉진. 소비자 촉진은 마케터에 의해 사용되는 방법에 의해 아래와 같은 주요한 방법으로 나뉘어진다.

샘플. 샘플(sample)은 제품을 한번 사용해보도록 유도하기 위한 판매 촉진 방법 중에서 매우 효과적이지만, 비용이 많이 드는 방법이다. 이 비용은 제품을 한번 써보도록 유도하기 위해 특별한 크기의 제품을 만들고 비축하고 소비자에게 전달하면서 발생하는 비용이다. 이 방법은 소비자가 직접 제품을 소유하고 사용하게 하는 판촉 방법이다. 가장 일반적인 방법은 상점에 비치해 놓거나, 우편으로 보내거나, 집집마다 방문해서 전달하거나, 다른 제품과 함께 패키지로 전달하는 방법 등이 있다. 상점 내에서 샘플을 제공할 경우 특별 판매대에 한 번 사용해보도록 유도하기 위해 특별한 크기로 만든 샘플을 비치하고 구매시점 광고를 병행한다.

쿠폰. 쿠폰(coupon)은 모든 사람에게 할인된 가격을 제공하는 대신, 가격에 민감한 사람들만을 대상으로 제품의 가격을 할인해주는 것이다. 이러한 소비자에게 이러한 쿠폰을 통한 가격할인은 임시적인 할인으로 여겨지지 영구적 할인으로 여겨지지는 않는다. 유통업자가 판매 촉진 프로그램의 일환으로 쿠폰을 사용할 수 있다. 즉, 쿠폰에 명시되어 있는 가치를 2~3배로 올려 보상함으로써 이것이 가능하다. 이 방법을 통해 판매자는 쿠폰을 거래량을 높이기 위한 촉진 수단으로 사용할 수 있다.[13]

프리미엄. 제품 구매에 대한 확실한 보상으로 무상 또는 저렴한 가격으로 제품이나 서비스(여행 등)를 제공해주는 것을 말한다. 소비자에게 제공되는 프리미엄은 무상으로 제공될 수도 있다. 무상 프리미엄은 상점 내에 있는 제품의 안쪽이나 바깥쪽 혹은 가까운 곳에 놓여져 있는 조그만 물건일 경우가 종종 있다. 크래커 잭(Cracker Jacks)은 맥도날드가 해피밀(Happy Meal)에서 샘플을 제공하는 것처럼 조그만 장난감 형태의 물건을 제품 포장 안에 집어넣는 사은품(in-pack premium)을 활용한다. 시리얼 회사도 제품의 포장 안에 인센티브를 자주 제공한다. 소비자는 제품 구매에 대한 직접적 보상을 받기 때문에 제품 포장 안이나 바깥에 주어지는 프리미엄을 선호한다. 한편 우편으로 보내는 프리미엄은 소비자가 요구하는 경우에만 보내기 때문에 소비자의 일정한 반응이 요구된다. 프리미엄은 소비자에게 한 번 이상 제품을 구매했다는 증명을 우편으로 보내도록 요구함으로써 반복 구매를 자극하기 위한 방법으로 많이 이용된다. 우편을 이용하여 제공된 프리미엄에 대한 반응은 제품 포장 안이나 바깥에 제공되는 프리미엄에 대한 반응보다 훨씬 낮다.

현금 보상과 환불. 현금 보상과 환불은 소비자가 보내온 구매증명서를 받은 이후에 구매한 제품 가격의 일정한 비율을 제품 생산자가 소비자에게 되돌려주는 것을 말한다. 환불이나 현금 보상을 받기 위해 소비자는 보통 생산자에게 구매증명서를 보내야만 한다. 환불과 현금 보상 프로그램은 경쟁사의 전략에 대항해 간단한 통지만으로 쉽게 준비될 수 있다는 장점이 있다. 컴퓨터의 발달로 어느 소비자가 이미 환불받았으며, 환불받지 않은 소비자가 누구인지 목록으로 정리하여 쉽게 파악할 수 있다.

경연과 경품. 추첨은 널리 알려진 방법이다. 경연은 기술과 재능을 심사하여 상을 주는 촉진 방법이다. 이 방법은 요리법, 사진, 슬로건, 작문, 재능을 증명할 다른 증거를 제출하도록 요구한다. 심사위원은 참가자의 기술과 재능을 심사하여 우승자를 결정한다. 경품 추첨은 선택될 확률에 따라 상이 수여되는 촉진 방법이다. 경품 추첨은 법에 의해 철저히 통제된다. 복권법에 의해 일반적으로 요구되는 것은 경품 추첨에 참가하기 위해 제품 구매가 선행되어서는 안 된다는 것이다. 대부분의 경품 추첨은 제품 구매와 관계 없이 참여를 원하는 모든 사람에게 허용되어야 한다.[14] 게임은 확률에 근거를 두고 결정되지만, 참여한 사람이 게임 도구를 모으고 게임에 이기기 위해 카드를 문질러 잉크를 제거하는 등의 행동을 해야 하므로 일종의 경품 추첨이라고 할 수 있다. 맥도날드의 인기 높은 모노폴리 게임(Monopoly game)처럼 참여한 사람의 반복 구매를 유도하기 위해 게임이 일정 기간 지속될 수도 있다.

보너스 팩. 보너스 팩(bonus packs)은 정상 가격에 기존 제품보다 더 많은 양의 제품을 소비자에게 제공하는 것을 말한다. 쿠폰, 환불, 리베이트와 비교하여 보너스 팩은 보다 직접적인 이익을 소비자에게 제공한다. 그러나 보너스 팩의 제공으로 제품의 부피를 크게 만든다면 커진 부피만큼 진열대 공간이 추가적으로 필요하기 때문에 생산자와 판매자 사이에 문제를 야기할 수 있다. 보너스 팩을 이용하여 소비자가 제품을 사용하도록 유도할 수 있기 때문에 이것은 다른 브랜드의 촉진 전략에 대항해 사용할 수 있는 경쟁적인 전략이다.

할인 촉진 전략. 할인 촉진 전략은 가격을 인하해주는 방법으로, 인하된 가격을 제품의 포장에 표기한다. 소비자는 즉시 이것이 홍정이라는 것을 알게 되는데, 할인받게 되면 돈을 절약할 수도 있고, 그 돈으로 더 많은 물건을 구입할 수도 있다. 할인 촉진 전략은 생산자가 소매상에게 판매 수익을 할인 전과 똑같이 유지할 수 있도록 해준다면 소비자와 판매상 모두에게 인기 있는 전략이 될 수 있다. 마케터는 할인에 의한 감소분을 촉진 비용으로 처리하여 소비자가 직접적 이익을 볼 수 있도록 할 수 있다.

거래 촉진. 거래 촉진 전략은 주로 **구매 인센티브**와 성과 공제로 구분된다.

구매 인센티브. 구매 인센티브(purchase incentive)는 주로 패키지화된 제품을 판매할 때 중간공급자와 판매상이 이전에 브랜드를 구매한 적이 없다면 구매하도록 유도하고, 브랜드를 취급하고 있다면 재구매를 촉진하고 재고를 늘리도록 유도하기 위해 중간공급자와 판매상에게 지불되는 장려금이다. 구매 인센티브는 네 가지의 기본적 방법을 통해 지불되는데, (1) 자동 판매 공제, (2) 송장 가격 인하 공제, (3) 대금 지불 기입을 늦추거나 기간 연장, (4) 무료 제품 제공 등이 있다.

성과 공제. 성과 공제(performance allowance)를 이용하여 마케터는 중간공급자와 판매상이 자사 제품의 판매 비율을 증가시키도록 유도하기 위해 그들에게 인센티브를 제공한다. 마케터의 목적은 중간 공급자와 판매상이 다음과 같은 방법을 이용하여 판매를 늘리도록 노력하게 만드는 것이다. (1) 소비자 가격 할인, (2) 협동 광고 또는 제조사 광고, (3) 구매시점 광고 및 기타 광고물 제공, (4) 진열 공간 확대, (5) 상점 내 시연 등이다.

박람회와 판매 전시회. 박람회와 판매 전시회(sales meeting)는 자사 브랜드를 위한 마케팅 커뮤니케이션 캠페인을 수립할 때 반드시 고려해야 할 두 가지 촉진 채널이다. 박람회는 거의 모든 산업 분야에서 이용되고 있으며, 신제품을 소개할 수 있는 좋은 기회를 제공한다. 판매자뿐만 아니라 중간공급자는 재고를 확보하고 판매할 신제품을 찾기 위해 주요 박람회에 참가한다. 박람회는 가장 우수한 판매자를 만나서 환대할 수 있는 기회를 생산자에게 제공하는 중요한 행사이다.

판매 전시회. 판매 전시회는 광고캠페인의 출발점으로서 역할을 수행하며 중간공급자의 판매원에게 신제품을 소개할 수 있는 기회를 제공한다. 예를 들어 자동차 제조업자는 신제품을 딜러에게 소개하기 위해서 매년 정기적으로 판매 전시회를 개최한다. 유명 관광지에서 개최되는 규모가 큰 판매 전시회는 판매자가 생산자의 브랜드를 지원하도록 유도하는 추가적인 인센티브를 제공할 수 있다.

홍보

홍보(public relations)는 브랜드 자산을 늘리기 위해 필요한 다양한 원칙을 지닌다. 홍보의 목표는 고용인, 주주, 가맹점 등과 같은 내부의 사람들과 소비자, 언론, 인플루언서 등과 같은 외부의 대중들과 장기적인 관점에서 좋은 관계를 형성, 유지하는 것이다.

대중의 인식을 관리하고 영향을 주는 것이 항상 중요하며, 오늘날 새로이 떠오르는 홍보의 중요한 역할은 소셜 미디어를 통해 소비자의 대화를 늘리고, 이벤트에 참가를 유도하고, 제품의 장점을 널리 알려, 궁극적으로 기업 또는 브랜드와 소비자 사이의 강력한 관계를 형성하는 것이다.

마케팅 PR. 마케팅 PR은 통합커뮤니케이션 프로그램에 장점을 제공한다. 첫째, 마케팅 PR은 객관성과 신뢰성을 줄 수 있다.

소비자는 기업이 광고, 판매 촉진, 직접 마케팅을 이용하는 이유를 그들에게 물건을 팔려고 하는 것이라고 이해한다. 따라서 그들은 이런 형태의 촉진 전략에 대해 어느 정도 회의적인 반응을 보인다. 하지만, PR은 대부분이 신문, 잡지, TV와 같은 언론 매체에서 볼 수 있는 관계로 뉴스 스토리 형식을 한 PR은 보다 높은 신뢰도를 갖는다. 대부분의 언론 매체는 객관적으로 정보를 제공하는 소스로 여겨지기에 소비자로부터 보다 높은 신뢰를 얻는다. 가끔 브랜드들은 캠페인의 믿음을 높이기 위해 소비자 단체로부터 안전성을 검증받았다든지 유명 자동차 전문잡지로부터 올해의 자동차로 선정되었다는 사실을 이용하기도 한다. 홍보의 단점은 메시지 내용이나 타이밍을 전혀 통제할 수 없다는 것인데, 이러한 통제성은 광고의 주요 장점이 된다.

일반적인 PR 활동은 다른 종류의 촉진 전략보다 비용이 적게 든다. [그림 8-2]를 보면 마케팅 커뮤니케이션 요소를 프로그램에 통합·조정하는 데 예산이 가장 중요한 고려 요인이라는 것을 알 수 있다. PR을 이용하는 것이 돈을 사용하는 것보다 많은 노력을 필요로 한다. 다시 말해 비용이 많이 드는 광고, 판매 촉진, 직접 마케팅 등에서 확보할 수 있는 정확성과 통제력을 PR에서는 담당자의 노력과 대중매체의 사람을 설득하는 능력을 통해 달성할 수 있다.

PR은 다른 마케팅 활동을 지원하기 위해 캠페인의 다른 요소와 쉽게 통합된다. 예를 들어 행사 후원과 박람회는 회사나 브랜드를 기사화하는 데 이용될 수 있다. 주요 방송 매체의 뉴스를 이용해 행사와 박람회의 정보를 제공하여 소비자나 판매자의 주의를 끌 수 있으며, 흥미를 불러일으킬 수도 있다. 인터뷰, 기자 회견, 사회적인 행사, 신문 보도 등을 이용하여 이런 목적을 달성할 수도 있다. 또한 PR은 광고를 통한 신제품 소개 효과를 배가시킨다. 신제품이 대중매체에서 관심을 가질 만큼 앞선 기술을 바탕으로 개발된 제품일 경우에는 더욱 효과적으로 이용된다.

제품 퍼블리시티. 마케팅에서 PR을 효과적으로 이용하면 브랜드에 대한 긍정적인 퍼블리시티를 이끌어낼 수 있다. 이런 긍정적인 퍼블리시티를 얻기 위해서는 대중매체에 아주 흥미롭고 가치 있는 정보를 제공할 필요가 있다. 긍정적 퍼블리시티를 이용하여 다음과 같은 활동을 통해 마케팅 목적을 달성할 수 있다.

- 제품을 어떻게 선택하고, 구매하고, 사용할 것인가에 대한 정보를 소비자에게 제공한다. 정보를 제공하는 소책자나 제품에 관한 문헌 등을 이용하여 소비자에게 매우 복잡하고 위험한 제품을 사용하는 방법을 가르칠 수 있다. 예를 들어 뉴스 기사와 팸플릿을 이용하여 자동차, 컴퓨터, 보험, 법률 서비스 등을 선택하는 방법에 관한 정보를 소비자에게 제공한다.
- 자사 브랜드를 구매하도록 목표 수용자를 설득한다. 적재적소에 배치된 기사는 광고보다 설득력이 강하고, 소비자의 관심을 집중시켜 브랜드를 구매하도록 유도한다.

- 자사 브랜드에 관한 부정적 의견이나 정보를 없앤다. 판매한 캔 제품 속에서 주사기가 발견되었거나, 수십만 종류의 자동차와 트럭을 기억해야 한다면 무엇을 해야 할 것인지 생각해보라. 사람들이 브랜드에 대한 정보를 잘못 이해하고 있다면 퍼블리시티를 이용하여 이를 바꿀 수도 있다. 저녁 뉴스를 시청하면서 얼마나 많은 회사에 관한 정보가 퍼블리시티를 통해 전달되는가를 생각해보라.
- 상점에 소비자를 끌어들인다. 예를 들어 유명인이 상점에 나타난다면 평상시에 오지 않을 소비자를 상점에 오게 할 수 있다. 이런 형태의 행사는 퍼블리시티의 지원으로 성공할 가능성이 한층 높아진다.
- 행사 후원, 박람회, 다른 촉진 활동을 지원한다. 긍정적 퍼블리시티는 핵심 공중이나 소비자를 회사가 지원하는 행사에 참여하도록 설득할 수 있다. 광고는 단지 인지도를 높이는 데 도움이 된다. 그런데 당신의 목표를 달성하는 데 긍정적 퍼블리시티와 구전 커뮤니케이션(word-of-mouth communication)이 빠지는 경우가 종종 발생한다. 지방신문의 경영 면에 게재된 뉴스 기사처럼 아주 단순한 방법을 이용해 새로운 맥도날드 패스트푸드점, 반스 앤 노블스(Barnes & Nobles) 서점 등의 개업식에 수백 명의 사람들이 참가하도록 끌어들일 수 있다.

대기업은 퍼블리시티와 PR을 이용하여 광고, 판매 촉진, 직접 마케팅을 지원한다. 그러나 중소기업에서 PR은 가장 중요한 촉진 방법이다. 소규모 클라이언트를 가진 중소기업에서 PR은 전략적으로 매우 중요하다.

후원. 후원(sponsorships)은 최근 가장 인기 있는 촉진 전략 중 하나이다. 몇몇 사람은 스폰서십에 투자되는 비용이 50억 달러를 넘었다고 말한다. 후원의 기본 아이디어는 마케팅 목적을 달성하기 위해 연예인, 스포츠 이벤트, 교육적 행사, 유명인의 좋은 이미지나 연상을 제품이나 기업에 연관시키는 것이다.

행사의 후원은 통합 마케팅 커뮤니케이션 캠페인의 중요한 부분을 차지한다. 첫째, 행사 후원은 광고와 PR을 지원할 수도 있고 그것으로부터 도움을 받을 수도 있다. 둘째, 행사 후원은 캠페인의 모든 주요 대상자, 즉 소비자로부터 도매상과 소매상에 이르기까지 모두를 참여시킬 수도 있다. 행사 후원은 외부의 사람을 열정적으로 만들 뿐만 아니라 내부 고용인들을 초대하여 참여케 하는 역할도 한다.

행사 후원을 하는 전략의 논리는 행사에 대한 열광이나 극성팩 혹은 충성심이 높은 소비자가 갖는 행사에 대한 감정 중의 일부를 브랜드에 대한 감정으로 옮길 수 있다는 점이다. 또 다른 가정은 연예인 혹은 스포츠 행사의 팬들은 그들을 행사에 참여하게 만드는 어떤 공통점을 갖고 있다는 것이다. 행사를 통해 개개인의 차이를 초월하여 팬들이 갖고 있는 공통점과 행사를 후원하는 브랜드를 연결시킬 수 있다. 가장 중요한 것은 행사 후원자가 행사를 통해 자사 브랜드 판매를 촉진시킬 수 있다고 믿는다는 것이다.[15]

대부분의 기업은 국내 · 외에서 벌어지는 운동 경기에 가장 많은 후원을 하는데 전체 후원 비용의 70% 이상을 차지한다. 과거에는 맥주, 콜라, 자동차, 금융, 보험, 통신 회사들이 주요 후원자였지만, 오늘날에는 익스트림 스포츠를 후원하는 소베 에너지 드링크나 슈퍼볼을 후원하는 페덱스처럼 여러 분야의 마케터들이 스포츠 이벤트 후원에 관심을 보이고 있다.

직접 반응 마케팅

직접 반응 마케팅(direct response marketing)은 소비자의 즉각적인 리액션이나 반응을 이끌어내기 위해 고안되었다. 가끔 특별한 틈새 시장을 목표로 하기도 한다. 특히 직접 마케팅은 전형적인 이미지 중심의 광고와 '제한된 기간 동안만 제공 또는 기회'와 같은 문구로 소비자의 즉각적인 행동을 강요하는 광고를 함께 이용한다.

하지만, 직접 마케팅을 기획서에 넣는 궁극적인 이유는 소비자의 행동을 자극하는 것을 넘어서, 그들의 재구매를 이끌 수 있는 관계 형성에 있다. 즉, 한 방을 위한 전술이 아니라 멀리 내다보는 장기적 과정이다. 또한 자격을 상실한 사람이나 잠재적으로 강력한 소비자가 될 사람을 계속해서 관리하기 위해 여러 단계의 과정을 포함한다.

직접 반응을 위한 채널로는 검색 엔진 마케팅, 인터넷과 소셜 미디어 디스플레이 광고, 직접 우편, 이메일 마케팅, 상거래 사이트, 모바일과 GPS 마케팅, 반응-생성 신문/잡지 광고, 카달로, 텔레마케팅, 방송국 팩싱, 인설트 미디어, 다이렉트 TV 등 다양하다. 직접 마케팅은 정보를 모으고, 저장하고, 효과적으로 사용하기 위해 오랜 시간 투자를 필요로 한다.

기타 플랫폼들

오늘날의 모든 메시지 플랫폼은 판매중이라는 말은 문자 그대로 사실이다. 만약 하나의 메시지를 뭔가에 실을 수 있다면, 그것은 온전히 가격의 문제이다. 심지어 사람들의 신체를 대여해 메시지를 실을 수 있고, 권투선수나 서퍼들은 그들의 몸에 로고를 새겨 넣기도 한다. 미국 네브라스카에 사는 재미있는 웹 디자이너는 이베이 경매를 통해 자신의 이마를 30일 사용에 37,375달러에 경매를 올렸다. CPM이 가장 효율적이라는 것은 의구심을 사고 있는 대신에 퍼블리시티가 각광을 받는다. CNN과 다른 많은 매체사, 심지어 BBC 조차도 골든플레이스 카지노 광고로부터 4,000달러를 받고 자신의 배에 회사 이름을 임시적 문신으로 새긴 임산부의 이야기를 하기 바쁘다.

가끔씩 이전에는 생각해보지 못했던, 기존의 비전통적 방식을 사용하는 것도 의미가 있다. 다음에는 어느 정도 받아들여지고 있는 매체 선택의 일부를 나열해 놓은 것이다. 이 목록은 이전 판에서는 더 길게 설명되었지만, 여기에서는 간략하게 정리했다. 그렇지 않다면 이 목록은 끝없이 이어질 것이다.

교통 매체

자동차 카드, 대중 교통, 기차나 지하철, 통학역 포스터 등 외부에 붙이는 광고

점포 내 매체

구매 시점을 포함해서 배너, 선반, 현금 등록기, 바닥 스탠드, 간판, 머리 위, 모빌, 쇼핑 카트나 쇼핑백

스포츠와 영화 이벤트

프로그램, 경기장 점수판, 포스터 형태의 광고, 경기장 간판, 회전식 배너

집 밖의 비전통적 매체

관중석, 스키 리조트, 골프장 광고, 군 부대의 디스플레이, 대학 캠퍼스 콘서트, 페인트칠이 된 벽, 키오스크(상점이나 공항), 휴게실 광고, 쇼핑몰 디스플레이, 버스 정류장 의자, 택시 내부, 비행기로 하늘에 글씨 쓰기, 비행기 내 광고

디렉터리

전화번호부, 대학, 교회, 직장 협회 등

전자 광고

인터넷, 이메일, DVD(게임), 비디오, 팝업 창, 검색 엔진 광고, 문자 메시지

동영상 광고

PPL, 비디오카세트, DVD, 'Channel One'

기타

게임쇼 후원, 호텔 영화 채널 시사회, 정보 광고 등

전문 광고

달력, 가게 기념품, 필기 도구, 책상 장식품, 무역 박람회, 항공 티켓 봉투

프린트된 특수품

지폐 클립, 골프공 마커/티, 유리잔, 계산기 케이스, 줄자, 풍선, 토트백, 음료수 받침대, 열쇠고리, 머그컵 절연체, 범퍼 스티커, 수첩, 지도/여행 가이드, 커피 머그잔, 쓰레기 봉투, 자동차 자외선 차단제, 단추, 노트 패드, 편지 오프너, 마우스 패드, 얼음 긁는 도구, 모자

텔레마케팅

선택적 전화와 무작위 전화

캠페인 진행 체크리스트

이 단계의 캠페인 진행을 위해서는 일반적으로 다음과 같은 사항을 명심해야 한다.

1. 최근의 마케팅 기획은 자연스럽게 소비자의 관여를 높이기 위해 플랫폼 이용 가능성과 매체를 넘나드는 스토리텔링을 중요한 두 가지 요소로 여긴다.
2. 전통적 매체 기획은 연결을 중요시 하는 기획으로 바뀌어, 캠페인의 핵심을 강조하는 전술을 사용하는 메시지 중심의 접근법을 사용한다.
3. 소비자 접점 지도는 광고, 홍보, 프로모션, 게릴라 마케팅, 소셜 마케팅, 버즈 마케팅, 경험 마케팅 등 목표 소비자가 만날 수 있는 모든 채널에 관한 개관을 제공한다.
4. 전통 광고 채널은 여전히 지출의 많은 부분을 차지하고 있으며 폭넓은 노출 범위로

인한 인지도, 이해도, 브랜드 인식과 선호를 높이는 데 많이 쓰인다.

5. 인터넷은 마케터들의 필수가 되었다. "피지털 영역(phygital realm)"과 같이 기술은 우리의 모든 생활을 지배한다. 웹 마케팅 도구들을 활용하여 소비자는 탐색, 교육, 확신, 구매, 충성도 높은 소비자로 빠르게 바뀌어 갈 수 있다. 인터넷은 온라인을 통해 이용할 수 있는 소셜 미디어, 콘텐츠 마케팅 등과 같은 다양한 하부 요소를 포함한다.
6. 게릴라 마케팅은 혼잡한 마케팅 환경에서 브랜드를 돋보이게 하는 마케팅을 환경을 조성해준다. 버즈 마케팅은 온라인과 개인의 입소문에 초점을 둔다. 라이프스타일 마케팅은 자그마한 사업체에 의해서 주로 쓰이는 상호 프로모션 방법이다.
7. 경험 마케팅은 소비자에게 의미 있는 경험을 할 수 있는 기회를 제공하고, 이러한 경험은 브랜드를 더욱 좋아하게끔 만든다. 문화 마케팅은 음악, 스포츠, 패션, 예술 등의 대중문화 속에 브랜드, 제품, 서비스를 주입하는 것이다. 쇼핑객 마케팅은 판매 시점에 소비자에게 영향을 끼칠 수 있는 소매점 환경에 초점을 둔다.
8. 매복 마케팅은 올림픽이나 슈퍼볼과 같이 커다란 이벤트에 관련된 잘못된 연상을 심어주는 전략으로 후원비를 지불하지 않음에도 불구하고 소비자들이 공식 스폰서로 착각케끔 만드는 전략이다. 브랜디드 엔터테인먼트는 PPL이나 브랜디드 영화를 통해 마케터들에게 새로운 방법으로 메시지를 전달하는 방법을 제시한다. 콘텐츠 마케팅은 소비자의 라이프스타일과 제품 사용 상황에 맞는 정보를 제공함으로써 증가된 가치를 제공한다.
9. 인적 판매는 일대일의 기회를 살려 제품의 속성이나 장점을 설명하거나 시연할 수 있다. 판매 촉진은 소비자와 중간판매상인 모두에게 인센티브를 제공하여 단기간에 판매를 증진시키고 매장의 손님을 증가시키는 효과 좋은 자극제가 된다.
10. 홍보는 브랜드 자산을 관리하는 필수 요소로 장기적 안목에서 회사 내·외부적으로 관계를 유지하는 것이다. 오늘날 소셜 미디어 관리 역시 이러한 홍보에 속한다.
11. 직접 마케팅은 세분화된 목표 소비자 집단을 대상으로 즉각적인 반응을 이끌어내기 위한 고도의 측정가능한 방법이다. 인터넷을 이용하는 채널, 인쇄물, 방송, 대인 판매 모두는 채널로 활용될 수 있다.
12. 메시지를 전달을 위한 적합한 채널을 계속해서 찾으려는 노력은 중요하며, 교통수단, 엔터테인먼트, 매장 내, 스포츠 등과 같은 기존의 시스템뿐만 아니라 아직까지 시도되지 않은 새롭고 혁신적인 채널을 찾아내는 것도 필요하다.

미주와 참고문헌

1. "The New Mandate: 365 day communication and not 360 degree marketing." Published on The Official indiamart.com, January 21, 2011. Retrieved on January 10, 2014 from http://indiamartknowledge.blogspot.com/2011/01/new-mandate-365-day-communication-and.html.

2. Jenkins, Henry. "Transmedia Missionaris: Henry Jenkins," Aired on YouTuber on July 23, 2009, Retrieved on April 1, 2014 from https://www.youtube.com/watch?v=bhGBfuyN5gg.

3-4. Hassan, Robin. SVP Digital Strategy at MediaCom Canada. "Connections Planning: What and Why it Matters," Published on SlideShare.net on September 01, 2011. Retrieved on February 23, 2014 from http://www.slideshare.net/robinkayh/connections-planningpov-072811.

5. Reliablesoft.net, "Digital Marketing Services," Retrieved on April 1, 2014 from http://www.reliablesoft.net/digital-marketing-services/.

6. Lum, Ryan. "122 Must See Guerilla Marketing Examples," Published on CreativeGuerillaMarketing.com on June 28, 2010. Retrieved on March 31, 2014 from http://www.creativeguerrillamarketing.com/guerrilla-marketing/122-must-see-guerilla-marketing-examples/.

7. Hughes, Mark. "How to Apply Buzz Marketing Principles for Effective Internet Marketing," Published on the KissMetrics Blog About Analytics, Marketing and Testing. Retrieved on April 1, 2014 from http://blog.kissmetrics.com/online-buzz-marketing/.

8. "We are Translation," Pulled from the agency philosophy section of the Translation LLC website. Retrieved on April 2, 2014 from http://www.translationllc.com.

9. Elliot, Patrick. "The Loveable Rogues Who Devalue Sporting Events: Brands That Do Not Want to Fork Out on Expensive Sports Sponsorship Often Turn to Ambush Marketing," Marketing Week, 27 June 2002, p. 14.

10. Stanley, T.L., "Idol Sponsors Plan to Sing Along Loudly," Advertising Age, 5 January 2004, p. 19.

11. "What is Content Marketing? Useful content should be at the core of your marketing," Published on the Content Marketing Institute website. Retrieved on March 30, 2014 from http://contentmarketinginstitute.com/what-is-content-marketing/.

12. Kraft Food & Family Magazine Micro MediaKit. Published by AdSprouts. Retrieved on April 1, 2014 from http://justmediakits.com/mediakit/18418-kraft_food_family.html

13. Block, T.B., "Couponing," in Sales Promotion Handbook, pp. 99–100.

14. Jagoda, D., "Sweepstakes, Games, Contests," in Sales Promotion Handbook, p. 129.

15. Wulff, K., "How to Compete at Sports Marketing," *The Advertiser*, (Spring, 1992), pp. 73–76.

제9장 매체 전략과 전술 기획

비록 광고주들은 항상 새로운 방법으로 소비자와 연결될 수 있는 차원이 다른 획기적인 매체를 찾고 있지만, 아직도 계속해서 상당한 돈이 대중매체에 쓰인다. 따라서 목표 설정, 전략 결정, 전술, 타이밍 전략 등 실제적인 매체 기획 과정 모두를 제대로 이해하는 것이 무엇보다 중요하다.

오늘날에는 단순한 도달률이나 빈도만으로 만족하지 않는다. 이제는 어디에서 접촉하고 어떤 문맥을 이용하느냐가 문제이다. 수동적인 TV시청자를 대상으로 하는 전통적 모델은 이미 사라졌다. 대신에, 시간에 쫓기는 소비자들은 끊임없이 과부하 상태로 살아간다. 그들은 스마트폰을 이용하여 하루를 계획하고, 정보를 찾고, 문제를 해결하고, 물건을 구매하고, 오락거리를 찾는다. 또한 그들은 다양한 전자기기에 의존하며 살아간다.

이것은 오늘날의 소비자는 엄청난 양의 메시지 중에서 선택해야만 하는 메시지가 점차로 증가한다는 것을 의미한다. 광고주는 메시지를 전달하고 브랜드 이미지를 위해 다른 수많은 방법을 개발해오고 있다. 그 결과 매체 기획은 경쟁이 심화되고 크리에이티브를 더욱 요구하게 되었다. 크리에이티브는 목표 소비자를 탐색하는 것부터 예산 배분의 방법에 이르기까지 이제는 모든 과정에서 중요하게 되었다. 이제 매체 기획자는 전통적 매체는 물론이고 디지털, 게릴라, 바이럴, 콘텐츠, 인플루언서 마케팅 등 모든 가능한 채널에 열린 마음을 가져야 한다. 이제 매체 기획자는 계산기나 소프트웨어 대신에, 정확한 판단, 논리적 과정, 풍부한 상상력을 필요로 한다.

매체 결정과 캠페인 과정

매체 또는 어떠한 커뮤니케이션의 근본적 목적은 메시지를 효율적, 효과적으로 전달하는 것이다. 효율적인 계획은 목표 소비자에게 상대적으로 낮은 비용으로 메시지를 전달한다. 현재 또는 미래에도 제품이나 서비스를 구매하지 않을 것 같은 사람들이 이용하는 매체에는 돈을 쓰지 않는다. 하지만 효과적으로 메시지를 전달하기 위해, 매체 기획자는 메시지의 영향력을 높이고 메시지의 의미를 강조할 수 있는 매체를 선택하여야 한다.

전통적 매체 모델에서 매체의 결정은 크리에이티브 전략에서 나온다. 기본적인 과정은 메시지를 통해 전달하고자 하는 것을 결정한 후 메시지를 전달할 가장 좋은 방법을 정하는 것이다. 가장 좋은 접근법은 이 두 가지를 함께 결정하는 거라고 생각한다. 많은 대형 광고회사에서 브랜드팀은 크리에이티브 담당자와 매체 담당자로 구성된다. 이 조직에서는 크리에이티브 담당자가 아이디어를 구상할 때 매체 담당자는 잠재적인 메시지가 전달되고 수용되는 방법에 대한 아이디어를 제공한다.

즉 매체 담당자는 매체에 대한 전문적 지식에 기초한 크리에이티브 아이디어를 제공한다고 할 수 있다. 기획 담당자가 브랜드팀에 합류할 때 그들이 하는 일들 중 하나가 소비자에게 커뮤니케이션하는 최적의 광고 유형을 결정하는 것이다. 결론적으로 광고캠페인 과정에서 매체는 점점 중요해지고 있으며, 메시지 전략은 메시지가 전달되는 방식, 즉 매체의 영향을 받는다.[1]

기본적인 매체 기획: 목표, 전략, 전술

가장 중요하고 효과적인 매체 전략은 포괄적이어야 한다는 것이다. 매체 전략의 일반적인 목표는 실용성과 비용 대비 효율성을 추구하면서 가능한 한 많은 예상 고객에게 메시지를 전달하는 것이며, 또한 목표로 하는 효과를 얻을 수 있는 충분한 빈도로 메시지를 전달하는 것이다. 따라서 대부분의 매체 전략 목표는 **도달률**과 **빈도** 차원에서 언급된다. 하지만, 간단한 입소문을 목적으로 하는 것으로부터 판매를 증진시키려는 목적에 이르기까지 커뮤니케이션 목적이 다양하므로 목적을 달성하기 위한 노출수를 고려하여 거기에 맞는 매체 목표를 설정하여야 한다.

이런 목표를 달성하기 위해 매체 담당자는 다양한 매체 대안을 주의 깊게 평가한다. 과거 십 년 동안 이들 대안의 수는 크게 증가해왔다. 오늘날 경쟁력을 갖추기 위해서 매체 기획은 효율적이고 효과적이며 **창조적**이어야 한다. 메시지를 전달하는 새로운 방법을 사용하는 것은 창조적인 매체 기획의 하나이지만, 이미 존재하는 대안을 효과적으로 사용하는 것도 창조적인 매체 기획이 될 수 있다. 기존의 대안을 효과적으로 사용하는 것도 결코 쉬운 일은 아니다. 8장에서 논의되었듯, 소비자에게 메시지를 **전달 가능한 매체**의 수는 넘쳐난다. 상세한 부분까지 고려해야 하는 매체 기획자를 돕기 위해, 이장에서는 목표, 전략, 전술 등과 같이 매체 결정에 있어 가장 중요하고도 근본적인 것들에 초점을 둔다. 목표, 전략, 전술을 위한 결정은 따로 떨어져 있는 것이 아니라 강한 연결성이 있음을 명심하라.

예를 들어 경쟁 활동이나 신제품 출시 등 매체 목표에 영향을 미치는 것에 대한 논의는 이 장에서도 다루어질 것이다. 매체 내에서 이들 요소 사이의 연결 관계는 크리에이티브와 매체 사이의 연결 관계와 마찬가지로 중요하다. 이런 연결은 광고캠페인에 시너지 효과를 가져다준다. 목표를 설정하고, 전략을 수립하고, 전술을 수행하는 것에 관해 본격적으로 논의하기 전에 매체 기획의 기본적 결정 사항인 매체 목표, 매체 전략, 매체 전술에 관해 간단히 살펴보겠다.

매체 목표 이해

메시지를 전달한다는 원리에 기초를 두고 매체의 목표가 정해진다. 메시지를 어떻게, 언제, 어디서, 누구에게 전달할 것인가 하는 것은 매체의 목표 설정의 기초가 된다. 매체 기획자가 어떤 매체를 선택하느냐에 따라 광고의 노출 정도와 양에 상당한 영향을 미친다. 또한 매체는 메시지가 어떻게 받아들여지는가에 상당한 영향을 미친다. 서로 다른 두 가지 방법에 따라 메시지 전달 효과도 상당히 차이가 나는 것을 살펴보자.

제니퍼에게

나는 당신을 사랑합니다. 저와 결혼해주시겠습니까?

브래들리

이 메시지를 전달할 수 있는 첫 번째 방법은 이메일로 보내는 것이다. 또 다른 방법은 제니퍼가 일하는 직장 건너편에 있는 옥외 광고판에 이 메시지가 게재되도록 회사를 고용하는 것이다. 동일한 메시지이지만 결과는 분명히 다를 것이다.

매체 목표를 설정하기 위한 첫 번째 일은 기획자가 광고나 마케팅 캠페인에서 매체가 얼마나 중요한 역할을 하는지 명확한 지식을 가지는 것이다. 이 매체의 역할은 단순히 노출을 위한 것인가, 아니면 메시지의 효과를 고양시키는 것인가? 일반적으로 기획자는 목표 집단에 광고를 노출하는 데 초점을 둔다. 그들은 보통 도달 범위, 빈도, GRP, 기타 유사한 개념의 측면에서 매체 목표를 설정한다. 이들 개념은 이해하기 쉽고 정하기 쉬운 개념이다. 또한 본질적으로도, 양적으로도 측정하기가 비교적 쉽다. 목표 소비자 집단을 좀 더 자세히 들여다 볼 때는, 목표는 총노출수(GI)로부터 뷰잉에 이르기까지 포함하기도 한다.

한편 메시지 효과를 높일 수 있는 매체의 능력을 고려해 목표를 설정하는 것은 본질적으로 더욱 주관적이고 덜 정확한 경향이 있다. 이 같은 질적 목표는 보통 측정하기가 더 어렵다. 더욱이 질적 매체 목표를 설정할 때 기획자는 4장에서 논의했던 **공통적 효과**(common effectiveness)라고 불리는 문제에 직면하게 된다. 공통적 효과의 문제란 모든 목표를 설정할 때 흔히 기대되는, 어떤 공통적인 것을 목표로 설정하는 것을 가리킨다. 예를 들어 '메시지의 효과를 높일 수 있는 매체를 사용하는 것'이라는 아주 흔한 개념을 매체 목표로 정하고 나면, 이 목표가 모든 기획이 기대하는 목표인지, 아니면 이 목표가 아주 특별한지를 판단해야 하는 문제가 발생한다. 위의 예를 통해 볼 때, 브래들리는 아주 특별한 매체를 통해 메시지 내용의 효과를 높이길 기대한다는 것이 분명하다.

아마도 질적 목표 설정의 모호함 때문에 대부분의 기획자들은 구체적이고 측정 가능한 매체 목표만 세울 것이다. 우리는 이에 대해 어떤 완벽한 제안을 할 수는 없지만, 나중에 더 세부적으로 이 주제를 살펴볼 것이다.

매체 전략 이해

매체 기획의 전략적 요인이란 본질적으로 광고 메시지의 전달에 관한 일반적인 기획을 의미한다. 전략적 기획의 목표는 회사에 경쟁력 있는 유리한 입장을 제공하는 것이다. 어떤 회사는 경쟁적 상황에서 발생할 수 있는 모든 유리한 입장을 전부 갖고 있을 수 있다. 그러나 규모가 작은 회사도 종종 시장에서 우세한 입지를 얻기 위해, 자신의 광고 내용을 효과적으로 전달할 창의적인 방법을 찾기도 한다. 이런 매체 전략 결정은 주로 아래의 네 가지 요소에 초점을 맞춘다.

1. 목표 수용자(또는 시장)
2. 매체 종류
3. 매체 믹스
4. 매체 타이밍

목표 수용자

매체의 목표 수용자는 종종 캠페인 목표 수용자와 정확하게 동일하다. 그렇다 하더라도 매체 기획자는 매체의 목표 수용자보다 먼저 캠페인 목표 수용자를 결정한다. 목표 수용자와 관련된 행동을 반드시 결정해야 한다. 즉, 구매 빈도수, 구매 시기(주말 · 쇼핑), 목표 집단의 열망(스포츠 · 게임 · 음 악) 등을 조사하라는 말이다.

그러나 마케팅 커뮤니케이션 캠페인에서 매체(최소한 주요 매체)는 메시지를 전달할 하나의 방법에 불과하다. 예를 들어 회사는 핵심 구매 결정자에게 영향을 주기 위해 PR 활동과 판매 촉진을 할 수도 있고, 훨씬 광범위한 고객에 도달하기 위해 전통매체를 사용할 수도 있다. 이런 상황에서 캠페인을 위한 목표 수용자는 반드시 있을 것이고, 광고 매체에 따라 목표 수용자는 약간씩 다를 수도 있다. 목표 수용자 중 어떤 집단은 1차 목표 수용자로 간주될 수 있고, 또 다른 집단은 2차 목표 수용자로 간주될 수 있다. 그리고 이 두 가지에 동시에 속하는, 동등한 중요성을 가진 수용자 집단도 존재할 수 있다.

매체 유형

오늘날에는 전략 또는 전술 결정을 내리기 위해서는 모든 매체 유형을 함께 고려해야 한다. 다시 말해 광고, 홍보, 프로모션 등과 같은 **전통 요소**들은 물론이고, 경험 또는 쇼핑객 마케팅과 같은 **하위 요소**들과 신문, 텔레비전, 잡지와 같은 **매체 유형**(type), 《USA 투데이(USA Today)》, 《스포츠센터(SportsCenter)》, 《인스타일 USA(InStyle USA)》 잡지와 같이 미디어 비히클(vehicle) 모두 포함하여 고려해야 한다. 하지만 많은 광고 예산을 가진 일부 전국 단위의 광고주에게는 심지어 텔레비전을 포함하여 매체의 유형을 선택하는 일이 전략적 결정이라기보다는 전술적이라고 할 수 있다. 특히 이들은 상당히 많은 돈을 다른 마케팅 커뮤니케이션 수단에도 할당하기 때문이다. 그러나 직접 우편, 옥외 광고 등의 매체 유형은 그 세부적인 하위 매체 수단이 전혀 없기 때문에 매체를 선택하는 일이 다소 혼돈스러울 수도 있다.[2]

매체 믹스

매체 믹스를 결정하는 일은 어떤 매체에 얼마만큼의 비중을 둘 것인지 가리킨다. 예를 들어 목표 수용자, 지리적 위치, 시기, 브랜드, 특히 가장 중요한 요소로 매체 유형에 어느 정도의 비중을 둘지 결정하는 것으로, 종종 이를 **광고의 비중(무게)**이라고 부르기도 한다. 캠페인 과정에서 이런 매체 믹스의 결정 중 일부는 매체 기획자가 관여하기 이전에 미리 결정된다. 이처럼 미리 매체 믹스를 결정할 때에는 매체 목표가 무엇인지를 고려하여 이를 참고한다. 이처럼 매체 목표가 매체 전략에 앞서 고려된다고 할지라도, 이 두 가지 유형의 결정을 동시에 생각하는 것이 현명하다.

가장 중요한 매체 비중에 대한 결정은 다양한 매체 유형 각각에 어느 정도의 비중을 두었는지에 따라 결정된다. [그림 9-1]은 파이차트의 유형으로 매체 믹스를 보여준다. 파이차트는 기획서에 이런 정보를 제시할 때 흔히 사용되는 전형적인 방법이다.

타이밍/스케줄링

타이밍은 스케줄과 관련된 모든 것을 가리키는데, 여기서 우리가 고려해야 할 두 가지 중요한 결정이 있다. 즉, 언제 광고할 것인지에 대한 결정, 이 광고를 시간의 흐름에 따라 어떻게 스케줄을 짤 것인지에 대한 결정이다. 타이밍이 매체 전략에 있어 중요한 이유는 언제 광고에 노출되느냐에 따라 사람들이 그 광고 내용을 받아들이는 수용성이 크게 달라질 수 있기 때문이다. 다양한 시기에 어떻게 광고하고 스케줄을 짤 것인가 하는 것은 여러 가지 이유에서 중요하다. 가장 흔한 이유 중 하 나는 계절적 판매 변화와 관련이 있다.

그림 9-1 브랜드 매체 믹스에 대한 예

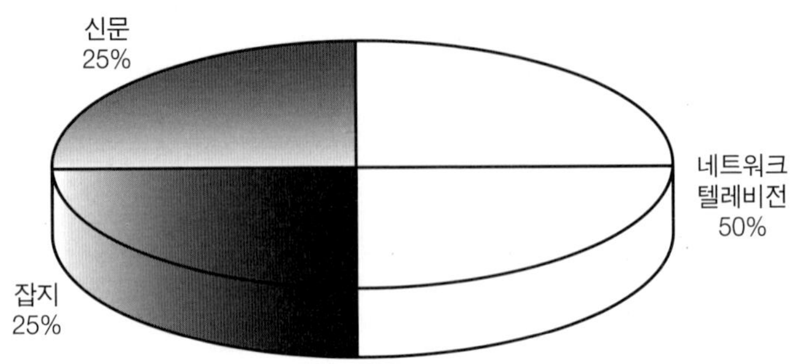

많은 제품의 판매량은 계절에 따라 크게 변화한다. 매체 스케줄링은 계절적 판매 패턴에 맞춰 이루어져야 하는데, 이를 **계절성**이라고 한다.[3] 또 하나의 개념은 최근 **매입률**(recency buying)이다. 이 개념은 판매 시점에 최대한 가깝게 목표 수용자가 광고를 접하도록 하는 것과 관련이 있다. 전략의 이런 측면은 많은 빈도를 매체 스케줄에 반영하여 작성하는 것과 관련이 있다. 이 장 후반부에서 매체 스케줄링에 영향을 미치는 다른 요인을 살펴볼 것이다.

두 번째 기본이 되는 매체 타이밍 결정은 한 광고 메시지와 또 다른 광고 메시지 사이에 연속성을 제공하는 것이 중요하다는 점에 초점을 맞추고 있다. 매체 기획이 전체 캠페인에 효율적으로 작용하기 위해서는 캠페인 내 각각의 개별 광고 사이에 상호 관련성이 있어야 한다. 즉, 각각의 광고는 상호관련성 있는 전체 캠페인의 목표에 도달하는 데 기여해야 한다. 그 결과 시너지 효과가 발생한다. 즉, 전체는 각 부분을 합한 것보다 더욱 크다. 광고 스케줄링에 무수히 많은 패턴이 있는 것처럼 보이지만, 대부분은 연속성과 관련된 다음의 세 유형, 즉 단속형 · 파동형 · 연속형 스케줄링을 변형시킨 것이다.

매체 전술 이해

매체 전술이란 매체 전략을 실행하기 위한 구체적 결정을 가리킨다. 일반적으로 이 결정은 어떤 구체적인 광고 수단(예를 들어 《스포츠 일러스트레이티드(Sports Illustrated)》, 《60분(60 Minutes)》)에, 어떤 구체적인 광고 단위(예를 들어 지면의 반쪽짜리 광고, 30초 스폿)으로, 어느 특정 기간 내에 스케줄링(예를 들어 크리스마스 구매 기간 중 한 달에 한 번)할지에 관련된 것이다. 또 다른 접점들의 결정으로는 다양한 이벤트 행사 또는 경험 마케팅을 위한 시간, 장소, 인력, 물류 등이 있다. 광고회사 사람들은 종종 이런 전술적인 결정을 매체 스케줄이라고 한다.[4]

스케줄 결정은 주로 매체 구매자, 즉 매체 수단을 결정하여 구매하는 사람에 의해 이루어진다. 이들 구매자는 매체 전략을 올바로 해석하여 구체적이고 효율적인 기획을 세우는 일에 능숙해야 한다. 또한 이들은 특별히 비용-효율적인 기획을 세우는 데 능숙해야 한다. 이를 위해 구매자는 매체 이용 고객과 비용 분석에 대해 탄탄한 지식을 가져야 한다. 최고의 구매자는 낮은 가격을 보장해주는 매체와 협상할 수 있는 능력과 양적 자료에 관한 지식과 기술을 소유한 사람이다. 이런 기본적인 능력은 비교적 짧은 시간에 획득될 수 있지만, 협상을 잘 할 수 있는 능력은 많은 경험을 필요로 한다. 또한 구매자는 매체 담당자와 협상하여 기대 이하로 매체 이용 고객이 줄어들지 않을 것을 보장하고, 매체 내 우선적인 위치에 광고를 내겠다는 약속을 받아내고, 기업의 판매 노력을 뒷받침하기 위해 매체의 광고 집행이 기여할 것을 보장받아야 한다.[5] 어떤 광고회사에서는 기획자가 동시에 구매자이기도 하다.

매체 기획의 실행

지금까지 매체 목표, 전략, 전술에 대한 논의는 광고 제작 시 매체에 관한 의사 결정에 대해 기본적 지식을 제공해주는 것을 목표로 삼았다. 이제 매체 목표가 어떻게 정해지고, 매체 전략과 전술이 어떻게 결정되는지 살펴보자.

매체 목표 결정

매체 기획자는 매체를 통해 메시지를 전달하고 그 효과를 높이고 싶다는 기대를 가질 것이다. 광고 메시지가 전달되었는지 아닌지를 평가하기 위해 사용되는 기본적인 측정 단위는 **노출**이다. 매체 이용자가 광고를 보거나 듣거나 읽었는지 아닌지를 아는 것은 매우 중요한 일이지만, 이것을 측정하는 일은 비용이 많이 들고 실행하기도 어렵다. 매체 이용자를 측정할 때 그들이 실제 광고에 노출된 것을 측정하는 것이 아니라 매체 노출만 조사한다. **노출**의 전문적인 의미는 '매체를 보는 것'이다.[6] 노출은 각 개인이 광고를 보거나 듣거나 읽을 수 있는 기회를 갖는 것을 의미한다. 노출의 측정은 각 매체마다 다르다. 노출을 측정하는 데 다섯 가지 도구가 있다. 즉, 도달 범위, 빈도, GI, GRP, 목표 집단의 시청률이다. 측정은 정확히 표현되므로 우리는 노출 측정을 **양적 매체 목표**라고 부른다. 메시지 전달 효과를 높이기 위한 능력은 더욱 주관적이어서 측정하기가 어렵다. 그래서 우리는 이런 유형의 목표를 **질적 매체 목표**라고 부른다.

양적 매체 목표

도달률. 도달률이란 정해진 기간, 매체에 노출된 사람이나 가구의 숫자라고 정의할 수 있다. 이 숫자는 보통 목표 수용자의 비율로 표현된다. 이러한 정해진 기간은 다양한데 4주, 4개월, 또는 캠페인 기간 전체를 가리킬 수도 있다. 예를 들어 매체 목표는 다음과 같이 기술될 수 있다.

- 1년중 매달 18~24세 사이의 여성 80%에 도달
- 1/4분기(3개월) 동안 18~24세 사이의 여성 80%에 도달
- 연말까지 18~24세 사이의 여성 80%에 도달

우리는 위의 인구통계학적 집단을 '목표 수용자', '1차 목표 집단', '2차 목표 집단'이라는 용어로 대신할 수 있다.

빈도. 매체 목표는 일반적으로 목표 수용자에게 광고가 도달되어야 하는 횟수를 가리킨다. **빈도**는 특정 기간 개인이나 가정이 매체 스케줄에 노출된 횟수라고 정의할 수 있다. 이 숫자는 보통 평균 빈도로 간주된다. 예를 들어 목표는 다음과 같이 정해지기도 한다.

- 1/4분기 동안 1차 목표 수용자의 80%에 매주 3회 이상 도달

빈도와 도달률은 서로 짝을 이루는 통계 자료이다. 즉, 하나를 고려하지 않고는 다른 하나를 이야기할 수 없다. 이 둘은 역비례 관계이다. 즉, 스케줄에서 빈도가 높을수록 더 적은 수의 사람에 도달된다. 매체 기획자는 많은 사람에게 2~3번 노출시킬 것인지, 아니면 소수의 사람에게 더 많이 노출시킬 것인지에 대해 균형을 맞춰야 한다. 도달률과 빈도 모두를 최대화하는 것은 무제한적 규모의 예산이 필요할 것이다.

도달률과 빈도 목표는 캠페인 목표와 연결되어야 한다. 잠재 고객이 어떤 것을 느끼고 생각하고 행동하도록 하기 위해서는 먼저 그들이 광고 메시지에 노출되도록 해야 한다. 만일 목표 수용자의 80%에 브랜드 인지도를 구축하기 원한다면, 최소한 목표 집단의 80%가 광고에 노출되도록 해야 한다(아마 그 이상일 것이다). 바람직한 빈도, 즉 반복 횟수의 도달 여부는 많은 요인에 달려 있는데, 그 예로 메시지 효율성이 있다.

인지도, 매출 등 원하는 효과를 얻기 위해 필요한 반복 횟수를 **효과적 빈도**라고 한

다. 효율적이라고 말할 수 있는 빈도수에 도달한 사람의 숫자나 비율은 **효과적 도달률**이라고 한다(즉, 바람직한 횟수로 광고에 노출된 사람이 몇 명인가).

매체 기획자는 목표를 설정할 때 효과적 도달률과 빈도를 고려하기 위해 다음 두 가지 질문에 대답해야 한다. 즉, (1) 목표 수용자 중 몇 명 혹은 몇 퍼센트가 광고를 접했는가, (2) 얼마나 자주 광고를 접하는가? 일반적으로 광고주는 최대한 많은 잠재 고객에게 도달하기를 원한다. 하지만 그렇게 했다고 해서 비용-효율이 높은 것은 아니다. 매체 기획자는 추가적인 목표 수용자에게 광고를 전달하기 위해 얼마나 많은 비용이 들고 어려움이 있는지 고려해야 한다. 어느 한 시점에 이르면 더 많은 잠재 고객에게 광고를 전달하는 비용이 판매 증가량을 상쇄하지 못하는 상태에 도달한다. 실제 상황에서는 종종 예산의 제약이 있다. 매체 기획자는 더 많은 잠재 고객에게 광고를 전달하는 것(그리고 많은 비용을 소비하는 것)이 의미가 있을지라도, 이미 예산이 정해져 있을 경우에는 자금의 제약 정도에 따라 자신에게 할당된 예산 범위 내에서 일해야 한다.

광고에서 효과적 빈도는 많은 변수(예를 들어 제품, 메시지, 매체 혼잡, 경쟁적 상황, 메시지 목표 수용자)에 따라 다양하게 나타난다. 광고주는 이 주제에 대해 연구를 계속하지만, 그 결과는 상황에 따라 달라서 특정 상황에만 적용된다. 효과적인 빈도에 대한 가장 영향력 있는 연구는 1979년 마이클 네이플스(Michael Naples)가 저술했고, 전국광고주협회(ANA: Association of National Advertisers)에 의해 편찬되었다(꽤 오래되었지만 여전히 참고할 만하다). 일반적인 결론은 다음과 같다.

1. 목표 수용자 집단이 광고에 1회 노출되는 것은(구매 주기 내에서) 효과가 적거나 거의 없다.
2. 1회 노출은 거의 효과가 없으므로, 매체 기획의 요점은 도달률보다 빈도를 강조한다.
3. 대부분의 연구에 따르면, 구매 주기 내에서 2회 노출되는 것이 효율의 기본 한계선이라고 한다.
4. 구매 주기 내에서 3회 노출이 가장 적합하다고 느껴진다.
5. 구매 주기 내에서 3회 노출된 후에 빈도수가 증가할수록 광고는 더욱 효율적이지만, 시간이 흐를수록 그 효율성의 증가율은 감소한다. 이것을 그래프로 그린다면 0의 지점에서부터 볼록하게 점차 증가하지만, 그 기울기는 나중으로 갈수록 줄어든다.
6. 광고캠페인의 효과 감소는 본래 너무 많은 빈도수가 아니라 카피나 내용에 의해 야기된다.

7. 일반적으로 덜 알려진 브랜드는 빈도수가 증가하면 효과도 증가한다. 그러나 잘 알려진 브랜드는 그것이 광고 포화 수준에 얼마나 가까이 있느냐에 따라 빈도 증가에 의해 효과를 얻을 수도 있고, 그렇지 않을 수도 있다.
8. TV의 다양한 방송 시간대는 다양한 빈도 수준에 영향을 받는다. 유사한 개념이 얇은 잡지나 두꺼운 잡지에도 적용될 수 있다. 즉, 얇은 잡지는 두꺼운 잡지보다 더 나은 반응 효과를 가져 온다.
9. 빈도 반응은 제품군 전체 광고비 중에서 특정 광고주가 집행한 광고 비율에 의해 영향을 받는다. 같은 제품군 내에서 최대 노출 비율을 가진 브랜드는 빈도수가 증가할수록 큰 효과를 가진다. 증가된 빈도수로 인한 광고 효과는 매체 종류에 영향을 받지 않는다. 특정 매체에 따른 결과는 다른 매체에도 적용될 수 있다. 각 브랜드는 다양한 수준의 노출 빈도를 요구한다. 한 브랜드의 경험을 갖고 어떤 다른 브랜드에 이르기까지 노출 빈도를 일반화할 수는 없다. 각각의 브랜드에 적합한 독특한 빈도수를 찾아내기 위해서는 전문적인 연구가 필요하다.
10. 두 브랜드에 동일한 양의 광고비를 소비한 경우, 그 빈도수에 따라 각기 다른 반응을 가져올 수 있다.[7]

네이플스 연구는 그 결과 중 일부에 대해 모두가 동의하지는 않지만, 여전히 영향력이 있다. 하나의 인기 있는 결론은 정해진 기간 내에 3회 이상의 빈도수가 이상적인 노출 횟수라고 하지만, 모두가 동의하는 것은 아니다. 존 필립 존스(John Phillip Jones)의 《광고가 효과 있을 때: 어떻게 광고가 판매를 자극하는지에 대한 새로운 증거》에 기초한 최근 견해는 한 번의 노출만으로도 효과를 발휘하기에 충분하다고 한다.[8] 몇몇 비평가는 네이플스의 결론과는 달리, 이상적 수준은 제품의 범주에 따라 각기 다르다고 말한다. 또 어떤 비평가는 이상적인 빈도수는 네이플스의 주장과 달리 광고 메시지의 질에 따라 다르다고 한다.[9] 비록 사람들이 네이플스의 일부 연구 결과에 동의하지 않는다고 할지라도, 고객에게 자주 노출시키는 것이 '긍정적인 결과'를 가져다준다는 데에는 의견 일치를 보았다.[10]

기간은 목표의 중요한 부분. 목표가 충족되리라고 기대되는 기간을 정하는 일은 언제 광고할 것인가에 대해 방향을 정하는 것이다. 최소 3회 이상 목표 수용자의 80%에 노출시키기를 원한다고 말하는 것만으로는 충분하지 않다. 이 목표를 언제 달성하고자 하는지를 결정해야 한다. 12개월 동안 3회의 빈도수에 도달하는 것은 4주 동안 3회의 빈도수에 이르는 것과는 상당한 차이가 난다. 4장에서 우리는 목표 속에 기간을 포함시키는 것을 가리켜 **시간 관련된** 목표라고 불렀다. 시간에 관련된 목표는 매체 구매자에게 매체 스케줄링을 위한 방향을 제시한다.

잭 시소르스(Jack Sissors)와 링컨 범바(Lincoln Bumba)는 《광고매체기획(Advertising Media Planning)》이라는 책에서 언제 광고를 해야 할지 결정하는 데 도움을 주는 여섯 가지 포인트를 제시한다.

- 언제 판매량이 최대이거나 최저인가에 따라
- 예산의 제약에 따라
- 경쟁사가 언제 광고를 하는가에 따라
- 해당 브랜드의 구체적 목표에 따라
- 홍보의 수요에 따라[11]

매체 스케줄링에서 판매량 고려. 매체 스케줄링의 중요한 원리는 소비자가 제품을 많이 구매하는 시기에 광고하는 것이다. 이런 구매 경향이 높은 때를 찾아내기 위해 광고주는 판매량과 자료를 살펴본다. 제품 판매량은 한 해의 각 시기마다 다르지만, 이런 변화는 매년 일관성 있게 반복되는 양상을 보인다. 크리스마스 판매 시즌은 대부분의 장난감과 게임 제조업체 판매량의 50%를 차지한다. 또 리넨이나 테이블보, 타월 등은 8월과 9월에 최대 판매를 기록해 이 시기를 '화이트 세일'이라고 부른다. 이 장의 후반에서는 매체 구매자가 어떻게 이 같은 계절을 기준으로 광고 비용을 할당하고 있는지 살펴볼 것이다.

예산의 제약. 매체 기획자는 종종 예산의 제약으로 인해 아주 힘든 결정을 내려야 할 때가 있다. 그들은 목표 수용자에게 효율적으로 도달하기를 원하지만, 제한된 예산으로 인해 매체 기획에 충분한 빈도수를 포함시키지 못한다. 광고가 너무 적은 빈도로 사람들에게 노출되지 않도록 그들은 종종 광고가 전혀 없는 시기 이후에 광고를 내보낸다. 이런 유형의 스케줄링은 **플라이팅**(flighting)이라 불리며, 최소한 그 기간만큼은 목표 수용자에게 충분한 빈도수만큼 효율적으로 도달하게 해준다.

경쟁사를 고려한 광고 스케줄링. 대부분의 업계 사람들은 마케팅이란 소비자의 마음과 관심을 얻기 위한 지속적인 전쟁이라고 생각한다. 이 전쟁에는 경쟁사가 광고할 때 자신의 회사도 지속적으로 광고를 계속하는 일도 포함된다. 시장 선도 브랜드의 경우 타사와의 경쟁 시기에 맞춰 광고하려고 노력한다. 이런 노력은 경쟁자에게 유리한 위치를 내주지 않으려는 것이 주된 이유인데, 그 리더가 훨씬 우세한 재정적 자원을 갖고 있을 때는 더욱 그렇다. 이런 전략과는 반대로 선두에 서지 못한 이류 브랜드의 경우에는 광고하기에 시기적으로 좋지 않을지라도 경쟁사와는 다른 시기에, 다른 회사가 광고하지 않을 때 광고를 내보내 이익을 얻고자 할 수도 있다. 동종 제품의 리더 브랜드와 직접적으로 경쟁하는 것이 힘들기 때문이다.

그러나 어떤 이류 회사는 경쟁사와 동일한 시기에 광고를 해야 한다고 생각할 수도 있다. 소비자가 어떤 특정 시기에 어떤 제품에 대한 광고를 보고 싶어 하거나, 그런 광고를 열심히 찾는 시점이 있기 때문이다. 1월과 8월은 '화이트 세일' 광고를 하기에 적합한 시기라고 생각한다. 신문에서 수요일은 '최고의 쇼핑일'로 간주되고, 대부분의 슈퍼마켓들은 이 날에 광고를 내보낸다. 그러나 일부 지역 사회에서는 목요일이 최고의 쇼핑일로 간주되고, 슈퍼마켓도 이 날에 거의 광고 스케줄을 잡는다. 이들은 신문에 식료품 광고가 많이 나오는 날 많은 쇼핑객이 식료품을 찾는다는 것을 잘 알고 있다.

브랜드의 구체적 목표에 맞춘 스케줄링. 매체 스케줄의 타이밍은 항상 광고 목표를 반영해야 한다. 하지만 가끔씩 광고의 비언어적인, 암시적인 목표도 이런 스케줄링에 영향을 줄 수 있다. 예를 들어 한 회사의 마케팅 전략이 경쟁사의 주도권에 공격적으로 반응하는 것이라면, 이 전략은 신제품 출시 등 어떤 새로운 활동을 강조해야 한다는 점을 암시한다. 특정 영역을 특별히 강조하고 돈을 쏟아 붓는다는 것은 곧 다른 영역에 써야 할 돈을 가져다가 여기에 투자한다는 것을 의미한다.

제품의 구매 가능성. 제품의 구매 가능성은 갑작스런 판매 증가나 노동인구의 부족, 자재 부족 등 여러 가지 원인에서 기인한다. 회사가 현재의 수요를 충족시키지 못한다면, 광고 노출을 좀 줄이는 것이 고객의 불만족을 높이는 것보다는 낫다.

촉진 상황. 가격 할인 등 특별한 판매 촉진 행사를 할 경우에는 광고의 타이밍에 특별히 신경을 써야 한다. 판매 촉진 활동은 일반적으로 브랜드의 정기적인 광고 활동

기간에 이루어지므로, 신제품 출시 때에는 가격 할인을 특별히 더 강조한다.

도달률과 빈도 측면에서 목표 설정

도달률과 빈도, 연속성은 매체 기획에서 핵심적 개념이다. 매체의 기본 목표는 메시지를 전달하는 것이고, 도달률과 빈도는 메시지 전달 과정이 구체적으로 어떻게 이루어지는가를 측정하는 도구이다. 메시지 전달 패턴의 타이밍은 어떤 유형의 연속성이 사용되었는가에 따른 결과이다. 양적 매체 목표는 네 부분으로 이루어진다.

1. 목표 수용자와 시장
2. 바람직한 도달률
3. 바람직한 빈도
4. 메시지 전달의 타이밍이나 패턴

다음은 양적 매체 목표의 예이다.

- 광고의 1/4분기 동안 18~34세 여성 60%에 매주 3회 이상 도달하기

매체 목표 설정 시 도달 범위와 빈도수 사용에 대한 문제점. 개념적 수준에서 도달률과 빈도의 측면에서 목표를 설정하는 것은 의미가 있다. 기본적으로 광고 목표는 사람에게 도달하는 것이다. 하지만 실제 운영의 측면에서 볼 때, 도달률의 측면에서 목표를 설정할 경우 도달률을 평가하거나, 그 목표가 성취되었는지 아닌지를 평가할 때 문제가 발생한다. 첫째, 두 개 이상의 매체 수단이 각각의 빈도수를 갖고 혼합된 채 사용되면 그 도달률의 평가는 복잡해진다. 특히 신문, 옥외 광고, 라디오, 잡지 등 다양한 매체가 서로 다른 시기에 스케줄링될 경우 문제는 더욱 복잡해진다.

둘째로, 목표 성취도를 측정할 좋은 평가 도구가 없을 경우에는 그 도달 범위(주로 퍼센트로 나타냄)에 대한 수치를 정할 때 서로 다른 복잡한 값을 얻게 된다. 그럼에도 불구하고 학생들은 종종 양적인 측면에서 도달률에 대한 목표를 세워야 한다고 교육받고 있다(도달률을 측정할 도구가 전혀 없는데도 말이다). 그 이유는 이것이 나중에 학생들이 해야 할 훈련(학습)이기 때문이고, 또 매체 기획자가 도달 범위에 대해 이야기할 때 자신의 생각을 더 정확하게 전달할 수 있는 방법이기 때문이다. 그러나 많은 전문가들은 평가나 측정이 가능한 도구를 사용해 목표를 설정하는 데 더욱 관심을

갖고 있다. 또 어떤 전문가들은 측정 가능한 도구를 사용해 목표를 설정하는 것은 너무 복잡하고 비용이 많이 든다고 생각한다(다양한 매체를 이용할 경우).

광고회사는 수많은 평가 공식을 사용한다. 이들 공식은 다양한 매체에 노출된 도달률을 평가할 수 있도록 시뮬레이션 모델을 개발한다. 대부분의 광고회사들은 도달범위를 측정하기 위해 독자적인 모델을 개발해 광범위하게 사용한다. 《매체 기획: 전략과 개발》의 윌리엄 J. 도넬리(William J. Donelly)는 도달률의 지표는 추정을 토대로 하기 때문에 매우 급진적인 지표라고 했다.[12] 그 결과 어떤 전문가는 측정하기가 쉬운 다른 유형의 노출 측정 도구를 사용해 목표를 설정하는 것을 선호한다. 이 같은 유형의 측정 도구 중 가장 흔한 것으로 **GI**(Gross Impressions), **GRP**(Gross Rating Points), **타깃시청률(TRP)** 등이 있다.

GI, GRP, TRP 측면에서의 목표 설정

GI. 임프레션은 한 개인 또는 가구가 광고에 노출될 때마다 발생한다. GI는 특정 기간 내에 한 매체 스케줄을 통해 얻어진 임프레션의 총 횟수를 가리킨다. 즉, 모든 매체 수단에 노출된 총 횟수를 가리키는 말로 스케줄 내의 모든 노출을 포함하고, 심지어는 동일인이나 동일 가정에 여러 차례 노출된 것도 포함한다. GI를 계산하기 위해서는 각 매체 수단의 도달률에 그 매체 광고수를 곱하게 된다. 즉, 다음과 같다.

프로그램 A: 도달된 사람 1,000,000명 × 광고 횟수 4 =	4,000,000	impression
프로그램 B: 도달된 사람 2,000,000명 × 광고 횟수 2 =	4,000,000	impression
프로그램 C: 도달된 사람 3,000,000명 × 광고 횟수 4 =	12,000,000	impression
프로그램 D: 도달된 사람 5,000,000명 × 광고 횟수 1 =	5,000,000	impression
GI	25,000,000	

프로그램 A의 고객은 1회 이상 광고에 노출되었을 뿐 아니라, 이들 고객 중 일부는 다른 프로그램 고객의 일부가 될 가능성도 있다는 사실에 주목하라. 이런 종류의 반복을 **중복**이라고 한다. GI는 그 스케줄에서 수용자가 중복되는 것을 고려하지 않고 매체 스케줄의 종합적인 비중을 살펴보는 방법이다. 반대로, 도달률은 중복되지 않은 숫자로 표현된다. 몇몇 광고회사가 사용하는 매체 모델에서는 매체 스케줄의 비중이 도달률만큼 중요하다. 다시 말해 많은 사람들에게 소수의 빈도로 도달하거나 반대로

매체 기획자는 임프레션보다는 시청률을 사용하는 경향이 더 많은데, 그 이유는 시청률이 사용하기에 더 편하기 때문이다. GRP는 퍼센트 단위로 사용되는 반면, 임프레션은 실제 인구수를 사용한다. GRP의 숫자는 보통 수백이나 수천 단위로 보고되지만, 임프레션에 대한 숫자는 종종 수백만이나 수십억으로 언급된다. GRP의 숫자가 더 작으므로, 다른 대안적인 매체 스케줄과 비교하기가 더 간편하다(예를 들어 스케줄 A는 한 주에 90GRP를 전달하고 스케줄 B는 120GRP를 전달한다고 말하는 것이 스케줄 A는 2억 3,400만 GI를 전달하고 스케줄 B는 3억 1,200만 GI를 전달하는 것을 목표로 한다고 말하는 것보다 더 간단하다. 비록 이 두 가지의 의미가 같을지라도 전자가 더 간단한다).

그러나 이와는 달리 매체 이용자의 규모를 임프레션으로 표현하는 데에도 여러 가지 이유가 있다. 짐 수르마네크(Jim Surmanek)가 언급했듯이, 광고주는 제품을 지원하기 위해 기획된 광고의 범위와 규모를 갖고 소매업자에게 감명을 주어야 한다. 따라서 1백만 단위로 표현된 GI 수치는 100단위로 표현된 GRP 수치보다 더욱 인상적으로 들린다. 더욱이 임프레션은 많은 매체 형태의 경우에도 쉽게 계산될 수 있다는 장점이 있다. 그리고 다양한 매체 기획이 고객에게 어떻게 전달되었는지를 비교할 수 있는 아주 간단한 수단이 된다.[13]

질적 매체 목표

도달률이나 임프레션, 시청률의 측면에서 목표를 설정할 경우, 매체 기획자는 광고를 전달하고자 하는 목표 수용자의 규모가 어느 정도인지를 보여줄 수 있다. 매체 기획자는 점차적으로 매체가 전달하고자 하는 메시지의 효과를 어느 정도 증진시킬 수 있는지 그 능력에 관심을 갖게 되었다. 전통적으로 이것은 주관적인 속성을 지니고 있기 때문에, 학자들은 이런 식으로 목표를 설정하는 방식을 추천하는 것을 꺼려 했다. 널리 사용되고 있는 광고 매체에 대한 교재에서 시저스(Sissors)와 붐바(Bumba)는 이렇게 기록했다. 즉, "어느 한 매체보다 다른 매체를 사용할 경우 어떤 한 메시지가 소비자에게 더 큰 영향을 주는 것처럼 보인다고 할지라도, 이 영향은 여전히 모호하다."[14] 모호하든 아니든 간에 많은 광고회사들이 매체가 단순히 메시지를 전달하는 것 이상으로 작용하기를 기대한다는 것은 분명한 사실이다. 사실, 바로 이런 기대로 인해 더 많은 PPL이 이루어지고 있다.

점점 더 많은 광고주들이 홍미(소란)를 일으켜 소비자의 레이더망에 걸려들기 위해 비전통적인 수단을 사용한다. 더욱이 전통적 매체는 메시지가 광고 목표 시장에 얼마나 영향을 줄 것인가에 영향을 미친다. 《포브스(Forbes)》에 투자 브로커를 위한 광고를 내는 것은 《플레이보이(Playboy)》에 광고를 내는 것보다 더 큰 권위를 가질 것이다. 《페어런츠(Parents)》, 《굿하우스키핑(Good Housekeeping)》에 광고를 낸다면 이에 대한 효과는 그 잡지에 의해 더 강화될 것이고, 《내셔널 엔콰이어(National Enquire)》에 동일한 광고를 내는 것보다 신뢰도가 높게 인식될 것이다. 329쪽에는 양적 매체의 가치가 제시되어 있다(그림 9-2 참조). 목표 수용자가 당신의 브랜드에 대한 광고 메시지를 받아들일 때 이들 매체의 가치가 얼마나 큰 영향을 미치는가 고려해보라. 이 광고가 특별히 중요하다면 질적 매체 목표를 통해 그 가치를 높여라. 사람들은 보통 매체 목표가 구체적이고 측정 가능한 측면에서 사용된 것을 더 좋아하므로, 이것이 질적 목표라는 사실을 사람들에게 구체적으로 말하는 것이 좋다.

매체 전략의 결정

매체 기획자가 부딪히는 도전 과제로, 광고주에게 경쟁력 있는 유리한 위치를 제공해 줄 수 있는 참신한 아이디어를 들 수 있다. 더 나은 기획이란 효과적일 뿐 아니라 비용 면에서도 효율적인 아이디어를 의미한다. 말하기는 쉬워도 실천하기는 어려운데, 경쟁적인 태도를 갖는 것이 무엇보다 중요하다. 이제 매체 전략에서 중요한 네 가지 요소인 목표 수용자, 매체 종류, 매체 믹스 혹은 매체 비중, 매체 타이밍에 대해 살펴보자.

목표 수용자의 확인. 목표 수용자는 광고캠페인에서 가장 핵심적인 요인이다. 목표 수용자를 찾아내는 첫 번째 단계는 잠재 고객 집단과 목표 시장을 선별하는 것이다.[15] 잠재 고객 집단은 특정 제품을 구매할 가능성이 있는 집단이다. 매체 기획자는 어떤 제품 범주 내의 브랜드를 구매하는 잠재 고객을 확인하려고 한다. 그런데 이 집단은 너무 다양하고, 구체적이지 않고, 일반적으로 거대해서 목표 수용자를 선정하기 위한 좀더 구체적인 기준이 필요하다.

목표 시장은 고객 또는 잠재 고객의 지리적 위치를 확인하기 위해 사용되는 용어이다(목표 수용자도 비슷한 의미이다). 지역은 전국적 지역, 구체적인 주와 도시 등으로 구분된다.

목표 수용자의 특성을 설명하는 변인

매체 기획에서 목표 수용자의 특성은 (1) 인구통계적, (2) 심리통계적, (3) 라이프스타일, (4) 제품/ 브랜드 사용, (5) 지리인구통계적 변인 등 몇 가지 유형으로 구분된다. 이들 변인은 단독 또는 복합적으로 사용될 수 있다.

인구통계적 변인. 인구통계적 변인으로 분류하는 것은 매체 수용자에 관한 광범위한 정보를 제공하므로 매체 기획 수립에서 가장 많이 사용되는 방법이다. MRI, 시몬스 등 주요 신디케이트 조사 회사는 다양한 인구통계적 특성과 관련된 정보를 제공한다. 일반적으로 사용되고 있는 인구통계적 변인은 연령, 성별, 소득, 교육, 직업 등이다. 인구통계적 변인을 이용한 전략의 예는 다음과 같다.

- 1차 목표 수용자는 25~34세의 여성이고, 이들의 가중치는 75%이다(따라서 이 집단에 예산의 75%가 할당된다).
- 2차 목표 수용자는 18~24세의 여성이고, 이들의 가중치는 25%이다(이 집단에는 예산의 25%가 할당된다).

이 같은 목표 수용자의 특성은 매체를 누구에게 집중할 것인가 확실하게 보여준다. 이 예에서 실제로 두 목표 수용자(즉 25~34세의 여성, 18~24세의 여성)가 있으며, 두 집단의 가중치는 각각 75%와 25%이다. 이렇게 목표를 정의함으로써 매체 구매자는 가능한 효율적으로 기획을 수행할 수 있다. 만일 매체 기획이 전적으로 잡지로 한정된다면, 매체 구매자가 목표 수용자에 속한 여성에게 가장 효과적으로 도달할 수 있는 잡지를 주로 구매할 것이다. [그림 9-2]는 각 잡지의 독자수, 부수당 독자수, 독자 중간 연령, 가구 수입 등을 나타낸 MRI 보고서의 예이다.

심리통계적 변인. 목표 수용자를 선정하는 접근법 중 또 다른 하나는 심리적 특성에 따라 잠재 고객을 구분하는 방법이다. 소비자 집단의 심리통계적 특성을 측정할 때 조사자는 공통된 신념, 의견, 관심, 성격, 행동에 따라 조사 대상자를 구분한다. 예를 들어 구매 행동을 기준으로 어떤 사람은 '알뜰한 소비자', 어떤 사람은 '충동적 소비자' 그리고 어떤 사람은 '실험적인 소비자'로 분류된다.

이런 분류를 하는 근거는 소비자의 구매 행동은 인구통계적 특성보다 사회심리적

그림 9-2 MRI 보고(인구통계적 특성에 따른 잡지 독자층 분석)

Fall 2004		Audience (000)			Readers Per Copy			Median Age			Household Income		
Magazine	Circulation (000)	Adults	Men	Women	Adults	Men	Women	Adults	Men	Women	Adults	Men	Women
4 Wheel & Off Road	392	3,325	2,788	536	8.48	7.11	1.37	34.8	33.1	39.3	52,096.0	52,263.0	49,982.0
Architectural Digest	790	4,683	2,150	2,533	5.93	2.72	3.21	45.7	43.1	48.3	93,123.0	90,682.0	95,776.0
Barron's	312	1,147	899	248	3.68	2.88	0.80	50.8	50.5	52.3	92,010.0	90,816.0	94,933.0
Bassmaster	558	3,987	3,241	746	7.15	5.81	1.34	40.1	41.1	37.1	50,507.0	51,367.0	48,039.0
Better Homes & Garde	7,678	38,192	8,631	29,561	4.97	1.12	3.85	46.9	45.7	47.2	58,850.0	65,988.0	57,085.0
Black Enterprise	504	3,792	1,618	2,174	7.52	3.21	4.31	40.6	40.3	40.8	50,081.0	55,890.0	46,248.0
Boating	196	2,836	2,214	622	14.47	11.30	3.17	45.0	45.7	42.9	70,614.0	71,847.0	59,021.0
Bon Appetit	1,276	6,187	1,499	4,688	4.85	1.17	3.67	47.0	44.4	48.0	83,871.0	94,276.0	78,750.0
Business Week	992	4,678	3,244	1,434	4.72	3.27	1.45	43.9	43.8	44.1	78,927.0	78,043.0	81,270.0
Car and Driver	1,328	9,757	8,562	1,195	7.35	6.45	0.90	34.2	33.7	38.2	64,978.0	65,954.0	56,259.0
Conde Nast Traveler	773	3,440	1,389	2,051	4.45	1.80	2.65	47.3	48.3	46.7	95,634.0	95,005.0	96,096.0
Cooking Light	1,665	11,378	1,698	9,680	6.83	1.02	5.81	46.9	46.3	47.0	66,212.0	62,673.0	66,942.0
Cosmopolitan	2,665	16,517	2,434	14,083	6.20	0.91	5.28	32.0	34.7	31.4	58,484.0	60,792.0	58,015.0
Country Living	1,700	11,387	2,290	9,096	6.70	1.35	5.35	48.6	48.5	48.6	54,724.0	56,606.0	54,017.0
Delta's SKY Magazine	419	3,412	1,691	1,721	8.14	4.04	4.11	43.6	43.0	44.3	96,997.0	98,101.0	95,569.0
Discover	847	5,459	3,007	2,452	6.44	3.55	2.89	42.4	41.7	43.1	54,647.0	60,686.0	48,515.0
Ebony	1,702	10,512	3,614	6,898	6.18	2.12	4.05	39.6	40.4	39.2	38,580.0	50,926.0	33,116.0
Elle	1,011	4,503	405	4,097	4.45	0.40	4.05	34.8	37.6	34.3	66,130.0	56,996.0	67,180.0
Entertainment Weekly	1,956	9,947	4,092	5,855	5.09	2.09	2.99	34.3	33.7	34.7	59,458.0	62,057.0	57,462.0
ESPN The Magazine	1,820	11,371	9,017	2,353	6.25	4.95	1.29	31.6	31.6	31.7	64,143.0	65,548.0	58,072.0
Esquire	702	2,919	1,833	1,086	4.16	2.61	1.55	42.9	42.7	43.0	65,004.0	73,244.0	45,255.0
Essence	1,129	7,173	1,699	5,475	6.35	1.50	4.85	37.0	38.9	36.3	42,076.0	58,417.0	36,420.0
Family Circle	4,482	21,441	2,034	19,408	4.78	0.45	4.33	49.7	49.8	49.6	52,478.0	53,170.0	52,400.0
Family Handyman	1,162	4,852	3,095	1,758	4.18	2.66	1.51	48.3	48.4	48.3	55,169.0	57,890.0	51,097.0
Field & Stream	1,550	10,621	8,785	1,836	6.85	5.67	1.18	42.6	42.6	42.8	54,921.0	55,438.0	50,382.0
Food & Wine	1,008	5,948	2,188	3,759	5.90	2.17	3.73	43.9	44.8	43.3	69,899.0	72,455.0	67,938.0
Forbes	935	4,591	3,329	1,262	4.91	3.56	1.35	45.1	44.9	45.5	81,370.0	84,336.0	69,437.0
Fortune	920	3,782	2,611	1,171	4.11	2.84	1.27	42.4	42.2	43.0	92,117.0	93,650.0	88,440.0
Glamour	2,285	11,784	1,100	10,685	5.16	0.48	4.68	33.5	33.0	33.6	58,832.0	57,862.0	58,895.0
Golf Digest	1,511	5,584	4,519	1,065	3.70	2.99	0.70	47.3	46.2	49.1	82,671.0	82,165.0	84,992.0
Good Housekeeping	4,590	24,182	2,862	21,320	5.27	0.62	4.64	49.7	51.3	49.3	56,168.0	60,199.0	55,540.0
GQ (Gentlemen's Quarterly)	803	4,743	3,346	1,397	5.91	4.17	1.74	33.5	33.1	34.6	65,450.0	66,561.0	62,344.0
Harper's Bazaar	695	2,873	295	2,579	4.13	0.42	3.71	42.3	39.6	42.5	66,517.0	60,456.0	66,970.0
House & Garden	912	13,887	3,459	10,428	15.23	3.79	11.43	49.5	48.0	50.0	56,307.0	67,851.0	53,616.0
Hunting	350	2,958	2,519	439	8.45	7.20	1.25	41.3	41.2	42.0	44,386.0	45,294.0	33,893.0
In Style	1,620	8,154	862	7,292	5.03	0.53	4.50	34.2	33.1	34.4	76,384.0	65,111.0	77,689.0
Inc.	686	1,259	824	435	1.83	1.20	0.63	43.4	43.2	43.8	98,838.0	91,076.0	109,929.0
Jet	892	8,082	3,307	4,775	9.06	3.71	5.35	41.3	42.4	40.4	35,609.0	45,954.0	45,954.0
Kiplinger's Personal Finance	1,040	2,707	1,731	977	2.60	1.66	0.94	52.5	51.6	53.5	83,647.0	86,326.0	86,326.0
Ladies' Home Journal	4,136	13,959	764	13,194	3.37	0.18	3.19	51.3	53.2	51.1	54,815.0	57,353.0	57,353.0
Martha Stewart Living	2,062	12,078	1,472	10,607	5.86	0.71	5.14	44.1	44.3	44.0	66,620.0	73,710.0	73,710.0
Men's Health	1,647	8,480	6,866	1,614	5.15	4.17	0.98	37.0	36.8	38.0	70,291.0	69,862.0	69,862.0
Modern Bride	397	5,170	582	4,588	13.02	1.47	11.56	29.3	29.4	29.3	54,944.0	50,667.0	50,667.0
Money	2,029	7,428	4,681	2,747	3.66	2.31	1.35	47.5	47.3	48.0	83,105.0	86,265.0	86,265.0
Motor Trend	1,175	6,783	6,029	754	5.77	5.13	0.64	37.6	37.1	40.5	65,969.0	65,865.0	65,865.0
National Enquirer	1,336	11,392	3,754	7,638	8.53	2.81	5.72	42.1	40.7	42.7	41,578.0	44,898.0	44,898.0
National Geographic	5,094	31,241	17,222	14,019	6.13	3.38	2.75	45.5	45.1	45.9	61,200.0	64,126.0	64,126.0
Newsweek	3,202	19,526	10,628	8,898	6.10	3.32	2.78	46.3	45.1	47.6	67,488.0	70,122.0	70,122.0
Parents' Magazine	2,189	14,726	2,489	12,238	6.73	1.14	5.59	33.5	35.9	32.9	57,471.0	66,096.0	55,945.0

그림 9-2 MRI 보고(인구통계적 특성에 따른 잡지 독자층 분석) (계속)

Fall 2004		Audience (000)			Readers Per Copy			Median Age			Household Income		
Magazine	Circulation (000)	Adults	Men	Women	Adults	Men	Women	Adults	Men	Women	Adults	Men	Women
People	3,592	37,215	11,743	25,472	10.36	3.27	7.09	41.1	40.7	41.3	62,731.0	66,319.0	60,929.0
Popular Mechanics	1,209	8,182	7,122	1,060	6.77	5.89	0.88	43.4	43.3	44.2	54,164.0	56,844.0	40,275.0
Popular Photography	444	2,035	1,264	771	4.58	2.85	1.74	45.3	48.1	41.1	61,764.0	66,222.0	52,029.0
Popular Science	1,424	6,398	5,129	1,268	4.49	3.60	0.89	44.6	44.7	44.3	65,063.0	65,886.0	60,521.0
Prevention	3,241	10,427	1,709	8,718	3.22	0.53	2.69	52.9	55.2	52.5	54,802.0	60,654.0	53,265.0
Reader's Digest	10,731	40,187	15,221	24,966	3.74	1.42	2.33	50.3	50.6	50.2	52,220.0	58,090.0	48,076.0
Redbook	2,356	9,601	803	8,799	4.08	0.34	3.73	43.6	43.0	43.7	57,266.0	61,149.0	56,986.0
Rolling Stone	1,266	10,341	6,080	4,260	8.17	4.80	3.37	29.1	29.6	28.3	59,678.0	63,094.0	55,013.0
Runner's World	543	2,519	1,345	1,174	4.64	2.48	2.16	38.7	37.4	40.3	81,059.0	78,682.0	84,620.0
Soap Opera Digest	551	5,246	510	4,736	9.52	0.93	8.60	39.3	38.6	39.4	42,263.0	37,963.0	42,669.0
Sports Illustrated	3,329	20,055	16,016	4,038	6.02	4.81	1.21	38.8	37.7	42.4	62,845.0	62,476.0	64,800.0
The Source	424	6,440	3,626	2,814	15.19	8.55	6.64	24.2	24.2	24.2	41,138.0	48,919.0	32,029.0
This Old House	1,046	5,996	3,327	2,669	5.73	3.18	2.55	46.3	44.6	48.5	64,282.0	66,419.0	61,061.0
Time	4,174	21,132	11,222	9,910	5.06	2.69	2.37	46.3	45.2	47.5	65,558.0	69,148.0	60,299.0
Travel & Leisure	1,058	4,690	1,813	2,876	4.43	1.71	2.72	46.4	48.9	44.9	80,552.0	87,368.0	76,296.0
TV Guide	9,100	25,579	10,507	15,072	2.81	1.15	1.66	44.1	43.1	45.0	48,516.0	53,336.0	44,040.0
Vanity Fair	1,113	4,757	1,092	3,665	4.27	0.98	3.29	39.7	38.1	40.3	68,236.0	71,773.0	67,392.0
Vibe	872	6,801	3,155	3,646	7.80	3.62	4.18	26.4	26.5	26.3	38,494.0	47,780.0	30,160.0
Vogue	1,186	9,480	1,112	8,368	7.99	0.94	7.06	34.5	37.1	34.3	61,145.0	66,647.0	59,714.0
Woman's Day	4,145	20,504	991	19,513	4.95	0.24	4.71	49.1	49.1	49.1	50,721.0	58,011.0	50,117.0

출처: Data from 2004 Fall MRI.

요인에 의해 더 큰 영향을 받기 때문이다. 매체 결정시 심리통계적 특성을 사용할 때는 (1) 심리통계적 특성을 이용한 조사의 신뢰성 문제(심리적 속성은 측정하기 어려운 면이 있음), (2) 심리통계적 특성으로 분류된 매체 사용에 관한 자료의 미흡 등 제약점이 있다. 그럼에도 불구하고 많은 광고주와 광고회사는 매체 기획을 위해 행동과학적 심리통계적인 접근을 실험하고 있는 중이다.

라이프스타일. 유겐하이머(Jugenheimer), 바반(Barban)과 터키(Turk)는 "라이프스타일 특성은 소비자의 우선순위를 반영하는 것으로 시간, 돈, 행위에 대한 에너지, 이해 관계, 의견 등을 측정한다. 라이프스타일 조사는 우리가 행동하고 관심을 갖는 모든 종류의 일을 망라한다"고 설명한다.[16] 라이프스타일 특성의 예는 다음과 같다.

- 활동(예를 들어 스포츠, 휴식, 오락)
- 선호(예를 들어 사회적 동기, 정치적 시각)
- 흥미(예를 들어 음악, 독서, 취미 등)

라이프스타일 특성에 따라 목표 수용자를 확인하는 일은 심리통계적 특성을 이용하는 경우와 유사하다. 때때로 이 두 접근법은 하나의 접근법으로 취급되기도 한다. 매체 정보로서 라이프스타일 특성은 심리통계적 특성과 비슷한 한계점을 갖는다.

제품/브랜드 사용. 제품 범주 또는 특정 브랜드의 사용 수준에 따라 목표 수용자의 특성을 찾는 방법은 매체 전략에서 많이 사용된다. 이 방법은 인구통계적 분류만큼 널리 사용되며, 실제로 이 두 가지 방법은 상호보완적이다. GfK MRI 보고서는 제품 사용량에 따라 '다량(heavy)', '보통(medium)', '소량(light)'으로 구분한다.

[그림 9-3]에서 생수 사용자의 교육, 연령, 여론 조사 지역과 같은 인구통계적 특성이 제품 사용량에 따라 표시되고 있다(MRI 자료는 다른 인구통계적 특성도 제시한다). 목표 수용자의 크기와 제품 사용 경향을 추정하기 위해 이들 자료를 이용할 수 있다. MRI 보고서는 또 세부 인구층에 따른 지표(index number)를 제공한다. 이런 지표를 통해 평균 사용량과 비교한 특정 인구층의 사용 비율을 알 수 있다. 즉, 평균 사용량을 100이라고 했을 때 100보다 높거나 낮은 수치는 평균 사용량보다 많거나 적은 것을 의미한다. 예를 들어 특정 인구층의 수치가 125라면 평균 사용량보다 25% 더 많이 사용한다는 것을 의미한다.

[그림 9-3]에서 18~24세의 생수나 탄산수 다량 사용자를 목표 수용자로 고려할 때, MRI 자료에 의하면 목표 수용자의 수는 4,869,000명이다. 또한 18~24세에 해당하는 모든 인구의 17.7%가 다량 사용자이며, 전체 다량 사용자의 12.9%가 18~24세 연령층이라는 것을 알 수 있다.

이런 모든 정보를 관찰하는 것만 갖고는 어떤 방향으로 매체를 집중할 것인가를 결정할 수 없다. 실제 목표 소비자가 누구인가를 결정하는 일은 매체 기획자가 궁극적으로 내려야 하는 의사 결정이다. 매체 기획자는 최종 의사 결정을 내리기 전에 다음과 같은 질문을 포함하여 가능한 한 매체 수용자에 관해 많은 질문을 해보아야 한다.

- 마케팅 판매 목표와 광고 커뮤니케이션 목표에 부합할 만큼 목표 수용자가 충분한가?
- 목표 수용자의 대부분을 효과적으로 커버(도달)할 수 있으며, 빈도가 적당한가?
- 주어진 매체 예산으로 목표 집단에 메시지를 충분히 전달할 수 있는가?

표 9-3 생수와 탄산수

Base: All Adults	Total Population 18-Plus				All (Drank in Last 6 Months)				Drinks or Glasses/Last 7 Days											
2004 Spring Mediamark Research Inc, weighted Pop, (000)									Heavy (8+)				Medium (2-7)				Light (0-1)			
Bottled Water & Seltzer: Drink in Last 6 Months	A (000)	B Horz %	C Vert %	D Index	A (000)	B Across	C Down	D Index	A (000)	B Across	C Down	D Index	A (000)	B Across	C Down	D Index	A (000)	B Across	C Down	D Index
All	211845	100,00	100,00	100	113334	53,50	100,00	100	37707	17,80	100,00	100	46124	21,77	100,00	100	29503	13,93	100,00	100
Men	101655	100,00	47,99	100	48503	47,71	42,80	89	15757	15,50	41,79	87	20043	19,72	43,45	91	12703	12,50	43,06	90
Women	110190	100,00	52,01	100	64831	58,84	57,20	110	21950	19,92	58,21	112	26081	23,67	56,55	109	16800	15,25	56,94	109
Parents	73494	100,00	34,69	100	43659	59,40	38,52	111	14132	19,23	37,48	108	18241	24,82	39,55	114	11285	15,36	38,25	110
HH status: head of household	130137	100,00	61,43	100	65820	50,58	58,08	95	21677	16,66	57,49	94	26894	20,67	58,31	95	17249	13,25	58,47	95
HH status: homemakers	130274	100,00	61,50	100	70762	54,32	62,44	102	23557	18,08	62,47	102	28709	22,04	62,24	101	18496	14,20	62,69	102
HH status: prof/mgr	42793	100,00	20,20	100	27587	64,47	24,34	121	8803	20,57	23,34	116	11953	27,93	25,91	128	6832	15,96	23,16	115
HH status: sole parent	11993	100,00	5,66	100	6890	57,45	6,08	107	2464	20,54	6,53	115	2718	22,66	5,89	104	1709	14,25	5,79	102
Educ: graduated college plus	51950	100,00	24,52	100	32495	62,55	28,67	117	10162	19,56	26,95	110	13810	26,58	29,94	122	8522	16,40	28,89	118
Educ: attended college	57213	100,00	27,01	100	32435	56,69	28,62	106	11401	19,93	30,24	112	13050	22,81	28,29	105	7984	13,95	27,06	100
Educ: graduated high school	67355	100,00	31,79	100	33563	49,83	29,61	93	11105	16,49	29,45	93	13727	20,38	29,76	94	8731	12,96	29,60	93
Educ: did not graduate HS	35327	100,00	16,68	100	14840	42,01	13,09	79	5039	14,26	13,3	80	5536	15,67	12,00	72	4265	12,07	14,46	87
Educ: post graduate	17196	100,00	8,12	100	10390	60,42	9,17	113	3153	18,33	68,36	103	4372	25,42	9,48	117	2866	16,67	9,71	120
Educ: no college	102682	100,00	48,47	100	48404	47,14	42,71	88	16144	15,72	42,81	88	19263	18,76	41,76	86	12997	12,66	44,05	91
Age 18-24	27492	100,00	12,98	100	16009	58,23	14,13	109	4869	17,71	12,91	100	6443	23,43	13,97	108	4697	17,08	15,92	123
Age 25-34	39096	100,00	18,45	100	22920	58,63	20,22	110	7185	18,38	19,05	103	9622	24,61	20,86	113	6113	15,64	20,72	112
Age 35-44	44333	100,00	20,93	100	25915	58,46	22,87	109	8501	19,18	22,55	108	11248	25,37	24,39	117	6166	13,91	20,90	100
Age 45-54	40026	100,00	18,89	100	23084	57,67	20,37	108	8454	21,12	22,42	119	9000	22,49	19,51	103	5629	14,06	19,08	101
Age 55-64	26743	100,00	12,62	100	13873	51,88	12,24	97	4966	18,57	13,17	104	5572	20,83	12,08	96	3335	12,47	11,30	90
Age 65+	34155	100,00	16,12	100	11532	33,76	10,18	63	3731	10,92	9,89	61	4239	12,41	9,19	57	3562	10,43	12,07	75
Employment: working full time	112161	100,00	52,94	100	64520	57,52	56,93	108	21649	19,30	57,41	108	27230	24,28	59,04	112	15642	13,95	53,02	100
Employment: working part time	23062	100,00	10,89	100	14041	60,88	12,39	114	4481	19,43	11,88	109	5847	25,35	12,68	116	3713	16,10	12,59	116
Employment: not working	76622	100,00	36,17	100	34773	45,38	30,68	85	11578	15,11	30,70	85	13047	17,03	28,29	78	10148	13,24	34,40	95
Occupation: professional	22111	100,00	10,44	100	14334	64,83	12,65	121	4453	20,14	11,81	113	6230	28,18	13,51	129	3652	16,52	12,38	119
Occupation: executive/admin/mgr	20682	100,00	9,76	100	13253	64,08	11,69	120	4350	21,03	11,54	118	5723	27,67	12,41	127	3180	15,38	10,78	110
Occupation: clerical/sales/tech	38455	100,00	18,15	100	23450	60,98	20,69	114	7893	20,53	20,93	115	9633	25,05	20,89	115	5923	15,40	20,08	111
Occupation: precision/crafts/repair	14379	100,00	6,79	100	7067	49,15	6,241	92	2401	16,70	6,37	94	2866	19,93	6,21	92	1800	12,52	6,10	90
Occupation: other	39596	100,00	18,69	100	20457	51,66	8,05	97	7033	17,76	18,65	100	8625	21,78	18,70	100	4799	12,12	16,27	87
HHI $150,000+	14089	100,00	6,65	100	9879	70,12	8,72	131	3575	25,37	9,48	143	3852	27,34	8,35	126	2452	17,40	8,31	125
HHI $75-149,999	51008	100,00	24,08	100	32535	63,78	28,71	119	11409	22,37	30,26	126	13332	26,14	28,90	120	7794	15,28	26,42	110
HHI $60-74,999	24052	100,00	11,35	100	13226	54,99	11,67	103	4001	16,63	10,61	93	5546	23,06	12,03	106	3679	15,30	12,47	110
HHI $50-59,999	18915	100,00	8,93	100	10507	55,55	9,27	104	3039	16,07	8,06	90	4899	25,90	10,62	119	2569	13,58	8,71	98
HHI $40-49,999	21142	100,00	9,98	100	10840	51,27	9,56	96	3252	15,38	8,62	86	4399	20,81	9,54	96	3189	15,08	10,81	108
HHI $30-39,999	23479	100,00	11,08	100	11002	46,86	9,71	88	3525	15,01	9,35	84	4739	20,18	10,27	93	2738	11,66	9,28	84
HHI $20-29,999	24114	100,00	11,38	100	10671	44,25	9,421	83	3845	15,94	10,20	90	4123	17,10	8,94	79	2703	11,21	9,16	80
HHI < $20,000	35046	100,00	16,54	100	14673	41,87	2,95	78	5062	14,44	13,43	81	5232	14,93	11,34	69	4379	12,49	14,84	90
Census Region: Northeast	40543	100,00	19,14	100	23527	58,03	20,76	108	8755	21,59	23,22	121	9466	23,35	20,52	107	5307	13,09	17,99	94
Census Region: South	76644	100,00	36,18	100	39460	51,49	34,82	96	13291	17,34	35,25	97	15476	20,19	33,55	93	10693	13,95	36,24	100
Census Region: North Central	47979	100,00	22,65	100	23622	49,23	20,84	92	6536	13,62	17,33	77	10149	21,15	22,00	97	6937	14,46	23,51	104
Census Region: West	46680	100,00	22,04	100	26724	57,25	23,58	107	9125	19,55	24,20	110	11032	23,63	23,92	109	6567	14,07	22,26	101
County size A	86941	100,00	41,04	100	51225	58,92	45,20	110	18545	21,33	49,18	120	20887	24,02	45,28	110	11793	13,56	39,97	97
County size B	63405	100,00	29,93	100	33507	52,85	29,56	99	10337	16,30	27,41	92	14376	22,67	31,17	104	8794	13,87	29,81	100
County size C	30730	100,00	14,51	100	15173	49,37	13,39	92	4719	15,36	12,51	86	6054	19,70	13,13	90	4400	14,32	14,91	103
County size D	30770	100,00	14,52	100	13429	43,64	11,85	82	4106	13,35	10,89	75	4807	15,62	10,42	72	4516	14,68	15,31	105
Marital status: single	51782	100,00	24,44	100	29039	56,08	25,62	105	9226	17,82	24,47	100	11903	22,99	25,81	106	7910	15,28	26,81	110
Marital status: married	119963	100,00	56,63	100	65675	54,75	57,95	102	21701	18,09	57,55	102	27115	22,60	58,79	104	16859	14,05	57,15	101
Marital status: all others	40100	100,00	18,9	100	18619	46,43	16,43	87	6780	16,91	17,98	95	7106	17,72	15,41	81	4734	11,80	16,04	85
Marital status: engaged	9865	100,00	34,66	100	6084	61,68	5,371	115	1894	19,19	5,02	108	2602	26,38	5,64	121	1588	16,10	5,38	116
HH size: 1	29319	100,00	13,84	100	12911	44,04	1,39	82	4426	15,10	11,74	85	4996	17,04	10,83	78	3489	11,90	11,83	85

표 9-3 생수와 탄산수

Base: All Adults 2004 Spring Mediamark Research Inc, weighted Pop. (000)	Total Population 18-Plus				All (Drank in Last 6 Months)				Drinks or Glasses/Last 7 Days											
									Heavy (8+)				Medium (2-7)				Light (0-1)			
Bottled Water & Seltzer: Drink in Last 6 Months	A (000)	B Horz %	C Vert %	D Index	A (000)	B Across	C Down	D Index	A (000)	B Across	C Down	D Index	A (000)	B Across	C Down	D Index	A (000)	B Across	C Down	D Index
HH size: 2	69030	100,00	32,59	100	34434	49,88	30,38	93	11407	16,52	30,25	93	13850	20,06	30,03	92	9178	13,30	31,11	95
HH size: 3-4	80800	100,00	38,14	100	47115	58,31	41,57	109	15544	19,24	41,22	108	19314	23,90	41,87	110	12257	15,17	41,54	109
HH size: 5+	32696	100,00	15,43	100	18874	57,73	16,65	108	6330	19,36	16,79	109	7964	24,36	17,27	112	4579	14,01	15,52	101
Children: any	89093	100,00	42,06	100	52125	58,51	45,99	109	17267	19,38	45,79	109	21594	24,24	46,82	111	13264	14,89	44,96	107
Race: White	165206	100,00	77,98	100	86282	52,23	76,13	98	27163	16,44	72,04	92	35715	21,62	77,43	99	23404	14,17	79,33	102
Race: Black/African American	24003	100,00	11,33	100	14226	59,27	12,55	111	5833	24,30	15,47	137	5144	21,43	11,15	98	3249	13,53	11,01	97
Race: American Indian or Alaska Native	2770	100,00	1,31	100	1567	56,57	1,38	106	449	16,21	1,19	91	786	28,37	1,70	130	332	11,99	1,13	86
Race: Asian	4534	100,00	2,14	100	2873	63,38	2,54	118	1176	25,93	3,12	146	1078	23,78	2,34	109	619	13,66	2,10	98
Race: Other	16480	100,00	7,78	100	9001	54,62	7,94	102	3309	20,08	8,78	113	3678	22,32	7,97	103	2014	12,22	6,83	88
Spanish speaking (in an english language capable HH)	27987	100,00	13,21	100	15059	53,81	13,29	101	5289	18,90	14,03	106	6229	22,26	13,50	102	3541	12,65	12,00	91
Spanish or Hispanic Origin or Descent	25608	100,00	12,09	100	13855	54,11	12,23	101	4907	19,16	13,01	108	5702	22,27	12,36	102	3245	12,67	11,00	91

출처: From 2004 Fall MRI.

지리-인구통계적 변인. 매체가 점점 더 지역화되면서 인구통계학적 특성과 지역을 결합하려는 시도가 증가하고 있다. 많은 잡지들은 지역별로 광고 지면을 판매한다. 따라서 매체 구매자는 특정지역 또는 특정 도시에 배포되는 잡지만 구매할 수 있다. 스폿 텔레비전과 케이블, 스폿 라디오, 신문, 옥외 매체 등도 지역별 구매가 가능하다.

3장에서도 언급했듯, 닐슨의 프리즘(PRIZM) 및 아콘(ACORN)과 같이 목표 집단의 지리-인구통계학적 프로파일을 요구하는 매체 기획자의 요구에 부응하기 위해 많은 조사 회사는 이러한 서비스를 개발해오고 있다. 이러한 서비스 자료는 수입, 교육수준, 직업, 인종, 인구밀도, 거주 형태 등과 같이 다양한 프로파일 특성을 포함한다. 특히, 미국에서는 이러한 정보가 우편번호별로도 제시하는 것이 가능하다.

목표 수용자와 매체 선택의 조화

목표 수용자의 특성을 파악하기 위해 사용하는 변인이 무엇이든 관계없이 매체 기획자는 궁극적으로 목표 수용자를 선택하고 매체와 조화시킬 수 있어야 한다. 이때 어려운 점은 두 가지 변인을 일치시키는 정보가 거의 없다는 것이다. 예를 들어 당신의 목표 수용자가 20~55세의 알뜰 주부이며 50개 대도시에서 옥외 광고를 한다면, 옥외 광고와 목표 수용자를 연결하는 정보를 찾기란 어려운 일이다. 따라서 비공식적인 조사 자료를 활용해야 한다.

매체 기획 담당자는 인구통계학적 자료와 제품 사용 자료를 목표 수용자와 맞추기 위해 MRI, 시몬스 등 신디케이트 조사기관이 제공하는 자료를 이용한다. 따라서 만약 목표 수용자를 인구통계학적 관점에서 정의하기 위해 신디케이트 자료를 사용한다면 관심 있는 계층에서 많이 이용되는 매체를 선정해야 할 것이다.

목표 수용자를 제품 사용의 관점에서 정의할 때, 직접적인 접근법은 제품 사용자의 매체 노출 정도에 따라 목표 수용자와 매체를 조화시킨다. 비교적 덜 직접적인 접근법은 먼저 제품 사용자층의 인구통계학적 특성을 정의한 후에 각 매체 독자의 인구통계학적 특성을 조화시키는 것이다.

매체 종류의 결정

매체 전략의 두 번째 요소는 매체 종류의 선택이다. 매체 종류가 결정되고 구체적인 매체가 결정되면 이런 사항들은 매체 기획을 실행하는 매체 구매 부서로 넘어간다.

매체 선택 기준에 대해서는 8장에서 이미 언급하였고, 또한 대부분의 광고매체 교과서에서도 다루고 있다. 하지만, 다양한 매체 선택에 따른 장점과 단점에 관한 깊은 논의는 필요하다.

매체 믹스

매체 전략의 세 번째 구성 요소는 매체 기획에 포함될 다양한 매체 유형을 결정하고 매체의 상대적 중요성과 비중을 결정하는 것이다.

매체 유형은 상황 분석, 매체 기획이 지향하고 있는 목표 수용자 정보, 매체 목표 등을 근거로 결정된다. 단지 하나의 매체(예를 들어 네트워크 텔레비전)가 선택되었다고 할지라도 매체 믹스가 필요하다. 텔레비전 방송 시간대, 즉 24시간 광고 집행 기획에서 이용 가능한 시간대를 균형적으로 이용할 매체 믹스가 필요하다. 예를 들어 매체 기획자는 예산의 35%를 낮 시간대 프로그램, 50%를 저녁 프로그램, 15%는 심야 텔레비전에 할당하는 기획을 세울 수 있다. 또는 단지 하나의 시간대(예를 들어 저녁 시간대 프로그램)만을 선택할 때조차도 다양한 프로그래밍 포맷, 즉 시트콤, 액션, 드라마 간에 믹스를 해야 할 것이다.

매체별 가중치를 결정할 때 고려해야 할 요인

매체 기획자가 매체별 가중을 결정할 때 고려해야 할 몇 가지 사항이 있다.

목표 수용자. 매체 기획자는 목표 수용자의 크기와 특성에 따라 사용할 매체를 결정한다. 목표 수용자가 협소하다면 효과적으로 도달할 수 있지만, 다양한 모집단에 도달하게 하기 위해서는 다양한 매체가 요구된다. 매체 기획자와 매체 구매자는 다양한 개별 매체가 특정 목표 수용자에게 어떻게 전달되는가를 알기 위해 수용자 자료를 검토한다. 예를 들면《레드북(Redbook)》잡지가 목표 수용자에게 도달하는 데 효율적이라면, 그 잡지는 매체 믹스의 일부가 될 것이다. 그러나《레드북》이 목표 수용자의 일부만 커버할 경우에는《레이디스 홈 저널(Ladies Home Journal)》,《베터 홈스 앤 가든스(Better Homes and Gardens)》등 몇 개의 다른 잡지를 매체 믹스에 포함시켜야 할 것이다.

목표 시장/지리적 위치. 앞에서 언급했듯이 목표 시장은 현재 고객과 잠재 고객의 지리적 위치와 깊은 관련이 있다. 매체 기획자가 매체 믹스를 수립할 때에는 매체 유형별로 적당한 가중치를 주는 것은 물론, 지역별로 제품이나 브랜드 (잠재)사용량의 차이까지도 고려하여야 한다. 텔레비전, 케이블, 라디오, 잡지와 같은 전국적 방송매체는 전국의 시청자에게 직접 메시지를 전달하는 것이 가능한 반면, 지역 신문 또는 지역 방송과 같은 몇 몇 매체를 이용하여 메시지를 전달하기 위해서는 지역별로 매체를 구매하는 것이 필요하다.

매체 기획자는 매체의 가중치를 결정할 때 특정 지역의 다양한 잠재성을 고려해야만 한다. 다음은 주요 마케팅 시장의 제품 사용자 수에 따른 가상적 가중치의 예이다.

지역	제품 범주 사용자의 수	사용자 수 지표
북동부	22,000,000	89
동중부	13,000,000	83
서중부	22,000,000	119
남부	37,000,000	111
서부	17,000,000	89

남부 지역은 제품 사용자가 3,700만 명으로 규모가 가장 큰 지역이다. 또한 남부 지역은 제품의 상대적 사용자 수도 평균 지역 이상이다(111이란 사용자수 지표는 다른 지역의 평균보다 11% 높은 것을 의미함). 이러한 정보는 매체 기획을 할 때 남부 지역을 중요하게 여겨야 한다는 것을 암시한다. 또한 기획자는 다섯 개 지역의 모든 지역에 상당한 수의 사용자가 살고 있으며, 사용자 지표가 83에서 119까지 분포한다는 것은 어떠한 지역도 현저하게 높거나 낮지 않다는 것을 의미한다는 것을 알아야 한다. 따라서 매체 기획자는 특정 지역에 광고를 너무 많거나 적게 집행하지 않도록 주의를 기울여야 할 것이다. 어떤 자료를 해석하는 일은 때로는 주관적이지만, 매체 기획자의 의사 결정은 분석과 논리에 근거해서 정당화되어야 한다.

매체 믹스와 다른 전략과의 연계

매체 믹스를 구성하는 방법은 수없이 많지만 대표적인 두 가지 상반된 방법이 있다. 집중된 매체 전략이냐, 분산된 매체 전략이냐 등의 문제이다.

집중식 믹스는 단일 매체, 예를 들면 텔레비전만 사용하는 전략이다. 또한 집중식 믹스는 한 가지 매체에서 한 개의 개별 매체(예를 들어 《스포츠 일러스트레이티드》 잡지만 선택) 또는 매우 제한된 수의 개별 매체만을 포함시키는 것을 말한다.

집중식 매체 믹스의 장점은 다음과 같다.

- 경쟁자에 대한 효과: 한정된 매체에만 광고하기 때문에 경쟁자와 비교해 그 매체를 지배할 수 있는 기회를 갖는다. 그러므로 그 매체나 개별 매체에 노출되는 소비자의 마음에 보다 큰 영향력을 미칠수 있다.
- 중간상에 대한 효과: 한정된 매체에만 광고하기 때문에 중간상은 쉽게 광고를 주목하고, 집중된 노력에 감명받을지도 모른다. 또한 단일 개별 매체(시청률이 높은 미니시리즈, 슈퍼볼 등 강력한 인상을 주는 프로그램)에 투입할 수 있다. 이런 방법은 유통 경로에 있는 소매상과 도매상에 큰 효과를 준다.
- 매체에 대한 효과: 매체 예산을 단일 또는 소수 개별 매체에 집중시키면 매체와의 협상에서 이점을 얻을 수 있다. 매체 예산의 대부분을 제한된 매체에 집중하기 때문에 더 좋은 가격에 구매할 수 있다.
- 생산비 효과: 집중된 매체 구매로 규모의 경제 효과를 얻을 수 있다. 만약 텔레비전과 잡지 등 두 가지 매체를 사용한다면 방송과 잡지 광고를 제작하기 위한 비용

이 들지만, 단일 매체만 이용하면 제작비용을 절감할 수 있다. 매체 구입에 있어서도 여러 개의 매체를 구입할 때보다 몇 개의 매체를 제한해 구입하면 비용이 저렴하다.

분산식 믹스는 여러 가지 매체에 예산을 분산시킴으로써 다양하게 매체를 구입하는 방법이다. 어떤 상황에서는 집중식 믹스보다 이 방법이 논리적으로 적당할 것이다. 예를 들어 목표 수용자가 여러 계층으로 세분화되어 있다면 매체를 분산하여 이용할 가능성이 높다. '직장에 다니는 주부'가 1차 목표 수용자이고 '직장에 다니는 주부의 자녀'가 2차 목표 수용자라면, 1차 대상을 위해서는 잡지, 2차 대상을 위해서는 토요일 아침 TV를 구매해야 할 것이다.

분산식 믹스의 장점은 다음과 같다.

- 목표 수용자에 대한 효과: 다양한 매체를 이용할 수 있기 때문에 (비전통적 매체의 증가와 전통적 매체의 다양화) 소수의 세분 시장에 중점을 둘 경우 분산식 매체 믹스를 하면 다양한 세분 시장에 전달이 가능하다. 목표 수용자의 세분화 정도가 높을수록 이 방법은 유용하다.
- 메시지 내용에 대한 효과: 다양한 심리적 상태에 있는 잠재 고객에게 메시지를 전달하려면 분산식 믹스가 적절하다. 이 방법은 브랜드의 최초 인지부터 잠재 고객이 브랜드 구매 의도를 갖게 될 때까지의 커뮤니케이션 기간이 긴 경우에 사용된다. 브랜드에 대한 소비자의 심리 단계에 맞춰 적절한 매체의 사용이 가능하기 때문이다.
- 도달률과 빈도 목표에 대한 효과: 집중식 믹스는 도달률 목적보다는 빈도 목적을 달성하는 데 적합한 반면에 분산식 믹스는 두 가지 목적을 모두 달성할 수 있다는 장점을 가졌다. 일반적으로 분산식 믹스 방법을 이용하면 집중식 믹스 방법을 이용하는 경우보다 다양한 매체를 이용해 광고를 집행하기 때문에 도달률을 높일 수 있다. 또한 각 매체별로 다량 사용자(heavy users)와 소량 사용자(light users)가 존재하므로, 주된 매체 외에 제2의 매체, 제3의 매체, 제4의 매체를 이용하면 단일 매체만 이용할 때보다 도달률을 높일 수 있다. 예를 들어 네트워크 텔레비전만을 이용하여 광고를 집행할 경우 75%의 도달률을 올릴 수 있었다면, 텔레비전 광고비의 일부를 잡지로 전환한다면 텔레비전의 도달률은 75%보다 떨어지겠지만, 텔레비전과 잡지를 통한 종합 도달률은 80% 이상이 될 수 있다.

분산식 믹스 방법은 소비자에 대한 광고 도달 빈도의 균형을 맞춤으로써 빈도 목표를 달성하는 데 도움이 되기도 한다. 집중식 믹스 방법을 이용할 경우, 광고에 노출된 빈도가 불균형을 이루는 경우가 흔히 발생한다. 즉, 집중식 믹스를 사용할 경우 최저의 빈도(1회 내지 2회 노출) 또는 최대의 빈도(예를 들어 10회 이상) 노출 소비자 수가 많아진다. 그러나 여러 가지 매체를 이용한 분산식 믹스 방법을 이용하면 이런 극단적 빈도(최저의 빈도 또는 최대의 빈도) 노출 소비자 수는 감소하고, 중간 빈도(예를 들어 3회 내지 9회) 노출 소비자 수가 증가한다. 그러므로 분산식 믹스 방법은 빈도 노출의 균형을 가져오고, 그 결과 더 효과적으로 매체 목표를 달성하는 데 도움이 된다.

매체 타이밍

광고 집행 시점 매체 전략의 마지막 구성 요소는 광고 집행 시기의 결정이다. 이 장의 앞부분에서 설명했듯이 광고 집행 시기와 관련하여 두 가지 기본적인 결정 사항이 있는데, 그것은 바로 광고 집행 시점과 광고의 지속성에 관한 문제이다. 광고 집행 시점은 기업 내부에 관련된 요소를 포함해 다양한 요소에 의해 결정된다. 예를 들어 기업은 제품 생산 상황이나 신제품 도입 시기에 따라서 광고 집행 시기를 결정할 수 있다. 다음은 매체 기획자가 참고해야 할 일반적인 고려 사항이다.[17]

1. 예산 상황: 이 요소는 여러 가지 면에서 광고 집행 시기에 영향을 미친다. 매체 기획자가 적당하다고 생각하는 도달률과 빈도를 얻을 수 있는 캠페인을 시작하고 일정 기간 캠페인을 지속할 수 있을 정도로 예산이 충분한가? 만약 그렇지 못하다면 매체 기획자는 언제 광고를 해야 할 것인지, 그리고 광고시 광고의 지속성은 어떻게 해야 할 것인지에 대한 어려운 결정을 내려야 한다. 예산 문제는 다음에 설명할 다른 요소에도 영향을 미친다.
2. 계절성: 제품 판매는 연중 차이가 난다. 많은 의류들이 그렇듯이 남성 캐주얼 바지는 봄과 가을에 많이 팔린다. 매체 기획은 이 시기에 판매를 지원할 수 있도록 수립되어야 한다.
3. 구매, 재구매 주기: 이상적으로 광고주는 소비자가 구매 결정을 하기 직전에 광고하기를 원한다. '최근 매입률(recency buying)'은 소비자가 구매하는 시점에 최대한 근접하여 광고하려는 욕구를 강조한 개념이다. 이런 접근법은 구매, 재구매 주기의 길이를 고려해볼 때 이 주기에 단순히 소비자에게 도달하는 것만으로 충분하지

않다는 면에서 고비용이라고 할 수 있다. 판매라는 기대 효과를 얻기 위해서는 충분한 빈도로 도달되어야 한다.

4. 제품의 라이프사이클: 일반적으로 제품 도입기상의 제품은 노출과 광고비 모두에서 적극적인 광고를 할 필요가 있다. 새로운 브랜드는 시장에 출시하고 시간이 꽤 지난 브랜드보다 메시지를 전달하고 수용되도록 하기 위해 더 많은 노출을 필요로 한다. 게다가 제품 도입기에는 무엇보다 예상 고객에게 빠른 시간 안에 도달하는 것이 중요하다. 만약 브랜드가 차별화된 속성을 갖고 있다면 경쟁자가 이런 속성을 모방하기 전에 수익을 극대화해야 하기 때문에 기회의 기간이 짧다고 할 수 있다. 어떤 예상 고객은 도달 비용이 높을 수 있다. 그러나 제품 도입기에는 이들에게 도달하는 것이 중요하다. 만약 제품이 성숙기에 접어들었다면 좀 더 비용-효율이 높은 방법으로 이들에게 도달할 수 있다.
5. 경쟁사 광고 집행 유형: 본질적으로 전략은 경쟁을 고려해야 하기 때문에 경쟁사의 촉진 활동에 대응하기 위하여 상대 회사의 광고 집행 시기를 파악하는 것이 중요하다. 경쟁에 맞설 것인가, 아니면 경쟁을 피할 것인가에 대한 일반적이고 안전한 지침은 없다. 어떤 광고주는 경쟁사보다 많은 광고비를 지출함으로써 해당 시장에서 자사의 시장점유율을 높일 수 있다고 생각한다. 예를 들어 버거킹과 밀러 맥주는 맥도날드와 버드와이저 맥주에 비해 매출액 대비 광고비 집행 비율이 더 높다. 버거킹의 경우 광고비를 많이 집행함으로써 시장점유율을 더 높일 수 있다고 생각한 것이다. 매체 집행비는 기업의 마케팅 전략과 기업 문화에 따라 달라질 수 있다. 즉, 기업이 얼마나 마케팅에 적극적인가, 그 기업이 얼마나 위험을 감수할 수 있는가가 영향을 미친다. 밀러 맥수는 2004년 2억 3,700만 달러의 비용을 썼는데, 이는 버드와이저의 2억 4,200만 달러와 비슷한 금액이다. 그러나 밀러 맥주의 판매는 2,100만 배럴로 버드와이저의 6,900만 배럴의 3분의 1에도 미치지 못했다.[18]
6. 매체에 대한 광고 지배력: 이 개념은 경쟁에 맞설 것인가, 아니면 피할 것인가 하는 문제뿐만 아니라 어떻게 대응할 것인가 하는 면에서 앞서 언급한 경쟁사 광고 집행 유형과 관계가 있다. 해당 제품군에서 리더 위치에 있는 많은 기업들은 자신이 브랜드 리더라는 것을 소비자에게 보여주기 위해 매체에 대한 광고 지배력을 보여주려고 한다.

그림 9-4A 매체 지속성의 세 가지 형태: 연속형 매체 스케줄

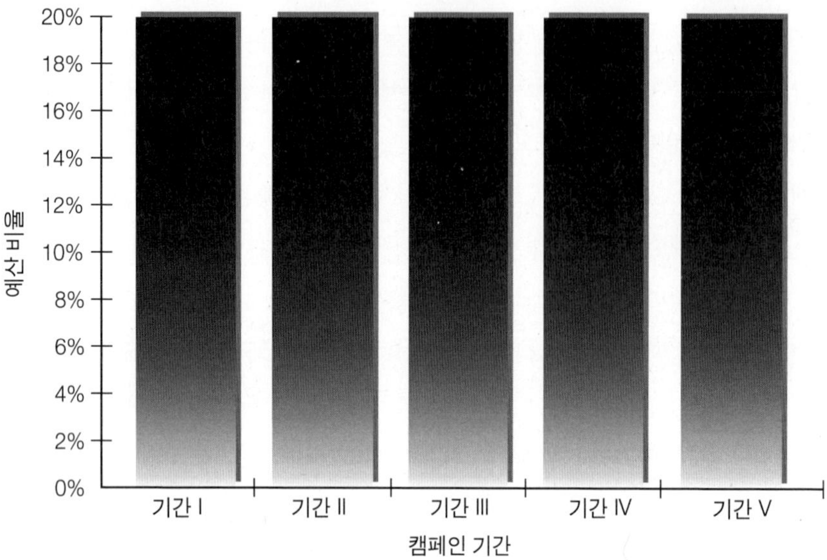

그림 9-4B 매체 지속성의 세 가지 형태: 단속형 매체 스케줄

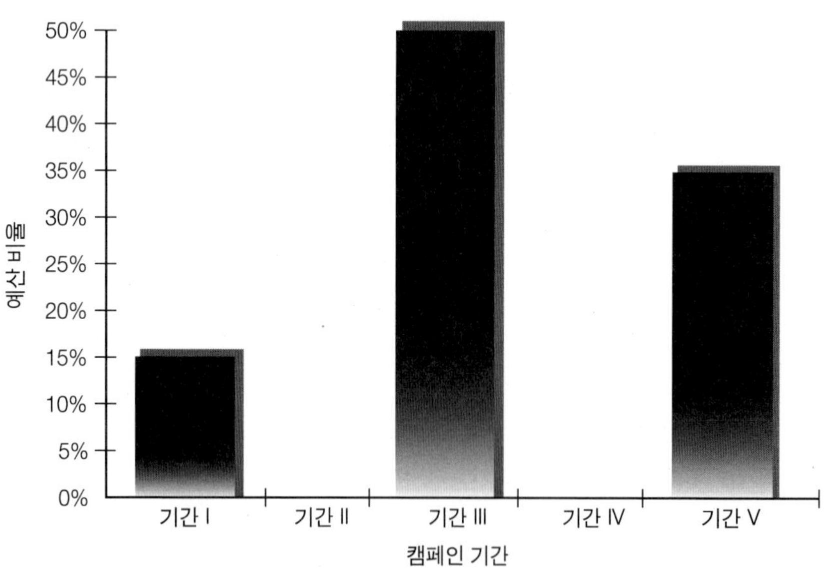

그림 9-4C 매체 지속성의 세 가지 형태: 파동형 매체 스케줄

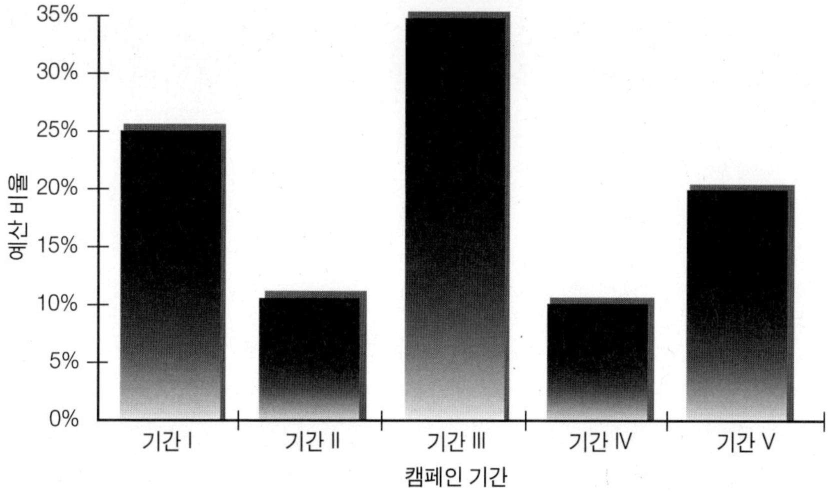

지속성. 매체 실무자는 여러 가지 의미로 지속성이란 용어를 사용한다. 지속성은 캠페인 기간에 매체가 기획·집행되는 방법을 의미한다. 이 책에서는 지속성과 관련해 연속형·단속형·파동형 등 세 가지 매체 기획 전략을 소개하고 있지만, 매체 기획자는 보통 실제 상황에 맞춰 이들 전략을 수정하여 사용한다. 지속성과 관련된 매체 전략 수립 시 고려해야 할 요인은 광고 집행 시점을 결정할 때 고려해야 할 요인과 비슷하다. [그림 9-4A, B, C]는 이러한 세 가지 접근법의 매체 기획 그래프이다.

연속형 매체 스케줄(continuous media schedule)(그림 9-4A)은 각 캠페인 기간에 광고비를 동일하게 지출하는 형태이다. 이 전략은 상대적으로 고정적 시장점유율을 가지고 있으며, 균등한 매출액을 가진 브랜드에 적합하다.

단속형 매체 스케줄(flighting media schedule)(그림 9-4B) 전략에서는 광고의 매체 집행이 기간에 따라 변화한다. 캠페인의 특정 기간에는 광고를 전혀 하지 않는다. 이런 접근법은 종종 경쟁사에 비해 상대적으로 제한된 예산을 가진 브랜드 또는 연중 매출 패턴이 다르게 나타나는 브랜드에 적합하다. FTD 화훼회사는 발렌타인데이, 부활절, 어버이날 등 꽃을 많이 선물하는 기념일 전에 광고를 집중적으로 집행한다.

파동형 매체 스케줄(pulsed media schedule)(그림 9-4C)은 단속형과 유사하지만, 광고캠페인이 진행되는 전 기간에 최소한의 광고가 실시되는 방법이다. 예를 들면 매 절정기

에 광고가 많이 집행되지만, 그 밖의 기간에도 소비자의 마음에서 최초로 떠오르는 브랜드로 인식되기 위해 광고를 계속 집행한다.

지속성과 관련된 매체 전략 수립은 일정 기간 광고를 노출시키는 것 이상의 의미가 있다는 것을 인식하는 것이 중요하다. 이런 매체 전략은 커뮤니케이션 목표를 달성하기 위하여 기획된 정보와 아이디어와 이미지를 포함한다. 다음의 예는 지속성과 관련한 캠페인의 매체 전략을 보여준다.

예시 캠페인의 첫 두 달 동안 브랜드의 새로운 광고 컨셉이 목표 수용자에게 소개되며(1월 · 2월), 이어지는 세 달 동안 브랜드 속성에 초점을 맞춘 광고가 집행된다(3월 · 4월 · 5월). 여름 비수기 기간에는 광고가 집행되지 않을 것이다(6월 · 7월 · 8월). 9월에는 개학에 따른 성수기를 맞아 광고가 적극적으로 집행된다. 나머지 세 달 동안은 브랜드를 구축하기 위한 메시지 전략을 사용하는 광고가 집행된다(10월 · 11 월 · 12월).

매체 전술의 결정

매체 전략이 결정되면 다음 단계는 매체를 구매해서 기획을 실행하는 것이다. 실제 비즈니스 상황에서 매체 구매는 광고 지면이나 시간의 구매 가능성, 구매자의 협상 능력, 특집 발행 등 교과서에서 모두 언급하기 어려운 여러 가지 요인에 의해 좌우된다. 예를 들어 구매 가능한 방송 시간이나 옥외 광고 수가 한정될 수도 있다. 페이지 수나 발행 호를 늘리는 것이 가능한 신문이나 잡지와 달리 TV 방송국은 새로운 수요를 맞추기 위해 방송 시간을 늘리기가 어렵다. 또한 옥외 광고회사는 단기간 내에 옥외 광고수를 늘리기가 어렵다.

지금까지 광고비는 협상에 따라 좌우되어 왔다. 어떤 구매자는 모든 매체 광고비가 협상 가능하다는 생각을 갖고 있다. 기본적으로 특정 매체의 광고비는 수요-공급 원칙에 의해 정해진다.

또한 구매자는 **특별한 기회**를 고려한다. 잡지사는 종종 학생판처럼 정기적인 발행 이외에 특정 계층을 목표 수용자로 하는 특별판을 발행한다. 신문사는 정원 가꾸기나 자동차 등 특정 주제에 초점을 맞춘 특집판을 발행하기도 한다.

매체 구매

매체 구매는 매체 전략의 실행 과정이므로 전략에 영향을 미치는 모든 요소는 전술에도 영향을 미친다. 그중에서도 목표 수용자, 비용, 계절성, 지역 등의 요소가 중요하다.

목표 수용자. 목표 수용자에게 도달할 수 있는 특정 매체를 선택하는 것은 중요한 과정이다. 이 과정에서 낭비(비잠재 고객에게 도달하는 것)를 최소화하면서 목표 수용자에게 도달하는 것이 중요하다. 목표 수용자에게 도달하는 최적의 매체를 선택하기 위해 고려해야 할 또 하나의 요인은 목표 수용자가 메시지를 접촉하는 상황이다. 광고회사 DDB 니덤은 수용자의 광고 메시지 수용 가능 정도를 평가하는 애퍼처(Aperture)라고 하는 시스템을 개발했다. 이 시스템은 수용자가 언제 어디에서 광고 메시지를 접촉하는가를 고려한다. 왜냐하면 이런 상황은 수용자가 광고 메시지를 어떻게 느끼는가에 영향을 미치기 때문이다. 예를 들어 같은 광고 메시지라도 청취자가 토요일 밤에 라디오 광고를 들을 때의 심리 상태와 일요일 아침에 들을 때의 심리 상태는 다르다. 수용자가 광고에 노출될 당시의 상황은 메시지 효과에 영향을 미친다.[19]

특정 매체와 목표 수용자를 연결시킬 때 특정 매체의 특성이 메시지에 끼치는 영향은 항상 중요하다. 매체 구매자는 여전히 효율적인 비용으로 도달하는 데만 초점을 맞춰 매체를 구매하는 경향이 있다. 그러나 매체 구매시 매체 특성 평가의 중요성이 강조되어야 한다. 또한 인구통계적인 면을 넘어서 목표 수용자를 이해할 필요가 있다.

비용. 비용-효율이 높은 가격으로 매체를 구매하는 것은 매체 구매에 있어 주요 사항이다. 비용이 절약될수록 더 많은 매체에 광고를 집행할 수 있다. 다양한 매체의 상대적 비용-효율성을 평가하기 위해 매체 기획자는 CPM(cost per thousand), CPMP(cost per thousand prospects), CPP(cost per point) 등의 개념을 사용할 수 있다.

CPM. 매체 비히클 또는 매체를 비교하는 가장 기본적인 측정 수단이다.

$$\frac{\text{광고 단가} \times 1{,}000}{\text{판매 부수(청중)}} = \text{CPM}$$

CPM은 매체 간(between media) 비교뿐만 아니라 매체 내(within a media class) 비교도 가능하다. CPM은 특정 매체 비히클 또는 스케줄을 이용하여 1,000명 또는 1,000가구에 메시지를 전달하는 데 드는 비용으로 정의된다. 유닛(unit)은 30초 광고, 전면 광고 등과 같이 시간이나 크기를 말하며, 전체 청중 수는 가구수, 발행부수, 인구 또는 제품 사용자 수를 이용한다.

《레이디스 홈 저널(Ladies Home Journal)》의 예를 통해 알아보자면,

$$\frac{\$127{,}000(\text{4-C page}) \times 1{,}000}{4{,}915{,}000(\text{발행부수})} = \$25.84\ \text{CPM}$$

매체 구매자는 발행부수나 전체 청중 수와 관련해 매체를 분석함으로써 수용자에게 도달하는 매체의 상대적 가치를 평가한다. 그러나 매체의 진정한 가치는 유효 고객(제품을 구매하도록 영향을 받는 사람)에 도달하는 능력이다. 위의 예에서 매체 구매자는《레이디스 홈 저널》이 목표 수용자에게 얼마나 효율적으로 도달할 수 있는지 알고 싶어 할 것이다. 따라서 발행부수 대신 목표 수용자에게 도달하는 능력을 고려할 수 있다. 매체의 인구통계학적 세부 집단에 대한 노출 관련 정보를 얻으려면 MRI나 시몬스의 인구통계 부분을 참고할 수 있다.

CPMP. CPMP는 목표 수용자에 도달하는 특정 매체의 비용-효율성에 초점을 맞춘 개념이다. 위의 예에서 목표 수용자가 25~54세의 여성이라고 가정해보자. CPMP를 계산하기 위해 먼저 해야 할 일은《레이디스 홈 저널》독자 중에 25~54세에 해당하는 여성 수를 파악하는 것이다. 이들 자료는 MRI나 시몬스에서 얻을 수 있다. 다음과 같이 CPMP를 계산한다.

$$\frac{\$127{,}000 \times 1{,}000}{9{,}560{,}000(\text{25~54세 여성})} = \$13.29\ \text{CPMP(또는 CPM 25~54세 여성)}$$

위의 예를 보면 CPMP 계산식의 분모(9,560,000)가 CPM 계산식의 분모(4,915,000)보다 큰 것을 알 수 있다. 이것은 목표 수용자(25~54세의 여성) 숫자가 발행부수에 부수당 평균 열독자의 수를 곱해 얻은 것이기 때문이다.

잠재적인 청중의 수 대신에 발행부수나 전체 청중 수를 기본으로 비용효율성을 비교하는 것은 명백히 다른 결과를 가져온다. 예를 들어,《레이디스 홈 저널》을 유사한 잡지인《굿하우스키핑(Good Housekeeping)》과 비교하면 다음과 같다.

	CPM	CPMP (W 25~54)
레이디스 홈 저널	$12.29	$25.84
굿하우스키핑	$11.59	$33.14

위의 예시에서 보여주듯, 《레이디스 홈 저널》은 발행부수 측면에서는 보다 비용효율성이 높지만, CPMP측면에서는 《굿하우스키핑》이 더 비용효율적인 것을 알 수 있다. 매체를 구매하는 실무자 대부분은 항상 목표 집단에 관한 비용효율성을 알기를 원하지만, 항상 가능한 것은 아니다. 가끔 관련 정보가 심리학적 데이터에 포함되어 있기도 하지만 구하기가 쉽지 않고 가격 또한 비싸다. 작은 조직에서 일한다면, 아마도 어려울 수도 있을 것이다.

CPP. CPP는 매체의 비용-효율성을 비교하는 또 하나의 개념이다. CPP는 보통 방송매체에 주로 사용되며, 광고비를 프로그램 시청률로 나누어 얻을 수 있다(사용된 예는 TV의 경우지만 CPP는 다른 매체의 경우에도 계산될 수 있다).

$$\frac{\text{광고비}}{\text{프로그램 시청률}} = \text{CPP}$$

예시 595,000달러는 가상의 인기 있는 시츄에이션 코미디 프로그램에 집행하는 광고비다.

$$\frac{\$595{,}000}{20\ \text{레이팅}} = \$29{,}750\ \text{CPP}$$

CPP는 주로 방송 매체의 비용-효율성을 비교할 때 사용된다. 또한 CPP는 지역 시장에서 한정된 예산으로 얻을 수 있는 노출의 양을 언급할 때 사용되기도 한다. 예를 들어 1,000달러의 예산에 예상되는 CPP가 10달러라고 할 때, 100시청률을 얻을 수 있다.[20] CPP는 주로 방송 매체의 경우에 많이 사용되지만 인쇄 매체에서도 사용된다. 매체 전문가는 커버리지(coverage)가 인구통계학적 집단이나 제품 사용 집단의 비율로 표시될 수 있기 때문에 커버리지 개념을 사용하기도 한다.[21]

주의사항. 비용-효율성 분석은 매체 구매에 있어서 중요하다. 그럼에도 불구하고 비용-효율성 분석은 노출에 기초한 분석이라는 것을 명심해야 한다. 이 분석 방법은 선

표 9-1 매체 예산의 계절적 할당

월	판매액	판매율	매체 예산*	매체 예산 할당**
1월/2월	$54,233,600	9.7%	$57,088,000	$5,537,536
3월/4월	$97,620,480	17.1%	$57,088,000	$9,762,048
5월/6월	$117,601,280	20.6%	$57,088,000	$11,760,128
7월/8월	$128,448,000	22.5%	$57,088,000	$12,844,800
9월/10월	$105,041,900	18.4%	$57,088,000	$10,504,192
11월/12월	$67,934,700	11.9%	$57,088,000	$6,793,472
합계	$570,879,960	100%	$57,088,000	$57,202,196

* 매체 예산은 매출의 약 10%

** 월별 예산 할당은 매체 예산(57,088,000달러)에서 전체 매출액의 비율을 곱하여 계산된다.

택된 매체의 효과에 관해서는 설명하지 못하는 부분이 있다. 이 말은 곧 가장 비용-효율적인 매체가 가장 효과적인 매체는 아니라는 것이다.

계절성. 매체 예산의 계절적인 분배는 캠페인 기간 내의 매체 전략의 한 방법이다. 여기에서 주요 개념은 브랜드의 매출 상황에 따라 매체 예산을 조정하는 것이다.

매출을 고려하여 광고 기획을 수립함으로써 광고는 소비자의 필요와 욕구를 브랜드의 수요로 이끄는 역할을 한다. 일반적으로 기업은 인력 관리와 관련하여 매출을 일정하게 유지하려는 전략을 취하기도 한다. 그러나 일반적으로 기존의 소비자 행동을 변화시키려 하기보다는 기존의 흐름에 맡기는 것이 훨씬 쉽다.

[표 9-1]은 소비재 기업이 2개월 단위의 매출 자료에 근거하여 매체 예산을 할당한 간단한 예이다.

일반적으로 광고는 매출이 기대되는 시점 바로 전에 집행된다. 짐 애버리(Jim Avery)는 《광고캠페인 기획》에서 "광고는 즉시 효과를 발휘한다"라고 지적한 바 있다. 그는 매출이 발생할 때 광고가 효과를 발휘하도록 하기 위해 몇 달 동안 매체 예산을 할당하는 '스무딩(smoothing)'이라는 통계적 접근법을 활용한다.[22] 광고 집행 시기는 종종 구매-재구매 주기에 영향을 받는다. 매체 구매자는 소비자의 제품 구매 시점과 가능한 가까운 시점에 광고를 집행하는 것이 중요하다는 것을 알 필요가 있다.

표 9-2 선택된 지역 시장을 위한 예산 활동

	브랜드 X 사용자의 지역적 분포				
마케팅 시장	사용자 (000)	사용자 백분율	지수	지수를 반영한 백분율**	예산 배분***
New England****	3,659	6.6%	126*	10%	$2,854,440
Middle Atlantic****	11,379	20.6	121*	32	$9,134,080
East Central	5,681	10.3	77		
West Central	7,353	13.3	88		
South East	6,475	11.7	61		
South West****	6,133	11.1	98*	17	$4,852,480
Pacific****	14,509	26.3	140*	41	$11,703,040
Total	35,680	100%		100%	$28,544,040

* 가장 높은 지수를 보이는 시장은 예산 할당이 많이 된 시장이다.
** 수정 비율은 각 시장의 사용자 비율을 64.6으로 (상위 4개 시장의 사용자 비율) 나누어 결정된다.
*** 예산 할당은 상위 4개 시장의 수정 비율에 (예산) 28,545,040달러를 곱한 금액으로 결정된다.
**** 상위 4개 시장이다.

지역. 매체 예산의 지역적 할당은 계절성에서 고려했던 같은 개념—지금까지 매출이 활발히 이루어졌던 지역(시기)에 광고를 집행하는 것—을 기초로 하여 이루어진다. 매출이 적은 지역에 광고 활동을 강화하는 전략적 이유가 있을 수 있다. 그러나 일반적인 원칙은 소비자 행동과 일치하여 광고를 집행한다.

지역과 관련하여 두 가지의 주요 고려 사항이 있다. (1) 충분한 시장 기회가 있는 지역에 광고하라. (2) 모든 지역(전국적으로)에 광고하라. 그리고 브랜드가 특별히 잘 팔리는 지역을 선택하여 광고 활동을 특별히 강화하라. 예를 들어 [표 9-2]를 보면 전체 매체 예산 57,000,000달러의 50%는 네트워크 TV 등 전국 광고에 할당되었고, 나머지 50%는 매출이 상대적으로 높은 네 지역에 추가로 할당되었다.

비상 기획과 대안 기획

매체 기획에는 캠페인 기간에 발생할지도 모르는 우발적 상황에 대비하여 **비상 기획**(contingency planning)을 포함해야 한다. 다음과 같은 상황이 캠페인 방향을 변경시킬 수 있다.

- 경제 상황의 변화: 어떤 제품의 경우에는 경제 조건이 매출에 영향을 미친다. 경제가 하락하거나 상승할 때 이에 맞춰 기획을 조정하는 것이 현명할 수 있다. 만약 경제가 여러 방면에서 국내의 서로 다른 지역에 영향을 미친다면 전국적인 기획은 좀 더 지역화된 기획으로 바꿀 필요가 있다.
- 매출액의 변화: 경제 상황이 제품에 영향을 주는 것과 관계없이, 개별 브랜드는 매체 기획이 완성될 시기에 기대하지 못했던 매출 변화를 겪을 수 있다. 즉, 매출이 감소 또는 증가될 수 있다. 그런 상황이 닥쳤을 때 매체 기획을 어떻게 변경해야 하는지도 포함되어야 한다.
- 경쟁사 활동의 변화: 경쟁사가 앞으로 어떻게 행동할 것인가를 예측하는 것은 어렵다. 따라서 경쟁사의 매체 행동을 비상 기획에 포함시켜야 한다. 예를 들어 주요 경쟁사가 유사한 브랜드를 시장에 내놓지 않을 거라는 전제하에 밀키웨이 II의 도입기 4달간 매체 기획을 세웠다. 그런데 만일 밀키웨이 II가 시장에 도입되기 직전에 유사 브랜드가 시장에 나온다면 광고 시기의 수정이 필요하다. 또한 매체 목표도 수정해야 한다.
- 제작/매체 비용의 변화: 때때로 캠페인 진행되는 중에 지출의 변화가 있을 수도 있다. 프린트의 고장으로 제작비가 증가할 수도 있고, 구입하려는 매체의 시간이나 공간의 가격이 예상한 것과 다를 수도 있다. 이러한 경우를 대비해서, 초과된 비용을 커버할 비상자금을 가지는 것도 좋은 방법이다.
- 기회의 변화: 흥미롭게도 광고주는 정말로 좋은 기회라고 생각하거나 아이디어가 너무 뛰어나 실행에 옮길 필요가 있다고 생각하면 다른 부분에 배정된 예산을 돌려서라도 지원한다. 광고주의 미래를 위한 제안이 충분히 흥미롭다면, 광고주는 어떻게라도 이유를 만들어 지원할 것이다.

우발적인 상황에 대처하기 위해서는 대안 기획이 필요하다. 어떤 우발적 사건이 발생한다면 그 상황에 따라 미리 작성된 구체적 대안 기획이 요구된다. 우발적 상황과 대안 기획을 세우는 전 과정은 마치 "What if" 게임과 같다. 만일 경제성장률 예측에서 크게 벗어난다면 어떻게 하겠는가? 대안 기획은 무엇인가?

우발적 사건과 대안을 고려하는 것은 물론 전 기획 수립 과정을 복잡하게 만든다. 만약 단일 기획으로 모든 비상 상황을 대처하지 못한다면, 3~4가지 대안을 생각해볼 수도 있다. 기업은 종종 우발적인 상황에 대처하기 위해 예산을 따로 설정한다. 이런 예산을 **비상 예산(예비비)**이라고 한다.

매체를 위한 마지막 노력: 핵심 전달가능성

캠페인의 진행 과정을 고려해볼 때, 이 단계에서 매체 부분은 아직 완성되지 않았을 것이다. 실제 매체 가격을 결정해야 하고, 모든 전술이나 지원하는데 드는 비용 등 모든 것을 고려해서 전체 예산을 계산해야 할 것이다. 11장에서 다시 논의되겠지만, 어떤 매체에 얼마만의 지출이 필요한지 예산 부문별로 상세하게 제시된 예산 분배표를 작성하여 매체 기획을 마무리하는 것이 필요하다. [표 9-3]은 매체 기획에서 꼭 포함되어야 할 정보들의 예시이다(예: 1회 광고 게재 비용, 게재 횟수, 스폿 가격, CPM 등).

또한 **미디어/IMC 플로우차트**나 캠페인 일정을 만드는 것도 중요한다. 플로우차트는 소비자 접점과 실행 시기 등과 같은 주요 결정사항과 계획의 범위를 한 눈에 보여준다. 각 전술은 한 줄에 시간과 비용을 모두 보여준다. 각 전술의 전체의 크기는 각 칸을 좌우로 옆으로 더하면 되고, 또한 월별, 분기별 지출은 구하기 위해서는 각 칸을 위아래로 더하면 된다. [표 9-4]는 플로우차트의 일반적인 예로써 위에서 말한 정보가 어떻게 나타나 있는지 보여준다.

끝으로, 마케팅 믹스를 파이차트 형식으로 나타내어 다양한 매체에 얼마의 예산이 쓰였는지 쉽게 알 수 있다. 이러한 차트는 광고주에게 마케팅 목표와 커뮤니케이션 목표를 달성하기 위하여 어떻게 마케팅 비용을 사용하였는지 잘 보여줄 수 있다.

표 9-3 예산 분배표

Budget Breakout		
Television: $9,614,058	**Radio: $222,540**	**Internet: $2,000,000**
National TV (ABC, CBS, & TBS): $8,698,458	**(8 spots/week Monday-Saturday)**	Amazon: $400,000 ($5.00 CPM)
ABC: (54 total spots) $5,283,198	**Atlanta, GA: $53,400**	Facebook: $400,000 ($2.00 CPM)
- 3 spots/week × 18 weeks = 54 spots	- Contemporary hits stations: $3,100/week × 12 = $37,200	Food Network: $400,000 ($1.00 CPM)
- Week of 1 spot each in Happy Endings,	- Classic hits station: $1,350/week × 12 = $16,200	Yahoo!: $400,000 ($10.00 CPM)
The Middle, & Modern Family = $293,511	**Columbus, OH: $10,800**	HGTV: $400,000 ($1.50 CPM)
CBS: (26 total spots) $3,415,260	- Contemporary hits stations: $570/week × 12 = $6,840	**Social Media: $37,500**
- The Big Bang Theory spot (22 spots): $2,504,524	- Classic hits station: $330/week × 12 = $3,960	Microsite: $37,500
- December (8 spots): $910,736	**Greenville, SC: $7,080**	Facebook: $0.00
- How I Met Your Mother (4 spots): $455,368	- Contemporary hits stations: $350/week × 12 = $4,200	Pinterest: $0.00
2 Broke Girls (4 spots): $455,368	- Classic hits station: $240/week × 12 = $2,880	Twitter: $0.00
Spot TV (ABC, CBS, NBC, Bravo, & HGTV): $915,600	**Hartford, CT: $10,800**	**Outdoor: $265,780**
Atlanta, GA: $21,969/week × 13 wks = $285,600	- Contemporary hits stations: $570/week × 12 = $6,840	**Interactive Billboard: (9 weeks) $13,050**
Columbus, OH: $4,246/week × 13 wks = $55,200	- Classic hits station: $330/week × 12 = $3,960	- Atlanta, GA: $1,450/week
Greenville, SC: $5,354/week × 13 wks = $69,600	**Nashville, TN: $30,180**	**Permanent/Rotary Billboard: (12 weeks) $254,180**
Hartford, CT: $3,323/week × 13 wks = $43,200	- Contemporary hits stations: $1,015/week × 12 = $12,180	- Atlanta, GA: $6,750/week × 12 = $81,000
Nashville, TN: $7,385/week × 13 wks = $96,000	- Classic hits station: $1,500/week × 12 = $18,000	- Nashville, TN: $2,250/week × 12 = $27,000
Norfolk, VA: $7,385/week × 13 wks = $37,200	**Norfolk, VA: $25,080**	- Raleigh, NC: $1,532/week × 12 = $18,380
Pittsburgh, PA: $6,138/week × 13 wks = $79,800	- Contemporary hits stations: $900/week × 12 = $10,800	- Pittsburgh, PA: $8,400/week × 12 = $100,800
Raleigh, NC: $7,385/week × 12 wks = $96,000	- Classic hits station: $1,190/week × 12 = $14,280	- San Antonio: $2,250/week × 12 = $27,000
San Antonio, TX: $7,385/week × 13 wks = $96,000		
Tulsa, OK: $4,385/week × 13 wks = $57,000		

표 9-3 예산 분배표 (계속)

Budget Breakout		
Magazines: $4,428,400	**Pittsburgh, PA: $26,520**	**IMC: $355,850**
Entertainment Weekly: (18 total ads): $2,293,200	- Contemporary hits stations: $1,390/week × 12 = $16,680	Online Contest: $850
- Interactive subscription ad: $150,000 × 6 ads = $900,000	- Classic hits station: $820/week × 12 = $9,840	Makeover Contest: $100,000
- Half-page color ad: $116,100 × 12 ads = $1,393,200	**Ralegh, NC: $24,720**	Signs: $5,000
People: (8 total ads) $1,652,000	- Contemporary hits stations: $1,520/week × 12 = $18,240	Windows: $250,000
- Half-page color ad: $206,600 × 8 ads = $1,652,000	- Classic hits station: $540/week × 12 = $6,480	**TOTAL: $16,925,578.00**
Real Simple: (4 total ads) $483,200	**San Antonio, TX: $20,400**	
- Half-page color ad: $120,800 × 4 ads = $483,200	- Contemporary hits stations: $830/week × 12 = $9,969	
	- Classic hits station: $870/week × 12 = $10,440	
	Tulsa, OK: $13,560	
	- Contemporary hits stations: $330/week × 12 = $3,960	
	- Classic hits station: $800/week × 12 = 9,600	

표 9-4 미디어/IMC 플로우차트

Media Schedule	Medium Totals
National TV	
ABC	$ 5,283,198
CBS	$ 3,415,260
TBS	$ -
Spot TV (ABC, CBS, NBC, Bravo. HGTV)	
Atlanta GA	$ 285,600
Columbus, OH	$ 55,200
Greenville, SC	$ 69,600
Hartford, CT	$ 43,200
Nasville, TN	$ 96,000
Norfolk, VA	$ 37,200
Pittsburgh, PA	$ 79,800
Raliegh, NC	$ 96,000
San Antonio, TX	$ 96,000
Tulsa, OK	$ 57,000
Magazines	
Entertainment Weekly	$ 2,293,200
People	$ 1,652,000
Real Simple	$ 483,200
Radio (-30 in spot markets)	$ 222,540
Internet	
Amazon	$ 400,000
Facebook	$ 400,000
Food Network	$ 400,000
HGTV	$ 400,000
Yahoo!	$ 400,000
Outdoor	
Interactive billboard	$ 13,050
Billboard	$ 254,180
IMC	
Challenge	$ 850
Makeover Contest	$ 100,000
Signs	$ 5,000
Window	$ 250,000
Social Media	
Microsite	$ 37,500
Facebook	$ -
Pinterest	$ -
Twitter	$ -
	$ 16,925,578

	August	September	October	November	December	January	February	March	April
Weeks	6, 13, 20, 27	3, 10, 17, 24	1, 8, 15, 22, 29	5, 12, 19, 26	3, 10, 17, 24, 31	7, 14, 21, 28	4, 11, 18, 25	4, 11, 18, 25	8, 15, 22, 29
Totals	$ 4,408	$ 4,668	$ 3,472,046	$ 3,039,446	$ 4,695,021	$ 3,226,546	$ 1,096,656	$ 859,756	$ 157,828
								Phase II	

표 9-5 매체 믹스

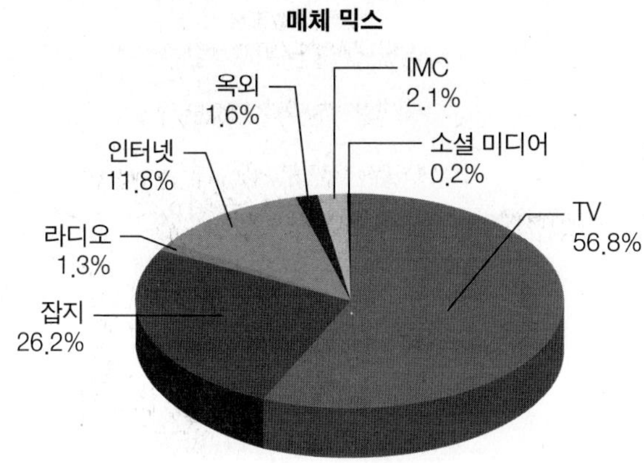

캠페인 진행 체크리스트

이 단계의 캠페인 진행을 위해서는 일반적으로 다음과 같은 사항을 명심해야 한다.

1. 가장 훌륭한 매체 전략은 메시지 전략을 효과적으로 수행하는 커뮤니케이션 기획이다.
2. 전통적인 매체의 목표는 도달률, 빈도, GI, GRP, TRP와 같이 주로 노출에 둔다. 하지만 이벤트나 인플루언서 마케팅 같이 측정이 어려운 전술들은 크리에이티브 전략을 강화하기 위한 정성적인 목표를 둔다.
3. 매체 전략은 일반적으로 목표 수용자, 매체 종류, 매체 믹스, 매체 타이밍과 관련된 결정을 포함한다.
4. 양적인 목표는 보통 목표 수용자, 목표 도달률과 빈도, 메시지가 전달되는 시기와 유형을 포함한다.
5. 목표 수용자를 정의할 때 인구통계학적 변인이나 제품 사용 변인 외에 심리통계학적, 라이프스타일, 지리-인구통계학적 변인 등으로 설명할 필요가 있다.
6. 매체 종류를 선정하려면 매체의 전통적 특성 외에 매체가 메시지를 전달할 때 어떤 특별한 역할을 할 수 있는지를 살펴보는 것이 필요하다.
7. 매체 집행 시기와 관련된 전략적 결정은 매체 기획의 비용-효율성뿐만 아니라 메시지의 수용성에 영향을 미칠 수 있다.
8. 매체 기획의 비용-효율성은 제품을 구매할 가능성이 있는 유효 고객에게 도달하는 데 소요되는 비용으로 가장 적절히 측정될 수 있다.

9. 매체 예산의 계절적이고 지역적인 할당은 제품을 구매할 가능성이 높은 지역의 목표 수용자에게 제품을 구매할 가능성이 높은 시점에 메시지를 효율적으로 전달하는 방법이다.

10. 비상 기획과 비상 예산의 할당은 시장의 예상치 못한 변화에 대응하기 위한 것이다.

11. 광고 기획의 마지막은 광고주에게 다양한 부분에 예산이 어떻게 배분되었는지 보여주는 1) 상세한 예산 지출표, 2) 매체/IMC 플로우차트, 3) 매체 믹스 파이차트라는 세 가지 주요 차트를 제시하는 일이다.

미주와 참고문헌

1. For a good discussion of the evolution of media planning, see Joe Mandese, "A Brief History of Planning Time & Space," *Media,* December 2004, pp. 29–34.
2. Donald W. Jugenheimer et al., *Advertising Media: Strategy and Tactics* (Dubuque, IA: WCB Brown & Benchmark, 1992), p. 12.
3. J. Avery, *Advertising Campaign Planning: Developing an Advertising-Based Marketing Plan* (Chicago: Copy Workshop, 1993), pp. 143–144.
4. For an expanded discussion on media tactics, see Jugenheimer et al., *Advertising Media,* pp. 264–283.
5. W. Wells et al., *Advertising Principles & Practice,* 4th Ed. (Upper Saddle River, NJ: Prentice Hall, 1998), pp. 361–363.
6. Jack Z. Sissors and Lincoln Bumba, *Advertising Media Planning,* 5th Ed. (Lincolnwood, IL: NTC Business Books, 1996), p. 69.
7. M. Naples, *Effective Frequency* (New York: Association of National Advertisers, 1979), pp. 63–82.
8. J.P. Jones, *When Ads Work: New Proof that Advertising Triggers Sales* (New York: Lexington Books, 1995).
9. Sissors and Bumba, *Advertising Media Planning,* pp. 141–145.
10. William J. Donnelly, *Planning Media: Strategy and Imagination* (Upper Saddle River, NJ: Prentice Hall, 1996), p. 151.
11. Sissors and Bumba, *Advertising Media Planning,* pp. 222–225.
12. Donnelly, *Planning Media,* p. 157.
13. Jim Surmanek, *Introduction to Advertising Media: Research, Planning, and Buying* (Lincolnwood, IL: NTC Business Books, 1993), p. 82.
14. Sissors and Bumba, *Advertising Media Planning,* p. 159.
15. The discussion of these terms is based on Jugenheimer et al., *Advertising Media,* pp. 186–187.
16. Jugenheimer et al., *Advertising Media,* p. 193.
17. Arnold M. Barban et al., *Essentials of Media Planning,* 3rd Ed. (Lincolnwood, IL: NTC Business Books, 1993), p. 72.
18. According to Competitive Media Reporting data, the top two Budweiser brands had media expenditures of $154.1 million and the top two Miller brands spent $170.5 million. Reported in Mike Beirne and Kenneth Hein, "Feisty Feds Weigh in against Low-Carbs—and Tasteless Ads," *Brandweek,* 21 June 2004, p. S26.
19. For more information, see Bruce G. Vanden Bergh and Helen Katz, *Advertising Principles: Choice, Challenge, Change* (Lincolnwood, IL: NTC Business Books, 1999), p. 286.
20. For an expanded discussion on cost per rating points, see Surmanek, *Introduction to Advertising Media,* pp. 95–104.
21. For an expanded discussion of coverage in print media, see Sissors and Bumba, *Advertising Media Planning,* pp. 88–91.
22. For an expanded discussion of smoothing, see Avery, Advertising Campaign Planning, p. 167.

제10장 광고캠페인 효과 조사*

광고캠페인이 시장에서 방송되기 시장하면 일련의 새로운 일거리가 생긴다. 다시 말해, 캠페인을 개발하고 제작하려는 노력이 이제는 효과측정으로 바뀐다. **효과**, **효율**, **최적**, **책임**과 같은 단어들이 대화나 실무에서 많이 쓰인다. 광고주들은 어떤 전략이 제대로 소비자들에게 먹혀들었는지, 그들의 마케팅 목표가 얼마나 실현되었는지 등과 같이 소비자들이 그들의 메시지에 얼마나 반응했는지 알고 싶어 한다.

신뢰성 높고, 타당성 높은 광고 효과 측정 방법을 찾기 위한 광고계의 노력은 계속되고 있다. 다음의 두 가지 이유로 인해 광고계의 노력은 앞으로도 지속된 전망이다. 첫째, 광고 효과의 평가결과는 한 기업의 마케팅 성공의 중요한 요인이다. 소비자는 캠페인의 핵심 메시지를 정확하게 이해하고 있는가? 그 결과 그들에게 태도나 행동의 변화가 있는가? 모든 매체는 효율적으로 대중에게 도달하고 있는가? 마케팅 믹스는 최적의 결과를 만들어내기 위해 변형이 가능한가? 이러한 질문에 대답하는 것은 시간과 에너지를 요하는 것으로 시장에서의 가치를 측정하기 위해 꼭 필요한 질문들이며, 판매 보고서를 단순히 보는 것과는 차원이 다른 어려운 일이다.

측정은 캠페인은 전략 단계에서부터 시작되어 실시간으로 계속된다. 오늘날 기술의 발달은 캠페인 평가 과정의 면모와 속도를 그 어느 때보다 많이 바꾸어 놓았다. 소셜 미디어를 통해 넘쳐나는 소비자의 반응을 항상 얻을 수 있다. 오늘의 기회는 내일이면 사라지고 없다. 따라서 오늘날에는 민첩함은 광고주의 필수불가결한 요소이다.

---

* 이 장은 JWT 광고대행사가 2009년 시카고 지사를 철수할 때까지 부회장 겸 기획 담당자로 일했던 마이클 카라수나스(Michael P. Kalasunas)에 의해 부분적으로 개발되고 써졌다. 그는 지난 27년 동안 광고 조사와 기획을 담당했으며, 5천억 달러가 넘는 광고매출을 기록하였다. 현재는 스포츠 매니지먼트회사의 고위급 임원을 대상으로 사업전략과 마케팅 전략을 전문적으로 서비스하는 디아포란타(Diaphoranta)에서 브랜드 컨설턴트로 일하고 있다.

객관적 평가 결과는 오늘날처럼 경쟁시장에서 경쟁사의 시장점유율을 빼앗아올 수 있는 기회를 제공하기 때문에 평가 결과를 바탕으로 광고캠페인을 약간씩 변화시키면 판매와 이익 증대에 큰 영향을 미친다. 판매 촉진과 직접 마케팅, PR 등 다른 마케팅 커뮤니케이션이 촉진 믹스로 포함될 때 정확한 광고 효과 측정의 중요성은 더욱 강조된다.

또한, 평가는 대행사의 마케팅 제안에 대한 책임을 따진다. 대행사는 그들이 하려고 했던 바를 정말로 했는가? 광고 목표는 실제로 모든 사람들에게 공유되었는가? 이러한 과정들은 브랜드 커뮤니케이션에 엄청난 돈을 지출한 기업들에게 컨트롤 능력을 부여한다. 제너널 모터스, RJR, 캠벨 수프, 허쉬, 네슬레 등 점차로 많은 회사들이 광고대행사의 실적에 따라 보상을 한다.[1] 이러한 철저한 평가는 마케팅 커뮤니케이션의 성공가능성을 높일 뿐만 아니라 회사 내・외부에서 일하는 사람들의 사기 또한 높인다. 모든 사람이 성공적으로 캠페인이 수행되기를 바라고, 광고주, 광고대행사 모두 그 성공에 책임이 있다.

하지만 캠페인이 실제로 판매에 얼만큼의 영향을 미쳤는지 정확히 측정하기는 불가능하다. 많은 다른 요소들이 마케팅 믹스에 영향을 준다. 경제, 소비자 트렌드, 정책의 변화, 계절성, 경쟁상황 등 많은 요소들이 브랜드의 성공에 영향을 주기 때문에 광고캠페인이 실제로 얼마만큼 시장에 영향을 주었는지 측정하기란 쉽지 않다. 통계적 입장에서 보면, 광고는 판매의 변화와 상관관계가 있을지언정, 판매를 야기시키지는 않는다. 말하자면, 광고효과를 측정하는 것은 불가능 한 일은 아니지만 어려운 일임에는 틀림없다. 수많은 조절 가능한 변수와 조절 불가능 변수들로 인해 간단한 시장 조사마저도 쓸모없는 데이터만을 양산하는 아무런 의미가 없는 조사로 만들 수 있기 때문이다.

예를 들면, 피자 배달회사들은 미국에서 가장 큰 직접 우편 마케팅 회사인 IWOC 다이렉트(IWOC Direct)사와 같은 회사를 이용하여 그들의 판매지역에 위치한 가정에 쿠폰을 보내곤 한다.

보통 쿠폰을 이용한 촉진 활동의 효과는 쉽게 측정된다. 일반적으로 피자 판매는 쿠폰이 배달되는 날 크게 증가하며, 그 효과는 일주일 동안 지속된다. 그리고 비오는 날에도 판매가 크게 증가한다. 그러나 경쟁사가 같은 날에 쿠폰을 배달했다면 판매에 작용된 변인의 효과를 파악하는 것은 거의 불가능해진다.

더욱이 강우량과 경쟁사의 경쟁력 차이까지 고려한다면 효과 평가는 더욱 복잡해진다. 연구 대상 변인(DM 배달 쿠폰)의 효과와 외부적 변인(강우량, 경쟁자의 촉진법) 효과가 혼합되었기 때문에 연구 대상 변인만의 순수한 효과를 측정하기가 어렵다. 따라서 어떤 실무자는 이 같은 문제점을 지적하면서 광고와 판매의 관계를 조사하는 것이 크게 도움이 되지 않는다고 주장하기도 한다.

전략적 관점에서 효과 평가

실무자는 광고캠페인의 효과 평가가 중요하다는 사실을 알고 있다. 오늘날처럼 치열한 경쟁시장에서 경험과 육감에 기초한 과거의 마케팅 수행 형태는 효과적이지 못하다는 것을 실무자도 잘 알고 있다. 노스웨스턴대 학교의 코틀러 교수는 "기업은 무한 경쟁 상황에 처해 있고, 영원한 승자는 없다"고 말했다.[2] 현명한 기업은 마케팅 커뮤니케이션을 포함한 모든 의사 결정을 통합하고 있다. 이런 절차는 프로젝트나 업무의 일부가 아니라 시스템화되고 있다.

효과 평가는 이 책의 각 장에서 중요한 부분을 차지하고 있는데, 2장과 3장에서는 캠페인의 전략적 기초를 개발하는 데 사용되는 조사 연구의 일부인 다양한 조사, 기법, 절차와 정보원 등에 대해 검토했다. 다시 말해, 캠페인의 방향과 메시지를 만들기 위해 필요한 시장, 잠재 고객, 기회 등에 관해 조사했다. 4장부터 8장까지는 실현 가능한 마케팅과 커뮤니케이션의 목표를 세우고 달성하기 위한 효과적인 전략에 대한 개념들을 묶어 보았다. 이러한 모든 시도와 적용은 **개발적 연구**라 할 수 있다.

이 장에서는 주로 광고의 영향, 효과, 효율과 관련된 마케팅 커뮤니케이션에 대하여 중점적으로 논하기로 한다. 이러한 조사의 목적은 '우리가 어떻게 해왔으며, 어떻게 발전시킬 수 있을까?' 라는 질문에 답하는 것으로 **평가적 연구**라 불린다.

광고 기획자는 캠페인 효과를 측정하기 전에 보통 다음과 같은 세 가지 기본적 문제를 검토한다.

1. 측정 여부
2. 측정 시기
3. 측정 대상

효과 측정 여부 문제

《광고와 촉진》에서 조지 벨치와 마이클 벨치는 마케팅 커뮤니케이션의 성공을 확신하기 위해서는 사전에 정해진 어떤 기준에 의거해 성과를 측정함으로써 광고와 촉진이 얼마나 잘 운영되는가를 결정하는 것이 중요하다고 주장했다. 그들은 기업이 효과 측정을 실시하는 이유와 실시하지 않는 이유를 다음과 같이 지적했다.[3]

효과 측정 수행 이유

1. 값비싼 실수를 피하기 위해: 칸타르 미디어에 따르면, 2011년 상반기 6개월 동안 미국의 상위 10개 회사가 광고비로 지출한 비용은 715억 달러에 이르렀다. 이 비용은 단지 마케팅 커뮤니케이션에 쓰인 비용만을 뜻한다. 만약 정확한 효과측정으로 캠페인의 효율 또는 효과를 약 1% 정도만이라도 늘인다면, 프록터 앤 갬블 같은 회사는 6개월 동안 그들의 총 광고비 지출 13억 8천만 달러의 1%인 1,380만 달러를 아낄 수 있으며, AT&T같은 회사는 11억 3천만 달러의 1%인 1,130만 달러를 아낄 수 있었을 것이다.[4] 캠페인 효과에 관한 정확한 측정은 이렇게 비용을 절감할 수 있다.
2. 대안적 전략 평가를 위해: 광고대행사가 메시지 작성부터 전달 방법까지 하나의 캠페인을 위하여 여러 가지 아이디어를 제안하는 것은 일반적인 모습이다. 광고주는 여러 가지 옵션 중에서 어떤 것이 전략에 맞는지 아닌지 크리에이티브 브리프를 바탕으로 판단한다. 하지만 이러한 아이디어가 모두 제시 되었을 때 광고주는 모든 아이디어를 똑같이 평가하기보다는 자신들이 선호하는 아이디어를 선택, 시험하는 경우가 자주 있다.

   예를 들면, 포커스 그룹 인터뷰는 캠페인의 컨셉이 소비자들에게 잘 전달되었는지 소비자들의 반응을 알아보기 위해 행해지며, 시험 시장은 제품포장 또는 유통의 변화가 어떠한 영향을 미치는지 알아보기 위해 사용된다. 정확한 시험 조사는 결정에 있어 불확실성을 줄여 준다. 2012년 6월, 도리토스(Doritos)는 완전히 새로운 유통 시스템으로 타코벨(Taco Bell)이 위치한 남캘리포니아 6개 도시에서 치즈맛 나초 타코를 시험 판매를 하게 되었다. 거의 한달 뒤, 도리토스는 1억 개 이상을 판매함으로써 타코벨과의 파트너십은 성공적인 걸로 판명이 났으며 쿨랜치나 플라마스 도리토스 로코스와 같은 새로운 맛 역시 시험적으로 판매되기도 했다.[5] 비록 성공의 많은 부분과 잠재적 실패조차도 주의 깊게 행해진 조사에 의해 가끔 예측될 수도 있지만, 인간의 행동을 확실하게 예측하는 것은 거의 불가능한 일이라는 것은 부지의 사실이다. 광고는 과학이기도 하지만 여전히 예술이기도 하다.

3. 광고의 효율성 증대를 위해: 마케팅 믹스의 모든 요소는 항상 발전될 수 있다. 광고주는 결코 현실에 만족하지 않는다. 광고주는 항상 현재의 마케팅이 최선일까?라는 의구심을 가진다. 그러한 질문들은 계속해서 다음과 같은 질문으로 연결된다. 어떻게 하면 캠페인 메시지가 자연스럽게 보일 수 있을까? 전술적 믹스를 어떻게 운영하면 목표 소비자에게 가장 효과적으로 메시지를 전달할 수 있을까? 브랜드 경험을 어떻게 다음 단계의 행동으로 연결시킬 수 있을까? 커뮤니케이션 노력은 평가되어야 하고 또한 캠페인이 4C's, 명확성(clear), 간결성(concise), 일관성(consistent), 비용효율성(cost-efficient)을 보장하기 위해 정기적으로 조정되어야 한다.

효과 측정을 실시하지 않는 이유

1. 비용이 많이 들기 때문에: 조사 연구는 비용이 많이 든다. 조사는 고도로 훈련된 인력을 필요로 하고, 소비자를 조사하기 위해 지역을 마다하고 찾아가야 한다. 오늘날 기업들은 일반적으로 1년 평균 마케팅 예산의 0.5~5%를 조사 예산으로 책정하고 있으며, 큰 규모의 다국적 기업인 경우에는 수백만 달러를 조사비용으로 사용한다. 경제가 침체되고 마케팅 예산이 줄어들면, 기업들은 예산을 삭감하기 위해 노력하며, 조사는 일반적으로 가장 많이 삭감되는 분야로 손꼽힌다. 광고 후 평가 예산은 이미 할 수 있는 게 모두 행해졌다는 이유로 가장 크게 삭감되고는 한다.

   1970년대 많은 광고회사들이 15%의 대행수수료를 받고 있을 때 수수료의 보상 차원에서 광고주는 광고회사에게 특별한 조사 연구를 요구했다. 1980년대에 이르러서는 광고주가 수수료 인하를 주장하자 광고회사는 광고 효과 측정을 광고주에게 넘기기 시작했다. 오늘날 많은 기업들은 이러한 조사비용을 얼마로 잡아 예산에 포함해야 하는지 결정하는 것을 어려워한다. 따라서 기업, 특히 광고회사는 캠페인 개발 단계에서 좀 더 많은 노력과 비용을 투입한다면 광고 집행 후의 효과 측정은 그 중요성이 줄어들 거라고 합리화하고 있다.

2. 조사 연구 방법상의 문제 때문에: 간단히 말해, 오늘날 커뮤니케이션 노력에 대한 가

장 큰 문제는 측정 불가능한 캠페인이 너무도 많다는 것이다. 어떤 소비자가 코카콜라가 전 세계적으로 실시하고 있는 캠페인의 코카콜라 제품을 실제로 구매했다고 할 때, 전 세계에 설치된 인터넷 가능 코카콜라 자판기가 이 소비자의 구매에 얼마큼의 영향을 끼쳤는지 어떻게 측정해야 하는가? 복잡 다양한 플랫폼을 통하여 캠페인을 하고 있는 NBC 방송국의 히어로즈(Heroes) 시리즈의 플랫폼별 효과 측정은 어떻게 해야 하는가? 복잡하게 얽혀 있는 매체 또는 요인들로 인하여 측정이 종종 어려운 경우가 있다.

거의 모든 오늘날 캠페인은 페이드 미디어(paid media)처럼 기존의 캠페인이 사용하지 않은 방법들을 이용한다. 하지만 어언드 미디어(earned media)는 어떠한가? 브랜드 경험은? 새로운 ROI는 무엇인가? 소비자들은 이제 방송국의 컨트롤 타워가 되어, 브랜드를 조정하고 판매를 좌지우지 한다. 판매자와 구매자 사이에는 실시간 대화가 일어나고, 기술의 발전은 기존에 불가능하다고 생각한 것들을 현실로 만들었다. 콘텐츠는 다재다능한 곡예사와 같이 모든 플랫폼에 필요하며 그 수도 헤아릴 수 없이 많지만, 평가를 위한 방법은 그 숫자가 그리 많지 않은 것이 사실이다.

광고주는 무엇을 측정하고 어떻게 측정해야 하는지 확신하지 못한다. 심지어 어떠한 숫자가 전술에 사용되었을 때, 마케터들은 그 숫자가 의미하는 바조차도 모르는 경우가 허다하다. 그들은 트위터와 페이스북을 통한 3만 6천 개의 소셜 미디어 임프레션을 획득하는게 무슨 가치를 가지는지, 유튜브 통해 1,160만 뷰를 어떻게 ROI와 연결시킬지 알지 못한다. 마케터들은 그들의 커뮤니케이션 노력과 판매만을 떼어내어 직접적으로 얼마만큼의 영향을 주었는지 보여주는 테스트를 원한다. 하지만 이러한 테스트는 현실에서도 상상에서도 존재하지 않는다. 광고는 판매 촉진, 유통, 홍보 등 다른 커뮤니케이션 노력의 단지 일부분으로 판매에 영향을 미칠 뿐이기 때문이다.

3. 측정 대상의 불일치 때문에: 커뮤니케이션 효과 측정 가치에 대한 논쟁과 함께 캠페인의 어떤 측면을 조사할 것인가에 대한 일치된 견해가 없다. 판매 관리자는 판매에 미친 촉진 효과를 평가하기를 원하는 반면에, 다른 부서 관리자는 기업 이미지나 브랜드 아이덴티티에 더 많은 관심을 갖고 있다. 측정 대상에 대한 논쟁으로 때때로 조사 수행 자체가 취소되는 경우도 있다.
4. 크리에이티브 담당자의 반대 때문에: 많은 크리에이티브 담당자들은 카피 조사가 크

리에이티브에 도움이 되지 않는다는 이유를 들어 반대한다. 조사 방법은 정확하지 않으며 인지도 같은 커뮤니케이션의 한 측면만 측정하기 때문에 카피라이터는, 특히 TV 광고의 경우 광고의 완전한 효과를 측정할 수 없다고 생각한다. 또한 제작 비용이 많이 들어 만약 조사가 제대로 진행되지 않을 경우 비용만 낭비하는 거라고 항변한다. 조사 대상 광고물은 일러스트나 사진으로 만든 스토리보드로, 실제 집행되는 광고와 비교했을 때 완성도가 떨어져 조사 결과를 일반화하는 데에는 한계가 있다고 주장한다.

5. 시간이 많이 걸리기 때문에: 실제 현실에서 좋은 조사는 갑자기 훅하고 나타나지 않는다. 카피 조사 등 효과 측정은 시간이 오래 걸리는 반면에 실행 여부의 판단과 제작 결정은 상대적으로 신속하게 이루어져야 한다. 따라서 많은 광고 기획자들은 시간이 기회 요인이라는 점에서 조사 수행은 시간적 기회 요인을 약화시킨다고 생각한다.

측정 관련 논쟁의 불필요성

측정은 마케팅 의사 결정을 좀 더 정확하게 하는 데 이용된다. 광고 효과 측정에 문제점이 있다고 하더라도 조사 없이 직관적으로 의사 결정을 하는 것은 위험하다. 따라서 코틀러 교수가 말했던 것처럼 진보된 마케팅 이론과 분석 방법을 찾는 것이 바람직하다.[6] 발전적인 기업은 더 나은 제품 생산에 따른 경쟁력 제고 차원에서 캠페인 평가 방법에 대한 논란을 줄이려고 노력한다.

조사 연구 시스템의 개발

혁신을 장려하는 기업 환경을 조성하기 위해서는 결과에 대한 평가 측정을 기업 시스템의 일부로 간주하는 것이 중요하다. 시스템을 갖고 광고캠페인 효과를 평가한다면 필요할 때마다 간헐적으로 효과를 평가하는 기업보다 다음과 같은 장점을 가진다.[7]

- 시스템은 계속 발전한다. 일단 구축된 시스템은 효율성과 효과적인 측면에서 지속적으로 개선 과정을 거친다. 필요할 때마다 간헐적으로 효과 측정을 하는 것은 연속성이 떨어진다.
- 시스템은 추세 파악을 위한 표준 지표를 제공한다. 시스템이 구축된 후에 자료는 동일한 수단, 기준, 데이터베이스를 사용하여 수집되고 분석되기 때문에 향후의 평가 작업이 용이해진다. 광고 효과를 절대적 수치로 측정하는 것이 불가능하기 때문에 표준 지표를 두고 추세 파악을 하는 것이 중요하다.
- 시스템은 마케팅 커뮤니케이션 문제 해결을 위해 기능적 접근법보다는 통합적 접근법을 조성해준다. 일반적인 광고캠페인 효과 조사 연구의 경우에는 요소별로 분리하여 수행하고 난 후 분석자는 요소별로 평가된 결과를 통합하여 광고캠페인의 전체 효과를 파악하려고 노력한다. 반면에 시스템에 의한 조사 연구는 기획자에게 통합 마케팅 커뮤니케이션 개념을 갖고 시작하도록 한다. 이 연구는 캠페인의 다양한 면에서 개별 효과뿐만 아니라 상호작용에 대한 효과까지도 평가할 수 있는 측정법이지만, 절차에 따라 수행하려는 자세를 갖게 해준다. 즉, 시스템에 의한 조사는 기획자에게 전체 캠페인 효과를 평가하는 마음을 갖도록 하는 데 도움이 된다.
- 조사 연구 시스템은 회사(또는 광고회사)가 자체 구축한다. 광고 효과 조사 연구진이 외부 전문업체에 의해 수행된 결과 보고서를 만드는 데 사용되는 자료가 외부 전문업체의 데이터베이스에 보관되는 경향이 종종 있다. 외부 전문업체의 자료 보관은 해당 기업이 필요할 때 그 자료에 접근하는 것을 어렵게 만든다. 그러나 회사 내부에서 시스템을 보유하면 온라인 체계에 의해 필요할 때마다 바로 정보에 접근할 수 있을 뿐만 아니라 데이터베이스 체계를 통해 다른 자료도 함께 통합할 수 있는 장점이 있다.

평가의 어려움

캠페인 평가 시스템과 기법이 더 복잡하고 발전할수록 수반되는 작업은 더욱 어려워진다. 가장 발전된 시스템을 사용할 것처럼 보이는 큰 규모의 소비재 관련 기업들조차도 브랜드 접점과 같이 소비자를 에워싸는 전략들을 구사한다. 프록터 앤 갬블, 퀘이커 오츠, 크래프트 등은 캠페인 효과를 평가하기 위해 아주 복잡하고 특징적인 시스템을 보유한다. 그러나 이들 대기업도 캠페인과 판매의 직접적인 인과관계를 밝혀주는 효과 측정법을 갖고 있지 않다.

광고캠페인 효과 측정을 위한 시스템 개발

캠페인 효과를 평가하기 위한 시스템 개발에 관한 내용은 이 책의 범위를 넘어서기 때문에 여기서는 그 시스템이 갖추어야 할 몇 가지 구성 요소에 대해서만 살펴보도록 하겠다. 시스템의 개발과 함께 결정되어야 할 문제는 측정 시기와 측정 대상에 관한 것이다. 많은 기업들이 측정하기 원하는 것(결과물)에 기초하여 시스템을 조직한다. 따라서 시스템은 목적지향적이다. 목적지향적 방법은 분별력 높은 방법이지만, 과업지향적 방법이 캠페인 효과를 요소 단계별로 평가할 수 있다. 빠른 시간 내에 측정이 가능하다는 점에서 과업지향적 방법이 더 실용적이다. 다음에서는 마케팅 커뮤니케이션 캠페인을 단계별로 살펴보고, 효과 평가를 위해 기업이 일반적으로 사용하고 있는 평가 측정치를 검토해보겠다.

측정 시기와 대상

캠페인을 네 단계로 구분할 때 단계별 평가 방법은 다음과 같다.

- 제작 과정의 시작 단계: 컨셉 조사(concept testing)
- 제작 과정의 중간과 마지막 단계: 카피 조사(copy testing)
- 광고가 매체에 집행되는 단계: 동시 조사(concurrent testing)
- 광고가 매체에 집행된 이후 단계: 사후 조사(posttesting)

컨셉 조사

상황 분석 후 실제 광고물이 완성되기 전까지 기획자는 아이디어와 전략이 목표 대상이나 마케팅 전략에 맞는지 평가하기 위해 몇 가지 조사를 실시한다. 이런 조사를 수행하는 목적은 광고를 제작하는 데 드는 많은 시간, 비용, 노력을 투입하기 전에 소비자 조사를 통해 사전에 광고캠페인의 효율성과 효과를 알아보고자 하는 데 있다.

조사 대상. 컨셉 조사는 캠페인 전략의 개발 단계에서 중요한 것으로, 잠재적 아이디어와 컨셉을 조사하기 때문에 특성상 다소 탐색적인 경향을 갖는다. 평가되는 컨셉은 제품명, 슬로건, 캠페인 테마, 광고 소구점, 제품 포지셔닝 등이 있다. 컨셉 조사 후 카피 조사 단계에서는 광고 집행에 영향을 주는 음악 선택, 용어 선택, 비주얼, 유머 사용, 그리고 이들 요소의 배열 등을 평가한다. 또한 캠페인 지출 비용에 큰 비중을 차지하는 모델에 대한 평가도 이 단계에서 실시된다.

조사 방법. 컨셉 조사는 특성상 탐색적 경향이 있어 조사 방법은 다른 형태의 조사보다 더 정성적인 방법을 이용한다. 아이디어가 어떻게 소비자의 약속으로 전환되고 그 이유를 알아내기 위하여 조사에 참가한 사람들과 길게 대화를 나누며 조사하는 것이 필요하다. 가장 많이 이용되는 조사 방법은 다음과 같다.

- 집단심층면접법/커피 또는 카페 채팅
- 쇼핑센터 조사
- 일대일 면접 조사/심층 면접

의미 있는 정보를 얻으려면 조사 대상자가 목표 수용자를 대표할 수 있는 표본을 선정해야 한다. 집단심층면접법은 광범위하게 이용되지만 커뮤니케이션 전략안을 검토하거나 평가하는 데 좋은 방법이 아니다. 2장과 3장에서 살펴보았던 것처럼 개발적 조사 연구에서는 응답자 간에 상호작용이 발생하기 때문이다. 평가적 조사 연구의 경우 응답자들 간의 상호작용에 따른 편견이 개입되지 않는 상태에서 소비자의 반응을 측정하는 것이 더 바람직하다. 집단심층면접법의 상호작용적 문제 때문에 상대적으로 쇼핑센터 조사와 일대일 면접 방법이 컨셉 조사에 더 적절한 방법으로 인식되고 있다.

조사 상황에 따라 정보를 얻는 기법과 조사 방법은 다양하다. 투사법과 래더링 기법 등 일부 조사 기법은 컨셉 조사에서는 제한적으로 이용되는 반면에 개발적 조사 연구에는 자주 이용된다. 다음은 개발적 조사 연구에서 일반적으로 사용되는 조사 방법이다.

- 투사법
- 래더링
- 구조화된 질문지법과 반구조화된 질문지법

- 태도와 의견 척도법
- 제품 간 비교 조사

컨셉 조사에서 얻은 정보는 일반적으로 메시지 전략을 확정하는 데 사용될 뿐만 아니라 광고 전략의 주요 요소를 평가하는 데 사용된다. 광고캠페인의 다음 단계는 광고나 판촉물을 제작하고 이를 전략적으로 집행하는 단계이다.

사전 조사

기업이나 광고회사가 수행하는 대부분의 평가 조사는 카피 조사에 속한다. 시안적 광고물에 대한 소비자 의견을 얻는 정성적 측정 방법과 완성된 광고물에 대한 소비자 반응을 파악하는 정량적 측정 방법으로 크게 분류된다. 카피 조사는 광고가 매체에 집행되기 전에 수행되므로 **사전 조사**의 특성을 갖는다.

목적. 카피 조사의 근본적 목적은 광고나 캠페인의 효과를 예측하는 것이다. 2차 목적은 광고를 분석하여 개선하는 데 도움을 주고자 한다. 카피 조사의 유효성에 대해 많은 사람들이 의문을 갖고 있다. 카피 조사의 가치를 평가하기 위해 미국조사연구재단이 12,000~15,000명을 면접 조사한 막대한 프로젝트를 실시했다. 이 연구는 우여곡절 끝에 거의 8년 만인 1990년에 완료되었다. 비록 어느 정도 구식이 되기는 했지만, 조사 범위와 영향력 면에서 그 어떤 것과도 대체할 수 없다. 비록 이 연구는 텔레비전 광고에 국한되었지만, 전체적인 결론은 카피 조사가 유용하다는 것이었다. 즉, 이 조사는 카피 조사가 판매를 늘리는 데 도움을 줄 수 있는 텔레비전 광고를 제작하는 게 유용하다는 기존의 생각을 확인시켜 주었다.[8] 그러나 광고와 판매 간의 인과관계를 밝혀줄 수 있는 카피 조사 방법은 존재하지 않는다.

가치. 카피 조사는 인식, 설득, 호감도 등의 기준으로 광고 효과를 평가하는 조사를 할 수 있게 하는 능력이 있기 때문에 가치가 높다. 카피 조사 시스템이 반복적으로 이용되다 보면, 제품별 광고 효과의 평균 점수와 기준이 제시될 수 있다. 집행되는 개별 광고의 효과는 평균 점수 또는 기준과 비교하여 결정된다. 광고 기획자가 카피 조사 테크닉에 대해 익숙해지면, 카피 조사의 결과는 의사 결정을 위한 보조 자료로 활용된다. 현명한 경영자는 카피 조사의 결과를 경영적 판단이나 크리에이티브 판단의 대안으로 사용하기보다는 의사 결정을 위한 보조 자료로만 활용한다.

조사 대상. 카피 조사에는 두 가지 형태가 있다. 진단적 조사는 광고의 장점과 약점을 파악하는 데 유용하며, 평가적 조사는 커뮤니케이션 회상도, 호감도, 설득 정도 등 세 가지 기준 중 어느 한 가지에 주안점을 두고 평가한다.

비록 대부분의 카피 조사는 진단적 가치를 갖고 있지만, 진단적 결과를 제시해주는 특정한 카피 조사가 있다. 일반적 진단적 조사에 대해 설명하면 다음과 같다.

일반적 **진단 조사**는 광고안을 개선하기 위해 고안된 조사 방법이다. 그러나 이 조사는 광고제작자에게 더 나은 광고를 제작하는 방법을 제시해주지는 못한다. 즉, 광고 내용 중 잘못된 부분을 보여주기는 하지만 잘못된 부분을 어떻게 해야 하는지에 대해서는 말해주지 못한다. 조사에 참가하는 사람은 커뮤니케이션 전문가가 아니라 일반 소비자이기 때문이다. 그들은 광고물에 대한 단순하고 본능적인 의견만을 제시할 뿐이지, 메시지의 어떤 부분이 좋고, 어떤 부분이 나쁜지 복잡한 메시지를 구분지어 판단할 수 없으며, 상세한 이유를 제시할 수도 없다.

진단 조사는 텔레비전 광고 시안을 사전 조사하는 데 자주 이용된다. 일반적으로 30초 광고는 수많은 장면들을 포함하고 있는데, 이들 장면 하나하나는 여러 방법을 이용하여 수정된다. 광고를 구성하는 특정 요소를 개선하기 위해 실시되는 조사를 **실행상의 진단 조사**라고 부른다. 일반적인 진단 조사의 진행 방법은 조사 대상자에게 텔레비전 광고를 보여주고 광고의 구성 요소에 대한 반응을 자유응답식 질문을 통해 체크하면서 동시에 동의 정도를 조사한다.

예시 다음 질문에 답해주십시오(광고 내용에 대한 평가).

1. 광고를 보고 난 후 당신의 전반적 느낌은 어떻습니까?
2. 처음부터 끝까지 광고에서 일어난 것을 구체적으로 설명해주십시오.
3. 당신이 광고를 통해 알게 되었거나, 발견한 점은 무엇입니까?
4. 당신이 생각하기에 광고의 좋은 점과 나쁜 점은 무엇입니까?
5. 광고에 나타난 구체적 요소에 대해 어떻게 느끼셨습니까?

다음 질문에 대해 당신이 느꼈던 정도를 아래에 제시된 척도로 각 항목마다 표시해주십시오.

① 완전히 동의한다. ② 다소 동의한다. ③ 다소 동의하지 않는다. ④ 전혀 동의하지 않는다.[9]

예시 (계속)

1. 이 광고는 예전에 알지 못했던 제품에 대한 새로운 정보를 이야기한다. ________
2. 이 광고는 내가 원하는 제품이 무엇인지 알게 해주었다. ________
3. 이 광고는 재미있고 아이디어가 참신하다. ________
4. 이 광고로부터 많은 것을 알게 되었다. ________
5. 이 광고가 예술적이라고 생각한다. ________

기업은 광고를 개선하기 위해 진단 조사를 이용하지만 미국광고조사재단 카피 조사 타당성 연구는 진단 조사도 판매를 예측하는 데 유용하다고 보고했다. 위의 예시에서 가장 유용하게 사용되는 질문은 광고가 전달하는 정보 콘텐츠에 관해 묻고 있는 1, 2, 4번 질문이다.

프레임별 진단법(frame-by-frame diagnostics)은 기업이 TV 광고가 회상이나 설득 등 다른 테스트를 통해 측정하기 힘들 때 주로 사용된다. 아주 간단한 광고물이라고 하더라도 여러 가지 요소의 복합체인 경우가 많다. 이 테스트는 광고 중 어떤 부분이 시청자와 연결되고, 어떤 부분이 실효성 없는 이른바 '사장 부분(dead spots)'인지를 밝혀내는 데 단서를 제공한다. 어떤 광고를 기각하기 전에 매니저는 건질 만한 부분이 있는지 알아본다. 프레임별 테스트는 TV 광고물의 개별적 장면에 대한 소비자의 반응을 테스트하는 것이다. 전형적인 사례로, 갤럽 앤 로빈스(Gallup & Robinson), 입소스 ASI(Ipsos ASI), 밀워드 브라운(Millward Brown)과 같은 조사 회사는 소비자를 작은 극장으로 초대하여 몇 개의 광고를 보여준다. 참가자들은 광고를 보면서 그들이 좋아하고 싫어하는 정도에 따라 버튼을 눌러 표시하도록 설명을 듣는다. 광고 시사 후에 질문자는 참석자에게 광고의 특정한 장면에서 자신이 보인 반응의 이유가 무엇인지를 인터뷰한다. 프레임별 테스트는 광고 내 어떤 부분이 효과적이고 그렇지 못한가를 알아내는 데 단서를 제공한다. 이들 단서는 나중에 광고를 제작할 때 제작팀에게 가이드라인을 제공한다.[10]

장면 분류 기법(picture sort techniques)은 TV 광고물 내의 내부적 효과를 이해하는 데 쓰이는 또 다른 방법이다. 이 중 가장 널리 쓰이는 기법은 TV 광고물의 스틸 사진을 이용하는 것이다. 먼저 쇼핑몰 같은 번화가에서 목표 수용자로 분류될 수 있는 사람을 골라 테스트에 참여하도록 권유한다. 참석자는 무작위 순으로 쌓여 있는 사진들을 갖고 두 단으로 쌓게 되는데 한 쪽은 기억나는 장면, 다른 쪽은 그렇지 못한 장면으로 분류된다. 연구자는 사람들이 보여준 결과에 따라 광고의 각 장면에 가치를 부여한다. 여기에서 높은 수치가 나오면 많은 사람들이 특정한 장면을 기억하고 있다는 것을 의미한다. 분석가는 광고의 처음부터 끝까지 모든 장면을 짚어가면서 광고에 실린 각각의 장면에 대한 사람들의 집중 정도에 대한 심도 깊은 정보를 얻게 된다.[11]

효과적인 광고는 각각의 장면이 지속적으로 높은 수준의 인지도를 보여주는데, 이를 그래프로 보면 갑작스럽게 변하거나 끊어지기보다는 부드러운 곡선의 흐름을 보여준다. 한 이미지에서 다른 이미지로 부드럽게 이동하는 것을 '시각적 연결성(visual connectedness)'이라고 한다. 이 방법은 미국에서 가장 공신력 높은 카피 조사 회사인 아메리테스트(Ameritest)에 의해 시각적으로 연결된 광고와 독립적으로 설득력 있다고 판단된 광고 사이에 긍정적인 관계가 있는 것으로 판명됨으로써 그 타당성을 입증받았다.[12]

커뮤니케이션 재현(communication playback)은 진단과 평가 등 두 개의 목적으로 사용되는 테스트이다. 이 테스트의 의도는 광고 내의 핵심 사항이 전달되었는가를 평가한다. 광고에 대한 구체적 정보를 기억해낼 수 있는 응답자의 능력은 광고 효율성을 측정하는 데 있어 중요하다. 또한 커뮤니케이션 재현 테스트는 진단 도구로도 이용된다. 시청자는 각자 자신의 말로 광고의 시각적 · 언어적 요소를 다시 구성해보라고 부탁받는다.[13] 연구자는 이들 소비자가 보여주는 브랜드명에 대한 기억, 제품의 구체적 특성이나 품질, 주요 판매 메시지, 광고 음악에 대한 반응, 특수 효과, 주요 등장인물, 핵심 문구, 스토리라인 등에 주목한다. ARF 카피 연구 타당성 프로젝트(ARF Copy Research Validity Project) 중 연구자는 지문 테스트에서 다음과 같은 질문을 한다. "물론 그 광고의 목적은 당신이 제품을 사도록 하는 것입니다. 그렇다면 그 광고의 가장 중요한 판매 포인트는 무엇입니까"[14]

커뮤니케이션 재현 정보는 여러 가지 방법을 통해 얻을 수 있는데 집단심층면접토의, 일대일 인터뷰, 길거리 조사(mall intercept), 가짜 광고 매체(dummy advertising vehicles) 등이 그것이다. 가짜 광고 매체란 실제 잡지처럼 만든 것으로, 광고가 기사와 경쟁적으로 보이도록 연출하는 것을 말한다. 조사 대상자는 일반 잡지를 보는 것처럼 이를 읽고 나서 인터뷰를 한다. 질문자는 대상자에게 몇 가지 기준을 갖고 질문한다. 그 기준이란 회상, 주요 판매 메시지, 개괄적 의견과 태도이다. 이 기법은 조사 대상자에게 매우 실제적인 설정을 제공함으로써 널리 이용되고 있다.

어떤 측정 방법은 심리학으로부터 방법론을 빌려오기도 한다. 순간노출기 타키스토스코프(tachistoscope) 또는 T-스코프라는 기계는 인쇄 광고의 여러 요소에 대한 사람의 인식을 측정한다. 이 기계는 셔터가 부착된 슬라이드 프로젝트와 같은 도구이다. 이

도구에 부착된 셔터는 스크린에 비치는 그림의 노출 시간을 조절할 수 있다. 테스트의 시작 단계에서 광고 이미지를 짧은 시간 스크린에 비추면, 응답자의 잠재적 인지(예를 들어 잠재의식) 속에 남게 된다. 테스트가 진행되면서 스크린에 비추는 광고 이미지의 노출 시간이 길어지면 응답자는 광고의 다양한 요소나 메시지(브랜드명, 제품 속성, 광고의 주요 판매 메시지 등)를 인지하게 된다. 그러고 나서 조사자는 응답자에게 질문한다. T-스코프 조사는 예전에 많이 사용되었지만, 최근에는 많이 사용되지 않는다.

눈 움직임 카메라(eye-movement camera) 방법은 소비자가 인쇄 광고의 다양한 요소를 어떻게 인식하는지 조사하는 분석 방법이다. 이 방법은 두세 가지 방법으로 진행된다. 일반적으로 응답자는 광고를 보여주는 기계 앞에 앉아 광고를 보게 되는데, 이때 센서가 응답자의 눈동자 움직임을 추적한다. 센서는 응답자가 어떤 순서로 광고 레이아웃을 관찰하는지 기록한다. 이 기록을 분석함으로써 응답자가 최초로 관심을 보인 광고 요소가 무엇인지, 어떤 경로로 광고를 관찰했는지, 각 광고의 요소를 관찰하는 데 응답자가 어느 정도의 시간을 보냈는지 알 수 있다.

만일 성적 매력도가 높은 광고 모델에 대해 응답자가 얼마나 주의를 기울였는가 알고 싶다면, 눈 움직임 카메라 방법은 다른 방법보다 더 객관적으로 그 효과를 측정할 수 있는 장점을 가졌다. 그러나 이 방법의 큰 단점은 응답자가 광고를 접촉하는 데 있어 매우 인위적인 상황에서 이루어진다는 것이다. 이 단점을 커버하기 위해 최근 개발된 기술은 카메라를 응답자가 직접 보지 못하는 장소에 배치하는 비강요적 측정 방식(unobtrusive measurements)을 이용한다. 새로운 기술 발전으로 조사자는 기존 측정 방식의 단점을 극복하고 있다.

호감도 측정 역시 점차로 많이 사용되는 방법이다. 소비자가 광고에 얼마나 호감을 가지고 있는지가 얼마나 중요할까? 오늘날에는 수치로 표현하기 더 쉬워졌다. 온라인을 이용해 새롭게 만들어진 호감도 측정 방법은 객관성, 구조성 등의 우수성을 입증 받는 동시에 브랜드 자산을 시각적으로 잘 보여주는 지표로 평가된다. 브랜드는 계속해서 페이스북의 좋아요라든지 트위터의 팔로워 수를 측정한다. 나아가, 브랜드 그룹을 형성하고 있는 커뮤니티는 기업에 있어 가장 중요한 홍보대사들로서 빠르게 성장하고 있다. Trendwatching.com은 최근에 온라인 커뮤니티 안에서 팬, 팔로워, 친구들과 같이 구매결정에 서로서로 영향을 미치는 경향을 발견하여 이를 'F-Factor'나 명명하였다.[15] 다시 말해, 광고는 사람들에게 브랜드를 사랑받게 만드는 의도이다. 좋은 광고캠페인은 기업을 더욱 가깝고, 정이 있는 믿음이 가는 브랜드와 연결지어 궁극에는 판매를 증진시키고 브랜드 충성심도 높인다.

만약 광고가 이러한 역할을 한다면, 엔터테인먼트 중심의 광고가 그 역할을 만들어 냈는지, 아니면 호감도 측정이 광고의 효과를 정확하게 측정한 것 때문인지 판단하기가 어렵다. 오락을 즐기면서 정보를 찾는 소비자의 행동을 잘 만족시키는 인포테인먼트(infotainment)의 폭발적 발전 역시 이러한 흥미로운 결과를 만드는데 일조하였다. ARF 카피 연구 타당성 프로젝트에 따르면, '연구의 가장 놀라운 발견은 카피의 호감도와 판매 사이의 높은 상관관계였다'는 것이다. 연구자가 지적한 바와 같이, 카피의 역할은 제품을 판매하는 것이지, 카피를 좋아하는지 좋아하지 않는지는 중요하지 않다고 여겨져 왔다. 하지만 ARF 연구에서 강하게 제시하는 것은 소비자가 좋아하는 광고는 그렇지 못한 광고보다 물건을 판매하는 데 있어 많은 도움을 준다는 것을 보여주었다.[16]

전통적 호감도 측정은 태도 측정 방식과 매우 유사하다. 이 두 가지 측정 방식은 모두 광고가 소비자에게 무엇을 의미하는가 하는 평가적 차원을 조사한다. 호감도를 조사하는 다양한 직접적, 간접적 질문 방식이 있다. ARF 연구에서는 다음과 같은 직설적 방법을 사용했다.[17]

예시 당신이 방금 시청한 텔레비전 광고에 대한 당신의 감정을 가장 잘 표현하는 문구는 다음 중 무엇인지 말해주십시오.

나는 이 광고를 매우 좋아한다. ______________
나는 이 광고를 좋아한다. ______________
나는 이 광고를 좋아하지도 싫어하지도 않는다. ______________
나는 이 광고를 싫어한다. ______________
나는 이 광고를 아주 싫어한다. ______________

광고 효과의 사전 조사 측정법 중 광고 실무자가 가장 선호하는 방법은 **설득 측정**이다. 광고인은 광고가 특정 브랜드의 구매에 얼마나 도움을 주느냐에 관심을 갖는다. 설득 측정 방법은 여러 가지로 이루어지고 있지만, 실제로 이 조사의 기본 디자인은 텔레비전 광고 평가에서 사용되는 일반 방법과 유사하다.

응답자에게 텔레비전 광고를 보여주기 전에 그들의 브랜드 선호도나 사용 정도를 질문한다. 광고에 노출되고 나서 응답자에게 추첨에 당첨되어 여러 가지 브랜드 중에서 (효과 측정 대상 브랜드를 포함하여) 하나를 선택하라고 하면 어떤 브랜드를 선택할 것인지 질문한다. 브랜드 선호도에 있어 광고 노출 전과 후에 변화가 있다면 광고가 영향을 주었다고 할 수 있다. Mapes and Ross, 입소스 ASI, MSW Research, 아메리테스트와 같은 몇 개의 회사가 이러한 서비스를 제공한다. 위에 있는 모든 회사는 인쇄물, 라디오, 옥외, 포장, 디지털 플랫폼 등 다양한 매체에 관한 비교 테스트 결과 또한 제공한다.

텔레비전 광고 조사

텔레비전 광고 조사는 비용이 많이 들기 때문에 광고 조사자는 여러 가지 방법을 이용하여 이를 실행한다. 텔레비전 광고물의 완성도가 높을수록 조사의 현실성은 높아진다. 그러나 비교적 완성도가 낮은 광고를 갖고 조사를 실시해도 완성된 광고물의 효과 조사를 실시하는 것만큼 좋은 결과를 얻을 수 있으며, 조사비용을 절감할 수 있다. 미완성된 텔레비전 광고 효과 조사는 다음의 단계별로 실시된다.[18]

- 스토리보드: 텔레비전 광고에 사용될 주요 비주얼과 오디오를 개략적으로 그린 일련의 그림을 붙인 패널
- 애니매틱: 텔레비전 광고에 사용될 오디오를 개략적으로 그린 일련의 필름 또는 비디오테이프
- 포토매틱: 텔레비전 광고에 사용될 비주얼을 개략적으로 그린 일련의 필름 또는 비디오테이프
- 리파매틱: 다른 기존 광고물을 오려 붙인 필름 형태의 패널
- 리버매틱: 텔레비전 광고에 사용될 사진으로 필름이나 비디오테이프 형태로 만들어지며, 완성될 텔레비전 광고물에 실제로 사용될 필요는 없지만 실제 광고물에 사용될 사진과 유사한 형태의 사진

광고 효과 측정법과 광고회사의 실무 활용

광고주와 광고대행사에게 카피테스팅 서비스를 제공하는 사업은 경쟁이 아주 치열한 분야이다. 어떤 조사 회사가 더 품질 높은 서비스를 제공하느냐에 관해 측정 기법, 방법, 기준에 있어 실무자들 간에 합의된 의견을 갖기는 어렵다. 카피테스팅에 관한 여

러 가지 문제점들을 해결하기 위한 노력으로 미국의 21개 광고대행사는 공동 작업을 통해 좋은 카피테스팅이 포함하고 있어야 할 아홉 가지 원칙을 발표했다. 이 21개 광고대행사의 공동 작업을 통해 PACT(Positioning Advertising Copy Testing)를 발표했다.[19] PACT의 아홉 가지 원칙은 다음과 같다.

원칙 1. 좋은 카피조사 시스템은 광고목표를 측정하는 방법들을 제공한다. 이 원칙은 설정된 광고목표 달성에 필요한 광고잠재력을 평가할 수 있는 능력을 갖추는 것이 얼마나 중요한지 보여준다.

원칙 2. 좋은 카피조사 시스템은 각각의 테스트를 하기 전에 측정된 결과가 어떻게 사용될 것인가에 대한 합의를 필요로 한다. 이 원칙은 카피조사의 결과가 나오기 전에 어떻게 조사결과를 활용 할 것인지 구체화는 것의 필요성을 강조한다.

원칙 3. 좋은 카피조사 시스템은 다양한 측정방법을 제공한다. 광고성과를 하나의 방법으로 측정하는 것은 일반적으로 적절치 않기 때문이다. 이 원칙은 판매에 영향을 미치는 많은 다양한 요소들로부터 광고의 효과만을 따로 떼어내서 평가하는 것이 어렵다는 것을 말한다. 전 세계적으로 인정받는 그 어떤 판매 측정 방법도 존재하지 않기에, 다양한 방법을 이용하여 측정하는 것이 필요하다.

원칙 4. 좋은 카피조사 시스템은 자극 수용, 자극 이해, 자극 반응 등과 같은 인간의 커뮤니케이션 자극 반응 모델에 기초를 둔다. 이 원칙에 따르면 광고는 일반적으로 몇 단계를 거쳐 전달된다.

- 시각과 청각: 메시지가 소비자에게 전달되어야 한다(수용).
- 마음: 메시지는 소비자에 의해 이해되어야만 한다(이해).
- 가슴: 광고는 소비자에게 인상을 주어야 한다(반응).

따라서, 조사 시스템은 다양한 단계에 관련된 질문들에 대답할 수 있도록 만들어져야 한다.

원칙 5. 좋은 카피조사 시스템은 광고가 한 번 이상은 노출되어야 한다는 전제로 만들어진다. 이 원칙은 단순히 한 번 노출되었을 때보다 두 번 노출되었을 때 사람들의 학습이 향상되었음을 보여주는 실험 결과에 근거하여, 단순 노출은 적합하지 않다는 것을 강조한다.

원칙 6. 좋은 카피조사 시스템은 광고의 완성도가 높을수록 더 확실하게 평가될 수 있다는 것을 인정하고, 두 개 이상의 광고를 비교할 때 광고의 완성도가 비슷한 상태에서 비교되어야 한다는 것을 전제로 한다. 이 원칙은 비교되는 광고가 완성도 측면에서 서로 다른 단계에 있으면 거기에 따른 선입견이 있을 수 있다는 것을 강조한다.

원칙 7. 좋은 카피조사 시스템은 노출 시 발생할 수 있는 여러 문제점을 피할 수 있도록 한다. 이 원칙은 프로그램이 시청되는 다양한 환경에 따라 일어날 수 있는 문제점들을 파악하고 해결하는 것을 강조한다.

원칙 8. 좋은 카피조사 시스템은 타당한 표본샘플을 가지고 행해져야 한다. 이 원칙은 샘플의 크기와 대표성 등 적절한 샘플을 선택하는 과정의 중요성을 강조한다.

원칙 9. 좋은 카피조사 시스템은 신뢰도와 타당성을 가져야 한다. 이 원칙은 똑같은 광고를 반복하여 조사할 때마다 똑같은 결과가 나와야 한다는 것을 강조한다(신뢰도). 타당도는 시장에서의 성과를 어떠한 측정척도로 조사하는 것이 적절한 것인가를 강조한다. PACT에 참여하고 있는 많은 대행사들은 많은 조사 시스템이 타당성을 입증할 근거를 제시하지 못하고 있다는 것에 우려를 나타내고 있다.

동시 조사

동시 조사는 시장에서 캠페인이 실행되는 동안 이루어지는 조사로, 추적 조사와 일치 조사 등이 있다. 이 두 가지 중에서 추적 조사가 더 중요하다.

추적 조사

추적 조사는 마케팅 커뮤니케이션 캠페인 관리의 중요한 부분이다. 기업의 입장에서 보면 매출을 추적 조사하는 것이 중요하지만, 소비자 조사도 추적 조사를 실시한다. 추적 조사를 하면 광고캠페인의 성과를 점검할 수 있다. 만약 시장에서 기획을 잘 수행하고 있다면 정보에 민감한 기업은 보유하고 있는 마케팅 장점을 증대시킬 수 있다. 반면에 정보에 둔감한 기업은 자사가 갖고 있는 시장에서의 문제점에 신속하게 대응하지 못한다.

추적 조사는 정보 획득 진행 시스템의 일부일 때 최상으로 작용한다. 추적 조사의 기본 개념은 소비자의 사고, 느낌, 행동을 주의 깊게 지속적으로 관찰하는 것이다. 추적 조사를 실시한 기업은 다음과 같은 정보에 관심이 있다.

인지도. 브랜드의 포지셔닝에 있어 새로운 특징이나 변화 등 제품의 새로운 정보에 대한 소비자의 인지도뿐만 아니라 브랜드 인지도, 최초 인지도를 알고 싶어 한다.

태도. 일반적으로 소비자의 태도가 제품 구매 의향에 많은 영향을 미치는 것으로 인식되고 있는데, 이 관계는 상황과 제품에 따라 큰 차이가 나타난다.

커뮤니케이션 회상. 기본적으로 기업은 소비자가 메시지를 기억하고 있는지 알고 싶어 한다. 기업이 새롭고 차별적인 전략을 채택할 때 추적 조사는 채택된 전략이 설정된 목적을 달성하고 있는가를 파악하는 데 도움을 준다. 전통적으로 단순한 회상 측정이 많이 실시되어 왔는데, 최근에는 회상에 대한 관심이 줄어들고 있다.

제품 사용 실태. 기업은 보통 일, 주, 월, 연 단위로 판매 상황을 정기적으로 파악한다. 이 정보의 일부는 기업 내에서 공급된다. 소비재 제품을 생산하는 대기업의 경우에는 조사 연구 서비스 공급업체로부터 정보를 얻어 자체 정보를 보완한다. 추적 조사는 판매 발생의 본질을 이해하는 데 사용된다. 신제품의 경우에는 첫 구매인지 재구매인지에 대한 여부, 기존 제품의 경우에는 사용 빈도에 대한 내용을 질문한다.

제품에 대한 만족도. 관계 마케팅의 중요성이 강조되면서 기업은 소비자 만족을 중요하게 생각하고, 자사 제품과 광고에 대한 소비자 호감도를 평가한다. 소비자 만족 수준의 측정법 중 중요한 한 가지는 제품의 재구매에 대한 소비자 의향을 묻는 것이다.

위에서 언급한 정보를 얻기 위해 기업은 기업 내에서 조사를 수행하거나 외부 전문 업체를 이용한다. 광고회사는 일반적으로 이런 형태의 조사 연구를 제공하지 않는다. 기업은 정기적으로 정보를 수집하기 위해 시스템을 구축해서 주 단위 또는 일 단위로 계속해서 자료를 수집하거나, 특별한 경우에는 **웨이브**(wave)라 불리는 대용량의 정보를 캠페인의 시작, 중간, 마지막에 수집한다.

기업은 보통 직접 패널을 구성하거나 조사기관의 패널을 사용한다. 패널과 관련된 문제는 소비자가 조사에 참여하는 것에 지나치게 민감하거나, 반발적 태도를 갖거나, 자신의 일상생활과는 전혀 다른 방식으로 응답하는 것이다. 다음은 정보 수집에 이용되는 몇 가지 추적 조사 방법의 예이다.

- 전화 면접: 신속하고, 쉽고, 비용이 적게 들어 가장 많이 이용된다. 제품 인지부터 제품 만족에 이르기까지 광범위한 질문을 할 수 있다.
- 이메일 인터뷰: 소비자는 스마트폰, 아이패드(ipad), 노트북, 데스크탑 컴퓨터를 통해 항상 연결되어 있다. 이메일을 통하여 접근 불가능한 집단은 거의 없다. 이메일은 전화와 마찬가지로 빠르고, 쉽고, 저렴한 장점으로 인하여 빠르게 성장해왔다. 더욱이, 이메일은 덜 강압적이고 답장을 보내는 사람의 여가시간을 이용하여 편하게 회신할 수 있다는 장점으로 인하여 전화메시지보다 응답률이 높다.
- 일기장법: 소비자에게 브랜드 구매, 브랜드 전환, 구폰 이용 등 다양한 활동을 직접 기록하도록 한다.
- 팬트리 체크: 일기장법처럼 브랜드 사용에 대한 정보를 제공한다. 비용이 많이 드는 반면에 신뢰할 만한 정보를 얻을 수 있다.
- 쇼핑센터 조사: 다른 유형의 소비자 조사에도 광범위하게 이용되는데, 때때로 추적 조사에도 이용된다. 대량의 정보를 가장 쉽고 신속하게 얻을 수 있다는 장점이 있다.
- 제품 결산과 스캐너 데이터: 전통적으로 기업은 닐슨사 같은 전문 조사기관에서 나오는 시장 제품 동향 데이터를 이용하는데, 이 데이터는 소매상과 도매상 내·외부의 제품 흐름을 모니터한 자료로 제품 동향을 추정할 수 있다. 오늘날 정보는 주로 스캐너로 수집된다.

제품 수집과 데이터 스캐닝 사업에서 가장 대표적인 회사로 닐슨사와 인포메이션 리소스(IRI: Information Resource, Inc)사가 있다. 이 두 회사는 비슷한 정보를 제공한다. 닐슨사 자료에 대해 알아보겠다.

닐슨은 세계에서 가장 큰 시장 조사 회사이다. 이 회사는 매체 조사로 유명하지만 대부분의 수입은 시장 조사 서비스로 얻고 있다. 닐슨사는 설명하기 어려울 만큼 방대한 서비스를 제공하는 정보 복합 기업이다. 이 회사 자료의 주 이용자는 식품 제조업체, 건강과 미용 관련 업체 등과 같은 대기업이다. 닐슨사는 스캐너 기술을 이용한 바코드 처리 전자검색을 통해 점포별로 소비자의 소매 활동을 모니터한다. 어떤 점포에서는 물리적으로 조사한다. 기본적인 시스템은 닐슨 스캔트랙(Nielsen ScanTrack)이라 불린다. 스캔트랙은 식품, 식료품 및 잡화, 의약품, 주류 등에 관한 정보를 제공하고, 편의점과 일반 제품 제조자에게는 제품의 슈퍼마켓 점유율과 ACV(All Commodity Volume)라 불리는 상점의 판매량 정보를 제공한다. 기업은 미국 전체의 정보를 일괄 구매하거나 주요 상위 50개 시장에 대한 정보를 따로 구매할 수 있다.

닐슨사는 마케팅 믹스에 관련된 모든 주요 요인에 대한 정보를 제공하는 풀서비스 시장 조사 회사가 되기 위해 노력하고 있다. 현재 닐슨사가 제공하고 있는 정보를 요약하면 다음과 같다.

- 제품: 제품별로 전체 미국 시장, 50개 주요 시장 등 시장별 판매 수치를 제공한다.
- 가격: 슈퍼마켓, 대형 유통점, 약국, 편의점, 식품점 등 소매점 형태별로 구분하여 가격 정보를 제공한다.
- 유통: 어떤 제품이 특정 소매점과 시장에서 판매되고 있는지에 관한 정보를 제공한다.
- 촉진: 브랜드와 제품군을 지원하는 판매 활동(예를 들어 상품 진열 등)에 대한 정보를 제공한다. 닐슨 스캔트랙의 데이터는 기업의 제품량과 이윤목표에 맞추어 촉진의 크기를 최적화하며, 경쟁사의 활동 정보도 고려하여 결정함으로써 기업의 촉진활동이 판매로 이어지게끔 돕는다.

일치 조사

일치 조사는 또 다른 동시 조사 유형으로, 주로 소비자가 매체에 노출되는 동안 광고와 매체 이용에 대한 평가나 측정을 하기 위한 것이다. 전화 면접이 이런 정보를 얻는

데 가장 많이 이용되는데, 전화받기 전에 방금 하고 있던 일에 대한 여러 가지 질문을 한다. 이 방법의 장점은 기억 손실로 인한 측정 오류를 줄일 수 있다는 것이다. 그러나 최근 일치 조사의 사용 빈도가 급격히 줄어들고 있다.

사후 조사

사후 조사와 동시 조사의 차이는 대개 어의적인 것인데, 기본적으로 두 가지 조사는 모두 광고가 매체에 나타난 이후의 효과를 측정한다. 사후 조사는 보통 캠페인이 종결된 후에 조사를 수행하는 반면에 동시 조사는 일반적으로 캠페인이 진행되는 과정에서 수행된다. 사후 조사는 다음과 같은 기본적인 두 가지 이유에서 실시된다. 첫째, 캠페인 효과 측정은 광고회사와 광고 담당자의 수행 결과를 정확하고 객관적으로 평가해준다. 둘째, 효과적인 사후 조사 프로그램은 향후 캠페인 개발을 위한 기준점이 된다.

운영상의 관점에서 볼 때 경영자는 지금까지 수행한 캠페인에 대한 철저한 분석을 통해 대체되거나 개선되어야 할 점과 향후에 피해야 할 점을 파악하는 것이 중요하다. 이에 대한 이해는 광고회사를 포함하여 캠페인에 관련된 모든 사람에게 확대된다. 과거의 성과에 기초한 기준점을 설정함으로써 관리자는 향후 캠페인 기획을 위한 전략 방향에서 정보를 통합하거나 운영을 수시로 조정하는데 이 정보를 이용할 수 있다.

사후 조사는 커뮤니케이션 효과를 측정하는 조사와 행동적 효과를 측정하는 조사 등 두 가지 유형으로 나눌 수 있다. 다음은 사후 조사를 위해 가장 많이 사용하는 기준치이다.

- 재인(커뮤니케이션 효과)
- 회상(커뮤니케이션 효과)
- 태도, 인식(커뮤니케이션 효과)
- 매출(행동적 효과)
- 문의(행동적 효과)

재인 조사는 특히 인쇄 광고에서 가장 많이 이용하는 사후 조사 방법이다. GfK 그룹의 《스타치 리더십 보고서》가 가장 많이 사용된다. 기본적 조사 방법은 잡지가 발행되고 하루(24시간) 뒤에 남녀 최소한 100명씩의 해당 잡지 열독자를 면접 대상자로 선정한다. 면접원은 잡지 페이지를 넘겨가며 잡지에 실린 광고에 대한 전반적인 질문을 하는 동시에, 헤드라인, 일러스트레이션, 카피, 로고 등 광고에 실린 다양한 요소에 대해서도 질문한다. 스타치 리더십 보고서는 수많은 인쇄 광고물을 조사할 뿐만 아니라, 서식, 구조, 위치, 문맥, 콘텐츠 정보, 키워드 등 거의 50여 항목의 정보를 수집한다.[20] 이러한 조사는 잡지 내 모든 광고에 대한 아래 항목의 점수를 조사한다.

- Noted: 그 광고를 본 적이 있다고 기억하는 사람의 비율
- Seen associated: 브랜드명이나 광고주를 포함해 광고의 일부분만 보았다고 기억하는 사람의 비율
- Read most: 광고의 카피 내용을 반 이상 읽은 사람의 비율
- Signature: 브랜드명이나 로고를 보았다고 기억하는 사람의 비율

재인 조사는 기억력을 조사하는 것이다. 앞에서 지적했던 것처럼 재인 조사는 소비자가 광고를 기억할 수 없다면 광고가 구매 의사 결정에 영향을 미칠 수 없다는 가정에 근거한다. 비록 소비자는 특정 광고를 기억하지 못할지라도 광고가 전달하는 메시지를 마음속에 담고 있을 수 있으므로 낮은 인지도 점수를 보인 광고가 반드시 실패한 광고라고 할 수는 없다. 스타치 서비스(Starch service)의 또 다른 한계점은 조사 대상자가 목표 수용자가 아니라는 점이다. 기업은 일반적으로 목표 수용자에 대한 정보를 원한다. 따라서 잡지의 독자가 그 기업의 목표 수용자에 매우 근접한 사람이 아니라면 그 정보는 유용성이 떨어진다.

이 같은 모든 한계에도 불구하고 스타치 서비스는 아직까지 널리 사용되고 있는데, 그 이유는 비용이 상대적으로 저렴하고, 광고 조사 회사의 대부격으로 그만큼 많은 사람들에게 친숙해져 있기 때문이다.

회상 조사의 사용 빈도가 점점 줄어들고 있다. 회상 조사는 두 가지 유형이 있는데, 빈 칸에 응답을 채우는 비보조 회상 조사와 응답자에게 기억을 위해 단서를 제공하고 회상하도록 하는 보조 회상 조사가 그것이다.

갤럽과 로빈슨과 같은 회사는 인쇄, 디지털, 옥외, 방송 등 다양한 플랫폼을 위한 사후 회상 조사를 서비스한다. 회상과 관련 측정 서비스를 제공하는 인텔레테스트(InTeleTest)는 TV 광고의 관입도, 아이디어 전달력, 설득력, 광고 반응 등 적어도 네 개 항목에 관한 영향력을 측정하여 제공한다. 이 회사는 소비자의 감정 반응을 좀 더 정확하게 측정하기 위하여, 최근에 연속 감정 반응 분석(Continual Emotional Response Analysis)이라는 최신의 시스템을 선보였다. 이 시스템은 최신의 기술인 안면 근전도 검사법

(EMG)을 적용하였는데, 자극에 대한 긍정적 또는 부정적 반응을 얼굴 근육의 움직임을 통해 정확히 파악할 수 있다.[21]

- 관입도: 이 측정은 시청자의 주의를 끄는 광고 능력을 측정하는 것으로, 광고 노출 24시간 후에 광고를 정확히 설명하는 응답자의 비율을 말한다.
- 아이디어 전달력: 이 측정은 특정 판매 소구점을 포함해 광고 내용을 회상하는 응답자의 비율을 말한다.
- 설득력: 이 측정은 응답자의 호의적 구매 태도에 대한 사전 및 사후 조사로 결정된다. 태도와 인식도에 대한 사전 조사는 조사에 초대될 대상자를 통해 전화로 파악한다. 그 다음날 실시되는 사후 조사에서는 사전 조사에 응한 동일 응답자에게 동일한 질문을 함으로써 태도 변화, 즉 설득력 정도를 파악한다.
- 광고 반응: 이 측정은 소비자가 광고를 좋아하는가에 대한 정도를 5점 척도로 평가한 것과 광고의 우수성에 대한 소비자의 동의/비동의 정도를 5점 척도로 파악한 것이 있다.[22]

회상 조사의 타당성과 신뢰성에 대해(특히 설득 측정 조사와 비교하여) 비판하는 많은 논문들이 발표되었다. 이들 논문 중에서 깁슨(Gibson)이 발표한 논문이 회상 조사에 대해 가장 비판적으로 접근하고 있다. 회상 조사와 설득 조사에 관한 기존의 문헌을 분석한 깁슨은 다음과 같이 요약하고 있다.

> "회상 조사에 대한 분석 결과는 간단하다. 회상 조사의 결과를 광고 효과 측정 지표로 사용하는 데 많은 문제점이 있다. 이론적으로 볼 때도 회상은 그리 좋은 방법이 아니다. 회상의 타당성에 대해 많은 의문이 제기되고 있다. 이에 비해 설득은 광고 효과 측정치로서 타당성이 높다. 회상과 설득에 대한 오랜 기간의 논쟁에 대해 확실한 답을 제공할 수는 없다. 그러나 회상이 광고 효과 측정의 타당한 방법이 아니라는 것만은 확실하다."[23]

회상도를 평가(recall measure)하는 것은 지금도 널리 이용되고 있지만, 그 빈도가 조금씩 줄어드는 추세이다. 아마도 (제품에 하자가 있을 때 쓰는) 리콜이라는 단어에 초점을 둔 조사라는 부정적 이미지 때문인 것 같은데, 이로 인해 일부 조사 시스템에서는 커뮤니케이션 재생(communication playback)이란 용어로 바꿔 사용하기도 한다. 회상도 평가가 퇴락하는 또 다른 이유는 전반적으로 사후 조사 자체가 줄고 있다는 점이다.

그러나 회상도는 오랫동안 사용되어 왔으며, 연구자도 그 용어에 친숙하고, 이 기법에 대한 기준을 지속적으로 개발해왔다. 비록 이 기법이 과거처럼 많이 사용되지 않지만 미래에도 어느 정도 계속해서 이용될 것임에 틀림없다.

태도, 인식도, 선호도 조사는 사후 조사보다 사전 조사나 추적 단계에서 더 많이 사용된다. 그 이유는 회상과 설득력 등 사후 조사를 측정하는 신디케이트 조사기관이 많기 때문이다. 신디케이트 조사는 일반 조사보다 비용이 저렴하다. 신디케이트 조사 회사의 자료는 광고주가 자사 광고와 경쟁사의 광고 효율성을 비교할 수 있는 기준을 서비스의 일부로 제공한다.

많은 광고주들이 호의적 태도가 구매 의사 결정에 필수 조건이라고 믿기 때문에 태도 조사가 많이 실시되고 있다. 태도와 행동 간의 인과관계에 대해 의문점이 많지만, 많은 기업들이 마케팅 커뮤니케이션 전략의 측면에서 태도 변화에 영향을 주기 위해 노력하고 있으며, 효과 조사도 실시하고 있다. 기업은 태도, 인식도, 선호도 등을 측정하기 위해 3장과 이번 장에서 앞에 언급한 방법을 포함해 다양한 방법을 이용하고 있다.

많은 광고주들은 커뮤니케이션 효과 측정이 광고 효과를 제대로 측정하지 못하고 있다고 불신한다. 레오 버넷 광고회사의 조사 연구 책임자인 맥퀸(McQueen)이 행동을 분명하게 측정해야 한다고 지적했던 것처럼 광고주는 회상과 설득력에 대한 조사는 자신들이 달성하려고 하는 목적에 적절하지 않다고 믿고 있다.[24] 대부분의 광고주들은 광고와 행위적 측정치(매출이나 문의) 간의 인과 관계를 알고 싶어 한다. 이런 조사는 광고 학술지나 교과서에 나온 것과는 달리 그리 어려운 것은 아니다.

그러나 기업은 각기 다른 특성을 갖고 있어서 기업 특성에 맞도록 개발된 측정 시스템도 특정 상황에만 작용한다. 아울러 어떤 기업에 유용하고 가치 있는 조사도 제품 판매를 자극하는 광고나 캠페인 능력을 전체적으로 측정하는 수치를 제공하기보다는 부분적인 효과만 조사한다는 단점을 갖고 있다. 따라서 방법론적 결점도 없고, 모든 기업에 유용한 광고 효과 시스템을 개발하는 것은 거의 불가능하다. 대부분의 조사 방법은 저마다 한계성을 지닌다.

광고나 캠페인 효과에 대한 사후 조사 측정을 위한 기준으로 판매가 널리 사용된다. 그러나 대부분의 조사는 비공식적이다. 예를 들어 맥도날드의 시스템은 일 단위로 지점의 판매 상황을 모니터한다. 새로운 광고나 캠페인을 수행하고 바로 다음날 시장에서의 효과를 측정한다. 방법론적으로 볼 때 광고의 성공과 실패를 측정하는 맥도날드의 이 같은 조사는 완벽하지 않다. 그러나 맥도날드는 그 조사 결과와 함께 오랜 기간의 경험을 바탕으로 성공한 광고와 실패한 광고를 구분한다.

기업은 점점 복잡한 기법을 사용하고 있다. 판매에 영향을 주는 주요 변인으로 총 도달 빈도와 설득력 측정을 포함하는 양적 측정 모델이 있다. 기업들은 내부적으로 이러한 광고/판매 모델을 개발할지도 또는 이 모델에 필요한 정보 모두를 가지고 있는 닐슨과 같은 외부 업체를 사용할 수도 있을 것이다.

디지털과 소셜 미디어 평가

디지털 미디어 평가는 그 자체로 하나의 과학이다. 직접 마케팅을 살펴보면, 온라인 광고는 클릭율, 방문객수, 페이지뷰, 전체 웹 트래픽, 평균 사이트 체류 시간 등 자연적으로 즉각적인 측정이 가능하여 매우 이상적이다. 위의 모든 즉각적인 지표들은 매체의 위치와 실행 방법 등이 얼마나 잘 소비자를 기업의 온라인 자산으로 연결시키고 있는지 보여준다.

전통적인 온라인 광고의 예를 들자면, 복잡한 컴퓨터 알고리듬과 주변 소프트웨어에 의해 매월 분석된 정보들이 보내진다. 구글의 애널리틱스(Analytics), 야후의 애널리틱스(Analytics), 알렉사(Alexa), 크레이지 에그(Crazy Egg)와 같은 소프트웨어는 사이트를 방문과 사용에 관한 실시간 정보를 제공한다. 컴피트(Compete)와 같은 소프트웨어는 방대한 제품군에 이르는 경쟁사의 트래픽 자료를 제공한다. SEO는 마케터들을 최적으로 도와 그들의 사이트가 쉽게 찾을 수 있고 검색 엔진에서 구조적으로 높은 랭킹을 차지하도록 한다. 이러한 도구들을 통하여 광고주는 하루, 한 주, 한 달 단위로 온라인 매체의 구매를 조절함으로써 최대의 효율성을 달성할 수 있다. 소비자의 반응이나 소비 행태에 따라 실시간으로 이커머스 모델이나 웹사이트를 수정할 수도 있다.[25]

오늘날 업계에서는 소셜 미디어 내에서 브랜드의 온라인 목소리를 측정하고 관리하는 것이 가장 핫한 있는 일이 되었다. 광고대행사, 홍보대행사, 심지어 광고주 회사의 내부 부서에 이르기까지 모든 사람이 이러한 비즈니스를 위하여 다투고 있다. 하지만 이러한 일은 큰 책임과 시간적 책무를 요구하고, 상시 모니터링을 통한 시의적절한 응답을 하는 실시간 대화가 성공의 열쇠이다. 즉, 측정이 가장 중요하다.

벽들은 무너지고 대화의 창은 열려있다. 브랜드는 시시각각 넘쳐나는 트윗과 월포스팅을 그저 보는 것에 그쳐서는 안 되고 그것들의 성격과 내용을 평가하여 변화하는 속도에 발맞추는 민첩한 대응이 필요하다. 브랜드는 항상 켜져 있는 상태이므로 다음을 위한 두 번째 전략 결정도 만들어야 한다. 엄청난 양의 데이터를 다루는 일에 익숙한 마케터들은 결론에 이르기 전에 다음 걸음을 위한 계획을 세워야 하는데, 이러한 일은 흥분되는 일인 동시에 위험을 동반하는 일이다. 말하자면, 마케터들은 온라인 커뮤니티 관리에 필요한 수많은 정보에 둘러싸여 있다. 무료로 제공되는 페이스북의 인사이트(Insights)는 좋아요, 포스트, 코멘트 등 여러 상세한 정보를 제공해준다. 또 다른 무료 어플리케이션인 트윗어라이저(Twitalyzer)는 리트윗과 대화의 양을 분석해 브랜드의 트윗이 팔로워에게 미친 영향을 조사한다.

트위터, 페이스북, 유튜브, 블로그, 포럼, 사진이나 비디오 공유 사이트 등과 같이 다양한 소셜 플랫폼에 주고 받는 대화와 이야기 주제를 분석하는 내용 분석(content analyses)도 유저들 사이에서 브랜드가 현재 어떠한 위치에 있으며, 어떠한 취급을 받는지 등을 알려주는 주는 역할을 한다. 얼마나 많은 브랜드 메시지가 사이버공간의 소비자들에게 제대로 전해질까, 소비자들은 뭐라고 말할까와 같은 질문들은 마케터들이 원하는 생산적인 좋은 질문이 될 수 있다.

특수한 마케팅 커뮤니케이션 전술의 측정

앞에서도 언급했듯이, 경험 마케팅, 바이럴, 게릴라, 그래스루츠 마케팅 등 새로운 형식의 커뮤니케이션이 넘쳐나는 오늘날의 시대에는 이들 커뮤니케이션의 성공 여부를 측정하는 새로운 방식을 결정하는 것도 계속되는 하나의 도전이다. 컴퓨터 모델도, 널게 통용되는 방법론도, 믿을 만한 측정 척도도 존재하지 않는다. 각자의 방법은 다르고 또한 다르게 다루어져야 한다.

마케터들은 그들의 힘과 시간이 허락하는 범위 내에서 최선을 다하여 하나라도 더 많은 정보를 수집하는 노력이 요구된다. 예를 들면, 스포츠, 게임, 음악 이벤트를 적극적으로 후원하는 레드불(Red Bull)은 각각의 이벤트에 참석한 사람들이나 그들의 팬 또는 콘서트를 자주 가는 사람들을 통하여 그들의 경험, 브랜드 인식, 연상 등과 같은 피드백을 측정할 수 있다. 반면에 상대적으로 새로운 친환경 패션 브랜드인 웨어 케미스트리(Wear Chemistry)는 런던시내 횡단보도에서 새로운 대나무 컬렉션 패션쇼를 선보임으로서 말 그대로 런던의 교통을 멈추게 하였는데, 이들은 물리적으로 일으킨 트래픽 임프레션뿐만 아니라 바이럴 비디오 포스팅, 지역, 국제, 그리고 온라인 언론사들이 언급한 홍보한 것까지 측정하여 성공 여부를 조사하였다.

다시 한 번 언급하자면, 오늘날 모든 소비자 접점은 변화할 수 있으며, 마케터들에게 전술의 가치는 브랜드의 목적에 따라 매우 다양하다. ROI는 주주의 관심사이다. 전술은 어떻게 목적을 달성했는가? 결과는? 입소문? 소비자 자발적 콘텐츠? 커뮤니티 구성? 브랜드 몰입? 누군가에는 이러한 모든 것들이 가치가 있는 결과들일 것이며, 물론 기업과 소비자에게도 의미가 있을 것이다. 브랜드 활동과 브랜드 경험의 측정은 앞으로의 평가 기술에 있어 획기적 발전을 보일 것이다.

결론

이번 장에서는 미래를 내다볼 줄 아는 통찰력과 전략적 사고의 중요성을 강조했다. 우리는 대부분의 독자들이 이 책에서 설명하고 있는 원칙, 절차, 정보원을 가까운 장래에 사용하지 않을 거라는 사실을 알고 있다. 이 책에서 설명된 내용은 몇 년 후에 적용 가능할 것이다. 또한 우리는 평가 시스템이 모든 전략 기획과 조화를 이루어야 한다고 믿는다. 이러한 평가 시스템을 개발한 기업은 효율성을 높일 수 있으며, 그 결과 단기적으로는 마케팅 기회 요인을 최대한 활용할 수 있고, 향후에는 새로운 시장에 대한 우위 전략을 개발할 수 있을 것이다.

캠페인 진행 체크리스트

이 단계의 캠페인 진행을 위해서는 일반적으로 다음과 같은 사항을 명심해야 한다.

1. 평가는 성공적 마케팅을 위한 중요한 요인이다.
2. 평가는 아직 정밀한 과학이라고 말할 수 없다. 왜냐하면 마케팅 커뮤니케이션의 효과를 측정할 때 판매에 대한 영향을 따로 떼어 측정하기가 어렵기 때문이다.
3. 조사 활동은 개발 조사와 효과 조사가 있다. 전자는 캠페인을 개발할 때 이용되고, 후자는 마케팅 커뮤니케이션 캠페인의 효과를 측정하는 데 사용된다.

4. 보통 평가 테스트를 할 때 적어도 4단계의 과정을 거친다.
5. 컨셉 조사는 제작 단계의 초기에 사용된다.
6. 카피 조사는 제작 단계의 중간과 끝에 실시한다.
7. 동시 조사는 캠페인을 집행하는 중에 실시한다.
8. 사후 조사는 광고가 매체에 집행된 이후로 실시한다.
9. 이 장에서 살펴본 많은 조사들이 광고에 집중되어 있는데, 이 중 많은 조사들은 다른 마케팅 커뮤니케이션 도구에서도 적용되어 사용될 수 있다.
10. 캠페인의 효율성과 효과를 높이기 위해서는 조사 체계가 모든 전략 체계 내에 자리 잡아야 한다.

미주와 참고문헌

1. J. J. Burnett, *Promotion Management* (Boston: Houghton Mifflin, 1993), p. 603.
2. P. Kotler, *Marketing Management* (Englewood Cliffs, NJ: Prentice Hall, 1994), p. xxiv.
3. G. E. Belch and M. A. Belch, *Advertising and Promotion: An Integrated Marketing Communications Perspective* (Homewood, IL: Irwin, 2011), Chapter 19.
4. "Kantar Media Reports U.S. Advertising Expenditures Increased 3.2% In The First Half of 2011," *Kantar Media Online* (September 12, 2011). Retrieved September 17, 2012 from http://kantarmediana.com/intelligence/press/us-advertising-expenditures-increased-32-first-half-2011.
5. Ellie Ayrouth, "First Look at Cool Ranch and Flamas Doritos Locos Tacos from Taco Bell," FoodBeast Food News, (June 18, 2012). Retrieved September 17, 2012 from http://foodbeast.com/content/2012/06/18/first-look-at-cool-ranch-and-flamas-doritos-locos-tacos-from-taco-bell/.
6. Kotler, *Marketing Management,* p. xxvi.
7. Some of this material has been adapted from D. J. Curry, *The New Marketing Research Systems* (New York: John Wiley and Sons, 1993), p. 19.
8. R. I. Haley and A. L. Baldinger, "The ARF Copy Research Validity Project," *Journal of Advertising Research* (April–May 1991), pp. 27–28.
9. The directions and the statements here were adapted slightly from the ones used in the ARF Copy Research Validity Project.
10. For more information, see W. Wells, et al., *Advertising: Principles and Practice*, 4th ed. (Upper Saddle River, NJ: Prentice Hall, 1998), pp. 621–622.
11. C. E. Young and M. Robinson, "Guidelines: Tracking the Commercial Viewer's Wandering Attention," *Journal of Advertising Research* 27 (June–July 1987), pp. 15–16. Also, C. E. Young, "Making Connections" White Paper sponsored by Ameritest/CY Research, Albuquerque, NM, 2010.
12. C. E. Young and M. Robinson, "Visual Connectedness and Persuasion," *Journal of Advertising Research* 32 (March–April 1992), pp. 51–59.
13. J. Haskins and A. Kendrick, *Successful Advertising Research Methods* (Lincolnwood, IL: NTC Business Books, 1993), p. 313.
14. Haley and Baldinger, "The ARF Copy Research Validity Project," p. 18.
15. Trendwatching.com, "The F-Factor: That's F for Friends, Fans & Followers, who influence consumers' purchasing decisions in ever-more sophisticated ways." Retrieved September 19, 2012 from http://trendwatching.com/trends/ffactor/.
16. Ibid., p. 29.
17. Ibid, p. 18.
18. These forms are adapted only slightly from the classification in the survey reported in K. W. King, et al., "Pretesting TV Commercials: Method, Measures, and Changing Agency Roles," *Journal of Advertising* 22 (September 1993), p. 91.

19. PACT-Positioning Advertising Copy Testing (The PACT Agencies Report, 1982), pp. 10–27. Also reprinted in the *Journal of Advertising.*

20. GfK MRI, "Starch Advertising Research.", Retrieved September 17, 2012 from http://www.gfkmri.com/Products/Starch.aspx.

21. Gallup and Robinson, "Continuous Emotional Response Analysis: Second by Second Measure of Emotional Response." Retrieved on September 17, 2012 from http://www.gallup-robinson.com/cera.html.

22. For more information, see J. J. Davis, *Advertising Research Theory and Practice* (Upper Saddle River, NJ: Prentice Hall, 1997), p. 564.

23. L.D. Gibson, "Not Recall," *Journal of Advertising Research* 23 (February–March 1983), p. 45. For other criticism, see also H. A. Zielske, "Does Day-After-Recall Penalize 'Feeling' Ads?" *Journal of Advertising Research* 22 (February–March 1982), pp. 19–22.

24. J. McQueen, "The Different Ways Ads Work," *Journal of Advertising Research* 30 (August–September 1990), pp. 15–16.

25. Lou Dubois, "11 Best Web Analytics Tools," Inc., (December 31, 2010). Retrieved September 19, 2012 from http://www.inc.com/guides/12/2010/11-best-web-analytics-tools.html.

제11장
통합적 광고 기획서(플랜북) 작성하기

광고 기획서에 대한 접근

광고 기획서를 작성하고 완성하는 것은 어려운 작업이다. 처음 시작 단계에서는 아마도 어떻게 이 일을 잘 끝낼 수 있을까 궁금해 하기도 할 것이다. 우리를 믿어라. 잘 될 것이다. 단지 한 단계 한 단계 차근히 해나가는 것이 필요할 뿐이다. 이 작업을 마치고 나면 안도감과 함께 자신의 역량이 고무되었음을 느낄 것이다. 그 리고 다음 캠페인을 기획할 때 자신의 역량이 좀 더 향상되었다는 사실을 깨닫게 될 것이다.

이 일을 추진할 때, 체계적이고 조심스럽게 접근할 것을 권한다. 스스로를 전략가이자 크리에이티브 문제 해결가라고 생각하라. 광고주는 전문가인 당신의 도움을 받아 그들이 처한 마케팅 문제를 해결하기 위해 당신을 고용했다. 따라서 소극적으로 행동하지 마라. 자신을 가지고 업계의 전문가로서 조언을 해줘라. 광고 기획서란 여러분의 아이디어를 종이 위에 옮긴 것이다. 기획서에 자신의 총체적 역량을 반영하라. 이때 다른 사람들이 쌓아온 지혜도 이용해야 한다는 사실을 잊지 마라. 기획서는 본인의 생각과 아이디어를 만들어져야 하지만, 이 책의 앞에서 살펴본 업무 과정과 아이디어, 컨셉이 반영될 수 있도록 고려하길 바란다. 앞에 나온 내용은 실제로 쓸 만한 것이기 때문이다.

먼저 광고 기획서가 무엇을 성취하고자 하는가를 생각하라. 광고가 집행되는 상황은 매번 다르기 때문에 어떤 기획서도 똑같을 수는 없다. 광고 기획서에는 조사를 의뢰한 광고주가 누구이고, 광고주의 문제가 무엇이고, 광고주와의 문제를 어떻게 풀어 나가고, 당신의 제안이 다른 대안과 비교했을 때 왜 우수한가를 설명하는 내용이 담겨져야 한다. 광고주와 광고주가 처한 현재의 상황을 확실히 이해하고 있으며, 제안한 광고캠페인의 목표를 달성하기 위한 전문가와 전문 기술을 갖고 있다는 것을 보여주어야 한다.

기획서의 형식은 각기 다르지만 초보자가 따라할 수 있는 기획서의 일반적 형식이 있다. 이번 장에서는 광고 기획서에 대한 일반적인 아웃라인을 보여주겠다. 앞으로 여러분은 경력을 쌓아가면서 다양한 업무에 직면하게 될 것이다. 통합 마케팅 커뮤니케이션 캠페인에 대한 종합적인 기획서를 작성해야 할 때가 있고, 특별 프로젝트에 대한 기획서의 일부만을 작성해야 하는 때도 있다. 여러 명의 광고주와 각기 다른 상황에 직면할 것이고, 함께 일할 사람도 시간이 지나면서 바뀔 것이다. 기획서의 일반적 형식을 미리 알고 있다면 직면하게 될 다양한 상황에 쉽게 적응할 수 있다. 다음 내용은 마케팅 커뮤니케이션 기획서를 작성할 때 여러분이 요청받게 될 몇 가지 상황이다.

- 신제품 도입: 대부분의 마케팅 정보와 광고 정보는 완전히 낯선 것이다. 이 책은 이런 상황을 다룰 수 있도록 만들어졌다. 1, 2차 조사부터 전략 기획과 전술 실행까지 우리의 조언을 따라주길 바란다. 광고의 제안 사항은 신제품을 소개하기 위해 아주 포괄적일 수 있다. 부록, 참고문헌 등 기획서의 보조 자료로 첨부하는 것이 좋다.
- 전체적인 IMC 캠페인: 이 캠페인은 판매 촉진, 홍보, 대인판매, 직접 마케팅, 전통적/비전통적 광고, 또는 이러한 다양한 분야를 일반적인 접근 또는 세분화된 접근 방식에 맞게 전략적으로 믹스하여 사용하는 지식이 필요하다. IMC 캠페인은 조사로부터 전략, 전술의 선택, 크리에이티브 실행에 이르기까지 광고 기획서의 광범위한 범위를 포함하고 있기 때문에, 이 책은 이상적으로 모든 것을 적용하고 있다고 하겠다.
- 소규모 광고캠페인: 제한된 시간과 조사 예산의 한계로 인해 목표 수용자에게 집중할 수밖에 없다. 이런 상황은 광고에 있어 보편적인 현상이다. 광고회사는 장기적인 거래관계를 위해 의뢰 기업에 대한 기획을 미리 준비해 놓기도 한다.
- 지역/지방 캠페인 또는 시험 시장에 대한 캠페인: 시험 시장의 한계에서 벗어나지 않는 범위에서 기획서를 작성한다. 이 경우 기획서는 전체 중에서 일부분이라는 점을 명심해야 한다.
- 유통업자와 소매업자를 지원하기 위한 유통 캠페인: 이 경우도 특수한 상황이다. 일단 광고주가 무엇을 원하는지를 파악하라. 소비자의 입장이 아니라는 점도 명심하라. 통합 커뮤니케이션을 다룬 7장에서 유통에 관한 논의와 마케팅 커뮤니케이션이 어떻게 유통업자를 지원할 것인가를 설명했다. 기획서에서는 이러한 차이를 반드시 반영해야 한다는 것을 명심하라.

- 중소기업과 진행하는 한정된 예산 규모의 특별 프로젝트: 특정 이슈를 변론하는 캠페인이 여기에 해당된다. 기획서는 비교적 간단하고, 매체 전략은 소수의 매체에 집중되며, 촉진 수단도 소수의 종류에 집중된다. 예산이 제한적이고, 비록 조사나 평가를 할 여유가 없을 수도 있지만 가능하다면 캠페인 기획 절차를 따르도록 하라.
- 미국광고협회(AAF)가 후원하는 전미 학생광고 경연대회(NSAC): 경쟁 요인과 미국광고협회의 지침이 기획서의 유형을 규정한다. 교과서에 나온 것처럼 완전한 마케팅 커뮤니케이션 프로그램을 전개할 수 있다는 것을 보여주어야 한다. 이런 경연대회는 간결하면서도 완벽한 기획서를 작성할 수 있는 좋은 기회이다.

이는 광고 기획서를 작성할 때 발생하는 상황 중 일부를 설명한 것이다. 위에 언급한 상황에 대한 무수한 변형이 있다. 예를 들어 광고주가 서비스를 판매할 경우 기본적 원리는 동일하지만 사용하는 용어가 다를 수 있다. 광고 기획서는 제품에 대한 것이다. 기획서 작성자가 말한 내용과 왜 그렇게 말했는가 하는 것으로 제품의 성공 여부가 결정된다.

광고 기획서의 관점

기획서를 시작하기 전에 이것이 어떤 역할을 하는지, 그리고 어떤 한계를 갖고 있는지 함께 고려해야 한다. 첫째, 기획서의 작성에는 정해진 확실한 공식이 없다. 물론 가이드라인은 있지만, 여러분이 직면한 상황에 맞춰 우리의 가이드라인을 적용시키길 바란다.

둘째, 기획서를 작성할 때 광고주에게 제안 사항에 대한 적절한 비용을 요구해야 한다. 당신의 생각과 프레젠테이션은 체계적이어야 하고, 문제 분석부터 전략 · 전술에 대한 제안 사항까지 논리적이어야 한다. 인과관계의 측면에서 순차적으로 생각하라. 이러한 방식은 당신과 클라이언트를 공감케 할 뿐만 아니라 당신의 제안이 성공적으로 받아들여질 수 있도록 돕는다. 철저한 상황 분석은 기업이 걸어온 길과 현재 처한 상황을 잘 보여준다. 미래에 브랜드가 원하는 곳에 갈 수 있도록 목표를 설정하는 일이 다음 단계 작업이 되어야 한다. 마지막으로, 전략적 기획서는 설정된 목표를 달성하기 위해 여러 다양한 매체의 소통접점을 이용한 메시지를 개발해야 한다. 또한 순환적 사고로 끊임없이 기획서를 평가하고, 계속해서 미흡한 점을 보완해나가야 한다. 논리는 명확해야 하고, 기획서를 뒷받침할 수 있어야 한다. 한편으로는 광고주에게 대가를 청구해야 하고, 자신이 세운 기획에 대해 확신을 가져야 한다.

셋째, 만약 광고주를 영입하고자 하는 상황이라면, 기획서는 계약이 성사될 경우 어떻게 캠페인을 운영할 것인지를 보여주는 중요한 근거 자료가 된다. 궁극적으로는 여러 부서로부터 온 팀원과 함께 일하게 되는데, 이들도 캠페인 기획의 자세한 내용을 이해하고 있어야 한다. 기획서는 목표한 결과를 달성하기 위한 공동 노력의 방향과 기준을 제공한다.

넷째, 기획서 작성의 기본 의도는 현재의 시장 상황에서 발견한 광고주의 올바른 점과 그릇된 문제를 이야기해주고, 이 문제를 해결하기 위해 해야 할 일을 제시하는 것이다. 광고주는 단순한 아이디어가 아니라 해결책을 원한다. 기획서는 전략과 전술을 제시하여 상황을 개선시키고 문제를 해결 하도록 권고한다. 이런 접근법은 환자가 의사에게 원하는 것과 같다. 당신이 의사에게서 무엇이 잘못되었고, 어떻게 해야 할 것인가를 알고 싶어 하는 것처럼 광고주도 같은 생각을 한다.[1]

기획서 작성

첫째, 기획서 중 주요 부분의 작성이 끝날 때까지 표지, 제목, 목차, 요약은 준비할 필요가 없다. 이것은 그 다음에 해도 무방하다.

업계에서는 광고 기획서가 1인칭 시점으로 써져야 하는지 3인칭 시점으로 써져야 하는지에 관한 논쟁이 있다. 이 질문에 대한 대답은, 다음과 같다. 광고 기획서는 공식적인 마케팅 기록으로 역할을 한다. 객관적이고 시의적이고 제안에 초점을 두어야 하며, 대행사의 성격이나 광고주와의 관계와 같은 사항은 필요하지 않다. 대부분의 공식적 마케팅 기획서는 3인칭 단수 시점에 의해 써지며, 기업이나 브랜드를 뜻하지 사람을 뜻하지는 않는다. 이러한 스타일로 써진 보고서는 제안의 전문성과 신뢰성을 높여준다. 즉, 학생들의 이야기가 아니라 대행사의 전문가의 조언으로 들린다.

예시 **예시기획서 작성을 위한 인칭 시점**

3인칭 시점 (강함)	1인칭 시점 (약함)
"연구에 의해 밝혀진 바는…"	"포커스 그룹에서 우리가 알아낸 바는…"
"대행사 X의 제안은…"	"우리는 당신이 X 해야 한다고 생각한다…"
"컨셉이 내포하는 이유는…"	"우리가 이러한 결정을 한 이유는…."

말하자면, 1인칭 시점은 얼굴과 얼굴을 맞대고 대화할 때 쓰인다. 12장에서도 언급되겠지만, 클라이언트에게 제안을 할 때, 당신과 클라이언트 사이에 다이내믹한 분위기를 만드는 것이 중요하다. 이러한 1인칭 시점의 화법은 클라이언트에게 믿음직하고 풍부한 지식을 가졌다는 인상뿐만 아니라 오랜 기간 함께 재미있게 일할 수 있는 파트너가 될 수 있다는 느낌을 줄 수 있다.

탬플릿

광고 기획서 작성을 위해서는 콘텐츠를 보완하고 보여줄 탬플릿(template)을 만드는 것이 무엇보다 필요하다. 대부분 탬플릿은 레터지 크기로(가로 11인치, 세로 8.5인치) 주로 가로로 이용하나, 세로(가로 8.5인치, 세로 11인치)로도 사용한다. 클라이언트의 로고나 대행사의 로고를 페이지 코너에 넣어 간단히 디자인하는 것이 일반적이지만, 종종 목표 시장, 제품군, 캠페인 컨셉과 같이 기획서의 핵심적 내용이나 주제를 넣어 디자인하기도 한다. 예를 들면, 농장에서 식탁까지라는 컨셉의 마케팅을 위해서, 이슬 맺힌 과일이나 채소의 사진을 이용하는 것도 좋을 것이다. 기획서 탬플릿을 만들기 위한 몇 가지 주요 가이드라인은 다음과 같다.

- 페이지에 변화를 주기 위해 마이크로소프트 오피스 파워포인트(Microsoft Office's PowerPoint) 소프트웨어가 제공하는 다양한 템플릿을 이용하면 깔끔한 템플릿을 만들 수 있다. 주제에 따른 색상의 변화, 확연한 섹션 구별 등 탬플릿 전체를 다양한 레이아웃 스타일을 적절하게 이용하여 구분되게 디자인하라. 일관성 있는 디자인도 좋지만, 쉽게 지루해질 수 있으므로 주제를 벗어나지 않은 범위 내에서 적절히 혼용하여 사용하라.
- 구성이나 서체를 전략적으로 이용하면 브랜드 태도나 캠페인 무드를 만드는 데 아

주 많은 도움이 된다. 하지만 너무 과장되게 보이지 않도록 주의하라. 과장된 디자인은 클라이언트의 주의를 분산시켜 당신이 하는 말에 집중하지 않게 만든다.

- 크리에이티브 실행에 관한 설명을 하는 중요한 페이지에는 템플릿 디자인을 두드러지게 하지 마라. 즉, 캠페인이 단지 시각적 주의를 끌기 위한 것과 경쟁하게끔 하지 마라.
- 광고 기획서는 많은 논리와 설명을 담은 긴 문장들로 만들어진다. 하지만 너무 긴 문장은 이해하기 어렵다. 긴 문장은 문단을 사용해 분리하는 것을 잊지 마라. 문단 역시 너무 길면 안 되며, 사용하는 서체와 크기에 맞게 적절한 길이어야 한다.
- 대비되는 색상은 가급적 피하라. 검은 배경에 밝은 글자는 읽기도 어렵고 쉽게 눈이 피곤해진다. 이렇게 대비되는 레이아웃으로 쓰인 기획서는 광고주의 좋은 반응을 받기가 거의 불가능하다.
- 모든 방법을 사용하여 정보를 명확하고 간략하게 보이게 하라. 글머리, 표, 차트, 그림, 이미지 등을 이용하여 한 눈에 내용을 보여줄 수 있도록 하라. 할 수 있는 모든 크리에이티브를 이용하여 시각적 효과뿐만 아니라 캠페인 전체에 생명을 불어넣을 수 있도록 하라.
- 탬플릿, 창작물, 목표 시장 프로파일 그림, 필러 콘텐츠 등 모든 이미지는 고해상도(300 dpi)를 사용하여 최상의 인쇄물 결과를 보여줄 수 있도록 하라.
- 페이지를 어떻게 할 것인지 생각하라. 단면 또는 양면, 어떻게 인쇄하느냐에 따라 정보가 전달되는 모습이 바뀌는데 연속적으로 보이게 할 수도 있고 독립적으로 보이게 할 수도 있다. 대면 페이지는 마주보고 있는 페이지를 서로 보완하도록 디자인되어야만 한다.
- 만약 어도비 인디자인(Adobe InDesign)과 같은 소프트웨어를 이용하여 광고 기획서를 만든다면, 모든 자료를 한 곳에 함께 보관하도록 하라. 원본 그림과 부분적인 광고제작물 등은 수시로 기획서에 포함되기 때문이다. 깨진 링크는 인쇄 시 문제를 야기할 수 있으므로, 항상 오리지널 인디자인 파일, PDF 전환 다큐먼트, 링크 이미지를 담고 있는 폴더, 그리고 사용된 모든 문체를 넣은 폴더를 준비하라.

서론

이 부분은 선택적이다. 만약 보고서에 요약을 포함시킨다면 서론은 필요하지 않다. 서론의 목적은 단순히 독자에게 그가 읽게 될 개괄적 내용을 보통 한 문단 이내에서 일반적인 용어로 보여주는 데 있다. 과제의 특징(예를 들면 브랜드 X를 위한 마케팅 커뮤니케이션 캠페인), 캠페인 기관, 예산을 포함시켜야 한다.

상황 분석

기업, 소비자, 시장, 제품, 경쟁 등 다섯 가지에서 각각의 하위 부분에 대한 분석은 상황 분석에서 다루어진다. 각 부분은 다른 부분과 상호관련성이 있어야 한다. 각 부분에 배정될 경우 누가 다양한 분석의 각 측면을 맡을 것인지 설정하는 데 따른 중요성을 강조해야 한다. 중요한 것은 불필요한 정보를 피하는 것인데, 이것은 학생들의 그룹 프로젝트에서 항상 일어나는 문제이다. 고려해야 할 주요 문제는 일차적인 연구를 어떻게 다룰 것인가이다.

기업 분석

다양한 경로를 통해 기업 분석은 캠페인의 서두로서 기능하지만, 이 부분은 상대적으로 간단해야 한다. 기획서에 포함시키기 위해서는 고객에 대해 필요한 것보다 더 많은 정보를 수집하고 이해할 필요가 있다. **캠페인을 창안하기 위해 알 필요가 있는 것과 고객에게 보고해야 할 내용을 혼동해서는 안 된다.** 결론적으로 고객에게 당신이 고객의 기업, 기업의 사고방식, 기업의 역사, 기업의 지향에 대해 이해하고 있다는 사실을 알릴 필요가 있다. 이런 점을 광범위하게 적고 싶지 않지만 당신과 그 기업이 동일한 사고방식을 갖고 있다는 것을 확신시킬 필요는 있다. 고객에게 당신의 팀이 함께 일하고 싶은 상대라는 것을 확신시키려면 그들에게 자신의 문제가 동 업계의 다른 기업이 겪고 있는 문제와 같은지 다른지를 보여주어야 한다. '산업 분석'이나 '환경 분석'이라고 불리는 절을 특별히 포함시켜도 된다. 특별한 절을 구성하는 것이 어느 정도 중요한가? 그것은 기업의 문제가 그 산업에서 일어나고 있는 것들을 얼마나 반영하고 있는가에 달려 있다. 기업 분석에서 언급되어야 할 것은 다음 사항이다. 반드시 다음과 같은 순서일 필요는 없다.

- 기업문화와 임무
- 기업이 가진 문제의 역사

- 업계 혹은 일반적 수요 동향
- 기타 다양한 동향
- 새로운 기회

기업문화. 현재 다루고 있는 기업 분야를 이해하는 것이 무엇보다 중요하다. 만약 임무와 관련된 진술문이 있다면 그것이 무엇을 의미하고, 기회의 관점에서 무엇을 추구하려고 하는지 알 수 있다. 그러나 임무 진술문이 도움이 되지 않을 때가 종종 있다. 그럼에도 불구하고 같이 일하게 될 기업에 종사하는 사람들의 타입을 이해할 필요가 있다. 그들이 보수적인지, 아니면 진취적인지, 그들이 어떻게 성장하기를 원하는지, 특정한 아이디어를 갖고 있는지 이해해야 한다.

보고서에 이런 정보를 모두 담지 않지만 결론에 도달할 때 머릿속에 이 정보를 계속 간직하길 원할 것이다. 예를 들면 기업이 새로운 방향으로 사업을 벌일 만한 기회가 있다고 믿는다면, 이 기업이 새로운 아이디어를 얼마나 잘 수용할 수 있는지 아는 것이 유용하다. 다음과 같은 점을 명심해야 한다. 고객이 함께 일하고자 하는 회사는 자신이 편하다고 느끼는 대행사이지 반드시 최고의 작업을 수행할 거라고 믿는 대행사가 아니다.

기업의 문제. 사소한 것일지라도 최고경영자는 기업의 문제를 해결하기 위해 잠을 설친다. 본질적으로 당신의 기획서는 광고주에게 그러한 문제를 해결하기 위해서는 많은 비용이 필요하다고 제안한다. 그렇다면 광고주에게 당신이 그 문제를 심각하게 걱정하고 있고 누구보다 상황을 잘 알고 있다는 것을 증명해야 한다. 만약 기업이 처한 도전 상황을 처음부터 광고주에게 확신시키지 않는다면, 광고주는 문제의 심각성을 인지할 때까지 대충대충 기획서를 훑어보는 위험을 초래하게 된다. 판매와 이윤과 관련된 부분보다 더 심각한 것은 없다. 이것과 관련된 자료가 가장 먼저 나오도록 기획서를 구성해야 한다. 이때 4~5년간의 판매 동향을 보여주면 도움이 된다.

업계 또는 일반적 수요 동향. 기업의 문제는 종종 업계에 널리 퍼진 동향에 의해 영향을 받는다. 기업의 문제가 업계의 기준에 비해 좋아질지 나빠질지를 보여주는 것이 중요하다. 업계 또는 일반적인 카테고리에 관한 판매 데이터를 포함시킬 수 있다면, 이것은 기업의 문제에 대한 해결책이 산업 전반의 문제와 연관이 있는지, 회사 스스로가 그 해결책을 찾을 수 있는지를 보여준다. 여러분이 일반적 동향을 보고할 때, 이 자료가 비록 관련은 있지만 경쟁 상황 분석과 겹치지 않는지 주의하라. 정보의 중복을 피하기 위해서는 경쟁 분석을 할 사람이 누구든 간에 어떻게 자료가 커버될지 토의하는 것이 좋다(이 섹션에서 한 사람 이상이 투입되어 일할 경우).

기타 동향. 다양한 요인은 분명히 회사의 문제에 큰 영향을 끼치는데, 예를 들어 사회적, 문화적, 경제적, 정치적, 법률적 환경이 그것이다. 이 섹션은 가장 광범위한 시각으로 브랜드에 대한 마케팅 환경을 보게 한다. 이를 위해 판매 동향, 지형적 패턴, 기술 동향, 경제 동향과 영향, 규제에 대한 고려뿐만 아니라, 경쟁적 활동의 변화, 소비자 태도와 라이프스타일의 변동 등도 살펴본다. 말하자면, 관련된 트렌드에 초점을 두는 것이 중요하다. 거시적 환경의 변화가 기업의 문제나 기회에 어떻게 관련되어 영향을 미치는지 알고자 하는 것이다. 차트나 그래프를 이용하여 이러한 자료를 발표하는 것도 좋은 방법이 된다.

새로운 기회. 변화는 일반적으로 증가에서 온다—신규 고객, 새로운 스타일, 컬러, 사이즈, 맛, 또는 라인 확장 등. 이미 광고주가 대부분 생각했던 것일 수도 있고, 무언가 극적으로 색다른 것을 권고하는 것은 여러분의 능력에서 벗어난 것일 수도 있다. 그러나 기획서는 여러분의 캠페인이 브랜드를 위해 무언가 의미 있는 것을 하려 한다는 것을 광고주에게 확신시키는 섹션이다. 과장된 목표보다는 현실적인 목표를 세우는 것이 옳지만, 브랜드에 대한 장밋빛 그림을 보여주는 것은 바람직한 일이다. 낙관적인 시각을 보여주지 못한다면, 광고주는 적합한 대행사를 갖고 있지 못하다고 느낄 수도 있다. 만일 기획서가 여러 사람에게 읽히고 평가될 경우, 이 평가단도 광고주와 같은 생각을 할 것이다. 광고주에게 여러분의 보고서가 특별하다는 것을 어필하고 싶다면, 브랜드 기회를 낙관주의와 열정을 갖고 표현해야 한다는 것을 명심하라. 그러나 여러분은 이 섹션에서 제안한 모든 것이 곧 이어질 다른 섹션에 의해 지지되길 원할 것이다. 그러기 위해서는 기업의 기회를 표현하는 데 있어 상투적인 표현은 피한다. 여러분이 설명하는 기업의 기회는 기업이 풀어야 할 문제와 함께 캠페인 목적의 기반을 형성하는 데 일부분을 차지한다.

1차 조사

1차 조사에 있어 딱히 정해진 방법은 없다. 한 가지 제안한다면 조사 결과에 대한 논의가 필요할 때까지, 1차 조사에 대한 논의를 보류하라는 것이다. 일반적으로 이 항목은 소비자 조사 부분에 들어가지만, 얻은 정보를 가장 적절한 부분에 넣어 보고하도록 노력해야 한다. 소비자 조사의 결과는 소비자 분석 부문이나 제품 분석 부문에 포함시키는 것이 좋다. 자료를 수집하기 위해 이용한 방법에 대한 설명은 결과 보고의 앞부분에서 하는 것이 좋다. 상황 분석에 있어 1차 조사 결과를 보고 할 경우 조사 결과를 보고하는 첫 부분에서 조사 방법을 설명한다.

모든 조사 결과를 너무 복잡하게 제시하지 마라. 조사 방법론을 간결하게 정리해 포함시키고, 여러분의 주장을 이해시키는 데 필요한 결과만을 넣는다. 추가 정보는 향후 분석이 필요할 경우에만 제시한다. **광고주는 핵심적인 통찰을 원하지, 하나하나 상세한 설명을 원하지 않는다는 것을 명심하라.** 어떠한 새로운 가치가 조사에 의해 첨가되었으며, 캠페인의 전체적 방향을 위해 어떠한 도움을 주었는지 이야기하라.

좀 더 공식적인 보고서의 방식으로는 '1차 조사(primary research)'로 불리는 별도의 섹션을 소비자 분석 앞에 두는 경우가 있다. 가능한 조사 목적과 방법 등 조사 기획을 정확히 설명하라. 광고주에게 알아내고자 하는 정보가 무엇인지 설명하고, 표본의 선정 방법, 질문 문항, 자료의 분석 방법 등 구체적인 조사 내용을 보고한다. 그 다음에는 분석과 목적, 그리고 이어지는 전략적 제안의 근거로 사용된 조사 결과를 요약한다.

조사는 특별한 목적을 갖고 수행되어야 한다. 그저 제출하는 것에만 얽매여 조사를 해서는 안 된다. 조사 결과에 대한 확신을 갖고 확실하게 표현하라. 결과를 광고주에게 설명하라. 광고주에게 자료만 제시하지 말고, 그것이 무엇을 의미하는지 설명한다.

표나 그래프를 현명하게 이용하여 결과나 결론을 시각적으로 설명할 수 있도록 하라. 서베이, 포커스그룹 인터뷰, 관찰 등 조사에 쓰인 자료와 결과의 요약은 보고서의 제일 마지막 부록에 포함되어야 한다. 왜냐하면 조사 자료를 기획서 중간에 첨부하면 보고서의 흐름을 끊을 수 있기 때문이다. 그러나 쉽게 참조할 수 있도록 기획서에 조사 자료를 포함시켜야 한다.

소비자 분석

소비자 분석은 기획서에서 가장 중요한 섹션이다. 그 결과 다른 섹션보다 두세 배 더 길 때도 있다. 이 섹션에서는 소비자를 어느 정도 자세히 묘사하고, 동시에 이들이 어떻게 생각하고 느끼고 행동하는가에 대한 심도 깊은 제안을 보여준다. 이 섹션에서 키워드는 인사이트(insight)이다. 다시 말해, 소비자와 관련된 모든 사실들을 찾는 것이다. 여러분은 소비자에 대해, 이들의 특정 브랜드에 대한 구매 여부와 관계있는 주요 동기를 제안할 수 있는가?

명심하라. **여기는 목표 수용자를 결정하는 섹션이 아니다.** 여기서는, 잠재 소비자 집단을 단순 분석하고, 유사성과 차이점에 근거하여 소비자들을 세분된 집단으로 나누는 일을 할 것이다. 목표 시장 결정은 모든 분석이 끝난 후에 발표해도 된다(보통 목표 수용자는 경쟁 상황 분석 이후에 나온다). (2장에서 자세히 논의된) 다음 질문을 생각해보자.

- 누가 소비자인가?
- 그들은 어떤 동기에서 제품을 구매하는가?
- 그들은 제품에서 무엇을 추구하는가?
- 그들은 삶을 어떻게 바라보는가?

제품군, 제품, 브랜드 사용별 소비자 구분. 인구통계학적 측면에서 소비자 프로파일링 작업은 가장 먼저 행해진다. 누가 제품을 이용하는지 절대적 기준과 상대적 기준으로 보여준다. 얼마나 많은 제품이 여러 가지 인구통계학적 구분에 따라 다르게 사용되는지를 보여주고, 이들의 사용량이 어떻게 다른지 다량, 보통, 소량 사용자로 분류한다. 제품 사용량을 알기 위해 Gfk MRI사의 더블베이스(Doublebase) 또는 시몬스(Simmons)사의 원뷰(OneView)의 데이터를 이용하라. 광고주를 위해 지수(index)가 지니는 의미를 설명하라. 만약 특정 집단의 제품 지수 숫자가 189이라면, '이 집단은 평균 소비자와 비교하여 거의 2배 정도 제품을 많이 사용한다'라고 말하라. 만약 가능하다면, 제품군과 브랜드별로 제품 사용량을 확인하는 것도 좋을 것이다. 만일 심리학적 데이터로 제품의 소비 행태를 설명할 수 있다면 이 섹션에 넣도록 한다. 이 섹션은 문자보다는 차트가 좀 더 자세한 정보를 전달할 수 있다.

소비자의 동기 밝혀내기. 이는 기획서를 쓰는 학생에게 까다로운 부분이다. 왜냐하면 어떤 동기가 제품을 구매하게 만드는가 하는 질문에, 특히 학생 등 제한된 양의 조사 자료를 갖고 있는 사람들은 자신 있게 대답하기가 힘들다. 그럼에도 불구하고 무엇이 소비자에게 제품 또는 브랜드에 대해 생각하고 느끼도록 하는지 한발 더 나아가 생각하는 것이 좋다. 만일 조사나 기획에서 이런 내용을 포함하지 못한다면, 크리에이티브 과정에서 조사를 통해 밝혀진 통찰력 있는 조언 없이 억측을 할 수밖에 없다. 여러분의 생각을 어떻게 나타낼지 신중하게 생각하길 바란다. 예를 들어 집단심층면접은 목표 수용자를 반영할 수도 있고 그렇지 못할 수도 있다. 따라서 이런 종류의 조사에서 밝혀지는 것은 목표 수용자의 특성이 아닐 수도 있다.

소비자의 필요, 욕구, 문제점, 관심사 밝혀내기. 사람들이 구매하는 이유뿐만 아니라 그들의 필요와 욕구, 해결하고자 하는 문제와 관련이 있다. 이런 정보를 발표할 때에는 소비자의 필요, 욕구, 문제점을 그들이 어느 정도로 중요하게 여기는가에 따라 논의해야 한다는 사실을 잊지 말아야 한다. 때때로 사람들은 그냥 어떤 것을 원하기도 한다. 최대한 조심스럽게 소비자가 생각하고 느끼는 것이 무엇인지 현실감 있는 척도를 통해 전달하려고 노력하라. 경우에 따라서 소비자는 정말 무언가를 필요로 하지 않을 수도 있다. 그렇다면 브랜드가 소비자에게 관심을 갖도록 하는 것이 어떤 것인지 평가하라. 이 섹션의 정보는 대부분 조사에 근거를 둔 것이지만, 일부 결론은 상당히 직관에 의거한 것이다. 조사 결과가 뒷받침되지 않는다고 해서 의견내는 것을 회피하지는 마라. 다만 이 주장이 개인적인 결정에 근거한 것이라는 사실을 알려주어야 한다.

소비자의 가치관과 라이프스타일 알아내기. 소비자는 광고에 거부감을 가질 수 있다. 카피라이터와 아트디렉터는 소비자의 마음을 움직이게 하고 진실로 공감할 수 있는 광고를 만들기 위해서는 소비자들에 대한 깊은 통찰이 필요하다. 이 장에서는 모든 색상을 이용하여 마치 크리에이티브 팀 앞에서 있는 듯 착각이 들 정도로 상세하게 소비자 집단을 그려 보도록 한다. 소비자 성격, 가치, 활동, 열정, 취미, 제품 사용 실례, 영향력자 등에 대해 좀 더 상세히 알아보고, 대화하듯 편안한 느낌을 주는 광고 제작을 위한 세밀한 측면도 살펴보기로 한다. 만약 축적된 소비자 정보가 상당한 양이라면, 차트나 그림을 이용해서 보여주도록 하라. 위와 같은 작업이 완료되었으면, 여러분의 분석은 주요 소비자를 인구통계학적 요인의 측면에서 정확히 묘사하게 된다. 인구통계학적 요인은 연령, 성별, 수입, 교육 수준, 결혼 유무, 직업 등이다. 하지만 인구통계학적 프로필은 목표 수용자의 일부에 불과하기 때문에 심리적인 면, 라이프스타일, 지리-인구통계학적 데이터 등 이용 가능한 다른 정보를 포함시켜 브랜드가 어떻게 이들의 삶 속에 적용될 수 있는지를 좀 더 풍부한 질감으로 그려준다. 이들 요소는 제품 사용, 매체 사용 패턴과의 대조를 통해 캠페인의 목표 수용자의 특성을 결정하도록 도와준다. 잠재 구매자의 행동에 대한 통찰을 찾으면, 이를 전략의 일부로써 효과적으로 이용할 수 있다.

시장 분석

시장 분석은 소비자 분석의 연장선상에 있다. 이 두 가지 분석을 함께 하면 정보의 중복을 피할 수 있는 실질적 장점이 있다. 이 섹션에서는 소비자가 어디에 있는가를 말해주어야만 한다. 이 정보에서 많은 것을 뽑아내기 위해 기획자(특히 매체 기획자)는 단순히 어디가 브랜드에 최선의 시장인가 하는 것 이상이 필요하다. 그들은 어떤 시장이 다른 곳보다 얼마나 더 나은지 알 필요가 있다. 한편 지수에 대한 잘못된 인용에 주의해야 한다. 높은 수치의 인덱스 숫자는 그 시장이 평균적인 시장보다 많은 브랜드를 이용한다는 것을 보여주지만, 그 시장이 전체 시장에서 낮은 퍼센트를 보인다면 좀더 세부적으로 알아볼 필요가 있다.

시장 분석은 시장 규모와 관련된 자료까지 포함한다. 예를 들어 판매량, 시장점유율, 시장의 구조적 측면(유통 구조, 업계와 광고주의 관계) 등이 그것이다. 이 섹션에서는 시장의 잠재력, 세분화를 통한 성장 가능한 시장, 그리고 어디에 마케팅 커뮤니케이션을 집중시킬 것인가에 대한 전반적인 감각을 제공한다.

판매의 지정학적 패턴은 지방과 대도시 상권, 농촌 지역, 도시와 교외 지역의 구매 패턴을 비교하게 되면 세부적으로 나뉜다. 시장 분석은 브랜드가 어떤 곳에 최적이며, 어떤 지역이 성장 가능성이 있고, 어떤 지역이 그렇지 못한가를 예상할 수 있는 명확한 그림을 제시해준다. 브랜드가 경쟁할 시장의 성장 잠재력은 카테고리 개발 지수(CDI: product category development index)나 브랜드 개발 지수(BDI: brand development index)에 의해 계산되고 보고됨으로써 평가된다.

학생들은 특히 시장 분석에 이르러 종종 어려움을 겪곤 하는데, 이러한 문제는 전문가와는 달리 이들 학생들은 닐슨, 심포니 IRI 그룹(Symphony IRI Group), 민텔(Mintel) 등이 제공하는 시장별 판매 정보를 구하지 못하기 때문이다. 몇몇 지역적 제품 사용량에 관한 정보는 익스피리언 시몬스(Experian Simmons)나 GfK MRI를 통해 얻을 수도 있지만, 이 자료 역시 상대적 주력 시장을 결정하는 데 필요한 지역 시장별 판매량 정보를 제공하지 않는다. 한 가지 해결책으로 비록 제한된 정보이지만 지역 시장 데이터가 전국적 규모의 통계상에서 접근할 수 있다면 학생들도 비슷한 의사 결정을 내릴 수 있다. 이런 종류의 정보는 이 섹션이나 매체 기획 파트에 들어간다.

제품 분석

당연한 말로 들릴 수도 있겠지만, 이 섹션에서 가장 먼저 할 일은 용어 사용을 정확하게 하는 것이다. 서비스 광고나 이슈에 대한 변론 광고캠페인이 주어질 경우 이 섹션의 제목은 큰 차이를 보인다. 제품 광고의 경우 이 섹션을 해당 제품을 묘사하는 것으로 시작하려는 유혹에서 벗어나길 바란다. 기획서가 광고주가 아닌 다른 사람을 위해 준비하는 것이 아니라면, 제품 분석 섹션은 제품의 물리적 특성에 대한 기술적인 발표 이상의 것이어야만 한다. 광고주는 제품의 유형적 특성보다 소비자가 어떻게 제품을 평가하고 인식하느냐에 보다 큰 관심을 갖는다. 그리고 이 보고서가 광고주에게 갈 것이라면, 그들은 제품의 세부 사항을 이미 알고 있다고 생각해야 한다.

따라서 이 섹션의 시작은 제품 특성이 소비자의 필요에 어느 정도 일치하느냐를 양적 · 질적으로 측정한 평가 보고로 시작하는 것이 좋다. 조사 보고는 소비자가 제품에 대해 좋아하는 점과 싫어하는 점이 무엇이고, 어떤 것이 미흡하다고 생각하는지를 보여주어야 한다. 또한 제품이 언제, 어떤 방식으로 잘 팔리는가를 보여줄 필요도 있다. 이것은 경쟁 상황 분석에서도 중요한데, 대신 그쪽 섹션에 포함될 수도 있다. 이 정보도 광고주가 이미 알고 있다는 점에서 그 효용성에 대한 논쟁을 불러일으킬 수 있지만, 시즌별 판매 변화를 근거로 하여 자금의 할당을 결정하는 매체 기획 파트에서도 이 정보를 활용할 수 있다.

앞에서 설명했듯이 광고주는 이미 이런 정보를 많이 알고 있다. 광고주가 아마도 잘 모르고 있는 사실은 브랜드가 무엇을 제공해야 하는가이다. 획기적인 것일 수도 있고, 경쟁자와 전혀 동떨어진 것일 수도 있고, 소지자와 특별히 관련된 것일 수도 있다. 제품은 진열대에 위치하지만, 브랜드는 소비자의 마음에 위치한다. 바로 이러한 분석들이 소비자들에 관한 통찰력을 줄 수 있다. 즉, 이상적인 브랜드와 현실 속 소비자가 접하는 브랜드 사이의 갭을 잘 조정하여야 한다. 어디에서 소비자를 만족시킬 수 있는지? 브랜드, 기업철학, 제품이나 서비스 소비자의 생활을 어떻게 향상시킬 수 있을지 분석이 필요하다. 브랜드는 이미지, 명성, 개성, 자산, 책임 등을 기반으로 한 정체성 또는 아이덴티티(identity)를 가지고 있다.

광고주에게 브랜드명에 얼마나 많은 가치가 있는가 하는 아이디어를 일깨워 주고, 이에 한발 더 나아가 브랜드명에 부가적인 가치를 줄 기회를 탐색하라. 이 과정은 해당 제품이 '강력한' 브랜드가 될 수 있는지를 알아보는 것이다. 이 섹션의 마지막은 처음처럼 마무리를 지어라. 즉, 브랜드의 어떤 면모가 목표 수용자에게 중요한지 언급한다. 이는 여러분이 소비자가 브랜드를 어떻게 인식했는지를 자연스럽게 보여준다. 브랜드의 핵심은 소비자의 인식에 따라 결정된다. 이를 지적할 때 꼭 강조점을 두라.

경쟁자 분석

경쟁자 분석은 제품 분석의 연장에 있으며, 이 분석이 서로 중첩되지 않도록 잘 조정해야 한다. 경쟁자 분석의 첫 번째 단계는 경쟁자에 대항하여 어떻게 브랜드를 구축하고 있는지 언급하는 것이다. 이를 잘하려면 누구, 어떤 기업이 경쟁자인가를 밝혀내야 한다. 경쟁은 직접적, 간접적 또는 제1경쟁자 또는 제2경쟁자로 구분된다. 같은 제품군 내의 다른 기업이 될 수도 있고, 다른 제품군의 기업이 경쟁 상대가 될 수도 있다. 코카콜라는 같은 제품군인 다른 소프트드링크와 경쟁하지만, 다른 제품군의 음료와도 경쟁한다. 대형 유통업체인 크로거(Kroger)는 다른 슈퍼마켓과 경쟁을 벌이지만, 간접적으로 맥도날드와도 경쟁을 벌인다. 소비자가 맥도날드를 덜 이용하면 이용할수록 그들은 식료품을 더 많이 살 것이기 때문이다.

그럼 경쟁 상대를 정하는 것은 누구일까? 스스로에게 이러한 질문을 해보는 것도 중요하다. GfK MRI나 익스피리언 시몬스처럼 2차 자료를 이용하는 시장일까? 이러한 소스들은 제품의 속성의 유사점을 기반으로 경쟁 브랜드를 결정하는 걸까? 아니면, 소비자의 마음속에 떠오르는 경쟁 브랜들일까? 디즈니가 크루즈 라인을 처음 선보였을 때, 디즈니의 경쟁상대는 기존에 이미 있던 크루즈 회사들을 포함시키는 것이 논리적으로 보였다. 하지만, 질적 조사를 통하여 밝혀진 바에 의하면, 디즈니 크루즈의 주요 목표는 가족이므로, 브랜드의 주요 경쟁상대는 바다, 산, 테마파크 등과 같이 가족들의 실제 휴가 목적지가 경쟁 상대가 되었다.

하지만, 여전히 같은 제품군에서 비슷한 제품을 판매하는 다른 기업들을 경쟁상대로 지정, 비교하는 것이 가장 일반적이다. 사과는 사과, 오렌지는 오렌지처럼 말이다. 제품에 대한 정보의 일부, 예를 들어 가격, 유통, 판촉 등은 바로 이 섹션에서 다루어진다. 정말 중요한 것은 이런 정보 자체가 아니라 브랜드 간의 비교 평가에서 나온다. 매체 비용까지 포함한 광고 간의 비교를 이 섹션에 포함시키는 것이 도움이 될 수 있다. 이 정보는 경쟁자가 여러분의 캠페인에 대해 어떻게 반응할 것인지 예측하는 데 유용하다. 마케팅 커뮤니케이션 전략은 특히 같은 카테고리 안의 다른 브랜드와 경쟁하기 위해 개발되었다. 경쟁자를 잘 아는 것도 중요하지만, 그들의 약점과 강점이 무엇인가를 아는 것이 더욱 중요하다. 단순히 경쟁자가 누구인가를 아는 것보다 회사나 브랜드가 어떻게 경쟁자에 필적 할 것인가를 평가하는 것이 더 중요하다.

상황 분석 작성

상황 분석을 짧고 간단하게 만들기 위해서는 다음의 몇 가지 방법을 사용한다.

- 중요한 자료를 표현하기 위해 그래프, 표, 차트 등을 사용한다. 이해를 돕기 위해 사진으로 표현하는 것도 좋다. 시장점유율, 매체 이용 현황, 제품 사용에 따른 세분 시장, 예산 등을 설명하기 위해서는 파이 그래프를 이용하면 효과적이다. 라인 그래프를 이용해서 매출 추세 등을 표현하는 것도 좋다.
- 특수문자로 시작하는 문장은 중요한 정보를 강조하거나 요약하는 데 이용된다. 예를 들어 다음 내용은 미국 내에서 애완동물을 키우는 사람에 대해 조사한 결과를 요약한 것이다.

예시

- 고양이보다는 개를 키우는 사람이 많다.
- 키우는 애완동물의 수가 하나 이상인 경우에는 고양이를 키우는 사람이 개를 키우는 사람보다 많다.
- 맞벌이 부부는 개보다 고양이를 많이 키운다.
- 고양이를 키우는 사람의 수는 증가 추세, 개를 키우는 사람의 수는 현상 유지이다.

이렇게 하면 중요한 정보를 강조하고 가능한 한 간결하게 표현할 수 있다.

- 제목과 소제목을 효과적으로 이용하면 정보를 정리하는 데 도움이 된다. 광고주들은 항상 시간에 쫓기고 끝없이 긴 텍스트로 구성된 단락을 싫어한다. 제목은 정보를 정리해주고 찾기 쉽도록 만들어준다. 일반적으로 목차에는 첫 제목과 그 다음 소제목만 기입한다. 예를 들어 크리에이티브 전략은 광고 전략의 소제목이 될 수 있다. 언제나 주요 섹션은 좀 더 강조하고 연이어 나오는 각각의 하부 섹션은 덜 강조하는 계층적 형태를 띠도록 한다. 이 책을 잠깐만 읽어 보면 책의 내용을 정리하기 위해 어떻게 소제목이 이용되었는지 알 수 있다.

소제목을 과도하게 사용하는 것은 좋지 않다. 소제목을 과도하게 사용하면 일관성이 없어 보일 뿐만 아니라 흐름을 방해할 수 있다. 학생들은 소제목을 덜 사용하는 경향이 있다.

SWOT 분석

상황 분석과 목적, 전략 등을 연결시켜주는 체계적인 SWOT 분석은 꼭 필요하다. 캠페인의 목표는 상황 분석에서 언급된 강점, 단점, 기회, 위험 등에서 주로 시작된다. 바로 이것이 SWOT 분석으로 핵심 포인트를 다룬다. 기획서에서 SWOT 분석은 배경에 대한 노력을 전략의 제안과 연결시켜 주는데, 즉 어디서 와서 어디로 가야 할지를 연결시켜준다. 잘 정의된 문제는 이미 반 이상 해결된 문제임을 명심하라. 공식적이라고 생각하든 비공식적이라고 생각하든 SWOT 분석은 꼭 필요한 부분임에 틀림없다.

그럼 어떻게 잘할 수 있을까? 광고주의 **문제**는 상황 분석에서 발견할 수 있는 기업 내부의 약점과 외부의 위협으로 발생한다. 이러한 마케팅 도전들은 특별한 정보의 부분적 결과가 될 수도 있고, 전체의 결과가 될 수도 있다. 이러한 것들을 상황 분석의 일부, 또는 전체에 걸쳐 적용하도록 하라. [표 11-1]은 상황 분석의 다양한 섹션들로부터 어떻게 문제가 도출되는지 보여준다.

[표 11-1]의 문제점은 상황 분석으로 도출된 결론이다. 문제점 부문에는 해결 방안이 제시되지 않은 채 무엇이 약점인가 하는 것만 기술되어 있다. 문제점 부문에서 문제 해결을 위해 무엇을 할 것인가 제시하지 마라. 해결 방안은 전략 부문에서 제시하면 된다.

마케팅 상황에 대해 분석했다면 문제점뿐만 아니라 **기회** 요인도 발견할 수 있다.

표 11-1 상황 분석을 통한 문제점 도출

기업 분석

X기업은 광고회사를 자주 교체하다 보니 주제를 연상시키거나 통합된 광고 메시지를 제시하지 못했다. 이 사례는 버거킹이 1990년대 말 품질로 소구하는 캠페인을 개발하기 수년 전에 직면했던 상황과 흡사하다.

문제점

X기업의 광고 메시지는 쉽게 연상되거나 독특한 주제가 없어 일관성을 찾아보기 힘들다.

소비자 분석

제품의 소비자는 주요 브랜드를 비슷하게 인식한다. 그들은 할인중이거나 쿠폰이 있으면 그 브랜드를 구매한다. 제품 사용률은 높지만 브랜드 재구매율은 낮다. 청량음료의 경우 이런 특성을 갖는다. 집으로 배달하는 피자도 이와 유사한 사례를 보인다.

문제점

소비자의 브랜드 충성도가 낮다.

시장 분석, 제품 분석, 경쟁 분석의 종합

기업의 현재 모델은 경쟁사의 제품보다 기술적인 면에서 뒤진다. 이 기업은 새로운 모델을 생산하고 있지만 기존의 재고 모델을 팔아치워야 한다. 자동차와 컴퓨터 기업들이 종종 이런 문제를 갖고 있다.

문제점

X기업은 시장에서 요구하는 최신 기술을 제공하지 못하고 있다.

시장 분석

일부 제품군과 특정 브랜드에 대한 소비자 이용 행태의 경우 어떤 지역에서는 잘 되는 데 반해 다른 지역은 그렇지 못하다. 아침 식사용 소시지의 대표적 브랜드인 지미 딘(Jimmy Dean)이 이와 같은 사례다.

문제점

소비자는 선호 브랜드에 대한 고정관념을 갖고 있는데, 이는 미국의 특정 지역에 대해 역사적으로 동일시하는 것과 같다.

제품 분석

광고주는 브랜드 간의 차이는 있지만, 이 차이를 소비자가 잘 인식하지 못하는 제품을 생산한다. 또한 이런 차이점이 소비자의 구매 의사 결정에 영향을 미치는지 알 수 없다. 수많은 제약과 개인 위생 제품의 마케터는 소비자가 브랜드 간 차이를 이해하는지에 대해 관심을 가져야 한다.

문제점

소비자는 X기업의 브랜드와 경쟁 브랜드를 유사하게 인식한다.

경쟁 분석

X기업은 성장중인 건강식품시장에 처음으로 진입했으며, 선도적 위치를 차지했다. 그후로 새로운 경쟁자가 생겨났고, 이런 상황은 시장에서 X브랜드의 포지션을 바꾸어놓았다. 또한 새로운 경쟁사의 식품은 소비자의 선호도를 높이는 데 성공했다. 건강식품시장이 성장하고 성숙하면서 속성이나 제품 유형에 대한 소비자의 선호도가 변화하고 있다. 이는 새로운 경쟁자가 진입하여 소비자에게 새로운 혜택을 제공하면서 생기는 당연한 결과이다.

문제점

X기업의 브랜드는 소비자 선호도의 변화와 새로운 경쟁 상황에 따라 제품군에서 포지션과 이미지를 상실했다.

기회 요인이란 상황 분석을 통해 활용할 수 있으리라고 생각되는 것이다. 이 기회는 특정 기업이나 제품의 강점이나 경쟁자의 약점으로부터 야기되거나 새로운 트렌드, 정부 규제의 변화로부터 올 수 있다. 기회 요인을 찾을 수 있는 방법은 많다. 꼭 기억해야 할 것은 상황 분석 시 문제점을 찾아내는 동시에 기회 요인을 발견해야 한다는 것이다. [표 11-2]는 상황 분석을 통해 어떻게 기회 요인을 찾아내는가를 보여준다.

진정한 기회는 판매의 증대로 이어진다. 일반적으로 판매 증가를 위해서는 (1) 새로운 사용자를 끌어들이려고 노력하거나, (2) 현 고객에게 제품의 사용을 늘리도록 하거나, (3) 제품의 새로운 사용처를 발견하는 것이다. 문제점을 발견했는지 혹은 기회를 발견했는지 분명하지 않은 경우가 종종 있다. 실제로 우리가 처하게 되는 많은 상황들은 문제점이 기회로 전환될 수 있는 복잡하고 양면적인 경우이다. 말하자면, 기업의 문제나 위협을 지적할 때, 외교적 어법을 사용하는 것도 좋은 생각이다. 결국은 클라이언트도, 브랜드 매니저도, 파트너도 모두 사람일 뿐이다. 그들 모두 자신의 일에 최선을 다하며, 자신의 업무에 관해 지적을 받으면 상처받고 실망하기 마련이다. 시작도 하기 전에 이러한 말로 광고주를 떠나보내는 것을 원하지는 않을 것이다. 이러한 사실을 명심하고 결과를 재치 있게 프레임하라.

그러나 단순히 어떤 문제를 기회로 바꿔 부를 수 있다고 단정짓지는 마라. 상황 분석을 통해 문제점 외에 진정한 기회 요인이 무엇인가를 찾도록 노력해야 한다. 문제점과 기회를 적은 리스트는 비즈니스와 연관된 직면한 것들로만 만들어져야 한다. 광고주에게는 나쁜 가게 위치나 부족한 주차시설과 같은 마케팅 커뮤니케이션으로 풀지 못하는 문제들도 있을 것이다. 이럴 경우에는 SWOT 분석에서는 명백히 언급할 지라도, 광고로 이러한 문제를 해결하겠다고 말하지 마라. 드문 경우, 광고주의 신임을 받는 대행사에 제품, 포장, 가격변화 등과 같은 마케팅 믹스의 다른 부분에 영향을 미치는 사업 제안을 기대하는 광고주도 있다.

SWOT 분석 시에는 위에서 제안된 정보들로 구성하라. SWOT 분석은 특히 차트나 표를 이용하여 잘 만들어진다. 브랜드평가를 하는 경우에도 비슷한 성격의 정보를 필요로 할 것이다. 분석 결과를 보여주는 형태가 그 무엇이든 간에 기업은 여전히 해결해야 할 문제와 활용할 수 있는 기회를 갖고 있다. 그리고 여러분은 이것에서 눈을 떼서는 안 된다.

표 11-2 상황 분석을 통한 기회 요인 도출

기업 분석

X기업은 강력한 유통 시스템을 만들고, 소매업자와 좋은 관계를 유지하고 있다. 신제품 도입을 지원하는 거래에 유통 시스템의 긍정적인 면을 이용하려고 한다. 이런 상황은 기존의 브랜드명에 새로운 제품 계열을 확장하기 원하는 기업에게 상당한 장점이 된다.

기회

X기업은 이미 강력한 유통 시스템과 좋은 거래관계를 형성하고 있다.

소비자 분석과 제품 분석의 종합

광고를 하지 않았지만 X기업의 브랜드가 가진 독특한 제품 속성을 소비자가 원한다는 것을 발견했다. 소비자는 X기업의 브랜드를 이 속성과 연관지어 생각하지 않고 있다. 청량음료시장에서 7+UP이 바로 이런 상황에 처해 있었다. 카페인 성분이 들어 있지 않은 속성(소비자는 이 사실을 모르고 있음)을 이용했다.

기회

X기업 브랜드는 소비자가 알지 못하는 상당히 고무적인 속성을 갖고 있다.

시장 분석과 소비자 분석의 종합

맞벌이 부부 증가와 인구 노령화는 X기업이 서비스 영역으로의 사업 기반을 확장하는 데 도움이 되었다. 잔디와 정원 관리 서비스, 페인트공, 제설업, 집안청소업 등은 현재 추세로 볼 때 장점을 갖고 있다.

기회

집안일을 하는 데 어려움을 겪는 노령층과 레저 시간을 즐기기 위해 힘든 일을 하기 싫어하는 사람의 증가로 X기업이 제공하는 서비스는 시장 기회를 갖고 있다.

제품 분석

X기업은 브랜드의 독특한 용도에 초점을 맞추고 있으며, 그렇게 하기 위해 시장을 세분화하고 있다. 이 기업은 제품 분석을 통해 또 다른 제품의 용도를 발견했다. 몇몇 독자들은 이것을 다음 내용으로 이해할 수 있다. 암 앤 해머(Arm & Hammer) 베이킹 소다는 당초의 용도 외에 냉장고 냄새제거제로 판매되고 있다. 기업은 하나의 관점에서만 제품을 보기 때문에 종종 기회를 놓치기도 한다.

기회

X기업의 브랜드는 적절한 시장 세분화를 통해 다양한 용도로 판매된다.

경쟁 분석

분석을 통해 기존의 경쟁사가 모델을 개선하고, 가격을 올리고 있다는 사실을 발견했다. 경쟁사의 가격 인상은 시장에서 더 싼 모델을 팔고자 하는 새로운 기업에게 시장 기회를 제공한다. 이런 경우가 자동차 산업에서 발생하는데, 많은 기업들이 고급 대형 자동차를 생산하는 데 주력함으로써 저가 소형 자동차를 생산하는 기업은 기회를 가지게 되었다. 대부분의 기업들이 저가 시장을 포기하자, 이를 기회로 저가 시장에 진입하는 기업이 생겼다.

기회

저가 자동차를 생산하는 기업은 경쟁사가 없다.

목표 시장의 특성

여기서는 마케팅 커뮤니케이션 캠페인이 누구를 향해 실행될 것인가를 광고주에게 설명하고자 한다. 여기서 중요한 것은 실현 가능한 목표 시장을 선택하는 것이다. 단순히 커뮤니케이션할 집단의 사람들을 정의하는 것을 넘어선 더 이상의 노력이 필요하다. 이들 집단에 의해 목표가 달성된다는 가정하에 마케팅 목표와 광고 목표를 직접적으로 이들 집단과 연결하여야 한다. 목표집단의 선호와 스타일을 적절히 반영하여 메시지를 다듬고 전술을 조정할 필요도 있다.

이전의 소비자와 시장 분석에서는 캠페인의 초점이 될 수 있는 다양한 잠재 세분시장을 분석하여 선택하는 것에 관하여 다루었다. 따라서, 목표 집단의 프로파일은 더 이상 놀라운 것도 아닐뿐더러, 잘 선택된 목표집단은 다음과 같은 요소들에 기반을 둔다.

- 이윤가능성(profitability): 세분된 집단은 ROI를 보장할 수 있을 만큼 충분한 소비력을 지니고 있는가?
- 측정가능성(tractability): 세분된 집단의 태도나 행동은 커뮤니케이션에 의해 논리적 형성이 가능한가?
- 반응가능성(reachability): 세분된 집단은 효과적, 효율적으로 매체를 통해 도달될 수 있는가?

이 부분은 대행사마다 각기 다른 접근을 할 수 있다. 어떤 대행사는 단순히 인구통계학적 또는 심리통계학적 분석만 제시할 수도 있고, 다른 대행사에서는 캠페인이 의도하는 집단을 그룹이나 개인으로 여기고 내러티브 형식으로 표현하기도 한다. 어떠한 형식을 취하든, 목표 시장 프로파일은 기업의 자원과 노력이 어디에 초점을 두어야 하는지 실무자와 광고주에게 보여줄 수 있어야 한다.

예시 **지역 옷 가게를 위한 목표 시장**

목표 시장은 주로 백인, 18~24세, 힙스터, 라이프스타일을 강조하고, 도시지역에 사는 여성들로 구성된다. 대부분 고졸 학력을 가지고 있으며 몇몇은 지역 전문대학에 다니기도 한다. 이들은 직업을 경력보다는 마지막 수단으로 여기고 있기에 연봉보다는 시급으로 임금을 받기를 선호한다. 그들은 미래보다는 현재를 중시하며 현재 자신들의 삶에 자긍심을 가진다. 여가 시간에는 그들은 주로 친구들과 커피숍에서 만나 시간을 보내거나 예술, 음악 페스티발을 찾아간다. 그들이 가장 좋아하는 일은 지역에 거주하는 숨어있는 아티스트를 찾아내는 것이다. 이들 힙스터들은 환경문제에 높은 관심이 있으며, 자동차를 타는 것보다 걷거나 자전거 타는 것을 선호한다. 선호하는 거주 지역으로는 역사적이면서 특색 있는 지역을 선호한다. 그들의 옷장은 대부분 중고 시장에서 구입한 낡고 검소한 옷들이 대부분이다. 그들은 지역상업 활동을 지지하는데, 즉 지역 내에 위치한 옷가게, 식당, 술집, 기타 서비스를 이용하여, 지역 상권을 활성화하는 것에 의미를 둔다.

예시 **골프 의류 공급자를 위한 타켓 프로파일**

토드(Todd)는 28세 흑인 남성이다. 그의 직업은 영업 전문직으로 아침 9시부터 오후 5시까지 근무한다. 젊은 사람답게 아침에 출근하기 위해 4개의 알람시계가 필요하지만, 영업 인센티브를 즐길 만큼 기성세대의 모습도 보인다. 미숙한 일처리로 인해 상사에게 질책도 받지만, 철저한 직업윤리와 강한 충성심으로 만회한다. 로스트(Lost)를 광적으로 즐겨보며, BBQ를 즐겨 먹고, 점심시간을 이용하여 당구장에 즐겨 가고, 여유시간을 이용하여 운동을 한다. 친구와 골프를 치며 시간 보내는 것을 매우 좋아한다. 골프 잡지 《골프다이제스트(Golf Digest)》를 광적으로 수집하고 그 책에서 가르쳐 주는 모든 골프팁을 읽는다. 그의 아버지가 사용하던 스포츠 용품을 자신의 것으로 보이게끔 바꾸어 주는 제품을 구입하는데 가장 큰 흥미를 가진다.

목표 시장과 목표 수용자는 광고하게 될 제품이 소비자의 욕구와 필요를 가장 잘 만족시켜 줄 수 있는 세분 시장을 의미하며, 사업의 성장을 가져올 절호의 기회이다. 이것은 특정 브랜드의 목표 시장이 항상 해당 제품의 다량 사용자를 의미하지 않는다는 뜻이다. 그러나 아직도 다량 사용자에 대한 이해는 매우 중요한데, 이들이 브랜드의 성장 잠재성을 보여줄 수 있기 때문이다. 일반적으로 다량 사용자는 브랜드와 브랜드가 주는 매력을 가장 잘 이해하는 사람들로, 이들에 대한 연구는 매우 중요하다. 상황 분석을 통해 제품과 마케팅 커뮤니케이션에 최고의 반응을 보일 목표 시장을 선택할 수 있는 통찰력을 가져야 한다. 많은 소비재의 경우 다양한 브랜드가 소비자의 다양한 욕구를 충족시켜 준다.

예시 **야채 통조림을 생산하는 기업의 목표 시장 특성은 일반적으로 다음과 같다.**

1차 시장

- 가족을 위해 저렴한 음식을 다량으로 구입해야 하는 다량 사용자(사용자의 35%에 해당하며 전체 소비의 65%를 차지)
- 주부
- 연령은 25~49세
- 생산직 노동자
- 가구 수입이 연 25,000~40,000달러
- B나 C지역 크기에 해당하는 지역에 거주
- 고졸 학력
- 가구수는 3~5인 또는 그 이상
- 동부나 중서부 지역에 거주

2차 시장

- 유통업자
- 슈퍼마켓과 독립 식료품점을 위해 상품을 구입하는 바이어(야채 통조림 전체 판매액의 최소 65% 차지)
- 현재의 중개업자/도매상[2]

위의 예에서 2차 목표 시장에 유통업자가 존재한다는 점에 주목하라. 위의 1차 목표 시장과 2차 목표 시장은 서로 다른 특성을 갖는다. 하나 이상의 소비자 집단을 목표로 동일한 효과를 거둘 수 있는 마케팅 커뮤니케이션 캠페인을 설계하는 것이 어렵기 때문에 보편적으로 둘 이상의 소비자시장이 존재하지 않는다. 그러나 8장에서 보았듯이 광고주가 유통을 확대하고자 한다면 소매업자는 중요한 목표가 된다.

비록 하나의 목표 시장에 대해 정의하는 것이 가장 간단하고 가장 강력한 영향을 줄 수 있지만, 마케팅 커뮤니케이션 노력에 대한 충분한 보상을 얻어내기 위해서는 몇몇 목표 집단을 하나로 묶어야 하는 상황이 있을 수도 있다. 그리고 하나 이상의 세분 시장에서 판매하는 거대 광고주를 위한 캠페인을 개발할 것을 요청받을 수도 있다. 이런 경우에는 어느 시장이 1차 시장이고, 어느 시장이 2차 시장인가를 결정해야 한다. 여러 집단이 하나로 섞임으로 인해 혼돈이 야기될 수도 있으며, 넓어진 목표 시장에 맞는 어필로 두루뭉술한 메시지를 보낼 수밖에 없다는 점도 명심해야 한다.

목표 시장을 선정하는 근거를 간략하게 제시해야 한다. 앞의 예처럼 목표 시장의 크기를 근거로 제시할 수 있다. 소비자 분석에서 목표 시장 선정에 대한 근거를 이미 제시했기 때문에 여기서는 이에 대한 근거를 간략하게 제시하면 된다.

마케팅 목표, 광고 목표

보통 마케팅 목표를 세우는 것은 광고나 마케팅 커뮤니케이션팀이 해야 할 일은 아니다. 마케팅 목표는 광고주가 제시한다. 그러나 마케팅 커뮤니케이션 캠페인이 마케팅 활동을 어떻게 지원하는가를 광고주에게 보여주기 위해서는 기획서상 마케팅 목표가 다시 언급되어야 한다. 한편 소규모 광고주는 마케팅 목표를 제시하지 못할 수도 있는데, 이때는 매출액이나 시장점유율 목표 등을 추정해야 한다. 왜냐하면 자신들이 그런 목표를 세울 만한 수단이 없을 수 있기 때문이다. 소규모 광고주는 소매상이거나 지역적으로 운영되는 기업이기 때문에(소규모 광고주는 전국적 규모의 대형 광고주보다 마케팅 커뮤니케이션 활동과 매출의 관계가 더 직접적임), 추정은 생각보다 어렵지 않다.

4장에서는 목표 설정 방법에 대해 자세한 논의를 나누었다. 마케팅 목표는 판매량, 달러, 이윤 등과 같이 판매와 관계된 용어로 설정되어야 하며, 광고 목표는 인지, 이해, 시험구매, 충성심과 같은 태도나 행동 변화에 영향을 주는 커뮤니케이션 효과로 설정되어야 한다는 것을 명심하라. 두 가지 목표 모두 측정이 가능하고 달성이 가능한 확실한 숫자로 언급되어야 하며, 목표 달성치와 캠페인 기간이 명확히 표시되어야 한다.

광고 기획서에서 해야 할 일은 캠페인의 방향을 명확히 해주는 목표를 제시하는 것이다. 또한 기획서에서는 마케팅의 매출 목표, 광고 커뮤니케이션 목표, 그밖에 커뮤니케이션 요인들 사이의 상호관계를 어떻게 이해하고 있는지를 설명해야 한다. 이 단계에서 커뮤니케이션과 광고 목표 설정을 생략할 수도 있다. 이런 결정은 광고, 판매 촉진, PR, 직접 마케팅에 대한 제안이 얼마나 광범위한가에 따른다. 어떠한 계획들은 몇 개의 광고 목표를 달성하기 위해 서로 연관되어 있는데, 주로 하나의 목표를 달성한 후 다음 목표로 넘어가는 형식이다. 이러한 형식의 접근법은 **단계법**(phasing)으로 불리고, 각기 다른 목표를 묶는 특별한 전술을 포함한다. 예를 들며, 1단계에서 브랜드는 소셜 미디어를 이용한 그래스루트, 게릴라, 바이럴 전술을 사용하여 버즈를 일으키고 사람들의 흥미와 관심을 끌고, 2단계에서는 사람들의 시험구매를 유도하기 위한 촉진 전술을 쓴다.

이 단계에서 커뮤니케이션과 광고 목표를 설정하는 것은 마케팅 커뮤니케이션의 제안 사항이 단순히 기획의 집행 부문이라는 것을 전제로 한다. 그러나 만약 마케팅 커뮤니케이션 요인에 전략적 의미를 부여한다면, 광고와 다른 목표를 기획서의 뒷부분으로 미루어야 한다.

마케팅 커뮤니케이션 전략 개요

이 섹션의 키워드는 개요로 다른 부분보다는 상대적으로 짧다. 여기에서 보여주어야 할 것은 다양한 마케팅 커뮤니케이션 도구, 즉 광고, 판촉, 직접 마케팅, PR 등이 어떻게 상호 보완하여 캠페인 목표를 달성하는가 하는 것이다. 이 개요는 몇 가지 중요한 전략적 결정을 담고 있다. 따라서 짧은 섹션이라고 해서 가볍게 여겨서는 안 된다. 명확하고 간결한 것은 최상이다. 또한 여기서는 얼마나 많은 자금이 광고, PR 등 여러 가지 커뮤니케이션 도구에 할당되는가를 보여준다. 이런 정보는 간단하게 파이차트나 테이블, 그래프로 보여줄 수 있지만 이에 대한 근거를 철저하게 논의하고 잘 생각해야 한다.

각각의 마케팅 커뮤니케이션 요소가 캠페인 목표를 달성하는 데 얼마나 적합한지를 간략하게 설명한다. 이 전략은 모든 목표를 망라하며 동시에 마케팅 커뮤니케이션 요인을 어떻게 사용할 것인 가하는 방향을 제시한다.

각 전략에 대한 설명은 단지 하나의 강조점을 가져야 한다. 광고캠페인의 목표를 달성하기 위해 어떤 촉진 요인을 이용하고, 그 요인 간의 결합을 어떻게 할 것인가를 설명해야 한다. 전략은 폭넓으면서도 방향을 제시하는 것이어야 한다. 전략은 전술과는 다르다. 예를 들어 매출이 가장 활발한 시기에 브랜드 이미지를 유지하기 위해 광고를 할 것인지 하지 말아야 것인지를 전략에서 밝혀야 한다. 그러나 광고의 장면이나 음향, 슬로건 같은 구체적 사항은 전략에 포함되지 않는다. 그런 설명은 기획서의 광고를 다루는 부분에서 취급하면 된다.

간단한 이론적 설명을 통해 각 전략이 상황 분석에서 도출된 문제점이나 기회 요인, 목표, 주요 정보 등과 연결된다는 것을 보여준다. 예를 들어 일 년 중 판매가 줄어드는 시기에 매출을 늘리기 위한 목표를 세웠다면 그 문제를 해결할 수 있는 전략을 세워야 한다. 그리고 전략과 목표 사이의 연관성을 보여주기 위한 간단한 논리가 있어야 한다.[3]

예시 **촉진 전략:** X기업은 판매 잠재력을 충분히 살리지 못하고 있는 제품의 매출을 늘리기 위해 판매가 줄어드는 시기인 7, 8월에 판매 촉진에 주력한다.

논리: 판매가 줄어드는 시기에 매출을 늘리고, 판매 잠재력에 미치지 못한 제품의 매출을 늘리는 데 도움이 된다는 논리에 기초했다. X기업은 소비자의 구매가 가장 활발한 시기에 이윤을 극대화하기 위해 광고를 지속적으로 실시한다.[4]

메시지 전략

크리에이티브 브리프

광고 기획서에서 이 섹션은 메시지 전략을 설정하거나 광고를 통해 무엇을 말할지 결정하는 것으로 시작한다. 6장에서 설명한 크리에이티브 브리프(creative brief)를 포함한다. 다시 말하지만, 사소한 것에 너무 신경 쓰는 우를 범하지 마라. 브리프는 기획서의 가장 핵심적 부분으로 누가, 무엇을, 언제, 어디서, 왜, 어떻게 등 캠페인과 관련된 핵심 메시지 요소들의 전반을 개관한다. 브리프의 핵심은 광고를 보고 소비자가 어떻게 생각하고, 느끼고, 행동하기를 원하는지를 나타낸다는 것이다. SWOT 분석과 마찬가지로 크리에이티브 브리프는 목표집단, 커뮤니케이션 목표, 브랜드 약속 등의 전략적 선택을 캠페인 컨셉, 전술적 결정, 크리에이티브 실행에 연결시켜 주는 또 하나의 다리 역할을 담당한다. 브리프는 모든 파편적 배경들을 하나로 꿰매 주는 실인 동시에 브레인스토밍 과정을 원활하게 만들어 주는 비평적 촉진제라고 하겠다.

캠페인 컨셉

크리에이티브 브리프에 따라 업계에 대해 알려진 상황들을 캠페인 컨셉(campaign concept)으로 개관하는 것이 필요하다. 이러한 작업은 흥미로운 일로써, 캠페인의 빅아이디어를 배경으로 기획서의 핵심 섹션인 소비자에게 제공하는 브랜드 약속을 크리에이티브로 풀어 나가는 곳이다. 소비자에게 예상치 못한 방법으로 제품을 보여준 적이 있는가? 은유적으로 브랜드 사용을 제안해본 적이 있는가? 소비자의 특별한 요구에 딱 맞추어 생각해본 적이 있는가? 대중문화를 이용하여 브랜드를 제시해본 적이 있는가? 대행사는 개성 넘치는 그들만의 방식으로캠페인 컨셥을 도출하는 것에 자부심을 가진다. 멕켄-에릭슨(McCann-Erickson)은 실제 소비자의 현실에 맞게 사실적으로 제품을 제시하는

"The Truth Well Told"에 캠페인 컨셉의 기초를 둔다. 그레이(Grey) 광고대행사는 광고주의 제품을 팔아주는 동시에 기발하고, 크리에이티브한 아이디어로 광고 관련 상을 수상할 수 있는 정말로 효과적인 캠페인을 주창한다. 크리스핀 포터 보그스키(Crispin Porter Bogusky)는 문화적 긴장감을 불러일으키기 위하여 업계에서는 잘 쓰이지 않는 메시지와 분위기를 의도적으로 자주 사용하여 소비자의 평범한 일상을 깨뜨릴 수 있는 이단적인 캠페인 컨셉을 좋아한다. 광고주의 브랜드와 실무팀에 적합한 방법을 선택해야 할 것이다.

기획서의 이 부분을 고안하고 작성하는 것은 생각보다 훨씬 어려운 일이다. 브레인스토밍을 할 때, 목표 집단의 소비자들은 당신처럼 수개월 동안 마케팅이 처한 도전에 관해 심사숙고 하지 않았을 거며, 아이디어 회의에 참석한 경험도 없으며, 브랜드 혜택을 제시하기 위한 방법을 논리적으로 생각해보지도 않았음을 명심해야 한다. 간단하고 명료한 하나의 아이디어가 즉각적으로 퍼져나가도록 해야 한다. 물론 그 아이디어는 소비자와 연관되어 있고, 재미있으며, 강력해야 한다.

또한 캠페인의 핵심을 축약하여 세세히 말할 수 있어야 한다. 캠페인 컨셉은 길거나 장황해서는 절대 안 된다. 간단명료하게 생각하라. 크리스핀 포터 보그스키(Crispin Porter Bogusky)는 140자, 즉 20~25단어를 이용한 하나의 문장으로 캠페인 컨셉을 크리에이티브 담당자에게 트윗하도록 한다.

미국 광고대행사 레오 버넷(Leo Burnet)이 올스테이트(Allstate) 자동차보험사의 "Mayhem" 캠페인 컨셉을 이끌어낼 때를 상상해보라. 과연 그러한 빅아이디어를 어떻게 만들어 낼 수 있었을까? 올스테이트는 단지 보험만을 판매하는 회사가 아니라 소비자를 든든히 지켜준다는 브랜드 약속으로 돌아가 캠페인 컨셉 찾기를 시작했다. 즉, 소비자의 마음을 다시 정확히 아는 것이 중요했다. 소비자 그 누구도 자신이 나쁜 운전자라고 생각하지 않는다. 이러한 사실에 근거하여, "그것은 내 책임이 아니에요" 캠페인의 컨셉을 도출해낼 수 있었다. 난폭 운전자를 맘껏 비난하고, 운전 중 문자 메시지를 사용하는 젊은 세대, 운전자의 주의를 뺏는 보행자, 예기치 못한 궂은 날씨 등에 사고 유발의 책임을 돌리고 있다.[5]

일단 컨셉이 도출되면, 간결하면서도 명확하게 캠페인의 독창성, 통찰성을 제시하고 성공적 캠페인으로 만들기 위해 어떻게 활용할 것인지 고려하라. 이를 위해 브레인스토밍할 때 아이디어를 정리하기 위해 사용했던 그림과 같은 시각적 요소를 이용하여도 좋다. 캠페인 컨셉이 얼마나 오래 지속되어야 하며, 어느 정도 다재다능하게 조정하여 사용할지에 관한 논의도 필요하며, 어떻게 다양한 매체를 이용하여 실행할지에 관한 논의도 필요하다.

마지막으로, 제안된 캠페인의 톤, 모습, 느낌도 말해보라. 어떤 시각적 결정이 내려졌는가? 원색을 많이 사용했는가? 고전적인 흑백사진을 사용했는가? 어떤 서체를 선택했는가? 디자인 요소들은 브랜드의 개성을 얼마나 잘 반영하고 있는가? 목표 소비자 집단의 공감을 얻을 수 있는가? 메시지는 효과적으로 잘 전달하고 있는가? 또한, 언어적 요소들은 캠페인 컨셉에 부합되게 사용되었는가? 미사어구는? 도시적 속어는? 캠페인 목소리의 톤은?

기획서의 모든 섹션은 광고주를 위해 고안된 모든 생각들을 담고 있다. 베일을 벗고 공개될 흥미진진한 전술들의 집합체이며 크리에이티브한 광고물의 결과물이다. 따라서 철저한 준비가 필요하며 성공적인 캠페인으로 이끌 수 있도록 충분한 시간을 가져라.

캠페인 크리에이티브의 집행

광고 전술

이 섹션은 목표 소비자에게 보여줄 실제 광고물과 유사하게 동영상이나 사진을 이용하여 광고주에게 선보이는 단계이다. 할 수 있다면 다양한 플랫폼에 맞도록 가급적 많은 메시지를 만들어라. 아이디어가 얼마나 강력한지 명확하게 보여주고, 다양한 매체에 어떻게 쉽게 적용되어 사용될 수 있는지 보여줘라.

기획서의 성격이나 전술 믹스에 따라, 흔히 '핵심 크리에이티브(core creative)'라 불리는 첫 번째 쇼케이스를 선택하여야 한다. 일반적으로 핵심 크리에이티브는 잡지, 신문, 옥외, 라디오, 텔레비전, 디지털 광고 등 전통적 광고 집행물을 포함한다. 만약 세분화된 집단을 목표로 삼는다면, 여기서 언급하는 것도 바람직하다. 바이럴, 게릴라, 버즈 마케팅, 소셜 또는 모바일 미디어, 콜래트럴, 구매시점 등 비전통적 매체를 이용한 광고 집행물과 다른 대안들을 제시하여 성공적으로 캠페인을 이끄는 데 일조할 수 있다.

하지만 아무리 많은 예시들을 제시하고 싶더라도, 여기서는 핵심 크리에이티브를 잘 나타내는 샘플들만 보여주고, 나머지는 크리에이티브 보완 섹션이나 부록에 포함시켜야 한다. 제안하는 모든 전술들은 어떠한 형식으로든 시각적으로 표현될 수 있어야 한다. 텔레비전, 바이럴, 스트리밍 비디오 등은 스토리보드 형태로 제시하기에 가장 적합하고, 라디오는 스크립트 형식으로 전달되어야 한다. 잡지와 같은 인쇄물 광고는 실제 사이즈 또는 한 페이지에 맞도록 줄여서 표현되어야 한다. 옥외 광고나 버스, 택시 등과 같이 운송수단을 이용하는 광고처럼 사이즈가 큰 광고는 적절한 비율로 줄여서 부착되어야 한다. 주위 환경을 적절히 이용하여 제작된 광고물 역시 효과가 있다. 게릴라 전술, 모바일 앱, 애드게임, 구매시점 광고 등은 소비자에게 정확한 메시지를 전달하기 위해 포토샵을 이용 실물크기로 만들어져야 하고, 콜래트럴 광고는 3차원 느낌이 나는 사진을 기획서에 포함하여야 한다.

충분한 시간을 들여 캠페인 광고물을 광고주에게 직접 보여주어라. 대부분의 광고주는 좌뇌형 인간으로 그들의 눈으로 캠페인의 아이디어를 확인한다면 구매할 가능성이 훨씬 높다. 이러한 일은 캠페인의 생명을 불어넣는 기회를 가져다준다.

통합 마케팅/캠페인 접점

다음으로는 소비자와 소통할 수 있는 다른 모든 접점 방법에 대해 알아보자. 하나의 통합 섹션으로 이 주제를 논할 수도 있을 것이고, 아니면 각각의 접점 방법별로 논할 수도 있을 것이다. 360도 전방위에서 또는 캠페인의 전체를 조망하는 시각에서 홍보, 판촉, 직접판매 등과 같은 여러 다양한 방법의 전략을 제안하는 것이 이 섹션의 목표이다.

잊지 못할 이벤트를 만들고 싶은가? 올해 미디어의 관심을 가장 많이 얻은 홍보를 하고 싶은가? 소비자를 초대하여 브랜드에 충성하도록 만들고 싶은가? 그렇다면 시각적으로, 개념적으로 각각의 전술을 세워보라. 다음에 논의될 매체 섹션의 일반적인 형태도 유념하라. 각각의 커뮤니케이션 요소들이 어떠한 목적을 달성하기 원하는지 구체적인 목표를 세워라. 마찬가지로 제안된 전략을 상세히 설명하고 그러한 전략을 실행하기 위해 필요한 것들과 비용에 대해서도 설명하라. 하지만, 학생들에게는 이러한 제안 실행을 위해서 얼마만의 예산이 필요한지 예측하기는 쉽지 않은 일이다. 그럴 때는 명확하게 구분지어 생각하는 것이 도움이 될 것이다.

모든 기획서가 위에서 말한 다양한 마케팅 커뮤니테이션 제안들을 모두 포함할 필요는 없다. 의뢰 받은 마케팅 커뮤니케이션 문제 해결에 필요한 제안들을 모두 포함하고 있다면 충분하다.

매체 전략

오늘날 최신 유행을 선도하는 매체 조직들은 매체 전략(media strategy)을 '연결의 기획' 또는 '크리에이티브 매체 기획'이라고 불리기를 좋아한다. 이러한 표현은 전통적, 대안적, 디지털, 바이럴, 소셜, 경험, 전통적 미디어(above), 비전통적 미디어(below), 또는 혼합 미디어(through-the-line)와 같이 상업적 메시지를 전달하기 위한 수많은 다양한 플랫폼이 존재한다는 의미를 가지고 있다. 위의 모든 전술적 방법들은 좋은 기획서를 만들기 위해 대행사에서 활용되는 것들이다.

광고 기획서에서 매체 또는 커뮤니케이션 전략은 (1) 상황 분석과 마케팅 커뮤니케이션 전략으로부터 나오게 될 주요 매체(또는 커뮤니케이션)의 이용 가능성에 대한 설명, (2) 매체 목표, (3) 매체 믹스 전략, (4) 매체 비히클(media vehicle)과 일정, (5) 매체 예산 등 다섯 부분으로 분류된다. 매체에 대한 제안 사항은 매체를 통해 어떻게 캠페인 목표를 달성할 것인지에 대한 이해에 근거를 두고 도출되어야 한다. 이를 위해서는 매체 기획자가 관심을 갖는 문제를 규명하기 위해 상황 분석과 마케팅 전략에 대한 간단한 검토가 필요하다. 매체 기획자는 목표 수용자, 시장의 지역성, 계절적 매출 패턴, 경쟁자의 광고 예산, 마케팅 커뮤니케이션과 광고 목표의 특성 등에 관한 자료와 정보를 면밀히 분석해야 한다. 목표를 달성하기 위해 적절한 시간과 적절한 지역에 있는 목표 수용자에게 충분히 매체를 노출시키는 것이 얼마나 어려운지 예를 들어 살펴보도록 하겠다.

매체 목표

매체 목표는 매체 전략과 전술의 방향과 기준을 제시한다. 매체 목표 설정의 기준은 측정 가능한 수용자 자료를 기초로 한다. 보통 매체 목표는 최소한 달성하고자 하는 도달률, 빈도, 총 임프레션(impression), 총 도달 빈도 등이 포함되어야 한다.

그러나 이들 노출 측정을 모두 목표에 집어넣을 필요는 없다. 따라서 조심스럽게 이를 선택하라. 만일 목표에 도달률을 이용했다면 빈도도 사용하고 싶을 것이다. 만일 임프레션 또는 시청률(rating point)을 사용한다면, 이 목표에 대한 목표 수용자나 특정한 인구 집단을 나타내야 할 것이다. 캠페인의 지속성 역시 매체 전략에서 중요한 요소이다. 지속성은 수용자의 광고 메시지 노출이 얼마나 일관성을 갖는가 하는 문제이다. 매체 기획은 트레이드-오프 게임(game of trade-offs)의 성격을 갖는다. 일정한 예산 한도 내에서 광고 메시지를 다수에게 노출(예를 들어 도달률을 강조)시킬 수 있는가 하면,

소수에게 여러 번 반복해서 노출(예를 들어 빈도 강조)시킬 수도 있다. 그리고 임팩트를 목적으로 짧은 기간에 중점적으로 집중하거나(flights), 지속성을 위해 오랫동안 광고를 할 수도 있으며, 또 다양한 매체를 이용해 특정 시기에 집중(pulsing)할 수도 있다. 전체 캠페인의 목표를 성취하기 위해 각각의 대안을 비교하면서 어떤 방법이 최선인가를 파악해야 한다.

매체 목표를 설정하는 것은 캠페인의 다른 목표를 설정하는 것과 별반 차이가 없다. 언제나 목표 설정에는 목표 수용자, 측정 기준, 제한 시간 등이 포함되어야 한다. 일반적으로 매체 목표는 도달률과 빈도로 작성된다. 만일 새로운 미디어나 광고 외의 촉진 활동을 추천할 경우에는 양적 목표 외에도 질적 목표를 세운다. 질적 목표는 보통 이들이 어떻게 광고 크리에이티브 메시지를 강화하는지를 강조한다.

매체 전략 요소

매체 전략을 기획할 때, 《타임(Time)》, 《뉴스위크(Newsweek)》, 《스포츠 일러스트레이티드(Sports Illustrated)》 등 소비자에게 널리 알려진 매체 비히클이 주는 매력에 빠져 이들 매체를 우선적으로 구매하려는 유혹에 빠지기 쉽다. 그러나 이보다 먼저 매체 전략을 구성하는 요소를 고려하라.

- 목표 수용자: 메시지를 전달하기 최적의 타이밍과 노출 방법에 대하여 목표 수용자의 인구통계학적, 심리통계학적 정보를 명확히 분석하라.
- 매체 클래스(media class): 선택한 매체를 보여주어라. 만일 널리 알려진 주요 매체가 아니라면, 무슨 이유로 이를 선택했는지 알려주는 것이 좋다.
- 매체 믹스: 선택된 개별 매체에 각각 어느 정도의 비중을 두느냐는 주요한 전략적 결정이다. 이를 보여주기 위해 단순히 파이 그래프를 그리는 것만으로는 충분하지 않다. 선택된 여러 가지 매체에 상대적인 가중치를 어떻게 두도록 결정했는지를 설명하라.
- 매체 타이밍: 메시지 전달을 위해 선택한 패턴과 이에 대한 스케줄은 매우 중요한 결정 사항이다.

이처럼 내려진 결정을 설명하고 이에 대한 근거를 제시하라. 이 근거를 위해 평가에는 정량적 요소와 정성적 요소를 모두 포함시켜라.

결정 기준

좀 더 상세히 알아볼 필요가 있는 두 가지의 주요 정성적 기준은 각 매체 비히클의 상대적 비용효율성과 목표 수용자에게 메시지를 전달하는 능력이다. 이러한 자료는 매체별 시청자 자료를 제공하는 조사 회사로부터 얻을 수도 있고, 계산이나 경험을 통해 얻을 수도 있다. 이 시점에서 여러분의 계산과 추산은 일반화되었을 것이다. 선택한 매체 비히클의 상대적 비용효율에 관한 상세한 정보는 전술을 다루는 매체 기획서 다음 부분에 나온다.

비용 효율에 따라 최고의 효율성을 가진 매체로부터 최악의 매체까지 순위를 매겨보는 것도 좋은 아이디어다. 일부 대형 광고대행사의 비용 견적에 대한 가이드(DDB 니덤이나 스타컴/레오 버넷)를 보면, 매체 사이의 상대적 비용효율성을 예측하는 것은 어렵지 않으며, 이러한 자료는 Mediaweek Marketer's Guide to Media, SRDS(Standard Rate and Data Service), The Thumbnail Media Planner에서 얻을 수 있다. 만일 이런 가이드가 여의치 않다면, 선택하려는 종류의 매체 타입 중 대표적인 비히클의 비용을 갖고 계산해야 할 것이다. 광고주에게 준비한 자료를 제출할 때, 경쟁사들이 매체 비용을 어디에 쓰는지 함께 첨부하라. 경쟁자가 치열한 곳에 광고하기를 제안하겠는가? 아니면 경쟁자는 신경 쓸 필요가 없을 정도로 광고주가 이미 압도적으로 많이 사용하는 매체를 제안하겠는가?

다른 고려할 요소들로는 음향, 모션, 제품 시연, 쿠폰 제공, 색상 등 크리에이티브 메시지 요구 사항들이다. 매체 환경은 뉴스적 가치, 오락적 가치와 질의 차원에서 평가되어야 한다. 어느 매체를 추가하고 제외할 것인가에 대한 확신을 가져야 한다. 사회적으로 물의를 일으킬 수 있는 문제를 다루는 개별 매체는 광고 효과에 악영향을 미칠 수 있으므로 광고주가 기피하는 경향이 있다. 텔레비전이나 라디오 같은 일부 매체는 그런 대상이 된다. 단지 광고 메시지만을 전달하는 옥외 광고와 직접 우편 등의 매체는 그런 성격을 갖고 있지 않다. 정성적 요소를 다양하게 고려하는 것은 매우 중요한데, 경험으로 평가할 수 있다.

선택 가능한 매체를 평가한 이후에는 매체 믹스에서 각 매체에 대한 상대적 가중치를 결정해야 한다. 선택한 매체는 주요 매체와 그 이외의 보조 매체로 구분된다. **보조 매체**는 더 많은 수용자에 도달할 수 있도록 하거나, 상이한 방식의 크리에이티브 메시지를 추가하여 상승효과를 얻고자 하거나, 견본품이나 쿠폰을 전달하거나, 특별한 시기나 장소에서의 장점을 제공하는 등 캠페인의 추가적 요소가 될 것이다. 예를 들어 지역의 고급 전문점은 지역 매체에 대부분의 광고비를 지출할 것이다. 그러나 이런 고급 전문점은《뉴요커》같은 상류층 소구 대상 매체에 조그만 광고를 실을 수 있는데, 이는 많은 고객들이 그 매체를 구독하고 있어 이미지나 권위를 제고하는 목적을 달성하는 데 도움이 된다. 또한 선택한 매체가 어떻게 메시지 전략을 강화시킬 수 있을지 고려하라. 8장의 '소비자 접점 지도'와 '접점 효과'의 표와 그림을 참조하라.

선택한 각 매체에 대한 이용 방법을 설명한다. 예를 들어 텔레비전이나 라디오의 어떤 시간대를 구매할 것인가? 특별한 프로그램을 구입하려고 하는가? 만일 신문을 추천한다면 어떤 요일, 어떤 섹션이 가장 최적인가를 나타내 보여주어라. 옥외 광고를 권한다면 크기를 보여주고, 또는 예정된 GRP(Gross Rating Point)를 명기하라. 만약 직접 우편을 제안했다면 몇 장을 우송하고, 색상은 어느 것으로 정하고, 몇 장을 인쇄할 것인가에 대해 설명한다.

매체 전술

이런 결정을 내린 후에는 추천하고 싶은 구체적 매체를 제시할 수 있다. 분명한 것은 매체 선택이 전략과 맞아떨어져야 한다는 것이다. 그 다음에는 캠페인 일정에 포함시킬 TV 프로그램, 라디오 방송, 잡지, 신문, 기타 매체 등에 대해 설명한다. 여러분의 결정에 힘을 실어주기 위해서는 최소한 선택한 매체의 비용 대비 효율성을 보여주어야 한다. 간단히 CPM(cost per thousand)을 추천한 매체 옆에 병기하는 것도 도움이 되지만, 추천하지 않은 다른 매체와 비교해 보여주면 더욱 효과적이다. 만일 추천한 매체가 상대적으로 높은 CPM을 보인다면, 이 추천이 왜 올바른가를 설명해주어야 한다.

예를 들어 "이 비히클은 다른 것보다 우리의 목표 수용자에 도달할 수 있다"거나 "우리가 선택한 프로그램은 높은 시청률을 보인다"라는 식의 설명으로는 충분하지 않다. 비히클의 비용 대비 효율성, 특히 목표 수용자에 효과적으로 도달하는 능력에 맞춰 여러분의 추천을 평가해줄 필요가 있다. 한편 구체적인 잠재 고객에 초점을 둔 CPMP(cost per thousand prospects) 또는 TRP(targeted rating points)는 총 수용자에 바탕을 둔 CPM보다 훨씬 강력하다.

매체/통합 마케팅 커뮤니케이션 흐름도

통합 마케팅 커뮤니케이션 흐름도(flowchart)는 어떤 시점에 어떤 전술이 시장에 사용되었는지 가장 쉬운 방법으로 광고주에게 보여준다. 흐름도는 캠페인 기간에 사용되는 모든 매체에 대한 스케줄을 시각적으로 보여주고 서로 다른 매체가 어떻게 함께 작용하는지 보여준다. 이러한 흐름도는 **매체 달력**(media calender)이라고도 불리며, 전체 계획에 포함된 개개의 광고 매체, 이벤트, 콘테스트 등을 포함한다. 흐름도는 캠페인 기간 동안 매체를 어떻게 전술적 믹스하였는지, 어떤 매체에 더 집중하였는지도 보여준다. 또한 흐름도는 단계별 접근법을 사용하는 캠페인에 특히 유용하다.

매체 스케줄과 매체 전략 믹스는 이러한 흐름도에 명확히 나타나야 한다. 또한, 흐름도를 통하여 시장에서 강점을 보이는 시간뿐만 아니라 예산부족, 계절성 등에 의해 초래될 시간들도 예측할 수 있을 것이다. [그림 11-1]은 매체 일정표에 대한 예이다. 각 매체는 고유한 부호로 표시되어 있고, 한눈에 여러 가지 매체의 일정을 파악할 수 있다.

흐름도를 만들 때 주의할 점은, 각 칸이 보여주는 월별 비용과 각 줄이 보여주는 전술별 지출, 두 가지 모두의 합산을 보여주는 것을 잊지 마라. 이러한 자료는 기획서 가장 마지막 부분인 부록에 포함하면 된다.

예산 개요

기획서의 어느 부분에 예산(budget)이 포함되어야 하는지에 관해서는 몇몇 다른 견해가 존재한다. 첫 번째 접근법은 이 장에서 한 것처럼, 기획서의 맨 마지막에 전체 예산을 포함시키는 것으로 광고주가 마지막 분석에서 주의를 기울일 제안된 항목 가까이에서 개별 예산을 상세히 보여주는 방법이다. 하지만 이러한 방법은 광고주가 캠페인의 목적과 캠페인에 사용된 다른 요소들과 예산이 어떻게 연관되는지 기억하기 어려울 수 있다는 위험이 따른다.

이러한 이유로 몇몇 광고주와 대행사는 목표 달성에 필요한 비용을 비교하기 쉽도록 예산을 마케팅 목표 바로 다음에 두는 것을 선호한다. 하지만 대행사가 제시한 제안들이 비용적 측면에서 충분히 가치가 있다고 광고주가 확신을 얻을 때까지 캠페

그림 11-1 광고 매체 일정표

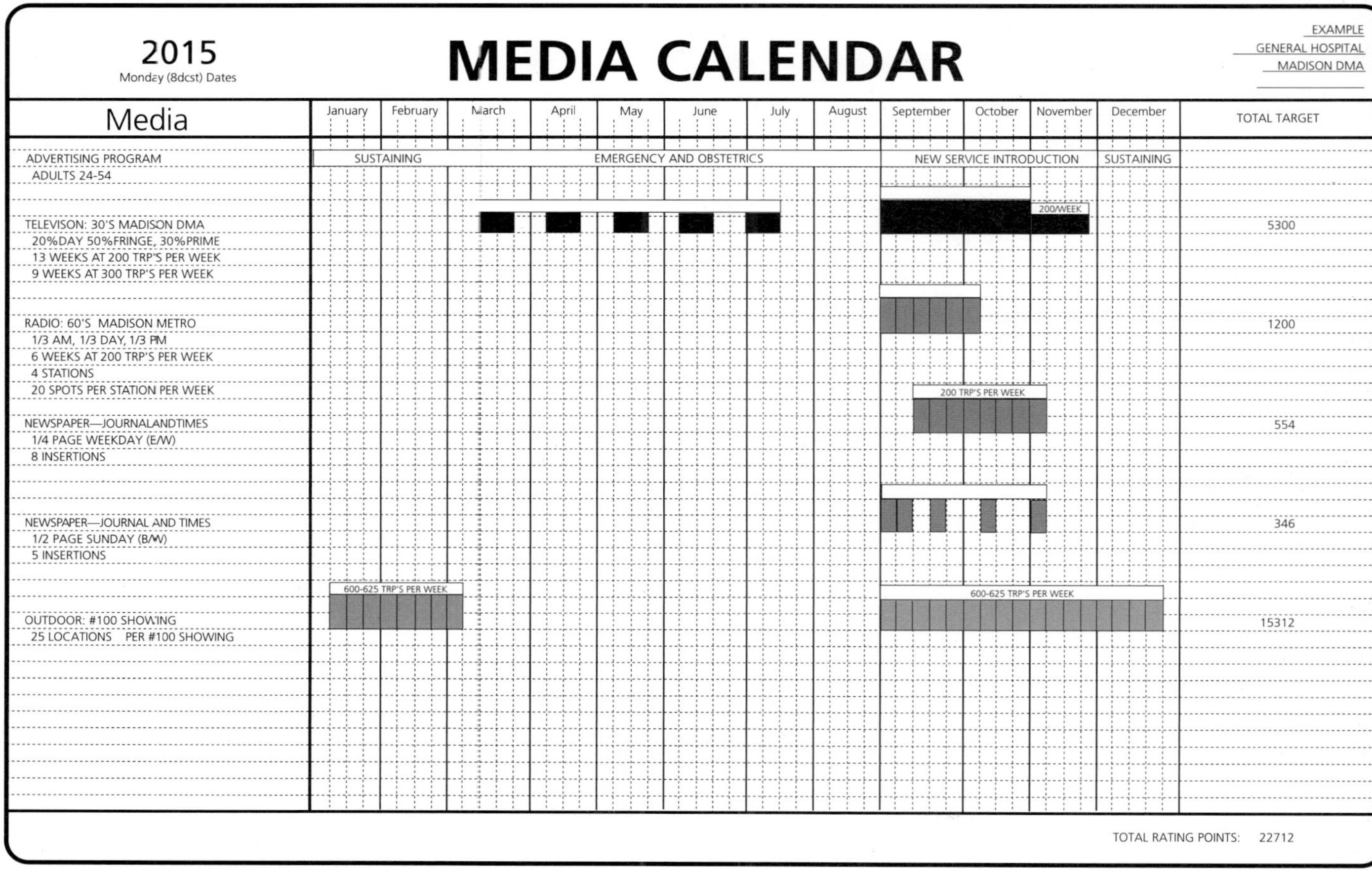

인에 드는 비용을 말하기를 좋아하지 않는다. 상황에 따라 어떠한 방법이 좋을지 두 가지 방법 모두를 고려하여야 할 것이다.

예산을 바라보는 또 다른 방법으로는 전략적으로 강조된 주요 마케팅 커뮤니케이션 요소별로 소요되는 전체 비용을 보여주고, 나아가 섹션별로 세분된 비용을 보여주는 방법이다. 통합 커뮤니케이션 섹션 다음이나 매체 섹션 다음에 예산을 넣는 것도 선호된다.

매체 비용뿐만 아니라 조사, 대행사 커미션, 제작비, 예비비 등 캠페인 기간 동안 들어갈 수 있는 모든 지출을 포함하여 예산을 작성하여야 한다는 것을 명심하라. 대행사 수수료나 구조에 따라 차이가 많이 나기도 하겠지만, 만약 항목별로 예산을 계산하기 어렵다면, 전통적 커미션 모델을 고려하라. 커미션 방식은 전체 광고 지출의 15%를 대행사가 가지는 방식으로, 제작 등에 드는 비용을 감안하면, 대체적으로 8~10% 사이가 된다. 하지만 만약 광고주가 특별한 효과나 재료를 사용하기를 요구하는 등 광고물 제작에 특히 많은 인력이 투입되어야 한다면 제작비용을 따로 청구할 수 있다. 또한 약 0.5~1% 정도의 예비비를 준비하는 것도 필요하다.

예산에 관한 발표는 1~3페이지 이하로, 테이블이나 그래픽 포맷을 이용하여야 한다. 테이블은 전술별 소요되는 비용을 상세히 보여주는 데 사용되고, 파이 그래프는 전체 매체에 예산이 어떻게 배분되었는지 보여주는 데 주로 사용된다.

캠페인의 평가

캠페인 평가를 제시하는 목적은 광고 목표를 달성했는가의 여부를 측정하기 위한 방법을 제시하는 것이다. 이러한 평가를 통해 광고주에게 제시된 제안들의 우수성뿐만 아니라 캠페인 결과와 ROI에 대해 책임을 지겠다는 의지를 보여줄 수 있다.

캠페인 전체의 목표와 각각의 하위 전략들을 입안한 기획자는 평가의 시기 및 캠페인의 어떤 결과를 평가받을지 결정해야 한다. 광고 효과, 메시지 비히클 트랙킹, 브랜드 건전성, 소비자 만족, 사용가능성 등 많은 부분들이 평가될 수 있다. 평가의 기본 성격은 광고캠페인의 성과를 검토하고 평가하기 위해 광고주가 얼마나 많은 비용을 지출하려고 하는가에 달려 있다. 평가 기획은 간단한 커뮤니케이션 목표(예를 들어 인지, 이해, 태도, 이미지 등)를 사전 조사와 사후 조사를 통해 실행하는 것부터 복잡하고 비용이 많이 드는 실험까지 다양하다. 평가를 통해 광고 목표의 달성 여부를 확인할 수 있어야 한다.

조사 방법으로는 집단심층면접법(외적 타당성의 문제점을 가진 방법)부터 현장조사(비용이 많이 들어감)까지 다양하다. 많은 광고주들은 광고회사 이외의 다른 조사기관에 캠페인 평가를 의뢰하고 싶어 한다. 그럼에도 불구하고 어떻게 캠페인의 성공 여부를 판단할 것인가에 관한 평가 방법을 광고주에게 설명해야 한다.

부록

광고 기획서의 분석과 제안 사항에는 불필요한 내용이 포함되어선 안 된다. 그러나 기획서 작성을 위해 실시한 모든 노력을 광고주에게 보여주어야 한다. 부록은 조사 결과, 매체 발행부수, 대안 광고물, 대안 전략 등을 포함하고 있어야 한다.

부록이 불필요한 잡동사니를 모아놓는 공간이 되지 않도록 주의한다. 부록에 표현하고자 한 내용을 추가하면 광고주에게 좋은 인상을 줄 수 있다.

광고 기획서 작성 시 고려사항

광고 기획서를 작성할 때 기억해야 할 15개 항목을 정리한 것이 [표 11-3]이다. 이 표는 상황 분석부터 마케팅 커뮤니케이션의 세부 전략 집행에 대한 기획에 이르기까지 전체 캠페인 기획의 논리와 흐름에 따라 정리한 것이다. 기획서의 순서는 논리적이어야 한다. 직면한 마케팅 커뮤니케이션 문제들이나 제안하려는 크리에이티브 해결책을 이 표에서 제시된 것들에 적용하여 사용할 수 있을 것이다.

광고 기획서는 마케팅 상황, 문제점과 기회 요인, 목적, 전략, 실행 기법의 제안, 결과에 대한 평가의 내용을 분명하게 표현해야 한다. 마케팅 커뮤니케이션 기획은 효과적이면서도 효율적이어야 한다. 비록 모든 계획들을 한꺼번에 함께 넣는 작업의 과정이 다이내믹하지만, 최종 기획서는 이해하기 쉽고 광고주가 처한 도전적인 상황을 해결할 수 있는 제안들로 조심스럽게 만들어져야 한다.

표 11-3 광고 기획서 작성시 15가지 고려사항

- 기획서 작성 전에 개요를 만든다.
- 기획서 작성 전에 테이블, 그래프, 시각적 도구를 개발한다.
- 상황 분석은 간결하고 사실적으로 작성한다.
- 소비자 조사와 제품 조사를 위해 1차 조사 자료를 이용한다.
- 상황 분석의 각 부문으로부터 도출된 문제점과 기회 요인을 확인한다.
- 분석은 단순한 사실의 기술이 아니라 논리적 해석이다.
- 모든 목표를 한 문장으로 표현한다.
- 목표는 구체적이고, 측정 가능하고, 주어진 기간 내에 달성 가능하고, 구체적인 목표 수용자를 대상으로 하도록 설정한다.
- 전략이 어떻게 목표를 달성할 것인가를 설명했는지 확인한다.
- 광고와 마케팅 커뮤니케이션에 대한 제안 사항이 목표 수용자와 전략에 부합하는가를 확인한다.
- 충격적인 광고를 제작한다.
- 매체 기획이 캠페인 목표를 달성하기 위한 도달률, 빈도, 매체별 비중을 다루고 있는지 확인한다.
- 모든 촉진 관련 제안 사항이 캠페인에 통합되었는가를 확인한다.
- 어떻게 성과 측정을 할 것인가를 제시한다.
- 분명하고 간결하게 작성하되, 부족하면 안 된다.

표지

일단 기획서 작성이 끝났으면, 기획서의 인상을 높여줄 세부 사항에 주의를 기울여야 한다. 먼저 전문가다운 표지를 생각하라. 표지는 광고캠페인을 팔기 위한 출발점이다. 표지가 경쟁 상대와 비교했을 때 뛰어나다는 인상을 줄 수 있도록 신경을 써야 한다. 다양한 색상을 이용하고, 디자인에 신경을 쓰고, 제목도 멋지게 붙여야 한다. 표지 디자인은 광고주가 선호하는 색상이거나 로고와 어울려야 한다.

목차

광고 기획서를 완성하고 난 뒤에는 목차를 만들어 두 번째 페이지에 수록한다. 주요 제목을 순서대로 정리하고 오른쪽에는 각 제목에 따른 페이지를 적는다. 일반적인 목차는 [표 11-4]와 같다.

목차의 일반적 형태는 마케팅 커뮤니케이션의 주요 내용을 반영하며 1장에서와 같다. 목차에 나온 내용은 기획서의 기본이다. 제목은 마케팅과 광고 커뮤니케이션 상황에 따라 그 중요도를 달리한다. 담당 교수나 광고주에 따라 상이한 내용을 요구하기도 한다.

요약

목차 다음 두 번째 페이지에는 '요약(executive summary)'라고 불리는 전체 마케팅 커뮤니케이션 계획들의 요약으로 구성되어야 한다. 핵심적인 주주나 최종 결정자를 위한 전체 개요로 캠페인에서 제안하는 것을 강조하여 보여주어야 한다. 광고주는 기획에서 의도하는 것이 무엇 이고, 어느 정도의 비용이 필요한가에 관심을 갖는다. 요약에 포함되어야 할 핵심 요소는 (1) 캠페인의 중심 요지, (2) 목표 집단, (3) 비용 또는 전체 예산, (4) 크리에이티브 전략, (5) 캠페인 컨셉 개관, (6) 간략한 전술 제안 요약, (7) 캠페인 실시 스케줄 및 기간과 같다. 요약은 캠페인 기획서의 모든 부분이 완성된 후 작성된다.

요약을 명료하게 잘 정리해야만 광고주가 광고 기획서의 내용을 자세히 살펴보지 않고도 캠페인의 내용을 이해할 수 있다. 광고주는 광고 기획서를 보고 검토하기는 하겠지만 처음부터 끝까지 자세하게 읽지는 않는다.

표 11-4 광고 기획서의 목차

요약(페이지 수는 캠페인에 따라 바뀔 수 있음)
상황 분석
기업 분석
1차 조사
소비자 분석
시장 분석
제품 분석
경쟁자 분석
SWOT - 문제점과 기회
목표시장 분석
목표
마케팅 목표
광고 목표
마케팅 커뮤니케이션 전략 개요
메시지 전략
크리에이티브 브리프
캠페인 크리에이티브 컨셉
캠페인 크리에이티브 실행
광고 전술
통합 마케팅 전술
촉진 전략
홍보 전략
직접 마케팅 전략
매체 전략 및 제안
예산
캠페인 평가 계획
부록
조사 도구 및 자료
예산 배분표
매체 플로우차트

AAF NSAC 기획서의 모든 것

우리는 브리검영 대학(BYU)의 광고학과 명예교수이자 《미디어 플라이트 플랜》[6]의 저자인 데니스 G. 마틴(Dennis G. Martin)에게 기획서에 모든 것을 담을 때 필요한 팁을 줄 것을 요청했다. 마틴 교수는 오랫동안 AAF NSAC 공모전 대회를 위해 학생들을 지도해왔다. 그가 지도한 팀은 전국 우승을 2번이나 차지했고, 많은 팀들이 최고 기획서 상을 차지했다. 게다가, 그의 팀은 25년 중 무려 16년 동안 지역 NSAC 대상을 수상했다. 그의 팁은 다음과 같다.

성공적인 광고 기획서를 위한 10가지 팁

고전적 광고 격언인 "나는 광고가 절반만 효과적이라는 사실을 알지만, 문제는 어느 절반인지 모른다는 것이다"는 기획서에도 똑같이 적용된다. 이를 "나는 광고주가 기획서를 절반밖에 읽지 않는다는 것을 알지만, 문제는 어느 절반인지 모른다는 것이다"로 해석할 수도 있다. 다음은 25년간 경연대회로부터 배운 것이다.

1. 기획서는 마케팅 기획으로 위장된 판매책이다. 모든 단어, 모든 페이지는 단 하나의 목표로 일관하고 있다. 광고주가 브랜드 전략을 받아들이게 만드는 것이다. 광고주를 설득시켜라, 팔아라, 사랑하게 하라, 빠져들게 하라.
2. 위험 요소가 없다면 독창적이지 않은 것이다. 브리검영대학이 체비(Chevy)의 카발리(Cavalier) 자동차 광고 경쟁을 벌였을 때 자체적으로 실시한 1차 조사 결과를 통해 과제로 제시된 사례 연구가 틀렸다는 사실을 갖고 광고주를 설득시켜 1위를 차지했다. 과제에 따르면 여섯 가지 종류의 카발리에 모두를 판매하라고 했지만, 학생은 자신의 조사가 광고주를 설득할 수 있으리라 믿고 이 '명령에 불복'했다. 조사에 따르면 목표 수용자는 오직 한 가지 모델 Z-24만을 원하는 것으로 밝혀졌다. 전체 참가자 중 제시된 연구 사례를 정면으로 반박한 것은 우리 팀이었고, 이는 성공을 거두었다.
3. 1차 조사는 새로운 영역을 구축해야 한다. 광고주는 새로운 지식을 원하지만, 대부분의 팀이 제시하는 것은 광고주가 이미 알고 있는 것이다(익숙한 것은 편리하지

만, 광고주는 편리함을 추구하지 않는다). 새로운 것을 발견하지 못했다고 생각될 경우 깊이를 갖고 연구하라. 승리한 팀은 결코 피상적 접근에 만족하지 않는다.

4. 자신이 조사한 것을 팔아라. 광고주는 여러분의 기획 속에서 천재성을 찾으려는 것이 아니다. 여러분은 그들을 설득해야 한다. 아무리 훌륭한 조사라도 작성자가 노력하지 않으면 간과되는 것이 보통이다. 굵은 글자를 사용하고, 부제를 달아 조사 결과가 팔리도록 하라. 그래프와 공백도 충분히 이용하라.
5. 최고경영자는 기획서 읽는 것을 싫어한다. 트레이 홀(Trey Hall, BYU 졸업, Consumer Capital Partners사의 코져 마케팅 책임자)이 말하기를 "나는 기획서를 혐오한다. 만일 당신이 위트 있고 지적인 문장으로 내 주의를 끌 수 없다면, 미래에 당신은 햄버거나 뒤집고 있을 것이다"라고 말했다. 문장이나 문단이 광고주의 마음을 움직여 당신의 마케팅, 브랜딩, 매체, 크리에이티브 전략을 받아들이는 데 도움이 안 된다면 다시 써라. 모든 문장 하나하나에 중요성을 부여하라.
6. 상황 분석은 광고주에게 여러분의 첫인상을 심어줄 수 있는 순간이다. 학생들은 이 한 장을 겉만 그럴듯하게 쓰는 경우가 많은데, 마치 '이건 단순한 상황 분석에 불과해'라고 생각하는 것 같다. 그러나 이 첫 번째 장을 소설의 1장 쓰듯이 써라. 소설의 1장은 모든 전략의 스토리라인을 잡아준다. 첫 장부터 광고주를 매료시켜야 한다.
7. 소제목이 중요하다. 완전한 문장으로 써라. 매 페이지마다 정보와 의미를 가득 채워 소제목으로 인해 광고주가 생각의 나래를 펴도록 하라. 광고주는 오직 소제목만 읽고 전체 캠페인의 핵심을 파악한다. 광고주가 여러분에게 일거리를 주길 기대한다면 제대로 글을 쓸 줄 안다는 사실을 보여주어라. 헤드라인을 기발하게 다듬어 광고주에게 아래 본문을 읽도록 만들어라.
8. 간결할수록 좋다. 홀마크(Hallmark) 카드회사가 AAF의 광고주였을 때 우리는 위험을 무릅쓰고 기획서를 전체의 절반으로 줄여 편집했다. 많은 여백과 함께 매 페이지마다 사진과 25자 이내의 단어만 썼다. 홀마크 측의 심사위원은 이를 좋아했고, 우리가 핵심을 찌른 것에 감사해했다. 우리는 이 대회에서 미국 전체에서 2위를 차지했다.
9. 정해진 공식이나 법칙은 없다. 성공적인 기획서는 기존의 일상적인 것을 따르지 않는다. 만일 공식이 있다면 광고주는 우리를 필요로 하지 않을 것이다.
10. 매체 전략은 매우 중요하다. 브리검영대학 학생들이 새턴(Saturn) 자동차로 '최고의

기획서' 상을 받았을 때, 1차 조사 결과는 비밀이었다. 우리는 초기 조사로 새턴이 장문의 카피를 요구한다는 것을 알았지만, 이는 새로운 사실이 아니었다. 우리는 전국의 4대 새턴 자동차 매장주에게 전화를 걸어 좀 더 심층적인 조사를 했다. 그 결과 우리의 목표 수용자(젊은 독신 여성)가 SC1에 대해 자세히 알고 싶어 한다는 사실을 알아냈고, 다른 브랜드들은 대부분의 여성들이 자동차에 대해 잘 모를 거라고 생각한다는 사실을 알아냈다. 좀 더 나아가 여성이 무시당하고 있다는 사실을 확인했다. 다음 단계로 20대 여성 잡지사에 전화를 걸어 우리의 목표 수용자가 미용실에 가서 머리를 할 때, 자신들이 좋아하는 잡지를 보며 평균 30분을 보낸다는 사실을 알았다. 우리는 1차 조사가 밑바탕이 되어 우리의 전략을 근거로 높은 CPM에도 불구하고 예산의 절반을 잡지에 투자했다. 우리는 광고주에게 저비용보다는 '고품질'로 우리의 전략을 광고주에게 팔 수 있었다. 우리 전략의 가장 큰 핵심은 "비용 따위는 지긋지긋해"였다. 우리는 자체 조사를 바탕으로 한 독창적인 전략을 통해 이길 수 있었다. 독창적인(그리고 확고한 근거가 있는) 전략은 필승한다.

광고 기획서의 역할

이 장의 시작 부분에서 좋은 광고 기획서를 작성하는 것은 매우 어려운 작업이라고 언급하였다. 이제 결론에 이르러서는 전체적인 개요와 기획서 작성에 필요한 모든 방법들을 논의하였다. 하지만 여기에서 광고 제작 전체 과정에 있어 가장 중요한 기획서의 역할을 다시 한 번 강조하는 것이 필요하다.

특히, 많은 다양한 대학생 공모전에 있어서, 기획서는 무엇보다 중요하다. 발표하기 훨씬 전에 업계 실무자로 구성된 심사위원들에게 기획서가 보내진다. 기획서는 학생들로 구성된 팀의 첫인상 역할을 한다. 프로페셔널하고 디자인이 좋아야 함은 물론, 기획서가 심사위원들 눈에 띄게 하기 위해서는 크리에이티브 컨셉가 명확해야 하며, 사용된 모든 전술들이 제각각의 다른 목소리를 내는 것이 아니라 하나의 잘 조화된 목소리를 내워야 한다. 특히 전미 대학생 공모전(NSAC) 같은 경우에는 심사위원들이 기획서를 통해 사전에 지닌 인상이나, 우수성, 내용들을 미리 숙지한 상태에서 학생들의 현장 발표에 참석하여 심사한다.

이상하게도 업계에서는 정반대의 현상이 일어난다. 새로운 광고주를 얻기 위한 또는 기존의 광고주를 유지하기 위한 프레젠테이션에서의 기획서의 역할은 그리 중요하지 않다. 때때로 기획서는 발표의 보조물로 광고주가 발표를 듣는 중에 이리저리 넘겨보는 역할을 할 뿐이다. 대부분 경우에 있어 기획서는 발표의 마지막 부분에 대행사가 제안한 것들을 상기시키는 역할과 상세한 계획을 보여주기 위해 광고주에게 나누어 준다. 대행사와 광고주의 실제적 관계에서 기획서는 그 목적을 다하고 있으나, 가장 강력한 것은 프레젠테이션이다.

미주와 참고문헌

1. R. L. Baumgardner, "Writing Plans and Recommendations," in *What Every Account Executive Should Know About Writing Plans and Recommendations*, eds. American Association of Advertising Agency Committee on Client Service (New York: American Association of Advertising Agencies, 1998), pp. 7–8.
2. R. G. Hiebing, Jr. and S. W. Cooper, The Successful Marketing Plan: A Disciplined and Comprehensive Approach (Lincolnwood, IL: NTC Business Books, 1991), p. 100.
3. Ibid., pp. 114–115.
4. Ibid., p. 115.
5. Elliot, Stuart C. (2010, June 21). *The New York Times*. Allstate Adds Villain, With Car Insurance as the Hero, Retrieved May 2, 2012 from http://www.nytimes.com/2010/06/21/business/media/21adco.html
6. *Media Flight Plan* (Provo, UT: Deer Creek Publishing, 2002, dennis_martin@byu.edu.)

제12장 프레젠테이션 점령하기

업계에서는 피치(pitches)라고 불리는 광고 프레젠테이션은 태생적으로 경쟁적이다. 새로운 광고주를 모시기 위해 다른 대행사와 경쟁하거나, 현재의 광고주에게 새로운 광고캠페인의 아이디어를 팔거나 새로운 전술을 적용토록 하기 위해 경쟁적 프레젠테이션은 기본이다. 이 경쟁에서 승리하기 위한 핵심 요소는 광고주가 혼자의 힘으로 도달할 수 없는 곳에 도달하도록 도와주는 것이다.

광고주는 통찰력과 정보를 필요로 하지만, 그들이 진정으로 원하는 것은 창의적인 아이디어를 통한 문제의 해결책이다. 또한 광고주는 캠페인의 마케팅이나 전략 방향에 대해 잘 알고 있어도, 자신이 이것을 창의적으로 생각하고 실행할 수 있는 재능과 경험이 없다는 사실을 인정한다. 아마도 프레젠테이션을 한다는 것은 광고주를 그들이 원하는 곳으로 데려다줄 수 있다는 것을 확신하게 만드는 긴 과정일 것이다.

광고 프레젠테이션은 중요한 사업이다. 판매 촉진 프레젠테이션의 한 부분이기도 하지만 쇼처럼 퍼포먼스를 보여줄 수 있다. 성공적인 프레젠테이션은 광고주의 관심을 끌고 열정과 에너지를 심어주며 확신을 부여한다. 훌륭한 프레젠테이션은 광고주의 흥미를 자극하여 몰입하도록 도와준다. 또한 광고주에게 행동할 수 있는 힘을 주고, 새로운 아이디어를 용기 있게 밀고 나갈 자신감을 준다. 초보자에게 프레젠테이션은 매우 긴장되는 일일 수도 있으나, 반면에 큰 보상과 만족감을 안겨줄 수도 있다. 그러나 대부분의 초보자들은 내용을 준비하는 데 90%의 시간을 소비하고 프레젠테이션을 연습하는 데는 겨우 10%만 투자한다. 그래서 학생들은 자료 수집에 시간을 덜 투자한 사람이 이익을 얻거나 좋은 점수를 받을 때 종종 당황한다. 그 이유는 그들이 프레젠테이션의 가치를 과소평가했기 때문이다. 만약 자신의 아이디어를 말로 잘 표현하지 못한다면 아무도 그 아이디어를 이해하거나 인정하지 않을 것이다. 그렇다면 내용보다는 전달 방식이 더 중요하다는 의미일까? 분명히 그렇지는 않다. 오늘날 비즈니스 세계에서는 앞서가기 위해 이 두 가지가 모두 중요하다.

아무리 프레젠테이션을 열심히 준비했다고 하더라도 발표할 때 긴장되고 불안한 것은 당연한 일이다. 만약 긴장하고 있다면 청중이 먼저 알아차릴 것이다. 그러므로 통제할 수 없는 일에 대해 지나치게 걱정하지 않는 것이 좋다. 마음을 편안히 가지고 그 시간을 즐기려고 노력하라.[1]

사전 프레젠테이션

프레젠테이션을 구성할 때 다음 네 가지 질문에 대답할 수 있어야 한다.

1. 누구에게 프레젠테이션을 할 것인가?
2. 어디에서 프레젠테이션을 할 것인가?
3. 자료를 어떻게 제시할 것인가?
4. 프레젠테이션이 끝났을 때 광고주가 꼭 기억하기를 바라는 한 가지는 무엇인가?

당신의 쇼를 위해 이러한 질문들에 대답을 미리 준비해 보는 것은 중요하다.

청중의 이해

청중을 이해하는 것은 무엇을 강조해야 하고, 무엇을 그냥 지나쳐야 할 것인지에 대한 통찰력을 부여한다. 그래서 광고주, 평가위원단 등 청중의 유형에 대해 먼저 살펴보겠다.

광고주와 평가위원단

일반적으로 광고주와 평가위원단은 현장에서 일하는 전문가이다. 그러나 그들은 프레젠테이션을 평가하는 방식에 있어 상당히 다를 수 있다. 그들의 배경에 대해 가능한 많은 정보를 수집하고, 특히 그들이 광고와 마케팅 분야에 대해 특별한 전문 지식이나 흥미를 갖고 있는지를 먼저 조사하라.

일반적으로 광고주는 당신이 그들의 문제를 해결하는 데 어떤 도움을 줄 수 있을

지에 관심을 갖는다. 평가위원단은 다양하지만, 광고의 질적 수준에 관심이 많다. 일반적으로 광고의 질적 수준이란 균형 잡힌 캠페인, 분명한 관점의 표현과 두세 가지의 설득력 있는 아이디어를 의미한다. 한편 광고주의 경우 균형 잡힌 캠페인을 얻는 것이 만족스러울 수도 있지만, 그들의 문제를 직접적으로 해결할 수 있는 어떤 정보를 얻는 것에 더 큰 가치를 두는 경향이 있다. 그러므로 먼저 광고주의 문제를 찾아내는 것부터 시작하라. 이렇게 하면 광고주를 편안하게 하고, 그들이 당신의 분석과 아이디어를 잘 받아들이는 데 한몫한다. 나중에 당신이 그들에게 이 문제에 대한 해결 방법을 보여줄 수 있고 더 나아가 예측하지 못했던 어떤 기회를 활용할 수 있는 방법까지 보여준다면 이것이야말로 광고주가 진정으로 원하는 것이다.

평가위원단의 수준이 높거나, 경쟁이 심한 프레젠테이션일 경우 약점 없는 완벽한 프레젠테이션을 할 필요가 있다. 이 경우 성공할지 실패할지의 관건은 일반적으로 크리에이티브티에 달려 있다. 이 때는 무엇보다 훌륭한 전략과 아이디어를 가져야 한다. 그러나 평가위원단에게 양적으로도 많은 아이디어를 제공하는 것이 중요하다는 점을 잊어서는 안 된다. 만약 중요한 전략을 갖고 있으면서도 오직 소수의 광고물만 제시한다면 이것은 큰 의미가 없다. 이런 점이 많은 양의 아이디어를 제시하는 것이 효과적인 이유이다(비록 이 점에 동의하는 전문가는 찾아보기 어렵지만). 크리에이티브 평가에서 승리하는 것은 도박과 같다. 성공하면 일종의 운이 작용한 것일 수도 있다. 매년 최고의 광고와 최악의 광고를 조사하는 행사에서 어떤 광고는 종종 최악과 최고의 광고에 동시에 뽑히기도 한다.

당신이 전략의 중요성을 강조하더라도 일부 광고주는 여전히 실행에 관심을 갖는다. 그들은 광고에 쓰인 색상에만 관심 있고 나머지에는 관심이 없을 수도 있다. 하나의 특별한 사진만을 좋아하지 그 어떤 다른 것도 좋아하지 않을 수도 있다. 헤드라인에 쓰인 하나의 미사어구는 좋아하지만 나머지는 싫어할 수도 있다. 결코 그들의 마음을 알 수 없다. 다양한 실행 방법을 제공함으로써 평가위원단에게 자신의 마음에 들지 않는 광고는 빨리 지나가고 자신의 눈에 드는 광고에 시선을 집중하도록 할 필요가 있다. 만약 볼 만한 광고를 몇 개밖에 제시하지 않는다면 그들은 이것에 대해 좋은 점과 나쁜 점을 상세히 살펴볼 것이다. 그렇다면 몇 개의 광고를 제시해야 할까? 다른 팀이 제시하는 것보다 최소 3~4개 더 많이 하고, 평가위원단이 정해진 시간 내에 꼼꼼히 살펴볼 수 있는 개수보다 최소 2~3개 더 많이 제시하라.

교수진

광고주와 마찬가지로, 교수들이 수업이나 강좌에서 가르쳤던 내용에 대해 열심히 생각하라. 그들이 크리에이티브, 매체, 경영에 대해 가르쳤는가? 교수들이 무엇을 기대하는지 잘 모를 경우에는 그들의 조언을 구하라. 터무니없는 발표 내용을 갖고 교수를 깜짝 놀라게 하는 것은 카피라이터가 자신의 광고 내용을 곧바로 광고주에게 보여주는 것과 같다. 전문가는 먼저 상사에게 최소한 기획 담당자에게 자신의 제작물을 미리 보여준다. 대부분의 교수들은 당연히 개인적인 편견을 갖고 있다. 어떤 교수는 조사에 강한 인상을 받을 수도 있고, 다른 교수는 조사에 감명을 받았지만 자료 수집 방법에 대해 회의를 가질 수도 있다. 크리에이티브에 관해 교수들이 전략적인 아이디어에 가치를 두는지, 아니면 전문적인 실행에 가치를 두는지에 대해 미리 아는 것이 도움이 된다. 우리가 제안할 수 있는 최상의 방법은 여러 번 충고를 구하는 것이다. 처음에는 정보를 얻기 위해, 두 번째는 정보를 올바르게 해석했는지 알아보기 위해 찾아가라. 세 번 충고를 얻는 것도 해롭지 않다.

프레젠테이션 장소 평가

프레젠테이션 장소는 당신의 아이디어나 정보가 어떻게 받아들여질 것인지에 영향을 미치기 때문에 매우 중요하다. 작은 회의실은 큰 강의실이나 호텔 회의실과는 달리 따뜻한 느낌을 준다. 이러한 것들은 프레젠테이션의 스타일에도 영향을 주는데, 작은 방에서는 광고주와 좋은 다이내믹한 감정을 만들어내기가 쉽다. 회의실이 작은 만큼 광고주와 서로 소통하기도 쉽지만, 그 만큼 광고주들의 주의도 집중되며 질문도 많이 받게 될 것이다. 프레젠테이션 장소에 관해 미리 알아두는 것은 대답을 준비하는 데 도움이 된다. 광고주와 좋은 느낌을 만드는 것이 얼마나 중요한지 명심하라. 업계에서 행해진 셀 수 없는 프레젠테이션과 계속해서 행해질 프레젠테이션에서 승자는 뛰어난 크리에이티브 가치를 발표하는 사람보다도 광고주와의 좋은 관계를 유지하는 사람일 수도 있다는 것을 명심하라. 광고대행사에서 흔히 들을 수 있는 "자, PT 이겼으니, 이제 컨셉부터 다시 시작해볼까!"라는 말의 의미를 생각해보라.

그리고 가능하다면 실제 발표 장소를 확인하는 것이 좋다. 뒷부분에서 당신이 프레젠테이션 당일에 확인해야 하는 것들에 대해 살펴볼 것이다. 이 시점에서 당신은 이 장소에서 어떤 프레젠테이션 보조 도구의 사용이 가능한지 살펴보게 된다. 예를 들면, 발표 장소에 디지털 또는 컴퓨터를 이용한 프레젠테이션이 가능한지 광고주에게 물어볼 수 있다. 오늘날 대부분의 발표 장소는 이러한 시설이 갖추어져 있지만, 다시 한 번 더 '갖추어져 있다'라는 의미가 정확히 무엇인지 확인하여야 한다. 즉, 당신은 가로 세로 6피트 8피트 스크린에 투영되는 것을 의미한 반면에 광고주는 25인치 TV를 의미한 것은 아닌지 확인해야 한다.

프레젠테이션 도구 선택

프레젠테이션을 준비하기 위해 다양한 도구를 선택할 수 있다. 이들 도구는 보통 다음과 같은 세 범주에 속할 것이다.

- 컴퓨터를 이용한 도구
- 오버헤드 프로젝터
- 프레젠테이션 보드와 플립차트

컴퓨터를 이용한 도구

오늘날에는 컴퓨터를 이용하여 프로페셔널한 양질의 슬라이드, 오버헤드, 배포자료를 만드는 것이 최선의 선택이다. 대부분의 멀티미디어 소프트웨어는 비디오, 오디오, 하이퍼링크를 이용할 수 있음은 물론이고 자유자재로 수동 또는 자동으로 바꿔가며 프레젠테이션할 수 있게끔 한다.

1990년대 말 발표자는 다양한 프레젠테이션 소프트웨어를 사용했다. 하지만, 오늘날에는 마이크로소프트 파워포인트(Microsoft PowerPoint)가 가장 널리 사용되고 있으며, 키노트(Keynote), 프레지(Prezi) 등도 사용되고 있다. 간혹보다 세련된 발표를 원하는 사람들은 매크로미디어 디렉터(Macromedia Director)나 애스타운드(Astound)를 사용한다. 어느 소프트웨어를 사용할지 결정하지 못한 사람들은 다음 내용을 참조하기 바란다.

마이크로소프트 파워포인트.

- 기능: 파워포인트는 가장 널리 사용되는 프레젠테이션 소프트웨어이다. 파워포인트는 마이크로소프트 오피스에 속한 것으로 워드 프로세서나 스프레드시트, 그래

프, 표, 일러스트레이션 등을 응용하여 수행하는 기능을 갖는다. 또한 클릭만 하면 사진이나 영화, 사운드를 구체적인 포맷에 넣을 수 있다. 애니메이션, 상호작용성, 트랜지션, 내레이션 등도 자동으로 응용 가능하다. 발표자는 발표 시간에 다음 슬라이드를 쉽게 불러올 수도 있다(다음 슬라이드를 선택하면 주석은 곧 사라진다). 사용자는 온스크린 슬라이드 쇼나 35mm 슬라이드, 컬러 오버헤드, 핸드아웃, 웹페이지 등 다양한 아웃풋 포맷을 선택할 수 있다.

- 호환성: 파워포인트는 매킨토시나 PC 모두에서 사용이 가능하다. '팩 앤 고(Pack and Go)' 기능을 사용하면 프레젠테이션을 슬라이드 쇼로 저장한 후에 무료 파워포인트 뷰어 소프트웨어를 가진 모든 컴퓨터에서 불러오기를 할 수 있다.
- 사용상 어려움: 어떤 스크립팅이나 프로그래밍은 필요하지 않다. 파워포인트는 수십여 개의 미리 설계된 슬라이드와 페이지 틀이 딸려 나온다. 풀다운 메뉴는 고객 애니메이션을 텍스트나 그래프에 첨가시켜 준다. 초보자에게는 팝업 메시지가 자동으로 나타나 조언을 해준다.

키노트

- 기능: 키노트(Keynote)는 그래픽을 많이 사용하는 사람들이 좋아하는 프로그램이다. 간단한 마우스 클릭을 통하여 특수한 그림, 영화, 소리를 가져올 수 있다. 영화와 같은 화질의 애니메이션, 특수효과, 인터액티비티, 3D 트랜지션을 포함한 25개의 다른 트랜지션 등을 이용한 프레젠테이션이 가능하다. 3D 차트와 차트 애니메이션을 심을 수 있고, 텍스트는 자연스럽게 다음 페이지로 이동할 수 있다. 레티나 디스플레이(Retina display) 기술을 이용한 고화질, 고화상 등 실감나는 이미지를 제공한다.
- 호환성: 비록 맥(Mac) 프로그램 기반의 소프트웨어이지만, PDF, 퀵타임, HTML, 이미지 파일, 유튜브 다이렉트 링크 등 다양한 프레젠테이션 옵션을 제공한다. PC 사용자와 프레젠테이션을 공유하고 싶다면 iWork.com.public.beta를 만들면 된다. 이메일에 적힌 URL을 통해 보내질 슬라이드를 보고, 코멘트를 주고, 파워포인트나 PDF 버전으로 다운로드받을 수도 있다. 키노트 리모트(Keynote Remote) 프로그램을 아이패드(iPad), 아이폰(iPhone), 아이팟터치(iPod Touch)에 다운로드받으면 와이파이(Wi-Fi)를 이용한 원격 프레젠테이션도 가능하다.
- 사용상 어려움: 스크립트나 프로그램에 대한 이해 없이도 쉽게 사용할 수 있다. 44

개의 기본 탬플릿을 제공하며, 텍스트나 그래픽을 편집할 수 있는 풀다운 애니메이션 기능도 제공한다. 새로운 사용자에게는 팝업 메시지를 통해 팁을 제공한다.

프레지

- 기능: 프레지(Prezi)는 클라우드 기술을 기반으로 하는 온라인 소프트웨어로 지브라(Zebra)사의 전환 매트릭스 기술을 이용 사용자가 다이내믹하고 줌 기능이 가능한 슬라이드를 만들 수 있다. 그림이나 사진을 가져올 수도 있으며, 색상, 크기 조절도 가능하고 드로잉, 모양, 하이퍼링크도 삽입 가능하다.
- 호환성: 초고속 인터넷과 연결된 PC, 맥, 아이패드를 통해 로그인하여 프레지를 만들거나, 편집하거나, 온라인상에서 저장도 가능하다. 완성된 발표물은 다운로드 받을 수 있고 오프라인으로 저장도 가능하다. 파워포인트나 키노트로 작업한 파일을 프레지로 전환하는 것 또한 가능하다.
- 사용상 어려움: 소프트웨어를 돌아다니며 쉽게 배울 수 있다. 다양한 기능 또는 사용법을 유튜브 영상을 통해 배울 수 있다. 프레지는 새로운 사용자가 쉽게 시작할 수 있도록 5개의 기본 탬플릿을 제공한다.

어도브 디렉터

- 기능: 현재 이용 가능한 소프트웨어 중에서 가장 강력하고 복잡한 멀티미디어 소프트웨어이다. 다른 매체와는 달리 디렉터는 진정한 멀티미디어 프로그램이다. 또한 전부 나열하기 어려울 만큼 많은 속성을 가지고 있다. 당신이 원하는 거의 모든 기교를 프로그래밍할 수 있다. 인터랙티브 CD-ROMs을 만드는 것부터 인터넷 어플리케이션 제작과 세련된 3D 비디오 게임도 만들 수 있다. 특수 효과를 사용할 경우 360도 회전과 수평 · 수직 플립핑(flipping), 물체 선명도, 블렌딩(blending)이 가능하다.
- 호환성: 디렉터는 매킨토시나 PC 모두에서 불러올 수 있다. 프레젠테이션은 웹이나 CD-ROM으로 전환될 수 있다.
- 사용상 어려움: 디렉터는 문제지향적인 스크립팅(링고)을 사용하고, 일부 디렉터는 메뉴를 통해서도 접근할 수 있다. 또한 친숙한 드래그-앤-드롭 기능을 갖고 있으며, 어떤 경우 자동화된 '행동'을 갖고 있다. 디렉터는 전문가에게 유리한 입장에 설 수 있도록 해주지만, 아마추어는 사용하기가 쉽지 않다.

오버헤드 프로젝터

오버헤드 프로젝터의 종류에는 스크린 위에 직접 슬라이드를 올려놓는 친숙한 독립형 도구와 멀티미디어 시스템에 선으로 연결되어 스크린에 투영되는 시각적 프레젠터 엘모 타입(Elmo type)이 있다. 엘모(Elmo) 프로젝터는 슬라이드, 종이, 3D 물체를 사용할 수 있다.

슬라이드는 만들기 쉽고 값이 싸고 들고 다닐 수 있고 유동적이다. 슬라이드 위에 글씨를 쓸 수도 있다. 좋은 레이저 프린터를 사용하지 않을 경우 슬라이드 아래쪽 부분은 다른 매체처럼 색깔이 선명하지 않을 수도 있고, 글씨도 뚜렷하지 않을 수도 있다. 아마도 슬라이드를 사용할 때 최대 단점은 평가자가 당신을 다른 사람보다 덜 세련되었다고 생각할 수 있다는 점이다. 그러나 부득이하게 슬라이드를 사용할 경우 다음 조언을 고려해야 한다.

- 슬라이드를 제자리에 고정시키기 위해 틀을 사용하라. 만일 테이프를 사용해야 할 경우, 마스킹(보호) 테이프를 사용하지 말고 드래프팅(제도) 테이프를 사용하라.
- 각 슬라이드의 틀 가장자리에 프레젠테이션시 참고할 힌트나 조언을 연필로 살짝 기록하라. 이렇게 표시해 놓으면 발표할 때 어느 지점을 가리켜야 할지, 어느 시점에서 미소를 지어야 할지, 손동작을 어떻게 해야 할지 등을 상기시켜 줄 것이다.
- 각 슬라이드에 라벨을 붙여라. 이렇게 하면 어느 슬라이드를 보여줄 것인지 쉽게 확인할 수 있다.

만일 엘모 시각적 프레젠터를 사용할 경우, **기획서에서 자료를 그냥 그대로 복사하지 마라.** 이렇게 할 경우 너무 쉬운(게으른) 방식을 선택했다는 인상을 준다. 다음 조언을 참고하라.

- 프레젠테이션할 내용을 슬라이드에 맞도록 종이에 새로 작성하라. 종이에 담긴 글이 많아 슬라이드에 전부 담을 수 없다. 너무 많은 글자를 읽게 될 경우, 사람들은 발표자에 대한 집중력이 떨어진다.
- 발표 장소에 맞도록 글자 포인트를 정하라. 미리 테스트를 해보라. 다른 사람을 시켜 발표하게 될 장소의 끝에 가서 자료의 글씨가 선명하게 보이는지를 확인하라.
- 나누어줄 종이를 개별화하라. 각 종이 위에 그룹 이름이나 위원단의 이름을 기입하라. 그러면 당신이 세세한 부분까지 신경 썼다는 인상을 줄 수 있는데, 이때 종이도 더 좋아 보인다.

프레젠테이션 보드와 플립차트 패드

보드나 플립차트 패드는 당신과 광고주 사이의 심리적 거리를 좁혀준다. 그 위에 글씨를 쓸 수도 있고 조작할 수도 있고 더 가까이 이동시킬 수도 있다. 또한 광고주에게 이것은 흥미를 끌어내고 사실적으로 보일 것이다. 또한 아이디어나 제작물을 만들 때에도 즉석에서 이용할 수 있다. 다른 기계들은 중요한 시점에서 고장이 나기 쉬운데, 이것은 고장이 날 부품이 없으므로 안전하다. 프레젠테이션 보드나 플립차트를 사용하기로 결정한 경우에는 다음 사항을 고려하라.

- 굵은 매직 마커로 글씨를 써라. 글자가 바탕과 명백히 대조를 이뤄 눈에 잘 띄게 하라.
- 플립차트 패드 위에 글을 쓸 때는 전부 대문자로 하라. 프레젠테이션할 때 패드나 차트에 글자를 추가 하거나 삭제하는 것을 두려워하지 마라.
- 각 페이지 뒤에 빈 종이를 대고 스테이플로 고정시켜 뒷페이지의 글자가 앞 종이에 비쳐 흐릿하게 보이지 않도록 하라.

강한 인상 남기기

전문적인 발표자는 자신이 말한 내용의 상당 부분을 청중이 기억하지 못한다는 사실을 알고 있다. 그러나 프레젠테이션할 정보를 수집하기 위해 한 학기를 전부 할애한 학생들에게는 이런 사실이 종종 실망스럽게 느껴질 것이다. 청중이나 발표 장소, 발표 도구를 평가한 후 다음과 같은 질문에 스스로 대답할 준비를 해야 한다. 즉, 청중에게 이 프레젠테이션에 대해 한 가지만 기억하도록 하고 싶다면 무엇을 머릿속에 남기고 싶은가? 이 질문은 종종 답변하기 어려울 수도 있는데, 특히 당신이 팀 전체의 과제를 대표해서 발표할 경우에는 더욱 그렇다. 성공적인 프레젠테이션을 하려면 팀원이 모두 공감하는 하나의 중심 포인트를 찾아야 한다. 주로 광고주가 기억하기를 바라는 중심 포인트는 광고주가 처한 문제에 대해 당신이 제시한 해결책일 것이다.

당신의 해결책이 프레젠테이션의 주인공이 되게 하라. 학생들은 주로 자신이 수집한 모든 정보에 초점을 맞춘다. 광고주에게 프레젠테이션을 할 경우 당신의 아이디어, 즉 광고주의 문제에 대한 해결책을 제시하는 것이 가장 중요하다. 광고주에게 요점을 계속해서 반복시켜 줄 수 있는 프레젠테이션을 전개하라. 광고주에게 요점을 기억하게 하고 싶다면, 이 요점을 최소한 4회 이상 반복하는 것이 바람직하다.

프레젠테이션 기획

프레젠테이션 순서 결정

캠페인의 여러 부분들을 어떤 순서로 발표할 것인가에 대한 논의는 주로 크리에이티브 부분을 어떻게 전달할지를 중심으로 이루어진다. 말할 것도 없이 광고물과 메시지 전략은 인상적인 캠페인의 핵심이다. 다음은 프레젠테이션을 구성하는 몇 가지 방법으로, 특별한 목적에 따라 서로 믹스하거나 조금씩 변형도 가능하다. 하지만, 프레젠테이션의 시작과 끝은 항상 원칙을 따르는 것이 좋다.

광고주의 주의를 끌고 메모하게끔 만드는 가장 좋은 방법은 무엇일까? 생각보다 쉽다! 그들의 문제를 해결할 준비가 되었다고 말하라. 광고주의 귀를 쫑긋 세우게 만드는 마케팅 목표에 관해 언급하라. 예를 들어, '오늘 우리는 당신의 연매출을 증가시킬…' 또는 '우리가 당신의 시장점유율을 증가…'라는 말로 그들이 목표를 달성하는데 도움을 줄 수 있다고 말하라. 그들은 인센티브 보너스를 회사로부터 받을 것이고, 당신은 광고주를 얻을 수 있을 것이다.

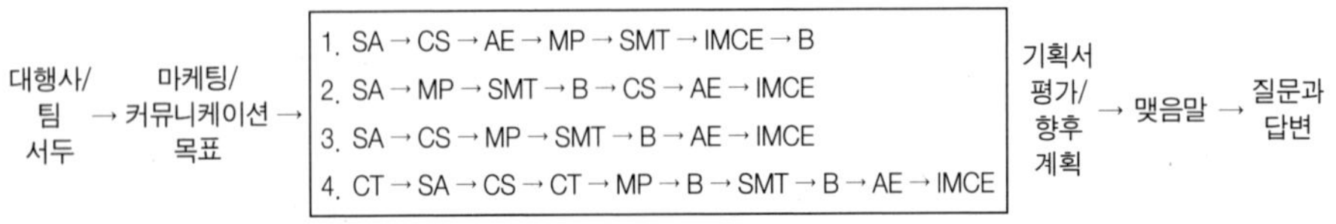

Key

SA = 상황 분석
CS = 크리에이티브 전략
AE = 광고 실행
MP = 매체 기획
SMT = 전략적 마케팅 접점
CT = 크리에이티브 티져
IMCE = IMC 실행
B = 예산

위의 방법 중에서 특별히 선호하는 순서가 있을까? 사실 그렇지 않다. 어떤 순서로 프레젠테이션을 할 것인가의 문제는 당신의 크리에이티브를 어떻게 생각하느냐에 달려 있다. 프레젠테이션이 끝날 때 사람들은 보통 매체보다 광고 전략이나 광고물에 대해 더 많이 이야기한다는 사실을 기억하는 것이 가장 중요하다. 위의 네 가지 방법은 심지어 네 번째 방식조차도 기본적으로 상황 분석에서부터 시작한다. 기본적으로 이들 방법은 분석이나 전략이 실행을 위한 기초가 된다는 논리를 갖고 있다.

첫 번째 방법은 꽤 간단한 것으로, 대개 이 책에서 제시한 개요를 그대로 따른다. 이 방식의 장점은 논리적이라는 것이다. 단점은 일단 광고가 제시되고 나면, 그 이후에 이어지는 내용은 클라이맥스 없이 하강하게 된다는 것이다. 이런 한계점을 최소화할 수 있는 방법은 매체나 다른 커뮤니케이션 아이디어를 발표하는 과정에서 주요 내용에 대해 너무 많은 부분을 보여주지 않는 것이다. 비즈니스 세계에서는 이 방법이 아주 효과적이다. 사실 대부분의 회사에서는 매체 기획은 따로 발표되거나, 아니면 다른 광고회사에 의해 전문적으로 다루어지기도 한다. 경쟁 프레젠테이션이나 교실에서 발표할 때 이런 방식을 취하면 좋은 점수를 받지 못할 것이다. 그러나 요즘은 캠페인 진행 시 입소문을 내거나 충격을 주기 위해 비전통적 매체를 창의적으로 사용하게 되면서, 이 첫 번째 순서를 이용하여 매체를 나중에 발표하는 것이 프레젠테이션 이후에도 광고주가 계속적으로 이 매체에 관해 이야기하는 데 도움이 될 수도 있다. 광고주는 스스로 마케팅을 이해하고 전략적 사고를 전개시킬 수 있지만, 크리에이티브와 메시지를 전달할 방법을 찾기 위해 광고회사에 의존한다.

두 번째 방법은 매체 기획이 체계화되어 있고 브랜드 인지도가 확립된 기업의 경우에 적합하다. 이 방식의 기본 개념은 분석과 매체는 대충 생략하고, 프레젠테이션 시간의 대부분을 크리에이티브에 집중한다. 이 방식의 장점과 단점은 첫 번째 방법과 비슷한 것으로, 비즈니스 세계에서는 효과가 있을 수 있지만 이를 벗어나면 그렇게 큰 효과가 없을 수도 있다는 점이다.

세 번째 방법은 추천할 만하다. 이 방식은 초기에 전략과 아이디어를 먼저 이야기하지만, 실행 방식에 대해서는 프레젠테이션 끝 무렵까지 아껴두었다가 고객을 깜짝 놀라게 한다. 실행을 마지막까지 미루어 둠으로써 광고주가 꼭 기억하기를 원하는 것이 가장 두드러진 특징이 되도록 해서 좋은 인상을 남길 수 있다. 이 세 번째 방식에서는 마케팅 커뮤니케이션에 관한 사례를 광고물 후에 제시했지만, 이 순서를 그대로 따라야 할 필요는 없다. 또한 다른 형태의 광고물과 믹스하여 프레젠테이션의 중간 또는 마지막에 보여줄 수도 있다. 예를 들어 라디오와 TV 광고를 음악과 함께 제시할 경우, 고객이 콧노래를 부르도록 하기 위해 실행을 제일 끝에 둘 수도 있다.

네 번째 방법은 네 가지 중에서 가장 유동적이고 잠재적인 창의력을 갖고 있다. 그러나 프레젠테이션 내내 흥미를 유지시킬 수 있는 크리에이티브 기획이 없다면 그다지 효과가 없다. 이 방식의 기본 개념은 크리에이티브 아이디어에 대한 힌트를 주고 호기심을 제공함으로써 이 아이디어에 대한 흥미를 강화시키는 것이다. 예를 들어

"2014년 1월 1일, 브랜드 X가 새 천년을 위해 광고 아이디어를 소개할 것입니다"와 같은 말로 프레젠테이션을 시작할 수 있다. 물론 광고주의 마음을 사로잡았다면 그 후에는 그들의 기대에 보답해야 한다. 이 새로운 아이디어는 제품 약속이나 새로운 보증 등 심각한 것일 수도 있고, 도마뱀이나 치와와 등 브랜드 캐릭터 같은 덜 심각한 것일 수도 있다. 한 광고를 보여준 후에 이 방법을 변형시켜 이것을 당신이 프레젠테이션에서 구체화하고 싶은 예로 사용할 수도 있다.

위의 방법 중 어떤 방법을 선택했는지에 관계없이, 프레젠테이션의 마지막은 인상적이어야 한다. 캠페인을 성공으로 이끌 수 있다는 확고한 자신감과 성공을 평가할 계획도 가지고 있다는 것을 보여주어야 한다. 광고주는 ROI를 원한다. 커뮤니케이션 목표를 다시 한 번 빠르게 상기시키고 평가 계획의 핵심을 언급하여 그들이 ROI를 가질 수 있다는 것을 보여줘라.

이제 발표를 마무리할 단계이다. 가장 뛰어난 발표자를 선택하는 것이 필요하지만, 꼭 AE일 필요는 없다. 광고주의 입장에서 한 번 생각해보라. 우리는 매일매일 태도에 영향을 주고 행동을 유발시키는 동기에 영향을 받는다. 광고의 끝에는 항상 소비자의 행동을 요구하는 메시지가 나온다. 그런데 왜 발표에서는 그렇게 하지 않을까? 광고주에게 파트너가 되어달라는 요구로 발표를 마치는 것도 의미가 있을 것이다.

프레젠테이션 내용 결정

발표하는 자료의 순서에 따라 발표 내용이 상당히 달라질 수 있는데, 특히 발표시간에 제한이 있는 경우에는 더욱더 그러하다. 기획서를 꼼꼼히 읽으면서 무엇을 프레젠테이션할 것인지에 대한 다음 조언을 고려하라. 어떠한 제안이 가장 좋을지 전략적으로 선택하는 것이 필요하다.

자사 분석

- 이 부분을 간략히 설명하라. 제품 설명에서 다루어야 할 내용까지 전부 말하려고 하지 마라.
- 광고주의 문제를 잘 인식하고 있다는 사실을 광고주에게 빨리 알려라.
- 판매와 수익을 어떻게 향상시킬 것인지에 대해 광고주에게 말하라.
- 회사의 현재 모습과 미래의 가능한 모습 사이의 갭을 찾아내라.

- 이런 갭을 줄일 수 있는 방법을 설명하겠다고 광고주에게 재빨리 말하라.
- 단지 문제를 찾아내는 것에 그치지 말고, 이 문제에 대한 광고주의 인식을 확장시켜라.
- 광고주의 가치관을 파악해서 그들이 왜 이 문제에 관심을 갖는지 알아두라.
- 캠페인이 나중에 언급하게 될 기회를 규정함으로써 캠페인의 기초를 쌓아라.
- 현재 회사에서 발생하고 있는 일을 경제나 산업 전반에 걸쳐 연결시켜 보아야 한다는 사실을 명심하라.

소비자 분석

- 이 제품 범주의 사용자(이 브랜드와 동종 제품을 사용하고 있는 고객)를 파악하라.
- 최소한 인구통계학적 변인에 따라, 다양한 기준을 이용해 사용자를 자세히 분류하라.
- 사용량에 따라 다량, 보통, 소량, 평균 이상 등의 용어를 사용해 설명하라. 이런 용어의 의미를 명확히 하기 위해 정확한 숫자를 사용해 설명하라.
- 조사를 실시했다면, 조사 방법을 비롯하여 조사에 대해 간략하게 설명하라.
- 소비자가 그 브랜드나 동종 제품에 대하여 어떻게 느끼고 생각하는지에 관해 통찰력을 줄 수 있는 핵심 결과만 말하라.
- 소비자가 그 브랜드나 동종 제품에 대해 무엇을 원하는지 설명하라.
- 소비자가 그 브랜드나 동종 제품에 대해 어느 정도의 관심을 갖고 있는지 설명하라.
- 그 브랜드에 대한 소비자의 생각과 느낌에 영향을 줄 만한 소비자의 생활 방식과 브랜드 충성도, 기타 요인을 간략히 설명하라.
- 소비자의 구매 결정 과정에 대한 지식을 상세히 제시하라.

주의: 모든 분석 결과가 제시되기 전까지 목표 수용자에 대한 언급은 피한다.

시장 분석

- 미국 전체에 걸쳐 사용자와 제품 사용에 대한 상대적·지리적 분포도를 설명하라.
- 사용자의 실제 숫자나 비율을 제시하고, 선택한 기준에 따라 정확한 숫자를 갖고 사용량에 대해 설명하라.

- 브랜드의 사용량을 유사 제품의 전체 사용량과 비교하라.
- 가능하다면 브랜드 개발 지수(BDI)와 카테고리 개발 지수(CDI)를 활용하라. 그러나 이런 용어에 대해 청중이 어느 정도 이해하고 있는지를 살펴보아야 한다.

제품 분석

- 소비자의 요구를 이 제품이 어느 정도 만족시켜 주고 있는지에 대해 말하라. **이때 단지 제품을 설명하는 데 그쳐서는 안 된다.**
- 소비자가 미처 알지 못한, 브랜드에 관한 통찰력을 찾아내기 위해 열심히 연구하라.
- 장점과 단점을 설명하라.
- 제품에 대해 평가할 때 브랜드의 분포도, 가격, 과거의 광고 등에 대한 평가를 포함시켜라. 단지 정보를 주는 것에 그쳐서는 안 된다.
- 소비자의 브랜드 인지도가 실제적인 제품의 특성에서 나온 것인지, 문화적 유행이나 광고 또는 경쟁적인 노력, 브랜드에 대한 과거의 경험을 통해 야기된 것인지를 설명하라.
- 제품의 물리적 속성에 대한 소비자의 평가보다는 소비자가 브랜드에 대해 어떻게 느끼고 있는지를 설명하라. 이 브랜드는 얼마나 많은 브랜드 자산을 갖고 있는가? 이 브랜드의 시장 위치는 어떠한가?
- 브랜드를 구축할 기회에 대해 평가하라. 이것이 강력한 브랜드가 될 수 있는가? 고객에게 희망을 주되, 지나친 약속은 금물이다.
- 소비자가 제품에 대해 원하는 것과 소비자의 브랜드 인식이 적절한 것인지, 아니면 부족하거나 지나친 것인지를 설명하라.
- 브랜드에 대해 유창하게 말하라. 그 브랜드가 프레젠테이션의 주인공이 되게 하라. 그 브랜드와 동종 제품 사이의 차이점을 당신이 알고 있다는 사실을 분명하게 보여주어라.

경쟁 분석

- 제품 분석에서 행한 것과 유사한 방식으로 경쟁 상황을 분석하라. 직접적 · 간접적으로 **경쟁을 기술하는 데 그쳐서는 안 된다.**
- 서비스, 이미지, 품질 등(광고주는 이미 이것에 대해 알고 있음) 기준을 정하고 나서 경쟁사와 비교하라.

- 경쟁 관점에서 자사의 강점을 찾아내라.
- 경쟁사의 광고를 간략히 평가하라(두세 문장으로).
- 가능하다면 경쟁사의 매체 비용을 제시하라.
- 브랜드가 경쟁을 고려한 지각도(perception map)의 어느 부분에 해당하는가를 보여줘라.
- 경쟁사의 브랜드가 소비자의 기대를 얼마나 충족시키고 있는지, 아니면 지나치거나 부족한지를 토대로 경쟁사와 비교하라.

문제와 기회

- 각각의 분석이 끝날 때까지 아직 문제와 기회에 대해 말하지 않았다면 여기서 요약하라.
- 요약할 때 크고 작은 문제들 사이의 차이점이나, 크고 작은 기회들 사이의 차이점을 설명하라.
- 이때 문제와 기회에 대한 논의는 반드시 판매량을 늘리기 위한 기회를 중심으로 결론을 이끌어내야 한다.
- 새로운 소비자를 끌어들임으로써 판매량을 늘릴 기회가 있는가? 또는 현재 소비자에게 제품을 더 사용하도록 하는 것이 가능한가? 또는 제품의 새로운 사용을 촉진하는 것이 가능한가?
- 문제와 기회를 요약하기 위해 SWOT 분석을 고려하라.
- 문제를 기회로 전환할 수 있는 방법을 고려하라. 회의적인 광고주를 낙관주의로 전환시킬 수 있어야 한다.

목표 수용자의 정의

- 앞 절을 마친 후, 반드시 전체적인 상황 분석을 꼼꼼히 검토하고 나서 누가 목표 수용자인지에 대한 결정을 청중에게 알려라.
- 목표 수용자에 대해 최대한 간단하게 언급하라. 목표 수용자가 누구인지, 어디에 사는지를 설명하라. 목표 수용자 선정 이유를 꼭 설명해야 하는 것은 아니다.
- 어떤 원칙을 갖고 1차 시장, 2차 시장, 3차 시장을 선택했는가를 설명한 후에 목표 수용자의 우선순위를 제시하라.

목표

- 광고주로부터 마케팅 목표에 대해 들었다면, 여기서 그 목표를 다시 언급하라.
- 현실적인 마케팅 목표를 설정할 수 있다면 여기서 언급하라(대부분의 학생들은 이에 대한 충분한 정보를 갖고 있지 못하다).
- 마케팅 목표가 정해지지 않은 경우, 기대되는 판매량 예측에 대해 전반적으로 언급하라. 슬라이드나 다른 매체를 사용할 필요는 없을 것이다.
- 캠페인 목표를 목록으로 작성하라. 나중에 이 목표를 다른 절에서 분석할 것이라고 그들에게 말하라.

캠페인 예산

- 예산에 대해서는 평가에 대한 설명과 함께 프레젠테이션의 마지막 부분에서 설명하는 것이 바람직하다. 하지만 여기에서 예산에 대해 다루고 싶다면 최소한 두 가지 방식으로 설명하라. 즉, 광고나 PR, 판매 촉진 등 특정 항목에 할당된 예산을 (1) 퍼센트로 나타내거나, (2) 각 항목에 할당된 비용으로 나타낼 수 있다.
- **청중 앞에서 모든 숫자를 세세히 읽을 필요는 없다.** 큰 수치의 경우 반올림하거나 간략히 말하라.
- 만약 프레젠테이션이 끝날 무렵 이 자료를 제시하고 싶다면, 예산과 목표 달성을 연결시켜 설명하라.

메시지 전략

- 무엇을 말하든 보여주든지 간에 그것은 반드시 구체적이고 차별화된 것이어야 한다. 당신 팀이 광고물에 대해 자신감과 긍지, 재미와 함께 애정을 갖고 있다는 사실을 시각 도구나 말하는 방식, 태도 등을 통해 보여줘야 한다.
- 크리에이티브 용어를 사용해 목표 수용자에 관해 다시 한 번 언급하라.
- 기획서에 제시한 소비자 약속을 한 번 더 언급하라. (크리에이티브 플랫폼 전체를 이야기할 필요는 없다).
- **간단한 문장으로 크리에이티브 컨셉을 요약하라.** 광고주가 캠페인의 빅아이디어를 명확히 이해하도록 하라. 예를 들면, 브랜드 혜택과 소비자의 요구가 어떻게 잘 조화되어 있는지 광고주가 쉽게 알 수 있도록 하라. 시각적 요소를 사용하여 컨셉의 독창성과 강력함을 보여주는 것을 고려하라.

- 모습, 느낌, 슬로건, 톤 등 메시지 전략의 다른 요소를 보여주는 것도 고려하라. 그러나 이것을 논의할 때에는 반드시 실행방식을 함께 제시하라. 또한 이 광고가 왜 효과적인지에 대해 설명하라.

마케팅 커뮤니케이션 전략 개요

- 이 섹션에서는 소비자 접점 지도위에 전략을 시각적으로 제시하는 기회를 제공한다. 전술이 360도 전방위로 어떻게 소비자에게 전달되는지 보여주어라.
- 모든 마케팅 커뮤니케이션 도구는 캠페인 목표를 달성하기 위해 서로 보완적일 수 있다는 사실을 간략히 말하라.
- 프레젠테이션 전체에 걸쳐 전략과 원리에 대해 제시하라.
- 만일 광고에 대한 집중 전략을 말하지 않았다면, 반드시 이 부분을 상세하게 설명해야 한다.

광고와 IMC 집행

- 인쇄 광고에 대한 많은 예를 이젤에 고정시킨다면 이 자료를 빼서 고객에게 나누어 주어라. 당신이 이 광고물을 특별하게 생각한다는 사실을 보여주어라.
- 인쇄 광고의 헤드라인을 읽어라. 카피를 묘사하고, 적어도 하나 또는 둘 정도는 읽어라. 하지만 광고주가 요청하지 않으면 광고 전체를 읽을 필요는 없다.
- 텔레비전이나 바이럴 비디오처럼 방송인 경우에는 청중이 볼 수 있는 것을 굳이 읽을 필요는 없다. 그들이 스토리보드를 보지 못할 경우에는 간략하게 설명하라. 만약 애니매틱을 이용한 광고물을 준비했다면 장면, 장면 지나가며 중요한 부분을 설명하라.
- 게릴라, 바이럴, 소셜 미디어, 모바일, 인터랙티브 등 여러 대안적인 광고 매체에 대해 적절히 설명하고 보여줘라. 크리에이티브 또는 매체 섹션에서는 각각의 매체 사용에 필요한 비용을 언급하는 것을 명심하라.
- 만약 캠페인을 위해 사이트를 개발했다면, 그것을 이용하여 소비자가 브랜드를 경험하는 포털 사이트로 어떻게 만들 것인지 보여주고, 또한 어떻게 소비자가 많이 찾아오게끔 할 것인지 말하라.
- 통합 마케팅 전술을 설명할 때에는 시각적 도구를 사용하여 보여주는 것과 동시에 제안에 필요한 것들과 비용을 간단히 설명하라.

- 사용된 다양한 전략들이 어떻게 조화되어 소비자 접점을 찾아내고 메시지를 강화시키는지 보여주어야 한다는 것을 명심하라.
- 발표자가 자유롭게 돌아다닐 수 있다면 광고주와 청중에게 가까이 다가가 그들이 자세히 볼 수 있도록 하라. 이 기회를 활용하여 광고주와 친밀한 관계를 만들어라.

기억하라: 고객은 단순한 아이디어 이상을 원한다. 그들은 해결책을 원한다.

매체 전략

- 매체 프레젠테이션으로 빨리 넘어가라. 매체는 갈수록 중요해지고 창의적으로 변화하고 있다. 독창적인 생각을 보여주고 비전통적 매체도 통합시켜라.
- 시각 교구를 사용하여 매체 목표를 제시하는 경우, 적힌 글자를 그대로 읽지 마라. 꼭 필요한 내용만 요약하여 매체에 올렸으면 그대로 읽어도 좋다(도달률, 빈도, 임프레션, 시청률 등 측면에서 목표를 제시하라).
- 비전통적인 새로운 매체를 추천하려면 먼저 이 매체가 어떻게 메시지 전략의 효과를 높일 수 있는지를 설명하라.
- 매체 선택, 매체 믹스, 타이밍을 중심으로 전략의 주요 요소를 짧게 논의하라.
- 매체 선택의 근거와 함께 매체에 대한 사진을 제시함으로써 매체 선택에 대해 논의할 수 있다.
- 매체 믹스는 파이차트로 쉽게 전달될 수 있다.
- 매체 타이밍에 관해 간략히 언급할 수도 있다. 매체 전술을 논의한 후에 연속적인 스케줄을 보여주어라.
- 매체 수단을 제시할 때는 먼저 매체를 범주에 따라 분류하고, 그것을 선택한 양적 이유와 질적 이유를 제시하라.
- **기억하라. CPMP(유효 목표 수용자 1천 명당 도달 비용)는 단순한 CPM보다 가치가 있다.** 당신이 비교하기 위해 채택하지 않은 매체에 대해서는 CPM만 제공하라.
- 그래프나 지도는 지역별, 계절별, 매체별로 어떻게 예산이 할당되었는지 잘 보여준다.
- 통합적인 IMC 플로우차트와 상세한 예산으로 이 부문을 마무리하라.

평가

- 벤치마킹 서베이, 포커스 그룹, 또는 다른 조사 방법을 통하여 어떻게 캠페인의 ROI와 효과를 측정할 것인지 보여주어라.

요약과 결론

- 광고주의 사업, 제품, 필요, 도전 등 광고주에 관한 모든 것을 잘 알고 있다는 것을 간략히 상기시켜주어라.
- 목표 수용자 집단에 대한 철저한 조사를 통해 스위트 스폿(sweet spot)를 찾아내었다는 것을 강조하라.
- 광고주의 필요에 가장 적합한 기획서와 메시지를 개발하였다는 것을 약속하라(한 장의 슬라이드에 모든 광고물을 보여주는 것도 포함한다).
- 상세한 정보를 위해 기획서를 제공하라.
- 광고주에 대해 묻고, 자신 있게 질문을 요청하라.

프레젠테이션 기획을 위한 중요한 조언

앞에서 논의한 조언은 단지 충고일 뿐이다. 당신 팀과 상황에 맞게 프레젠테이션을 차별화하라. 이 책으로 공부하고 있는 다른 학교의 학생과 프레젠테이션을 놓고 경쟁한다면, 당신은 그들과 똑같은 방식으로 프레젠테이션을 하기보다는 뭔가 다르게 보이고 싶을 것이다. 이 책은 미국 165개 학교에서 사용되고 있으며, 진 세계적으로 200개 학교에서 사용되고 있다. 따라서 중요한 원리를 기억하되 다른 사람과 차별화하는 것이 중요하다.

개별 발표자를 위한 프레젠테이션 목표

전체 팀 발표에서 당신이 개별적으로 하게 될 역할에 대해 생각할 때 다음 다섯 가지 사항을 명심해야 한다.

1. 프레젠테이션을 이해하라. 프레젠테이션을 위해 각 개인이 역할을 나누어 기획할 때는 팀의 전체적인 프레젠테이션 목표를 잊지 않도록 주의하라. 먼저 광고주와 청중에게 구체적으로 어떤 인상을 남기고 싶어 하는지를 논의해야 한다. 캠페인

은 상품과 같다. 소비자에게 이 제품이 여러 가지 이유에서 특별하다고 말하면 소비자는 이 제품의 어떤 면에서 특별한지를 제대로 기억하지 못한다. 당신의 캠페인에서 무엇이 특별한지를 결정하라. 그러고 나서 팀원들은 이 목표를 떠올리면서 자신의 역할을 기획해야 한다.

2. 주의를 집중시키고 나서 그 상태를 유지하라. 프레젠테이션에서 아무리 좋은 아이디어를 말하거나 제시한다고 해도 청중이 집중하지 않으면 아무 의미가 없다. 따라서 각 개인에게 있어 두 번째 목표는 청중이 계속 집중하도록 하는 방법을 찾는 것이다. 발표 처음과 중간에 몇 가지 깜짝 놀랄만한 뭔가를 미리 생각해 두라. 고객이 신경을 집중하고 주의를 기울일 만한 것을 찾아내라. 또한 프레젠테이션의 처음과 끝부분을 어떻게 전개시켜 나갈 것인지에 대해 고심하라. 프레젠테이션은 경마와 같다. 즉, 처음과 끝이 중요하다. 프레젠테이션을 시작하는 오프닝 멘트에 대해서는 이 장의 뒷부분에서 자세히 언급하겠다.
3. 청중과 하나가 되라. 광고주와의 공통점을 찾아야 한다. 광고주에게 당신이 그들의 편에 있고, 같은 관심사를 갖고 있음을 인지시켜라. 이런 공통점은 당신과 광고주 사이에 개인적인 관계를 형성한다. 프레젠테이션 내내 친숙함을 보이는 것은 결코 잘못된 행동이 아니다. 특히 발표 첫 부분에서 이것은 중요한 역할을 한다. 광고주와 어떤 공통점을 어떻게 설정할 것인지 생각해보는 것이 당신의 아이디어를 돋보이게 하는 방법이다.
4. 신뢰를 쌓아라. 제품의 성공, 명성, 브랜드 자산, 특히 돈은 광고주에게 매우 중요한 것이다. 따라서 어쩔 수 없이 그들은 당신을 의심스런 눈초리로 볼 것이다. 가장 중요한 의심은 당신의 신뢰도에 대한 것이다. 프레젠테이션 기획은 이런 의심을 제거할 수 있는 집중적인 전략을 갖추고 있어야 한다.
5. 설득적이 되어라. 프레젠테이션을 기획할 때 광고주가 당신에 대해 진지하고 신뢰할 만하다고 느끼도록 만들라. 이런 특징을 두드러지게 나타내라. 미래의 광고주가 갖고 있는 필요와 부족함을 프레젠테이션을 통해 충분히 다루어라. 즉, 당신의 말이나 행동 속에는 그들의 필요와 요구가 언제나 반영되어 있어야 한다.

종합적으로 이 다섯 개의 목표는 프레젠테이션의 지침이 될 것이다. 무엇을 말하고 보여주어야 할지에 대해 힘든 결정을 내려야 할 때 이것을 참조하라.

프레젠테이션 작성하기

어떤 사람은 프레젠테이션에서 말할 내용을 문자 그대로 다 써야 한다고 제안한다. 정해진 시간이 20분이라고 가정한다면 이 제안은 유익한 점이 있다. 시간이 다소 유동적이라면 개요부터 자발적으로 제시하는 것이 자연스럽다. 이런 자발성은 신뢰도를 높여준다. 왜냐하면 당신이 자료를 모두 이해하고 있으며, 단지 원고를 보고 읽지 않는다는 것을 고객에게 보여줄 수 있기 때문이다. 가장 흔한 제안은 처음부터 끝까지 외우라는 것이다. 그리고 프레젠테이션 중간 부분은 핵심 단어와 개념을 중심으로 연결시킨다. 이것은 당신이 편안하고 자신감을 가졌는가에 달려 있다. 단, 완벽한 암기는 도중에 막히면 말을 이어갈 수 없으므로 주의해야 한다. 그러므로 핵심 단어와 개념만 암기한 후에 프레젠테이션의 흐름을 확실하게 이해할 필요가 있다.

이런 면에서 원고를 쓰는 것은 장점이 있다. 종종 스토리보드가 광고나 영화 제작에 지침이 되는 것과 마찬가지로, 어떤 프레젠테이션은 이 원고에 따라 체계적으로 기획된다. (그렇다! 예를 들어 스티븐 스필버그는 영화 제작을 시작하기 전에 아주 세부적인 스토리보드를 사용한다. 그리고 촬영 내내 계속적으로 이것을 참고한다.) 파워포인트 소프트웨어를 사용하여 아이디어를 스토리보드로 만드는 것은 도움이 된다. 이 슬라이드를 보고 순서대로 연습하다가 나중에는 프레젠테이션에서 다룰 내용을 슬라이드를 보지 않고 편안하게 말할 수 있을 정도가 되어야 한다.

주요 메시지에 대한 결정. 광고 프레젠테이션은 하나 이상의 메시지를 포함하고 있다. 전형적으로 광고 프레젠테이션에서는 크리에이티브와 매체 등 다양한 주제를 다루는 많은 정보들이 제안된다. 이런 정보나 주제를 통일성 있게 연결시키기 위해서는 두세 가지 결정적 주제를 중심으로 발표 전체가 구성되어야 한다. 이들 주제는 당신이 말하거나 보여줄 모든 세부 정보를 통합시켜 줄 뿐만 아니라 광고주가 이 프레젠테이션을 쉽게 이해하고 그들의 반응을 이끌어내는 데 도움이 된다. 메시지는 스크립트를 통해 제시되고 이 주제와 밀접하게 연결된다. 일반적으로 이 주제는 메시지 전략과 연결되지만, 새로운 제품 출시 등 새로운 기회에 초점을 맞출 수도 있다.

부분의 통합과 조정. 광고의 중심 주제는 프레젠테이션의 다양한 부분을 통합시키고 조정하도록 도와준다. 그러나 이것 자체로는 충분하지 않다. 즉, 크리에이티브,

매체, 촉진 등 각각의 부분 속에서도 구조와 포맷의 일관성을 유지할 수 있도록 노력해야 한다.

단어와 용어의 사용에 일관성이 있어야 한다. 광고주가 이해하고 기억할 수 있을 정도로 자료의 양을 줄여라. 예를 들어 크리에이티브가 목표와 전략을 중심으로 소개된다면, 매체와 촉진 등 모든 것에서도 그런 방식으로 일관성 있게 소개하라. 이런 일관성은 각각의 부분 사이에 균형을 유지시켜 줄 뿐 아니라 광고주가 프레젠테이션을 쉽게 이해하도록 해줌으로써 당신은 한 부분에서 다른 부분으로 빨리 넘어갈 수 있다.

비슷한 방식으로 각각의 파트에서 용어를 일관성 있게 사용하라. 예를 들어 프레젠테이션의 크리에이티브 부분에서 목표라는 단어를 사용한다면 매체나 촉진 부분에서도 이 용어를 그대로 사용하라. 모든 용어는 일관성이 있어야 한다.

시각적 교구를 제시할 때도 일관성 유지하기. 슬라이드나 차트처럼 시각적 교구를 사용할 계획이라면 말로 설명할 때의 용어와 일치해야 한다. 슬라이드에 나와 있는 내용을 그대로 큰 소리로 읽어도 무방하다. 하지만, 너무 똑같이 읽기보다는 단어를 조금씩 읽는다면 더욱 좋다. 커뮤니케이션 목표처럼 긴 문장을 슬라이드에서 보여줄 때는 간단한 말로 언급하고, 반대로 간단히 불릿포인트나 비주얼로 표시된 사항은 상세한 설명을 하는 것이 좋다. 핵심 단어나 용어를 슬라이드마다, 프레젠테이션 부분마다 반복하는 것은 프레젠테이션을 통합시키고 조정하는 데 도움이 된다.

구조적 통합. 프레젠테이션을 전체적으로 바라보면서 동시에 전체에 속하는 각 부분을 바라봐라. 프레젠테이션에 있어 구조적 통합의 진정한 의미는 각 부분에 동일한 무게(비중)를 두는 것보다는 각 부분에 전략적이고 집중적인 무게를 두는 것을 의미한다.

프레젠테이션에서 발표할 시간은 제한된다. 제한된 시간에서 발표의 시작 부분에 어느 정도의 시간을 할당할 것인가? 그리고 중간이나 끝에 어느 정도의 시간을 할당할 것인가? 조사에 어느 정도의 시간을 할당할 것인가? 또한 크리에이티브와 매체에는 어느 정도의 시간을 할당할 것인가를 생각해야 한다. 전미 학생광고 경연대회에 참가한 학생들의 경우에 일반적으로 가장 많은 시간을 소비하는 부분이 크리에이티브이고, 특히 끝부분보다는 시작 부분에 더 많은 시간을 할애한다.

프레젠테이션 기획 수립 시 필요한 모든 단계와 남들로부터의 조언을 많이 참조할수록, 프레젠테이션 구조가 좀 더 세련될 수 있음을 기억하라.

시작과 중간과 끝을 생각하라

프레젠테이션은 시작과 중간, 끝이라는 세 단계로 명확하게 나누어진다고 생각하라. 성공적인 프레젠테이션을 위해서는 이 세 부분이 긴밀하게 연결되는 것과 마찬가지로, 프레젠테이션에 포함되어 있는 각각의 단계 역시 잘 연결되어야 한다.

시작. 시작과 끝은 프레젠테이션에 있어 가장 중요한 부분이다. 몇몇 전문적인 발표자들은 프레젠테이션의 시작 단계보다 끝을 먼저 기획해야 한다고 생각한다. 그러나 우리는 전통적 방법을 택해 먼저 시작 단계를 기획한다. 어느 쪽이든, 중간을 기획하기 전에 이 두 부분을 먼저 기획한다.

순조로운 출발은 청중의 주목을 재빨리 끌어내고, 다음에 어떤 내용이 이어질지에 대해 관심을 갖도록 하는 것이다. 시작 부분을 작성할 때 이것이 어떻게 작용하는지에 대해 다음 사항을 고려하라.

- 광고주의 시선을 집중시켜야 한다.
- 주요 메시지나 테마를 소개해 주제를 미리 보여준다.
- 잠재적 광고주를 위해 무엇이 담겨 있는지를 구체화시키고 강조한다.
- 광고주의 신뢰를 얻어야 한다.

이 점을 고려해 프레젠테이션의 시작 부분에서 무엇을 말하고, 보여주어야 할지에 대한 생각을 정리한다. 예를 들어 프레젠테이션 내용이 본격적으로 설명되기 전 시작 부분에서 발표자는 청중에게 프리센테이션의 핵심을 이해시키고 자신을 신뢰하도록 만들어야 한다. 문제는 이런 바람직한 결과에 어떻게 도달하는가 하는 것이다. 다음에 언급하게 될 방법은 시행착오를 통해 얻은 것의 일부이다.

- 질문을 하라. 이것은 청중의 시선을 사로잡고 초점을 맞추는 데 효과적이다.
- 특이한 사실을 진술하라. 이것은 광고주의 눈썹을 모으게 한다. 특히 이 사실이 광고주의 필요나 욕구, 문제의 핵심적 요소와 관련이 있을 때에는 더욱 그렇다.
- 일러스트나 예시, 이야기를 제시하라. 이것은 청중을 프레젠테이션으로 끌어들인다.
- 인용을 하라. 광고주가 알고 있거나 존경하는 인물, 광고주의 말을 직접 인용하는 것도 좋다.
- 당신과 광고주 사이의 공통점을 언급하라. 예를 들어 당신 회사와 광고주가 어떤 비

즈니스 관행이나 견해를 발전시키는 데 관심을 같이한다면 이 사실을 주지시켜라.

- 유머를 사용하라. 프레젠테이션할 때 유머를 사용하려면 일단 조심하라. 왜냐하면 한 사람에게는 유머러스한 내용이 다른 사람에게는 그렇지 않을 수도 있기 때문이다. 마지막으로 광고주의 사업 및 상황과 연관된 유머를 구사하라. 지역 도서관에 가면 모든 상황을 위한 유머의 예를 담고 있는 책이 있다.
- 왜 당신이 믿을 수 있는지 말하라. 기획서의 핵심은 오만함과 과장이 아니라 겸손과 섬세함이다.

중간. 프레젠테이션의 중간 부분은 핵심적 부분으로 광고주가 기다리는 크리에이티브 해결책과 커뮤니케이션 제안들에 관해 발표한다. 물론 캠페인 실행을 위한 모든 핵심적 필요물들도 포함된다. 이러한 것은 자칫 지루해질 수 있다. 따라서 컨셉 위주로 계속해서 흥미를 유발할 수 있는 계기를 만들어라. 예를 들어, 다음에 어떤 내용이 발표될지, 광고주의 궁금증을 자아내라. 앞의 다른 장에서 언급한 다양한 방법을 유사하게 이용하여 광고주의 흥미를 유지할 수 있는 요소들을 발표 중간에 심어 두어라. 아래의 충고들을 참조하라.

- 단어나 용어는 동일하거나, 유사하게 하라.
- 개념을 주요 메시지나 주제와 연결시켜라.
- 개별화하라. 프레젠테이션에서 당신이라는 대명사를 사용해야 한다는 사실을 명심하라.
- 복잡한 자료나 정보를 간략화하라.
- 전략적 목표를 위해 사소한 부분을 삽입하라. 고객에게 많은 정보를 제공할 때에는 잠깐 쉬거나, 유머 또는 예화를 집어넣어라.
- 설명 없는 혼동스러운 개념이나 '전문용어는 될 수 있으면 피하라. 모든 광고주가 광고 용어에 친숙하다고 가정하지 마라.

끝부분. 처음처럼 프레젠테이션의 끝부분, 즉 종결 부분도 중요하다. 광고주가 당신이나 광고회사에 대해 기억하게 될 마지막이므로 끝부분에 많은 신경을 써야 한다. 결론적으로 끝부분에서 프레젠테이션의 목적을 강화시키기 위해 노력해야 하고, 프레젠테이션의 연결 고리 역할을 하는 결정적인 주제를 중심으로 요점을 통합시켜야 한다. 프레젠테이션의 끝부분에서는 다음 사항을 고려하라.

- 행복한 결말: 긍정적인 진술로 마무리하라. 마무리는 긍정적이고 즐거워야 한다.
- 집중적인 결말: 여기서 프레젠테이션의 수많은 요점을 걸러내어 몇 가지 요점으로 압축하라. 지배적인 주제를 중심으로 마무리하라.
- '우리는 당신을 도우러 여기에 왔습니다'라는 식의 결말: 광고주의 문제에 대한 진실되고 성실하고 건설적인 해결자로서 자신을 각인시켜라.
- '미래를 예측하라'는 식의 결말: 당신의 제안이 고객의 미래에 긍정적인 영향을 가져다 줄 수 있음을 강조하라.
- 이 일에 대한 당신 광고대행사의 넘치는 열정을 강조하라.

프레젠테이션 마지막에 자신에게 보내는 "**이건 바로 내 일이다**"라는 메모를 달아 놓아라.

문체를 향상시켜라

일단 구조적 통합성과 프레젠테이션의 주요 부분과 세부 항목의 내용을 결정한 후에는 원고 내용의 문체를 향상시키는 데 집중하라. 다음의 문체에 관한 조언을 고려하라.

- 대화 톤으로 쓰라: 대부분의 실제 프레젠테이션은 적당한 크기의 컨퍼런스룸 안에, 주요 광고주 몇 명이 테이블 주위에 앉아서 대행사 사람들이 제안하는 기획을 듣는 형식이다. 즉, 광고주를 바라보고 직접 이야기할 수 있는 가까운 거리이기 때문에 대화형식의 톤이 선호된다. 따라서, '우리', '우리의', '당신', '당신의'와 같은 명사를 사용하는 것이 적합하다.

예시 **예시발표시 적합한 대화 시점**

1인칭 시점 (강함)	**3인칭 시점 (약함)**
"당신은 더욱 많은 광고점유율을 원합니다…"	"브랜드 X의 목표는 광고 노출을 17% 증가시키는 것입니다"
"우리는 당신의 고객을 끌어 들이기 위해 오늘 여기에 있습니다."	"목표는 브랜드의 인터엑션을 증가시키는 것입니다."
"우리는 당신이 처한 마케팅 도전을 알고 있습니다."	"브랜드 X는 현재 산업의 많은 위협에 직면해 있습니다"

대화하는 것처럼 글을 쓰데, 중요한 포인트는 좀 더 상세하게 설명하라. 메모 노트나 어떠한 보조물 없이 프레젠테이션을 해야 한다는 것을 잊지 마라. 물론, 내용에 관하여 완전히 숙지하고 어떤 부분을 강조해야 할지 알고 있다면 아무런 문제가 있을 수 없다.

- 행위동사를 사용하라. 행위동사는 당신의 말과 글에 생기를 불어넣는다. 또한 듣는 사람에게는 현장이나 감정, 의미를 상상하고 구성하도록 자극한다. 예를 들어 '추진하다', '상승하다', '진보하다', '자극하다' 등의 행위동사를 사용하라.
- 문장의 페이스를 다양화하라. 원고를 큰 소리로 읽으면서 직접 소리를 내보라. 크게 읽으면서 단어의 리듬이 단조로워질 때는 변화를 주어야 한다.
- 리듬의 다양함을 추가하고 문장의 길이를 다양화하라. 두 개의 긴 문장이 있다면 그 뒤에 이어지는 문장은 짧은 문장이나 구절로 하라. 그렇게 하면 문장을 두드러지게 만들 수 있다.
- 짧은 단락을 쓰라. 짧은 단락이 기억하기 쉽다는 사실을 알게 될 것이다. 또한 짧은 단락을 쓰면 구성에 초점을 맞추게 되고 더 많은 변화를 줄 수 있다.
- 어려운 개념을 설명하고 반복하라. 어떤 개념이 광고주에게 어렵고 해결하기 곤란한 것처럼 보인다면 그것을 상세하게 설명하고 비유나 예를 들어주어라.

시각적 요소의 사용

시각적 요소는 프레젠테이션을 하는 동안 다루어야 할 요점을 설명하고 강조하는 데 도움을 준다. 사람은 자신이 본 것을 믿는 경향이 있다. 더욱이 시각적 요소는 프레젠테이션에 생기를 불어넣어 준다. 프레젠테이션 기법의 발전에 따라 몇 가지 원칙은 변했지만, 기본 원칙은 그대로 남아 있다.

시각 교구의 활용

- 간단하게 하라. 언제 강조할 것인지 자기 재량에 따라 하라. 다만 중요한 포인트는 반드시 강조하라.
- 위쪽에 단어를 넣어라. 페이지의 윗부분에 쓰여 있는 단어는 읽는 사람의 시선을 위로 올려, 읽기 쉽게 만든다. 슬라이드뿐만 아니라 플립차트를 사용할 때 페이지의 위쪽으로 3분의 2 지점 이내에 단어나 이미지를 넣어라.[2]

- 단어수를 제한하라. 청중이 많은 것을 읽을 거라고 기대하지 마라. 특히 비주얼이 너무 많거나, 표 목록 등이 너무 많이 제시되면 청중이 혼란스러울 수 있으므로 오직 핵심 단어만 사용하라.
- 대문자와 소문자를 사용하라. 플립차트에는 대문자를 사용할 수 있지만, 그 이외의 경우에는 사람들에게 익숙한 대문자와 소문자를 혼용해서 사용하라.
- 큰 글자를 사용하라. 프레젠테이션 내용의 가독성을 발표자의 자리에서 판단하지 마라. 프레젠테이션 내용을 읽을 때 화면으로부터 편안한 거리를 고려하라. 그리고 글자가 얼마나 커야 하는지를 판단하라.
- 하나의 강조 방식만 사용하라. 굵은 글씨를 사용할 경우 밑줄을 치지 마라. 지면을 이용할 때에는 이탤릭체가 좋지만, 시각 교구에서는 이 서체를 피하라.
- 목표 수용자를 대표하는 사진을 사용하라. 사람은 사람 보는 것을 좋아한다. 목표 수용자에 대한 그림을 사용하면 흥미를 지속시킬 뿐 아니라 보는 사람의 입장에서는 설명 내용을 더 잘 이해하게 된다.

시각 교구에서 그래픽 사용

- 한 방향으로 사용하라. 수평이든 수직이든 간에 어느 한 방향을 사용하라. 가능하다면 선택한 방향과 포맷을 고수한다. 그 방향을 고집할 수 없을 때에만 방향을 바꾼다.
- 색상은 강조와 분위기, 독특함, 연상을 제공한다. 일반적으로 광고에서 색상은 시선을 사로잡는 상당한 잠재력을 더해준다. 특히 슬라이드의 경우 어느 한 줄에 색상을 추가하면 사람들은 그 줄에 시선을 집중한다. 모든 슬라이드 취급 시 가장 흔하게 사용되는 방법은 발표자가 다룰 한 문장이나 항목을 색상으로 강조하는 것이다. 다만 세 가지 이상을 사용하는 것은 좋지 않다. 실제 어떤 색을 선택할 것인지에 대하여 전략적인 결정을 내려야 한다. 대조를 이룰 때 색상을 사용하면 가장 효과적이다. 노란색은 시각적으로 긴장감을 조성하지만 노란 바탕에 검은색 글자나 이미지는 읽기에 좋다. 또한 당신은 파란색처럼 시원한 색의 배경을 선택하고 싶을 것이다. 그리고 단어나 이미지는 노란색 등 눈에 띄는 색상이어야 한다. 다른 선택과 마찬가지로 색상 선택은 전체적으로 일관성 있고 연속적이어야 한다.
- 비주얼을 단순화하라. 한 슬라이드나 플립차트에 너무 많은 단어를 넣으려고 하지 마라. 포함시킬 내용을 제한하라. 비주얼을 하나의 핵심 아이디어나 개념에 연계시켜라.

- 비주얼에는 압축이 중요하다. 핵심 단어나 용어를 강조하라. 또 문법에 너무 얽매이지 마라. 특히 완결된 문장을 쓸 필요는 없다.
- 굵은 점과 그래픽을 사용하라. 일관성이 중요하다. 만일 체크표시, 굵은점 등 일종의 그래픽 요소를 갖고 시작하려면 이것을 계속 사용해야 한다.
- 복잡한 숫자는 파이차트나 막대그래프로 단순화하라. 숫자를 단순화해서 한눈에 볼 수 있도록 만들라.
- 그래프의 커브 곡선은 3개 이하로 줄여라. 각 그래프에서 곡선의 수를 제한하라. 단순함은 명확함과 이해를 이끌어낸다.
- 차트, 그래프, 다이어그램을 적절히 사용하라. 차트, 그래프, 다이어그램은 다양한 기능을 한다. 비교할 때는 막대 차트를 사용하라. 전체에 대한 각 부분의 관계를 보이기 위해서는 파이차트를 사용하라. 변화나 경향을 나타내는 데는 그래프를 사용하라. 복잡한 아이디어나 개념을 한눈에 알아보도록 하기 위해서는 다이어그램을 사용하라. 진부하지 않으면서도 단순한 연상을 사용하라.
- 동일 화면을 1분 이상 보여주지 마라. 청중은 리듬을 탈 수 있다. 동일 화면을 1분 이상 보여주면 고객의 리듬은 방해를 받는다.

자료와 숫자를 위한 비주얼

다양한 비주얼은 광고주에게 자료와 숫자를 쉽고 빨리 전달하는 데 도움을 준다. 이 모든 것은 컴퓨터에서 만들어져 슬라이드로 사용되거나, 디스플레이를 위해 확장된 것이다. 덩컨(Duncan)과 모리어리티(Moriarity)는 양적 자료를 보여주기 위해 다음과 같이 비주얼을 사용하도록 제안하고 있다.[3]

- 표: 이는 광범위한 자료와 숫자를 보여주는 데 도움이 되지만, 너무 자세하게 보여주면 프레젠테이션에 역효과를 줄 수 있다. 하지만 어떤 정보를 세부적으로 설명해야 할 때 표는 도움이 된다. 굵은 글씨체나 색상을 사용하여 자료의 일부를 강조할 수도 있다.
- 선 그래프: 선 그래프는 두 가지 측면에서 효과가 있는데, 수평으로는 시간을 보여주고 수직으로는 양을 보여준다. 선 그래프는 시간에 따른 변화나 경향을 보여주기 위해 사용된다.
- 막대그래프: 막대그래프는 단위를 보여주고 비교할 때 도움이 된다. 또한 삼차원으

로 보여줌으로써 시각적 이미지의 깊이를 나타내주며 핵심 비교를 강조해준다.

- 플로우차트/지도: 플로우차트가 가장 많이 사용될 때는 시간에 따른 매체의 사용을 보여주기 위해서다. 이러한 그래픽은 다양한 소비자의 접점을 기획서에서 한 눈에 보여주고자 할 때 유용하다.
- 파이차트: 파이차트는 전체에 대한 부분의 관계를 보여주고, 일반적으로 비율을 보여줄 때 적합하다. 흥미롭고 매력적인 파이차트의 시각적 응용법은 한 구획이나 부분을 다른 부분과 분리시키면서 외부로 확장시키는 것이다.
- 다이어그램: 다이어그램은 어떤 것이 어떻게 효과가 있는지를 보여주는 데 효율적이다. 또한 한 요소에서 다른 요소로의 흐름을 보여주기 위해 사용된다. 이러한 다이어그램은 브랜드와 소비자 사이의 적합한 관계를 보여주는 브랜드핵심 모델을 보여주는데 사용된다.
- 픽토그래프(그림 문자): 픽토그래프는 자료를 흥미로운 비주얼로 표현함으로써 시각적 흥미를 더해준다. 예를 들어 자동차 제조회사의 프레젠테이션을 한다면 특정 모델의 차 윤곽을 그리고, 그 안에 자료를 보여줄 수도 있다.

[그림 12-1]에 제시된 자료 그림들은 단어를 사용하여 설명하기에는 복잡한 자료들을 그래픽을 통하여 쉽게 한 눈에 제시할 수 있다는 것을 보여준다.

시각적 자료의 활용

프레젠테이션할 때 관심을 유발하는 하나의 방법은 화면이나 프레젠테이션 이외의 다른 볼거리를 청중에게 제공하는 것이다. 그러면 사람들은 일시적으로 휴식을 얻게 되는데, 특히 프레젠테이션을 계속해서 지켜본 사람들에게 더욱 그렇다. 시안 제시를 통해 효과를 강화하기 위해서는 다음 사항을 고려해야 한다.

- 실제 광고 시안과 판매 촉진 시안을 제작하라. 슬라이드의 시각적 능력에도 불구하고 광고주가 손으로 직접 만지면서 볼 수 있다는 장점 때문에 시안은 독특한 효과를 갖는다. 이러한 샘플은 광고주가 가까이서 확인해보게끔 함으로써 좋은 반응을 만들어낼 수 있다.
- 보드 위에 놓는다. 이젤이나 벽을 배경으로 사용하라. 보드의 사이즈는 가시거리가 12피트이면 18인치여야 하고, 글자 크기는 약 60포인트 정도 되어야 한다. 가

그림 12-1 자료의 표현 방법

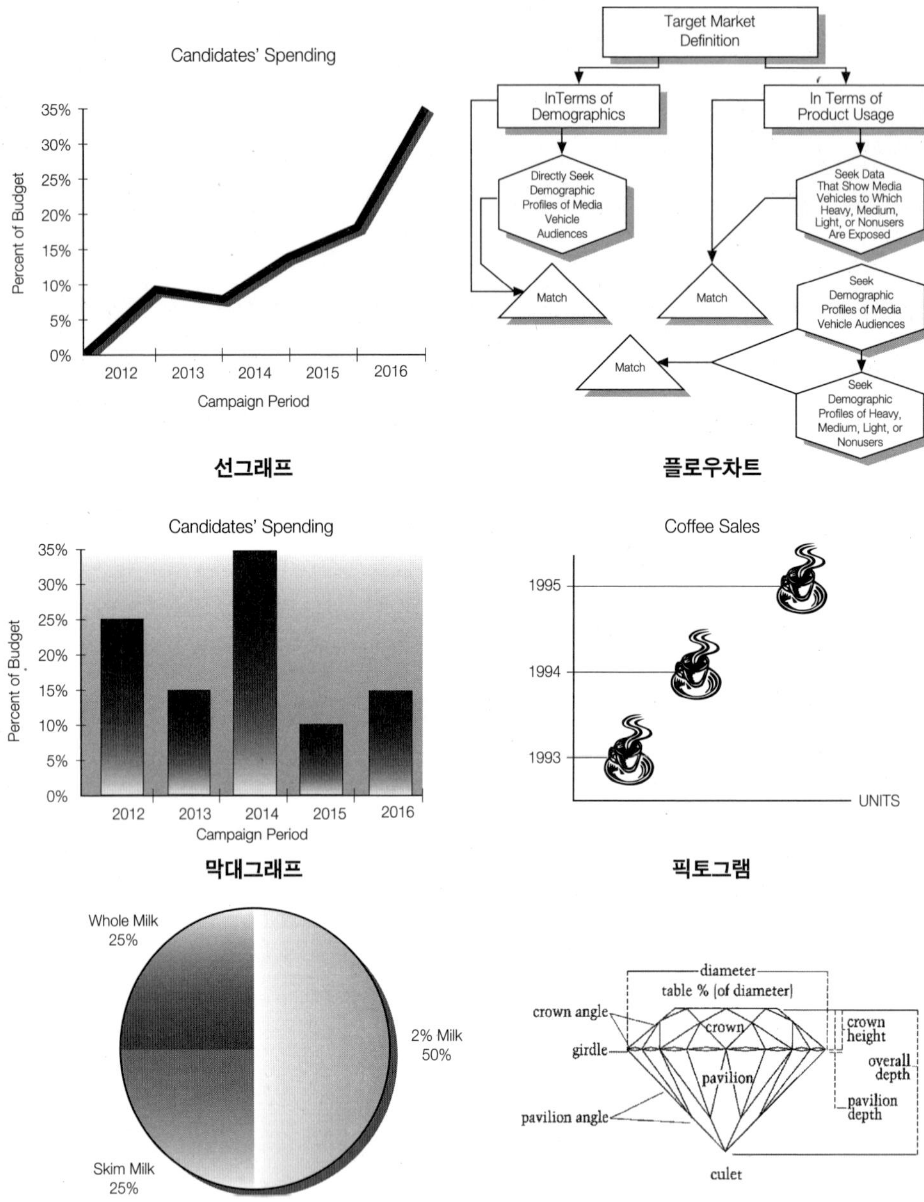

시거리가 14피트이면 보드의 크기는 24인치여야 하고, 글자 크기는 72포인트 정도가 되어야 한다. 가시거리가 16피트이면 보드 크기는 36인치에 글자 크기는 120포인트 정도 되어야 한다.

또한, 소품 이용을 적극적으로 고려해보라. 소품은 실제 사용하는 환경과 비슷한 상황을 만듦으로써 광고주와 대행사 사이의 벽을 허물어뜨리는 가치를 한다. 소품의 예로는 미니 버전의 광고주 제품, 제품 포장, 제품 진열이 있다. 이 장의 처음에서도 언급했듯이 대부분 과정은 한 마디로 '쇼(show)'이므로 프레젠테이션을 위한 무대를 준비하는 것에 어떠한 두려움도 가질 필요가 없다. 수백만 달러의 광고주를 유치하기 위해 광고대행사는 프레젠테이션에 많은 돈을 투자한다.

어떤 환경에서 소품을 제작하고 사용하던 간에, 이러한 소품은 직접적으로 제안된 것들을 지지하여야 한다. 즐겨라. 하지만 이러한 소품은 전문가의 솜씨가 담겨야 있어야 하지, 초등학생이 만든 것처럼 보여서는 안 된다는 것을 명심하라.

프레젠테이션 리허설

모든 사람이 리허설의 가치를 인정한다. 리허설하는 데 들인 시간의 양뿐만 아니라 질도 중요하다. 연습한다고 해서 자동으로 완벽해지지는 않는다. 그러나 완벽한 연습은 당신이 원하는 목표를 이룰 수 있도록 도와준다. 리허설을 할 때 다음 조언을 고려하라.

- 진지한 연습: 여기 응용할 만한 스포츠 속담이 있다. "연습을 제대로 하지 않으면 게임도 제대로 풀리지 않는다."
- 치밀한 준비: 리허설을 할 때 막히는 부분이 있으면 실제 프레젠테이션을 할 때 이 부분은 큰 장애가 된다. 정보의 안팎을 알고 있으면 말이 막히는 경우를 예방할 수 있다.
- 태도: 캠페인을 준비하는 것만으로도 많이 지쳤을 것이다. 그러나 전문가는 이를 내색하지 않는다. 열정을 갖고 임하고, 프레젠테이션을 하는 동안 자신을 광고하라. 목소리 울림이나 바디랭귀지, 시선 마주치기 등은 말로 하는 것보다 훨씬 강한 자신감과 흥미를 전달해준다. 열정적으로 연습하라.
- 시각 교구: 시각 교구는 발표할 때 도움을 준다. 광고주가 집중하지 못하거나 산만할 때는 시각 교구의 위치를 바꾸어 보라.
- 안무: 어리석게 들릴진 몰라도 프레젠테이션에는 안무 연습도 필요하다는 것을 명

심하라. 어디에 서서 발표해야 하는지, 언제 앞 또는 뒤로 움직이며 발표해야 하는지 알아야 한다. 또한 언제 당신이 발표한 부분이 올지 알아야 한다. 미리 준비하지 못해 머뭇거리거나 말을 더듬어서는 절대 안 된다. 슬라이드가 어떤 흐름으로 전개되고, 언제 슬라이드가 바뀌며, 직접 클릭커를 이용한다면 언제 눌러 슬라이드를 바꿔야 하는지 알아야 한다.

- 긴장과 초조: 초조한 것이 당연하지만 사람들 앞에서 프레젠테이션을 할 때 긴장하게 되면 자신의 아이디어를 고객이나 청중에게 설득하는 능력을 떨어뜨릴 수 있다. 리허설 할 때 손을 비비꼬거나 눈썹을 내리깔거나 손톱을 물어뜯는 행동을 해서는 안 된다.
- 의상: 당연히 간편한 옷을 입고 연습하고 싶을 것이다. 그러나 한 번 정도는 프레젠테이션에서 입게 될 옷을 입고 연습해보라(이것을 드레스 리허설이라고 한다). 가능하다면 발표 장소에서 연습하면 비슷한 자극을 받을 수 있다.

발표 장소에서 최종 확인

발표 전 현장에 가서 최종 확인을 할 필요가 있다. 예상과 준비, 세부적 사항에 집중하는 것은 신뢰감을 쌓기 위해 반드시 필요하다. 다음 사항을 포함시킨 체크리스트를 작성하라.

- 프레젠테이션 룸과 관련된 사항을 알아두라. 조명과 온도, 의자, 탁자 등 모든 것을 알아두라. 이것이 제대로 작동되는지 미리 확인해 두는 게 좋다.
- 누구에게 도움을 요청할지 미리 알아두라. 어디에서 프레젠테이션을 하든 도움을 줄 현장 직원이 있을 것이다. 그들이 누구이고, 급할 때 어떻게 연락할 수 있는지를 알아두라.
- 건물의 편의시설과 장비에 대해 알아두라. 프레젠테이션 룸은 건물 내에 있다. 그 건물에 어떤 시설이 어디에 있는지 알아두는 게 좋다. 예를 들어 화장실이 어디에 있는지, 계단과 엘리베이터가 어디에 있는지, 복사기가 어디에 있는지를 미리 알아둔다.
- 장비를 확인하라. 단상이나 이젤, 오버헤드 프로젝터, 컴퓨터 등을 테스트하라.
- 의자와 테이블이 안전한지, 적당한 위치에 있는지 확인하라. 가능하다면 프레젠테이션의 목적에 맞도록 의자나 테이블을 배열하라. 친근감을 조성하기 위해 강단이

나 테이블이 당신과 광고주를 분리시키지 않도록 하라. 여기저기 움직일 수 있는 공간을 만들어라. 그리고 조명과 조명 스위치를 확인하라.

프레젠테이션 실시

프레젠테이션을 할 때 잘못될 만한 일은 얼마든지 있다. 기계가 고장 날 수도 있고 조명의 밝기가 적합하지 않을 수도 있다. 사람들의 머리에 가려 시선이 방해받을 수도 있다. 가끔씩 상상할 수 없는 일이 벌어지기도 한다. 그런 일이 일어나지 않도록 확인하는 것이 당신의 일이다. 시각 교구와 발표자라는 프레젠테이션의 두 가지 중요한 요소에 대하여 다음과 같은 조언을 할 수 있다. 이들 조언은 모든 일이 기획대로 진행될 수 있도록 확인할 때 지침이 된다.

시각 자료 제시

- 보는 사람의 시야를 가리지 않도록 하라. 시작하기 전에 고객이 잘 볼 수 있도록 신경을 써야 한다. 광고주의 위치 선정에 신경을 써서 머리나 팔이 그들의 시야를 가리지 않도록 주의하라.
- 청중의 시선을 끌어라. 청중은 당신을 지켜보고 있다. 당신이 시각 교구에 시선을 돌릴 때 광고주의 눈도 당신을 따라올 것이다. 핵심 단어는 포인터를 사용해 가리키고 강조하라. 말을 하지 않을 때에 당신의 눈은 반드시 누군가를 바라보고 있어야 한다. 바닥을 내려다보거나 의미 없이 먼 곳을 쳐다보지 마라. 당신 스스로가 당신 계획에 흥미가 없어 보인다면, 광고주는 당연히 더욱 흥미가 없을 것이다.
- 큰 숫자는 반올림하라. 수백만 달러를 이야기하더라도 전체 숫자를 다 말하려고 하지 마라. 큰 숫자는 읽기 쉽고 이해하기 쉽게 반올림하거나 축약하라. 또한, 많은 통계, 예산, 숫자와 관련된 것들을 한꺼번에 광고주에게 제시하면 그들은 흐리멍텅한 눈으로 당신을 바라볼 것이다.
- 원이나 화살표, 기타 지시 표시를 사용하라. 이런 도구를 사용하여 광고주의 시선을 사로잡아라.
- 슬라이드를 바인더에 놓는다. 시각 교구가 섞이지 않도록 하라.

- 스크린 위에 이미지가 똑바로 비치게 하라. 프레젠테이션을 시작하기 전에 슬라이드가 스크린 위에 올바르게 정렬되어 있는지 확인하라.
- 적합한 시기에 시각 교구를 보여주거나 제거하라. 일반적인 공식은 소개하고 보여주고 설명하는 것이다. 예를 들어 슬라이드를 소개하고 보여주고 나서 그것에 대해 설명하라.
- 가끔씩 시각 교구의 일부를 가리고 중요 부분만 보이게 하라. 플립 패드나 슬라이드에 한 줄만 남겨놓고 나머지는 가릴 수 있다. 그러고 나서 다음번에 또 한 줄만 보여줄 수 있다. 파워포인트 프레젠테이션 시 이것을 쉽게 할 수 있다. 정보를 점차적으로 노출하는 것은 광고주가 무엇을 보고 생각해야 할지를 통제할 수 있도록 해준다.
- 시작과 종료 시에는 밝은 조명을 사용하라. 비주얼을 자주 사용해서 청중이 발표자보다 비주얼에 관심을 갖지 않도록 해야 한다. 발표자가 청중을 이끌어야 한다. 비주얼 사용이 종료되면, 발표자가 청중을 이끌어야 한다.
- 프레젠테이션의 다른 부분을 돕기 위해 시각 도구를 사용하라. 앞에서 언급했듯이 슬라이드 틀이나 플립 차트 위에 짧은 메모나 힌트를 적어놓는다. 또는 당신의 손바닥에 원고의 키워드를 살짝 적어놓는다.
- 모든 것의 첫 부분이 제자리에 있고 올바른 순서대로 이루어지고 있는지 확인하라.
- 장비를 확인하라. 오디오를 사용할 경우 소리의 음량을 조절하라. 오버헤드 프로젝터의 경우 지문을 지워 선명하게 보이도록 하라. 그리고 오버헤드 프로젝터의 초점이 맞는지 확인하라.
- 여분을 준비하라. 프레젠테이션에는 최대한 많은 것을 가져온다. 비록 사용하지 않더라도 그래야 곤란한 지경에 처하지 않는다. 바인더나 여분의 플립차트 종이, 매직 마커, 펜, 드라이버, 좋은 스위스 군대 칼과 확장 코드 등을 챙긴다. 프레젠테이션 장소로 출발하기 전에 체크 목록을 확인하라. 그리고 차에 오르기 전 이들 항목을 꼼꼼히 체크한다.

발표자

프레젠테이션의 성공에 있어 또 다른 중요한 요소는 **발표자**다. 아무리 좋은 시각 자료를 준비해도 발표자가 잘못하면 아무 쓸모없게 된다. 성공적인 프레젠테이션을 하기 위해 다음에 언급한 조언을 참조하라.

- 리허설을 하라. 반드시 리허설을 하라. 팀으로 개인으로 리허설을 하라.
- 편리한 곳에 힌트를 적어 놓는다. 손바닥이나 프레젠테이션 장소 여기저기에 힌트를 써놓아라.
- 시선을 마주쳐라. 이것은 언어 이외의 의사소통에서 가장 중요한 사항 중 하나이다. 먼저 한 사람을 찾고 나서 3~5초 동안 눈을 마주치고 다음 사람으로 넘어가라. 그렇지 않으면 룸 전체를 지그재그 방향으로 시선을 마주쳐라. 만약 전미 학생광고 경연대회에 참가 중이라면, 심사위원들 바로 뒷자리에 친구들을 앉도록 만들어라. 이렇게 하면 광고주로부터 잠시 시선을 돌려야 할 때, 친구로부터 끄떡이는 모습과 웃는 얼굴을 통해 확신을 얻을 수 있다.
- 미소를 지어라. 미소를 지으면 광고주의 마음이 편해진다. 원고나 자신만 아는 장소에 미소 짓는 얼굴을 그려 넣고 이것을 수시로 떠올릴 수 있도록 하라.
- 프레젠테이션을 하기 전에 술을 마시지 마라(사람들은 편안해질 거라고 생각하는데 결코 그렇지 않다). 술을 마시면 오히려 힘들다. 기운을 낼 필요가 있다면 입이나 입술에 물을 축이거나 바세린을 바른다. 단 입술을 깨물지 마라.
- 파우더를 사용하라. 파우더는 몸을 건조한 상태로 유지시켜 준다. 땀 흘리는 모습을 남에게 보이지 마라.
- 광고주의 얼굴을 똑바로 쳐다보라. 이런 행동은 자신감과 진실함을 드러내 보여준다.
- 미리 몸짓을 연습하라. 프레젠테이션의 하이라이트 부분에서 강조하는 제스처를 취하라. 단 팔짱은 끼지 마라. 팔과 손은 옆구리에 반듯하게 붙이되, 적절한 때 강조하기 위해 손을 사용하라.
- 광고주와의 관계에서 거리와 움직임을 다양하게 하라. 한 장소에만 서 있지 마라. 여기저기 움직이되, 이런 행동이 자연스럽고 편안해 보여야 한다. 이때 키포인트는 광고주와의 거리를 좁히는 것이다. 너무 멀리 떨어져 있으면 경험이 부족하고, 확신이 없으며, 믿음이 가지 않는다. 광고주에게 다가서며 발표하는 것은 그들의 주의를 유지하고 관심을 불러일으켜 그들과 다이내믹한 관계를 형성하는 데 도움이 된다.
- 목소리 톤이나 높낮이 페이스를 조절하라. 키포인트를 강조하기 위해 말을 잠시 중단하라. 횡경막에서부터 소리를 끌어내어 목소리의 높낮이를 조절하라. 어떤 단어나 개념은 힘주어 말하라. 말하는 속도나 성량을 다양화하여 어떤 부분은 속도를 빠르게 하고, 어떤 부분은 속도를 느리게 하라.

- 몸을 뒤로 구부리지 말고 앞으로 구부리고 똑바로 서라. 몸을 약간 앞으로 구부림으로써 열정과 진지함을 보여준다. 또한 몸을 똑바로 세워 자신감과 확신에 찬 모습을 보여줄 필요가 있다.
- 프레젠테이션시 등장과 퇴장에서 팀과 조화를 이루어라. 이때가 가장 무질서해 보인다(물건을 설치하거나 치우기 때문이다). 그러나 가장 오래 기억되는 때이기도 하다. 사실 팀원들과 가능한 여러 면에서 조화를 이루어야 한다.
- 마음을 편히 하라. 무엇보다 이런 일이 재미있어야 한다. 앞에서도 말했듯이 당신은 누구보다도 발표할 주제에 대해 잘 알고 있다. 수개월 동안 발표를 준비해왔기에 눈 감고도 말할 수 있을 만큼 친숙하다. 광고주와 얼굴을 맞대며 이야기하는 것을 즐겨라. 당신이 빛나는 주인공이다.

전미 학생광고 경연대회(NSAC)

매년 약 200개의 학교가 미국광고협회(AAF)가 후원하는 전국 규모의 광고대회에 참여한다.

30여 년 동안 AAF의 전미 학생광고 경연대회(NSAC)는 실제 환경에서 광고를 공부하는 학생들의 문제를 푸는 창의적인 능력과 통찰력, 지식을 테스트하는 장이 되고 있다. 모든 대학생 광고대회 중 가장 명성 있고, 어렵고, 포괄적 대회인 NSAC는 매년 다양한 기업 후원자를 가진다는 점이 가장 큰 특징이다. 경쟁팀은 광고주가 제시한 사례를 해결한다. 각 팀은 광고의 모든 측면과 통합 마케팅 커뮤니케이션 기획을 포함하는 32페이지 분량의 기획서를 작성하고, 20분에 걸쳐 프레젠테이션을 한다.

15개의 AAF 지역대회 우승자와 1개의 가상지역 우승자는 명예의 전국대회 1등을 위하여 경쟁한다. 기획서와 프레젠테이션을 평가할 평가위원단에는 광고회사와 매체사뿐만 아니라 후원하는 회사의 사람들이 포함된다. 이들은 프레젠테이션의 수준에 깜짝 놀라고, 깊은 인상을 받고 있으며, 학생의 발표는 유수 광고회사의 프레젠테이션과 질적으로 큰 차이가 없다는 점에 감동한다. 더욱이 AAF 후원 광고주는 실제로 이들 학생의 아이디어를 사용하고, 심지어 그 팀을 고용하기도 한다.

린다 매독스

조지워싱턴대학교의 린다 매독스(Lynda Madox) 교수는 AAF에서 성공적인 프레젠테이션을 하기 위해 무엇이 필요한지 그녀의 생각을 말해 달라는 요청을 받았다.

매독스 교수는 학생으로서, 자문위원으로서 지난 30년 동안 전미 학생광고 경연대회에 참여해왔다. 1998년 그녀의 학교는 지역대회와 전국대회에서 우승했다. 그녀의 팀은 지역 대회에서 2006, 2008, 2009, 2010 우승을 차지했다. 경쟁의 핵심 요소는 성공적인 프레젠테이션이었다. 이와 관련한 그녀의 조언은 다음과 같다.

다음 조언들은 위에서 언급한 것과 유사하지만, 전국적인 대회에서 성공적인 프레젠테이션을 하는 것과 관련이 깊다.

시작

- 프레젠테이션에 대하여 일찍 생각하라. 정보를 수집하는 시간만큼이나 많은 시간을 프레젠테이션을 준비하는 데 투자해야 한다. 많은 팀들은 기획서를 다 작성하고 나서야 프레젠테이션에 대한 생각을 시작한다. 그러나 그때는 너무 늦다. 프레젠테이션 점수 기준을 보라. 그러면 다양한 측면의 상대적인 중요성을 알게 될 것이다. 평가자는 이 기준을 사용하여 당신을 평가한다는 것을 기억하라.
- 프레젠테이션에 포함시킬 사진을 찍어라. 캠페인의 각 단계를 녹화하라. 예를 들어 조사를 실시하고 있는 팀 멤버 중 한 명이나 집단심층면접의 사진을 찍는다. 이 사진은 프레젠테이션에 대한 흥미를 더해 줄 것이다.
- 유머러스한 사진을 포함시켜라. 1년 동안 조지워싱턴대학교 팀은 조사를 실시하기 위해 다른 도시로 여행을 갔다. 가는 길에 속도위반 딱지를 받았다. 펜실베이니아 주 경찰서에서 포즈를 취하고 있는 팀원의 사진은 평가자들의 웃음을 자아냈고, 이 팀이 얼마나 열심히 준비했는지를 보여주었다. 또한 이런 사진은 팀의 결속력을 높이고 모든 것이 끝난 후에는 소중한 기억으로 남을 것이다.
- 프레젠테이션을 시작하기 전에 자문하라. '프레젠테이션이 끝난 후 평가자들이 기억해야 할 한 가지가 있다면 그것이 무엇이라고 생각하는가?' 이 한 가지 사항은 팀 전체가 동의하는 것이어야 한다. 왜냐하면 이것은 프레젠테이션의 주제, 즉 초점이기 때문이다. 이는 많은 양의 정보를 체계화하는 데도 도움이 된다.
- 사례와 기획서를 여러 번 읽고 무엇을 전달할 것인지 확실히 숙지하라. 목표를 정하고

이를 중심으로 프레젠테이션을 기획하라. '내가 20분만에 무엇을 말할 수 있을까?' 라고 생각하지 말고 '내가 무슨 말을 해야 할 것인가?'를 생각하라. 일단 표현하고 싶은 내용을 전부 모으고 나서 후에 그 내용을 편집할 수 있다.

발표자 선정

- 학기 내내 중간 프레젠테이션 스케줄을 짜고 각각의 멤버가 프레젠테이션을 연습할 수 있도록 하라. 간혹 자신을 훌륭한 발표자라고 생각지 않은 사람이 프레젠테이션을 끝내고 나서 평가할 때 교수나 동료들로부터 좋은 평가를 받아 스타가 되기도 한다.
- 발표자를 선택할 절차를 개발하라. 초기 단계에서 기준을 정하여 학급의 각 학생이 발표자로서 선택되기에 필요한 기술을 개발할 기회를 갖도록 한다. 이는 학습을 향상시키고 공정성을 유지시킨다. 발표자 선택 기준은 자칫 인기투표로 전략할 가능성을 줄여준다.
- 어떤 팀은 공식적 오디션을 보는데, 이는 확실히 효과가 있다. 조지워싱턴대학교에서 각각의 팀원은 한 학기 전체에 걸쳐 최소 세 번의 오디션을 받는다. 왜냐하면 그 학생들은 프레젠테이션에 참여하기 때문이다.
- 캠페인 과정에 친숙하게 참여하고 훌륭한 프레젠테이션 기술을 보인 사람을 선택하는 것이 최상이다. 자료에 대한 정서적인 애착이 없는 능숙한 발표자는 설득력이 떨어질 수 있다. 또한 발표자는 가장 중요한 질문과 답변 시간에 잘 응대할 수 있어야 한다.
- 각 학생에게 광고 전문가를 만나고 배울 기회를 주기 위해 조지워싱턴대학교 팀은 최대 5명이 발표하도록 한다. 평가자는 이런 발표 형식을 잘 받아들이는 편이지만, 이런 방법은 조심스럽게 접근해야 한다.
- 각각의 팀원은 코치를 가진다. 코치의 임무는 발표자를 격려하고 지원하며 그들과 일대일로 일하는 것이다. 필요하다면 코치는 완전히 개입할 준비가 되어 있고, 발표자가 되기도 한다.

프레젠테이션 기교 다듬기

- 평가자가 누구인지 알고 프레젠테이션 원고를 쓰기 시작할 때 목표를 기억하라. 평가자에 대하여 미리 가능한 많은 정보를 알아내라. 이것은 당신을 편안하게 느끼도록

해주고 프레젠테이션할 때 친밀감을 줄 수 있다.

- 당신의 아이디어가 프레젠테이션의 주인공이 되게 하라. 평가자는 회사가 준 정보를 반복해서 듣기를 원하지 않는다. 그들은 당신처럼 편견 없는 사람을 통해 신선하고 창의적인 통찰력을 듣길 원한다.
- 프레젠테이션할 때 신선하게 시작하라. 기획서의 단순한 포맷에 따르지 마라. 당신의 아이디어를 프레젠테이션의 초점으로 만들 때 그 근거로 사례뿐만 아니라 1차 조사 자료와 2차 조사 자료를 사용하라.
- 크리에이티브가 프레젠테이션에서 가장 중요한 부분이다. 크리에이티브 아이디어를 중심으로 프레젠테이션을 구성하라. 전략적 사고를 보여주어라.
- "이 광고가 왜 효과적인가"라는 질문에 대답하라. 당신의 창의성을 믿고 있다는 사실을 증명하고, 평가자에게 이를 뒷받침해줄 수 있는 조사 결과를 말하라. 그리고 자신의 연구를 자랑스러워하고 있음을 보여주어라.
- 스크린이나 스토리보드 위에 광고를 보여주어라. 슬라이드 위에 촉진 아이디어를 보여주어라. 평가자가 크리에이티브를 보고 교감할수록 오래 기억하게 된다.
- 말하기와 글쓰기가 다르다는 사실을 기억하라. 20분이라는 엄격한 시간 제약이 있기 때문에 즉흥적으로 말하는 것은 위험하다. 프레젠테이션 내용을 글로 쓰고 외워라. 하지만 평가자와 일대일로 말하는 것처럼 보여야 한다.
- 프레젠테이션을 원고로 작성하고 편집하고 다시 써서 짧고 요약된 대화체로 만들어라.
- 프레젠테이션에서 깜짝 놀랄 요소가 있어야 깊은 인상을 남길 수 있다는 사실을 기억하라. 다시 말해 색다른 시각 교구를 사용하거나, 독특한 슬라이드나 프레젠테이션 스타일을 이용하라. 단상 뒤에 가만히 서 있거나 로봇처럼 딱딱하게 발표하지 마라.
- 평가자가 당신의 프레젠테이션을 이해하기 쉽도록 만들라. 아젠다(agenda)를 제시하고 그것을 따라 가라. 프레젠테이션 내내 당신이 아젠다의 어느 위치에 있는지를 가끔씩 평가자에게 알려주어라.
- 슬라이드는 흥미롭고 창의적이어야 한다. 텍스트, 사진, 그래프, 차트, 다른 비주얼 요소들의 위치에 주의를 기울여라. 생동감 있게 발표하되 깜깜한 상태에서 발표하는 것은 피하라. 심사위원들은 비주얼뿐만 아니라 당신도 보고 싶어 하기 때문이다.
- 관점을 갖고 이것을 유지하라. 캠페인 주제는 프레젠테이션의 모든 부분과 연결되어야 한다.

- 각 프레젠테이션의 소개와 마무리에서 강한 인상을 심어주어야 한다. 당신이 발표하는 것이 왜 중요한지 평가자에게 말하라. 마지막에는 발표한 내용을 요약하고 이 발표가 임무의 목표를 어느 정도 성취할 수 있는지를 말하라.
- 연습, 연습, 또 연습하라. 친구나 동료, 교수진 앞에서 연습하라. 그들이 심하게 비평하더라도 건설적으로 받아들여라. 발표할 때 표정을 잘 살펴보라. 이 시점에서 그들의 반응을 통해 훌륭한 프레젠테이션을 할 수 있을 것이다.
- 대화하듯 자연스럽게 들릴 때까지 연습하라. 참고할 메모지가 필요 없을 정도로 연습하라. 손짓이나 억양, 타이밍까지 연습하라. 발표하기 전까지 실제와 똑같이 세 번 이상 발표를 연습하라.

프레젠테이션 실시

- 무엇보다 중요한 것은 평가위원들을 바라보고 이야기해야 한다는 것이다. 청중들이 앉아있는 무대에 서면, 그들을 향하여 이야기를 해야 할 것 같은 유혹을 받을 지도 모른다. 이러한 유혹은 과감히 물리쳐라. 당신의 발표에 가장 중요한 사람은 바로 평가위원들이며, 당연히 그들을 대상으로 이야기해야 한다.
- 평가자와 친밀감을 형성하라. 구어체로 그들에게 말하라. 손을 흔들어 주고 시선을 마주치며 말하라. 강단 뒤에서 나와 무대 아래로 내려가라. 그들에게 다가가라. 당신의 연구를 그들에게 보여주어라. 그들에게 미소를 지어 보여라. 이름을 말하라. 이름표를 달아라. 개별적으로 이야기하듯이 말하라.
- 프레젠테이션의 핵심 내용을 평가자가 기억하도록 하라. 평가자가 기억하기를 원하는 내용을 다시 생각해보라. 당신이 말한 것을 평가자에게 기억시키기 위해 중요한 포인트를 최소 4번 이상 그들에게 말하거나 보여주어야 한다는 것을 명심하라. 포인트를 말하고, 또 다른 방식으로 말하고, 그것을 보여주고, 다시 한 번 반복하라. 평가자는 지루해하지 않을 것이다. 포인트를 잘 설명해야 한다.
- 프레젠테이션을 위해 임의로 선택한 순서에 대해 너무 걱정하지 마라. 당신은 이에 대해 아무것도 할 수 없다. 당신의 이익을 위해 특정 순서나 시간에 프레젠테이션을 하려고 한다면, 평가자는 공평성에 대한 문제를 제기할 수 있으므로 이는 오히려 역효과를 가져올 수 있다. 당신이 첫 번째로, 또는 점심식사 직후에 발표를 해야 한다면 평가자들에게 1~2분 정도 워밍업할 시간을 주어라. 그들에게 인사하는 데 특별한 주의를 기울이고, 발표 포맷에 따라 시작하라. 마지막에 발표를 한다면 앞

에서 많은 팀들이 사례 정보를 이야기했을 것이므로 발표할 필요가 없다.

- 당신이 한 팀이고 함께 일하는 것을 즐긴다는 사실을 평가자에게 보여주어라. 이렇게 보이도록 억지로 꾸민다는 것은 쉽지 않은 일이다. 그러므로 팀 정신을 개발하고 프로젝트 내내 열심히 일하라. 한 연구에 따르면 광고회사를 선택하는 첫 번째 기준은 그 팀과 진정으로 함께 일하고 싶다는 마음이 들 때라고 한다.
- 평가자에게 당신이 함께 일하고 함께 생각한다는 것을 보여주어라. 프레젠테이션 내내 구어체로 말하라. 팀 멤버가 말할 때 핵심 아이디어를 지지하기 위해 긍정적으로 고개를 끄덕여라. 초조해하거나 지루해하지 마라. 팀 멤버의 개성이 빛나도록 하라.
- 프레젠테이션이 끝날 무렵 평가자에게 이 캠페인이 왜 효과적이고, 왜 자신이 함께 일하기에 가장 좋은 상대인지를 말하라.
- 평가자에게 질문하도록 자신감을 갖고 요청하라.

질문과 답변에 대한 대응

- 당신이 프레젠테이션을 훌륭하게 마쳤다면 평가자는 많은 질문을 할 것이다. 질문을 환영하라. 학생들은 종종 평가자가 그들을 넘어뜨리기 위해 질문한다고 생각해서 방어적으로 반응한다. 그러나 그런 경우는 찾아보기 힘들다.
- 평가자는 당신의 생각을 더 알고 싶고, 이 아이디어에 얼마나 전념했는지 보기를 원한다. 평가자는 옳고 그른 답을 찾는 것이 아니다. 이것을 평가자와 친해질 수 있는 기회로 활용하고 당신이 팀원으로 얼마나 열심히 일했는지 보여줄 기회로 삼아라.
- 팀 멤버들과 다른 사람들에게 질문하도록 요청함으로써 미리 Q&A 시간을 준비하라. 프레젠테이션을 준비한 것과 똑같이 질문에 답변하는 것도 충분하게 리허설하라.
- 본 프레젠테이션에서 주요 논쟁점을 미리 다루라. Q&A에서 받은 주요 질문에 대해서만 당신이 대답할 것이라고 가정하지 마라.
- Q&A 시간은 평가자와 함께 '소매를 걷어붙이고 함께 일할' 좋은 기회이다. 평가자는 종종 당신에게 가까이 오라고 하거나 앉도록 요구할 수도 있다. 당신은 Q&A 초반에 그렇게 하기를 원할지도 모른다. 홀마크(Hallmark)사를 위한 광고대회에서 텍사스대학교는 평가자의 탁자에 의자를 가까이 놓고 눈을 마주 보았다고 해서 높은 점수를 받았다.
- 명확하고 간결하게 질문에 답하라. 질문에 너무 길게 대답하지 마라. 평가자는 Q&A

시간이 10분이므로 당신이 간략하게 대답하고, 다음 질문으로 넘어갈 수 있기를 바란다.

결론

- 훌륭한 프레젠테이션은 우연하게 이루어지는 일이 아니다. 이는 치밀하게 기획되고 조화롭게 실행되는 공연으로, 프레젠테이션 내용을 광고주가 기억하고 믿을 것인지 믿지 않을 것인지에 큰 영향을 준다.

토머스 그로스

웨스트 플로리다 대학교 토마스 그로스(Thomas Groth) 교수는 학생들을 지도하여 11번의 지역 우승과 기록적인 4번의 전국대회 우승, 그리고 각각 한 번씩 2위와 3위를 차지했다. 그는 아이오와 주립대학교와 웨스트플로리다 대학교에서 학생들을 지도했다. 그의 의견은 다음과 같다.

전미 학생 광고경연대회에 관한 20가지 아이디어

여기에 제시한 것들 중 처음 나온 아이디어는 없다. 모든 것은 오랜 기간에 걸쳐 입증된 것이다. 이들 아이디어는 내가 수년 동안 지도해 온 팀에게 많은 도움이 되었다. 그러므로 이 제안을 즐겨라.

1. 대답은 질문 속에 있다.

많은 광고회사들은 '질문'에 제대로 대답한다. 문제는 질문을 잘못 이해한다는 것이다. 예를 들어 "쇠퇴해 가는 브랜드 이미지를 새롭게 하기 위해 어떻게 해야 하나요"라는 질문을 받을 경우, 이 질문을 수정해 "잠재 고객을 웹 사이트에 끌어들이기 위해 어떻게 해야 하는가"라고 바꾼 후 이에 대해 답한다.

- 추론 A: 먼저 광고주의 문제점을 이해하라.

광고주는 광고회사가 문제에 대해 무언가를 하기 원하며, 종종 당신이 이 문제를 풀기를 원한다. 당신은 그 광고주가 무엇을 기대하는지 이해할 필요가 있다.

제안: 오버헤드에 전체 사례를 올려놓은 후, 모든 단어와 차트를 문자 그대로 읽어 내

려가라. 이에 대해 탐구하고 조사하고 사고하라. 광고주는 당신에게 무엇을 요청하고 있는가? 종종 명백하게 보이는 답이 틀린 답이 될 수 있다.

- 추론 B: 그러고 나서 광고주의 문제를 재정의하라.

캠페인이 광고주를 위해 무엇을 할 수 있는지 확실하게 말하라. 결론 부분에서는 문제점으로 다시 돌아가서 이 문제를 어떻게 해결할 것인지 말하라.

2. 적당히 좋은 것으로는 충분하지 않다.

목표는 광고주를 깜짝 놀라게 하는 것이어야 한다. 내 목표는 학생들이 스스로 놀라도록 하는 것이다.

3. 전미 학생 광고경연대회는 단순한 경연장이 아니다.

목표는 단지 대회에서 이기는 것이 아니라 가장 놀랍고 강력한 광고캠페인을 만들어내는 것이다. 우승은 목표가 아니라 결과이다.

4. 브랜드가 전부이다.

모든 과제는 브랜드를 위한 과제이다.

당신만의 브랜드 특징을 만들어라. 브랜드의 개성을 살려라.

- 추론: 브랜드도 사람과 같다.

사람들이 친구를 선택하듯 마찬가지로 브랜드도 선택한다. 마치 당신의 브랜드가 사람인 것처럼 브랜드에 개성을 불어넣어 주어라. 그러면 이 개성은 모든 실행에 있어 효과를 줄 것이다. 또한 매체를 선택할 때에도 영향을 준다.

5. 창의성이 제일 중요하다.

캠페인의 모든 측면, 즉 매체, 직접 마케팅, 촉진, PR, 조사 등에서 핵심은 창의성이다.

아이디어의 질은 이 게임의 또 다른 명칭이다. 새로운 해답은 조사나 인터넷에 있는 것이 아니라 학생들 속에 있다.

웨스트플로리다 광고 프로그램의 슬로건은 "번득이는 아이디어—훌륭한 실행"이다.

6. 즐거운 일이다.

즐겨라. 사람들은 유머 감각을 가진 사람과 일하는 것을 좋아한다. 광고주 역시 자신이 좋아하는 사람과 일하기를 원한다. 이때 유머 감각은 이익이 된다.

7. 이것은 팀 스포츠이다.

아마추어는 승리하지 못한다.

어떤 유형의 학생들이 전미 학생 광고경연대회에서 우승하는가? DDB 니덤은 수년 전 인턴을 평가하는 체크 표를 만들었다. 이 목록에 있는 자질들은 매우 중요한 특징이며, 확실히 효과가 있다.

8. 핵심 포인트가 무엇인가?

많은 팀들은 경쟁에 대해서는 잘 알고 있지만, 핵심 포인트가 무엇인지는 거의 모른다. 크게 세 가지를 지적할 수 있는데, 각각은 다양한 마케팅 접근을 필요로 한다.

1. 현재의 사용자를 설득해 더 많이 사용하고 소비하게 하라.
2. 경쟁사의 소비자를 빼앗아라.
3. 사용하지 않는 사람을 설득하여 당신의 브랜드를 사용하게 하라.

9. 핵심을 기억하라.

항상 새로운 것을 찾아내라. 이는 지금껏 아무도 들어보지 못한 새로운 브랜드를 만들어내는 것일 수도 있고, 뜻밖의 문화적 변동으로 인해 생긴 브랜드처럼 복잡할 수도 있다.

10. 광고는 쉽다.

광고는 사람과 물건을 연결시켜 준다. 존 케이플스(John Caples)는 "훌륭한 광고는 적절한 고객에게 믿을 만한 약속을 하는 것이다"라고 말했다. 이 말은 이해하기 쉽지만 동시에 너무 쉽게 잊혀진다.

11. 유유상종이다.

같은 종류의 새들은 함께 모일 뿐 아니라 유사한 매체를 좋아하고, 물건을 구매하는 동기도 비슷하고, 관심거리 역시 비슷하다.

단지 전통적인 세분화 집단(예를 들어 3만 5천 달러를 벌어들이는 18~34세 남성)을 목표로 삼기보다는 잠재 고객을 좀 더 지능적으로 분류하라. 예를 들어 라이프 스테이지(life stage: 신혼 부부, 첫 직장, 홀로 사는 중년 등)로 나누어라.

12. 경쟁을 고려해 시장을 세분화하라.

지각도(perceptual map)를 사용하라. 그러면 경쟁 브랜드와 비교하여 당신의 브랜드가 소비자의 마음속에서 어떤 위치에 자리 잡고 있는지를 쉽게 알 수 있다. 더욱이 브랜드가 어느 위치에 있는지, 또 어디로 갈 것인지를 쉽게 알려준다.

예: 어떤 영역에서 경쟁이 치열하다면, 덜 붐비는 영역으로 이동해 당신의 브랜드를 차별화하는 것이 성공을 가져다줄 수 있다.

13. 위험을 무릅쓰라.

당신의 광고나 프레젠테이션으로 지식을 겸비한 담대함을 입증해야 한다. 지루함의 벽을 깨뜨려라. 한번 시도해보고, 무조건 안전한 곳에만 머물러 있지 마라. **경고:** 위험을 무릅쓰는 것은 말 그대로 위험하다. 보수적인 광고주는 당신의 새로운 방법에 눈살을 찌푸리겠지만, 현명한 광고주는 당신의 노력을 환영할 것이다. 더욱이 독창성은 당신의 회사를 광고주의 기억 속에 오래 자리 잡을 수 있도록 해줄 것이다.

위험을 무릅쓰지 않는 것이 사실 더 위험한 것이다.

14. 매체는 메시지이다.

광고가 어디에서 집행될 것인지는 매우 중요하다. 분명한 매체를 선택하라. 유효성이 증명된 방식에 의존할 수 있지만 자신에게 이렇게 물어보라. "만일 다른 방법을 사용한다면…"

《비즈니스 저널》에 시리얼 광고를 한다면 어떻게 될까? 광고가 뜻밖의 장소에서 집행될 경우 더 나은 CPM을 얻음으로써 그 적합성과 영향력이 증가한다. 또한 이 경우에는 경쟁사가 귀찮게 해서 흥을 깨뜨릴 가능성도 없다.

15. 간결하게 하라.

30페이지, 20분과 복잡성은 서로 어울리지 않는다. 광고주는 빨리 '이해'해야 한다. 의심스러우면 버려라. 핵심 기획에 도움이 되지 않는 것은 전부 제거하라.

그렇다고 당신의 아이디어나 프레젠테이션을 아주 단순하게 하라는 말은 아니다. 단지 간결하게 하라는 말이다.

16. 효과적인 전략을 사용하라.

최상의 방법은 절대 없다. 다만 우리가 사용한 몇 가지 방식은 다음과 같다.

1. 라이프 스테이지 마케팅(life stage marketing)
2. 부가가치적 전술
3. 관계 마케팅
4. 연합 마케팅
5. 변형 광고
6. 패러다임 변화
7. 일생 동안의 소비자 가치
8. 개인적인 미디어 네트워크
9. '래더링(브랜드 특성 → 소비자 편익 → 소비자 가치)'

17. 단계별 연간 광고 기획을 세워라.

이 아웃라인은 광고 기획이 단순하게 구성되도록 도와준다.

이것은 광고와 촉진, 매체 등 통합 마케팅 요소를 연결시키기 위해 사용될 수도 있다.

단계 → 목표 수용자 → 목표 → 타이밍 → 전략 → 목표 반응

18. 고객의 '핵심'을 이해하라.

목표 수용자에게 정말 중요한 것이 무엇인지 알아내고, 이 중요한 문제를 브랜드와 연결시켜라. 그러면 홈런을 칠 확률이 높아진다.

모든 자료를 활용하고 자신의 공감을 최대한 불러 모아 '소비자 옆에서' 이야기하듯 개인적인 독백을 전달하기 위한 글을 쓰라. 그리고 모든 사람이 소비자와 관련 있는 것처럼 이 독백을 공연해보라.

19. 프레젠테이션

- 단순히 즐기지만 마라. 정보를 주면서 즐겨라.
- 열정은 다른 결점을 덮어준다. "이것을 너무 보여주고 싶었다"는 느낌을 전하듯 당신의 결과물을 발표하라.
- 전문적이 되라. 그러나 광고주가 당신을 학생이 아니라고 생각할 정도로 전문적이어서는 안 된다.
- 현실적이 되라.
- 승리하되 우아하게 승리하라.
- 패배하되 우아하게 패배하라.

광고 비즈니스는 작다. 기억은 오래 간다.

20. 기획서

평가자를 독자가 아닌 관객으로 간주하라. 따라서 다음 사항을 고려하라.

- 의미가 빛을 발하도록 기획서를 디자인하라.
- 이 기획서를 소화하기 쉬울 정도의 단위로 나누어라.
- 의미가 통합되도록 기획서를 쓰고 디자인하라.
- 기획서는 보거나 읽기에 쉽고 재미있게 만들어라.
- 각 절에 대해 요약하라. 이 요약은 '서문'이나 '복습'과 같은 역할을 한다.
- 자세하게 쓰고 나서 나중에 편집하라.
- 현실적이고 논리적인 헤드라인을 사용하라.
- 광고 기획서는 제품 판매에 모든 것을 걸어야 한다.
- 기획서를 끝내고 나서 모든 사람이 이 기획서의 각 부분뿐만 아니라 전체 캠페인을 충분히 이해하고 있는지를 테스트해보라.

마지막 당부의 말

광고를 공부하는 많은 학생들에게 캠페인 수업에서 프레젠테이션은 학창 시절의 마지막 과제 중 하나일 것이다. 또한 여태껏 경험한 것 중 가장 현실적인 것 중 하나일 것이다. 데이비드 오길비(David Ogilvy)는 "오늘날 현대 비즈니스 세계에서는 아무리 창의적이고 독창적인 사고를 하는 사람이더라도 자신의 생각을 팔 수 없으면 아무런 소용이 없다"라고 말하였다. 그렇게 해나가기를 기대한다. 잘 해결해나가라. 그리고 마음껏 즐겨라.

미주와 참고문헌

1. This chapter has been developed and written in part by Dr. Lynda M. Maddox, a professor of marketing and advertising at The George Washington University.
2. Some material in this section is based on Joyce Kupsh and Pat R. Graves, *High Impact Business Presentations* (Lincolnwood, IL: NTC Books, 1994), pp. 27–48.
3. T. Duncan and S. Moriarty, *How to Create and Deliver Winning Advertising Presentations* (Lincolnwood, IL: NTC Business Books, 1989), pp. 62–72.

찾아보기

가

가격 30, 32, 202

가격 설정 152

가상 게임법 150

가치 115, 116

감성 232

감정 234

개발적 연구 357

거래지향적 광고 202

거래 촉진 299

게릴라 마케팅 289

경연과 경품 298

경쟁(자) 분석 153, 401

경쟁적 포지셔닝 218

경향 분석 74

경험 마케팅 291

계절성 315

고관여 232

고전적 어카운트 플래닝 151

공감접근법 238

공통적 효과 184, 312

과장된 목표 184

과장법 266

관계 마케팅 206, 207

광고 178

광고 기획서 387

광고비 201

광고캠페인 52

광고캠페인 전략 29

교리 267

교통 매체 304

구매 관심 조사 148

구매력 지수(BPI) 133

구매 인센티브 299

구매 후 조사법 124

구전 커뮤니케이션 302

구체성 186

궁금증 199

글로벌 시장 89

기능적 결과 115

기업 분석 73, 393

기회 403

기회 요인 165

기회 포착 72

기회 포착 방법 72

기획서 70

나

내부적 시각 70

노출 316

다

단속형 매체 스케줄 341

단어 연상법 149, 260

딘위 부시 연계 182

단위 부서 지향 182

대인 판매 296

도달률 310, 317

동시 조사 373

동영상 광고 305

디렉터리 304

라

라이프스타일 267, 330

라이프스타일 마케팅 290

래더링 113

레즈비언/게이/양성애자/
성전환자 시장 103

리브-비하인드 질문법 124

리커트 척도 148

마

마케팅 PR 300

마케팅 목표 177

마케팅 전략 194

마케팅 커뮤니케이션
기획안 28

마케팅 컨셉 39, 65

매력 198

매복 마케팅 293

매입률 315

매체 달력 420

매체 목표 416

매체 전략 416

매체 전술 315

매체 중심 275

메시지 중심의 접근법 276

목적 176

목적의 단순성 185

목표 수용자 171

목표 시장 171, 327

목표 시장 결정 201

묘사 연구 122

문장 완성법 149

문제 규명 72

문화 마케팅 292

미디어/IMC 플로우차트 349

미설정 상황 183

바

박람회 300

발화장치법 260

밤 문화 마케팅 292

버즈 마케팅 290

보너스 팩 299

보조 매체 418

분류 평가 척도 156

분산식 믹스 337

브랜도 충성도 200

브랜드 개발 지수(BDI) 133

브랜드 개성 144

브랜드 고집 206

브랜드 구축 142, 202

브랜드 기획자 63

브랜드 선호 199, 206

브랜드 수용 206

브랜드 에센스 142, 220

브랜드와 소비자와의
접점 지도 277

브랜드 이미지 전략 236

브랜드 인식 205

브랜드 자산 162, 201, 202

브랜드 자산 보호 215

브랜드 접촉 진단 72

브랜드 진단 72

브랜드 충성도 107, 205

브랜디드 엔터테인먼트 294

브랜디드 콘텐츠 295

비상 기획 347

비상 예산(예비비) 348

비용의 효율성 187

빈도 310, 317

사

사전 조사 365

사전 프레젠테이션 432

사후 조사 377

산출 지향 183

상관 연구 123

상황 분석 65, 69, 393

샘플 297

선점적 주장 235

설득 측정 370

설문 조사 123

성과 공제 299
세분 시장 173
세분화된 브랜딩 219
소비자 분석 79, 397
소비자 촉진 297
소비자 통찰 266
소셜 미디어 287
속성 203
쇼핑객 마케팅 293
쇼핑몰 면접 123
쇼핑센터 조사 375
수단-목적 이론 114
수단적 가치 116
순위 서열 척도 156
SWOT 분석 72, 403
스캐너 데이터 375
스테이플 척도 147
스토리텔링 150
시각적 비유/은유 264
시장 131
시장 분석 131, 399
시청률 324
실행상의 진단 조사 366
실험 연구 123
심리적 결과 115
심층면접법 120

아

아시아계 미국인 시장 100
아프리카계 미국인 시장 94
약속 200
양적 매체 목표 316
언어유희 264
에스노그래피 118
역설적 의도 263
역할 연기법 150
연속성 315
연속형 매체 스케줄 341
예산 420
외부적 시각 70
우편번호 마케팅 136
우편 설문 124
웨이브 375
유통 30, 33, 153
의미 분별 척도 147
의인화 145
이단 267
이메일 설문 124
이메일 인터뷰 375
이미지 267
이야기 완성법 149
이익 203
이해 198
익스피리언 시몬스 133
인과 비교 연구 123
인지 198
인플루언서 마케팅 288
일기장법 375
일대일 면접 120
일치 조사 376

자

자기기입식 설문법 124
장면 분류 기법 367
재개발 200
재미 200
저관여 232
전략적 기반 200
전략적 · 전술적 핵심 요점 113
전단 광고 305
전미 학생광고 경연대회 (NSAC) 466
전자 광고 305
전화 면접 123, 375
점포 내 매체 304
접점 기획 276
정량 조사 122
정서적 소구 전략 238
정성 조사 113

제품 30
제품 간 비교 척도 156
제품 결산 375
제품군 133
제품군별 개발 지수(CDI) 133
제품 분석 400
제품 조사 146
제품 퍼블리시티 301
제품 포지셔닝 237
조사 개요 64
조사-재조사 방법 152
지각도 154, 475
지출액 223
지향적 운용 28
직접 반응 마케팅 303
진단 조사 366
질적 매체 목표 316
집단 심층 면접법 121
집단화 262
집중식 믹스 336
집중화된 시장 173

차

차별화 시장 172
책임 355
촉진 30, 34, 153, 297
최적 355
추적 조사 374
측정 가능성 185
친밀함 199

카

캠페인 315
캠페인 컨셉 51, 412
캠페인 프로세스 28
커뮤니케이션 목표 178
커뮤니케이션 재현 368
커뮤니케이션 전략 194, 195
커뮤니케이션 컨셉 45
컨셉 조사 363
콘텐츠 마케팅 295
쿠폰 297
크리에이티브 구애 265
크리에이티브 브리프 65, 229, 412
크리에이티브 컨셉 239

타

타깃시청률(TRP) 323, 324
탬플릿 391
텔레마케팅 305
텔레비전 광고 조사 371
통합 마케팅 커뮤니케이션 48
투사법 122
트랜스미디어 스토리텔링 273
특수 시장 89
틈새 마케팅 40
틈새 시장 173

파

파동형 매체 스케줄 341
파워 브랜드 142
판매 전시회 300
판매 주안점 200, 202
판매 촉진 297
팬트리 체크 375
편익 115
편익 세분화 115
평가적 연구 357
포괄적 전략 235
포스트모던 광고 36
포지셔닝 201
프레임별 진단법 367
프레젠테이션 기획 440
프레젠테이션 리허설 461
프레젠테이션 실시 463
프로세스 26
프리미엄 298
프리즘 136

프린트된 특수품 305
플라이팅 320
플랫포머빌러티 273

하

학습 234
할인 촉진 전략 299
해결책으로써의 문제 263
핸드-딜리버드 조사법 124
행동 234
현금 보상과 환불 298
현실적 목표 184
호감도 척도 148
홍보 300
회상 210
효과 355
효과적 도달률 318
효과적 빈도 317
효율 355
후원 302
흥미 또는 필요/욕구 유발 199
히스패닉 시장 97

A

Account Planning Classic 151
affective strategy 238
ambush marketing 293
anthropomorphism 145
attraction 198
attributes 203
audience 131
awareness 198

B

benefits 203
bonus packs 299
BPI(buying-power index) 133
brand audit 72
branded entertainment 294
brand image strategy 236
brand loyalty 200
brand personality 144
brand planner 63
brand preference 199
budget 420
buzz marketing 290

C

campaign concept 412
cause-comparative research 123
clustering 262
common effectiveness 312
comprehension 198
consumer insight 266
content marketing 295
contingency planning 347
continuous media schedule 341
correlational research 123
coupon 297
CPM(cost per thousand) 343
CPMP(cost per thousand prospects) 343, 344
CPP(cost per point) 343, 345
creative brief 65, 229, 412
creative courting 265
cultural marketing 292

D

descriptive research 122
direct response marketing 303
dogma 267
doing 234

E

engagement 200
establishing interest or need/want 199
exaggeration 266
excitement 200
experiential marketing 291

experimental research 123

F

FCB Grid 232
feeling 234
flighting 320
flighting media schedule 341
focus groups interview 121

G

generic strategy 235
GeoVALS 140
GfK MRI 133
GI(Gross Impressions) 323
GRP(Gross Rating Points) 323, 324
guerilla marketing 289

H

hand-delivered questionnaire 124
heresy 267
hyperbole 266

I

image 267
in-depth interview 120
influencer marketing 288
intimacy 199

L

laddering 113
learning 234
leave-behind questionnaire 124
lifestyle 267
lifestyle marketing 290
likeability scales 148
likert scales 148

M

means-ends theory 114
media calender 420
media strategy 416

N

nightlife marketing 292

O

one-on-ones interview 120

P

paradoxical intention 263
perceptual map 475
perceptual mapping 154
performance allowance 299
personal selling 296
platformability 273
positioning 201
PPL(product placement) 294
preemptive claim 235
pretend games 150
price 202
problem as solution 263
process 26
product positioning 237
projective tests 122
promotions 297
public relations 300
pulsed media schedule 341
pun 264
purchase incentive 299
purchase interest 148

R

rating point 324
recency buying 315
reinvention 200
resonance approach 238
role playing 150

S

sales meeting 300

sales promotions 297

sample 297

semantic differential 147

sentence completion 149

shopper marketing 293

social media 287

sparking 260

sponsorships 302

stapel scales 147

story completion 149

storytelling 150

stretch objecive 184

T

targeting decision 201

template 391

test-retest 152

transaction-oriented advertising 202

transmedia storytelling 273

TRP(Targeted Rating Points) 324

U

uncertainty 199

USP(unique selling proposition) 235

V

visual analogy/metaphor 264

W

wave 375

word association 149

word associations 260

word-of-mouth communication 302

• • 옮긴이 소개 • •

조병량 한양대학교 광고홍보학과 명예교수.

한양대학교 신문학과를 졸업하고 동 대학원에서 〈광고의 커뮤니케이션 구조와 의미작용에 관한 연구〉로 박사학위를 받았다. 광고회사 오리콤, 삼희기획(현재 한컴)의 제작부장, 기획부장, 제작본부장, 광고본부장 등 광고현업을 거쳐 한양대학교 언론정보대학장, 언론정보대학원장, 한국광고학회장, 한국광고자율심의기구 회장, 공정거래위원회 표시광고심사자문위원장, 간행물윤리위원회 표시광고심의위원장, 대통령직속 국가브랜드 위원회 위원 등을 역임했다. 현재 방송통신위원회 방송광고균형발전위원장, 방송통신심의위원회 광고특별위원장 등을 맡고 있다. 주요저서와 번역서로는 〈현대광고의 이해〉, 〈광고카피의 이론과 실제〉, 〈한국의 광고(공저)〉, 〈광고기호론(역서)〉, 〈광고의 윤리와 법과 규제〉 등이 있으며, 광고법규, 광고규제, 정치광고 등의 논문을 다수 발표하였다. 정부로부터 녹조근정훈장(2001년)과 홍조근정훈장(2014년)을 받았다.

한상필 한양대학교 광고홍보학과 교수.

한양대학교 신문방송학과를 졸업하고(1985년), 미국 일리노이주립대학교(어바나 샴페인)에서 〈국제광고에 있어 문화의 역할에 관한 연구〉로 광고학 박사 학위를 받았다(1990년). 미국 일리노이주립대학교 광고학과 방문연구 교수 및 건강기능식품 광고 심의위원, 간행물윤리위원회 광고분과 심의위원을 역임했으며, 현재 한양대학교 광고학과 교수, 광고학회 편집위원장(커뮤니케이션 분야), 광고홍보학회 연구이사, 언론학회 광고분과 회장, 아시아광고대회 집행위원, 한양대 언론정보대학 학장 (2015~), 한국광고법학회 부회장 (2016~), International Business Awards 마케팅 크리에이티브 분과 위원장을 맡고 있다. 〈현대사회와 광고〉, 〈광고와 경제〉, 〈광고와 문화〉, 〈현대광고의 전략〉, 〈매체기획 워크북〉, 〈광고는 과연 물건을 팔아 주는가〉 등의 여러 번역서를 비롯하여 〈한국과 미국의 인터넷 홈페이지 비교분석을 통한 국가홍보 개선방안〉, 〈미국시장에서 한국기업의 광고효과연구〉, 〈광고효과측정에 관한 이론적 고찰〉 등 다수의 논문을 집필하였다. 주요 연구 분야는 국제광고, 광고효과, 광고심리이다.

이형석 한양대학교 광고홍보학과 교수.

한양대학교 광고홍보학과를 졸업하고, 미국 캘리포니아주립대학교(플러튼)에서 광고전공 석사, 플로리다 주립대학교에서 광고전공 박사 학위를 받았다. 학위 취득 후 북플로리다 주립대학교에서 광고전공 교수로 4년 6개월간 재직하였고, 현재 한양대학교 광고홍보학과 교수로 재직 중이다. 주요 연구 분야는 기업의 스폰서쉽 효과를 극대화하는 방안으로써 기업의 브랜드 개성과 후원하는 스포츠 이벤트가 가지고 있는 개성간의 매칭 중요성을 제시하는 데 있으며, 다수의 국제저명학술지에 관련 논문을 게재하였다. 저서로는 〈엔터테인먼트 콘텐츠 마케팅(공저)〉이 있다.

광고캠페인 전략

역자	조병량 • 한상필 • 이형석
발행일	2017년 3월 3일 1쇄
발행처	**한경사**
발행인	이계남
등록사항	제10-1951호 2000년 4월 14일
주소	서울시 마포구 신수로 59-1 3층
전화번호	02_717_7264/5
팩스번호	02_717_7226
홈페이지	hankyungsa.co.kr
전자우편	hankyungsa@hanmail.net
ISBN	978-89-6844-137-0 (93320)
가 격	28,000원